全 世 界 无 产 者 ， 联 合 起 来 ！

刘少奇选集

上　卷

人民出版社

刘少奇

出　版　说　明

刘少奇同志是伟大的马克思主义者和无产阶级革命家，是中国共产党和中华人民共和国的卓越领导人。在中国新民主主义革命、社会主义革命和社会主义建设的过程中，他一贯坚持马克思列宁主义的普遍真理同中国的实际情况相结合的原则，在党的建设、统一战线、武装斗争，在职工运动、白区工作和敌后抗日民主根据地的开辟和建设，在经济建设、政权建设、文化教育事业、外交工作等方面建立了不朽的功绩。他对毛泽东思想的形成和发展，做出了杰出的贡献。

编辑出版《刘少奇选集》，是为了适应广大读者学习和研究马克思列宁主义、毛泽东思想，学习和研究党所领导的中国革命和建设的历史，学习和研究刘少奇同志的生平和思想的需要。选集分为上下两卷，上卷选编中华人民共和国成立以前的著作，下卷选编中华人民共和国成立以后的著作。

刘少奇同志在长期的革命实践中，写了大量的文章、文件、电报、书信，并作了很多重要的讲话。收入选集的，只是其中最重要的一部分，不少是过去未公开发表过的。

收入选集的著作，凡是刘少奇同志生前公开发表过的或有手稿的，都保持原貌，只做了少量文句和史实的校正；对讲话记录稿做了文字整理。为了便于读者的阅读和理解，还做了题解和注释。题解附在各篇第一页的下面，注释按顺序号附在卷末。

中共中央文献编辑委员会

一九八一年八月

目　　录

工人阶级在革命中的地位
与职工运动方针[*]

（一九二六年五月）

（一）一年来，中国职工运动有极大之发展，尤其在"五卅"运动^{〔1〕}中，更有长足之进步。工人阶级在国民革命运动中，能领导一切民众向帝国主义与军阀进攻。各地惨杀案均因镇压罢工而起，惨杀结果以工人死伤为最多。工人阶级在"五卅"反帝国主义运动中牺牲为最大，主张最为急进，奋斗最能坚持，力量亦表现得非常伟大。在各种奋斗事实中，足以证明工人阶级在国民革命运动中之领导地位，是确凿不移的。

（二）一年来，职工运动均被军阀压迫与摧残，尤其在"五卅"运动时，奉直军阀^{〔2〕}摧残工人阶级更为惨酷。由这些事实，更可以明了国内军阀是帝国主义之工具和走狗。帝国主义与国内军阀永远是群众的敌人，也即是国民革命的对象。同时，又可以证明必须打倒军阀，方能使反帝国主义运动得到

---

    * 一九二六年五月一日至十三日，第三次全国劳动大会在广州召开。刘少奇是大会秘书长，受大会主席团委托，作《一年来中国职工运动的发展》的报告。报告分五部分：一、第二次劳动大会的意义及其前后的中国职工运动概况；二、"五卅"运动；三、反奉战争；四、全国职工运动之现状及其趋势；五、结论与进行方针。收入本书的是第五部分，原载这次大会会刊第十一期。

胜利。

（三）中国资产阶级[3]本来受帝国主义与军阀压迫，他们有参加国民革命之可能，但资产阶级参加国民革命终究是妥协的，不能彻底的。而且当无产阶级起来参加革命时，或要求生活改良时，资产阶级就马上反动起来了。"五卅"运动中，上海资产阶级的反动行为，已够我们领教了。我们工人阶级在某一个时候，即在资产阶级与帝国主义冲突最厉害的时候，应与资产阶级合作，共同反对帝国主义，以增强反帝国主义运动之势力。但当资产阶级一有妥协之倾向，或压迫工人运动时，工人阶级应极力反对，以防备资产阶级骗卖自己。

（四）中国小资产阶级，包括小商人、学生，在国民革命运动中占有很重要的地位。在过去一年的反帝国主义运动中，证明小资产阶级是有力量的，能革命的，工人阶级应切实与之联合，建立联合战线。工人阶级并应促进小资产阶级之左倾，以补救其游移保守之根性，而不为大资产阶级所利用。

（五）农民为国民革命之重要势力，是工人阶级天然的同盟军。中国工人阶级应切实提携农民，进行中国的革命。各处的工人应帮助农民组织农民协会及指示奋斗方法，在农民的一切奋斗中，工人应以实力援助之。工人阶级确定自己奋斗的方式时，必须顾及农民的利益。

（六）中国工人阶级在组织上已有极大之进步与发展。全国工会会员不但在数量上有很大的增加，且能改良他们的组织。现在各处工人群众都有统一工会组织之呼声，比如香港、广东工会之统一运动，及上海工人群众在严重压迫之下，尚能有二十万工人在秘密组织之内，且能不时为各种问题而奋斗。以此即可证明，中国工人阶级之组织已非反动势力所能消灭的了。

（七）工会为工人群众之经济组织，所以必须公开。现在中国的工会尚不能得到法律上的保障和社会的承认，中国工人阶级为要发展中国的职工运动，必须积极地公开地开展争工会条例的运动，即使不能争得工会条例之颁布，亦可引导中国工人群众走到政治争斗的路上。中国职工运动，必因此种争工会自由的运动而发展。

（八）过去一年的职工运动，固为反帝国主义之政治争斗，但其中处处都可看到工人的经济要求。中国工人阶级劳动条件之恶劣，是世界各国所没有的。因此，今后职工运动之方针，应加强各种经济争斗。工人在任何时候，都不能离开要求其经济上之利益。经济问题，工人在所必争。经济争斗之发展，即为中国职工运动之发展。

（九）中国工人阶级在过去一年的伟大奋斗中，已经惊动了全世界，世界工人阶级均起而注意中国工人运动，中国工人阶级与世界工人阶级联合因此更加密切。如在"五卅"罢工中，各国工会来文电援助者、示威捐款援助者、派代表来华联络者，已不知若干起。今后中国工人阶级应在各种行动及组织中，与世界工人阶级建立更亲密之联合，促进世界革命。

（十）中国职工运动迅速发展，工贼亦同时猖獗。各处工贼破坏我们的力量非常的大，我们应设法对付工贼之破坏，工会中应有自卫的组织。

廖仲恺[4]先生与工农政策*

（一九二六年九月二十六日）

中国的国民革命，一定要社会各阶级民众一致来参加，建立各阶级的联合战线，才可成功，但中国工农阶级，是社会各阶级参加国民革命中之主要力量。担负中国国民革命的政党——中国国民党[5]，一定不要忽视这个主要力量。有单独扶助工农运动发展的工农政策，中国国民革命才可成功。

孙中山先生革命四十年，其所以尚未成功的缘故，就是没有得到占国民大多数的工农群众积极参加。自国民党改组以后，才有积极的工农政策，订下为工农利益而奋斗的政纲，容纳共产党员加入，引导大多数的工农群众参加革命，国民革命的势力，才一天一天发展，一天一天巩固。

廖先生看得很清楚，国民党对于工农阶级不可与其他各阶级一样看待。依照孙中山先生所手定的工农政策，积极帮助工农组织之发展，并领导工农群众参加国民革命，曾著极大的成效——统一了广东，稳固了国民革命的基础。因为要得到大多数的工农群众来参加革命，为革命拚命，必定要使这个革命与工农群众发生切身利害关系。工农群众不是可以骗得

---

* 这是在廖仲恺遇难一周年时写的悼念文章，原载省港罢工委员会办的《工人之路》第四一二期。

来革命的。一定要真确地为工农利益而奋斗，继续不断地增加工农群众的利益，真确地谋得工农的解放，这样，自然可以得到工农群众对于革命的热烈参加，革命成功的希望自然不远。廖先生是首先执行工农政策的一个人，极力扶助工农运动的奋进，虽然经过很多的困难，受了很多的诬蔑，仍然行之不止。廖先生确实了解中国国民革命的进程及工农群众所占之位置。廖先生之所以伟大，廖先生之所以为国民党的模范党员，实即以此！

廖先生为执行工农政策，与中国工农群众发生了切身的利害关系。认为廖先生的存在有损自己利益的反动派，乃不得不买凶刺杀廖先生。可是全国的工农群众丧失了廖先生，就是丧失了他们自己的利益。在廖先生遇害的今天，全国工农群众安得不纪念廖先生，努力继续廖先生未竟的事业，谋得自身的解放！呜呼！廖先生之死以此！廖先生之不死亦以此！

工会工作中的两个问题 *

（一九二六年十二月）

一 工会代表会

工会是群众的、奋斗的机关。工会的权力，应该十分集中，才能奋斗；同时又一定要是民主的集中，才能容纳大多数人的意见，不致为少数人所包办，变成专制。

所谓民主集权制，就是工会的权力集中在大多数人的会议上，不是集中在个人身上，即凡事须经过大多数人的会议决定。一决定以后，即必须实行。各会员在一事未议决以前，均可自由地发表意见，若一经会议议决以后，则无论什么人均须服从。这样，一方面可以容纳群众的意见，一方面又可一致地与敌人作斗争。

有了上面的理由，所以每一个工会要有一个代表会。有了代表会，才可把工会的权力集中起来，同时又是民主的集中，不是少数人的专制。所以，工会的代表会是集中工会一切

---

* 在北伐战争的胜利进军中，为了指导蓬勃发展的职工运动，加强工会的组织建设，刘少奇撰写了《工会代表会》、《工会经济问题》和《工会基本组织》三本小册子，由当时湖北全省总工会宣传部印行。收入本书的是《工会代表会》、《工会基本组织》的序言。

权力的机关，一切权力归于代表会。这样，于工人的团结、工会的前途，均有莫大之效益。

一个工会，如果没有真正的工人代表会，这个工会就不能接近群众，就不是工人的工会，就变成了少数领袖的工会。工人与工会一有隔膜，工会的团结就不坚固了，敌人乘隙进攻，从事破坏，制造谣言，煽惑群众，工会前途因而危险。所以，代表会是任何工会不可缺少的组织。没有代表会，工会就危险；有了代表会，工会就坚固。

工会全体会员大会，应该是比代表会更高的权力机关。但事实上会员大会不能常开，且以人数众多，难于讨论各种问题，故在组织上反不及代表会之重要。

现在武汉的工会，没有代表会的很多，望各工会赶快按照规定，把代表会组织起来。已有代表会的工会，望切实整理，使代表会真正能够行使职权，按期开会。各工会代表会的组成，就可使各工会的团结巩固，各工友、各工会的办事人不可不切实注意。

二　工会基本组织

工会这个群众的奋斗机关，在革命中所负的责任，极为长久重大。因此，工会必须有严密的组织，才能克尽所担负的使命。所谓严密的组织，就是在执行委员会之上，有真正的工人代表会；在执行委员会之下，有群众中的支部基本组织。

工会的群众很多，若无支部等基本组织，而仅有工会的执行委员会和工会的招牌，那会员愈多，愈加散漫。这样的工会，是不能奋斗的，执行委员会是无法统率群众的。比如军队，若只有一个司令部，底下没有营连排等下级组织，则这个军队就没有法子进行战争。所以，一个工会若没有支部、小组等基本组织，或有支部、小组而不起作用，则这个工会的组织就不健全，行动的时候就必感受很大的困难。我们要懂得，支部、小组是工会的基础，工会是建筑在支部、小组之上，支部、小组若不坚固，工会的基础就不坚固，有了好的支部和小组，工会的基础就有了保障。

工会有了支部及小组之后，工会的行动就非常敏捷便利。一旦有紧急的事情发生，执行委员会议决之后，即刻通知各支部及组长与会员，在一二小时内，全体会员均可动作，而在形式上不费什么手续。若无支部及小组，如要使全体会员动作，则非开大会、发传单或出布告不可。如此，非费一二日之时间不能使会员全体知道，但若费去一二日之时间，时机已过，虽行动亦无效果了。这于工会是何等大的损失啊！

此外，工会有支部及小组，可使工会的行动秘密起来，不致为敌人所破坏。工会对于工人的训练和教育，也可便利施行。各方面的消息亦极灵通。工会易明了工人的真实情形，工会的工作情况可常向各支部报告，使工人与工会之间的关系密切起来，不致发生什么误会和隔膜，于群众的团结亦有极大的效益。工会若无支部等组织，则工会的行动无法秘密，工人训练与教育亦难施行，消息既不灵通，情形又多隔阂，如此而想工会有力量，团结得坚固，实为不可能。所以基本组织在工会中真有极大之功效。凡各工会及工友不可不努力进行组织。

工会代表会、执行委员会及支部均是工会必要的组织，缺一不可。现在，武汉工会的执行委员会已经通通有了，但还有很多工会没有代表会及支部。同时工会的经济问题也极为重要。我们为使武汉的工会在加过工资之后，更进一步地团结和巩固起来，并消除内部的危险，特费了几夜的工夫，很简要地写成《工会代表会》、《工会经济问题》及《工会基本组织》三本小册子，交总工会宣传部印行，以备各工会及工友采纳施行。望我工友过细观看，如有错误之处，仍希指正。

论 口 号 的 转 变 [*]

（一九二八年十月五日）

在群众一切争斗中，口号的作用极大。它包括争斗中群众的要求和需要，它使群众的精神特别振作，特别一致，发生强有力的行动。因此口号性质的转变及口号的转换，要依争斗实际形势的转变来决定。如果争斗的形势已经改变，口号不及时地随之而改变，群众即没有一致的目标，将使争斗不能继续前进，无力而至于溃散。不仅全国革命争斗的口号是如此，即在一个工厂或乡村中小争斗的口号亦是如此。

我们每每因不能明确观察当时争斗的形势转变并据以转变我们的口号，所以发生了许多错误。大之如资产阶级叛变后代表我们许多错误政策的口号，小之如工厂及农村中许多或左或右的错误口号，都是因我们没有依争斗的形势来恰如其时地转变口号，发动争斗，以致脱离群众或使争斗紊乱、无力而溃散。

当我们规定口号的时候，应该很谨慎地研究各方面的形势，很明确地观察群众的要求和需要及当时群众的争斗任务。绝不可单凭我们脑子里的想象，随便规定出实际上不能真正

代表群众的要求,甚至与群众要求相左的口号。这样的口号在群众中是无力的,不起作用的,根本不能号召群众的。

我们对于实际情形的观察,应该采取许多真实的材料,切实到群众中去了解各部分群众的生活与情绪。绝不可单凭某一部分群众一时特殊的表示及几个领袖一时激愤或悲观的报告,就认定全部群众的要求和情绪是如此,而规定或转变我们的口号。过去我们的许多错误,大半是因为对于实际情形的观察和估量不能深切和正确的缘故。

口号有不同的性质。有宣传的口号,鼓动的口号,行动的口号。行动的口号最后就变成指令。凡代表一个比较长时期的争斗任务的口号,总是要经过从宣传到鼓动到行动的步骤。例如"没收地主土地"、"建立工农兵苏维埃政权[6]"、"打倒帝国主义"等,又如某些工厂中的"增加工资"、"改良待遇"、"八小时工作"等。这些口号从普遍的宣传解释,使群众了解接受,到造成实行这些口号的坚定而忠实的执行者和群众基础,其性质还是宣传的性质。当实现这些口号的时机已经成熟,应争取广大的群众到这些口号之下并组织他们预备去实现这些口号,造成实现这些口号的群众力量时,这些口号就变成鼓动的性质。在群众力量的准备已经充分,可以推动群众运用实力直接行动去实现这些口号时,这些口号就变成了行动的口号。最后调集群众,分配任务,配置各种力量,坚决彻底地去执行这些口号,这些口号就变成当时的实际指令了。

一个重要的口号,总是要经过这些转变,经过在实际争斗中对于群众的宣传与训练,才能变成行动的口号,使群众自愿地为实现这个口号来争斗。过去我们分不清口号的性质,将宣传鼓动的口号与行动的口号及指令混淆,如是就发生强迫群众命令群众去争斗、去暴动、去执行这些口号的现象;或者群众已经接受这些口号,已经直接用自己的行动实际上执行这些口号,而我们却不将这些口号变成行动的口号及指令去领导群众,致使群众的争斗紊乱而至溃散。

在每个工厂、作坊及乡村群众小的争斗中,口号的应用也是如此。我们要懂得当时革命的总的战术与策略,要明确了解工人、农民的生活与心理,要充分搜求群众普遍的及特殊的痛苦之所在,而按期规定这个工厂、作坊及乡村的要求大纲或行动大纲,就是将群众的痛苦与要求变成简明的口号,作经常普遍的宣传鼓动,使群众渐渐在这些口号之下团结起来,活跃起来。

我们要找机会来发动群众的争斗,来实现这些口号之某一部分或全部。我们要用极敏锐的眼和耳去搜求工厂及乡村中发生的临时问题,如打人骂人、开除人处罚人以及减少工资、延长工时、欠饷、勒索、逼债等,拿来讨论分析,根据行动大纲规定对每个临时问题的简明口号,到群众中宣传鼓动。固然不是每个临时问题都能发动群众争斗,但每个问题上都有我们的宣传鼓动为好。在群众最气愤、利害关系最大最普遍的问题上,会爆发群众的争斗,我们就要善于领导这种争斗,正确地运用及转变我们的口号,使争斗一直发展下去,使群众的争斗情绪发挥尽致。

各种行动口号,应该恰如其时地提出。不可过早,过早了,群众不能接受或产生惊疑,甚至将群众吓退。不可过迟,过迟了,群众的气势会低落,或群众自动干起来使行动不能一致而至紊乱。有时,甚至只有十分钟是转变旧口号及提出新口号的最好时机。

行动口号要极简短,极明显,极通俗,而且是代表普遍群众的要求及心理的中心,有些行动口号适用的时间愈短就愈有效力。口号太多了,太长了,叫得不顺口,意思不明显,不切合群众的要求和心理,叫得太久而至于厌烦,引不起注意,都不适合作为群众行动的口号。

各种小争斗中的口号之规定及转换,应努力使之一步一步地与当时总的口号——主要的政治经济口号相接近。

在群众退却的行动中,及时地转变我们的口号尤其必要,尤须特别慎重规定。它的目的是使群众不致气馁,不致溃散,保存群众的组织,指示群众的出路,激发下一次继续争斗的情绪和决心。

在争斗结束时,应该有争斗后的口号,提示在争斗后的中心任务,引导群众的注意力集中于完成这些中心任务,并激发继续争斗的情绪,准备下一次更广大深入的争斗,同时记取过去争斗的经验。

在群众的各种小争斗中,应该特别注意提高群众的阶级意识,提高群众对于我们各种主要的政治经济口号的认识,指示群众争斗的最终目的,争取群众到我们各种主要的政治经济口号之下来。这就是说,宣传的口号应该与行动的口号及群众目前的要求分开,但不是在群众的争斗中放弃我们各种主要政治经济口号的宣传。恰恰相反,在群众的争斗中,应该加紧宣传我们主要的政治经济口号去争取群众。

批评"退出黄色工会[7]"的策略 *

（一九三二年一月十八日）

因为大东书局的工人退出出版业工会[8]，引起我们中间一个争论。就是赤色工会[9]是否应该训令自己在黄色工会中的革命反对派及其所领导的群众（他们在黄色工会中还是占少数），从黄色工会中退出来？

在我们所有的决议案上，都没有规定过退出黄色工会的策略，不知道同志们为什么现在提出退出黄色工会的策略来。有同志说，现在的客观形势比几个月前大不相同了。似乎退出黄色工会的策略，在几个月前是不正确的，到现在就变为正确的了。可惜这位同志没有告诉我们，为什么目前客观形势的变动，使我们对黄色工会的策略必须转变，必须提出退出黄色工会的口号。

在我们的决议案[10]上都是这样规定的：赤色工会应使自己的会员打入（或加入）那些有群众的黄色工会（没有群众的黄色工会，不应加入），在里面建立革命反对派，争取黄色工会下面的群众；当着黄色工会之下的群众大多数到了反对派的领导之下，就可从黄色工会中分裂出来。决议案的意思是很

---

* 本文是为反对白区工人运动中一种左倾错误策略而写的，原载中共中央机关报《红旗周报》第二十八期，署名仲篪。

明白的：(一)觉悟的工人应加入黄色工会；(二)只要是有群众的黄色工会，我们能够到里面去接近群众、争取群众，就应该加入，不管这个黄色工会是一个工厂的或几个工厂的，或是黄色工会的总工会；(三)在革命反对派领导了黄色工会大多数群众的时候，就可以分裂出来；(四)承认觉悟的工人和革命反对派在黄色工会里面去争取和接近黄色工会下面的群众，比在黄色工会外面要好些、容易些；(五)革命反对派还只在一个工厂、店铺的工人中占有大多数，但在整个黄色工会的会员中还是少数的时候，不应该分裂出来，更不应该消极地退出来。

现在正是我们加紧执行上列决议案的时候。群众已经到处起来反对黄色工会，国民党[5]的各派正从黄色工会里面和外面利用群众的不满来争夺黄色工会的机关。赤色工会和革命反对派应该和群众在一道，扩大自己独立的宣传鼓动，团结群众，领导群众，反对国民党的各派，揭破各派的欺骗，进而驱逐各派的黄色领袖，从新建立群众的赤色工会，与国民党各派断绝关系，消灭黄色工会[11]。目前我们的策略并不是需要转变，而只是要加紧执行。在目前的变动中，有些蒋派[12]的黄色工会，过去是有群众的，将来会变成没有群众或被消灭；同时又有些新的改组派[13]的黄色工会起来。但我们的策略在原则上并不需要变更。那些已经没有群众的黄色工会，我们就不要加入或留在里面；那些有群众的黄色工会，我们还是应该加入或留在里面的。

在目前，如果有人主张与黄色工会中国民党任何一派联络去"打倒"另外一派，这结果就不过是把蒋介石的人换上汪精卫[14]的人，或将来又换一批国民党其他派别的人，但工会总还是国民党工会。这完全是投降国民党的右倾机会主义。但如果有人主张革命反对派要退出那些有群众的黄色工会，实际上就是要使我们脱离黄色工会下面的群众，让这部分群众去受黄色工会领导的欺骗和愚弄，结果也就是维持了黄色工会的存在。

有同志认为：在包括许多工厂企业的黄色工会（如出版业工会，报馆工会，铅印工会等）中，革命反对派虽然在整个黄色工会之中还是少数，但在一个工厂占了大多数，就应领导这个工厂的工人退出黄色工会，成立这一个工厂的赤色工会，与黄色工会对立。同时号召其他工厂的工人也退出黄色工会，与黄色工会对立，成立各自的独立工会。他们想用这种"退出"的策略来消灭黄色工会。这种策略的错误在什么地方？（一）这个工厂的工人退出黄色工会，就会取消或削弱黄色工会中的革命反对派；（二）这个工厂的工人更难接近还留在黄色工会下面的其他工厂的工人，就是与其他工厂的工人更脱离；（三）一个工厂的工人或者几百人、几十人、十几人，他们组织一个很小的独立工会与几千人的黄色工会对立，于工人不是有利的（国际五次大会[15]决议上说：任何情形之下都要建立独立工会是有害的主张）；（四）由一个统一的工会分裂成许多独立的小工会（一个厂一个工会），实际上是一种分裂政策，这种分裂对于工人阶级不是有利的（虽然在对于工人阶级有利的情形下，我们是不怕分裂的）。

有同志说：这个工厂的工人退出黄色工会之后，可以不再受黄色工会的欺骗，更易于反对黄色工会领袖出卖工人利益，还易于争取其他工厂的工人和建立下层统一战线，并且还可以加紧做其他工厂的反对派的工作。相反,如果这个工厂的工人不退出,那就一切都难以进行,并且到明天黄色工会领袖来个欺骗,这个工厂的群众就有对黄色工会领袖发生幻想的危险,所以非在今天立即退出黄色工会不可。这是什么话!这难道不是完全否认了我们的决议吗?我们号召觉悟的工人加入有群众的黄色工会,在黄色工会里面建立反对派,难道不是因为到黄色工会里面去更容易接近群众,更容易揭破黄色工会领袖的欺骗,更容易反对黄色工会领袖出卖工人利益,更容易争取黄色工会下面的群众,同他们建立统一战线,更容易消灭黄色工会吗?如果说,觉悟的工人站在黄色工会外面进行这些工作,比在黄色工会里面更容易些,那加入黄色工会建立革命反对派的决议就是发疯!如果这位同志的意见是对的,那不独革命反对派应退出黄色工会,连加入黄色工会的策略就根本是错的。

有些自称觉悟的工人,他们惧怕明天黄色工会领袖来一个欺骗而成为黄色工会领袖的俘虏,他们连黄色工会的名字也不愿听,他们一天也不能忍耐,自己马上要从黄色工会的"泥坑"中退出来,以便保留自己的"清白",做个"模范",好叫那大部分还留在黄色工会的"落后"的工人们看了,照自己的样做。如果有人不赞成他们这样做,他们就说"你们打击了我们反黄色工会的情绪"。这是标本式的左倾机会主义,在好听的言词下掩盖着右倾的消极。我们应该向这些人说:你们好是好,可是你们不是布尔什维克[16],布尔什维克是能够跑到黄色工会的"泥坑"中,进行长期的耐性的艰苦工作,把那大部分陷在黄色工会"泥坑"中的"落后"工人们拯救出来。有同志对这种说法不能忍耐,他说:等到什么时候那大部分工人才觉悟过来呵,这是等待主义啊! 同志,这不是等待主义,这只是叫那些觉悟的工人暂时留在黄色工会里面,加倍努力地进行反黄色工会和争取群众的工作。为进行这种工作,就不能因为厌恶黄色工会这个"泥坑"而裹足不前,因为在这里还有大部分的群众呢。

黄色的总工会是否应该加入呢? 我们只问:在这个总工会里面是不是有群众? 我们是不是到里面去能够接近他们下面的群众,做自己的宣传? 如果是的,那我们就应该加入。在我们的决议案上,并没有规定只准加入黄色工会在企业中的下层组织。

有同志说:脱离黄色工会的组织后,赤色工会还可以派代表参加黄色工会的会议,提出自己的主张。我不知道怎样可以参加!

有同志以为争取赤色工会的公开活动,就要革命反对派退出黄色工会,来建立独立的赤色工会。实际这不是使我们的活动走向公开,而恰恰是走向秘密。

至于大东书局的工人退出工会,主要是资本家利用工头号召工人退出工会,好向资本家去要求复工。我们当然不赞成资本家这种破坏罢工的策略。

用新的态度对待新的劳动*

（一九三四年三月二十日）

　　苏维埃[6]革命，把几千年来封建地主霸占的土地转给了农民。虽然革命在今天的阶段上还没有剥夺一切资本家的私有财产，但是我们已实行工人监督。苏维埃与广大工农劳苦群众已经大规模地组织了苏维埃的工厂企业和合作社企业。农民们和苏维埃企业、合作社企业中的工人们，他们在以前是为地主资本家工作，现在是头一次为着自己工农劳苦大众而工作。

　　目前，在苏维埃革命的国内战争环境中，工人阶级一切福利的基础，是革命战争的彻底胜利，是苏维埃政权的巩固扩大和在全中国取得胜利。"一切服从于战争"，即是一切服从于工人阶级全体的长久的利益。这就要求国有企业与合作社企业中的工人职员们，为着战争，为着苏维埃的胜利，为着工人阶级全体长久的利益，而自觉地努力地工作。因为苏维埃企业与合作社企业的发展、巩固与生产力的提高，是直接关系于战争的胜利，关系于工农劳苦群众生活的改善，而且这是准备

---

* 一九三二年冬，当时任中华全国总工会委员长的刘少奇从上海进入中央革命根据地。本文是为革命根据地的工人写的，原载中共苏区中央局机关报《斗争》第五十四期。

着将来革命向社会主义转变的经济基础。

国有企业与合作社企业中的工人、职员们！你们该记着，你们现在再不是为地主资本家而劳动了，而是为工人阶级自己、为人类的最后解放而劳动着。这种劳动的性质的变换，是我国历史未曾有过的最大变换，你们应该用新的态度来对待新的劳动。

在国民党[5]、地主资产阶级政权的统治下，工厂、矿山及一切生产交通工具，是拿在资本家、地主或国民党政府的手里。资本家、地主为着他们少数寄生虫穷奢极欲的生活，强迫工人饿着肚子牛马似地为他们劳动，生产利润。在这种情形下，工人为着吃饱饭，为着工作与生活条件的改善，而反对工厂主，反对剥削者寄生虫，不惜采用罢工、怠工及各种带破坏性质的手段，是完全应该的，必要的。但是，在苏维埃政权下，苏维埃的工厂企业与合作社企业，是工农大众所共有的财产。它不是为着剥削工人、生产利润去供养一部分寄生虫，而是为着供给战争，为着供给工农大众的需要，为着创造人类最大的幸福而生产。因此，国家企业与合作社企业中的工人、职员，应该爱护自己的——民众的工厂企业，把自己所有的技能与天才贡献出来，为着发展和巩固苏维埃企业与合作社企业而斗争，而努力生产。

我们国有企业中的工人，大多数能够了解这一点。他们用了新的态度来对待新的劳动，他们感觉到现在是为着自己而工作了，很大地发挥了他们的劳动热忱，创造了劳动的新形式——生产竞赛、生产突击队、义务劳动，及为苏维埃与合作社工作而自动减低工资等。他们了解这不是为着哪个生产利润,而是为着战争,为着工人、农民自己,应该如此地去劳动。
但是,在国有企业、合作社及其他为苏维埃、红军工作的工人
中,还有一部分人没有了解这一点,他们还是用旧的态度来对
待新的劳动,用旧的观念来看待民众的工厂与财产。他们对
待苏维埃的、合作社的工厂与财产,和对待资本家的工厂与财
产一样:少做些工,做得坏些,偷点把子懒,拿些公家的东西自
己用,随便损坏公家的东西,为着不满工厂个别负责人不当的
处置而实行怠工,不守厂规。这样的人,在我们工厂中还是不
少的。这些人还是用旧的习惯的观点来对待苏维埃的工厂与
财产。甚至还有反革命的地主富农分子和他们的走狗,在工
厂中进行各种破坏——故意损坏机器、工具,大批浪费材料,
生产大批坏货,煽动工人罢工、怠工等。

　　"为自己的劳动取代强制的劳动,是人类历史上最伟大的
更替"[17]。几千年以来的旧习惯,要在艰苦的长期的教育与
斗争中才能消除。因此,国家企业、合作社企业中的工会与觉
悟的先进的工人最重要的任务,就是教育工人用新的态度来
对待新的劳动,提高工人群众的劳动热忱,发挥工人群众的创
造性,同旧的习惯作斗争。

　　工会与觉悟的先进的工人,应在每一个具体的问题(即使
是细小的问题)上,来实现这种教育与进行这种斗争,把工人
组织到自觉的生产竞赛的队伍中来。应该拿住一个工人无故
迟到十分钟的问题,一个工人拿公家的木炭去烧私菜的问题,
某几个工人偷懒不能完成生产数量的问题,以及其他各种坏
现象,在工人大会上,在墙报与报纸上公开指出来,批评他们,
教育群众。

在国有企业中，必须与破坏劳动纪律、违犯厂规、偷窃公共财物、浪费材料及怠工偷懒的现象进行坚持的不调和的斗争。把那些最坏的分子的名字，写到黑板上去，甚至把他们赶出工厂，放到监狱里去。因为他们有意破坏神圣的公共财产，他们是民众的敌人。

把那些真正的突击队员——劳动的英雄们，列在红板上去！极大地在群众中奖励他们。因为他们是革命战争中生产战线上的先锋与模范。

打击最坏的分子，奖励模范的好的工人，是为着教育广大的群众用新的态度来对待新的劳动。使得工人群众了解民众的公共的工厂与财产是神圣不可侵犯的，了解工人阶级全体的长远的最大的利益在哪里，了解共产主义的真实的意义在哪里。对广大的群众进行教育，才能更顺利地组织与提高群众的劳动热忱，为自己为苏维埃为革命战争而努力工作。

肃清关门主义与冒险主义[*]

（一九三六年四月十日）

立三路线[18]在各种基本的重要问题上被克服过来了。但立三路线之中的一个问题，至今还残留在党内，还没有被完全克服过来，那就是实际工作中的关门主义与冒险主义。因为这个错误长期残留在党内的缘故，因为在党内揭发与反对这种错误之斗争异常不够的缘故，更因为这种错误是在实际工作与实际斗争中千百次重复表演的缘故，所以它给党、给革命的损害也最大。如果从今天的政治形势与党的任务来看，那末，这种关门主义与冒险主义的错误，就成了党的主要危险。

今天的形势，是日本帝国主义要把中国从半殖民地的地位，变为完全殖民地的地位。中国社会的各阶级、阶层除开极少数甘心做亡国奴和汉奸的人之外，甚至从前是动摇的、反对革命的，现在都开始或已经同情、赞助与参加抗日反汉奸的民族革命斗争了。党的策略任务，就是要用极广泛的民族统一

---

[*] 一九三六年春刘少奇到天津，负责指导中共中央北方局的工作。为了贯彻一九三五年十二月中共中央政治局瓦窑堡会议的精神，肃清白区工作中长期存在的左倾关门主义和冒险主义的影响，他写了许多文章。本文原载中共河北省委的内部刊物《火线》第五十五期，题为《肃清立三路线的残余——关门主义冒险主义》，文中"立三路线的残余"主要是指以王明为代表的左倾错误。

战线,去团聚各阶级、阶层、派别及一切抗日反卖国贼的分子和力量,开展神圣的民族革命战争,去战胜日本帝国主义及其在中国的走狗。广泛的民族革命统一战线,成为我党领导中国革命到胜利之路的中心问题和主要关键。这时如果我党不能完全肃清关门主义与冒险主义,那就谈不上广泛的民族统一战线,广大民众的抗日反汉奸运动,就不会在我党的领导之下开展起来,那就要障碍着我党和革命的前进。

关门主义与冒险主义过去若干年来所给予党的损害之具体事实,差不多每一个党龄较长的同志,尤其是领导和参加过群众斗争的同志,都可以说出很多来。如果简单地说,那就是:在严重的白色恐怖情况下,当我们在某些工厂学校创立了我们的组织,积蓄了一些力量时,关门主义与冒险主义是一定要把它弄到塌台的;当我们在反日或某种口号与纲领之下,创立了公开的比较有广泛群众基础的组织时,它不把参加这种组织的群众和其他派别的同盟者完全驱逐出去,弄到这种组织完全不能公开,只剩下几个"布尔什维克"〔16〕的地步,是不止的。自然,还有根本就不到群众中去,仅仅坐在房子内空叫的关门主义。至于在党内斗争中对于这些事实采取什么态度呢? 那就是:把组织基础和工作弄塌台的、把群众和同盟者赶跑了的同志有奖,提升他的工作地位,派他去做更负责的工作;而那些在长期艰苦工作中谨慎将事的、把组织和工作创立起来的同志,倒少有不给他们戴"和平发展"与"右倾机会主义"的帽子,受到打击和撤销工作的处分。这就造成党内许多同志害怕犯右倾错误,故意表示左些的现象。结果是助长了关门主义与冒险主义在党内的巩固和发展。

关门主义与冒险主义,表现在完全不懂得指挥群众斗争的战略战术。"六大"的决议[19]说:"准备武装起义";最近中央政治局的决议[20]说:"积蓄工人群众雄厚的力量,以准备决定胜负的战斗"。但关门主义与冒险主义者在大城市中所做的,恰是与这些决议相反。当我们的工作仅仅在一个或几个工厂学校做好了,就要指挥这一个或几个工厂学校去和敌人决斗,要这些工厂学校单独举行政治的罢工、示威游行,给予超过他们当时力量所能胜任的斗争任务。党内许多同志跑到这些工厂学校去,在报纸上宣布这些工厂学校为党所领导等,结果就没有不被敌人各个击破的。我们开始有了一点基础和力量,就这样被消耗和浪费掉,这就自然不能积蓄工人阶级雄厚的力量。所以每到一个重大事变(如"九一八"[21]、"一二八"[22])来临,广大群众起来斗争时,我党常因自己在群众中缺少基础和力量而无从执行当时所提出的任务感觉痛苦。我们不知道在形势与条件不利于我们的时候,暂时避免和敌人决斗,不知道只有将那些已有的工作、组织和力量保存与巩固起来,才能在这些基础上去扩大与加强我们的力量,以准备和敌人进行胜利的决斗。我们同志常常是急性的、不顾胜败的,不顾事后结果与影响如何,总是盲目、莽撞。结果不能不使得我们的工作环境与条件更加困难。

如果我们在红军中,要保存与爱惜我们的力量,要避免被敌人各个击破,避免在不利条件下和敌人作战,要集中最大的力量去打击敌人较弱的一点,以取得胜利,那末,我们在白区城市中指导群众斗争,却完全是违反这种战略战术原则的。对已有的力量,尤其是对群众中的领袖与干部,不设法保存与爱惜,不管在什么条件下,只要是纪念节就同敌人作战,不从争取胜利的观点出发而盲目地进行斗争。结果,我们在红军的斗争中得到许多伟大的胜利,而在白区中心城市的斗争中则与此相反。

纪念节在过去几乎成了我党冒险主义"教徒"的"礼拜日"。在这一天,照例要发宣言、发传单、出特刊、关车、罢工、到马路上示威、叫口号、开会等。在严重白色恐怖下不管当时的条件和环境,不管自己的力量和群众的情绪,不管敌人的戒备和阴谋,我们是照例要做这些事的。甚至完全没有群众,仅仅只有我们的干部,也要到马路上叫口号、散传单、打石头——示威。为什么在形势与条件不好的时候,眼看着要受到敌人严重的打击还不停止这些事呢?关门主义与冒险主义者,不承认形势与条件也可能对示威有不好的时候。他们认为这是"礼拜日",不管天晴落雨总是要作"礼拜"的。结果在这些纪念节的损失,是难以计算的。

关门主义与冒险主义,表现在完全不懂得领导群众的艺术,不懂得领导党和领导群众的不同,不懂得党的基本口号、基本纲领与目前的行动口号之联系。我们的同志常常不懂得根据当时当地的环境与条件,根据群众觉悟的程度,提出群众可能接受的部分的口号、要求和斗争的方式,去发动群众的斗争,并根据斗争过程中各种条件的变化,把群众的斗争逐渐提到更高的阶段,或者"适可而止"地暂时结束战斗,以准备下一次更高阶段和更大范围的战斗。而是常常要群众去背诵我们的基本纲领和基本口号,或是提出今天群众还不了解、还不能为群众所接受的口号、要求和斗争方式,去强迫群众接受,强迫群众斗争。甚至不经过群众的同意,用群众团体的名义发表同党一样的、在当时环境下不能允许的宣言、传单和文件。对于任何一次群众斗争,不管条件怎样,都要机械地"坚持到底",即坚持到任何力量都耗费尽了才止。在形势极不利于战斗继续延长的情况下,他们还认为"在相当条件下结束斗争、复工、暂时退守、保存力量"的提议是机会主义。这样,就使得群众斗争不能发动;或者在斗争发动后,群众离开我们,不接受我们的领导;或者放弃了某些胜利的条件、机会,使斗争受到打击,直到最后的失败。他们领导群众的方式与领导党组织的方式一样,使群众团体的工作方式重复党的工作方式,结果在侦探严密监视下,就没有法子不使群众团体的组织也缩小到和党的组织一样。

当着群众或者某些派别起来斗争,反对日本,反对现政府时,只要他们的口号纲领不完全和我党一样,我们的同志常常是不积极去参加与援助这些斗争、帮助他们达到目的,并努力使斗争扩大,以实现更大的要求。我们的同志常常是站在旁观的地位,忙于去批评这些斗争、口号和纲领如何不彻底,如何成为反革命的欺骗群众的东西,咒骂这些斗争的领导者,甚至号召群众脱离这些斗争,去反对他们的领袖。结果,把这些群众和同盟者完全关在门外。群众或某些人要起来抵制日货,我们同志忙于批评抵制日货是资产阶级的口号,而不去参加、赞助这些人抵制日货,使之变为广大的群众运动;群众与某些人提出口号要枪毙王正廷[23],我们同志忙于批评这是反革命欺骗群众的口号;某某人拿出钱来援助反日罢工工人,我们同志硬要在群众中宣布他们是企图收买工人;某某派提出工农商学兵大联合抗日,我们同志硬要把"商"字去掉;"九一八"日本武装占领了满洲,我们同志却强调地提出"拥护苏联"的口号,把挽救中国民族危亡的口号放到第二位。这样,怎能使我党和同志走到广大群众中去!

当着我们在某种部分的纲领和口号之下,团结了比较多的群众和各种派别的人在我们周围,建立了真正的群众组织时,我们同志是一个纲领之后再加上一个纲领,一次冒险斗争之后再加上一次冒险斗争,使这些组织中的群众和同盟者完全离开,直到剩下我们同志几个人。上海工联[24]、反帝同盟[25]、民众抗日会[26]、左联[27]、社联[28]以至许多工会,开始时都是有广大群众基础的,我们同志总是不会把这些组织的群众基础更加扩大,而只会把它缩小到完全没有群众。在这些组织的领导机关中,总不能容许其他派别有一个人和我们共事,而必须是"清一色"。我们夺取了黄色工会[7]的群众和领导机关,总是忙于把它"转变"成赤色工会[9],以至弄到塌台。关门主义与冒险主义似乎是不许党外再有群众组织的。

关门主义与冒险主义,完全不懂得利用敌人内部的矛盾,推动这些矛盾爆发,不懂得同敌人营垒中可能和我们合作的成分或者今天还不是我们主要的敌人,建立暂时的联盟,去反对主要的敌人,以削弱敌人反对我们的总的力量,破坏敌人反对我们的联盟。而我们同志常常自以为"最革命、最彻底",要打倒一切敌人,打倒一切帝国主义、一切军阀,打倒一切豪绅、地主、资本家、富农,以至打倒一切在朝在野的反革命派别和黄色工会。我们同志是"绝不妥协"、"绝不让步",什么都要打倒,但实际上是什么都打不倒。结果是拒绝了今天还可能与我们合作的同盟者,把他们推到反动营垒中去,巩固了敌人反对我们的联盟,加强了敌人反对我们的总的力量。

关门主义与冒险主义,完全不懂得公开工作与秘密工作的联系。在严重白色恐怖下,公开工作的范围应尽可能使之扩大,一切可能公开进行的工作,都应公开地进行。而秘密工作的范围,应尽可能使之缩小,仅仅只有不能公开进行的工作,才应该秘密地进行。但我们同志所做的恰与此相反,许多可以公开的工作,要拿到秘密机关来做,许多可以公开发表的主张、论文,要拿到秘密刊物上来发表,或是发行秘密的传单、宣言等。我们同志忽视与放弃公开工作的可能,而把秘密机关无限制地扩大起来,秘密的刊物、文件特别多,特别长,一般文件"机械化"、"八股化",这样就使群众工作极端缩小,而使秘密机关到处膨胀,结果是便利了敌人的侦探。公开工作与秘密工作,应在形式上与方法上使二者严格分开,在内容上与政治上又使二者密切联系。但我们所做的是在形式上与方法上使二者混淆错杂起来,这样就破坏了秘密工作,妨害了公开工作。我们同志甚至在秘密的刊物上宣布某些群众行动、某些群众团体、某些工厂学校为党所领导,在某些地方开了某些秘密会议,在会议上决定了某些事项,便利了敌人来监视我们。在某些地方或工厂,敌人还没有发现我们的组织,我们的活动还可以避开敌人的耳目,但我们同志在这些地方却完全无必要地散发党的秘密传单,写出党的口号,使敌人能从这些地方来找我们。对公开的群众团体,不是设法让它更公开些,范围更广泛些,而是要使任何公开的范围都逐渐缩小,直到完全不能公开,甚至要把工人中一切灰色的公开的附属组织[29]都转变成为赤色工会，说是什么"赤色工会的中心作用"。结果就是取消一切公开工作，使一切附属组织都秘密起来。

关门主义与冒险主义，不了解群众经济斗争与政治斗争的联系。轻视经济斗争，对经济斗争的重要性和意义估计不足，不了解群众的经济斗争同时就是政治斗争，要机械地在群众经济要求上加上政治口号和政治要求。

关门主义与冒险主义，不知道向那些愿意和我们合作的同盟者作必要的让步，吸引他们与我们联合，参加共同的行动，再去影响他们，争取他们下层的群众。而我们硬是一成不变地提出这么多纲领、这么多口号，少了一条也不行，结果是拒绝了这些同盟者。

关门主义与冒险主义，也在党内组织问题上严重地表现出来。反对小资产阶级与知识分子，害怕小资产阶级与知识分子加入进党内来，尤其害怕某些军官及社会上有地位的人加入进党内来。党内斗争许多是过分的、机械的。对于那些思想上、理论上没有准备的同志在工作中偶然犯的错误，关门主义者硬要依照直线的理论，说这是"系统的机会主义"，替他造出系统来。下层同志的自动性、创造性、自我批评被抑制着，在党内造成了害怕犯错误，害怕犯右倾，害怕说话，不敢放手工作，故意要表示左些的现象。造成这些现象的原因在哪里？负责者是谁呢？自然我们不能怪那些下层的同志，而是领导机关在党内斗争中犯了错误，不采取同志式的、诚恳的态度爱惜同志和教育干部，往往是过分地打击同志与干部，把打击下层组织、打击干部的错误斗争方式，认为是"推动工作"的唯一方法，不采取教育与说服的方法去推动下级和干部的工作。我们没有在党内造成同志不怕犯错误、不怕批评、欢迎批评和放手工作的现象，这种现象是发展下层同志自动性与创造性的必要条件。

以上这些关门主义与冒险主义的错误在党内长期继续与重复的结果，使党脱离群众，使党孤立，使同盟者离开我们，使某些部分的群众和同情者对党产生某些疑惧，使许多企业中的很好的同志和群众离开我们，不愿见我们的面，使许多的工作和组织塌台，使许多的同志和干部受到不必要的逮捕与屠杀。而在另外一方面，就为取消派、右派提供了向党进攻的资料，帮助了右倾机会主义的发展，便利了敌人的侦探和奸细对党进行破坏。过去我们用力量最多、工作最多的地方——上海、汉口、广州、香港、天津、北京这些最大的中心城市，受这种错误的损害也最大。在这些中心城市，我们现在的基础也最弱。原因在哪里？自然，白色恐怖与叛徒破坏是重要的原因，但主要的原因，还是主观上这种关门主义与冒险主义的错误。

关门主义的根源是：因为害怕那些反革命派别，所以不敢和他们暂时建立斗争的联合战线，甚至不敢和他们来往谈话；因为不相信自己，恐怕那些反动派别会动摇自己，影响自己，所以自己关门；因为对新的形势估计不足，不相信目前中间阶层和许多社会上层分子有参加革命的可能，所以不要统一战线。左的关门主义在实质上与右倾机会主义是同一根源。

左倾关门主义与冒险主义者还常常对目前形势作一种空洞的、夸大的估计。上海、天津这样的中心城市，是帝国主义与中国反革命力量最集中的地方，他们有时竟可以估计这些地方似乎明天就要成为苏维埃区域[6]。所以他们敢于冒险，认为不必要做长期艰苦工作，不必要聚积最雄厚的革命力量就可以和敌人决斗。对于一个工厂的罢工，他们可以从世界革命如何有利于我们的形势分析起，要这个工厂和敌人立即进行决斗，似乎世界革命在当天就可以与这个工厂的罢工直接配合，推翻一切的敌人，不必根据这个工厂革命与反革命实际力量的对比来决定斗争的策略。当着他们在上海举行一次没有成功的示威，甚至是受到很大损失的时候，他们一样可以估计这次示威如何"成功"，有如何深远的意义，如何影响了多少人，如何推动了革命、加速了反动统治的死亡，如何成为什么什么的信号，以及如何要反对对这次示威意义估计不足的机会主义等。但对示威中被捕的大批干部以及在组织上的许多损失，他们是看不见，也是不愿意看见的。似乎这不算什么，不要紧，明天革命胜利，这些损失马上就可以弥补起来。对于形势的这种空洞的、夸大的估计，常常成为冒险主义的基础。

关门主义与冒险主义者没有想到，一九二七年大革命[30]失败后到现在有九年了，为什么上海、汉口、天津这些地方还没有变成苏维埃区域？倘若他们早想到这一点，以九年的艰苦工作来聚积革命所需要的力量，那末，他们也许不会那样浪费革命的力量，而认识到积蓄力量和保存干部的必要了。

关门主义与冒险主义在一九二七年大革命失败后，就在党内滋长起来，到立三路线时代发展到了很高的程度，四中全会以后虽有改正[31]，但基本上没有转变过来，而这些错误的恶劣影响直到现在党内还是残留着。过去我们揭发与反对这种关门主义与冒险主义的斗争是不够的,有些同志还没有认识到这种错误给予党的损害有这样严重。在以前,我们没有给关门主义冒险主义以应有的打击,更说不上致命的打击。有些同志把工作和组织弄塌台,但是我们没有拿这些事实来研究,开展斗争,给这些同志以应有的必要的处罚,以教育同志。因此,关门主义与冒险主义就在党内严重地长期存留着。

关门主义与冒险主义,是目前党内的主要危险。现在必须彻底揭发这些错误,必须给这种错误以致命的打击并把它彻底从党内肃清出去。教育我们同志学会领导群众的艺术,学会策略的运用,大胆放手地让我们的同志和干部到广大群众中去,把全民族抗日反卖国贼的统一战线建立起来,把国防政府、抗日联军[32]组织起来。虽然我们一些同志和干部在这里可能犯各种右倾机会主义的错误,但我们有久经锻炼的、经验丰富的党,有无数忠实于革命和党的干部与同志,只要提高我们的革命警惕性,我们完全能够克服这些右倾机会主义的错误。我们完全不应该害怕这些错误以至裹足不前,我们要率领无数千万的革命群众走上民族革命的战场,彻底战胜日本帝国主义及其在中国的走狗!

关于白区职工运动的提纲[*]

（一九三六年四月）

一、中心城市与大的产业中心，是反革命的支撑点，是反革命力量最强大的地方。反革命在这些地方对于革命的防护最为严密，同时，我党在这些地方的工作基础与组织基础，是十分薄弱的。所以，我党目前在中心城市与产业中心的工作任务，还是争取群众，争取工人阶级的大多数，积蓄工人阶级的雄厚力量，以准备将来决定胜负的斗争。目前还不是革命与反革命决定斗争胜负的时候，在形势与条件不利于我们的情况下，应当避免和敌人进行决定胜负的战斗。

二、为着要积蓄我们在工人阶级中的雄厚力量，必须首先注意保存与巩固我党和工会在工厂企业中现有的组织和工作，只有这些组织和工作能够大体保存和巩固起来的时候，才能从这些已有的基础上去扩大和发展我们的工作和组织。因此，必须彻底肃清实际工作中的关门主义与冒险主义，更加改善我党的秘密工作。要使我们逐渐建立起来的组织和工作，不致有无谓的损失，并且能够防御敌人的袭击，然后我们才能积蓄工人阶级中的雄厚力量。

---

    * 本文是为了总结一九二七年以来白区职工运动的经验，提出白区职工运动应采取的正确方针而写的一份工作提纲。

三、当着我们仅在某几个工厂企业中建立了强大的组织，并能实际指挥这些工厂的工人大多数时，那末，我们在这些工厂的工作任务应该是：（一）把组织更加巩固起来，培养与训练大批的工人干部和领袖；（二）派干部到其他工厂去，开辟工作和建立组织；（三）分派积极的工人到农村中去参加游击队、义勇军等；（四）参加一般的公开的社会活动与政治活动。

我们的主要目的，是把我们在这些工厂中的堡垒保存与巩固起来，以便在此基础上开展我们的工作，避免单独地和敌人作战，被敌人各个击破。

四、为着争取群众，创立和积蓄工人阶级的力量，必须特别注意领导工人群众经济的政治的日常斗争。领导这些斗争必须从争取胜利（即使是最小的胜利）的观点出发。要使用一切方法争取这些斗争之具体要求的胜利。对于完全没有胜利把握的斗争，应该停止。在斗争延长对于工人不利时，应该在某种相当条件下，"适可而止"地暂时停止战斗。在原则上我们当然反对国民党[5]的强迫仲裁，但是，为着争取群众斗争的胜利，对于国民党的"调解"与"仲裁"，在事实上我们不应该完全拒绝。在某种情形下，我们应该利用国民党的"调解"与"仲裁"，去取得工人某些具体要求之实现，并使我们更能公开地指导群众斗争。

五、国民党政府的工厂法、工会法[33]，用了一切的条文来反对工人阶级与束缚工人群众的斗争。但是，这些法律主要的还是国民党用以欺骗工人阶级的，因此，它就不得不规定一些对于改善工人阶级现状有利的条文（如在某种条件下允许工人组织工会与罢工，规定了比现在较少的十小时工作时间，星期日纪念日休息,对于工人疾病年老死亡的抚恤救济等)。因此,我们的主要任务,就是要利用工厂法、工会法上那些对于改善工人阶级现状有利的条文,来组织工人群众的斗争,要求实现那些条文上所规定的利益,并就此揭破国民党的欺骗,这样才实际有益于我们开展工人运动的工作。如果我们对于工厂法、工会法仅持"绝对反对"的态度,只在工人群众中去叫喊"反对工厂法,要求实现苏维埃劳动法[34]"这样绝对的口号(这样的口号要在革命胜利后才能实现),那是等于一事不做,那是完全空洞的反列宁主义的关门主义(几年来反对工厂法、工会法的经验是如此)。

国民党政府的工会法、工厂法中某些条文对改善工人阶级现状有好处,我们要求马上实现。但这样的规定太少了,我们要求增加。那些压迫、束缚工人阶级的条文,我们反对!这就是我们对于国民党工厂法、工会法所应该采取的态度。苏维埃的劳动法,在白区城市中目前还不能实行,仅仅是宣传的文件。

六、不独是工厂法、工会法我们应该利用,就是国民党在工人中进行的其他许多运动,如卫生运动、文化娱乐运动、民族扫墓运动[35]、纪念节的运动,以至儿童节运动、植树运动、法西斯的新生活运动[36]等,我们都要利用来提出工人的要求,开展在工人群众中的斗争和工作。利用这些运动,一方面使国民党与资本家更难反对工人所提出的要求,另一方面使我们更能取得公开的地位来领导工人的斗争,更易于使工人的要求和斗争得到胜利。唐山工人利用新生活运动要求开窗户、设澡堂、发新衣等得到胜利,就是很好的经验。因为他们不是采取关门主义的简单的"绝对反对"新生活运动的策略。

七、我们要利用一切方法、一切公开的可能来广泛地联系与组织工人群众。在有国民党黄色工会[7]的工厂和企业中，我们同志和革命的工人均应加入黄色工会，并参加黄色工会中的各种工作和活动，利用黄色工会来组织工人群众和斗争。就是现在还没有群众的黄色工会，我们也要加入进去，就是仅仅利用黄色工会这一公开的招牌和地位，去公开团结与组织工人，也是必须的。在没有黄色工会组织的工厂和企业中，我们应该利用各种公开的与灰色的形式，来公开地广泛地组织工人群众。如同乡会、互助会、劝戒烟酒会（在理会）以及其他旧式的新式的团体，我们都要利用。在我们采取这样广泛的方式来组织工人群众的时候，我们应该暂时放弃独立组织赤色工会[9]的任务，过去的那些秘密的赤色工会即行取消。要在各级党部内设立职工部来指导工人运动中的工作。

在没有组织的工人群众中，如果依照国民党工会法的程序（如立案等），我们能够在这些工人中公开地成立新的工会，那末，这种公开组织工会之可能的机会，我们无论如何不应该放弃。虽然做这件事是极不痛快的，要受国民党各种严格的束缚（如呈请立案，国民党派指导员来，干涉工会的选举，圈定名单等），但即使是在这种严格束缚的条件下，只要我们还能够借此公开去组织工人群众，我们是必须去利用这种机会的。我们不应害怕或者拒绝去做这种不痛快的事。只要有可能，我们就依照国民党工会法的程序，在各厂各业无组织的工人群众中去公开组织工会。如果这样做，国民党也不允许我们成立工会,那我们就有事实宣布国民党工会法是骗人的。我们反对合法主义,但是又必须利用一切合法的机会去组织工人。有些工作能够在合法的范围之内去做的,我们为什么不去做,不去利用?

对这种公开组织工人群众与公开组织工会的策略,过去有人指责说"这是第三种工会",是机会主义的路线。这种指责是错误的。黄色工会的领导位置,黄色工会的领导机关,我们都要用力去争取,为什么我们在某种条件下能够组织一个为我们领导的工会,而不去组织呢? 只有十足的关门主义,才放弃这种可能不去利用。如果我们要在赤色工会的全部纲领被承认的条件之下,才去组织工会,那只有在革命胜利之后才有可能。那末,革命胜利之前,我们就只好甘心满足于那种狭小的秘密工会的组织。

八、在黄色工会中,我们要特别注意形成与巩固革命者的阵地。黄色工会每一个选举的位置,黄色工会的全部领导机关(上级和下级的),我们都要努力争取到手里来。如果在黄色工会中我们的工作得到了全部的胜利,群众与领导机关都转到了我们的领导之下,我们亦不应该立即将这个黄色工会转变为赤色工会(因为这在国民党统治下是不能存在的),仍应保持表面上的黄色工会的原状(如开会仍通知国民党,允许他们派人来参加,工人的要求亦可通知国民党,要他们实现工人的要求等等),应尽力巩固我们已得的阵地,实现工人更多的利益,培养大批的干部。只有到了革命爆发时,我们不需要黄色工会之外表的掩护了,这些工会才能公开转变成为赤色工会。

　　九、在反对资本家、反对日本帝国主义及卖国贼的口号之下,我们在黄色工会中要与各派的工人及其领袖建立统一战线,特别是行动的统一战线(如罢工、示威、抵制日货,参加抗日运动等)。我们要在一切工人中努力宣传停止内战、一致抗日的主张,鼓励与推动黄色工会去参加抗日救国的团体和运动,号召全国各党各派联合一致抗日救国,呼吁全国各军队的军官士兵立即停止进攻红军、苏区[6]的内战,并联合一致去抗日,组织全国一致的抗日反卖国贼的国防政府与抗日联军[32]。要在各城市中设法联合一切工人的团体与各厂工人,建立工人的抗日救国会,动员工人到农村中去领导与组织农民的抗日游击战争,动员工人到红军中参加抗日反卖国贼的战争,特别要动员工人利用各人的亲戚朋友关系向国民党的军队去进行活动,去组织和影响国民党的军队进行抗日战争,拒绝蒋介石等进攻红军的命令。尽可能派工人到军队中去服务,去宣传抗日,反对内战。

　　在罢工委员会、反日会等组织中,过去我们排挤和打击那些可能和我们合作的各派工人的领袖,是不对的。我们应在一定的纲领之下,诚意地和他们合作,团结他们,鼓励他们坚决站在工人阶级与抗日反卖国贼的民族立场上去领导群众斗争。对于他们的错误,应采取善意的态度去批评。只有对于工人中的汉奸分子,我们才应该坚决驱逐。

　　十、要特别注意保存我们在群众中企业中的干部和领袖。党在工厂中的支部,不应该使全部同志都去公开领导斗争及进行公开活动。一个同志和一个同情者,在公开领导一次至两次斗争之后,第三次斗争必须换人来领导,不能再要这个同志来领导了。让这个同志仅以同情斗争的态度一般地参加斗争，就在群众中把这个领袖保存起来。这样我们可以在群众中保存许多领袖，同时，也可以培养出许多新的领袖来。

十一、我们的许多同志长期在狭隘的秘密条件下工作惯了，现在要他们到广大群众中去，公开运用广泛的统一战线策略，要在复杂的环境下去对付狡猾的国民党、黄色工会领袖及各种派别，那自然可能发生许多错误，甚至有些人受他们的影响、欺骗、愚弄、威吓以至收买，而发生动摇、投降以至叛变。但我们绝不应该害怕发生这些问题，而重复把我们自己关在秘密的房子中。只有让我们的同志到广大群众中去，到十分复杂的环境与斗争中去，才能锻炼出真正能干的布尔什维克[16]的群众领袖。

十二、我们要加紧教育同志不论在如何复杂变化的环境下，不论使用何种灵活的策略去与反动派斗争，一分钟也不要忘记我们在工人运动中的基本纲领。任何时候，我们在主观上是不放弃这些纲领的。虽然这些纲领在白色恐怖下是没有可能实现的，但只要一有机会与可能，我们就一分钟也不忘记要部分地实现这些纲领，尽可能使工人群众的要求，接近我们的基本纲领。我们与各派的工人合作，不是我们放弃自己的纲领，去接受其他党派的纲领；相反，是努力宣传我们的纲领，去影响同盟者。无论什么时候，都要保持我们行动的自由。对于同盟者的动摇、叛变与投降，要使用批评的武器。要不断地在下层群众中进行工作，在群众中不断加强我们的组织和影响。同时，党的政治纪律性与警觉性应更加提高起来。这样，我们就能够克服各种右倾的错误。

肃清空谈的领导作风

（一九三六年七月十五日）

在我党北方的组织中，存在着严重的空谈主义。这几乎已是北方我党工作的主要障碍。不肃清与改变这种空谈主义，我党的组织和工作是不会活跃起来、开展起来的。

但我着重地指出，空谈主义不存在于支部中，不存在于那些正在公开领导群众向帝国主义与汉奸斗争的同志中，而严重地存在于我党高级和中级的领导机关与领导同志中。我所指的，是这些领导机关与领导同志的空谈的工作作风与空谈的领导方式。因此，我特别要求各省、县、市担负领导工作的同志提高自己的警觉，特别虚心地检查自己的工作方式与领导方式。在这里，我们不能容许用"空谈主义"去责骂支部与担负群众工作的同志。

我看过同志们写的一些带指示性质的文章、信件、工作报告、政治报告等，这些东西是特别长、重复、乏味，而内容非常空泛与不清楚。指示与文件的公式化、刻板化，我们的许多同志还没有改正过来。或者是为着要"具体"，而把一切细小的事情毫无组织与中心地堆积起来；或者是为着"不脱离总的

---

　　* 本文原载中共河北省委的内部刊物《火线》第五十八期，署名 K.V.。

形势”而泛论全世界、全中国各方面的形势,玩弄许多政治名词,傲慢地咒骂一切。我常用极大的忍耐看完一篇东西,但我还不能了解这篇东西到底是说的什么问题。如果用这些东西去指导工作与教育同志,那是只能得到极坏的结果的。

在京东与保属的干部[37]中存在着不同的意见,有些干部不相信他们那样的工作情形可以把事情做好。然而我们的领导同志除开翻来复去地骂这些同志是“机会主义”之外,什么也说不出来。“机会主义”骂过了,已发生的问题没有解决,而新的问题又要发生。

我们说要反对关门主义与冒险主义,然而在许多地方这又成为佛经中的“阿弥陀佛”,把关门主义与冒险主义诚心念它千遍之后,自己还没有懂得关门主义与冒险主义到底是什么东西,到底在他那里是否也有这种东西。

常常一件活生生的事情,一个活泼泼的问题,一到这些空谈家的手里和嘴里,就变成了死气沉沉的东西。本来是很活泼有生气的同志,一经过这些空谈家的责骂和搬弄之后,就变成了象失掉灵魂和前途的人一样。

同志们!空谈没有好处,只有坏处。要求同志们尤其是领导同志们绝不要空谈。你们应该客观些、细心些、诚实些,有什么你们就说什么,懂得,你们就说懂,不懂得,你们不要说懂。你们应该特别虚心学习,把你们还没有把握没有了解清楚的问题,用各种方法去弄清楚。不要在你们自己还没有弄清楚的问题上教训别人,指导别人。与其对下面指导错了,不如少去指导还好。

我提议对下面除非有完全的必要,应少采取指示与命令的方式,多采用提议、建议与讨论的方式。绝对的东西应该少一些,多留一些回旋的余地。少去责骂下面,多去帮助下面。尤其随便宣布下面或某些同志为机会主义,无论如何是不能允许的。如果下面对于某些问题不了解或了解有错误,你们的任务是指正与帮助下面了解。如果下面对某些问题未注意或注意不够,你们的任务是提起他们的注意。在这里,板起教师的面孔责骂是用不着的,没有好处的。

目前我们的总任务,是准备大规模的抗日反汉奸的战争,而实现这个总任务的总策略是广泛的民族统一战线。这是我们详细分析了目前世界与中国的形势之后所得出来的结论。我们每一个同志就应该把这些详细地研究清楚。但当我们研究清楚之后,如果形势没有重大的新的变动,我们就不要在一切文件上,在各种说话中,千遍重复地来分析世界与中国的形势(现在是天天在一切事情上都分析形势,但又很少有同志真正来研究一次形势),也不要拿着"准备抗战"与"统一战线"在口头上当作"圣经"来念,而是要我们各地的同志根据各地方、各工厂、各学校、各农村、各兵营的具体特殊环境,进行当时当地的准备抗战与统一战线的工作。总任务与总策略是一个,但一到实际工作上,各地方各部分就各有不同。我们的同志就要善于细心地去分析各地方各部分的特殊环境与条件,去决定在这个工厂、这个农村,在今天可以做什么? 能够做什么? 怎样做法? 这些做好了,明天又做什么? 我们的同志如能这样去做工作,就不会不实际。

有些农村的农民还不了解民族危机的严重,他们还斤斤于自己日常的经济要求。如果我们的同志忽视这个特殊情形，到这个农村去号召农民来举行反日游行与组织救国会，那就会成为空谈。但在平津学生中这个号召就不是空谈了。实际工作总是根据各地方的特殊情形来决定的。忽视与离开各地特殊情形，一切好的决议都要变成空谈。但我们反对农村"特殊论"，因为"特殊论"认为农村根本不能有反日运动。如果农民对于日常经济要求有兴趣，我们就领导经济斗争，同时我们向农民解释目前的民族危机，经过农民的经济斗争，是可以引导农民走上民族斗争的。经济斗争与民族斗争不会是矛盾的。

我们的同志还要严重地注意工作从哪里下手？从何处开始？这也是根据各工厂、学校或农村的特殊条件与同志的能力来决定的。这里可以从办报纸开始，那里可以从组织研究会下手；这里是发动经济斗争，那里甚至只能从找人谈话、介绍书报开始。然而只要我们能确实地走了第一步，我们就可能去走第二步；切实地抓住了第一个环子，就可以过渡到另一个环子。

各地方的领导干部还要特别注意那些中心支部、中心的群众团体和有能力、有信仰、有发展前途的个别同志，给他们以更多的帮助和训练，爱护与提拔他们，这样才能依靠这些支部、这些团体、这些同志使工作开展起来。

我还要求我们的同志用一番功夫去研究党的决议和文件，去把目前的形势和党的策略任务详细研究清楚，这也是使我们的工作进入实际的第一步。我们并不需要盲目的信仰和盲目的服从，我们需要同志们真切了解党的策略任务，并会拿到各种不同的环境中去运用。我常奇怪，为什么新的决议与策略到北方来毫没有引起同志的争论与怀疑，但这不能证明在同志中就没有问题。实际上我看到满纸拥护新策略并用新策略去骂别人的文章，却对于新策略没有任何真切的了解。很明白，这些同志是用官僚主义与空谈的态度来对付党的决议。我们不反对而且欢迎同志们对于党的文件和决议在某种程度上的争论，及提出疑问，要求解释等。对于实际工作的争论更是容许的。只要不把这种争论又变成空谈，对于党的工作是有益处的。

为着要使我们的工作开展和进步，我们不能不反对空谈。然而我们又不要用空谈来反对空谈，用空谈的八股文章来反对空谈。而是要我们改变空谈的工作作风与空洞的领导方式，要我们很实际地去了解问题，了解环境，很实际地去布置、计划与指导工作。

领导权问题是民族
统一战线的中心问题 *

（一九三六年十一月二十日）

资产阶级现在来参加民族统一战线，是好的现象，但同时也带来了危险。这个危险是由资产阶级获取民族统一战线的领导权而产生，最坏的结果可以使统一战线破裂，革命失败，无产阶级受到牺牲。无疑的，资产阶级在统一战线中每一个动摇和叛变，都要引起统一战线内部的危机。这种危机的程度，要看当时资产阶级的力量及其对小资产阶级、农民和军队的影响，与当时无产阶级的力量和策略而决定。为着减少这种危险，并使这种危险不至于危害革命，无产阶级从与资产阶级开始合作的第一天起，就应该注意从小资产阶级、农民和军队中清除资产阶级的影响，并加强自己的影响。无产阶级对于这种危险不是惧怕，不是逃避，而是要清楚地看到这种危

---

　*　为了进行党的抗日民族统一战线政策的教育，刘少奇撰写了题为《民族统一战线的基本原则》的党内教材，全文分上、中、下三篇。收入本书的是下篇。上、中两篇主要论述了建立抗日民族统一战线的必要性和可能性，策略转变和战略任务的关系，民族斗争和阶级斗争的关系等问题。本文原载中共河北省委的内部刊物《火线》第六十七期，署名K.V.。

险，克服这种危险。所以，无产阶级不是因有这种危险而拒绝民族统一战线，而是要积极地参加到统一战线中，在长期的工作中去克服与战胜这种危险，中心的问题，就是无产阶级争取领导权的问题。

当现在民族统一战线还没有正式形成以前，拒绝统一战线的左倾思想是主要危险。但是民族统一战线形成以后，右倾思想就将逐渐地成为主要危险。

在民族统一战线工作中，将在一些什么问题上最容易产生右倾机会主义呢？总的问题当然是革命领导权的问题。而在革命领导权上产生右倾机会主义，就常常是由于对中国资产阶级估计不正确，对无产阶级力量估计不足，对革命转变问题不了解，对民族统一战线与阶级斗争的联系不了解。因此，就使无产阶级在统一战线运动中放弃与忽视争取领导权的斗争，取消无产阶级的独立，放弃与停止对于阶级斗争的领导，放弃对同盟者的批评，放弃对于工农群众的独立组织与教育工作，放弃对于军队的争取和领导等。很明白，这种右倾机会主义，是要葬送民族统一战线与民族革命的。所以我们在提出民族统一战线问题时，就特别要注意到这些问题，防止右倾机会主义。

*　　　　　*　　　　　*

所谓革命领导权，就是谁成为农民和小资产阶级的领袖，是资产阶级，还是无产阶级？关于这个问题，有人因为对于中国资产阶级的力量和革命性估计不正确，对无产阶级力量估计不足，就说资产阶级是中国革命的领导者。他们认为，中国革命目前还是资产阶级的民主革命，所以革命的领导者"当然"是资产阶级,无产阶级在目前阶段中只能帮助资产阶级革命,待资产阶级的民主革命完成以后,无产阶级再来进行自己的社会主义革命,推翻资产阶级。如是,他们就不参加统一战线的革命政府,认为这个政府是资产阶级的,无产阶级现在是援助它,将来还要打倒它。这就是右倾机会主义的思想路线。这种思想已使一九二七年的大革命[30]失败了,在以后还要危害革命的。

中国资产阶级的某些阶层,在目前民族革命的高潮中,虽然还有暂时的革命作用,但因为这些阶层的特别软弱及其与帝国主义、封建势力在各方面(经济上、政治上、思想习惯上)的密切联系和无产阶级力量对于它的威胁,它的这种革命作用是非常有限的。中国的资产阶级已经不要求彻底的民主革命,而且反对彻底的民主革命。中国的民主革命不能由资产阶级的领导来完成,而要由无产阶级在同资产阶级争夺领导权的斗争中来完成。所以,把资产阶级当作革命的当然领导者就等于葬送革命。

有人因为对于中国无产阶级力量估计不足,就怀疑或不相信无产阶级能够成为农民、小资产阶级、知识分子的革命领袖。他们不了解中国的资产阶级软弱,而中国的无产阶级是强大的。因为帝国主义对中国的投资,中国国家企业的重要地位和中国共产党的组织与领导,使得中国的无产阶级比中国民族资产阶级在政治上、力量上都要强大得多。而无产阶级为要得到自己的解放,就必须首先肃清封建势力与驱逐帝国主义。因此,只有无产阶级才能给农民与小资产阶级以出路,代表他们的利益,为他们的彻底解放而斗争,而中国资产阶级就不能给他们以出路。因此,无产阶级就能够而且应该成为他们的革命领袖。无产阶级在目前革命阶段中,应以中国革命唯一领导者的资格,率领农民和小资产阶级,克服资产阶级的动摇与叛变,将民主革命进行到底,并使革命转变到社会主义阶段去。所以无产阶级在目前阶段中,不应充当资产阶级的帮手,而要建立自己的独立领导。

＊　　　　＊　　　　＊

为着要建立与加强无产阶级在革命中的领导,无产阶级自己必须组织成为坚强的独立的力量,因为只有自己力量的不断加强,才更能团聚小资产阶级和农民的力量到自己的周围来,才能使自己受到各方面的尊重,而成为民族统一战线的中坚。为要组织与加强自己的力量,就要巩固与扩大党的组织,加强与扩大红军,巩固苏维埃[6],建立强有力的工会,加强与扩大对农民和小资产阶级群众的政治影响和组织工作。这些,就成为十分必要的工作。在民族统一战线运动中,如果对于这方面的工作有任何的忽视,都要成为严重的右倾危险。所以,在民族统一战线运动中,认为可以降低入党条件,可以放松党的纪律,可以在党内容许自由主义、投机分子和各种不正确倾向的存在,这种思想是错误的。因为这种思想可以危害党的独立和一致,可以使我党受到资产阶级的侵蚀和破坏。在民族统一战线运动中,认为可以放松工人运动和劳苦群众中的组织工作,可以模糊或者隐瞒党的政治主张与政治面目,都是错误的。因为这要损害无产阶级的独立。

无产阶级必须自己确实地、不动摇地独立起来,然后才能与别人进行平等的联合。若是无产阶级自己还不能独立或取消自己的独立,那就不能联合别人,只能供别人利用。在民族统一战线运动中,无产阶级怎样才能保持与加强自己的独立呢?(一)在任何时候,任何问题上,都不要放弃自己的独立立场,忘记自己的最终目的;(二)对于每一个重大事变和重要问题,都要根据自己的观点给以分析,提出自己独立的主张和办法,并根据自己的主张行动;(三)要在群众中宣传自己的观点和主张,并评论各党各派的主张,使自己的观点和主张与其他各党各派的观点和主张在群众面前分别得清清楚楚,让群众来选择;(四)要建立无产阶级群众独立的组织和独立的力量,要加强巩固我党的组织和一致。无产阶级必须如此坚决地独立起来,然后才能用自己正确的革命主张去影响别人,推动别人跟随自己的主张行动,而不至于去接受别人的影响,在别人的主张下动摇自己,甚至作别人的尾巴。

当着同盟者起来向敌人斗争的时候,无产阶级给同盟者以援助是必要的。但无产阶级不只是援助同盟者,必须自己也起来向敌人斗争,而且要站到斗争的最前线,要批评同盟者在斗争中的缺点和错误,要向同盟者及群众提出自己在斗争中的独立主张。最近,有些救国团体在援助绥东事件[38]中,没有提出对绥东事件的整个主张,没有批评晋绥当局[39]单纯防御战略的错误和冀察、南京当局[40]的错误,没有组织义勇军去参战,而仅仅只是募捐援助,应该说是重大缺点。

　　　　　*　　　　　*　　　　　*

在统一战线中,同盟者的错误、动摇和叛变所引来的危险,常常难以事先被人察觉。所以,无产阶级不得不提高自己的警觉性,不得不对于同盟者任何一个小的动摇都给以最高的留心。对于同盟者的批评在任何时候都不能放弃。同盟者的每一个动摇和错误都可能给统一战线内部带来危机,都是离开无产阶级的开始。无产阶级如果不给这种动摇和错误以批评、揭发和指正,那就不能提高群众的警觉性,不能停止同盟者的动摇,不能巩固统一战线,而无产阶级也无法在群众面前阐明自己的观点,加强自己在群众中的影响,并清除资产阶级的影响。虽然这种批评尽可以采取和平诚恳的态度,然而在思想上观念上的明确性,不应该有丝毫的含糊,不应该不使用批评的武器。在细小的不重要的个别的问题上,不应该和同盟者引起过多的不必要的纠纷;但在主要的重大问题上的分歧,就必须毫不放松地坚持自己的观点。而且这些批评要公开进行,要在广大群众中进行。有人觉得对同盟者的批评,会引起同盟者不快的情绪,促使同盟者离开无产阶级,因而惧怕使用批评的武器,企图在统一战线中与同盟者和平相处,抹煞自己与同盟者在政治上原则上的分歧。无疑的,这种思想是非常错误与危险的。

　　有人认为,在民族统一战线运动中,应该停止或减弱工农群众的阶级斗争。他们认为统一战线与阶级斗争是不能联系的矛盾,这也是一种极危险的右倾思想。民族统一战线并没有消灭社会各阶级间原来的矛盾和冲突。在民族统一战线运动中,这些矛盾是依然存在的,所以阶级斗争依然是存在的。但是工农群众阶级斗争的发展,并不会削弱统一战线反帝反封建的力量,相反,还会加强统一战线的力量。

　　工农是反帝反封建革命的基本力量。没有广大工农群众的热烈参加和积极拥护,统一战线是不能有力树立起来的,革命是不能胜利的。但当工农在重重的压迫与剥削的情形下，在生活极度困难的情形下，他们为国家民族生存而斗争的热情，就受到了极大的压抑，就不能充分发扬他们伟大的创造力。只有当他们的生活地位已经改善了的时候，他们所受的压迫已经减轻了的时候，才能使他们的热情、积极性和对于革命的忠诚发展到最高限度。所以，无产阶级在统一战线运动中，必须为改良工人的生活状况而斗争，为满足农民的土地要求而斗争。如果工农群众的这些要求获得满足，就可以发扬数万万工农群众在民族革命战场上无限英勇的牺牲精神，就能造成世界上任何帝国主义不能战胜的力量，相反的这种力量要战胜世界上任何帝国主义。民族统一战线要不断地吸引这些伟大的力量来加强自己。因此就不独不应该反对而且应该拥护工农为改良生活待遇与获取土地等要求的各种斗争。这种阶级斗争，愈是迅速有效而正确地进行，就愈能加强统一战线的力量。相反，如果去阻止与压制这种斗争，就要削弱统一战线的力量，就要失去广大工农群众对统一战线的拥护与热情，统一战线就有被敌人战败的危险。所以，这个问题也是统一战线运动中最基本的重大问题之一。

　　自然，工农阶级斗争的发展，是会损害封建地主与资产阶级的利益，给他们以威胁的，因此，资产阶级和地主就反对这种斗争。右倾机会主义怕吓坏资产阶级与地主，主张停止这种斗争，然而，无产阶级是不能这样做的。中国的封建势力本来就是汉奸的社会基础，是在反帝革命中所必须清除的势力，为着满足对日战争与工农的需求，而牺牲封建地主的利益[41]是应该的。至于民族资产阶级，在阶级斗争中固然要受到一些损失，但在反对帝国主义斗争中，收回海关，抵制帝国主义的货物，提高工农购买力等，使民族资产阶级的国内市场扩大，又可以增进资产阶级的利益，打开资本主义顺利发展的前途。所以资本家在这种斗争中并不是绝对的损失，部分资本家还有参加统一战线的可能。

＊　　　　＊　　　　＊

无产阶级在统一战线运动中，绝不停止与忽略阶级斗争，统一战线也需要这种斗争来充实自己。但在进行这种斗争时，可以而且应该采取不故意加紧反对资本家的方式，如不提出打倒资本家的口号，避免一些不必要的特别是影响抗日军事的罢工、怠工及冲突，用政府颁布法律命令等方式来满足工人的要求，从各方面采取办法来实现工人的要求等。但当资本家顽固地拒绝工人要求的时候，非用罢工不能实现工人的要求的时候，工人就绝不应该避免采取罢工等手段。此外，对于小资产阶级的利益，无产阶级在阶级斗争中要特别注意到，一方面不要在阶级斗争中损害他们的利益，在为了满足工人的要求而必须损害他们的一部分利益的时候，就应该在另一方面特别注意增进他们的利益，如减低捐税等。

统一战线的进行，不限制无产阶级组织与斗争的自由，这种统一战线才是革命的。上层统一战线是为着更顺利地去组织下层的群众。如果无产阶级在统一战线运动中，自愿取消或限制下层群众的斗争和组织的发展，那对于革命、对于无产阶级当然是一种极大的危险。

＊　　　　＊　　　　＊

中国的无产阶级在正确的战略和策略指导之下，将集中全国所有的革命力量在自己的周围,战胜日本帝国主义,战胜封建势力与汉奸,战胜资产阶级的动摇和叛变,使中国反帝反封建的民主革命获得彻底的胜利,并进而实现社会主义的高尚理想。

关于白区的党和群众工作[*]

（一九三七年五月）

彻 底 的 转 变

我们党与群众的全般工作在今后是要实行一个彻底的转变。

为什么要转变呢？

一方面是由于日本帝国主义灭亡中国的大陆政策，与我党抗日民族统一战线政策的坚决执行，已经引起了全国政治情况与社会关系的重大变动。反动了十年的国民党[5]及追随它的民族资产阶级重新转向抗日，两个政权的对立取消，国内和平基本上实现，国共两党重新走向合作，极广大的群众参加到抗日民族革命运动中来。这些变动，已经改变了并且今后还要继续改变我们全般工作的环境，同时也改变了我们所提出的任务、口号和政策。

毛泽东同志在他的政治报告[42]中指出：目前阶段，是中国革命新时期的第二阶段，在目前阶段，"停止内战"、"争取和平"的口号已经过去了。在今后我们主要的口号，应该是巩固

---

[*]　这是在延安举行的白区党代表会议上的报告，全文共十一部分，收入本书的是其中的四部分。

国内和平,争取民主权利,实现对日抗战。并且指出:争取民主,是目前任务的中心一环,我们需要在全国进行一个广大的争取民主的运动。为了完成这样的任务,为了民族统一战线在各方面实际地建立起来,战胜日本帝国主义,这就全然依靠于我们党的组织工作的转变。

因为环境的变动,新的任务与口号的提出,使得我们党与群众工作的工作方式、组织方式和斗争方式,也必须随之而全部地实行转变。这是一方面。

另一方面,在我们党内,在各种群众工作中还存在着严重的关门主义、高慢的宗派主义与冒险主义的历史传统。这种恶劣的传统,从“八七”会议[43]以后的盲动主义就开始了,直至六届四中全会[31]以后很长的时期内,还没有肃清。因此,它深入在许多同志的思想中及党与群众的日常工作方式中,以至成为恶劣的传统习惯。这种传统至今还没有在全党同志中彻底揭发,并给以应有的致命的打击与肃清,这在目前就特别妨碍民族统一战线的建立与争取群众的多数。为了肃清这一传统于每一具体工作中,就需要新的工作方式、组织方式、斗争方式的创造,需要党的组织工作的全般转变。

所以,目前党的组织工作的转变,是有两重性质的:(一)因为环境的变动,政策的改变,需要改变我们斗争的组织的与工作的方式。(二)因为在党与群众工作中还存在着错误的恶劣的传统,需要肃清与改变。前一种转变,是从武装的转到和平的,非法的转到合法的,秘密的转到公开的,单独的转到与同盟者合作的。后一种转变,是从机械的转到活泼的,主观的转到客观的,空谈转变到实际,形而上学转到辩证法。因此,目前的转变,是党与群众工作全般的、彻底的转变。这对我们是一个极艰难的任务,然而这是决定一切的东西。斯大林同志说:"在正确的政治路线提出以后,组织工作就决定一切"[44]。全党同志必须进行极艰苦的工作与学习,来完成这一个伟大的转变!

应该指出,这一个转变从前年十二月决议[20]发表以后,在党内就开始了。现在要问:我们在这上面已经做了什么?转变达到了何种程度?

一般说来,党的政治口号与政治宣传在各地大体上已经转变了。在这方面我们已经获得了很大的成绩,党的政治影响已经空前扩大了,党取得了极广大群众的同情和拥护。然而组织工作的转变,则极不令人满意。在平津及华北其他几个城市固然已经开始从一切具体工作中去进行转变,并且已经在党与群众工作中获得了相当的成绩:华北党扩大了,群众运动与群众组织也一直是发展的,为今后工作开创了比较好的基础与条件。但在其他地方,或者还只是部分地开始转变,或者还完全没有转变,过去的一套,还是系统地无数次地被采用着重复着。因此使得这些地方党与群众工作至今没有什么进展,使已经发动起来组织起来的群众,或者又弄到解体塌台,或者变成极狭小的秘密组织。

党与群众工作为什么至今没有全般的决定性的转变?

它的原因是:(一)我们和许多同志在过去没有了解这个转变是两重性的,是一个极深刻极艰苦的转变。过去我们只在党内提出,形势变更了,策略也需要变更,这是一个比较易为的任务;而没有提出转变十年来所执行并坚信为正确的关门主义冒险主义的历史传统，这是一个最困难的任务。因此，就没有使党内觉得有进行一个彻底与全般转变的必要，没有使许多同志感觉他们过去在党与群众工作中所熟悉的那一套，是错误的，是需要改变的，他们在工作中还是自信地重复那一套。（二）我们没有系统地具体地揭发与批评过去的恶劣传统，否定过去的错误原则，并且提出新的正确原则去代替。因此，使得过去的错误原则还指导着我们同志的日常工作。此外，中央与各地党部的关系不密切，也是转变迟缓的次要原因。

许多同志认为我们目前的转变只是策略的转变，他们就以叫几句统一战线的口号为满足，认为只要把过去的口号取消了，换上新的口号，他们就已经彻底转变了。再多一点转变，他们都认为是不需要的。因此他们口头上尽管千百遍地叫着统一战线，而实际工作上还是千百次地妨碍与破坏统一战线。如是，使我们提出的需要在每一个实际工作中具体执行的新策略，经过他们就变成了完全的形式主义的空谈。

因此，为了要彻底转变今后的党与群众工作，我们除了在同志中解释目前环境的变动与新的策略任务外，还必须着重地揭发与批评过去历史传统中的错误，必须在党内提出彻底转变全般工作的问题。从总的任务起，一直到每一个实际的具体的工作方法止，都或多或少地需要转变。这或者是由于要适应目前新的环境与任务，或者是由于过去本来就错了。

党和群众的关系

为了争取与组织千百万群众在党的领导之下进入民族革命的战场，我们必须正确建立党和群众的关系，正确组织公开工作和秘密工作的联系，学习在各种环境下领导群众的艺术。必须分别清楚领导党组织和领导群众的方式根本不同，党内工作方法和群众工作方法根本不同。如果我们的同志对于这些问题没有清楚的实际的了解，那我们就不要去幻想组织和领导千百万群众。

党和群众的关系应该怎样建立呢？

党是群众的领袖，群众的先锋队。但我们在群众中的党员是否成为群众的领袖（不是他自己认定自己是群众的领袖，而是群众认定他是他们的领袖），那完全不是由于法律的规定，不是由于党的任命，而是由于我们的党员能够了解群众，能够牺牲自己，最忠实地为群众的利益而斗争，能够说服群众，能够在长期的斗争中证明我们同志的主张是正确的。要使群众认定我们党、我们的同志是他们的领袖，并自愿地跟随我们去进行决死的斗争，就需要我们经过一个长期艰苦和正确地争取群众的工作过程。

我们不是在组织上直接要求群众服从党的指挥，要求群众团体接受党的命令，而是要使群众自愿地接受党的政治主张。

我们要求群众接受党的政治主张，同时我们要尊重群众团体在组织上的独立性，尊重群众的民主权利和意见。

当着我们的主张只有少数人赞成时,我们在行动上要服从群众的多数,在主张上则保留我们的意见。当我们是多数时,方能要求反对我们的少数服从我们的意见。

只有我们的同志尊重群众,信任群众,群众才会尊重我们,信任我们。

我们是以群众中一员的资格,在群众中出现,提出主张和办法,使群众自愿地接受,自动地跟着我们行动,而不是以共产党员或者自命为领袖的资格去命令和指挥群众。

这些,就是党员和群众之间的正确关系。然而,我们有许多同志却对此不甚了解或不愿意了解。有这样一些同志,他只要求群众服从他,而他可以不服从群众,不尊重群众;他自以为群众领袖是可以自称的,是可以由党的决议任命的;他甚至强迫群众,命令群众,包办一切,取消群众团体的独立性,破坏群众团体的民主原则。这种错误,大大地妨害争取和团结广大群众在我们党的周围。

另一种错误,是作群众的尾巴。当着群众拒绝我们的正确意见时,我们就悲观失望,表示没有办法,不去耐心地进行说服工作,解释我们的主张,启发群众的觉悟,反而接受群众的错误思想,作群众的尾巴。

正确建立党和群众的关系,是我们党同国民党争夺领导权的重要工作之一。国民党侮辱群众,不尊重群众的权利,命令和压迫群众。而我们则同国民党相反,群众就自然愿意亲近我们,抛弃国民党人,而举我们的同志为领袖。

公开工作和秘密工作的联系

公开工作和秘密工作应当怎样联系呢？

这实际上就是秘密党和群众的关系问题。

我们在各地的同志，首先应当估计各地在各个时期的环境，依照这些估计，来判断何种组织、何种工作、何种方式在当时当地可以合法地进行，何者只能半公开地进行，何者只能秘密地进行。我们还应当调查各地有哪些已经成立的合法团体，甚至反动团体和带政治性质的同群众有联系的机关（如乡民会议等）。对于这些团体和机关，是可以派人加入到里面进行工作的。只有作了这种估计和调查，我们才能正确地确定当地到底有哪些可能公开的机会给我们利用，并使公开的工作和秘密的工作配合起来。过去我们完全不作这种估计，结果弄出极大极多的错误。

一般估计，我们今后的工作环境可能变动。如果和平实现，国共合作成立，那末我们的工作在全国范围内将有更大公开进行的可能，虽然在全国各地程度上并不会一致。有些地方，合法运动或将成为我们主要的工作；另外一些地方，或者只能半公开工作，或者公开活动的可能较少，秘密工作还是主要的工作。至于在日寇及汉奸亲日派统治的区域，党的组织当然还是处在绝对秘密的环境中。我们估计到这些可能的变动，要准备在更大范围内去进行公开和半公开的活动，改组我们公开工作和秘密工作的相互关系。然而公开工作和秘密工作的联系，还是我们今后工作中一个极重要的问题，并没有取消这个问题甚至没有降低这个问题的重要性。

只要环境允许，我们就应当尽可能地采用合法的公开的方式去进行工作.秘密的党的工作没有全部公开进行的可能，只能部分地公开进行。我们应当利用这种部分公开的可能去工作,哪怕是一点半点的公开机会都是宝贵的。能够公开办一个补习学校,组织一个灰色团体〔29〕,出版一个灰色杂志,我们都必须去利用。但是有人说:这种部分公开我们不要,必须全部公开我们才来。为什么呢？ 说是我们的党纲不能部分地公开提出。他们过去就这样地取消了一切公开工作。

由于环境的变动,我们的公开工作可以随之扩大或者缩小,但是不要超过环境所能允许的范围。因为超过这样的限度,就要使我们原来公开的组织和公开进行的工作,转入半公开或者秘密的状态。一般来说,所谓公开工作,就是能够合法地进行的工作。利用合法并不是合法主义。我们过去在反对合法主义的斗争中,认为所有一切合法地进行的工作都是所谓"合法主义"。当环境不允许时,还要把公开的灰色团体、黄色工会〔7〕等都转变为赤色工会〔9〕,使秘密的团体和人员去冒险公开,那是极端错误的。

一般来说,群众工作应当是公开进行的(虽然有时只能半公开进行),而党内工作则应当秘密地来进行(如有可能也应当部分地公开地进行)。但是我们在党内工作的方法,绝不能拿到群众中去使用。我们在群众中做公开工作的同志,他的一切行动和工作方式应当群众化,应当公开,不要在形式上表示自己的特别,暴露自己共产党员的面目。

在群众中做公开工作的同志不能兼负党的秘密机关的工

作,应当同秘密机关断绝关系,只同特别指定的同志发生关系。党的秘密文件不能拿到群众机关中去。不要使敌人从公开工作的同志那里找到任何党的组织关系。

在党的文件刊物上,不要登载公开群众团体的情况,不要使敌人从党的机关中找到任何同群众团体的关系。

党内工作和群众工作、秘密工作和公开工作应当采用完全不同的方法去进行,派遣不同的干部去进行,在组织上不能混淆,在方法上不能重复。过去的错误就是在组织上混淆起来,方法上又完全重复。把应当公开进行的工作,拿到秘密机关来做;把应当秘密进行的工作,又去冒险公开(如秘密机关的负责人兼任群众团体的职务等)。这样,使得应当公开的不能公开,应当秘密的不能秘密。结果就是党和群众工作都遭到破坏。

我们过去忽视公开工作和秘密工作联系的问题,没有在党内着重提出并解决这个问题,是我们极大的错误。列宁说:"假使布尔什维克当时不在最激烈的斗争中坚持一定要把合法的斗争形式同不合法的斗争形式配合起来,坚持一定要参加最反动的议会以及其他一些受反动法律限制的组织(如保险基金会等),那末他们就决不能在1908—1914年间,保住(更不用说巩固、发展和加强)无产阶级革命政党的坚强核心。"[45]中国党的历史证明列宁的话是对的。过去我们在白区的组织并没有能够保持,更谈不到巩固和发展。

在目前,我们一方面应当动员群众向国民党政府提出要求,允许救国会的公开,允许各种非法团体的登记,允许言论、集会、罢工的自由;但是另一方面,我们还应当利用各种灰色的团体去组织群众,加入各种已有的合法团体去进行工作。
我们的同志在各种灰色的合法团体中应当忠实地为群众直接
的要求而斗争,以争取群众,争取领导地位。但不要把这些
团体转变为所谓"赤色团体",表面上还应当保持它的灰色和
合法。

在日寇及汉奸统治的区域,采用救国会等名义去组织群
众是不适当的。在这些地方,应当以组织公开灰色团体及利
用原有的合法团体为团结群众的主要方式。

党　的　转　变

为了战胜日本帝国主义,实现无产阶级的领导权,只有
党的布尔什维克[16]化及其组织的发展与巩固,才是唯一的
保障。

(一)各地党部应当在中央帮助下迅速恢复起来,并且谨
慎地认真地发展党员。

在国共合作成立后,固然给党以比较顺利的发展和工作
的条件,但同时资产阶级对于党内影响的可能,也大大增长
了,从内部来破坏党的可能,也增长了。为了保持党的独立、
纯洁与一致,应当:(1)提高新党员入党的条件,新党员要经
过候补期的考查(工人可不经过);(2)加紧对于党员的政治
理论教育;(3)加强党的纪律,扩大党内的民主;(4)慎重地
选择党的干部;(5)加紧对右倾尾巴主义倾向的注意。上面
提到的入党条件,在秘密环境下的党,可以放宽一点。

有些地方恢复与发展党的组织,应该依靠一些基本的党

员与干部去进行,这些党员与干部是绝对忠实于党的,是可信托的,绝不应该随便调动他们。

(二)党内工作与公开的群众工作应清楚地分开。党内一切工作与组织状况,比以前更应秘密些,不应该使同志互相知道,尤其是公开工作的同志。

党的机关应当很小,取消一些不必要的组织与官衔。它与各方面的关系尤其与公开工作同志的关系,应当很技术地建立起来。这是秘密工作中最困难而最重要的事。这种很小的秘密领导机关,即使在公开环境下,都必须保存。如环境有更大公开的可能,只是群众组织与公开活动的同志去公开即可。

我们对于党的秘密工作,要有远见,要坚持,要忍耐,不能有丝毫的急躁病和疏忽。因为环境是变动的,今天觉得不要紧的事,但到明天也许就很重要了。今天是要服从明天的。我们许多同志在过去就是没有远见,不能忍耐,害着不能容许的急躁病,过于疏忽。他们在今天甚至不估计到明天的情形,甚至不估计当时的环境去布置与进行工作,如公开征收党员、举行革命竞赛、进行突击运动、随便调动干部与改组党的组织等。我们以后不要随便再以"怕死"、"动摇"等话去批评同志,助长同志的冒险情绪。秘密机关中那种忙乱的状态,也是不能继续的。

在秘密环境下,我们的组织如发生问题,即应暂时停止工作,风声紧张时,人员即应暂时离开(如可能离开的话)。如果没有相当保障,一切工作都不要冒昧去进行。工作没有做好不要紧,要紧的是机关无论如何不能破坏。我们应该特别小心,应该建立巩固的秘密领导机关,虽经各种风浪也不致动摇。

对于违反秘密工作原则的同志,应该坚决执行纪律。

只要我们把公开工作与秘密工作配合得适当,秘密机关的工作井井有条,不疏忽,不乱来,那我们就能够对付奸细。现在奸细还会混入我党,我们除开特别小心考查外,主要的要使公开的与秘密的工作配合适宜,使奸细不能更大地损害我们。

(三)在可能条件下,应该扩大党的民主。如领导机关多与同志通信,多征求同志对自己领导的意见,多取讨论的态度去实现指导等。我们不只是要在形式上执行一些民主手续,更要紧的是我们要提倡一种民主的工作精神。领导机关应当尊重每一个同志的意见和应有的权利。负责人员在党内没有特权,不应斤斤于自己个人的领导地位,不自高自大,应服从多数,服从纪律,接受下面的批评,倾听同志的报告,详细地向同志解释,用平等的兄弟的态度对待同志,把自己看作是一个普通的同志,大公无私地处理问题。这是民主的精神,我们每一个干部都应当具备这种精神。应当用这种精神来改造自己并教育同志。这正是党内所需要的民主。

党内的命令主义与惩办主义还严重地存在着。这表现在不从政治上原则上去彻底解决一切问题,而采用组织手段与纪律去解决一切问题(有些人甚至离开纪律,就不解决任何问题),表现在领导方式上的过分机械与绝对。这是一种极不民主的习惯。一切问题要从政治上原则上去解决。只有在政治上原则上解决以后,组织手段与纪律的采用才是对的。纪律在党内是必要的,应加强——但要在最后的时候去采用。

加强纪律,是提高同志服从多数、服从组织的精神,而不是要指导机关经常用纪律去制裁同志。相反,指导机关制裁同志愈多,就表示那里党内的纪律愈坏。

党有纪律,不表现在不许同志向党内发表不同意领导机关的主张,而表现在同志虽有不同的主张,还能在行动上服从多数与执行领导机关的决定。

我们党正因为有这种铁的纪律,才能使奸细很难破坏我们。惩办主义与命令主义是帮助奸细的。

党的集体领导,也只有在民主基础上才能建立起来。只有广泛地吸收了全体同志的经验与好的意见,才算是真正的集体领导。

党的民主集中制与个人负责制是必须同时采用的。重要问题应该民主决定,但工作的执行则应个人负责。工作机关应该有工作秩序与工作纪律。机关的首长应该督促与检查工作。

真正的民主精神,与共产主义大公无私的道德是不能分离的。自私自利,是与大公无私相反的。自高自大,风头主义,个人英雄主义,是一种自私自利的思想。这种人,他要居人头上,而不肯居人下;他要求支配别人的特权,他自己不受别人支配;他可以随便批评打击辱骂别人,别人不能批评他;他要别人服从他的"决议",他自己可以不服从组织的决议;他认为别人破坏集中原则是犯纪律,他不承认他自己破坏民主原则也是犯纪律;他只图自己个人的发展,甚至为发展自己而去妨害别人的发展。这是旧社会的思想在党内的残余,这是与民主精神相反的。

扩大党内民主，首先就要我们的干部有民主修养，在行动上做模范，然后才能在同志中群众中进行民主的训练。过去党内的同志与干部怕说话，怕犯错误，不敢负责。这是在不民主的情况下造成的现象。过去我们主要的不是用说服与教育去推动同志工作，而是用斗争打击同志去推动下级工作。这不是民主的办法。这使同志因为怕斗争而不敢说不敢做。斗争只是对于那些坚持错误、不学习、不自觉改正的人，才是需要的，而且还是为了教育。

（四）过去在思想斗争中随便去打击同志，加同志以机会主义的大帽子，因同志发表不同的意见而随便撤销工作，是不对的。因为这样使许多同志有不同的意见而不敢发表出来，这就掩盖了同志中在政治上原则上的分歧，也就不能克服这种分歧；这样只能造成党内表面上的一致，妨害了政治上、原则上、思想上真正的一致；这样并不能减少同志与领导机关对立的现象，反而使这种对立加深加多。同志们就不会去帮助领导机关的领导，他们会挑领导的岔子。这样，无原则的斗争又有了基础。

表面看来没有不同的意见，有时并不是好的现象。

我们不要在思想斗争中随便打击同志，这并不是说，我们要抹煞同志中原则上、政治上的分歧。相反，正是要使同志能够充分发表他的意见，以便真正消除这种分歧。大多数的分歧意见，用说服、用讨论是能消除的。

以后如因政治上、原则上的分歧意见而开除同志，应特别慎重，除非是他在组织上违犯纪律而不能纠正。

（五）一切工作，一切转变，都依靠我们的干部，因此干部问题是党内的中心问题。训练出大批的干部分配到各条战线上去，是党的中心工作。各地方要特别注意选择干部来受训练。

毛泽东同志在结论[46]中提出了我们现在所需要的干部的标准：懂得马克思列宁主义，有政治远见，有工作能力，富于牺牲精神，能独立解决问题，在困难中不动摇，忠心耿耿地为民族、为阶级、为党而工作，而且没有自私自利个人英雄主义等毛病。我们每一个干部应当按照这样的标准来修养。

我们要把现有的干部以及新干部提高到这样的标准，这需要党与干部自己艰苦努力，而不是用这种标准来考试我们现有的干部，把不够标准的黜职。很明白，我们现有的干部有各种的缺点，政治上的、能力上的、思想上的、意识上的缺点都有，甚至还带有旧社会各种乌七八糟的残余尾巴，然而现在就是要将这样的干部改造成为具有足够高度水准的干部，不能毁坏他们。这虽然是极艰苦的工作，但是能够做到的，因为我们还要改造全人类。

我们要经常考查干部，要恰当分配各种干部的工作，给他们以能够胜任的任务，并在工作上帮助他们。在这一点上，许多地方的领导机关犯了不少错误，应该纠正。

提拔新干部在目前是重要的。但新干部要经过一定阶段来提拔，不能照过去一样随便提得很高，这样反而使他无法工作。

在华北已有新旧干部不融洽不合作的事情发生。这应给以注意。新旧干部各有不同的长处与缺点，应该互相学习，互相尊重，才能取人之长补己之短，使集体领导改善。

（六）在群众团体中的党员，还是应该建立党团[47]。但党团应很技术地工作。各级党团应绝对服从各级党部的领导，服从上级党团的领导。党部领导党团时应该谨慎周到，应该和党团同志讨论一切，但不要在一切小问题上都去机械地决定。要活泼地领导党团，不是不给党团以具体领导。

（七）我们同志那种忙乱无章的作风，应该改变。应该抓住各时期中心的工作，分别各时期各种工作的轻重缓急，有秩序地去工作。我们的同志都有热烈的革命精神，但一定要加上真正的务实精神，才能切实推动工作与革命。我们同志对于一件工作想清之后，就应有抓紧这一件工作干到底的精神。只有革命精神与务实精神的结合，才能肃清空谈作风，克服官僚主义。

（八）我们的宣传工作应该彻底转变，虽然最近我们在宣传上获得了很大的成功。

过去我们一些同志常分不清楚宣传口号与行动口号的区别，对内教育与对外宣传的区别，党的口号与群众口号的区别，党的宣传与群众呼声的区别。常用"武装拥护苏联"、"武装进行民族革命战争"等口号去动员群众行动；常在罢工要求上加上"驱逐日寇出中国"；常把党内问题的文章登在对外刊物上，在对外刊物上宣布某些团体与行动为党所领导。这种事过去我们做过许多。同时，宣传的形式化、刻板、琐碎、夸大、不注意事实、不注意对象，文件的八股化，是一贯的传统。这些东西必须彻底肃清。

今后，党的理论研究与理论宣传更加重要了，这应该利用各种公开的可能,组织研究会、出版机关等来系统地进行。

(九)最后,在党内必须克服严重存在着的主观主义与形式主义。这种主观主义与形式主义表现在我们各方面的工作中。我们的某些干部中它的毒很深。它只注意事物的表面与形式,而不注意事物活泼的内容;它只记得马克思主义的条文,而不能将这些条文活泼地运用到具体环境中去;它使我们把公开工作与秘密工作混淆,使我们在群众斗争中盲动;它使我们在罢工工人的要求上加上"拥护苏维埃红军",使我们在国民党和帝国主义统治的上海提出"实行苏维埃劳动法[34]";它使我们不分宣传口号与行动口号,使我们的文件刊物公式化;它使我们在口里千百遍地拥护国际路线,反对立三路线[18],在实际工作中又千百遍地违反国际路线,执行立三路线;它使我们机械地处理问题,一切工作公式化、刻板化,使我们许多同志毫无生气,不去思索问题、考虑问题。由这种形而上学的哲学所产生出来的错误,给我们党的损失是很大的。

我们的同志必须坚决抛弃这种主观主义与形式主义,用马克思的辩证法来代替;坚决肃清关门主义与冒险主义的历史传统,用布尔什维主义[16]来代替。怎样来改正我们过去的一切错误?同志们都应该学习,学习过去的经验,学习马克思列宁主义的理论,学习马克思列宁主义的方法。只有这样,才能使我们前进,才能使党与群众工作彻底转变。学习!学习!再学习!

用马克思列宁主义把我们的头脑武装起来,我们是能克服过去的一切错误,率领千百万群众去战胜日本帝国主义,解放中国的。

争取全国民主统一与
党在统一战线中的领导权[*]

（一九三七年五月）

同志们：

我对毛泽东同志的报告^{〔42〕}是同意的,我只说以下两个问题。

一

我党提出的抗日民族统一战线政策,是目前挽救中国、解放中国唯一正确的政策。两年来,全党执行这一政策,已经获得了伟大的成绩。国内和平基本上实现了,国内政治已经相当地向我们所指示的方向转变,向民主与抗战的方面转变。党的政治影响在全国群众中迅速增长着,而且党在组织上领导了全国的抗日民族运动。这证明,我党至今还是中国革命的唯一领导者。

民国成立以来的二十六个年头,中国是经常有内战的,没有国内和平的。停止内战,实现国内和平,是民国历史上一件

----

   *   这是在延安举行的苏区党代表会议上的发言。

最重大的事情,是中国的一个极大的进步。这个进步在我党的领导之下实现了。我们不应该小视这一个事件的意义,我们必须继续用一切力量进一步巩固国内和平。

和平为什么能够实现?基本的原因是日本帝国主义推行企图灭亡中国的大陆政策,同时由于:(一)资产阶级的转向抗日;(二)英美法等国改变了分裂中国的政策;(三)人民大众要求和平与反对内战的强有力的运动;(四)最重要的,还是我党与红军执行了正确的政策以及红军力量的强大。很明白,我党如果不提出民族统一战线政策,不去领导群众运动,如果在西安事变[48]中采取错误的政策,那末,国内和平至今是不能实现的。

和平在今天虽然基本上已经实现了,但因为日本帝国主义与亲日派总还在想法破坏中国的统一与和平,和平仍有被破坏的可能。所以有人提到怎样巩固国内和平问题时,我们的回答是实现民主、排除亲日派和对日抗战。没有民主与对日抗战,国内和平是不能巩固的,是不能长期保持的。

国内和平的实现,民主政治的实行,将使中国走向真正的统一。我们当然赞成中国的统一,这是战胜日本帝国主义必要的条件之一。但是统一中国的途径与方法,我们与蒋介石之间是不同的。蒋介石原来是企图用武力讨伐和阴谋的政治手腕,排除与消灭一切异己势力,建立自己的独裁,来统一中国。而我们则主张联合与实行统一的民主制度,依靠人民大众的力量,来实现中国的统一。照蒋介石原来的办法,中国是不能统一的,甚至和平也不能保持。只有我们的办法才是目前统一中国的唯一途径。

南京中央政府如果不能尊重人民的政治权利,不允许人民参与政治,而要求各地方实力派将政权、军队、地盘、财政交给蒋介石支配,这显然是困难的。蒋介石如用强力和阴谋来这样做,不是采用光明正大的民主的方法去统一,那就是和平的破坏和中国的分裂,就会将某些军阀推到日本怀里,封建割据势力就会在这一点上来反蒋与割据。

蒋介石本来要消灭红军,消灭各派,建立独裁,统一中国。但因为日本的进攻,以及各方面的客观情形,使蒋介石不能继续这样做了。蒋现在只有两条路,一是降日,二是抗日。现状不能维持。蒋现在是走向第二条路,虽然是违反他原来意志的。蒋介石武力消灭红军和各派的政策,暂时放弃了。但蒋介石还是继续采用阴谋、挑拨、收买、威胁等方式,即改良主义的方式来削弱与瓦解红军和各派。

我们应该要求南京政府实行民主,同时要求各地方势力实行民主。要在不与南京政府对立的条件下,联合各地方势力推动南京政府实行民主。我们不能放弃对各地方势力的工作。在目前我们无论如何不能赞成各地方势力的反蒋要求,因为这是帮助日本的;同时,我们也不赞成蒋介石在非民主的原则下排除、瓦解各地方势力的要求,因为这也是帮助日本的。我们要批评各派的反蒋,同时还要批评蒋介石分裂、瓦解、消灭东北军西北军[49]及各派的阴谋,因为这都是于和平团结有害的。

我们有些同志将就各派反蒋的要求,是错的。但对蒋介石非民主的倾向及排除异己的阴谋不采取各种形式的批评,也是不对的。

依照蒋介石原来的意志，不论在任何情形下，是不会不企图削弱、消灭我们的。仅仅根据这一点来看，国内和平是没有保障的。因此，国内和平的保障，并不在这里，而在下列的客观事实：（一）日本的进攻不会停止；（二）红军力量的强大，及其在任何情形下不松懈自己的战斗情绪和对于蒋介石这个老奸巨滑的同盟者之谨慎的应付；（三）全国人民、军队强烈地同情红军和我党，并强有力地反对内战；（四）各帝国主义与日本之间的矛盾，日本、亲日派与蒋介石之间的矛盾。在上述客观情势下，国内和平是有相当保障的。如果再加上我们在各方面正确的政策与有效的工作，民主的实行，和平就可巩固。如果我们不看客观情形，只看蒋介石个人原有消灭我们的意志，那我们就会悲观；如果我们不估计到蒋介石还采用改良主义来孤立与破坏我们，那我们就会松懈自己的戒备，这两种倾向都是危险的。

红军与苏区[6]的戒备，比过去不独不应松懈，而且应加强。因为反革命从内部外部阴谋破坏红军与苏区的可能性更加扩大了。

党中央领导和平解决西安事变，并作了某种限度内的退让，是完全正确的必要的。这样，大大便利了我们在白区群众中的工作。在西安军事上所作的退让，是向日本、亲日派以及反共顽固分子政治上的严重进攻。因为我党在西安事变中执行了正确的政策，推动中国向前进了一大步。

有同志提出怎样在全国争取民主的问题，这自然是一个重要而复杂的问题，必须详细地讨论。争取民主的根本问题是立宪与国民大会的问题。然而除此以外，我们必须进行各种个别的立法运动,如工人、农民、青年、妇女的立法等。每一个关于人民民主权利的具体要求,我们都必须加以注意。而苏区则应是实行民主的模范。

有同志说,民主要求不能动员广大群众,这不对。民主要求,特别是各种具体的民主要求,农民要土地,工人要改良生活,都是能动员广大群众的。在目前我们的一切都是为了民主、抗日,我们应使群众了解民主的重要性及民主与抗日二者之间的联系。

二

目前民族统一战线与国共合作的内容和条件是怎样呢?这是一个十分重要的问题,每个同志都必须细心研究。因为这个问题关系到我们的前途和努力的方向。

如果历史事件可以比较的话,那末,现在的民族统一战线与国共合作同一九二七年前的国共合作相比,不同的地方如下:

(一)与我们合作的同盟者有一九二七年前合作的经验以及十年内战的经验。

(二)一九二七年前民族危机不如现在严重,联合战线主要是反对北洋军阀[50],而现在则将是直接对外作战了。

(三)一九二七年前世界帝国主义联合一致反对中国革命,而现在帝国主义各国对中国抗日战争的态度已不一致了。英美法相当赞助中国抗日。国际和平阵线与侵略阵线斗争的胜负,已经成为中国抗日战争胜负的决定因素之一。

（四）一九二七年前是党内合作的形式[51]，而现在是党外合作了。

（五）国民党[5]今天已经有了全国的政权，但内部是更不一致的。国民党十年来的反动在全国群众中种下了极恶劣的影响。

（六）共产党有了大革命[30]的经验，有了很高的政治水平，有了苏区和红军，有了十年苏维埃运动[52]在全国群众中的影响，虽然党的重要干部有很多牺牲。

（七）苏联的强大，世界正处在无产阶级革命的前夜。

上列七项，就是今后国共合作客观和主观的条件，领导权就是要在这些条件下来争取。这些条件总合起来看，对于我党，对于无产阶级并没有变得不利，虽然国民党已有全国的政权和庞大的军队，并有英美等国的援助等优越条件。

现在应该提出这样的问题：民族统一战线、国共合作的结果和前途怎样？这就要看统一战线的领导人是谁。是资产阶级，那对日战争的彻底胜利就不可能；是无产阶级，那对日战争必然彻底胜利，并将使革命转变到社会主义前途。这是合作阶段中的中心问题。

中国无产阶级具有极优越的条件来获取最后的胜利。但领导权并不是天生地属于中国共产党，资产阶级及整个第三营垒的人，也在用尽一切力量来争取领导权，领导中国走第三条（资本主义的）道路，虽然这条道路是不可能的，结果是要走到殖民地的。要战胜他们，要有正确的政策，还需要作极大的努力。对一切忽视这个问题的倾向，以及在这个问题上的任何懈怠，必须给以坚决的批评。

共产党如何来争取领导权呢？毛主席已正确地提出了四项原则[53]。具体地来说，我们就要分析国共合作的具体条件，并善于运用这些条件，克服自己的弱点，发扬自己的优点，利用对方的弱点，并避开与削弱对方的优点。

我们的方针是孤立资产阶级，但资产阶级也企图孤立我们。斗争是复杂的，而且是残酷的，只是暂时不拿起武器而已。

我们清楚估计了上述七项条件，我们就知道应该如何努力。除毛主席提出的四项原则以外，我认为下列具体问题也应提出：

第一，资产阶级在反对无产阶级斗争中是有经验的，因此，在我们前进的时候，工作必须十分艺术。我们应该完全抛弃虚浮、夸大、空谈的作风，不要故意去刺激资产阶级的警觉性。要进行切实的工作，不要企图用吹牛皮来吓退敌人。

第二，统一战线免不了"纵横捭阖"。要对付国民党各方面的阴谋，我们的许多同志是没有经验的。应该善于灵活接近各方面而保持自己的纯洁，不是将自己放在保险箱里保持纯洁，而是要在各种复杂环境中保持纯洁。

第三，我们要大批训练军事、政治干部。过去我们的干部，特别是有经验的干部大批牺牲，我们要在最短期内补救这个缺陷，要训练上万的干部。红军要成为干部学校，要采用个别退伍的方法为全国白区准备军事干部，并使苏区"全国皆兵"。大革命的经验，要立即从新研究与整理好，来教育我们同志。

第四，在党内与群众中加强国际形势教育。策略的决定要更多地估计到国际形势，因为国际形势对于中国问题决定的因素比一九二七年增加了。要使中国革命与世界无产阶级革命更密切地联系起来。

第五，同国民党的武装斗争停止以后，政策的、原则的、理论的斗争已经提到了主要的地位。我们必须在政策上、原则上、理论上加强对于国民党及各派的批评，加强对群众的共产主义精神的教育。

以上是几项具体工作。毛主席提出的四项原则，是更基本的。此外，如壮大红军与发挥特区的模范作用，共产党的发展与巩固，广大地组织群众，影响国民党的军队，都是很重要的。每个同志坚定正确地照这样去工作，结果一定是我们的胜利，民主共和国就有转变到社会主义方向的可能。否则，革命的再一次失败也不是没有可能的。

抗日游击战争中的
若干基本问题[*]

（一九三七年十月十六日）

一 游击战争是今后华北人民
抗日的主要斗争方式

在芦沟桥事变^[54]以前，中国人民反对日本帝国主义侵略的方式，主要是非武装的斗争方式（如游行、示威、抵制日货等），当时敏感的学生与知识界常是站在反日斗争的前线。在芦沟桥事变以后，中国人民抗日的主要斗争方式，已经提高到武装斗争的阶段了。这是一个对日抗战的新阶段。在这个阶段中，站在抗日前线的是抗日的军队和那些武装起来的人民。

一般说来，武装斗争有下列三种主要的方式：（一）正规战争；（二）游击战争；（三）武装暴动。今天，在全中国来说，反对日本帝国主义的主要斗争方式，是正规战争。在华北，也主要还是正规战争。

但不幸的是，在今天抗日的正规战争中还存在着许多缺

---

*　本文原题为《抗日游击战争中各种基本政策问题》，当时由解放出版社印成单行本公开发行，署名陶尚行。全文共六节，收入本书的是一至四节。

点。领导战争的政党与军政当局〔55〕还坚持着许多错误的方针,不能全部执行正确的政策,使得今天的抗日正规战争在华北遭到相当严重的失败,许多主要城市、大部分土地与交通要道沦于敌人之手,被敌人利用来向中国内地进攻。这是十分痛心的事。然而,正规战争中这许多错误与缺点,还不是一天或一个月所能全部纠正的。同时八路军〔56〕又还不是华北正规战争中的主力,真正的人民武装也还没有广大地组织起来。因此,华北的正规战争继续遭受一些严重的失败,仍是可能的。

华北抗日的正规战争如果继续遭受一些挫败,游击战争将成为华北人民反对日本帝国主义的主要斗争方式。虽然在全中国来说,抗日的主要斗争方式,还是正规战争。

今天华北人民的中心任务,是广大地组织与发展抗日游击战争。广大的游击战争是华北人民抗日最有效的方式。一切愿意在华北继续进行抗日斗争的人们,都不应该放弃或逃避游击战争。如果真能在华北动员数十万以至数百万人民武装起来,从事与坚持游击战争,那末,这一件事实在政治上军事上就有着下列伟大的意义与光明的前途:

(一)牵制日本极大的兵力于华北,在战略上配合华中华南的正规战争。

(二)在华北长期坚持抗日战争,消耗日本帝国主义的力量,以便最后战胜日本帝国主义。

(三)围困日本侵入内地的军队而最后消灭之,部分地收复失地。

(四)给华北人民以斗争的出路,给汉奸以打击,暴露投降者的可耻面貌和民族失败主义者的错误,给某些可能的对日妥协企图以极大的牵制。游击战争将告诉全世界:华北人民为保卫华北的每一寸土地而血战到底。

(五)在游击战争继续扩大与胜利的过程中,将转变到以正规战争为华北人民抗日的主要斗争方式,最后驱逐日军出华北。

有许多人对华北发展广大游击战争的政治军事意义,是估计不足的,对游击战争的前途是怀疑的。他们以为,数十万久经训练的、超过日军数倍的正规军,都不能支持华北的战局,在极短的时间内被日军连续击破,难道在这数十万大军失败后,由人民组织起来的新的零散的游击队,能长期与更多的日军作战,并取得胜利吗? 这些人的思想是错误的。他们不了解华北正规战争的失败,是不能由这数十万军队与人民来负责的。不是由于数十万军队与华北人民的力量不能战胜日寇,而是由于没有发挥这数十万军队与华北人民的伟大力量,并错误地使用了军队与人民的力量。这是应由政府当局负责的。这种错误与缺点在今后的人民游击战争中,必能迅速地纠正与克服,也必须迅速地纠正与克服。所以,今后华北的游击战争,是有胜利前途的。

二　在华北发展游击战争的条件与胜利的可能

如果华北的交通要道和主要城市被日本帝国主义武装占领,那末,华北的抗日武装部队将在何种条件之下与敌人斗争呢？

敌人方面的情况是：

第一，敌人能在主要的城市、军事要地集结优势兵力，利用铁路、公路及工业中心，容易得到补充并能迅速地调动兵力；

第二，敌人有优良的武器装备；

第三，敌军到处受到华北人民的反抗；

第四，敌军不能没有后方作战，在断绝后方接济的情况之下，敌军即不能生存；

第五，华北的地区广大，敌军不能在广大的乡村到处配置兵力，运输联络线很长，到处有被游击队截击的危险；

第六，敌军大多数士兵是被迫到中国来作战的。

以上是敌军在华北作战的优点和弱点。

我们的军队、游击队有哪些弱点和优点呢？

第一，我们是战略上的内线作战，处在敌人后方和侧翼作战，外面的补充和接济很困难；

第二，我们的器械与军事技术低劣；

第三，我们能够到处得到人民的帮助，风土习惯、地形都很熟悉；

第四，有广大山地以及敌军不能经常驻扎的广大乡村，作为游击队活动的根据地；

第五，我们的官兵是自愿地同敌人作战；

第六，在华北，有具备游击运动战特长的八路军为中心力量。

此外，过去华北的政府当局及豪绅资本家一贯地压迫剥削人民，人民生活状况的困苦没有改善；这次许多抗日正规军的纪律不好，又在人民中种下新的恶劣影响；人民长期没有民主权利，没有组织；中国政府在历史上对西北蒙回等少数民族一贯采取错误政策，以及华北有些地区的会门[57]土匪很多等，这些也是在华北广大开展游击战争应该重视的条件，应该作为确定游击队战略战术与基本政策的出发点。在游击战争广大地开展以后，在正确的政策执行以后，这些条件即将逐渐地改变，而对于我们有利。

华北的抗日武装部队是在上述基本条件之下和敌人作战的。我们的战略战术与各种政策，都必须根据这些条件来确定。

关于游击战争的战略战术问题，有许多专著论述，我这里不说了。我只说：如果在华北能广大地发展游击战争，能执行正确的战略战术与正确的政策，那末敌人愈深入中国内地，他的后方联络就愈困难，绵延数千里的铁路、公路交通，到处都有游击队去破坏和截断。这就逼使敌人用极大的兵力来保护交通联络线，我们就可以围困深入内地的敌人，便于主力部队去消灭这部分敌人，收复被敌人占驻的一些地区。游击队能够对付超过自己数倍的优势敌人，并能打胜仗。东北义勇军[58]的经验和八路军过去的全部经验完全证明了这一点。所以，在华北数十万正规军不能战胜的敌人，但数十万游击队是能战胜的，华北的抗日游击战争是有着光明前途的。

但是游击队要战胜敌人，除采取正确的战略战术外，还必须：（一）取得人民充分的有组织的帮助，隐蔽自己的行动，了解敌情，并从人民中取得给养与补充，否则游击队不独不能胜利,而且不能存在;(二)在各方面都要有正确的政策,代表人民的利益与意志,取得人民充分的有组织的帮助;(三)有很好的政治纪律和军事纪律,并实现官长与士兵的平等,保证各种政策的正确执行。如果没有上述三个条件,虽有正确的战略战术也是不能最后胜利的。因此,我们为使华北游击战争能够取得最后的胜利,除开广大地组织与发展游击战争而外,还必须建立能够在各方面执行正确政策的游击队,并且改造那些不能执行正确政策的游击队。应该建立巩固的抗日游击战争的根据地,并在这些根据地里建立有工作能力的领导游击战争的抗日政权。

三　抗日武装部队的组织和改造

如果华北沦陷于日寇手中,决心反抗日寇的不会只是共产党,其他一切有民族意识和抗日决心的党派、军队与人民,都会拿起枪来,参加游击战争,和日寇作战,华北游击战争就能广大地开展起来,这自然是很好的。但这也说明华北的抗日武装部队将是很复杂的、极不一致的,各种游击队会有各种不同的主张、政策与立场。对于这种情形,我们主张各种不同的抗日部队联合起来,配合作战,并执行一定的共同的政策。

估计将来抗日游击队约有下列数类:(一)在共产党直接领导下的队伍;(二)原在华北抗战的各派军队之一部;(三)以前在地主指导下的民团[59];(四)人民中自发组织起来的武装队伍;(五)土匪会门中抗日的队伍;(六)从伪蒙军[60]中反

正过来的队伍;(七)蒙民回民组织起来的抗日部队;(八)以至将来还会有从日军中哗变过来的士兵及俘虏兵组织起来的抗日武装。这些部队在抗日这一点上是一致的,但在主张与政策上是极不一致的。为了战胜强大的日寇,我们提议:

(一)所有在华北抗日的武装部队联合起来,组织抗日联军〔32〕,建立联军总司令部,受国民政府中央军事委员会的领导。

(二)联军总司令部以及各军区的联军司令部设经常的军事会议,由各种抗日部队的代表组成。军事会议决定战略战术方针和作战计划并选举联军司令官等。

(三)为了便于作战,各种零散部队应互相集中合并起来,成立正规的抗日军队。只要一有可能,共产党即为集中、合并与团结各种零散的部队成为正规军而努力。但必须以自愿为原则,反对强制的兼并或改编。

(四)在抗日战争中共产党不独需要自己的胜利与发展,而且需要一切友军的胜利与发展。共产党愿意公开自己一切成功与胜利的经验,以完全诚恳坦白的态度,在政治上、军事上、组织上帮助各种抗日部队的改造,使一切抗日武装都成为强有力的战斗部队。但共产党对各友军的错误与缺点,也将不隐讳地进行批评。

在抗日战争中迫切需要到处组织武装部队,也迫切需要各种武装部队的联合、集中、合并与改造。因此,共产党反对南京中央政府及某些地方当局禁止人民自由组织抗日武装队伍的方针,主张让人民武装起来,发给人民枪支,帮助人民武装,不要怕抗日的武装部队太多太复杂。同时,共产党既反对各种抗日武装部队的分立主义,也反对强制的联合,主张民主的联合与集中。

我们认为,许多参加抗日的部队是需要彻底改造的。否则这些部队就不能胜利与发展,甚至不能在华北存在。这种改造是:

第一,必须加强对部队的政治教育,在政治上巩固部队,加强纪律,并提高对日作战的勇气与牺牲精神。

第二,必须改善对士兵的待遇,禁止打骂虐待士兵,废除肉刑,实现长官与士兵平等。因为游击战争是在极端困难条件下进行的,士兵已不是为了找饭吃、赚几元钱,而是为了抗日救国来当兵。他们是光荣的。因此,士兵就不能再受打骂与虐待,让别人把他们不当作人看待。一个抗日部队如果继续保留过去军阀主义的一切恶习,这个部队逃亡的必然很多,没有人愿意到这个部队当兵,这个部队也不能高度发扬士兵的英勇精神与敌人作战。这样的部队终究是不能胜利甚至不能生存的。

第三,必须实行部队的经济公开,并由士兵举人管理监督经济。这样,士兵才能在给养困难的条件下不生怨恨,才能剔除坏人的中饱。

第四,必须淘汰对抗战动摇与不坚定的分子,才能使这个部队长期坚持抗日,并取得胜利。

共产党主张有上述缺点的部队要进行改造,并愿尽一切可能帮助友军的改造。共产党同样虚心吸取友军的特长和好的经验,来改造自己的部队。

四　抗日游击战争根据地的
建立与抗日政府的组织

游击战争是要有根据地的,没有根据地就不能长期坚持。在华北,日军虽然占领着交通要道与主要城市,但各省边区、山地及广大的乡村,日军是不能到达或不能经常武装占领的。在这些区域中就应该建立抗日根据地,作为游击队活动的后方。

在这些区域中,有的还存在着原来的政府,这些政府或者继续抗日,或者准备投降转变为汉奸政府;有的原政府人员逃走,汉奸们准备建立维持会[61]等。我们的方针是:要在这些区域中建立人民的抗日政权。我们的口号是:打倒汉奸政府、维持会,反对投降,改造原来一党专政的政府成为人民的抗日政府。为了在这些区域中建立真正有工作能力的、有群众基础的抗日政府来领导战争,原来的政治机构必须实行民主的改造。

首先应该召集这些区域中各党、各派、各民众团体、各武装部队、原来政府的代表和民众大会选举的代表举行会议,选举临时政府委员会。在该区域政府领导下,各县、区、乡、村的政府,同样召集会议,实行改造。这个临时政府除开执行政府一切职务外,还要筹备正式政府的建立;起草政府的组织纲领、选举法,并办理各级政府的选举。待民选的该区政府代表大会召集后,正式政府产生,临时政府的职务即行终了,将政权移交于人民选举的正式政府。这是改造政府所应经过的手续。

这种政府实行何种制度呢?实行民主制度。实行普遍、秘密投票的选举,开始时或者还应采取复选制[62],凡男女公民年满十八岁无精神病者均有选举与被选举权。各级政府采取委员制,由委员会任命各部部长,表决时以多数赞成为通过。

这种政府是中华民国的地方政府,服从中央政府的领导,经过中央政府的批准,接受中央政府的法律与命令。但它同时是地方自治的政府,它有权颁布地方性的法律和命令在自己区域内实行。

这种政府应该是地方的民族统一战线的政府(现在中央与地方的政府仍然是国民党[5]一党专政的政府),一切在抗日战争中坚决奋斗并取得民众信任的政党、团体、军队和个人,均应有代表参加政府。同时,这些政党、团体、军队和个人又应有关于民族革命战争的共同纲领,作为政府施政的准绳。

这种政府当前的迫切任务,是领导抗日游击战争并争取胜利。因此,它施政的基本任务应该是:(一)普遍地武装人民,动员人民参战;(二)保障人民的民主权利;(三)改善人民的生活;(四)肃清汉奸,取缔一切阻碍与破坏人民参加抗日战争的行为。

这种政府如果能够最好地完成上述任务,就能取得群众最高的信仰,发动群众以最高的积极性去参加战争中的一切工作。群众就能组织自己训练自己,并愿意将自己的一切交给政府去与日寇作战。这样,就能将这个区域建成为巩固的抗日根据地。游击队的给养与补充可以取之于这些地方,后方可以设在这些地方,可以引诱敌人到这些地方来加以消灭。群众会以最高的热情从各方面来帮助政府与游击队。这样,就能使游击队长期坚持与优势的敌人作战并取得胜利。

建立我党领导下的
抗日民主政权 [*]

（一九三七年十月）

为筹建晋察冀边区政府给聂荣臻^{〔63〕}电
（一九三七年十月二十日）

一、在晋察冀全区，为了加强与统一军事政治领导，应即进行统一战线的民主政权的改造与建设。

（一）立即普遍进行区乡临时政府委员会的民选；

（二）由当地武装部队、各党派团体代表组织临时县政府委员会，好的县长可为主席；

（三）立即筹备边区^{〔64〕}政府的建立，名义可称为晋察冀边区政府委员会，主席即以宋劭文^{〔65〕}担任；

（四）立即准备公开军区司令部。

二、立即颁布临时边区政府的组织法，规定：

（一）各级政府负责人的产生办法；

（二）实行委员制与民主集中制；

（三）各级政府组织法，边区及县区政府分为下列各部或

＊　这是为中共中央北方局起草的两份电报。

科:财政经济部、军事部或人民武装部、农政部(管理农民土地问题)、劳动部、内务部(下设民警局,相当于保卫局,不设锄奸部,取消原来的民团^[59]警察)、教育部、交通部(管军事运输)、法院(改组原来的法院,增设一高等法院及若干地方法院,法官由政府委员会推定)、监察部;

(四)区政府可不设监察科及法院,只设专管委员;

(五)取消薪饷制,规定各级政府公务员人数及其生活费的办法。

三、各地临时政府成立后,我党应即根据抗日救国十大纲领^[66]与基本政策,向委员会提议:颁布各种法令,主要的是劳动法、农民土地法;废除过去的捐税令,规定统一的累进税^[67]则,发布肃清汉奸令等。

四、军区司令部即准备公开,并召集各抗日武装代表成立军区军事会议。

五、设立边区工会、农会、民先队^[68]部及妇女抗日会等筹备处。另设军事政治学校一二所,大批招收青年工农学生训练干部。

六、边区政府、军区司令部一面筹备成立,一面向蒋、阎^[69]提出,力求取得其同意后,向全国公开,以便推广到其他边区。在未得承认前,边区可先行办理,唯暂不向全国公开。

此电并致各边区省委,晋西北及绥远^[70]亦可采取此种原则,依当地实况,逐步进行。

给贺龙[71]、关向应[72]及
华北各地党组织电

（一九三七年十月二十二日）

一、在冀察晋绥已被敌人占领地区，如繁峙、代县、崞县、宁武、神池及雁北各县，原来的县政府被摧毁或人员逃跑投降，但广大的乡村并无日军或汉奸武装驻扎。在这些地方，我们的地方工作方针应如下：

（一）直接用共产党及八路军[56]政治部名义，去动员群众。如在当地有友军友党或其他政治团体，即联合他们，并在战委会[73]名义下共同去动员。

（二）建立当地的抗日武装（如游击队自卫队），并使各种零散的武装部队联合起来，受当地政权领导。

（三）建立或改造当地的政府成为民族统一战线的抗日政权。首先由当地各种武装部队、各党派团体及民众大会选举的代表成立临时县政府的委员会（名义暂不统一），亦同样成立各区村乡临时政府的委员会。这种县区政府仍应隶属在省政府之下（如山西）。临时政府的任务是：（1）大量武装人民动员人民参加抗日斗争；（2）下令保障人民民主权利，实行减租（战地免租）减息、免税、增加工资等，改善人民生活；（3）肃清汉奸，取缔一切阻碍群众运动的豪绅等；（4）颁布县区乡政府民主制的组织法、选举法，筹备选举，产生正式政府。

（四）建立工会、农会及青年、妇女、儿童等群众团体，首先成立县工会、农会等筹备委员会。其任务是：（1）起草章程；

（2）提出当地工农群众各种要求的纲领，并组织群众要求改善生活待遇的斗争；（3）训练工会、农会工作干部；（4）派人到各区各村，成立区村工、农会；（5）动员群众去参加自卫队游击队及政府各方面的工作。

二、在未被敌人占领地区，当地政府还能照旧维持其统治，我们的地方工作方针是：

（一）共产党与八路军政治部应该独立自主地去动员与领导群众运动，但当地共产党员尽可能用左派面目出现，如当地有友军及政治团体如牺盟会[74]等，更应联合和推动他们去做，并可用战委会名义去做。

（二）推动当地政府进步，要求政府武装人民及改善人民生活，反对坏官坏人，在发动群众运动基础上逐步改选政权。

（三）中心一环是广大发动当地群众，要同时采用抗日救国的政治口号与改善生活的经济口号去动员与组织群众，并建立人民自卫队。

（四）首先在县一级成立工会、农会等筹备会，其任务同上。广泛地动员群众起来要求增加工资，少交租谷百分之二十五；取消向穷人摊派，增加对富人摊派；优待军人家属及进行其他一切改善生活的斗争。要使经济口号与政治口号联系，让穷人吃饱饭，好去救国。

三、在已失及未失地区，都要大大发展地方党，吸收在抗日斗争中积极的工农与经过锻炼的知识分子入党。要在各县首先成立党的工作委员会，负责建立全县各乡村党的支部。

独立自主地领导
华北抗日游击战争[*]

（一九三七年十一月十五日）

一、目前，正处在片面的军事抗战^{〔75〕}已很难支持，而全面全民族抗战还没有到来的危险严重的过渡期中。华北的正规战争大体结束，今后在华北坚持抗战的，将是以八路军^{〔56〕}为主的游击战争。正因为这样，统治阶级就更加动摇，汉奸活动更加猖獗。一部分统治阶级、军政领袖倾向对日妥协、求和，以保存他们的财产权位，国际上调解"中日冲突"的活动^{〔76〕}，更增加了他们对和平的幻想；黄河以北的一些军政领袖，则企图逃跑到黄河以南去躲避战争。而另一部分统治阶级、军政领袖，则倾向于开放民众运动、国共两党进一步合作，在民众援助下继续坚持与扩大抗战。

二、华北已经进入游击战争的新阶段。因为我党已是华北最大的政党，八路军具有游击战争的特长，华北抗日游击战争的领导责任，就自然落在我党身上。目前在华北，旧的政治机构已被日寇破坏，而日寇与汉奸的政权还没有在广大的乡村与大多数小的城市建立起来，在这些地方，我党公开直接动

---

* 这是为中共中央北方局起草的决定。

员与武装民众的权利和自由已经有了。目前我党在华北就是要进一步独立自主地去领导游击战争,动员最广大的群众参加游击战争,争取广大的乡村成为游击战争的根据地,以配合华中华南的正规战争,推动国民党[5]、国民政府及其军队的改造。

　　三、如果华中华南的正规战争不能继续坚持与扩大,我们就要在比较困难的条件下独立地和日寇作战。然而比东北义勇军[58]的困难要少多了。华北游击战争有重新转变为正规战争、驱逐日寇出华北的胜利前途,这取决于八路军若干倍的扩大,武装民众和争取与改造友军的成功。因此,我党在华北一方面要动员人民坚决反对妥协求和的倾向,反对退却逃跑,反对国际上任何牺牲中国利益的和平方案;同时要集中全力动员群众,扩大八路军,建立游击队,争取友军。准备在极困难的条件下和日寇作长期的艰苦斗争,争取游击战争胜利的前途。

　　四、我党要在民族统一战线的原则下,更加独立自主地去发动民众运动。除开深入与扩大我党的政治宣传外,必须坚决广泛地发动群众的经济斗争,使群众的经济斗争与抗日武装斗争联系起来。要加强反对右的危险倾向,这种倾向表现在因为惧怕同盟者不高兴,惧怕吓退同盟者,而停止与减弱领导群众的斗争,放弃领导群众改善经济生活的斗争,惧怕用八路军与党的名义公开去动员群众,模糊我党独立的政治面目。同时,必须反对左倾错误,这种错误表现在不顾统一战线的原则,提出过高的口号,在工作方式与斗争方式上不必要地去刺激同盟者等。目前,我们不要去依赖同盟者的帮助,而应独立自主地去领导群众与游击战争，但我们应尽可能取得同盟者更多的帮助。我们不要惧怕吓退同盟者而停止领导群众的斗争，但我们在工作方式与斗争方式上要尽可能不故意刺激与吓退同盟者。目前是要在统一战线的原则下更进一步地发展我党的独立自主，而不是绝对的独立自主。

五、在游击战争中，我党应以华北最大政党的资格出来建立统一战线的民主的抗日政权与新的抗日武装部队。在各根据地成立边区[64]政府、军区司令部，改造与建立各县、区、乡政府。要尽可能联合各党各派来建立这种政府与部队，并取得南京中央政府的承认。同时，还必须建立工会、农会、民族解放先锋队[68]及妇女抗日救国会等整个系统的组织，使之成为群众运动的直接领导机关。

六、在游击战争中，我党已成为政权、武装与群众运动的主要领导者，因此，我党应即公开。要建立公开的党的领导机关，发展党员，建立地方党部，增加领导机关的人员，扩大党内的民主，加强我党在政权、武装及群众运动中一切方面的领导作用。要反对党内准备在日寇到来时只潜伏在日寇统治下进行秘密工作的倾向，这只有在日寇统治暂时稳定的城市中才有必要。在广大的乡村中，我党要公开出来进行游击战争。

论共产党员的修养 *

（一九三九年七月）

同志们：

我要讲的，是共产党员的修养问题。现在来讲讲这个问题，对于党的建设和巩固，不是没有益处的。

一 共产党员为什么要进行修养

共产党员为什么要进行修养呢？

人们为了要生活，就必须和自然界进行斗争，利用自然界来生产物质资料。人们的物质生产，在任何时候、任何条件下，都是社会的生产。所以，人们在社会发展的任何阶段进行生产的时候，都要建立一定的生产关系。人类在和自然界的不断斗争中，不断地改造自然界，同时也不断地改造着人类自己，改造着人们彼此间的关系。人们的本身，人们的社会关系、社会组织形式以及人们的思想意识等，都是在社会的人们和自然界的长年斗争中不断地改造和进步的。在古代，人们的生活样式、社会组织、思想意识等，和现代人们的都不同；而

---

* 这是在延安马克思列宁学院的演讲。一九四三年编入解放社出版的《整风文献》。一九六二年经作者修订，由人民出版社再版。

在将来，人们的生活样式、社会组织、思想意识等，又会和现代人们的不同。

人类本身，人类社会，是一种历史发展的过程。当人类社会发展到了一定的历史阶段，就产生了阶级和阶级斗争。在阶级社会中，每个社会成员都作为一定阶级的人而存在，都在一定的阶级斗争的条件下生活。人们的社会存在，决定人们的思想意识。阶级社会中不同阶级的人们的思想意识，反映着不同阶级的地位和利益。在这些不同地位、不同利益、不同思想意识的阶级之间，进行着不断的阶级斗争。这样，人们不但在和自然界的斗争中，而且在社会阶级的斗争中，改造自然界，改造社会，同时也改造着人们自己。

马克思、恩格斯说："无论为了使这种共产主义意识普遍地产生还是为了达到目的本身，都必须使人们普遍地发生变化，这种变化只有在实际运动中，在革命中才有可能实现；因此革命之所以必需，不仅是因为没有任何其他的办法能推翻统治阶级，而且还因为推翻统治阶级的那个阶级，只有在革命中才能抛掉自己身上的一切陈旧的肮脏东西，才能成为社会的新基础。"[77] 这就是说，无产阶级应该自觉地去经受长期的社会革命斗争，并且在这种斗争中改造社会，改造自己。

所以，我们应该把自己看作是需要而且可能改造的。不要把自己看作是不变的、完美的、神圣的，不需要改造的、不可能改造的。我们提出在社会斗争中改造自己的任务，这不是侮辱自己，而是社会发展的客观规律的要求。如果不这样做，我们就不能进步，就不能实现改造社会的任务。

我们共产党员，是近代历史上最先进的革命者，是改造社会、改造世界的现代担当者和推动者。共产党员是在不断同反革命[78]的斗争中去改造社会,改造世界,同时改造自己的。

我们说,共产党员要在同反革命[79]进行各方面的斗争中来改造自己,这就是说,要在这种斗争中求得自己的进步,提高自己革命的品质和能力。由一个幼稚的革命者,变成一个成熟的、老练的、能够"运用自如"地掌握革命规律的革命家,要经过一个很长的革命的锻炼和修养的过程,一个长期改造的过程。一个比较幼稚的革命者,由于他:(一)是从旧社会中生长教养出来的,他总带有旧社会中各种思想意识(包括成见、旧习惯、旧传统)的残余;(二)没有经过长期的革命的实践;因此,他还不能真正深刻地认识敌人,认识自己,认识社会发展和革命斗争的规律性。要改变这种情形,他除开要学习历史上的革命经验(前人的实践)而外,还必须亲自参加到当时的革命的实践中去,在革命的实践中,在同各种反革命[80]进行斗争中,发挥主观的能动性,加紧学习和修养。只有这样,他才能够逐渐深刻地体验和认识社会发展和革命斗争的规律性,才能真正深刻地认识敌人和自己,才能发现自己原来不正确的思想、习惯、成见,加以改正,从而提高自己的觉悟,培养革命的品质,改善革命的方法等。

所以,革命者要改造和提高自己,必须参加革命的实践,绝不能离开革命的实践;同时,也离不开自己在实践中的主观努力,离不开在实践中的自我修养和学习。如果没有这后一方面,革命者要求得自己的进步,仍然是不可能的。

比如说吧,几个共产党员一起去参加某种群众的革命斗争,在大体一样的环境和条件下去参加革命实践,这种革命斗争对于这些党员所起的影响,可能完全不是一样的。有的党员进步得很快,甚至原来较落后的赶在前面去了;有的党员进步得很慢;有的党员甚至在斗争中动摇起来,革命的实践对于他没有起前进的影响,他在革命的实践中落后了。这是什么原因呢?

又比如,我们共产党员中有许多人是经过万里长征的,这对于他们是一次严重的锻炼,其中的绝大多数党员都得到了很大的进步。然而长征对于个别党员的影响却是相反的,他们经过长征之后,对这样的艰苦斗争害怕起来了,有的甚至企图退却和逃跑,后来他们果然在外界的引诱下从革命队伍中逃跑了。许多党员同在一起长征,而影响和结果却是这样的不相同。这又是什么原因呢?

这种种现象的产生,从根本上说来,是社会阶级斗争在革命队伍中的反映。我们的党员由于原来的社会出身不同,所受的社会影响不同,因而就有不同的品质。他们对待革命实践各有不同的态度、立场和认识,所以,在革命实践中各有不同的发展方向。就在你们学校中也可以清楚地看到这种情形。你们在学校中受着同样的教育和训练,然而由于你们各有不同的品质,不同的经验,不同的主观努力和修养,因而你们就可能获得不同的甚至相反的结果。因此,革命者在革命斗争中的主观努力和修养,对于改造和提高革命者自己,是完全必需的,决不可少的。

无论是参加革命不久的共产党员,或者是参加革命很久的共产党员,要变成为很好的政治上成熟的革命家,都必须经过长期革命斗争的锻炼，必须在广大群众的革命斗争中，在各种艰难困苦的境遇中，去锻炼自己，总结实践的经验，加紧自己的修养，提高自己的思想能力，不要使自己失去对于新事物的知觉，这样才能使自己变成品质优良、政治坚强的革命家。

孔子说："吾十有五而志于学，三十而立，四十而不惑，五十而知天命，六十而耳顺，七十而从心所欲，不逾矩。"[81]这个封建思想家在这里所说的是他自己修养的过程，他并不承认自己是天生的"圣人"。

另一个封建思想家孟子也说过，在历史上担当"大任"起过作用的人物，都经过一个艰苦的锻炼过程，这就是："必先苦其心志，劳其筋骨，饿其体肤，空乏其身，行拂乱其所为，所以动心忍性，增益其所不能。"[82]共产党员是要担负历史上空前未有的改造世界的"大任"的，所以更必须注意在革命斗争中的锻炼和修养。

我们共产党员的修养，是无产阶级革命家所必需有的修养。我们的修养不能脱离革命的实践，不能脱离广大劳动群众的、特别是无产阶级群众的实际革命运动。

毛泽东同志说："通过实践而发现真理，又通过实践而证实真理和发展真理。从感性认识而能动地发展到理性认识，又从理性认识而能动地指导革命实践，改造主观世界和客观世界。实践、认识、再实践、再认识，这种形式，循环往复以至无穷，而实践和认识之每一循环的内容，都比较地进到了高一级的程度。这就是辩证唯物论的全部认识论，这就是辩证唯物论的知行统一观。"[83]

我们的党员，不但要在艰苦的、困难的以至失败的革命实践中来锻炼自己,加紧自己的修养,而且要在顺利的、成功的、胜利的革命实践中来锻炼自己,加紧自己的修养。有些党员受不起成功和胜利的鼓励,在胜利中昏头昏脑,因而放肆、骄傲、官僚化,以至动摇、腐化和堕落,完全失去他原有的革命性。这在我们共产党员中,是个别的常见的事。党内这种现象的存在,应该引起我们党员严重的警惕。

在无产阶级革命家出现以前,历代的革命者,一到他们进行的事业得到胜利和成功以后,少有不腐化、不堕落的。他们失去了原有的革命性,成为革命进一步发展的障碍物。在中国近百年的历史中,或者说得更近些,在近五十年的历史中,我们看到许多资产阶级和小资产阶级革命者,在得到了某些成就,爬上了当权的位置以后,就腐化堕落下去。这是由历代革命者的阶级基础所决定的,由过去革命的性质所决定的。在俄国伟大十月社会主义革命以前世界历史上的一切革命,结果总是一个剥削阶级的统治由另一个剥削阶级的统治所代替。所以,历代的革命者,在他们成为统治阶级以后,就失去他们的革命性,反转头来压迫被剥削的群众,这是一种必然的规律。

然而,对于无产阶级革命来说,对于我们共产党来说,无论如何决不能是这样。无产阶级革命是消灭一切剥削、一切压迫、一切阶级的革命。共产党所代表的是被剥削而不剥削别人的无产阶级,它能够使革命进行到底,从人类社会中最后消灭一切剥削,清除一切腐化、堕落的现象。它能够建立有严格组织纪律的党,建立又有集中又有民主的国家机关,经过这样的党和国家机关,领导广大人民群众,来和一切腐化、堕落的现象进行不调和的斗争，不断地从党内和国家机关中清洗那些已经腐化、堕落的分子（不管这种分子是作了多大的"官"），而保持党和国家机关的纯洁。无产阶级革命的这一特点，无产阶级革命党的这一特点，是历代革命和历代革命党所没有的，而且也不能有的。我们的党员必须清楚了解这一特点，特别注意在革命胜利和成功的时候，在群众对自己的信仰和拥护不断提高的时候，更要提高警惕，更要加紧自己的无产阶级意识的修养，始终保持自己纯洁的无产阶级的革命品质，而不蹈历代革命者在成功时的覆辙。

革命实践的锻炼和修养，无产阶级意识的锻炼和修养，对于每一个党员都是重要的，而在取得政权以后更为重要。我们共产党不是天上掉下来的，而是从中国社会中产生的。每个党员都是从中国社会中来的，并且今天还是生活在这个社会中，还经常和这个社会中一切不好的东西接触。不论是无产阶级或是非无产阶级出身的党员，不论是老党员或是新党员，他们会或多或少地带有旧社会的思想意识和习惯，这是不奇怪的。为了保持我们无产阶级的先锋战士的纯洁，提高我们的革命品质和工作能力，每个党员都必须从各方面加强自己的锻炼和修养。

上面讲的就是共产党员为什么要进行修养的缘故。下面我再讲共产党员修养的标准。

二　做马克思和列宁的好学生

按照党章的规定，只要承认党纲、党章，交纳党费，并且在党的一个组织内担负一定工作的人,就可成为党员。不具备这些条件,就不能成为共产党的党员。但是,我们每一个共产党员,不应该只是做一个起码的够格的党员,而应该按照党章的规定力求进步,不断提高自己的觉悟程度,努力学习马克思列宁主义。把伟大的马克思列宁主义创始人一生的言行、事业和品质,作为我们锻炼和修养的模范。

恩格斯在论到马克思的时候说:

"因为马克思首先是一个革命家。以某种方式参加推翻资本主义社会及其所建立的国家制度的事业,参加赖有他才第一次意识到本身地位和要求,意识到本身解放条件的现代无产阶级的解放事业,——这实际上就是他毕生的使命。斗争是他得心应手的事情。而他进行斗争的热烈、顽强和卓有成效,是很少见的。"[84] 又说:"我们之中没有一个人象马克思那样高瞻远瞩,在应当迅速行动的时刻,他总是作出正确的决定,并立即打中要害。"[85]

斯大林在论到我们应该学习列宁的榜样的时候,曾经说:

"要记住,要爱戴,要学习我们的导师,我们的领袖伊里奇。要照伊里奇那样去反对、去战胜国内外的敌人。要照伊里奇那样去建设新生活、新风俗和新文化。在工作中决不要拒绝做小事情,因为大事情是由小事情积成的,——这是伊里奇的重要遗训之一。"[86]

斯大林又说:"选民,人民,应当要求自己的代表始终胜任自己的任务;要求他们在自己的工作中不堕落为政治上的庸人;要求他们始终不愧为列宁式的政治活动家;要求他们成为象列宁那样的明朗和确定的活动家;要求他们象列宁那样在战斗中无所畏惧和对人民的敌人毫不留情；要求他们在事情开始复杂化、在地平线上出现某种危险的时候，毫不惊慌失措，毫无任何类似惊慌失措的迹象，要求他们也象列宁那样没有任何类似惊慌失措的迹象；要求他们在解决复杂问题、需要全面地确定方针、全面地考虑事情的正反方面的时候，也能够象列宁那样英明和从容；要求他们也象列宁那样诚实和正直；要求他们象列宁那样热爱自己的人民。"〔87〕

　　这就是恩格斯对马克思，斯大林对列宁的简要描述。我们每个共产党员，就是要这样去学习马克思和列宁的思想和品质，做马克思和列宁的好学生。

　　有人说，马克思列宁主义创始人那样伟大的天才革命家的思想和品质，是学习不到的，要把自己的思想和品质提高到马克思列宁主义创始人的思想和品质那样的高度，也是不可能的。他们把马克思列宁主义创始人看成是天生的神秘的人物。这种说法和看法对不对呢？我想是不对的。

　　我们普通的同志，今天诚然远没有马克思列宁主义创始人那样高的天才，那样渊博的科学的知识，我们大多数的同志在无产阶级革命理论方面不能达到他们那样高深和渊博。但是，我们同志只要真正有决心，真正自觉地始终站在无产阶级先锋战士的岗位，真正具有共产主义的世界观，并且始终不脱离当前无产阶级和一切劳动群众的伟大而深刻的革命运动，努力学习、锻炼和修养，那末，掌握马克思列宁主义的理论和方法，在工作和斗争中培养马克思和列宁那样的作风，不断提高自己的革命品质，成为马克思、列宁式的政治家，这是完全可能的。

《孟子》上有这样一句话："人皆可以为尧舜"〔88〕,我看这句话说得不错。每个共产党员,都应该脚踏实地,实事求是,努力锻炼,认真修养,尽可能地逐步地提高自己的思想和品质,不应该望到马克思列宁主义创始人那样伟大的革命家的思想和品质,认为高不可攀,就自暴自弃,畏葸不前。如果这样,那就会变成"政治上的庸人",不可雕的"朽木"。

当然,学习马克思列宁主义创始人的品质,学习马克思列宁主义,应该采取正确的态度。否则,是学习不好的,是学习不到的。事实上,在我们的队伍中,对于这种学习,是有几种不同的人采取几种不同的态度的。

有一种人学习马克思、列宁,不能学习到马克思列宁主义的本质,只是肤浅地学习到马克思列宁主义的词句。他们虽然读了马克思列宁主义的书籍,但是,不能把这些书籍中的马克思列宁主义的原理和结论当作行动的指南,运用到活生生的具体实际问题上去。他们以背诵个别的原理和结论而自满,甚至以"真正"的马克思列宁主义者自居,然而他们决不是真正的马克思列宁主义者,他们的活动方法是和马克思列宁主义完全相反的。

这一种人在中国共产党内曾经是不少的。在过去某一时期内,某些教条主义的代表人,就比上述的情形更坏。这种人根本不懂得马克思列宁主义,而只是胡诌一些马克思列宁主义的术语,自以为是"中国的马克思、列宁",装作马克思、列宁的姿态在党内出现,并且毫不知耻地要求我们的党员象尊重马克思、列宁那样去尊重他,拥护他为"领袖",报答他以忠心和热情。他也可以不待别人推举,径自封为"领袖",自己爬到负责的位置上，家长式地在党内发号施令，企图教训我们党，责骂党内的一切，任意打击、处罚和摆布我们的党员。这种人不是真心学习马克思列宁主义，不是真心为共产主义的实现而斗争，而是党内的投机分子，共产主义运动中的蠹贼。这种人在党内，终归要被党员群众所反对、揭穿和抛弃，是无疑问的。我们的党员也果然抛弃了他们。然而我们是否能够完全自信地说，在我们党内就从此不会再有这种人了呢？我们还不能这样说。

另一种人就完全和前一种人相反。他们首先把自己看作是马克思列宁主义创始人的学生，他们认真地学习马克思列宁主义的理论和方法，掌握马克思列宁主义的精神和实质。他们仰望这些创始人的伟大人格和无产阶级革命家的品质，而在革命斗争中认真地去进行自我修养，去检查自己处事、处人、处己是否合于马克思列宁主义的精神。他们熟读马克思列宁主义的书籍，同时又着重调查和分析活生生的现实，研究自己所处的时代和本国无产阶级所处的各方面情势的特点，把马克思列宁主义的普遍真理和本国革命的具体实践结合起来。他们不以背诵马克思列宁主义的原理和结论为满足，而要站在马克思列宁主义的坚定立场上，掌握马克思列宁主义的方法，身体力行，活泼地去指导一切的革命斗争，改造现实，同时改造他们自己。他们的一切活动，都受着马克思列宁主义一般原理的指导，都是为着无产阶级事业的胜利，民族的和人类的解放，共产主义的成功，而没有其他。

只有这种人的态度，才是正确的态度。用这种态度去学习马克思列宁主义，学习马克思列宁主义创始人的品质，才能使自己成为马克思列宁式的、无产阶级的、共产主义的革命家。

真正刻苦修养，忠实做马克思列宁主义创始人的学生的人，他所特别注意的，是要象马克思列宁主义创始人那样，站在马克思列宁主义的立场，用马克思列宁主义的观点和方法，去解决无产阶级所领导的革命运动中的各种问题。除此以外，他绝不计较自己在党内地位和声誉的高低，绝不以马克思、列宁自居，绝不要求人家或幻想人家象尊重马克思、列宁那样去尊重他，他认为自己没有这样的权利。然而，正因为他这样做，正因为他在革命斗争中始终是正直忠诚，英勇坚定，并且表现了卓越的能力，他就能够受到党员群众自觉的尊重和拥护。

我们要以马克思列宁主义创始人作为我们的模范来学习，要做他们一个最忠实的最好的学生，当然是不容易的。但是，只要我们有为共产主义事业而艰苦奋斗的坚强意志和决心，在伟大群众革命斗争中刻苦学习马克思列宁主义，善于总结经验，进行各方面的锻炼和修养，终身为无产阶级共产主义事业而奋斗，我们是可以成为马克思列宁主义创始人的最忠实、最好的学生的。

三　共产党员的修养和群众的革命实践

我们要做马克思列宁主义创始人的最忠实、最好的学生，就需要在无产阶级和一切群众的长期而伟大的革命斗争中进行各方面的修养，要有马克思列宁主义理论的修养，要有运用马克思列宁主义的立场、观点和方法去研究和处理各种问题的修养；要有无产阶级的革命战略、战术的修养；要有无产阶级的思想意识和道德品质的修养；要有坚持党内团结、进行批评和自我批评、遵守纪律的修养；要有艰苦奋斗的工作作风的修养；要有善于联系群众的修养，以及各种科学知识的修养等。我们都是共产党员，所以我们大家都无例外地需要进行上述各方面的修养。但是，由于我们党员的政治觉悟、斗争经验、工作岗位、文化程度、社会活动的条件，都各不相同，所以，各个同志需要特别注意修养或者着重注意修养的方面，也就会各有差别。

在中国古时，曾子说过"吾日三省吾身"[89]，这是说自我反省的问题。《诗经》上有这样著名的诗句："如切如磋，如琢如磨"[90]，这是说朋友之间要互相帮助，互相批评。这一切都说明，一个人要求得进步，就必须下苦功夫，郑重其事地去进行自我修养。但是，古代许多人的所谓修养，大都是唯心的、形式的、抽象的、脱离社会实践的东西。他们片面夸大主观的作用，以为只要保持他们抽象的"善良之心"，就可以改变现实，改变社会和改变自己。这当然是虚妄的。我们不能这样去修养。我们是革命的唯物主义者，我们的修养不能脱离人民群众的革命实践。

对于我们最重要的，是无论怎样都不能脱离当前的人民群众的革命斗争，而是必须结合这种斗争去总结、学习和运用历史上的革命经验。这就是说，要在革命的实践中修养和锻炼，而这种修养和锻炼的唯一目的又是为了人民，为了革命的实践。这就是说,我们要虚心地学习马克思列宁主义的立场、观点和方法,学习马克思列宁主义创始人的高贵的无产阶级的品质,并且运用到自己的实践中去,运用到自己的生活、言论、行动和工作中去,不断地改正、清洗自己思想意识中的一切与此相反的东西,增强自己无产阶级共产主义的意识和品质。这就是说,我们要虚心地倾听同志们和群众的意见和批评,仔细地研究生活中、工作中的实际问题,细心地总结工作中的经验教训,并且根据这些去检验自己对于马克思列宁主义的了解是否正确,运用马克思列宁主义的方法是否正确,去检查自己的缺点错误而加以纠正,去改进自己的工作。同时,我们要根据新的经验,研究马克思列宁主义有哪些个别结论,在哪些个别方面,需要加以充实、丰富和发展。总之,我们要使马克思列宁主义的普遍真理和具体的革命实践相结合。

这应该是我们共产党员修养的方法。这种马克思列宁主义的修养方法,和其他唯心主义的脱离人民群众的革命实践的修养方法,是完全不同的。

为了坚持这种马克思列宁主义的修养方法,我们必须坚决反对和彻底肃清旧社会在教育和学习中遗留给我们的最大祸害之一——理论和实际的脱离。在旧社会中,有许多人在受教育和学习的时候,认为他们所学的是并不需要照着去做的,甚至认为是不可能照着去做的,他们尽管满篇满口的仁义道德,然而实际上却是彻头彻尾的男盗女娼。国民党〔5〕反动派尽管熟读"三民主义"〔91〕,背诵孙中山的"总理遗嘱"〔92〕,然而实际上却横征暴敛,贪污杀戮,压迫民众,反对"世界上以平等待我之民族",甚至去和民族的敌人妥协,投降敌人。有一个老秀才亲自对我说：孔子说的话只有两句他能做到，那就是"食不厌精，脍不厌细"〔93〕，其余的他都做不到，而且从来也没有准备去做。既然这样，他们还要去办教育，还要去学习那些所谓"圣贤之道"干什么呢？他们的目的就是要升官发财，用这些"圣贤之道"去压迫被剥削者，用满口仁义道德去欺骗人民。这就是旧社会的剥削阶级代表人物对于他们所"崇拜"的圣贤的态度。当然，我们共产党员，学习马克思列宁主义，学习我国历史上的一切优秀遗产，完全不能采取这种态度。我们学到的，就必须做到。我们无产阶级革命家忠诚纯洁，不能欺骗自己，不能欺骗人民，也不能欺骗古人。这是我们共产党员的一大特点，也是一大优点。

旧社会的这种遗毒，难道就完全不会影响我们吗？会有影响的！在你们同学中，固然没有人学习马克思列宁主义是为了去升官发财，去压迫被剥削者。然而在你们中难道就没有这样想的人了吗？就是说：他们的思想、言论、行动和生活不一定要受马克思列宁主义原则的指导，他们所学到的原则也不打算全部加以运用。在你们中又难道就没有这样想的人了吗？就是说：他们学习马克思列宁主义，学习高深一些的理论，是为了将来好提高自己的地位，夸耀于人，使自己成为有名的人物。我不能担保，在你们中完全没有这种想法的人。这种想法是不合马克思列宁主义的，不合马克思列宁主义的理论和实践相联系这一根本原则的。我们一定要学习理论，但是学习到的就必须做到，而且是为了用才去学习的，为了党、为了人民、为了革命的胜利才去学习的。

毛泽东同志说："马克思列宁主义的伟大力量，就在于它是和各个国家具体的革命实践相联系的。对于中国共产党说来，就是要学会把马克思列宁主义的理论应用于中国的具体的环境。成为伟大中华民族的一部分而和这个民族血肉相联的共产党员，离开中国特点来谈马克思主义，只是抽象的空洞的马克思主义。因此，使马克思主义在中国具体化，使之在其每一表现中带着必须有的中国的特性，即是说，按照中国的特点去应用它，成为全党亟待了解并亟须解决的问题。洋八股必须废止，空洞抽象的调头必须少唱，教条主义必须休息，而代之以新鲜活泼的、为中国老百姓所喜闻乐见的中国作风和中国气派。"[94] 我们的同志必须遵照毛泽东同志在这里所说的方法，去学习马克思列宁主义的理论。

四　理论学习和思想意识修养是统一的

我们共产党员不能把理论学习和思想意识修养互相割裂开来。我们共产党员，不但要在革命的实践中改造自己，锻炼自己的无产阶级思想意识，而且要在学习马克思列宁主义理论的过程中改造自己，锻炼自己的无产阶级思想意识。

在一些共产党员中，有一种比较流行的想法：就是认为坚定而纯洁的无产阶级的共产主义的立场，对于一个共产党员了解和掌握马克思列宁主义的理论和方法，是没有关系的。他们认为一个人的无产阶级立场虽然不很坚定，思想意识虽然不很纯洁（即还残留着非无产阶级的思想意识），也可以彻底了解和真正掌握马克思列宁主义的理论和方法。他们认为，只靠书本学习，只靠书本知识，就可能掌握马克思列宁主义的理论和方法。这种想法是不对的。

马克思列宁主义是无产阶级的革命的科学，是工人阶级建设社会主义和共产主义的科学。只有彻底站在无产阶级立场的人，以无产阶级的理想为理想的人，才能彻底了解和掌握它。没有坚定纯洁的无产阶级的立场和理想，是不能彻底了解和真正掌握马克思列宁主义这门科学的。如果他不是真正的革命者，不是无产阶级的彻底的革命者，不是要在全世界实现社会主义和共产主义，解放全人类，他不想革命，或者不想坚持革命到底，而想半途而废，那末，马克思列宁主义这门科学，对他也是没有用处的，或者是用处不大的。

我们常看到某些由工人出身的最好的党员，虽然对于马克思列宁主义理论的准备比较少，若要考试背诵马克思列宁主义的书籍和公式，他不一定比别人记得多。但是，在他学习马克思列宁主义理论的时候，只要能用他懂得的话解释给他听，他的兴趣，他所了解的程度，常比某些知识分子出身的党员还要高得多。比如《资本论》中关于剩余价值一段，对于某些党员来说，是不容易了解的。但是对于这些由工人出身的党员就不同。因为工人在生产中，在同资本家斗争中，深切了解资本家如何计算工资、工时，如何剥削工人取得利润，如何压迫工人等。因此，他也常常比某些其他阶级出身的党员能够更深刻地了解马克思的剩余价值论。我们说，许多由工人阶级出身的党员比较容易接受马克思列宁主义，当然并不是说，他们由于出身关系就是天生的马克思列宁主义者；而是说，一切具有坚定而纯洁的无产阶级立场的同志，一切没有任何个人成见和其他不干净的东西的同志，只要虚心努力地学习马克思列宁主义的理论，切实掌握实事求是的方法，他们在观察和处理各种实际问题的时候，就一定会比其他同志更敏捷而正确。他们在斗争中，也能够更好地洞察真理，能够更勇敢地拥护真理，而没有任何顾虑。

我们也常看到许多非无产阶级出身的党员，由于对待马克思列宁主义的理论学习和思想意识修养之间的关系采取不同的态度，而得到不同的结果。一般地说，这些出身于非无产阶级的党员，在他们参加革命的时候，无产阶级立场不很坚定和明确，思想意识也不很正确和纯洁，还有或多或少的、各种各色的、旧社会的、非无产阶级的思想意识的残余。显然，这些东西都是同马克思列宁主义原则直接相冲突的。但是，由于不同的人采取了不同的态度，因而在这种冲突中也就有了不同的结果。有的人在学习马克思列宁主义的理论的时候，把这种理论学习同他的思想意识的修养正确地结合起来，用马克思列宁主义原则去抵制和克服自己思想意识上的旧东西，这样，他就端正了自己的无产阶级立场，纯洁了自己的思想意识，并且能够运用马克思列宁主义的原则去处理实际问题。这样的党员是很多的。另外有的人则走了相反的道路，他身上的旧东西积累得很多，有许多固习、成见和个人的物欲私念，而又没有改造自己的决心。在他学习马克思列宁主义理论的时候，不是用马克思列宁主义的原则去批判他思想意识中的这些旧东西，相反，他企图用马克思列宁主义的理论作为达到他个人目的的武器，甚至用他原来的成见去歪曲马克思列宁主义的原则，因而他就不能够正确理解马克思列宁主

义的原则,不能够掌握马克思列宁主义的精神和实质。在他
处理革命斗争中各种实际问题的时候,就会因为他有旧社会
的习惯和成见,有个人主义的打算,而患得患失,顾此失彼,徬
徨动摇,不能无阻碍地洞察事物,不能勇敢地拥护真理,不自
觉地以至自觉地掩蔽和歪曲真理。这种人根本不能正确地运
用马克思列宁主义的原则,来指导自己的生活,也就不能敏捷
地、正确地、实事求是地用马克思列宁主义的原则,去处理各
种实际问题,有时在党组织或别的同志运用马克思列宁主义
的原则,正确地解决了实际问题以后,他甚至采取拒绝的态
度。这种情形,也并不是怎样少见而奇怪的事情,而是可以常
常见到的。

所以,我们可以说:一个共产党员如果没有明确而坚定的
无产阶级立场,没有正确而纯洁的无产阶级思想意识,要彻底
了解和真正掌握马克思列宁主义的理论和方法,并使之成为
自己的革命斗争的武器,是不可能的。这也就是说,一个共产
党员要有比较好的马克思列宁主义的理论修养,就必须有崇
高的无产阶级的立场。

同时,我们也应该说,一个共产党员如果不努力学习马克
思列宁主义的理论和方法,如果不用马克思列宁主义指导自
己的思想和行动,他要在一切革命斗争中坚持无产阶级的立
场,体现无产阶级的思想意识,这也是不可能的。

在一些共产党员中,还有这样一种想法:就是认为只要自
己革命坚决,斗争勇敢,就完全行了,学习不学习马克思列宁
主义理论,进行不进行马克思列宁主义理论的修养,都没有什
么关系。有的同志甚至认为,只靠家庭出身好,本人成份好,

用不着学习马克思列宁主义，也能够成为无产阶级的先进战士。有的同志，虽然一般地承认理论的重要性，但是，他们在工作和斗争中，却从来不认真学习马克思列宁主义。所有这些想法，显然都是不对的。

马克思列宁主义的理论，是我们观察一切现象、处理一切问题的武器，特别是观察一切社会现象、处理一切社会问题的武器。如果我们不能掌握马克思列宁主义的理论武器，我们就不能正确地认识和处理在革命斗争中所遇到的各种问题，就有迷失方向、背离无产阶级革命立场的危险，甚至可能自觉地或者不自觉地成为各种机会主义者，成为资产阶级的俘虏和应声虫。

革命坚决、斗争勇敢，是每一个共产党员必须具备的宝贵品质。共产党员有了这样的品质，还必须在不同的历史时期，在不同的斗争条件下，正确地解决如何革命、如何斗争的问题，才能争取革命的胜利，实现共产主义的最高理想。在进行革命斗争的时候，依靠谁、团结谁、打倒谁的问题；谁是直接的同盟军、谁是间接的同盟军、谁是主要敌人、谁是次要敌人的问题；联合一切可能联合的同盟军，在一定条件下甚至联合次要的敌人，去打倒主要的敌人的问题；在情况发生变化的时候，及时地改变战略和策略的问题，等等，都是必须运用马克思列宁主义才能正确解决的重要问题。如果不掌握马克思列宁主义这个武器，如果没有马克思列宁主义理论的高度修养，要在革命斗争的一切重要问题上，站稳无产阶级的正确立场；要在情况复杂和变化剧烈的环境下，在需要走迂回曲折道路的时候，都能够确定对无产阶级革命事业最有利的方针政策，都能够代表无产阶级革命斗争的整体利益和长远利益，是根本无法做到的。

　　拿我们党实行抗日民族统一战线的经验来说，在"七七"事变[54]以前，有一些同志由于不了解当时中国民族和日本帝国主义的矛盾，已经上升为主要的矛盾，国内各阶级之间、各政治集团之间的矛盾，已经降低为次要的矛盾，曾经反对党的建立全民族抗日统一战线的政策，反对我们党联合一切爱国的阶级、阶层、党派和社会集团一致抗日的政策，特别反对我们党联合国民党一致抗日的政策。这些同志在反对党的正确政策的时候，自以为是站在无产阶级的坚定立场上，但是，在实际上，他们背离了无产阶级的立场，完全陷入一种关门主义、宗派主义的立场。如果我们按照他们的这种错误主张去做，无产阶级和它的政党就不但不能团结和领导全国一切抗日爱国的阶级、阶层、党派和社会集团，战胜日本帝国主义，相反地，会削弱抗日民族统一战线的力量，使无产阶级和它的政党孤立起来，不利于抗日救国的斗争。在"七七"事变以后，当我们党同国民党建立了抗日民族统一战线以后，又有一些同志走到了另一个极端，他们以为国民党参加了抗日，就和共产党没有什么区别了。他们采取迁就大地主大资产阶级、迁就国民党的投降主义的政策，而反对党在统一战线中的独立自主的政策；他们过高地估计了国民党的力量，过分地信任国民党，把抗日救国的希望完全寄托于国民党，而不相信共产党和人民的力量，不把希望寄托于共产党，因而不敢放手发展自己，放手发展人民的抗日革命势力，不敢对国民党的反共限共政策作坚决斗争。主张这样做的同志虽然把自己标榜为无产阶级的真正代表,但是他们这种政策的实质是要使无产阶级成为资产阶级的附庸和尾巴,要使无产阶级丧失抗日民族统一战线的领导权。上面所说的这种左的错误和右的错误,都是在政治形势发生重大变化的时候,不能坚定地站在无产阶级立场上辨别革命事业发展的正确道路的显著例证。

　　无产阶级不能只是自己解放自己,它必须争取一切劳动人民的解放,争取自己民族的解放,争取人类的解放,才能实现自己的彻底解放。无产阶级必须使整个社会永远摆脱剥削、压迫和阶级斗争,才能使自己获得真正的最后的解放。因此,无产阶级的坚定立场,必须同关门主义、宗派主义严格区别开来。无产阶级和它的政党在进行斗争的时候,必须同广大劳动人民建立密切的联系,同各革命阶级和革命党派建立革命联盟,领导广大劳动群众和一切同盟者同自己一道前进;必须代表广大劳动人民的利益,代表一切革命阶级的利益,代表自己民族的利益,也就是说要代表占本国人口百分之九十几的人民的利益。无产阶级的坚定立场,就是要在任何时候、任何情况下,都代表最大多数人民的最大利益,我们并且要了解这也就是无产阶级的最大的阶级利益。无产阶级的坚定立场,又必须同迁就主义、投降主义严格区别开来。无产阶级和它的政党在进行革命斗争的时候,不但要同地主阶级、资产阶级分清界限,而且要同小资产阶级的革命民主派分清界限,甚至要同劳动群众有所区别;要在革命斗争中始终坚持自己的独立性,不受资产阶级和其他非无产阶级的各种影响;要在革命发展的每个阶段,都把局部利益和整体利益结合起来,把当前利益和长远利益结合起来;要象马克思和恩格斯所说的:

"一方面,在各国无产者的斗争中,共产党人强调和坚持整个无产阶级的不分民族的共同利益;另一方面,在无产阶级和资产阶级的斗争所经历的各个发展阶段上,共产党人始终代表整个运动的利益。"[95]

列宁在十九世纪末为组织无产阶级政党而斗争的时候,曾经说:"当工人还没有根据各种具体而且确实现实的(当前的)政治事实和事件学会观察现社会中其他各个阶级在其思想、精神和政治生活中的一切表现时,当工人还没有学会在实践中用唯物主义观点来分析和估计一切阶级、阶层和集团的活动和生活中一切方面的表现时,工人群众的意识是不能成为真正的阶级意识的。"[96]又说:"理想的社会民主党人不应当是工联会的书记而应当是人民的代言人,他们要善于对所有一切专横与压迫的现象有所反应,不管这种现象发生在什么地方,涉及哪一个阶层或哪一个阶级;他们要善于把所有这些现象综合成为一幅警察横暴和资本主义剥削的图画;他们要善于利用一切琐碎的小事来向大家说明自己的社会主义信念和自己的民主主义要求,向大家解释无产阶级解放斗争的世界历史意义。"[97]我们共产党人要实现列宁在这两段话里提出的要求,当然必须不间断地参加革命实践,去增加感性知识,积累实际经验。但是,必须指出,光有感性知识和实际经验,还是不够的。正如毛泽东同志所说的:"要完全地反映整个的事物,反映事物的本质,反映事物的内部规律性,就必须经过思考作用,将丰富的感觉材料加以去粗取精、去伪存真、由此及彼、由表及里的改造制作工夫,造成概念和理论的系统,就必须从感性认识跃进到理性认识。"[98]因此,在参加革命实践的同时，必须十分用心地学习马克思列宁主义的理论和方法。

马克思列宁主义理论是国际工人运动经验的总结，是在革命实践中形成又服务于革命实践的理论。只要我们密切联系革命实践，去学习它，运用它，掌握它，我们就能够了解周围事变的内部联系，了解各阶级在目前如何行进和向哪里行进，了解这些阶级在最近的将来如何行进和向哪里行进；我们就能够有确定行动方针的能力，能够对革命运动的前途具有信心。

正是因为马克思列宁主义理论具有这样伟大的作用，所以列宁说："只有以先进理论为指南的党，才能实现先进战士的作用。"[99] 共产党员必须使对马克思列宁主义的理论和方法的学习，同思想意识的修养和锻炼，这两者密切地联系起来，绝不应该使两者分割开来。

毛泽东同志经常强调马克思列宁主义理论修养的极大重要性。他说："在马克思主义看来，理论是重要的，它的重要性充分地表现在列宁说过的一句话：'没有革命的理论，就不会有革命的运动。'然而马克思主义看重理论，正是，也仅仅是，因为它能够指导行动。"[100] 毛泽东同志不断地提出过，一切有相当研究能力的党员，都要研究马克思列宁主义的理论，研究当前运动的实际情况，研究本国和世界的历史，学会用马克思列宁主义理论指导行动，并且经过他们去教育那些文化水平和理论水平较低的同志。毛泽东同志的这个指示，在任何时候，都应该引起我们全党的注意。

五　共产主义事业是人类历史上　空前伟大而艰难的事业

现在来继续讲共产党员在思想意识上的修养。

我们在思想意识上的修养,是一回什么事呢? 我认为这在基本上就是每个党员用无产阶级的思想意识去同自己的各种非无产阶级思想意识进行斗争;用共产主义的世界观去同自己的各种非共产主义的世界观进行斗争;用无产阶级的、人民的、党的利益高于一切的原则去同自己的个人主义思想进行斗争。

上述斗争是一种思想上的矛盾的斗争,它是社会阶级斗争的反映。这种斗争的结局,对于我们党员来说,应该是无产阶级的意识克服以至肃清其他各种非无产阶级的意识,是共产主义的世界观克服以至肃清其他各种非共产主义的世界观,是党的、革命的、无产阶级和人类解放的一般利益和目的的思想克服以至肃清个人主义的思想。如果结局不是这样的话,就是后者压倒前者,那末他就会落后,以至失去共产党员的资格。这对于我们党员来说,是一种可怕的危险的结局。

我们共产党人,在党内党外的各种斗争中锻炼着自己的思想,经常地总结和吸取革命实践的经验,检讨自己的思想是否完全适合于马克思列宁主义,是否完全适合于无产阶级解放斗争的利益。在这样的学习、反省和自我检讨中,去肃清自己一切不正确的思想残余以至某些不适合于共产主义利益的最微弱的萌芽。

　　你们大家知道，人的言论行动，都是有人的思想意识来作指导的。而人的思想意识又常常和他的世界观分不开的。我们共产党员的世界观，只能是共产主义的世界观。这种世界观是无产阶级的思想体系，也就是我们共产党人的方法论。这在马克思列宁主义的文献上，特别是在马克思列宁主义创始人的哲学著作上已经讲得很多，你们也学习过，今天我就不讲了。我在这里只简单地讲一讲我们的事业——共产主义事业到底是什么一回事，我们党员到底要怎样去进行我们的事业。

　　我们共产党员最基本的责任是什么呢？就是要实现共产主义。对于各国共产党来说，就是要经过各国共产党和各国人民自己的手，去改造自己的国家，从而一步一步地把世界改造成为共产主义的世界。共产主义世界好不好呢？大家知道，那是很好的。在那种世界里，没有剥削者、压迫者，没有地主、资本家，没有帝国主义和法西斯蒂等，也没有受压迫、受剥削的人，没有剥削制度造成的黑暗、愚昧、落后等。在那种社会里，物质生产和精神生产都有高度的蓬蓬勃勃的发展，能够满足所有社会成员的各方面的需要。那时，人类都成为有高等文化程度和技术水平的、大公无私的、聪明的共产主义劳动者，人类中彼此充满了互相帮助、互相亲爱，没有尔虞我诈、互相损害、互相残杀和战争等等不合理的事情。那种社会，当然是人类历史上最好的、最美丽的、最进步的社会。谁个能够说这样的社会不好呢？那末，这样好的共产主义社会是否能够实现呢？我们说，是能够实现的，是必然实现的。关于这一点，马克思列宁主义的理论已经作了无可怀疑的科学的说明。伟大的十月革命的胜利，苏联社会主义建设的成功，也给了我们以事实上的证明。我们的责任，就是要遵循人类社会发展的规律，推动社会主义和共产主义事业不断前进，使社会主义和共产主义社会更快地实现。这就是我们的理想。

但是，在社会主义和共产主义事业前面还站着强大的敌人，必须彻底地、最后地在各方面战胜这些强敌，社会主义和共产主义社会才能实现。共产主义事业的胜利，必须经过一个长期的、艰苦的斗争过程。没有这种斗争，就没有共产主义事业的胜利。自然，这种斗争不是如某些人所说的，是什么"偶然的"社会现象，是某些共产党人所制造出来的事件。而是阶级社会发展的必然现象，是不能避免的阶级斗争。共产党的产生，共产党人的参加、组织和指导这种斗争，也是社会发展中必然的、合乎规律的现象。帝国主义，法西斯蒂，资本家和地主，总之，一切剥削者和压迫者，把世界上绝大多数的人剥削和压迫到不能生存的境地，使得被剥削被压迫的人民群众非联合起来反抗这种剥削和压迫，就不能生存，不能发展。因此，这种斗争乃是完全自然的，不可避免的。

一方面，我们要了解：共产主义事业是人类历史上空前伟大的事业；共产主义要最后地消灭剥削、消灭阶级，要解放全人类，要把人类社会推进到空前未有的、无限光明的、无限美妙的幸福境地。另一方面，我们也应该了解：共产主义事业是人类历史上空前艰难的事业，必须经过长期的艰苦的曲折的斗争，才能战胜最强大的敌人，战胜一切剥削阶级；在取得胜利以后，还要长期地耐心地进行社会经济的改造和思想文化的改造，才能肃清剥削阶级在人民中的一切影响和传统习惯等，并且建立新的社会经济制度、新的共产主义的文化和社会道德。

共产党依靠无产阶级，依靠广大被剥削被压迫的人民大众，用马克思列宁主义指导广大群众进行革命斗争，去推动社会向着共产主义的伟大目标前进，是一定能够获得最后胜利的。因为人类社会发展的历史规律，是必然走向共产主义社会的；因为在世界无产阶级和其他被剥削被压迫的人民大众中，蕴藏着极伟大的革命的力量，这种力量的发动、团结和组织起来，是能够战胜一切剥削阶级和帝国主义反动势力的；因为共产党和无产阶级是正在产生着和正在发展着的新事物，而正在产生、正在发展的新事物，是不可战胜的。中国共产党的全部历史，世界共产主义运动的全部历史，已经充分地证明了这一点。就目前的情势来说，社会主义已经在世界六分之一的地面上——苏联获得了伟大的胜利，在许多国家中已经组织了有马克思列宁主义理论武装的战斗的共产党，全世界的共产主义运动正处在迅速生长和发展的过程中，世界无产阶级和其他被剥削被压迫的人民大众的力量，也正在不断的斗争中迅速地发动和团结起来。现在，共产主义运动已经在全世界组织成为雄伟的不可战胜的力量了。共产主义事业要继续发展，继续前进，以至获得最后的完全的胜利，是毫无疑问的。然而，我们还必须了解：国际反动势力和剥削阶级的力量，今天还比我们强大，它们在许多方面暂时还占着优势，我们要战胜它，还需要经过长期的、曲折的、艰难的斗争过程。

在数千年来生产资料私有制的社会中，由于剥削阶级统治人类的结果，剥削阶级给自己造成了各方面极大的权力，霸占了世界上的一切。他们的长期统治，在人类社会中造成了长期存在着的各种落后、愚昧、自私自利、尔虞我诈、互相损害、互相残杀等现象，给被剥削阶级的群众和社会中的人们带来了极坏的影响。这是剥削阶级为了维护它们的阶级利益和阶级统治所必然造成的结果。因为没有被剥削阶级群众和殖民地民族的落后、散漫和分裂，剥削阶级的统治地位就不能维持。因此，我们为了要获得胜利，就不但要和剥削阶级进行严重的斗争，而且要和剥削阶级在群众中长期造成的影响，要和群众中的落后意识、落后现象进行斗争，才能提高群众的觉悟，团结广大的群众去战胜剥削阶级。这就是我们在实现共产主义事业过程中的困难之所在。同志们！假若象某种人所设想的那样，群众都是觉悟的、团结的，在群众中不存在剥削阶级的影响和落后的现象，那末革命还有什么困难呢？

这种剥削阶级的影响，不但在革命胜利以前存在，就是在革命胜利以后，在被剥削阶级把剥削阶级从统治地位上推翻以后的很长时期内，也是仍然存在的。你们可以想一想，要最后地战胜剥削阶级及其在人民中的影响，要解放和改造全人类，要改造千百万的小商品生产者，要最终地消灭阶级，要把数千年来生活在阶级社会中受了各种旧习惯、旧传统影响的人类逐渐地改造过来，提高成为有高等文化程度和技术水平的、聪明的、大公无私的、共产主义的人类，这中间要经过多少曲折的过程，多么艰难的工作和斗争呵！

列宁说：

"消灭阶级不仅意味着要驱逐地主和资本家，——这个我们已经比较容易地做到了，——而且意味着要消灭小商品生产者，可是对于这种人不能驱逐，不能镇压，必须同他们和睦相处;可以(而且必须)改造他们,重新教育他们,这只有通过很长期、很缓慢、很谨慎的组织工作才能做到。他们用小资产阶级的自发势力从各方面来包围无产阶级,浸染无产阶级,腐蚀无产阶级,经常使小资产阶级的懦弱性、涣散性、个人主义以及由狂热转为灰心等旧病在无产阶级内部复发起来。无产阶级政党的内部需要实行极严格的集中制和极严格的纪律,才能抵制这种恶劣影响,才能使无产阶级正确地、有效地、胜利地发挥自己的组织作用(这是它的主要作用)。……千百万人的习惯势力是最可怕的势力。……战胜集中的大资产阶级,要比'战胜'千百万小业主容易千百倍;而这些小业主用他们日常的、琐碎的、看不见摸不着的腐化活动制造着为资产阶级所需要的,使资产阶级得以复辟的恶果。"[101]

列宁又说:

"资产阶级的反抗,因为自己被推翻(哪怕是在一个国家内)而凶猛十倍。它的强大不仅在于国际资本的力量,不仅在于它的各种国际联系牢固有力,而且还在于习惯的力量,小生产的力量。因为,可惜现在世界上还有很多很多小生产,而小生产是经常地、每日每时地、自发地和大批地产生着资本主义和资产阶级的。由于这一切原因,无产阶级专政是必要的[102],不进行长期的、顽强的、拚命的、殊死的战争,不进行需要坚持不懈、纪律严明、坚韧不拔和意志统一的战争,便不能战胜资产阶级。"[103]

由此看来,无产阶级即使在革命胜利以后,也还有极困难的任务需要解决。无产阶级革命,和过去历史上的一切革命是不同的。比如资产阶级的革命,通常是以获取政权来完成的。

而对于无产阶级,则在政治上获得解放,获得胜利,还仅仅是革命的开始,极大的工作还在革命胜利以后,还在取得政权以后。

共产主义事业,真如我们所说的是"百年大业",是决不能"一蹴而就"的。它在各种不同的国家,需要经过各种不同的阶段,战胜各种不同的敌人,才能逐渐地最后达到共产主义社会。例如在我们中国,现在还是处在资产阶级民主革命的阶段,它的敌人是侵略中国的帝国主义以及和帝国主义相勾结的封建买办势力。必须战胜这些敌人,才能够完成我国的资产阶级民主革命。资产阶级民主革命胜利以后,还要进行社会主义革命,还要长时期地进行社会主义改造和社会主义建设的工作,才能逐渐地过渡到共产主义社会去。

实现共产主义,既然是我们共产党人奋斗的最终目标,在实现共产主义事业的过程中克服各种困难,也就是我们共产党人很自然的责任。

正因为共产主义事业是这样伟大而艰难的事业,所以至今还有些追求社会进步的人怀疑共产主义,对共产主义的实现还没有信心。他们不相信人类在无产阶级和它的政党的领导下,是能够发展和改造成为高度纯洁的共产主义的人类,不相信革命和建设过程中一系列的困难是能够克服的。他们或者没有估计到这种困难,或者在实际上遇到困难的时候,就悲观失望起来,甚至有的共产党员因此而从共产主义队伍中动摇出去。

我们共产党员,应该有最伟大的气魄和革命的决心。每一个党员都应该愉快而严肃地下定自己的决心,来担负实现共产主义这种人类历史上空前伟大而艰难的任务。我们清楚地看到共产主义事业实现过程中的困难，同时，我们又清楚地了解这种困难是一定能够在千百万群众的革命发动中完全克服的，绝不为困难所吓倒。我们有广大的人民群众作依靠，完全有信心在我们这一代完成共产主义事业中一段大工程，同时也完全相信我们的后代能够完满地完成这个伟大事业的全部工程。我们共产党员这种伟大的胸怀和气魄，是人类过去历史上任何阶级的英雄豪杰所不可能有的。在这一点上，我们是完全可以自豪的。

我记得西欧有一个资产阶级的传记作家[104]去到了苏联，曾经和斯大林同志谈过历史人物的比拟问题。斯大林同志当时说：列宁好比是大海，而彼得大帝[105]不过是大海中的一滴。这就是无产阶级共产主义事业中的领袖，和地主阶级、新兴商人阶级事业中的领袖，在历史地位上的比较。从这个比较中我们可以了解：为共产主义和人类解放事业的成功而奋斗的领袖，是这样的伟大；为剥削阶级事业而奋斗的领袖，是那样的渺小。

我们共产党员，要有最伟大的理想、最伟大的奋斗目标，同时，又要有实事求是的精神和最切实的实际工作。这是我们共产党员的特点。如果只有伟大而高尚的理想，而没有实事求是的精神和切实的实际工作，那就不是一个好共产党员，那只能是空想家、空谈家或学究。相反，如果只有实际工作，没有伟大而高尚的共产主义理想，那也不是好共产党员，而是庸庸碌碌的事务主义者。只有把伟大而高尚的共产主义理想和切实的实际工作、实事求是的精神统一起来，才能成为一个好的共产党员。这就是我们党的领袖毛泽东同志经常强调的做一个好的共产党员的标准。

共产主义的理想是美丽的,而今天资本主义世界的现实是丑恶的。正因为它丑恶,所以绝大多数的人们才要求改造它,不能不改造它。我们改造世界,不能离开现实,不能不顾现实,更不能逃避现实,也不能向丑恶的现实投降。我们正视现实,认识现实,在现实中求得生存和发展,向丑恶的现实斗争,改造现实,逐步地达到我们的理想。所以,共产党员应该从眼前所处的环境,眼前所接触的人们,眼前所能进行的工作,来开始和开辟我们改造世界的共产主义事业的伟大工作。在这里,我们应该批评某些青年同志所常犯的一种毛病,就是他们总想逃避现实或者不顾现实的那种毛病。他们有高尚的理想,这是很好的;但是他们常觉得这里不好,那里也不好,这种工作不好,那种工作也不好。他们总想找到一个能够合于他们"理想"的地方和工作,以便他们顺利地去"改造世界"。然而,这种地方和这种工作是没有的。这只是他们的空想。

共产主义事业是我们的终身事业。我们终身的一切活动,都是为了这个事业,而不是为了别的。

六　党员个人利益无条件地服从党的利益

个人利益服从党的利益,地方党组织的利益服从全党的利益,局部的利益服从整体的利益,暂时的利益服从长远的利益,这是共产党员必须遵循的马克思列宁主义的原则。

共产党员必须清楚地确定个人利益和党的利益之间的正确关系。

共产党是无产阶级的政党,除开无产阶级解放的利益以外,共产党没有它自己特殊的利益。无产阶级的最后解放,必然是全人类的最后解放。无产阶级如果不能解放一切劳动人民,解放一切民族,即解放全人类,那末,无产阶级就不能完全解放自己。无产阶级解放的利益同一切劳动人民解放的利益,同一切被压迫民族解放的利益,同全人类解放的利益,是一致的,分不开的。因此,无产阶级解放的利益,人类解放的利益,共产主义的利益,社会发展的利益,就是共产党的利益。党员个人的利益服从党的利益,也就是服从阶级解放和民族解放的、共产主义的、社会发展的利益。

毛泽东同志说:"共产党员无论何时何地都不应以个人利益放在第一位,而应以个人利益服从于民族的和人民群众的利益。因此,自私自利,消极怠工,贪污腐化,风头主义等等,是最可鄙的;而大公无私,积极努力,克己奉公,埋头苦干的精神,才是可尊敬的。"〔106〕

一个共产党员,在任何情况下,能够不能够把自己个人的利益绝对地无条件地服从党的利益,是考验这个党员是否忠于党、忠于革命和共产主义事业的标准。

一个共产党员,在任何时候、任何问题上,都应该首先想到党的整体利益,都要把党的利益摆在前面,把个人问题、个人利益摆在服从的地位。党的利益高于一切,这是我们党员的思想和行动的最高原则。根据这个原则,在每个党员的思想和行动中,都要使自己的个人利益和党的利益完全一致。

在个人利益和党的利益不一致的时候,能够毫不踌躇、毫不勉强地服从党的利益,牺牲个人利益。为了党的、无产阶级的、民族解放和人类解放的事业,能够毫不犹豫地牺牲个人利益,甚至牺牲自己的生命,这就是我们常说的"党性"或"党的观念"、"组织观念"的一种表现。这就是共产主义道德的最高表现,就是无产阶级政党原则性的最高表现,就是无产阶级意识纯洁的最高表现。

我们的党员不应该有离开党的利益而独立的个人目的。党员个人的目的只能是和党的利益相一致的。如果我们的党员把学习马克思列宁主义的理论,加强自己的工作能力,建立各种革命的组织,领导广大群众进行胜利的革命斗争等,作为自己的目的,把为党做更多的工作,作为自己的目的,那末,共产党员这种个人目的和党的利益是一致的。党正需要许多这样的党员和干部。但是除此以外,党员就不应该有个人地位、个人名誉、个人英雄主义以及其他个人打算等等个人的独立目的,否则,就会使自己离开党的利益,以致走到在党内进行投机。

在一个共产党员的思想意识中,如果只有党的共产主义的利益和目的,真正大公无私,没有离开党而独立的个人目的和私人打算;如果他能够在革命的实践中,在马克思列宁主义的学习中,不断地提高自己的觉悟,那末:

第一,他就可能有很好的共产主义的道德。因为他有明确坚定的无产阶级立场,所以他能够对一切同志、革命者、劳动人民表示他的忠诚热爱,无条件地帮助他们,平等地看待他们,不肯为着自己的利益去损害他们中间的任何人。他能够

"将心比心"，设身处地为人家着想，体贴人家。另一方面，他对待人类的蟊贼，能够坚决地进行斗争，能够为保卫党的、无产阶级的、民族解放和人类解放的利益而和敌人进行坚持的战斗。他"先天下之忧而忧，后天下之乐而乐"[107]。在党内、在人民中，他吃苦在前，享受在后，不同别人计较享受的优劣，而同别人比较革命工作的多少和艰苦奋斗的精神。他能够在患难时挺身而出，在困难时尽自己最大的责任。他有"富贵不能淫、贫贱不能移、威武不能屈"[108]的革命坚定性和革命气节。

第二，他也可能有最大的革命勇敢。因为他没有任何私心，所以他无所畏惧。他没有做过"亏心事"，他的错误缺点能够自己公开，勇敢改正，有如"日月之食"[109]。他理直气壮，永远不怕真理，勇敢地拥护真理，把真理告诉别人，为真理而战斗。即使他这样做暂时于他不利，为了拥护真理而要受到各种打击，受到大多数人的反对和指责而使他暂时孤立（光荣的孤立），甚至因此而要牺牲自己的生命，他也能够逆潮流而拥护真理，绝不随波逐流。

第三，他也可能最好地学习到马克思列宁主义的理论和方法。他能够运用这种理论和方法，去敏捷地观察问题，认识和改造现实。由于他有明确而坚定的无产阶级立场和马克思列宁主义的修养，他没有任何个人的顾虑和私欲，因而不致蒙蔽和歪曲他对于事物的观察和对于真理的理解。他实事求是，在革命实践中检验一切理论和是非。他不是以教条主义的或者经验主义的态度，去对待马克思列宁主义，而是把马克思列宁主义的普遍真理和革命的具体实践结合起来。

第四，他也可能最诚恳、坦白和愉快。因为他无私心，在党内没有要隐藏的事情，"事无不可对人言"，除开关心党和革命的利益以外，没有个人的得失和忧愁。即使在他个人独立工作、无人监督、有做各种坏事的可能的时候，他能够"慎独"[110]，不做任何坏事。他的工作经得起检查，绝不害怕别人去检查。他不畏惧别人的批评，同时他也能够勇敢地诚恳地批评别人。

第五，他也可能有最高尚的自尊心、自爱心。为了党和革命的利益，他对待同志最能宽大、容忍和"委曲求全"，甚至在必要的时候能够忍受各种误解和屈辱而毫无怨恨之心。他没有私人的目的和企图要去奉承人家，也不要人家奉承自己。他在私人问题上善于自处，没有必要卑躬屈节地去要求人家帮助。他也能够为了党和革命的利益而爱护自己，增进自己的理论和能力。但是，在为了党和革命的某种重要目的而需要他去忍辱负重的时候，他能够毫不推辞地担负最困难而最重要的任务，绝不把困难推给人家。

共产党员应该具有人类最伟大、最高尚的一切美德，具有明确坚定的党的、无产阶级的立场（即党性、阶级性）。我们的道德之所以伟大，正因为它是无产阶级的共产主义的道德。这种道德，不是建筑在保护个人和少数剥削者的利益的基础上，而是建筑在无产阶级和广大劳动人民的利益的基础上，建筑在最后解放全人类、拯救世界脱离资本主义灾难、建设幸福美丽的共产主义世界的利益的基础上，建筑在马克思列宁主义的科学共产主义的理论基础上。在我们共产党员看来，为任何个人或少数人的利益而牺牲，是最不值得、最不应该的。

但是，为党、为阶级、为民族解放，为人类解放和社会的发展，为最大多数人民的最大利益而牺牲，那就是最值得、最应该的。我们有无数的共产党员就是这样视死如归地、毫无犹豫地牺牲了他们的一切。"杀身成仁"、"舍生取义"，在必要的时候，对于多数共产党员来说，是被视为当然的事情。这不是由于他们的个人的革命狂热或沽名钓誉，而是由于他们对于社会发展的科学的了解和高度自觉。除了这种最伟大、最崇高的共产主义道德以外，在阶级社会中没有什么比这更伟大、更崇高的道德。所谓超阶级的、一般的道德，只是骗人的鬼话，事实上这是保障少数剥削者利益的"道德"。这种"道德"观，从来都是唯心论的。把道德观建立在历史唯物论的科学基础上，公开地宣称我们的道德是为着保障无产阶级解放和人类解放的战斗利益，这只有共产党人能够做到。

共产党代表无产阶级和人类解放的整体利益和长远利益，党的利益是无产阶级和人类解放利益的集中表现。绝不能把共产党看作是图谋党员私利的、行会主义的小团体。凡是这样看的人，都不是共产党员。

党员有个人的利益，而且这种个人利益在某种时候可能和党的利益发生矛盾甚至对立，在这个时候，就要求党员无条件地服从党的利益，牺牲个人利益，而不能在任何形式的掩盖和借口之下，企图牺牲党的利益去坚持个人利益。我们的党员在任何时候、任何情况下，都应该全心全意地为党的利益和党的发展而奋斗，并且应该把党的、阶级的成功和胜利，看作自己的成功和胜利。党员都应该努力提高自己为人民服务的能力，努力增加自己为人民服务的本领。但是，只能在争取党的事业的发展、成功和胜利中,来提高这种能力,增加这种本领,不能够离开党的事业的发展而去争取什么个人的独立发展。事实也证明,党员只有全心全意地争取党的事业的发展、成功和胜利,才能提高自己的能力,增加自己的本领,否则,党员要进步、要提高,是根本不可能的。因此,党员个人的利益必须而且能够和党的利益完全取得一致。

我们的党员,不是什么普通的人,而是觉悟的无产阶级的先锋战士。他应该成为无产阶级的阶级利益和阶级意识的自觉的代表者。因此,他的个人利益完全不应该在党和无产阶级的利益之外突现出来。党的干部和党的领导人,更应该是党和无产阶级的一般利益的具体代表者,他们的个人利益,更应该完全溶化在党和无产阶级的一般利益和目的之中。在今天中国的环境中,只有无产阶级最能代表民族解放的利益,因此,我们的党员也应该是整个民族利益的最好的代表者。

在我们党内,党员的个人利益要服从党的利益,为了党的利益,还要求党员在必要的时候牺牲自己的个人利益。但是,这并不是说,在我们党内,不承认党员的个人利益,要抹煞党员的个人利益,要消灭党员的个性。党员总还有一部分私人的问题需要自己来处理,并且也还要根据他的个性和特长来发展他自己。因此,党允许党员在不违背党的利益的范围内,去建立他个人的以至家庭的生活,去发展他个人的个性和特长。同时,党在一切可能条件下还要帮助党员根据党的利益的要求,去发展他的个性和特长,给他以适当的工作和条件,以至加以奖励等。党在可能条件下顾全和保护党员个人的不可缺少的利益——如给他以教育学习的机会,解决他的疾病和家庭问题,以至在反动派统治的环境下,在必要时还要放弃党的一些工作来保存同志等。然而,这些都不是为了别的,而是为了党的整个利益。因为保障党员必要的生活条件、工作条件和教育条件,使他们安心地热情地工作,是完成党的任务所必需的。这是党的负责人在处理党员问题的时候所必须注意的。

总而言之,一方面,党员个人应该完全服从党的利益,克己奉公。不应该有同党的利益相违背的个人目的、私人打算。不应该什么都只顾自己,到处向党提出一大堆私人要求,责备党没有抬举和奖励他。而应该在一切情况下,努力学习,努力前进,勇敢奋斗,不断提高自己的觉悟,不断加深自己对马克思列宁主义的了解,以便对党对革命做出更多的贡献。另一方面,党的组织和党的负责人,在解决党员问题的时候,应该注意到党员的工作情况、生活情况、教育情况,使党员能够更好地为党工作,使党员能够在无产阶级的革命事业中不断地发展自己,提高自己。特别是对于那些真正克己奉公的同志们,要给以更多的注意。只有这样,只有这两方面的注意和努力配合起来,才能对党有更大的利益。

七 党内各种错误思想意识的举例

根据上面所说的,我们拿对于共产主义事业的了解,以及党员个人利益和党的利益之间的正确关系作为标准,来衡量我们的党员和干部,那末我们就会发现:一方面,有许多党员和干部是合于这些标准的,他们能够作为党员的模范;另一方面，也有一些党员和干部还不合于这些标准，还存在着各种各色的或多或少的不正确的思想意识。我在这里不妨大要地指出这些不正确的思想意识，以便引起我们的同志注意。

党内同志中有哪些在基本上不正确的思想意识呢？

第一，加入我们党的人，不只是家庭出身和本人成份各不相同，而且是带着各种各色不同的目的和动机而来的。当然，很多的党员是为了实现共产主义，为了无产阶级和人类解放的伟大目的来加入共产党的；但是，还有另外一些党员，却是为了其他的原因和目的来加入党的。比如，过去我们有些农民出身的同志，以为"打土豪、分田地"就是"共产主义"。真正的共产主义，他们在入党时是不懂得的。今天也有不少的人，主要是由于共产党坚决抗日、主张抗日民族统一战线而来加入党的。还有些人是仰慕共产党的声望，或者只模糊地认识共产党能够救中国而来的。另外，还有些人主要是由于在社会上找不到出路——没有职业、没有工作、没有书读，或者要摆脱家庭束缚和包办婚姻等，而到共产党里来找出路的。甚至还有个别的人为了要依靠共产党减轻捐税，为了将来能够"吃得开"，以及被亲戚朋友带进来的，等等。这些同志，没有清楚而确定的共产主义的世界观，不了解共产主义事业的伟大和艰苦，没有坚定的无产阶级的立场，那是很自然的。在某种转变关头，在某种情况下，他们中间的某些人要发生一些动摇和变化，也是很自然的。他们带了各种各色的思想意识到党内来，因此，对于他们的教育，他们自己的修养和锻炼，是一个极重要的问题。否则，他们就不能成为无产阶级的革命战士。

　　然而,即使如此,也不是什么了不起的问题。某些人要来依靠共产党,到共产党里来找出路,赞成共产党的政策,总算还是不错的。他们找共产党并没有找错。除开敌探、汉奸、投机分子和野心家以外,我们对于这些人是欢迎的。只要他们承认和遵守党纲、党章,愿意在党的一定组织内担负一定的工作,并且缴纳党费,他们是可以加入共产党的。至于对共产主义,对党纲、党章的深入的研究和理解,可以在他们进了党之后再来学习,并且根据他们所学习的再在革命斗争中锻炼修养,这样,他们就完全可能使自己变为很好的共产党员。本来,许多人在加入党以前就深刻理解共产主义和党纲、党章,是不可能的。我们只提出承认党纲、党章作为入党条件,而没有提出精通党纲、党章作为入党条件,也就是这个原因。很多人在入党以前虽然还不精通共产主义,但是,他们在目前的共产主义运动中,在目前的革命运动中,可能成为一个积极的战士。只要他们入党后努力地学习,就可能成为自觉的共产主义者。此外,在我们党章上还规定党员有退出共产党的自由(加入党是没有自由的)。任何党员如果对于共产主义不能深信,不能过党内严格的组织生活,或其他原因,有向党声明出党的自由,党是允许党员自由出党的。只要他退出党以后不泄露党的秘密,不做破坏党的活动,党是不作任何追究的。至于混入党内的投机分子和奸细,我们当然要清除他们出党。这样,我们才能够保持党的纯洁。

　　第二,在某些党员中还存在着比较浓厚的个人主义和自私自利的思想意识。

　　这种个人主义的表现就是:某些人在解决各种具体问题

的时候，常把个人利益摆在前面，而把党的利益摆在后面；或者他对于个人总是患得患失，计较个人的利益；或者假公营私，借着党的工作去达到他私人的某种目的；或者借口原则问题、借口党的利益，用这些大帽子去打击报复他私人所怀恨的同志。讲到待遇、享受和其他个人生活问题，他总企图要超过别人，和待遇最高的人比较，"孜孜以求之"，并且以此夸耀于人。但是，讲到工作，他就要和不如他的人比较。有吃苦的事，他设法避开。在危难的时候，他企图逃走。勤务员要多，房子要住好的，风头他要出，党的荣誉他要享受。一切好的事情他都企图霸占，但是，一切"倒霉"的事情，总想是没有他。这种人的脑筋，浸透着剥削阶级的思想意识。他相信这样的话："人不为己，天诛地灭"，"人是自私自利的动物"，"世界上不会有真正大公无私的人，如果有，那也是蠢才和傻瓜"。他甚至用这一大套剥削阶级的话，来为他的自私自利和个人主义辩护。在我们党内是有这种人的。

这种自私自利的个人主义，也常常表现在党内的无原则纠纷、派别斗争、宗派主义和本位主义的错误中；表现在对于党的纪律的不尊重和随意破坏的行动中。无原则斗争，大部分是从私人利益出发。进行派别斗争的人，闹宗派主义的人，常把个人的或少数人的利益摆在党的利益之上。他们常常自觉地在无原则的派别斗争中破坏党的组织和纪律，无原则地或是故意地打击某些人，又无原则地结识某些人，互不得罪，互相隐瞒，互相吹嘘，等等。

至于党内存在的本位主义，主要是由于一些同志只看到部分的利益，只看到本部门本地区的工作，而没有看到全局和全党的利益，没有看到别部门别地区的工作。这在政治上思想上说来，是一种和行会主义相似的东西。犯本位主义错误的同志，固然不一定都是从个人主义出发，不过有个人主义思想的人，常常犯本位主义的错误。

第三，自高自大、个人英雄主义、风头主义等，在党内不少同志的思想意识中还是或多或少地存在着。

有这种思想的人，他首先计较个人在党内地位的高低。他好出风头，欢喜别人奉承他、抬举他。他有个人的野心，"逞能干"，好居功，好表现自己，好包办，没有民主作风。他有浓厚的虚荣心，不愿埋头苦干，不愿做事务性、技术性的工作。他骄傲，有了一点成功，就盛气凌人，不可一世，企图压倒别人，不能平等地谦逊和气地待人。他自满，好为人师，好教训别人，指挥别人，总想爬在别人头上，不向别人尤其不向群众虚心学习，不接受别人的正确意见和批评。他只能"高升"，不能"下降"，只能"行时"，不能"倒霉"，他受不起委屈。他"好名"的孽根未除，他企图在共产主义事业中把自己装扮成为"伟大人物"和"英雄"，甚至为了满足他这种欲望而不择手段。在他这种目的不能达到的时候，在他受到委屈的时候，他就可能有动摇的危险。在党的历史上由于这样的原因而动摇出党的人是不少的。在这种人的思想中残存着剥削阶级的意识，不了解共产主义事业的伟大，没有共产主义的伟大胸怀。

共产党员是不能有任何的自满和骄傲的。就算某些同志很能干，做好了某些工作，获得了大的成绩（如我们军队的指挥员率领几万几千人的军队打了胜仗，我们各地党和群众工作的领导者在工作中创造了较大的局面等），这或许是"伟大"

的成绩,很可以"自骄"一下。然而,如果拿这点成绩和整个共产主义事业比较起来,又到底有多大呢?这对于具有共产主义世界观的人来说,又有什么可以值得骄傲的呢?

对于共产党员来说,把工作做得对,做得好,这是他应尽的义务。他应该防止自满和骄傲,力求不犯错误或者少犯错误。

对于共产党员来说,个人地位,又有什么得失值得计较的呢?个人地位总莫高过于皇帝了,然而拿这来和共产主义事业家比较,到底又有多大呢?还不是如斯大林同志所说的,只是大海中之一滴罢了。这又有什么可以值得计较和夸耀的呢?

不错,在我们党内,在共产主义事业中,需要无数的共产主义的英雄,需要很多有威信的群众领袖。目前我们有威望的革命的领袖和英雄还真是太少了,还需要在各方面培养和锻炼很多很好的共产主义的革命的领袖和英雄。这对于我们的事业,确是一件很重要的完全不可忽视的事情。谁要轻视这一点,谁就不懂得怎样推动共产主义事业前进。为着适应共产主义事业前进的需要,我们必须大大提高党员在革命事业中的前进心,大大发扬他们的朝气。应该说,目前我们在这方面的工作还是做得不够的。比如,某些党员的学习不努力,在政治上理论上的兴趣不高,就说明了这一点。所以,我们反对个人英雄主义、风头主义,绝不是反对党员的前进心。为了人民,力求前进,这是共产党员最宝贵的品质。但是,无产阶级的共产主义的前进心,和个人主义的"前进心",是完全不同的。前者追求真理,拥护真理,并且最有效地为真理而斗争,它有无限的发展前途和进步性;而后者即使对于个人来说,也是没有前途的。因为,有个人主义思想的人,常为个人利益而自觉地抹煞、掩蔽和歪曲真理。

我们的同志还必须了解:共产主义事业中的真正的领袖和英雄,决不是个人主义的领袖和英雄,决不是可以自称和自封的。凡是自称领袖或者自己个人企图做领袖的人,他在我们党内决不能成为领袖。我们党员群众不会拥护那种自高自大、个人英雄主义、风头主义、有个人野心和虚荣心的人,来做我们的领袖。任何党员都没有权利要求其他党员群众拥护他做领袖或者保持他的领袖地位。只有毫无个人目的、完全忠实于党的党员,他有高度的共产主义的道德和品质,掌握马克思列宁主义的理论和方法,有相当的工作才能,能够正确地指导党的工作,努力学习,不断前进,只有这样的党员,才能取得党的信任,才能取得党员群众的信仰和拥护,而成为共产主义事业中的领袖和英雄。

我们的同志还应该了解:任何党员,任何领袖和英雄,他在共产主义事业中,只能做一部分工作,尽一部分责任。共产主义事业是一件千百万人长期集体创作的事业,任何个人也不能包办。即使象马克思、恩格斯、列宁、斯大林这样伟大的人物,也只能在共产主义事业中做好一部分工作。他们的事业还需要我们千百万人共同努力,继续努力。我们,普通的党员,在共产主义事业中也是做一部分工作,尽一部分责任。我们的这一部分,比马克思、恩格斯、列宁、斯大林的那一部分,当然是小得多。然而,我们总有一部分。大小虽然不同,但都是整个伟大事业中的"一部分"。所以,我们只要做好了一部分工作，就算尽了我们的责任。我们当然要尽可能使自己做的工作多一点，然而，如果不能多，就少一点，也是有益的，也是一样光荣的。无论如何，最低限度不能妨害共产主义事业的发展，而必须大小不一地尽自己的一部分责任，多少不一地做好自己担负的工作，这是我们每个党员所应有的正确态度。那些不愿意做技术工作的同志，以为在技术工作中埋没了他，使他"不能"（其实也能，如斯达汉诺夫[111]就是技术工人中出来的）扬名一时，不能施展他的才能，因此，使他或多或少地丧失了共产党员所应有的前进心。这种想法是不对的。技术工作在党的工作中占有极重要的位置，这些同志的工作，和其他同志的工作一样，都是在共产主义事业中尽了一部分责任。共产党员对于工作的态度，应该是党需要做什么工作，就去做什么工作，不管这个工作是自己愿意做的或者是不愿意做的，都应该愉快地努力地做好。

自然，党的组织和党的负责人分配党员的工作，应该尽可能地照顾到党员的个性和特长，发扬他的长处，并鼓励他前进的热忱。但是，党员不能拿个人的兴趣作为理由，来拒绝接受党分配给他的工作。

第四，少数同志有浓厚的剥削阶级的意识。他们常常不择手段地对付党内的同志，处理党内的问题，完全没有无产阶级共产主义的伟大而忠诚的互助精神和团结精神。

有这种意识的人，在党内总是想抬高自己，并且用打击别人、损害别人的方法去达到抬高自己的目的。他嫉妒强过他的人。别人走在他前面，他总想把别人拉下来。他不甘心居于人下，只顾自己，不管别人。看见别的同志遇到困难，遇到挫折,他幸灾乐祸,暗中窃喜,完全没有同志的同情心。他甚至对同志有害人之心,"落井下石",利用同志的弱点和困难去打击和损害同志。他在党内,也利用党的组织上工作上的各种弱点,在党内"钻空子",扩大这些弱点,以取得他个人的某些好处。他在党内好播弄是非,好在同志的背后说人家的坏话,进行一些阴谋诡计来挑拨同志间的关系。他好参加党内一切无原则斗争,对各种无原则的纠纷感到很大的兴趣。特别是党处在困难的时候,他就更要在党内制造和扩大这些纠纷。总而言之,他邪气十足,毫不正派。说这样的人能够掌握马克思列宁主义的理论和方法,反映无产阶级的思想,那不完全是笑话吗? 很明白,这完全是没落的剥削阶级的思想的反映。

一切剥削者要发展自己都必须损害别人。资本家要发展自己的财产,或者要在经济恐慌时不致破产,他就必须挤倒很多较小的资本家,就必须使无数的工人饥饿。地主要发展自己,他就必须剥削农民,必须使许多人失去土地。德、意、日等法西斯国家要发展自己,它们必须损害其他国家,使奥地利、捷克、阿比西尼亚〔112〕等亡国,使中国受侵略。剥削者总是以损害别人、使别人破产作为发展自己的必要条件,把自己的幸福建立在使别人受苦的基础上。所以剥削者相互之间不能有真正坚固的团结,不能有真正的互助,不能有真正的人类的同情心,而必然玩弄阴谋诡计,进行暗害活动,使别人倒台破产。然而他们又不能不说假话,不能不在大众面前假装"圣人",装作"公道的主持者"。这是一切没落的剥削者的特点。这些东西对于剥削者来说,也许是他们的"高尚"道德的标准,但是对于无产阶级和人民群众来说，就是大逆不道。

　　无产阶级和一切剥削阶级完全相反。无产阶级不剥削别人，而受别人剥削。无产阶级内部没有基本利害的矛盾，无产阶级和其他被压迫被剥削的劳动群众之间也没有基本利害的矛盾。无产阶级要发展自己，求得自己的解放，不但不需要损害其他劳动人民的利益和发展，而且必须和其他劳动人民大众团结一致，共同奋斗。无产阶级要解放自己，必须同时解放一切劳动人民，解放全人类。一个工人或一部分工人的单独解放，是不可能的。无产阶级必须把人类解放事业进行到底，一步一步地争取全人类的共同的解放，半途而废，中途妥协，是不可能的。

　　无产阶级的这种客观地位，决定了觉悟的工人们的思想意识，同剥削者的思想意识完全相反。共产党人是无产阶级的先锋战士，他们用马克思列宁主义武装了自己，他们一方面要用无情的手段对付人民的敌人，另一方面绝不使用这种手段去对待劳动阶级的兄弟和同志。他们把对付敌人的态度和手段，同对待自己同志和朋友的态度和方法，截然分开。他们对于自己阶级中的兄弟和一切被压迫被剥削的劳动人民，具有伟大而忠诚的友爱、热情和同情心，具有伟大的互助精神，牢固的团结精神，真正的平等精神。他们根本反对任何人有任何特权，认为自己不应该有任何特权的思想，他们认为在人民内部居于特权地位，对于自己说来，是不可思议的，是一种侮辱。他们要发展自己，提高自己，就必须同时发展别人，提高整个劳动阶级的地位。他们在思想上、政治上、工作上不甘心落后，而有极高的前进心，但是他们同时又尊敬、爱护和帮助在这些方面强过他们的人,而努力向他们学习,绝无嫉妒之心。他们极关心自己阶级和世界全体劳动人民的痛苦和困难的境遇,关心每一个地方的劳动者的解放斗争及其胜利和失败,认为不论哪一个地方的劳动者的胜利和失败,就是他们自己的胜利和失败,而表示极大的同情心。他们认为对于任何劳动者和被压迫者的解放斗争,采取漠不关心的态度是错误的,采取幸灾乐祸的态度是犯罪的。他们爱护自己的同志和兄弟,对于自己同志和兄弟的弱点和错误,进行坦白诚恳的批评(这正是真正的爱护的表示),绝不在原则上敷衍、迁就,更不去助长别人的错误(迁就以至助长别人的错误,不是真正爱护同志的表示)。他们用一切方法帮助同志去克服和改正这些弱点和错误,绝不采取那种利用和扩大同志的弱点和错误的方法,使犯错误的同志"倒霉",以至使这些同志的错误发展到不可救药的地步。他们对于自己的同志和兄弟能够"以德报怨",帮助同志改过,毫无报复之心。他们能够对自己严格,对同志宽大。他们有坚定的严格的原则立场,光明、正直而严肃的态度,不在原则上作任何让步,不容许别人对党的利益有任何损害,也不容许别人对自己的无礼侮辱,尤其鄙视别人对自己无原则的奉承、阿谀和谄媚。他们反对一切无原则斗争,同时不使自己被牵扯到无原则的斗争中去,不被那些不负责任的、非正式的、在自己背后的批评所牵动和刺激,而丧失自己原则的立场、冷静的思考和镇定的态度。无产阶级的这种思想意识,是我们每一个党员所应该学习和发扬的。马克思列宁主义的伟大创始人,就是这种无产阶级思想意识的最集中的、模范的具体代表者。这些是现今社会中人类的正气。共产党就是代表人类正气的。我们要发扬和提高这种无产阶级的正气，克服一切的邪气。

第五，在我们党内某些同志中还存在着"小气"，计较小事，不识大体等毛病。他们没有共产主义的伟大气魄和远大眼光，看不到大的方面，而对于他们鼻子下面的小事物却是津津有味。他们对于党内和革命中的大问题、大事变，不大感觉兴趣，而常常计较那一针一线、一言一语的小事，为了这些小事，他们可以郑重其事地和别人争论不休，伤感备至。这些人也容易被别人的小恩小惠所笼络。他们具有农村社会中小生产者那种狭隘性的特点。

另外，还有一些人在党内生活中常常表现不清楚不确定的态度，对于他，可以这样也是，那样也是。这些人中实际上有两种，一种人是认识问题，另一种人是品质问题。后者总是喜欢投机取巧，双方讨好，到处逢迎。"看人看势说话"，"顺风转舵"，毫无原则，就是这种人的特点。有时候，他简直象寓言中的蝙蝠一样[113]，看哪一方面行时，他就投到那一方面去。这种"非驴非马"、"两面三刀"的人，在我们队伍中并不是完全没有的。这种人具有旧商人的特性。此外，还有个别的人受不起旧社会剥削阶级的引诱，看到了花花世界，看到了金钱美色，他们就动摇起来，以致因此犯罪，直至叛变党和革命。

最后，小资产阶级的急性病、动摇性，流氓无产者和某些破产农民的破坏性等，也常常反映到党内一些同志的意识中来，对这个问题，在这里我就不多讲了。

总而言之，我们党是代表伟大的、坚强的、无产阶级共产主义的思想意识的。但是,也应该指出,在一些同志的头脑中,还或多或少地反映着社会上各种非无产阶级的以至没落的剥削阶级的思想意识。这些思想意识,有的时候在党内潜伏着,只在一些个别的日常的小问题上暴露出来,有的时候就发展起来,系统地暴露在党内各种原则问题上、重大的政治问题上和党内斗争问题上。党的组织的个别部分、个别环节,也可能被这些错误的思想所统治、所腐蚀,在发展到最高度的时候,如在陈独秀[114]、张国焘[115]等人当权的时候,甚至暂时地支配了党的重要领导环节。但是,在经常的时候,它又被正确的无产阶级的思想意识压服着。这样,就表现为党内无产阶级的思想意识和非无产阶级思想意识的斗争。对于某些党员个人来说,也是这样。有的时候,他的不正确的思想意识潜伏着,被克服着,但是在另外的时候,不正确的思想意识又可能发展起来,以至支配着他的行动。这样,也就表现为党员个人的无产阶级的思想意识和非无产阶级思想意识的矛盾和斗争。我们党员在思想意识上的修养,就是要自觉地以无产阶级的思想意识、共产主义的世界观,去克服和肃清各种不正确的非无产阶级的思想意识。

八　党内各种错误思想意识的来源

共产党是代表着现今人类社会中最光明的最进步的方面,是人类最高思想——马克思列宁主义的寄托和发育之所。世界上最觉悟、最进步、最健全、最有道德和最富正义感的人士,集中在共产党中,而坚持不屈地和一切黑暗势力搏斗着,为人类社会的光明和最后解放奋斗着。中国共产党是世界上最好的共产党之一。在我们的领袖毛泽东同志领导下,它有坚强的马克思列宁主义的理论武装,同时继承着中华民族历代进步思想家、革命家的优良传统。它代表中国社会中最进步最光明的方面,在它的组织内集中着中华民族最优秀的儿女。它和中国社会中的黑暗势力作过了长期的斗争,经过了艰苦的锻炼,有着丰富的革命斗争的经验。这一切,是我们共产党人足以自豪的。有一切的根据可以使我们完全相信:我们一定能够取得最后的胜利和最后的成功。然而,在我们的组织中还不是尽善尽美的,还不是没有缺点和错误的。在我们的队伍中还不是没有不健全的人以至坏人的,这些不健全的人和坏人,也还是会干出一些乌七八糟的坏事来的。这就是说,在我们光明的党内,也还有某些不好的东西,还有黑暗的一方面。这就是我在前面所列举的那些东西。

　　家里既已招来了丑女婿,或者娶来了丑媳妇,总不好完全不让他们见客。对于这些不好的事情,即使我们想抱着"家丑不可外扬"的态度,把它们掩藏起来,也是不可能的。广大的人民群众经常和我们党接触联系,同情我们的人要来我们这里参观,仰慕我们的人们和青年男女要来我们这里学习或加入我们党。这些人来到我们这里,除开看到了我们一切进步的、光明的、美丽的东西和"家人"之外,还会碰到我们的丑女婿或丑媳妇,在稠人广众之中,说了些丑话,演了些丑态,做了些丑事,如是就引起了一些客人和新党员的疑问。他们这样问:共产党不是最公平的吗?共产党人不是最优秀的男女吗?为什么在共产党内还有这种丑人坏事呢?这难道不奇怪吗?

有一些青年同志,当他们未入党以前,他们对现社会有极大的不满,觉得一切都不是出路,只有共产党最光明。他们想着,入党以后一切都会满意、都会有办法的。但是当他们入党以后,或者到了革命根据地以后,由于看到党内还存在着某些错误缺点,而且实际生活并不能使他们一切都满意(因为他们所满意的事,有不少是不合于党和革命的利益的),因而使他们觉得实际的情况和原来的想法并不完全相合,于是有人开始怀疑,觉得奇怪。他们问:"为什么共产党内也有这些事呢?"有些人在没有来延安、进抗大[116]以前,以为延安和抗大是合乎他们想象的那样好,在到了延安、进了抗大以后,也不能处处都使他们满意,于是他们也觉得奇怪,"为什么延安和抗大也有这些不能令人满意的事呢?"某些人因为对于这些问题不能解答,以至悲观失望起来。

对于这些问题,除开引起我们的警惕,教育我们的党员和干部严重注意——要好好地对待和带领我们的新党员及一切倾向我们的人,不能给他们以坏的影响外,还要向我们的党内党外的同志们解释清楚。

为什么在我们光明的党的组织内还有这些不好的事情呢?我想,原因很简单,就是我们的党不是从天上掉下来的,而是从中国社会中产生出来的。一般说来,我们的党员是中国的优秀儿女,是中国无产阶级的先锋部队,但是他们都是来自中国旧社会的各部分,而今天中国存在着剥削阶级和他们的影响——自私自利、阴谋诡计、官僚主义等各种恶浊的东西。我们有很多最好的党员不容易受这些东西的影响,但是也还有某些党员不免要带来一些或者反映一些旧社会中的恶浊东西,这有什么奇怪呢? 正如一个人从污泥中爬出来,他的身上带有污泥,这有什么奇怪呢? 这完全不奇怪,是一定有的。共产党的队伍中如果完全没有这些恶浊东西,倒是奇怪的,倒是完全不可想象的事。我们可以说:只要社会中还有这些恶浊东西,社会中还存在着阶级,存在着剥削阶级的影响,那末,在共产党内也就难免或多或少地存在一些恶浊的东西。正是因为社会上和党内还存在这些恶浊的东西,共产党就有改造社会的任务,党员就有改造自己的必要,就有修养和锻炼的必要。我们除开进行社会斗争,反对社会中各种黑暗的落后的势力和东西以外,还必须进行党内斗争,反对党内某些动摇的不坚定的分子把社会中各种黑暗的落后的东西反映到党内来。这就是我们党内矛盾和党内斗争的根据。我们要在党内党外各种斗争中,去改造社会,去逐渐清除社会中各种黑暗的落后的东西,同时去改造我们的党和党员,解决党内的矛盾,使我们的党和党员更加健康和更加坚强。

斯大林说:

"无产阶级政党内部的矛盾的根源在于两种情况。

"这两种情况是什么呢?

"第一,就是在阶级斗争的环境中资产阶级和资产阶级思想对无产阶级及其政党的压力,无产阶级中最不坚定的阶层和无产阶级政党中最不坚定的分子往往受到这种压力的影响。不能认为无产阶级是完全与社会隔绝的,是站在社会之外的。无产阶级是社会的一部分,它和社会各种不同的阶层有千丝万缕的联系。而党是无产阶级的一部分。因此,党也就不能和资产阶级社会中各种不同的阶层断绝联系并摆脱它们的影响。资产阶级及其思想对无产阶级及其政党的压力表现于：资产阶级的观念、风俗、习惯和情绪往往通过某些和资产阶级社会有一定联系的无产阶级阶层而渗透到无产阶级及其政党中来。

"第二，就是工人阶级的庞杂性，工人阶级内部存在着各种阶层。……

"第一个阶层就是无产阶级的基本群众，它的核心，它的固定部分，就是那些早已和资本家阶级断绝联系的'纯血统的'无产者群众。这一无产阶级阶层是马克思主义的最可靠的柱石。

"第二个阶层就是那些不久以前才从非无产阶级，即从农民、小市民队伍、知识分子中分化出来的人。这批出身于其他阶级的人，在不久以前才加入无产阶级队伍，并把自己的作风、习惯、犹豫和动摇带到工人阶级中来。这个阶层是滋长各种无政府主义派别、半无政府主义派别和'极左'派别的最好的土壤。

"最后，第三个阶层就是工人贵族，工人阶级的上层分子，无产阶级中生活最有保障的一部分，他们力求和资产阶级妥协，极爱巴结有权有势的人物，喜欢'出人头地'。这个阶层是滋长露骨的改良主义者和机会主义者的最好的土壤。"[117]

这就是为什么在我们无产阶级政党内部，还存在着各种非无产阶级的思想意识，产生各种错误缺点和恶浊东西的根源。这就是党内还存在着各种矛盾的根源。

九　对待党内各种错误思想意识的态度，对待党内斗争的态度

由于剥削阶级的影响，由于小资产阶级的影响，由于工人阶级本身有不同的阶层，由于我们党员社会出身的不同，所以在我们党内就产生各个党员间在思想意识上的差别，在观点、习惯、情绪上的某些差别，产生党员间在世界观和道德观方面的某些差别，而且也产生党员间对于事物、对于革命中的各种问题之不同的认识方法和思想方法。

在我们党内，有一部分人，是能够从事物的发展的、联系的状态去看事物的；另外一部分人，却习惯于从事物的静止的、孤立的状态去看事物。前一部分人能够全面地客观地认识事物，从而得出正确的结论，作为我们行动的正确向导。后一部分人中有些人只看见或夸大事物的这一方面，另外有些人就只看见或夸大事物的那一方面，就是说，他们都不是按照客观事物的发展和联系的规律，全面地客观地去看问题，而是片面地主观地去看问题。所以他们不能得出正确的结论，不能提出指导我们行动的正确方向。

因为各种党员看问题的方法不同，就使他们处理问题的方法也各不相同，就引起党内许多不同意见、不同主张的分歧和争论，就引起党内的斗争。特别在革命的转变关头，在每一次革命斗争加剧和困难增多的情况下，在剥削阶级和剥削阶级思想的影响下，这种分歧和争论也就必然更加激烈起来。

所以问题的中心，不在于党内有无不同的思想意识，有无

意见上的分歧,这是一定有的。问题的中心,是在于如何解决党内的矛盾,如何解决这种分歧,如何克服党内各种不正确的、非无产阶级的思想意识。很明白,只有经过党内斗争,才能解决这种矛盾,解决这种分歧和克服各种不正确的思想意识。正如恩格斯所说:"矛盾绝不能长期掩饰起来,它们总是以斗争来解决的。"[118]

对于我们党内各种缺点、错误和不好的东西,有几种不同的人,存在着几种不同的看法和几种不同的态度。

第一种人,他们没有看见或者不愿意看见党内某些缺点、错误和不好的东西,而盲目地以为我们党内没有什么不好的现象,因此,也就松懈他们的警觉性,放松他们对于某些缺点、错误和一切不好东西的斗争。第二种人,就只看见或差不多只看见缺点、错误和不好的东西,而看不见党的正确和光明,因此,就悲观失望,丧失信心,或者在看见这些东西之后,大惊小怪,使自己慌乱起来。这两种看法,都是不正确的、片面的。我们的看法,和前两种看法都不同。一方面,我们看到我们的党是中国最进步、最革命的、无产阶级的政党,另一方面,又清楚地看到在我们党内还存在着各种大小不一的缺点、错误和不好的东西。同时,我们还清楚了解这些东西的来源,清楚了解如何纠正和逐渐肃清它们的方法,不断加强自己的锻炼,努力做好工作,进行必要的斗争,推动我们的党和革命前进。

由于各种人的立场不同和看法不同,对于我们党内这些不好的东西,也就有几种不同的态度。第一种是混入党内的阶级异己分子和敌对分子的态度,第二种是无产阶级立场不坚定和思想方法不正确的党员的态度,第三种是坚持马克思列宁主义原则的党员的态度。

混入党内的阶级异己分子和敌对分子高兴我们党内有缺点、错误和不好的东西。他们幸灾乐祸,乘隙而入,并想一切方法利用和扩大我们的某些缺点、错误和不好的东西,来达到破坏我们党的目的。有时甚至采取反对某种错误、拥护党的路线的形式,把错误弄到另一个极端去。

第二种人也有以下几种不同情况:

(一)就是有些党员同情和接受党内某些错误的思想,学习党内某些人的坏样子,以满足他私人的某些企图和欲望。他认为党内某些缺点、错误的存在对于他是有利的,因此,他也自觉地或者不自觉地助长某些缺点、错误的发展而加以利用。这是党内的投机分子和品质极不好的党员所采取的态度。

(二)就是有些党员放任党内某些缺点、错误和各种坏的现象不管,而任其自流地发展。他们得过且过,而不愿和这些东西进行斗争。或者惧怕党内斗争和自我批评,认为这是对党有害无益的;或者对这些现象麻木不仁,不愿意看见这些现象;或者在对这些现象进行斗争的时候,采取敷衍了事、调和折衷的态度。这是对党责任心薄弱的党员,有浓厚的自由主义思想和犯官僚主义错误的党员所采取的态度。

(三)就是有些党员对党内这些缺点、错误,对党内某些思想不很正确的人,抱着"深恶痛绝"的态度。他们随便地宣告和犯错误的同志绝交,企图一下子就把这些同志从党内肃清,驱逐他们出党。但是如果一下不能肃清,或者还碰了钉子的时候,就表示没有办法,悲观失望,感伤起来;或者就"洁身自好",不管了,甚至自己远远地离开了党。这种绝对的态度,还表现在有些人对于党内斗争和自我批评的机械的了解。抱这种绝对态度的人，他们认为无论在什么条件下都要开展党内斗争，而且斗争得愈多愈凶就愈好。他们把什么小事都提到所谓"原则的高度"，对什么小缺点也要加上政治上的"机会主义"等大帽子。他们不按照客观需要和客观事物发展的规律来适当地具体地进行党内斗争，而是机械地、主观地、横暴地、不顾一切地来"斗争"。这是不了解党内矛盾的根源的党员、缺少办法对付党内分歧的党员和机械地了解党内斗争的党员所采取的态度。这种对党内斗争的绝对态度，在一个时期内曾经被党内的左倾机会主义者所利用。他们把党内的机械的过火的斗争，发展到故意在党内搜索"斗争对象"，故意制造党内斗争，并且滥用组织手段甚至党外斗争的手段来惩罚同志，企图依靠这种所谓斗争和组织手段来推动工作。

我们所应该采取的态度，是无产阶级的态度，是马克思列宁主义的态度。和上述各种错误的态度相反，我们主张：

（一）首先认识和辨别党内各种现象、各种思想意识、各种意见和主张，哪些是正确的，对党和革命的利益是有益的，而哪些又是不正确的，对党和革命的利益是有害的，或者争论的两方面都是不对的，对的应该是另一种意见和主张。经过冷静的辨识和思考之后，决定自己明确的态度，站在正确的方面。不盲从，不随波逐流。

（二）学习、提倡并发扬党内一切好的模范和正气，积极赞助一切正确的主张和意见，不学一切坏样子，不受一切不正确的思想意识的影响。

（三）不采取自由主义态度，不畏惧必要的党内斗争。对党内各种原则错误的思想和主张，对党内一切坏的现象，进行不调和的斗争，以便不断克服这些错误现象，绝不放任这些错误现象的发展，不使它损害党和革命的利益。

（四）不抱机械的绝对的态度。把原则上的不调和和明确性，同斗争方法上的灵活性和耐心的说服精神很好地结合起来，在长期斗争中去教育、批评、锻炼和改造那些犯了错误但不是不可救药的同志。具体地、适当地去进行党内在各个时期各种原则问题上所必要的思想斗争，而不是主观地、机械地、捕风捉影地在党内乱斗一阵，也不是有"斗争"的嗜好。

（五）在党内斗争中团结党，提高党的纪律和威信。对于党内某些已经不可救药的分子，给以组织上的制裁，直至驱逐出党。把维护党的团结，纯洁党的思想，巩固党的组织，看作是自己最高的责任。

这就是党内一切好的党员所采取的态度。只有这种态度才是正确的马克思列宁主义的态度。

我们的敌人要利用我们的每一个缺点和错误来破坏我们的党，是不奇怪的。我们除了要经常提高警觉性之外，应该在党内每一次缺点和错误发生的时候，尽可能减少给敌人利用的机会，这是每一个爱护我们党的同志所应有的职责。如果我们的党员在党内斗争中不顾到这一点，如果他只图一时的痛快，甚至不拒绝坏分子的援助，而和坏分子结合，或者还假借党外的某种力量和援助来达到他在党内的某种目的，那末，他就在政治上、党的纪律上犯了不可饶恕的错误。

我们的党员，在党内应该反映正确的思想，学习好的模范，而对于不正确的思想和坏的样子，就不应该学习，而应该反对。但是，党内的实际情况是，某些同志除了反映正确的思想、学习好的模范而外，也还反映一些不正确的思想，学一些坏的样子。对于某些同志来说，似乎是学坏容易而学好难，这是值得我们严重注意的。这些同志在党内有某种错误发生的时候，常常有意无意地助长和扩大这些错误，在党内斗争中常常站在错误的一方面，或者不分别正确和错误，只看哪一方面行时，就站在那一方面。对于这些同志，如果不给以严格的批评和锻炼，他们是很难进步的。

至于那些对党内各种缺点、错误和坏现象抱自由主义、官僚主义态度的同志，当然也是错误的。我想，这对于你们马列学院的学生应该是很明白的。因为在你们学过的"党的建设"里面就讲到党内自我批评和思想斗争的必要，对于这个问题解释得很清楚、很深刻，你们可以去研究，我在这里用不着多讲。现在我所要指出的，就是在我们党内抱这种自由主义态度的同志的确还是不少。真正负责地、正式地、诚恳地进行批评和自我批评，去揭发党内各种缺点、错误和一切坏的现象，从而加以改正和清除，常常是做得不够，特别是由下而上的批评和自我批评做得不够，在这一方面我们还必须大大加以发扬。然而，在党内，对于这个人或者那个人、对于这件事或者那件事的不负责任的、非正式的批评，以及背地里的议论和闲话，却是不少。这是党内自由主义的两种表现形态。这表示某些同志在政治上的发展、革命斗争中的勇气还不够，也反映党内民主的正确发扬还不够。某些同志不敢破除情面，不敢得罪别人，怕引起别人的抱怨和对于自己的反批评，而宁愿放任各种缺点、错误在党内存在，采取"得过且过"、"多一事不如少一事"、敷衍了事的态度,然而却又在背地里去议论人家,这对于党是无益有害的。不负责任的批评和议论,可以引起党内无原则的纠纷和不团结的现象,而党的缺点和错误却不会因为这种不负责任的批评和非组织的议论而得到改正。我们提倡党内负责的、正式的、对党有益的批评和自我批评。

党内既有各种缺点和错误存在,既有各种不正确的非无产阶级的思想意识存在,而这些不正确的思想意识中的每一种都可能在某种时期发展成为党内某种倾向,引起党内某些原则上的分歧,妨碍党的行动的一致。因此,如果不发展党内的批评和自我批评,不经常地揭发和纠正各种缺点和错误,不克服各种不正确的思想意识,不进行党内斗争来克服党内的分歧,而在党内斗争中采取折衷的态度和"中间"路线,或者得过且过,敷衍了事,那末,就不能正确地教育党,教育阶级,教育群众。

在党内斗争问题上的自由主义,还表现在另外一种现象上。这就是当着党内某种争论已经发生的时候,许多同志把工作放着不做,而去整天整月地进行空洞的争辩,或者任意地放纵起来,在这种争辩中使党内的团结松懈,使党的纪律削弱,使党的威信受到损害,把我们战斗的党的组织和党的机关变为争辩的俱乐部。这种现象,过去在我们党的某些组织中是不只一次地发生过的。这同我们所主张的批评和自我批评毫无相同之点。我们之所以需要批评和自我批评,不是为的损害党的威信,败坏党的纪律,削弱党的领导,而是为的提高党的威信,巩固党的纪律,加强党的领导。

所以,对党内各种缺点、错误和坏现象,采取自由主义和官僚主义的态度,是不对的。我们必须发展批评和自我批评,正确地进行党内斗争,来反对党内一切坏的现象,克服党内的分歧。只有这样,才能使党巩固、发展和前进。

在党内斗争中抱绝对态度的同志,也是不对的。

这种态度,是自由主义态度的反面。因为他们不了解党内不正确的思想意识有深厚的社会根源,绝不是一下子可以肃清的。党内的许多同志在各种不同的时候,都可能多少不一地反映社会上一些不正确的思想意识,受到非无产阶级思想意识的影响,而在工作中会犯一些错误,这是任何一个同志都不能完全避免的。如果说,所有在不同程度上反映了非无产阶级思想意识的同志,所有犯了错误而不是不可救药的同志,都一律不要,都一概不能容纳,都绝对地拒绝他们,或者把他们都从党内驱逐出去,那末,我们党内也就没有什么教育同志和巩固组织的任务了。如果我们党采取了这样极端的政策,那末,这种抱绝对态度的同志自己,最后也就不能不从党内被驱逐出去。抱这种绝对态度的同志,特别不了解共产主义事业中一项极大的艰苦的工作,是要把人类改造成为大公无私的共产主义社会的公民,是要经过长期斗争的锻炼和教育,把带有各种弱点的人类改造成为高度文明的共产主义者。如果他们了解了这一点,他们就应该懂得,教育和改造已经加入党的多少带有非无产阶级的思想意识的党员,是我们党内一项重要的经常的任务。

自然,教育和改造这些党员,要作长期的、耐心的努力,是很艰苦的工作。但是,如果这样的艰苦工作都不愿做,都畏难,那还说得上什么改造世界和改造人类呢?改造世界和改造人类这样的空前艰巨的工作,我们都下决心做,都不畏难,那末,现今世界上还有什么艰苦工作可以使我们畏难的呢?具有共产主义世界观的共产党员,是大无畏的,是不怕一切艰难和困苦的,是了解世界事物发展的曲折进程的。那些抱绝对态度的同志,由于不了解共产主义事业的艰巨性和曲折性,所以,他们畏难,想走直路,想一下子就肃清一切不痛快的东西,一下子就跳到他们理想的世界去。他们这样想这样做,是一定要碰壁的。在他们碰得头破血流以后,又往往悲观失望,对共产主义事业的前途丧失信心。他们就是这样从左的极端走到右的极端,把自己的非无产阶级思想的本质在人们的面前充分地暴露了出来。尽管抱着这种态度去对待党内的缺点和错误,对党、对同志、对自己都很不利,然而可惜的是,我们党内还是有不少同志在不同程度上抱着这种错误的绝对态度。

党内斗争之所以必要,并不是由于我们主观地嗜好斗争,欢喜争辩,而是由于在党的发展过程中和无产阶级斗争过程中产生了党内原则上的分歧。在这个时候,"只有通过为维护一定的原则、一定的斗争目标、以及达到目标的一定的斗争方法的斗争,矛盾才能克服。"[119]任何妥协都是无济于事的。这就是说,当着问题的争论已经发展成为原则上的争论,非用斗争来解决不可的时候,我们应该毫不躲避地进行党内斗争,来解决这些争论。而不是说,我们在一切日常事务问题上,在纯粹带实际性质的问题上,都要小题大作、板着面孔来进行党内斗争,都要绝不妥协。"在当前政策问题上,在纯属实际性质的问题上,可以而且应该和党内抱有不同思想的人作各种

妥协。"〔120〕

当着党内产生机会主义思想,存在原则分歧的时候,我们当然必须进行斗争,来克服机会主义思想和各种原则错误。但是,这绝不是说,在党内不存在原则分歧、没有产生机会主义的时候,硬要把同志间在某些纯粹带实际性质的问题上的不同意见,扩大成为"原则分歧"。

毛泽东同志说:"党一方面必须对于错误思想进行严肃的斗争,另方面又必须充分地给犯错误的同志留有自己觉悟的机会。在这样的情况下,过火的斗争,显然是不适当的。"〔121〕

对于党内某些犯了原则错误或机会主义错误的同志,当着他不听说服,不顾党的批评,而坚持错误,刚愎自用,顽固不化,抵抗党的方针,或者采取两面派态度的时候,给以严格批评,以至给以组织上的处分,都是必要的。但是,如果这些犯错误的同志,并不坚持错误,经过平心静气的讨论、说服和批评之后,愿意改正错误,放弃他们原来的观点,或者正在冷静地考虑他们的错误,并且和其他同志进行平心静气的讨论的时候,就应该对他们的每个微小进步表示欢迎,不应该一律给以处分。自我批评和党内斗争,并不是面孔板得愈凶就愈好,也不是处分同志愈多就愈好,而应该以真正能够教育犯错误的同志、帮助犯错误的同志纠正错误、教育党和巩固党为最高目的。

党内的左倾机会主义者对待党内斗争的态度,他们的错误是很明显的。按照这些似乎疯癫的人看来,任何党内和平,即使是在原则路线上完全一致的党内和平,也是要不得的。他们在党内并没有原则分歧的时候也硬要去"搜索"斗争对象,把某些同志当作"机会主义者",作为党内斗争中射击的"草人"。他们认为,党的发展,无产阶级革命斗争的胜利,只有依靠这种错误的斗争,依靠这种射击"草人"的火力,才能得到灵验如神的开展。他们认为只有这样"平地起风波",故意制造党内斗争,才算是"布尔什维克[16]"。当然,这并不是什么真正要郑重其事地进行党内斗争,而是对党开玩笑,把极严肃性质的党内斗争当作儿戏来进行。主张这样做的人,并不是什么"布尔什维克",而是近乎不可救药的人,或者是以"布尔什维克"名义来投机的人。

以上所说的,就是我们应该用怎样的态度去对待党内各种缺点、错误和坏现象的问题。我们在反对党内党外各种黑暗东西的斗争中来改造世界和人类,同时也改造我们的党和我们自己。党内斗争,是社会的阶级矛盾和新旧事物的矛盾在党内的反映。党在党外的阶级斗争中——在广大群众的革命斗争中来锻炼、发展和巩固自己,同时,党又在党内斗争中达到自己的巩固和统一,而更有计划地、正确地、有力地去领导广大群众的革命斗争。所以,对于党内各种缺点、错误和坏现象,采取自由主义的态度,企图抹煞党内原则的分歧,掩盖党内矛盾,躲避党内斗争,敷衍了事,是根本不对的,是对敌人有利的,是和阶级斗争发展的规律相违背的,是和我们在斗争中改造世界、改造人类的基本观点不相容的。同样,脱离党外的阶级斗争,脱离广大群众的革命运动,使党内斗争变为空洞的清谈,也是不对的。因为离开广大群众的革命斗争,去锻炼、发展和巩固党是根本不可能的。但是,如果把事情弄到另外一个极端去,而对一切有缺点、错误但不是不可救药的同志，采取敌我不分的态度，或者抱着绝对的态度，都机械地过火地去进行党内斗争，主观地去制造党内斗争，也是根本不对的，是和党的发展规律相违背的。对于党内犯错误的忠实的同志，不应该和他们决绝，而应该抱着爱护和同情的态度，去说服、教育他们，帮助他们在斗争中锻炼自己，改造自己。如果他们不是坚持错误，不可救药，就不要打击他们，驱逐他们。

虽然在我们的党内还存在着某些缺点和错误，还有某些个别的部分的坏现象，但是我们完全相信，在工人运动的发展中，在伟大的群众革命斗争中，是能够而且一定要肃清这一切坏东西的。中国共产党以往十余年来斗争的历史和伟大进步，世界各国工人运动发展的历史，都使我们对于这一点深信无疑。

党内斗争，是整个革命斗争中不可缺少的必要的组成部分。因此，我们的同志不但应该有党外斗争的锻炼和修养，而且应该有党内两条战线斗争的锻炼和修养。但是，在我们党内的不少同志中，对于党内两条战线斗争还没有真正深刻的体会，还缺乏应有的锻炼和修养。这不但表现在党内有些同志常常进行许多无原则的斗争中，而且表现在我们有些同志，甚至斗争历史较长的某些同志，常常在党内经不起批评，受不得委屈。这些同志在同反革命进行斗争的时候，不论斗争是如何的残酷，如何的艰难困苦，受到反革命如何严重的打击，他们都是绝不动摇、毫不抱怨、从不伤心的。但是，他们在党内斗争中，却丝毫也经不起批评、打击，受不了委屈、冤枉，甚至连一句不好听的话也受不起。或者是多心多疑，以为别人的某些话是有意隐射他的，为了这些话，他可以抱怨、伤心到极点。这种现象是不能不引起我们注意的。

我们应该说，这些同志一般都是很好的同志，因为他们坚决地和反革命斗争，他们把自己的党当作温情满怀的母亲。当他们在和反革命进行了各种艰难困苦的战斗之后，回到自己伟大母亲的怀抱中来，是应该受到各种鼓励、安慰和抚爱，而不应该受到任何打击和委屈的。他们的这种希望，也是应该有的。然而，有一点他们没有估计到或者估计不足，这就是我们党内还有各种缺点、错误，还有党内斗争，每一个同志也必须经过这种斗争。在我们党内对各种缺点错误要进行批评，要进行斗争，这并不是党的无情，而是党在革命斗争中不能避免的现象。在党内斗争中，受到各种正确的批评是必要的，对自己对同志、对党都是有益的。同时，有些同志在某些时候，在某些事情上，受到某些不正确的批评和打击，甚至受到某些委屈和冤枉，这也是难免的。这些同志没有估计到这一点，所以一遇到这些情况，就觉得奇怪，就出乎意外地难过和伤心。

在这里，一方面，我觉得，我们的同志要注意和其他的同志团结，要用诚恳坦白的态度对待同志，不要随便地用言语去伤害其他的同志，不要挖苦刻薄，尤其不要在别人的背后不负责任地去批评同志。对一切同志的错误，应该站在帮助和爱护同志的立场，诚恳地当面地进行劝告和批评。这是我们，尤其是比较负责的同志应该注意的。

另一方面，我觉得，我们的同志应该经常有党内斗争的准备，应该虚心接受一切正确的批评，同时也应该受得起误会、打击，以至委屈冤枉，尤其不要为别人的一些不负责任的、不正确的批评和流言所刺激而冲动起来。除开同志间组织上正式的相互批评以外，只要自己的思想正确，行为正大，对于别人不负责任的误会和批评，必要时可以申明和解释一下，如果解释不了，只好让别人去说。中国有两句谚语："谁人背后无人说，那个人前不说人?""任凭风浪起，稳坐钓鱼船。"世界上完全不被别人误会的人是没有的，而误会迟早都是可以弄清楚的。我们应该受得起误会，在任何时候都不牵入无原则的斗争，同时也应该经常警惕，检点自己的思想行动。

这就是说，我们应该注意自己不用言语去伤害别的同志，但是，当别人用言语来伤害自己的时候，也应该受得起。

党内无原则的纠纷，我们是在根本上反对的。因为它"无原则"，对党有害无益。因为它"无原则"，在一般情况下没有多大的"是、非、善、恶"可分。所以，我们对于那些无原则的斗争，不要去评判谁是谁非，去计较谁好谁歹，这是弄不清楚的。我们只有在根本上反对这种斗争，要求进行这种斗争的同志，无条件地停止这种斗争，回到原则问题上来。这是我们对无原则纠纷和无原则斗争所应该采取的方针。但是，党内如果发生某些无原则纠纷，在某些原则斗争中如果夹杂着许多无原则纠纷的时候，又怎样办呢? 或者这些无原则的纠纷特别要来光顾我，把我牵扯在内，又怎样办呢? 那末，我们还只有着重原则问题，而不要去着重无原则问题。我们应该根据上述的方针，严正对待这些无原则纠纷，始终站稳自己的原则立场，不被牵扯到无原则纠纷中去。不要人家来一个"不对"，我也还他一个"不对"。我应该始终站在"对"的方面，去反对人家的"不对"。这件事对于我们某些同志来说，是很不容易做到的,所以,我们的同志必须特别注意锻炼和修养。

现在,我把上面所说的一些问题作一个简单的总结。

共产党员在思想意识上进行修养的目的,就是要把自己锻炼成为一个忠诚纯洁的进步的模范党员和干部。这就要求:

(一)从马克思列宁主义的理论学习和革命斗争的实践中,来建立自己的共产主义的世界观,建立自己的党和无产阶级的坚定立场。

(二)根据共产主义的世界观,根据党和无产阶级的坚定立场,去检查自己一切的思想行动,纠正一切不正确的思想意识,同时,以此去观察问题、观察其他同志。

(三)经常采用正确的态度、适当的方式,去和党内各种不正确的思想意识,特别是对于影响到当时革命斗争的各种不正确的思想意识进行斗争。

(四)在思想、言论、行动上严格地约束自己,特别是对于同当时革命斗争有关的政治思想、言论和行动,要用严格的立场和正确的原则来约束自己,除此以外,最好连许多“小节”(个人生活和态度等)也注意到。但是,对其他同志的要求,除开原则问题和重大的政治问题以外,就不要过分严格,不要在“小节”上去“吹毛求疵”。

党员的思想意识的修养,照我讲来,基本上就是这样。

坚决粉碎顽固派的进攻[*]

（一九四〇年五月）

（一）目前苏北党的总任务是：迅速从思想上、组织上、武装上准备自己，以现在苏北的新四军[122]部队为基干，抵抗敌寇、汉奸及顽固反动势力对于我党我军的围攻，彻底战胜顽固反动势力，建立民主的抗日政权与根据地，以便最有效力地长期坚持苏北敌后抗战，直至最后胜利。苏北地方党与新四军部队，要用一切努力来坚决地不动摇地准备与执行这一任务。这一任务的完成，即是你们最大限度地推动全国时局好转，克服时局逆转。

（二）部队党与地方党要一致为猛烈扩大苏北新四军而斗争。在三个月内（在今年九月一日以前）要扩大新四军至一万人枪，并加以巩固。在目前顽固派尚未武装围攻我军时，应到处动员民众加入我军，并在可能地区组织新四军的游击队（必须以党员为领导，不可利用流氓兵痞）。秘密的地方党则要克服反动派的阻碍，转送党员和群众到部队中去。在武装冲突

---

[*] 在抗日战争相持阶段，国民党顽固派推行消极抗日、积极反共反人民的政策，加紧进行反共磨擦活动。为了贯彻党的统一战线的策略原则，打退顽固派对我新四军和华中抗日根据地的进攻，中共中央中原局书记刘少奇作了多次指示。这是一份给苏北党组织的电报。

发生后,则应更加放手地扩大我军,武装人民,最广泛地动员民众同我军一起坚决战胜顽固派与反共派的进攻,直至民主政权的建立。

(三)要加紧在一切反共武装中的秘密工作,采取坚决地瓦解和破坏反共武装的方针。当着反共武装同我军作战或镇压民众时,即应很技术地举行反正,驱逐那些反共头子。但对一切可能同情我们的与中立的部队,则展开广泛的统战工作,以便争取与中立他们,而不在他们部队中建立秘密的党组织。

(四)要发展地方党的组织,要最大限度地组织民众,要准备大批建立抗日民主政权的干部,要努力筹措与保证部队的给养。在反动统治下的地方党要特别注意秘密工作,把一切暴露的及不十分暴露的党员都送到军队中工作。

(五)要广泛开展统战工作,争取中间势力。除汉奸及反共顽固派分子外,一切中间派分子的利益必须尊重。严格防止党内打土豪、打地主观念的恢复及打汉奸的扩大化,以免侵犯中间派的利益,引起中间派的恐惧。我们应采取一切方法孤立反共顽固派,要特别注意新的部队的纪律。

(六)你们两个特委[123]之外应成立区党委,以便统一领导。为统一军队与地方党的工作领导,可由军队负责同志和地方党组织军政委员会。

论抗日民主政权 [*]

（一九四〇年十二月）

近一百年来，中国人民第一件痛苦的事情，就是外国帝国主义的压迫。最近几年，日本帝国主义为了灭亡全中国，打进中国的内部来。所以，解放中国人民的第一件大事，就是要推翻帝国主义的压迫，在今天，首先要推翻日本帝国主义的压迫。这就叫做争取中国的独立自主。

中国人民第二件痛苦的事情，就是国内封建势力的压迫（半封建的政治压迫、经济剥削及思想习惯上的束缚等）。所以，解放中国人民的第二件大事，就是要推翻封建势力的压迫。这就叫做争取中国人民的民主自由。

推翻帝国主义与封建势力的压迫，争取中国的独立自主与人民的民主自由，这就是中国革命目前所要做的相互联结的两件大事。按其性质来说，这就叫做资产阶级性质的民主主义革命，这是中国革命的第一步，或第一阶段。只有走过这第一步或第一阶段，才能走到第二步或第二阶段——取消资本主义剥削的社会主义革命。

中国目前的民主革命，已经不是西欧资产阶级那样的旧

* 本文原载中共中央中原局宣传部办的刊物《江淮》创刊号，署名胡服。

民主主义革命,而是一种新民主主义革命,真正革命的三民主义[124]的革命。这是因为:第一,中国的民主革命,是在世界社会主义革命的新时代进行的,中国革命已是社会主义的世界革命之一部分;第二,中国资产阶级的软弱,丧失其民主革命的彻底性,中国无产阶级又以觉悟的独立的政治势力指导了中国革命,并且以后还要继续加强其指导作用;第三,中国在革命中及革命后,要建立也不能不建立革命各阶级的联合的民主专政,不是建立也不可能建立资产阶级一个阶级的专政,要实行也不可不实行彻底的民主集中制的政治制度;第四,这个民主革命,只是中国革命的第一步或第一阶段,它不可避免地要过渡到第二步或第二阶段——社会主义革命。这就是中国新民主主义革命与西欧旧民主主义革命的主要不同之点。

帝国主义与封建势力都是中国人民的压迫者,又都是中国人民革命的对象,所以帝国主义与封建势力在反对中国进步与人民革命的事业中,就常常结合起来(虽然革命政党的政策应尽可能使他们不结合或结合得不坚固,因为这种结合对于革命是不利的,它使中国民主革命的敌人特别强大)。中国的封建余孽充当外国帝国主义的走狗,来反对中国的人民,这是近百年来历次革命运动的经验所证明了的。至于中国的资产阶级[3],一方面由于它也受着帝国主义和封建势力的压迫,它的发展与帝国主义、封建势力的压迫是矛盾的,所以,它在一定历史时期有一定程度上的革命性;另一方面又由于它的软弱,它本身是剥削者,它就容易和革命的敌人妥协,并特别惧怕工农革命力量之壮大,所以,在另外的历史时期,它又与帝国主义、封建势力结合，来反对革命。

在革命中及革命后建立革命各阶级联合的民主专政，是不包括反革命者在内的。帝国主义的走狗和汉奸，业已反革命的封建地主分子、资产阶级分子，是不能参加革命政权的，他们是革命政权的专政对象。参加革命政权的，只是工、农、小资产阶级与革命的资产阶级及其他阶级的分子。因此，这种各阶级联合政权的内容，即参加政权的各阶级，在不同的历史时期，是可能有某种程度的变动的。但不论如何变动，它总还是革命各阶级联合的政权，而不能是一个阶级单独的专政，既不能是资产阶级专政，也不能是无产阶级专政。

为了组织革命各阶级联合的政权，就必须实行广泛的民主制度（如国民大会、省民大会、县民大会、区民大会、乡民大会等）。革命的各阶级通过一定的民主的形式，去参加革命的政权。现阶段中国革命的目的，是要建立一个独立的新民主主义的新中国。目前，在条件业已成熟的各个地区，就应实行新民主主义的政治，否则不能战胜国内国外的敌人，取得中国的独立与革命的胜利。

目前正在进行的抗日战争，是中国又一次伟大的革命运动。这次革命运动的基本任务与性质，和一九二五——一九二七年的大革命[30]是一样的。但一九二五——一九二七年的大革命，主要表现为反对北洋军阀[50]的北伐战争[125]，而今天的大革命则主要表现为反对异族敌人的抗日战争。所以，今天参加革命（即参加抗战）的社会基础特别广泛。国共两党在内战十年之后，又建立了抗日民族统一战线。在这个统一战线中，最初包括了工、农、小资产阶级、资产阶级以至大资

产阶级及封建阶级中的某些个别分子与个别集团。这个统一
战线的阶级内容,是已经有、往后还会有某些变动的,但在抗
日战争的过程中,它总还是民族统一战线。虽然一部分资产
阶级已经叛变(如汪精卫[14])或将会叛变(如隐藏在抗日阵线
内的投降派),但其他部分的资产阶级是能抗战到底的。抗战
三年来,这种统一战线虽然基本上结成了,然而至今还没有总
的完成的形式,而且也是不平等的。这使得今天的抗日统一
战线有些难于捉摸,不够广泛与不够巩固。这种总的完成的
形式,就党派来说,应该是各抗日党派的联合委员会;就政权
来说,应该是抗日各阶级联合的民主政权,即抗日民主政权。
不幸的是,这种形式除个别地区外,总的还是没有的。

抗日各阶级联合的抗日民主政权,是抗日民族统一战线
的最高形式。它只有在平等原则上,采用完全的民主制度,
才能组织成功。这也是领导中国抗战与革命到最后胜利的最
好的最有力的形式。没有这种政权的建立,没有抗日统一战
线的大大巩固和扩大,不实行民主政治,抗日战争是不能胜
利的。

抗战三年了,本来早就应该在全国建立这种抗日民主政
权以领导抗战,那样,抗战决不只获得如今天这样的结果和成
绩,可能获得比今天大千百倍的胜利与成绩,也不致引起今天
抗战中的这许多困难与人民的痛苦。然而,没有这样做,这是
由于大资产阶级只顾其"一党专政"的私利,不顾国家民族危
亡造成的。这是国民党最大的错误,这是最违背民意与违反
法律的。

我们共产党和八路军[56]、新四军[122],对于以上这一点

了解得很清楚。我们永远不会忘记革命的任务是争取中国的独立自主与人民的民主自由，我们不会不尽忠于自己的职责。因此，凡是八路军新四军所到之区域，只要有可能的话，就不能不建立抗日民主政权，不能不实行三民主义[91]的民主政治，不能不建立抗日各阶级的统一战线政权。如果不建立这种抗日民主政权，也就不能长期坚持敌后抗战，最有力地打击敌人，赢得抗战的最后胜利。

我们在敌后所要建立的抗日民主政权，是抗日民族统一战线性质的。这种政权应该是抗日民族统一战线的最高形式，是赞成抗日又赞成民主的人们的政权，即是几个革命阶级联合起来，对于汉奸反动派的专政。它与地主资产阶级的专政相区别，不只是保护地主资产阶级的利益；同时又与工农专政相区别，不只是保护工农利益。它的方针与任务是：反抗日本帝国主义，保证抗日各阶层人民的利益，改良工农生活及镇压汉奸反动派。当着各阶层人民内部发生利害冲突与斗争的时候，它就去调解这种冲突与斗争，注意使工农的要求能够满足，同时又照顾到抗日的地主与资本家的利益。它要调节抗日各阶层人民相互间的利益，但是对于汉奸，对于反对民主的反动势力，就实行不客气的专政。

根据抗日民主政权的这种性质，政府的组织必须实行民主集中制，实行各级民主政府的委员制、代表会议制，实行普遍的选举，实行少数服从多数的制度。在政府人员中，共产党员应只占三分之一，非党进步分子与中间分子占三分之二，这就是在八路军新四军活动区域抗日民主政权的"三三制"[126]。这些非共产党人员，不问他们有无党派关系及属于何党何派,只要他们抗日并愿与共产党合作就可以参加。当然,投降分子、顽固的反共分子是不能参加这个政权的。

这个政权保障一切抗日人民的民主权利,如人民的言论、集会、结社、出版、居住、营业、思想的自由。任何人只要没有勾结敌寇和汉奸的行为,没有破坏与反对抗日军队的行动,没有违犯政府法令的行为,不论他是属于何党何派,属于哪一阶级、阶层,政府一律保护。一切党派只要抗日、不反对民主,一律有合法的地位。

这种政权,今天还只在部分的敌后地区建立。在全国,由于国民党不愿意结束"一党专政",不愿意"还政于民",这种政权仍然还是不能建立,仍然还只是宣传的口号。因此,这种部分地区的抗日民主政权,只是地方政府。它应该属于中央政府,受中央政府的领导,并依照敌后情形执行中央政府的法令;同时它也可以在地方自治的原则下,颁布该地区的单行法令。

敌后的抗日民主政府还没有为中央政府正式承认,因此有人说:这种政府是不合法的。很明白,这说法是不对的。

我们问:什么叫合法和不合法?

在目前抗日战争时期,民族利益高于一切,抗日利益高于一切,这就是全国人民最高的法律原则。政府的一切法律命令,都应该是为着保护民族的利益,保障抗日的胜利。三民主义、抗战建国纲领[127],就是目前法律的基础。那末,在敌后建立抗日民主政权,实行民主政治,实行三民主义,实行抗战建国纲领,实行民族利益、抗日利益高于一切的原则,这就是最合法的。而不实行的,是不合法的。违背三民主义、抗战建国纲领及抗日利益高于一切的原则的,是违法的。大多数人民承认的,选举的,就是合法的。相反,大多数人民不承认的,反对的,自己把持霸占的,就是非法的。抗日民主政权由人民选举,是合法的。其他政府不是人民选举的,就是非法的。如果中央政府实行三民主义与抗战建国纲领,就应该承认敌后抗日民主政府,并以它作为地方政府。中央政府不予承认,只能证明中央政府人员的违法,违反了三民主义、抗战建国纲领这个法律基础。中央政府不"还政于民",不改组为抗日民主政府,也是不合法的。在世界各国的历史上,中央政府违法的事情是很多的。在各国的最高法院中,就有审判这类案件的,在中国还没有过这种审判。但这不是中国就没有这种事情,是有许多这种事情,只是没有人敢于过问罢了。所以,在敌后建立的这种抗日民主政府,在实质上是最合法的。

由于国民党[5]中一部分人不愿意实行民主,所以中央政府的民主化,暂时恐还难于实现。但是,在中国一部分地区,则已实行民主化。这种民主化的地区,应该是新的民主共和国——三民主义共和国的地方基础。在中国,民主共和国的具体的建设道路,可能是由地方到中央到全国,可能要经过长期的奋斗过程。因此,在敌后建立的抗日民主政权,有着推动全国民主化的重大的模范作用,它实行的结果之好或坏,将给全国以好的或坏的重大的影响。这种政权,今天虽还只在敌后一部分地区建立,但它有着全国的普遍意义。这是值得我们特别注意的。

有人说:共产党要夺取政权,要建立共产党的"一党专政"。这是一种恶意的造谣与诬蔑。共产党反对国民党的"一党专政",但并不要建立共产党的"一党专政"。共产党和八路军、新四军作为民主的势力,愿意为大多数人民、为老百姓服务,为抗日各阶级联合的民主政权而奋斗。这种政权,不是一党一派一人所得而私的。八路军新四军所到之处,如果能够建立政权的话,就要建立统一战线的革命各阶级联合的政权。即或因为人民的组织程度不够,而不得不委任临时的地方政府人员的话,那末,只要一有可能,当人民的组织已有相当的程度,人民能够选举自己所愿意的人来管理自己事情的时候,共产党和八路军、新四军就毫无保留地还政于民,将政权全部交给人民所选举的政府来管理。共产党并不愿意包办政府,这也是包办不了的。所以共产党很愿意一切抗日的党派、团体和公正的人士来参加抗日民主政权,共同管理政府。只有大多数的人民都积极起来参政,积极担负政府的工作,并积极为国家民族的利益与大多数人民的利益而努力的时候,抗日民主政权才能巩固与发展,帝国主义与封建势力的压迫才能推翻,中国的独立自主与人民的民主自由才能实现。这是共产党的目的,也是全国极大多数人民共同的目的。共产党除了人民的利益与目的外,没有其他的利益与目的。

论 党 内 斗 争 *

（一九四一年七月二日）

一 引 言

同志们：

最近我们在党内提出了加强党员党性锻炼的问题。听说中央已通过了加强党性锻炼的决定，不久我们就可以收到。为了加强我们党员的党性锻炼，我们就要在党内开展一些具体的思想斗争，来反对各种违反党性的不良现象。但是我们怎样来开展党内的思想斗争就算正确，又怎样开展就算不正确呢？这便是现在我所要讲的问题。

大家知道，我们的党是无产阶级的政党，是一个领导广大群众战斗的党。党为了要实现自己所负担的历史任务，便要和各种时期的革命的敌人斗争，便要和各种不同的革命的阶层与阶级联合。党从出生的那一天起，便没有一刻钟不是处在严重的战斗环境中。党与无产阶级是经常处在其他各种非无产阶级——大资产阶级、小资产阶级、农民、甚至封建残余势力的包围之中。这些其他各种阶级，便在同无产阶级的斗

---

* 这是在中共中央华中局党校的演讲，原载一九四二年十月九日延安《解放日报》。一九四三年六月经作者修订，编入解放社出版的《整风文献》。

争或在同无产阶级的联合中，经过党与无产阶级内部不稳定的成分，侵入到党与无产阶级的内部来，在思想意识上，在生活习惯上，在理论上，在行动上，经常影响党与无产阶级。这就是党内各种错误和不良倾向的来源，这就是党内各种机会主义产生的社会根源，这也就是党内斗争的来源。

党内斗争是党外阶级斗争的反映。

我们的党从出生的那一天起，就不只是同党外的敌人进行斗争，并且也同党内各种非无产阶级的影响进行斗争。这两种斗争是有区别的，但都是必要的。如果我们党不进行这后一种斗争，不经常在党内进行反对各种不良倾向的斗争，不经常在党内清除各种非无产阶级的思想意识，克服左的右的机会主义，那末，这些非无产阶级的思想意识，左的右的机会主义就会在党内发展，就要影响与支配我们的党，就要使党不能巩固发展，就要使党不能保持自己的独立性，就要危害党，使党腐败下去。这些非无产阶级的思想意识，左的右的机会主义就可能腐蚀我们的党或党的某些部分，就可能使我们的党或党的某些部分起质的变化，变为非无产阶级的组织。比如，欧洲的社会民主党〔128〕，就是因为这样而被资产阶级的思想意识所腐化，就是因为这样而变成了资产阶级式的政党，成为资产阶级主要的社会支柱。所以这种党内斗争，是完全必要的，也是不可避免的。所以那些企图避免党内斗争的想法，那些不愿批评别人错误以便换得别人也不批评自己错误的想法，是完全不对的。

这种党内斗争，主要的是思想斗争，它的内容是思想原则上的分歧与对立。在党内，由于同志间原则上的分歧与对立，虽然可以发展到政治上的分歧，在某种情形下，甚至不可避免地发展到党内组织上的分歧，但是它的实质，它的内容，基本上还是一种思想斗争。所以没有思想原则分歧的党内斗争，同志间没有原则分歧的相互倾轧，就是一种无原则的斗争，无内容的斗争。这种无原则无内容的斗争，在党内是完全不必要的，对党是有害无益的，每一个党员都是应该切实避免的。

党内斗争是保持党的纯洁与独立，保证党的行动在代表无产阶级最高利益的路线上进行，保持党的无产阶级性质所完全不可缺少的。为了这个目的，党内斗争还必须在两方面来进行，必须在两条战线上来进行。因为非无产阶级的思想是从两方面来影响党的，是从右面或者从左面来进攻党的，是在党内表现为右倾机会主义或左倾机会主义的。因此，我们的党内斗争，必须反对右倾机会主义，同时又反对左倾机会主义。必须向这两方面斗争，才能保持我们党的无产阶级的性质。如果不是这样，如果我们只进行单方面的斗争，如果我们疏忽对任何一方面的警戒与斗争，非无产阶级思想就可以、而且一定从我们疏忽的一方面来进攻党，那也就不能保持党的纯洁与独立，不能巩固党。所以党是在不断的党内两条战线的斗争中巩固与发展起来的。

斯大林同志说：

"只有通过为维护一定的原则、一定的斗争目标、以及达到目标的一定的斗争方法的斗争，矛盾才能克服。在当前政策问题上，在纯属实际性质的问题上，可以而且应该和党内抱有不同思想的人作各种妥协。但是，如果这些问题和原则上的意见分歧有关，则任何妥协、任何'中间'路线都无济于事。

在原则性的问题上没有而且也不可能有'中间'路线。应当成
为党的工作基础的不是这些原则，便是另一些原则。原则问
题上的'中间'路线是引起思想混乱的'路线'，是掩饰意见分
歧的'路线'，是使党在思想上蜕化的'路线'，是使党在思想上
灭亡的'路线'。"[129]

又说：

"我们党的历史就是克服党内矛盾并在克服这些矛盾的
基础上不断巩固我们党的队伍的历史。"[130]

这就是党内斗争的必要性。

关于党内斗争的这种必要性，关于党内自由主义与调和
主义之如何要不得，在列宁、斯大林著作中说得很多，同志们
可以去看，我在这里不多说。我现在所要说的问题，是怎样进
行党内斗争的问题。这个问题对于我们来说还是一个新的问
题。现在大家来研究一下这个问题，是完全必要的。现在我
不想全盘地来说明这个问题，而只是从中国共产党的历史经
验，就我个人所观察到的，来提出我的意见。至于这些意见是
否完全正确，还请同志们大家来讨论。

二　中共产生的特殊条件与
党内斗争中的偏向

同志们！马克思、恩格斯为世界无产阶级做好了什么工
作呢？

马克思和恩格斯曾经为无产阶级在思想上理论上准备了
完整的体系。不仅如此，他们还为无产阶级建立了独立的组

织,领导了无产阶级的群众斗争,建立了第一国际[131]。第二国际[132]成立初期曾受到恩格斯的指导和影响。马克思、恩格斯教育了并且指导了工人阶级怎样组织起来,怎样进行斗争。

在第二国际时代(第一次世界大战以前的时代),各国社会民主党在工人中是进行了广大的组织工作,广泛地开展了组织工人阶级的运动,在组织上是获得很大的成功。不过当时是在资本主义"和平"发展的时期,工人阶级的组织也是在这种和平时期建立起来的,党与工会之间的区别还不很明确。恩格斯去世以后,第二国际在考茨基辈领导之下,对党内机会主义采取不可允许的调和路线,以致机会主义腐蚀了第二国际各国党。这种党与工会,一到帝国主义时代,一到无产阶级革命的时代,就显出它不能担负无产阶级在新时期中所应该担负的革命的任务,以致在第一次世界大战中就不能不走到破产与没落。

列宁的时代与马克思、恩格斯的时代不同,这是帝国主义时代,资本主义走向灭亡的时代,这是无产阶级革命的时代。这时代要求无产阶级建立坚强的、战斗的政党,建立思想上、政治上、组织上、行动上完全统一的,并和无产阶级群众有密切联系的政党,依靠这样的党,才能胜利地去进行极端严重的革命斗争。因此,列宁除在各方面恢复与发展了马克思恩格斯的学说而外,还特别创立了一个完备的关于建设无产阶级革命政党的学说。关于我们党的建设的学说体系,基本上是列宁创立的。这个党的建设的学说,是和指导无产阶级革命斗争的战略策略完全不可分离的。

　　列宁创立无产阶级革命政党时期的条件是怎样的呢？

　　在当时，一方面是帝国主义大战的迫近，无产阶级推翻资产阶级、夺取政权、建立无产阶级专政的任务的迫近；而在另一方面，拥有广大组织的第二国际的各国社会民主党，还没有推翻资产阶级建立无产阶级专政的自觉，还不愿意也不敢去准备无产阶级的革命的进攻。因此，第二国际各国党在组织上也是散漫的，有派别分歧的，不能进行稍为严重的战斗，因此也就完全不能适应当时无产阶级的革命要求。当时各国社会民主党，不仅在理论上、政治上陷入了右倾机会主义的泥坑（如劳资合作的理论，资本主义可以和平发展到社会主义，无产阶级可以经过议会斗争掌握政权、不必经过革命，因而不能建立无产阶级革命的战略策略等等），而且在党的组织问题上，也完全是右倾机会主义的。第二国际各国党及俄国的孟什维克[133]，主张党的组织上的自由主义，主张无产阶级的政党降低到普通工人组织的水平，主张党内不要严密的组织与严格的纪律，主张无原则的党内和平，容许党内的派别（具有不同思想和组织系统的派别）存在等，对于第二国际各国党来说，党的统一与纪律，党内的自我批评与党内斗争是不可理解的，是完全不需要的。这便是第二国际各国党在组织问题上的右倾机会主义主要的具体表现。

　　在当时，还有俄国的经济主义派[134]，欧洲（如法国）的工团主义派[135]等，他们主张工人阶级不要有政党的组织，拒绝组织工人阶级的政党，或把工人阶级的政党附属在职工会之下，主张"工会独立"，否认党对于工会的领导作用……。

　　在当时，一方面，无产阶级革命的战斗任务摆在面前，要求有一个坚强的战斗的党去领导广大群众，执行这种任务；另一方面，拥有数百万党员和工会会员的第二国际各国党又是那样的松散，那样的不能战斗，而且各种机会主义思想支持着这种组织上的落后与散漫。这便是列宁建设布尔什维克[16]党的时期之具体的重要条件。

列宁在上述这种条件下，为了建设一个能够胜任领导无产阶级革命的政党，在思想上、政治上、组织上完全统一与巩固的政党，就不能不集中力量反对第二国际各国党在思想上、政治上的机会主义，尤其不能不反对他们在党的组织问题上的机会主义。列宁的布尔什维克党最初与孟什维克的分歧，就是在组织问题——入党条件问题上的分歧。列宁的布尔什维克的党的建设的学说，是在反对第二国际各国党组织上的右倾机会主义的斗争中创立起来的，是在反对经济主义派、工团主义派不要工人政党的理论的斗争中创立起来的。所以在列宁的党的建设的学说中，就充满了反对各种组织上的右倾机会主义的斗争，即反对自由主义与调和主义的理论，反对把无产阶级政党降低到普通工人组织水平的理论，反对党内的无原则的和平，反对党内的派别组织与派别活动等。列宁并在反对这些组织上的右倾机会主义的斗争中确定了：党是无产阶级中最觉悟、最勇敢、最进步的分子组织起来的最先进的部队，最有组织的部队，最有纪律的部队，而且是无产阶级组织的最高形式。——因为无产阶级不仅有党的组织，而且有职工会、合作社、文化教育团体以至政府、军队等等的组织，然而党是无产阶级这一切组织中的最高形式，在政治上能够指导其他一切的组织。因此，列宁就把党和其他工人阶级的组织明确地区别开来了。列宁并且确定了党的组织原则是民主集中制,党有统一的铁的纪律。这些党的组织原则,是列宁在反对第二国际各国党在组织上的机会主义的斗争中建立起来的。这些,就是列宁关于党的建设学说之主要内容。

列宁主要是在反对党的组织上的右倾机会主义的斗争中来建设党,而主要不是在反对党的组织上的左倾机会主义的斗争中来建设党的。在十月革命以前,党的组织上的左倾机会主义还没有发生,或者还没有发展成为系统的机会主义,所以在列宁关于党的建设的学说中,充满了反对右倾机会主义的斗争,即反对不要严格的组织与纪律,反对无原则的党内和平,反对不要党内的思想斗争及害怕自我批评,反对党内的自由主义、调和主义,反对工会独立主义等。这是由于列宁建设党的时期之具体条件产生的。

但是,如果我们说到中国共产党的建设的具体条件,那就和列宁在十月革命以前那时候的条件完全不同。

第一,中国党的建设是在十月革命以后,是在俄国布尔什维克已经取得胜利,有了活的榜样以后,所以一开始就是在共产国际的指导之下,照着列宁的原则去进行建设。

第二,中国党从开始到现在,在思想上和组织上都没有受到欧洲社会民主党第二国际的影响。

第三,中国没有欧洲那样的资本主义"和平"发展的时期,容许工人阶级和平的议会斗争,也没有欧洲那样的工人贵族阶层。

第四,在中国党内小资产阶级和农民的成份占着相当大的比重,并有若干游民成份,这是中国党内左右倾机会主义的社会基础。

由于前面四个条件，就使我们中国党的建设，一开始在主观上就是按照列宁的原则和道路进行的，布尔什维克党的一些组织原则，在我们多数的党员中就能背诵出来。而社会民主党的那些传统与习惯，在我们党内是没有的。因此，就这方面说，我们走了直路。我们的党从最初组织起就有自我批评和思想斗争，就确定了民主集中制，就有严格的组织与纪律，就不允许派别的存在，就严厉地反对了自由主义、工会独立主义、经济主义等，因此在我们党内公开提出系统的组织上的右倾机会主义的理论，是还没有的。认为不要自我批评和党内斗争，不要严格的组织与纪律，不要工人政党及工会独立等等主张，在党内是不能公开发表的。虽则我们党内的思想斗争还有不够的地方，但那还是由于理论水平的低下，不能看出原则上的分歧，或者是被党内个别负责人采用非常办法压制自我批评的结果，而不是由于党内有什么系统的反对党内斗争的理论。

但是，我们中国党建立时期的这些特殊条件与特殊情况，是发生两方面的影响的：一方面是好的，使我们一开始就建立了一个列宁式的中国共产党，在主观上严格遵循着列宁的原则，这个党一开始就有严格的自我批评与党内斗争，这是推动我党进步的一种原动力，使我党进步很快。但是另一方面，又使我们的同志常常走到另一个极端，犯了另一个错误，就是常常使我们党内的斗争进行得过火，斗争得太厉害，毫无限制地斗下去，走到了另一个偏向，左倾的偏向……。

许多同志是机械地错误地了解列宁的原则，把列宁的原则绝对化。他们认为：党在组织上的高度集中，就否定了党内的民主；党内斗争的必要，就否定了党内和平；党为无产阶级组织的最高形式——在政治上领导其他一切无产阶级的群众组织，就否定了工会及其他工人的与劳苦群众的组织之独立性；统一的铁的纪律，就消灭了党员个人的个性及党员的自动性与创造性……。

　　许多同志是死记着列宁的原则，认为党内斗争是必要的，自由主义、调和主义是要不得的。但他们是机械地死板地运用这些原则，他们以为在党内不论在什么时候，不论在什么情况之下，不论在什么问题上，都应该而且必须进行不妥协的斗争，而且是斗争得愈凶愈好；党内斗争的方式，党内批评的方式，愈激烈愈尖刻就愈好；同志间在党内的对立，愈尖锐就愈好。不然，就会犯自由主义、调和主义的错误。为了要证明自己没有自由主义与调和主义，并证明自己是一个"十足的布尔什维克"，他们就离开时间空间的具体条件，在党内进行无原则的斗争。如是，这些人也就成为党内斗争中没有正确立场的"打手"，无原则的"斗争家"，嗜好斗争的"斗殴家"，为斗争而斗争。这是无产阶级队伍中的丑事，这当然不能证明他们是"十足的布尔什维克"，而只能证明他们对于布尔什维克的侮辱，借用布尔什维克的名义和形式在党内进行投机。

　　许多同志不了解：党内斗争是原则的斗争，是为拥护这一个或那一个原则而实行斗争，为确立这一个或那一个斗争目标来进行斗争，为选择这一个或那一个达此目标的斗争方式而斗争。他们不懂得：在当前政策问题上，在纯属实际性质的问题上，只要不涉及原则上的分歧，是可以而且应该和党内抱有别种意见的人作必要妥协的。他们不懂得和不了解：在原则性的问题上，在确立斗争目标的问题上，在选择达此目标的斗争方式的问题上，是应该和党内抱有别种意见的人进行不调和的斗争的，而在当前政策问题上，在纯属实际性质的问题上就不应该和党内抱有别种意见的人实行不调和的斗争，而应该作必要的妥协。这些正是列宁、斯大林的党所固有的作风，但是没有被我们许多同志学到。他们在这些应作必要妥协的问题上，也实行不妥协的斗争，于是他们就没有不对抗的问题，没有不对抗的时候，没有不对抗的人。一切与他们不同的地方，他们都要实行对抗，强使其绝对的相同，他们是一切都不妥协，绝对不妥协。他们把一切的矛盾都看成对抗，对抗着一切，这就是他们的绝对主义。

许多同志不了解：什么是原则，什么是属于原则的问题，什么是党的战略计划和策略路线，并抓住这些原则问题，这些关于战略计划和策略路线问题上的分歧来进行斗争。他们的理论水平和政治经验还是格外的低下，他们还抓不到这些关系重大的问题，并且为这些问题来进行争论。然而他们又死死记得在党内是要斗争的，不斗争是不对的。他们虽抓不到这些重大问题，不能从原则上提出问题，可是他们还是要斗争的。于是他们就只能抓住个别的现象，个别的问题，同党内抱有别种意见的人来实行无原则的斗争与争论了，并因此而造成同志间的不团结，互相对立，及组织上的分歧。这种党内斗争中的恶劣现象，在我们党内是存在的。

上述这些，是中国党内斗争中的一种偏向，是在中国党内特别严重的（在外国党内虽然也有）一种偏向。这就是党内斗争进行得过火、进行得毫无限制,走到另一个极端——党内斗争中的左倾机会主义,党的组织上的左倾机会主义(否定党内民主,否定原则上一致的党内和平,否定工会及其他群众组织的相对的独立性,否定党员的个性及其自动性、创造性等)。这是由于中国党的特殊环境与特殊条件产生的。

在这里,还要说到列宁在十月革命后反对左倾机会主义的原则斗争没有被中国党的许多同志所注意这一种事实。十月革命后,俄国党内产生了左派共产主义的一派[136],他们反对布列斯特和约[137],在以后又有关于工会问题的论争[138]。十月革命以前,在布尔什维克内部虽也有过以左的面目出现的召回派[139]一派人,但不久即被克服,不象布列斯特和约时期左派共产主义那样严重。俄国这一左派不久也被列宁克服了。但在西欧各国又产生了"左"派共产主义,他们提出"不作任何妥协"的口号,反对参加国会,反对合法斗争,反对和社会民主党左翼进行必要的联合。在这种情形下,列宁就在一九二〇年四月间写了《共产主义运动中的"左派"幼稚病》一书,以纠正这种倾向。在十月革命胜利以后,从前不相信无产阶级可以夺取政权的,现在有了活的事实,给了右倾机会主义以致命的打击,就在这种情形下产生了左倾机会主义,以为革命可以不经过任何迂回道路,一个早晨就可以胜利。这种情绪,中国党内也发生过,在某些时期内并且占了统治的地位。犯这种错误的人们完全不注意列宁论"左派"幼稚病一书的重要性,在政治上反对迂回,反对等待,提倡少数先锋队可以不顾广大群众还没有跟得上来的事实,就实行冒险的进攻,反而骂其他的人为"右倾机会主义"。一切组织上右倾或左倾的机会主义,都是从政治上的右倾或左倾而来的。中国党内既在某些时期犯过政治上右倾或左倾的错误,于是也就在组织上犯了这种错误。而特别是在内战时期犯过冒险的左倾错误,于是在组织上的过火的党内斗争就产生了。

在中国党内斗争问题上,如果可以这样来分的话,那末就存在着以下三种错误倾向:第一是党内的自由主义与调和主义。第二是机械的、过火的党内斗争,党的组织问题上及党内斗争中的左倾机会主义。第三是党内无原则的纠纷与斗争。

以上三种偏向,在本质上说来是没有什么区别的,因为党内无原则的纠纷和斗争、党内的过火斗争与自由主义都不是马列主义,都是反马列主义的表现形态,上述三种倾向是仅就其形式来分的。

这就是中共产生的特殊条件和党内斗争中的偏向。

三　机械过火的党内斗争之表现

同志们! 在上述三种党内斗争的偏向中,第一种自由主义的偏向,我今天不准备多讲。虽然我并不认为目前党内自由主义的偏向不严重,目前反对自由主义不重要,我也还不能相信同志们对于自由主义这一种倾向及其在各种具体问题上的表现,是已经彻底弄清楚了的,我想许多同志是还没有彻底弄清楚的。但我今天不准备讲它,下次有机会时再讲。我只提出党内自由主义倾向在最近有些发展,在许多地方已经成为党内斗争中一种主要的倾向,党内思想斗争是开展得不够的。因此,就使得党内许多错误的倾向和不良的现象,不能及时得到有力的纠正,党的纪律也逐渐地松懈起来,这是很不好的。这是由于最近有大批的知识分子及新党员加入到党内来,他们是带有浓厚的资产阶级自由主义思想到党内来的,在思想上、政治上、组织上都还没有受到无产阶级铁的纪律的锻炼;同时,过去犯过左倾错误及党内过火斗争错误的许多同志,在今天他们又反转过来犯右倾错误,犯自由主义错误。长期统一战线的环境,资产阶级影响党内的可能性也增加了。暗藏在党内的反革命分子,则用一切方法发展与拥护党内的自由主义。因此,就使得党内自由主义的倾向发展起来。这是我们在加强党性锻炼的斗争中必须严格反对的一种倾向。比如有些同志看见别人犯错误不说,怕人报复;好朋友犯错误不说,相互隐瞒;当面不说,背后乱说;随便批评、发牢骚、小广播等……这些现象,在党内是相当普遍存在的。还有特别严重的一种现象,最近也在党内产生,就是有一种人,生怕别人向党内上级报告他们的缺点与错误,怕人告状。一方面,他们不能禁止自己不犯已经知道的错误,他们明知故犯;但另一方面,他们又要禁止别的党员向党向上级报告及在会议上批评他们。他们做了一些错误的不正当的事情,犯了错误,但他们不肯将错误揭露,以便改正他们的错误及缺点。他们讳疾忌医,他们不知道只有将错误揭露才能改正错误的真理,他们要隐蔽错误,把错误当作比什么宝贝还要珍贵地隐藏起来,于是他们就不只是想办法使别人的眼睛不敢正视他们的错误,他们还要想办法禁止别人的嘴巴不敢向党向上级报告他们的错误,取消别人以完全正当的组织方式在党内说话与批评的权利。他们恐吓其他的同志说:"你敢于向上面报告,那我就会对你不起的! 我要揍你的! 揍你这个喜欢向上面拍马屁溜勾子的东西!"痛恨那些向上面报告及讲过他们错误的同志,而永记在心,并要想办法报复。这种现象是完全失了党员气味的恶劣表现。他们要隔离党的领导机关与党员群众的联系,以便他们能够在党内为非作恶。这种现象是应严格禁止的。

任何党员看见其他党员犯错误或其他一切不利于党的事情,必须向党向上级报告,不报告是不对的,报告是完全对的。禁止别人向党向上级报告自己的缺点错误,是完全非法的,党内是绝不能容许的。当然党的领导机关在得到这种报告后,应调查清楚事实,审慎处理,而不能单凭一面之辞,轻率随便地处理。

目前党内的思想斗争应该适当地开展,这是我们已经决定了的。在某些党的环节,犯自由主义错误特别严重的地方,应该根据事实,开展反对自由主义的具体斗争,克服这种错误。毛泽东同志在几年前写了一篇《反对自由主义》的文章,举出了党内十一种自由主义的现象,至今仍保持其效力,你们应细心研究,并遵从这篇文章来纠正与反对自由主义的思想。同时,在党的建设的课程上,也会要详细讲到自由主义的。所以今天就讲到这里。我现在着重讲第二第三种偏向;因为这两种偏向是从来没有人在党内系统讲过的。

党内机械的过火的斗争,表现在一些什么地方呢? 表现在以下的一些事实上:

第一,在地方党及部队党内,经常举行所谓"斗争会",甚至在政府机关及群众团体等非党组织中也经常举行这种"斗争会"。这种"斗争会"是预先布置好了的,主要的不是为了检讨工作,而是要打击某某人,不是首先"对事"而是首先"对人"斗争,主要的不是向某种不正确的思想和原则进行斗争,而是向某人斗争。所谓"斗争张三或李四",目的就是要打击某某犯了错误的同志。"斗争会"的实质,是一种同志的审判会,主要的不是从思想上去解决什么问题,而是要从组织上去解决问题,去压服某些敢于坚持自己不同意见(这种意见不一定是真正不对的)的同志,或调皮捣蛋的同志。而且在每一次"斗争会"对被斗争的人,大多数必有组织结论。很明白的,这种斗争方式是不对的!

为什么不对呢?

首先,"斗争会"这个提法就不对,就不通。既有所谓"斗争的会",那末是不是还有所谓完全"无斗争的会"呢? 如果我们把某些"会"认为是专门进行斗争的会,又把另一些"会"认为是完全不进行斗争的会,那就是一种观念上的糊涂! 在这里,证明许多同志是不懂得斗争的绝对性和普遍性的,是把斗争与教育机械地分开的。

党内斗争的目的,是为了教育党与教育犯了错误的同志。所以党内斗争本身就是一种党内不可缺少的教育;而党内的教育也是一种党内斗争,一种比较温和的斗争。因此教育与斗争是不能分开看的,斗争即是一种教育,教育即是一种斗争,机械地分开是不对的。

其次,这种"斗争会"是党内宗派主义及对干部对同志实行错误的打击政策的一种具体表现形式。是为了要打击被斗争的同志,而不是为了要帮助、教育或挽救犯错误的同志。主要的是对人斗争,而思想上的分歧与对立反而被忽略了。因此这种"斗争会"常常不能真正加强党内思想上、政治上、组织上、行动上的一致,反而常常加深党内思想上、政治上、组织上、行动上的分歧,加深党内不团结的现象、无原则的纠纷,及助长党内宗派主义的发展。

至于在非党的机关团体中举行这种"斗争会",那更是不对的。

第二,党内机械的过火的斗争形式,还表现在:有些同志以为党内斗争是斗争得愈凶就愈好,问题提得愈严重愈好,搜集别人的错误愈多愈好,给别人戴的帽子愈大愈好,批评的语句愈尖刻愈好,批评与斗争的方式和态度愈严峻愈粗暴愈好——讲话的声音愈大、面孔板得愈凶、牙齿露出来愈长……就以为是愈好,就以为是"最革命不过"的了。他们在党内斗争与自我批评中不讲求适当,不讲求分寸,不讲求适可而止,毫无限制地斗下去。很明白,这也是完全不对的!

第三,有些同志还不了解:党内斗争基本上是一种思想斗争,是要在思想上求得一致才能保持与加强党内政治上、组织上、行动上的一致,是要从思想上、原则上去解决问题之后,才能在组织上、行动上解决问题。然而要在思想上、原则上求得一致与解决问题,要去克服别人不正确的原则,要去纠正别人不正确的原则,要去转变别人的思想,要去纠正别人久已相信的原则、观点和成见,就不是那样容易的事,就不是采用那样简单的办法,三言两语,或一场斗争会所能做到的,不是采用单纯的压迫手段与强迫办法所能做到的,而是需要经过艰苦的说服教育工作与各种复杂的斗争,经过相当长期的教育与斗争及革命的实践,才能够得到的。有些同志不是这样来认识党内斗争的实质,而是把党内斗争简单化、机械化、庸俗化,认为党内斗争只是一种组织上的形式上的对立,只是一种简单的打架或者骂人,只是一种吵嘴或者角力,而不是要从思想上、原则上去求得真正的一致与解决问题。或者认为党内思想上、原则上的分歧,是可以用这种简单机械庸俗的办法来解决的。很明白,这是完全错误的!

　由于这些同志不是从思想上、原则上去克服党内的分歧,去纠正某些不正确的倾向与现象,来保持或达到党内的统一,而是企图用一种简单的组织上的办法,用一种对党员的压迫手段、打击政策与惩办制度来达到或保持党内的统一,所以他们就采用各种错误的过火的党内斗争方式,所以他们就不是细心地、周到地从原则上思想上去说服同志,而是采用一种单纯的组织上的办法,行政上的办法,甚至敌对的方式去压服同志,吓住同志。他们随便对同志做组织结论,在组织上去处罚同志。他们惨酷地处罚党内的同志,不论何种党员犯的错误大小,不管其承认及改正与否,一律给以同样的处罚。这就形成党内的惩办制度。他们常用开展斗争的办法,去开展工作,推动工作,故意去寻找“斗争对象”(党内的同志)作为机会主义的代表者来开展斗争,牺牲与打击这一个或这几个同志,“杀鸡给猴看”,以推动其他的干部党员去努力工作,完成任务。他们故意搜集斗争对象的缺点错误,形式地、片断地收集他不大妥当的言论行动,把这些缺点错误和不大妥当的言论行动又孤立起来看,当作就是这个同志的全部。把这个同志个别的缺点错误夸大起来，替他构成为机会主义的系统，在党内同志中造成对这个同志极不好的印象，激起党内一切仇恨机会主义的心理，向着这个同志来斗争。于是"死老虎人人可打"，一些人的报复心理也发展起来，揭发他一切的错误缺点，任意提到原则的高度，甚至捏造一些事实，凭着主观的猜疑及完全不可靠的谣言，乱加给这个同志以各种罪状等等，非把这个同志弄得昏头昏脑不可。这样做了之后，他们还不允许这个被打击的同志起来做任何的辩护。如果他有辩护的话，那末又说他故意辩护错误，承认错误不彻底等等，再加以打击。不允许被打击的同志在服从组织的条件下保留意见，不允许向上级控诉，一定要被打击的同志当时认错。如果被打击的同志被迫都承认了的话，那末思想上、原则上的问题，是否已经解决，又是不大注意的。所以在党内也发生过这种事实：即某些同志在斗争中承认错误过多，为了免遭打击起见，不如一切都承认好些。错误虽承认了，实际上他自己也还是不懂得的。在这里也就证明这种斗争方法不能培养共产党员坚持真理的顽强性。

第四，是将党内斗争方法与党外斗争方法不加区别地混淆起来。有些同志，将党内斗争的方法机械地搬到党外的非党的群众团体及机关中去使用，用党内斗争方法，去向非党干部和群众斗争；另外有些同志，用对敌人对异己分子斗争的方法，来向党内的同志斗争，用对付敌人与异己分子的办法，来对付党内的同志。一切挑拨离间、阴谋诡计都使用出来。把监视、逮捕、监禁、审判等办法也运用到党内斗争中来。如有些同志在锄奸工作中所犯的过左错误，大半就是没有将党内斗争与对敌斗争严格区别开来的结果，是把党内思想斗争与锄奸工作混淆起来的结果。党内也往往有敌人的奸细暗藏着，对于这种暗藏的敌人，必须根据事实进行斗争，把他们揭露出来和驱逐出党；但这与共产党员犯错误需要进行教育性的斗争完全是两件事，必须把二者区别清楚。党内斗争与党外斗争是有密切联系的，但斗争的方法和斗争的形式必须区别开来。

还有些同志（其实这已经不能称为同志）则公然依靠与假借党外的力量来进行党内斗争，向党要挟和恐吓。如有些人，依仗他们一部分的工作成绩，依仗他们的部队和枪杆子，依仗他们在群众中的威信或某一部分的统一战线关系等，而向党向上级机关进行斗争，要挟上级机关及党接受他们的要求与意见，向党闹独立性，向党宣告独立。或者利用党外的、甚至资产阶级的、敌人的报纸杂志及各种会议来批评党，向党的上级机关及向某些同志和干部进行斗争。很明显的，这与另外一些人依仗党的势力，去强迫、命令、压迫党外的群众，去向党外人士进行敲诈勒索，是一样严重的错误。这些人是站在党外来向党斗争，因此他们虽尚挂着共产党员的名，却已经完全离开党的立场，成为党的敌对者。

第五，我们党内的许多问题都是在会议上解决，或经过会议解决，这是好的。但各个组织中，有许多会议是没有经过准备和预先调查研究的工作的，常常在会议上发生许多不同的意见与争论，而一切会议又必由最负责的参加者来做结论，一切会议的结论又等于决议，在这里也常发生许多毛病。我看见有些会议上的争论，最后逼到指导员或支部书记或其他负责同志来做结论。但这个负责同志自己是完全无把握的,问题是完全没有弄清的,然而事情是逼来了,非做结论不可,否则不能做负责同志。这个负责同志只得来做结论,有的则表现非常狼狈,汗流浃背,粗率地把结论做下来,而这个结论也即等于决议,事情就照这个结论决定下来,这当然是要发生许多错误的。有些同志,当着他们对问题还没有把握决定的时候,他们不肯说明自己还没有把握,要求有一个考虑与研究的时间,或向上级请示的时间,而要顾全面子,保持地位,硬说自己是已有把握的,随便决定下来,结果常常是不正确的。这种情形,也应该纠正。

我们一切同志对一切的问题,应该是"知之为知之,不知为不知",不要"强不知以为知"。党内的问题,不是依靠蛮横所能解决的。一切会议应该有结论,但不能决定的事情,或尚有疑问、尚未弄清的问题,就不应随便决定。决定的事情一定要是自己相信的,如果自己还无把握相信的事情,可以保留下来再加以研究或请示。会议的结论,不一定要参加会议最负责的同志来做,谁报告,在讨论之后,即由谁做结论。但这个同志的结论不一定等于决议,会议的决定可以和这个同志的结论不一样。

以上这些,就是机械的过火的党内斗争的一些重要表现。

我在以上所说的,当然是一些最坏的典型,不能说我们过去的和现在的党内斗争普遍都是如此的。但这种党内斗争的方式确实是存在的,而且曾经在一个时期是占着统治地位的,成为主要的党内斗争方式。

这种不正确不恰当的党内斗争,曾经在党内造成了什么结果呢？是曾经在党内造成了以下一些恶果的：

第一，助长了党内的家长制。个别的领导者及领导机关，在这种党内斗争方式之下，压迫着许多党员不敢说话，不敢批评，在党内形成个人或少数人的独断。

第二，另一方面，又助长了党内极端民主的倾向及自由主义的发展。许多党员平时不敢说话，不敢批评，表现党内一种形式上的和平与统一。但是一到矛盾无法继续隐蔽下去的时候，一到情况严重与错误暴露出来以后，即又乱批评乱斗争一场，形成党内的对立和组织上的分裂，很难收拾。这也就是党内家长制的反面表现。

第三，影响党内民主集中制的生活不能正确的建立，党内民主生活不经常、不正规或极端的缺乏。

第四，阻碍党员同志们积极性、自动性及创造性的发扬，削弱党员对党对工作的负责精神，影响同志们不敢积极负责，不敢放手工作，放手创造，不细心去考虑研究问题与情况，养成他们照办公事、人云亦云的作风。

第五，助长党内宗派主义的发展，无原则派别斗争的发展，造成党内害怕批评与斗争的心理，养成某些同志"独善其身"的保守心理，"多一事不如少一事"的心理。

第六，给托派[140]奸细反革命分子以破坏党的更多机会，给反革命进攻我党以更多的口实。托派奸细分子特别利用党内的矛盾，不正确的党内斗争，来进行破坏党的活动，来争取那些受打击的对党不满的分子。而反革命则利用党内反机会主义的斗争来进行宣传煽动，影响党外的同情者及党内不稳定的成分来进行挑拨离间，破坏党内的团结与统一。

上述这些恶果，在党内是曾经造成过的，并且还有一部分遗留到现在尚未把它们消除。

这种机械的过火的党内斗争方式，在相当长的一个时期内曾经造成党内生活不正常的现象，给党的损失很大。现在我党高级领导机关中虽是已经纠正过来了，在全党现在也不是一种统治的斗争方式，但在某些中下级组织中，在某些个别组织中，这种斗争方式则至今还未完全纠正，还相当普遍地或多或少地存在着、继续着。因此，这些组织中的生活仍然是不正常的。我们必须严格指出这种偏向，以便在我们的一切组织中彻底肃清它。以便我们的同志不再重复这种错误，以便正确地切实地开展党内的思想斗争，推动我们的党前进。

四　关于党内的无原则斗争

同志们！我现在来讲党内斗争中另一种偏向——党内无原则的斗争。这种现象在中国党内是特别普遍与严重存在的。在外国党内虽然也有一种所谓"闲谈运动"，但我想还没有中国党内这样严重吧。所以我们对这种现象，必须使同志们认识清楚，并采取必要的办法来对付，否则对党内的团结和工作上的妨碍是太大了。

什么是党内的无原则纠纷与无原则斗争呢？

我认为党内的以下几种纠纷和斗争是属于无原则的，即是离开我们党与无产阶级的革命利益之共同立场和原则的。

第一，有些同志不是站在党的立场上、整个党的利益上来提出问题，来和其他同志进行斗争，而是站在个人利益或派别利益的立场上提出问题,来和党内其他同志进行斗争。就是说,他们在进行党内斗争中的立场是不正确的。因此,他们对于问题的观点、处理方针和办法,也是不正确的。一切事情的处理,只要对他们个人或少数人有利,他们就赞成、就主张,如果对他们个人或少数人不利,他们就反对、就不赞成。至于是否对党对革命有利,他们是不管的,或摆在次要的服从的地位。因此,这种人主张什么或反对什么,都是没有原则的,离开党与革命的原则的。或者说,他们的原则不是党的原则与革命的原则,只是他们个人利益的原则。如果每个人都是以自己个人利益为原则的话,那末,各个人的利益和原则必然矛盾,必然相互斗争。

比如在你们中间就有人为了伕子的问题、马匹的问题、吃饭穿衣及生病打针的问题、没有提升自己职位的问题等,曾经发生一些争论和斗争,就是属于这种个人的无原则的问题。同志们不是从原则上提出伕子、马匹、吃饭、穿衣及打针应该怎样支配才对党对大家有利,要党及学校采取;而是这样提出问题,为什么不给我伕子、马匹?为什么不给我打针?为什么不提升我的职位?为什么不给我好的饭吃?好的衣穿?一切以"我"个人为中心,从"我"个人的立场出发,在党内造成纠纷,进行斗争。那末只要给他个人满足了,即使支配得再不合理一点,他也可以不管的。这就是一种无原则的斗争。

又比如同志们反对浪费吧,有些同志是站在党的利益和党的立场上来反对浪费的,因此他们提出各种违反节约原则的浪费现象来加以批评,并提出节约的意见要党采取。这是很对的。但另外有些同志就不是站在党的利益和站在党的立场上来反对浪费，因此他们就这样提出问题：某人浪费了多少，某人某人又吃了什么，穿了什么，用了什么……，为什么我就不能这样吃，这样穿，这样用呢？难道我的资格不老吗？对党无功吗？因此他在反对浪费的口号之下，起来斗争了。原因就是别人浪费了，而他自己还没有浪费到。这也是一种无原则的斗争。

比如在皖东，曾经规定在政府机关工作的人员有少量的薪水，于是就有一些同志要求到政府机关去工作，目的就是想自己也要得到这一点薪水。不允许他们去的时候，他们就在反对政府机关人员有薪水的口号之下起来斗争了。他们并不是在原则上提出应如何规定政府机关人员的生活，来加以商讨。这也是一种无原则的斗争。

第二，有些同志不是为了把党的事情弄好，甚至是为了把党的事情弄坏，或其他目的，来在党内闹纠纷，进行斗争。目的是不正确的。这也是一种无原则的斗争。比如有些同志为了个人出风头，为了个人地位及个人面子，甚至为了报复别人以泄恨，在党内闹纠纷，和其他同志斗争，以捣乱其他同志的工作和计划，破坏党内的秩序与团结，而不顾及当时的情况与条件等，就是属于这种无原则斗争的。

第三，有些同志不是从原则上提出问题要党采纳，或要党放弃，而只是凭自己的感情与喜怒来提出问题和进行斗争，为了一时的痛快，为了发脾气抒感慨而骂人和泄愤，这也是一种无原则斗争。另外有些同志由于他们的经验与理论水平低，不能从原则上提出问题来争论，而只是在一些个别的零碎的纯属实际性质的问题上，不涉及原则的当前政策问题上，来和其他的同志作绝不妥协的争论,但并未涉及到一般的原则问题,因此这也是一种不应坚持的无原则斗争。比如,有些同志对于某一次的战斗,某一次的行动,某一个斗争形式,某一个组织方式等发生相互对立的意见,而不涉及到一般的战术原则与战略计划及一般的行动方针与一般的斗争形式组织形式等,各持己见,不停止地争论下去。他们的问题提得不正确,因此常不能有正确的结论,或是无论怎样都可以的,因此就常成为一种无结论的清谈。

第四,是不择手段,不依照正当的组织手续来进行党内斗争。在党内无原则地拉拢或打击同志;在同志间进行挑拨离间、阴谋诡计及陷害同志等;或者当面不说,背后乱说,对党不负责任地乱批评乱广播及造谣、撒谎、诬蔑同志等。

以上这些,都是无原则斗争。此外,还有一些同志,在原则斗争中夹杂无原则斗争的若干成分,或者在原则斗争的大旗掩护下进行着无原则的斗争。另有些同志特别着重地注意某人与某人争吵,某人与某人的关系不正常等,而不注意他们争论的实质。

党内这一切的无原则斗争,都是不好的,对党有害无益的。

同志们又问,什么是原则？什么是不涉及原则问题的纯属实际性质的问题？什么是当前政策问题？以及为什么在这些问题上不应坚持己见,而应与党内抱有别种意见的人作必要妥协？

同志们！这些问题确是应该弄清楚的问题。

什么是原则呢？

如果纯粹从理论上来讲,所谓原则就是事物发展的一般法则。特殊的事物有特殊的发展法则。相同的事物有大体上相同的发展法则。我们所谓原则问题也就是按照事物的一般发展法则作为我们观察问题处理问题的方法问题。如果我们观察问题、处理问题的一般法则有错,我们的立场、观点、方法有错,那我们观察问题、处理问题就必然要发生错误。如果我们认识某一类问题的发展法则有错,那末我们处理这一类问题的方法也必然要发生错误。所以我们对原则问题是不能马虎的。如果在原则上发生错误,那就不只是会发生个别的错误,而会发生系统的、一贯的、一系列实际问题上的错误。

什么是不涉及原则问题的当前政策问题及纯属实际性质的问题呢?

这大半是一些个别的问题,是一些日常工作、日常生活中的问题。比如说我们要发动组织群众是一个原则问题,我们大家都同意,而发动与组织群众又须集中由群众团体来领导,部队也应该协助与参加群众工作,这些都是原则问题,我们大家都同意,即我们在原则上没有不同的意见。但我们有的同志主张将部队的民运队及民运部暂时取消,将这些工作人员派到群众团体中去工作,另有同志则主张部队的民运队,不应取消。有些同志主张群众团体应分为四部办事,另有同志主张分五部办事,这些就都是纯粹带实际性质的问题,都不是原则问题。

又比如,我们敌后抗战,今天的一般战术原则是分散的游击战争。如果大家对于这一点是完全没有分歧的话,那末,我们就没有战术原则问题上的分歧。但如果有一次由于各种情况的逼迫或者由于对他们特别有利的情况发生，我们某个指挥员打了一次胜利的或失败的运动战，那末，这也是不涉及原则问题的个别的实际问题。只要这个指挥员没有在敌后打运动战的原则的观点，那末即使这一次二次战斗是错误的，也只是个别的错误，或者是由于特殊情况的发生，这个指挥员打得并不错，所以，我们就不要在这些个别的纯属实际性质的问题上来坚持己见，争个不休。

又比如，在今天我军装备条件下，原则上是不应强攻敌人的坚固工事与中心城市的。如果对于这一个原则我们没有分歧的话，那末某一个工事，某一个城市，因为有特殊的条件，或有特殊的必要，我们去打下来了。这也是不涉及原则问题的个别实际问题。但如果因为打下了这一个工事，这一个城市，就说一切敌人工事与敌占城市今天我们都可以去打，这就成为原则问题了。在内战时期，曾有同志主张打大城市，指挥红军向某些大城市进攻，这就是涉及原则问题的实际问题。因为他们去打这些大城市是在原则上主张红军应该向大城市进攻。在这种涉及原则问题的实际问题上，我们不应该在原则上妥协，而仍应在原则上主张不打大城市。

一切具体的实际的问题，常有几个解决的办法。由这里到那里，常有几条可走的路。这些办法，这些道路，对我们当时情况又各有利弊，有的办法或道路对我们是最有利的，但包含有危险性，为了慎重起见，我们又不如采取次好的办法或道路。所以在这些具体的纯粹带实际性质的问题上，如果我们发生有不同的意见，只要不涉及到原则上成为问题，我们就要善于妥协，善于让步，善于接受与同意别人的意见，"善与人同"，然后事情才能畅快地办理，问题才能爽快地决定；而不应总是坚持自己的意见，总是要别人放弃意见，总是要别人来将就自己，总是要别人照自己的意见办理，这样反而要拖延问题的解决，妨害工作的进行，增加党内纠纷与清谈的倾向，妨害同志间的相互团结。这就是为什么在纯粹带实际性质的问题上，应与党内抱有别种意见的人作必要妥协的缘故。

由此可知，什么是不涉及原则问题的当前政策问题、纯属实际性质的问题呢？就是那些不涉及到我们的斗争目标及达到此目标的斗争方式的问题，就是那些不涉及到我们的战略及策略的问题，就是那些不涉及到我们的一般立场与具体立场的问题。上面举过的各种例子，就都是这样的问题。

总之，我们处理一切问题的总原则，是党和无产阶级战斗的利益。一切要服从这个总原则。一切违反这个总原则的主张、意见和行动都是要反对的。各种原则之中，又有大原则与小原则之分，我们的规矩，是部分服从整体，暂时服从长远，小原则服从大原则。在一切原则问题上的分歧是不能调和妥协的，必须彻底争论清楚，求得一致。然而在一切不涉及原则的问题上，就不应死不妥协，就不应过分着重地斗争与争论，否则也要妨碍工作与妨害团结的。

我曾经听见一个同志说，在党内斗争中只要我的政治主张是"对的"，在组织上即使错误一点是不要紧的，是次要问题。因此，他认为在党内斗争中，可以采取各种不合组织纪律的手段向反对者斗争。这种说法，这种观点，显然是不对的。他把正确的政治路线和正确的组织路线对立起来看，他不知道捣乱党内的秩序与组织，就是犯了一个最严重的原则的错误;特别在今天妨害和破坏党内的团结和统一,就是最大地帮助了敌人,最大地损害了党与无产阶级战斗的利益,就是犯了比其他原则错误更加严重的错误。在这里,在许多原则问题上,我们的同志都要善于比较、善于区别各种原则问题在当时对党的利害的轻重关系,根据小原则服从大原则、部分服从整体的法则,来决定在什么原则问题上应暂时让步不坚持,在什么原则问题上则坚持不让步。为了保持党内团结和统一,有时对于某些关系不大重要、不大紧急的原则问题,我们也是应该和党内抱有别种意见的人暂时妥协的,暂时不提出这些问题,不在这些问题上坚持争论,而着重在当时关系重大的紧急问题上,这当然不是原则上的调和与中间路线,而是实际行动上的妥协及服从多数决定。

以上就是关于党内的无原则斗争问题。

党内无原则斗争以及机械的过火的党内斗争,是从哪里产生出来的呢? 它们的根源是什么呢? 这是由以下一些根源中产生出来的:

第一,是党内同志的理论水平一般还很低,许多方面的经验还不够,全党的领袖与中心很久没有实际地形成,党在各地方的领袖与中心则至今还很少实际地形成。

第二,党内小资产阶级成份多,小资产阶级的急性病、疯狂性,农民小资产阶级的报复性,经常影响到党内斗争。

第三,党内民主生活不正常,同志间客观地相互商讨问题的作风未形成,粗糙地主观地判断与处理问题的作风仍然严重存在着。

第四,投机分子混入到党内来、以及某种投机心理在党内一部分同志中的存在。他们常常为了证明自己的"布尔什维克化",而故意要"左"一些,以为"左"要比右好点,或者为了打击别人,以便抬高自己。

第五,托派奸细反革命分子混入到党内来,利用党内斗争来破坏党。内奸托派常常在党的旗帜掩盖之下故意打击某些同志,在打击之后,又要另一个内奸托派分子去吸收这些被打击的同志作内奸加入托派。

以上这些,就是党内斗争中上述各种偏向产生的根源。

我们的党从最初就有严格的自我批评与党内斗争,这是完全必要的,很好的。在党内斗争中有许多是做得对的,恰当的。因此我们的党在许多次的党内斗争中都有成绩,都使我们党的理论水平有些提高。不可否认的,这些批评与党内斗争是推动我们党进步的原动力。如果没有它是不行的。然而我们同样地不可否认,在我们党长期的历史发展中,在过去的党内斗争中,是存在着上述各种典型的偏向和错误,在党内斗争中有许多是进行得不正确的。因此,就使我们在过去党内斗争中费去了很大的代价。我们今天就应该注意,如何地来惩前毖后,如何使过去所费去的很大代价不致虚费,如何从研究过去党内斗争的历史教训中来求得党的大的进步。

以更少的代价和痛苦换得党内斗争更大的成绩和党的更大的进步,这就是我们今天从研究中国党内斗争的历史教训中所应确定的今后党内斗争的方针。但这就需要我们彻底纠正过去党内斗争中各种偏向和错误,需要我们切实地适当地去进行党内斗争。

五　怎样进行党内斗争

同志们！现在的问题已经很明显了，就是要怎样正确地适当地来进行党内斗争呢？

关于这个问题，联共党及各国党均有很多经验，中国党也有很多经验。列宁、斯大林有很多指示，党中央也有很多指示。关于这些，同志们应该细心地研究，将来在党的建设课程中还要讲的，所以今天不来讲那些，我只就中国党内斗争的经验提出以下一些意见，作为同志们的参考。

第一，同志们首先要了解：党内斗争是一件最严重最负责的事，绝不可以草率从事，我们必须以最严肃最负责的态度来进行；必须自己首先是完全站在正确的党的立场上，站在为党的利益、工作的进步，为帮助其他同志改正错误和弄清问题的大公无私的立场上来进行；必须自己首先把事情弄清楚，把问题弄清楚，实行系统的调查研究，同时还必须是有组织地、有领导地、有准备地去进行。

同志们应该知道：只有自己首先站在正确的立场上，才能纠正人家不正确的立场；只有自己是完全正派的，然后才能矫正别人的不正派。所谓"必先正己，然后才能正人"。

只有自己首先不动摇，然后才能帮助动摇的人，克服人家的动摇。

只有自己有正确的原则、正确的理论，然后才能克服人家不正确的原则和不正确的理论。

只有自己对于原则问题具有明确性，才能改正人家的不明确。只有自己了解问题的实际材料更多,更有系统地研究了问题,然后才能给其他的同志并给党以更多的帮助。

如果有的同志不是这样,如果自己首先就不站在正确的立场上,没有把握到正确的原则,没有按照原则去观察客观情况和系统地研究问题,甚至只要有个别的缺点与在某些地方的不够明确,那在党内斗争中就不能克服人家不正确的东西。如果还要鲁莽地去斗争,那就可能走到不正确的路上去。

只有客观的铁的事实,只有在实践中已证明了的经验,只有真理,才能够战胜一切。

我们的自我批评与党内斗争,不是为了要削弱党的组织与团结,削弱党的纪律与党的威信,妨害党的工作的进行;相反的,是为了加强党的组织与团结,提高党的纪律与威信,推动党的工作的进行。因此党内斗争不能任其自流的发展,形成极端民主的现象。在党内既不能容许家长制的存在,也不能容许极端民主现象的产生。这是党内生活不正常的两个极端的表现。

党内斗争,是要用对党对革命最高的负责态度来进行的。

第二,同志们要了解党内斗争基本上是党内不同思想不同原则的斗争,不同思想不同原则上的对立。思想原则上界限的明确划分是完全必要的。但是在组织上,在斗争的方式上,在说话与批评的态度上,应该尽可能的不对立,尽可能采取温和的方式来商讨或争论。尽可能不采取组织手段及做组织结论。尽可能完全采用诚恳坦白的态度,多做正面的教育,去求得思想上、原则上的一致。只有在必不得已的时候,在十分必要的时候,才可以采取对抗的斗争方式与组织手段。党的一切组织,在适当限度内,都有权力对任何坚持错误的党员做组织上的结论,党的纪律的执行和组织手段的采用,在一定的情况之下是完全必要的。但是这种手段不可轻易采用,不可滥用。单是在组织上处罚同志多,并不能提高党的纪律。党的纪律,党的统一,主要的也不是靠处罚同志来维持(如果要这样才能维持,那就是党的一种危机了)。而主要的是依靠党在思想上、原则上的真正一致,依靠大多数党员的自觉性来维持的。我们只要在思想上、原则上最后弄明白了,如有必要,组织结论是最容易做出来的。我们不要一分钟可以决定开除某些同志的党籍,或宣布自己脱党。

同志中不同思想不同原则上的坚持、对立与争论,和同志们对于党的组织上的服从,对于多数与上级的服从,是不可分离的;否则就没有党的统一与行动上的一致。同志们决不可以因为在原则上坚持己见,就在组织上同党对立,就不服从多数或上级,就去自由行动。这是违反党的基本纪律的。

原则上思想上的对立,和组织上方式上尽可能的不对立,是我们应该采取的党内斗争的正确方法。许多同志的错误就在于:一方面没有思想上和原则上明确的对立与分歧,但另一方面,在组织上和斗争方式上又对抗得一塌糊涂,斗争得一塌糊涂,争得面红耳赤,骂得狗血淋头,斗得两方面不见面,仇恨种下很深,然而在他们之间竟找不出原则上、思想上的明确分歧来。

第三,对党的组织、对同志、对工作的批评要适当,要有分寸。布尔什维克的自我批评,就有布尔什维克的尺度。一切过分的批评，夸大人家的错误，滥给别人戴大帽子，都是不对的。党内斗争不是斗得愈厉害愈好，而应有适当限度，应讲求适当，"过"与"不及"都是要不得的。

指出与批评别人的错误要抓住中心，要着重最重要的问题，给以系统的明确的解释，才能解决问题。而不要枝枝节节地搜集人家许多错误的现象，及似是而非的事实，简单给以暴露了事。这会使人感觉你故意找他的错误，攻击和打击他。

当你们估计或批评某个同志时，你们不应仅仅指出他的缺点错误，并当做他的全部，你们还应指出他的成绩、功劳、长处和他的正确主张。即使他的主张只有一点或一部分是正确的，你们也必须替他指出，不可抹煞。这样才能给这个同志以全盘的估计与批评，才能帮助他进步，使他服气。

适当的批评，适当的态度和适当的方式，反对"过"与"不及"，这就是我们在党内斗争中所应采取的方法。

第四，在党内外一般地停止斗争会的举行。应从总结工作、检查工作中来指出各种缺点错误。应该首先"对事"，然后"对人"。应该首先把事实弄清楚，把问题弄明白，把错误与缺点的性质、严重程度、产生的原因弄清楚，然后再指出对这些缺点错误的负责人，主要的、次要的由谁负责，而不要首先去追究错误的负责人。只要犯错误的同志不是有意的，并且真正在了解错误，改正错误，那我们就应该欢迎，就不应再事斤斤计较。在党内斗争中，对干部和同志的打击政策，攻击别人与打击别人的政策，不是我们的政策。这和剥削阶级对劳动者的鞭子政策、压迫政策，在本质上是相同的。我们的政策是同志间的互相帮助和互相检讨。

对于某些特别调皮捣蛋、经常违反决定、违反纪律、违反共产主义道德的同志,对于他们,原则问题还说不上、也说不通的时候,那末,个别地举行一些同志审判会,也并不是不可以的,有时也是必要的,但把它普遍化就是不对的。

第五,必须给被批评被处罚的同志以一切可能的申诉的机会。在给同志做鉴定和组织结论的时候,通常均应通知本人,当面做结论。如果他不服,在经过辩论之后,应向上级申诉(一切在处罚后表示不服者,即使他本人不愿上诉,党的组织亦应代他上诉)。任何党的组织,不能禁止任何同志在被处罚后向上级申诉。党员的上诉权不能剥夺。一切的上诉书,任何党的组织不能扣压,关于思想原则问题,党员并可越级直接向高级党委或中央上诉。当然,上诉的同志应该在下面充分说明自己的主张和理由、分歧的意见何在,弄清楚之后,才去上诉,不能在下面不说,到上面又乱说,蒙混上级,企图取巧。一切案件上诉之后,决定权即在上级,上级党委可取消、或减轻、或加重下级党委对同志的处罚。

在思想原则问题上,经过争论之后,如果还未在党内最后取得一致,是可以通过多数决定的。在多数决定之后,少数同志如果还有不同的意见,在组织上行动上绝对服从多数的条件之下,是有权利保留自己意见的。

一定数量的下级党委或同志要求上级党委及领导机关召集适当的会议检查工作的时候,只要有可能,上级党委应该召集会议来检查。

第六,党内斗争与党外斗争有明确的界限,也有适当的联系。不要将党内斗争的方式拿到党外去使用,也不要将党外斗争的方式拿到党内来使用,更不要利用党外的力量和条件来向党进行斗争与恐吓。一切党员要严重地注意和警惕,不要使暗藏的托派奸细和反革命分子利用党内的矛盾和斗争来进行破坏党的活动,一切党员在党内斗争中,不要被这些分子所利用。这只有严格地遵守纪律及正确地进行党内斗争才能做到。

在党内,只能允许合法的斗争,只能允许思想斗争,一切违犯党章党纪的斗争方式,都是不能允许的。

第七,禁止党内的无原则纠纷。这须规定以下的一些办法:

(一)一切党员对党的领导机关及各个党的组织,如有意见,只能向相当的党的组织提出及批评,不允许在群众中乱说。

(二)一切党员对其他党员及党的负责人如有意见,只能当面批评,或在一定的组织中批评,不允许乱谈。

(三)一切党员或下级党委对上级党委如有意见,只能向上级党委提出,或要求召集会议检查,或向上级的党委控告,不允许乱说,或向下级传达。

(四)一切党员如果发现其他党员有不正当的行为及危害党的利益的行为时,必须向相当的党的组织报告,不得隐瞒或互相包庇。

(五)一切党员应提倡正气,提倡正派,反对邪气,反对一切不正派的言论与行为。给那些喜说闲话,喜欢广播,喜打听人家的秘密,喜造谣言的党员以严重的斥责。党的领导机关应该随时通令:禁止党员相互谈论某些一定的问题。

（六）各级领导机关应随时找那些喜欢说人闲话、喜闹无原则纠纷的同志来谈话，给以纠正及警告或其他处分。

（七）各级党委应尊重每个党员提出的意见，应经常召集会议，讨论问题，检讨工作，给党员以充分发表意见的机会。

对于无原则纠纷，应该一般地禁止，不应去判断是非，因为是无原则纠纷，所以是无是非可以判断的。

当着我们去解决同志间无原则纠纷的时候，决不要单从纠纷的本身去解决，而应该去检讨与总结那里的工作，从原则上正面提出那里今后的任务、工作方针、路线和计划等。在总结工作，提出任务、方针、路线和计划中，批评到某些同志的不正确意见，然后征求同志们的意见；如果同志们还有不同的意见，那就变为原则的争论，把同志间的无原则争论引导到原则问题的争论上来，如果同志们在原则上没有不同的意见了，就要求同志们在共同决定的任务和方针之下，团结起来，一致为完成这种任务与计划而斗争。至于其他一切的无原则问题，要求同志们抛弃。总之，应该从总结过去的工作、解决当前的任务、推动当前的工作中去解决无原则的纠纷，否则，无原则纠纷是不能得到解决的。我们决不要用审判官的态度去解决无原则的纠纷，这是无法判断、无法解决的。如果你判断不当，双方都是会不满意的，纠纷会继续存在的。

至于某人对某人信任不够，某人对某人尚有若干怀疑等等，这些问题一般不应提出来讨论，因为讨论是无益的。要解决这些问题，也只有在工作中、斗争中、实践中，才能解决，才能证明某人是可信任的，某人是无可怀疑的。

如果有同志在原则斗争中夹杂着若干无原则成分，那末我们只着重和他讨论原则问题，无原则问题不应着重去讨论，否则就会湮没原则问题。

如果有同志在原则斗争的掩盖之下去进行无原则斗争，那我们一方面应指出他在原则上对的方面，不要"以人废言"；同时也应适当地指出他的立场和手段的不正确，以免将原则斗争引上无原则斗争。

总而言之，党内斗争基本上是一种思想上、原则上的分歧和斗争。在党内一切要讲道理，一切要讲清楚道理，一切要有道理可讲。否则不行。道理讲清楚了，一切都好办，都容易办。我们要在党内养成讲道理的作风。判别各种道理是否正确的尺度，是党和无产阶级战斗的利益，是部分利益服从整个利益，暂时利益服从长远利益。一切道理，一切主张，对于党和无产阶级的战斗有利的，对整个党与无产阶级的战斗长远有利益的，都是对的；不利的，都是不对的。无道理可讲的斗争，讲不出道理的斗争，就是无原则的斗争。不讲道理或讲不清道理，都是不对的，都不能得到正确的结论，都不能彻底解决问题的。道理讲清楚了，最后还不能得到一致的话，那末谁个是违犯党与无产阶级战斗的利益，也就清楚了，对于坚持错误的同志，采取组织结论就有必要了，问题也就好解决了。为了要讲清楚道理，要能讲清楚道理，党内民主就是必要的，平心静气互相商讨的作风就是必要的。同志们虚心学习，提高理论水准，弄清楚情况，调查清楚事实，细心研究问题等，更是必要的。粗心大意，主观主义，人云亦云，脱离实际，不查清楚事实，是绝不能讲清楚道理的。既不讲道理，或讲不清楚道理，结果就只有依靠蛮横，依靠手段，依靠组织上所赋予的权力,甚至依靠欺骗来解决问题,党内民主就更无必要了;因为党内民主,就是为了大家来把道理讲清楚之后,以便一致行动的。

我在这里所说的道理,当然不是那些空洞的似是而非的道理,而是那些实际的与被实践所证明了的真正的道理。某些知识分子是好讲空道理和歪道理的。他们不要事实也可以讲一大篇,从地下可以讲到天上,这是一种空谈、党八股,对党对革命是只有害处毫无益处的。所以在提倡讲道理的作风中,又必须反对空谈和党八股,提倡那些从实际出发的又是为了实践的客观的唯物的道理。就是说,我们的理论是唯物的。

一切要讲道理,不讲道理是不行的,道理讲错了也是不行的,空谈更是不行的。这当然有些为难,但只有如此,才能够得上布尔什维克。

布尔什维克是明白道理的,是讲道理的,是真理的支持者,并且是好好地和别人讲道理的一种人,而不是蛮不讲理的无理性的斗争家。

同志们! 这就是我所提出的怎样进行党内斗争的一些方法。

我们同志应该依照这些方法去进行党内斗争,去反对党内各种不正确的倾向,去检查每一个党员特别是干部的党性。使我们的党在思想上、组织上更进一步地巩固起来,这就是我们的目的。

答 宋 亮 同 志[*]

（一九四一年七月十三日）

来信收到。你的意见是对的。

中国党内在最初的一个时期——陈独秀^{〔114〕}时代及其以后——有些党员是有一种意见，反对党员对理论作比较深入的专门的研究。甚至在学校中，当许多党员专门学习理论的时候，亦强调反对"学院式"的研究，指那些比较埋头读书的党员为"学院派"，而强调在实际斗争中的锻炼。似乎认为只要有实际斗争的经验，而不要高深的理论研究，就能满足，就能领导革命达到胜利。似乎认为马列主义的理论，无须经过相当长期的埋头深刻的研究，就能把握得到的。这种意见，与当时某些党员的另一种意见，即轻视实践，脱离实践的理论研究，真正的学院式研究对抗着。这两种意见都是错误的。一种是过分强调实践，轻视理论的重要性，轻视理论对实践的指导作用；另一种是过分强调理论，轻视实践的重要性，轻视实践对理论的基源性与优越性。他们都没有把理论与实践的关系正确解决与正确联系。

党员在党校中学习，从事理论研究的时候，主要的任务是

---

* 这封复信原载中共中央华中局的内部刊物《真理》第二期。宋亮即孙冶方，当时在中共中央华中局党校工作。

理论上的深造与把握，而不是学校生活的锻炼（虽然这种锻炼联系到所学的理论，即从理论研究中来逐渐改造我们党员的思想意识，亦是很重要的）。这时候，学生应当埋头读书，埋头从事理论的研究。这不独不能因此就叫他作"学院派"，而且是学生的主要工作。党员埋头读书研究，这一事实并不表现为"学院派"，而是每一个党员在从事马列主义研究时所必需如此做的。任何比较有马列主义修养的人，都必须经过这样埋头读书与研究的阶段。马克思、列宁本人更是如此。过去有人指埋头读书为"学院派"，是完全错误的。特别在学校中来强调，就更为有害。

学院派是欧洲学术界及马克思主义者中一个派别，是一个专门名词。这派人只有离开实践的理论研究，轻视实践，而不将理论与实践联系，结果，将马克思主义的理论变成死板的教条，而不能成为实践的指导。这当然是错误的，应该反对的。在中国的马克思主义者中及我们党员中，今天仍然是有这种人的。比如，有些党员，他们对切近的组织问题、实际问题等，常常采取一种非常不严肃的态度，不去注意与研究，而轻视它们，认为在这些问题中是不包含马列主义原理的，他们也不会从这些问题的研究中去学习到一点什么东西。因此，他们并不以研究《资本论》的严肃态度来研究与解决这些问题。他们不知道（或忘记了）马列主义学说要成为解决这些问题（行动）的指南。实际的有生命的马列主义，恰恰就包含在这些问题中，包含在一切人们的社会的具体实践中，而不在书本的公式上及一切抽象的神秘的地方。

在中国党内上述两种意见的对抗，当时是前一种获得胜利的,在党内相当造成了反对专门理论研究的风气,结果,阻止了党内理论水平的提高。这是必须纠正与反对的。这与我党直至今天在理论上的准备与修养仍然一般不够的现象,是有密切关系的。它给了党内以极坏的影响。在当时,党内关于理论与实践同时并重的正确的意见,是没有得到发展的。

中国党艰苦奋斗英勇牺牲的精神,并不比苏联的布尔什维克[16]差,所以中国党历来的组织工作就是很好的,不论做什么事,如组织工人,组织农民,组织政府,组织军队,进行各种方式的战斗,只要在党内一动员,为党员所了解,历来就能做得很好,就能完成任务,就能组织几十万、几百万、几千万的工人农民和军队到革命的战场上去。中国党的组织能力并不弱。中国党的英勇牺牲精神亦是很好的。数十万党员被人割去头颅的白色恐怖,亦不能威胁我们的党员放弃自己马列主义的旗帜。这些表现,是除联共党外,为世界上任何国家的党所不及的。然而,中国党有一极大的弱点,这个弱点,就是党在思想上的准备、理论上的修养是不够的,是比较幼稚的。因此,中国党过去的屡次失败,都是指导上的失败,是在指导上的幼稚与错误而引起全党或重要部分的失败,而并不是工作上的失败。直至现在,缺乏理论这个弱点,仍未完全克服(虽然党内少数同志特别中央的同志是有了对马列主义理论与中国社会历史发展的统一理解)。因此,现在提倡党内的理论学习,就成为十分必要。中国党只要克服了这个弱点,就能有把握地引导中国革命到完全的胜利。

中国党的理论准备不够,上述错误的意见与之有关而成为其原因之一,但这也不是唯一的原因,还有其他的原因,这些原因就是：

（一）马克思主义的著作传入中国的历史并不久（在五四运动时才有很少的输入），不象欧洲各国，马克思主义的传布已有近百年的历史。

（二）马克思主义传入中国时，又由于中国当时是客观革命形势很成熟的国家，要求中国革命者立即从事、而且以全部力量去从事实际的革命活动，无暇来长期从事理论研究与斗争经验的总结（这种情形直到今天还是有的，如我们今天到处都感觉到实际工作中的干部缺乏，一切干部几乎都很难从工作中抽出作一种比较长期的理论学习等）。所以中国党一开始成立，就卷入伟大的实际革命斗争中，各方面都应付不暇。这与中国党的理论准备不够亦是有关系的，这亦是原因之一（在中国党秘密活动的十年[141]中，情形就有不同。这时是有时间来从事理论研究的，但中国党也没有抓住这样的时机来克服理论准备不够的弱点。这当然亦是一个错误。这也是由于对理论重要性认识不足及对当时革命形势过分估计而来的，虽然在这时候马克思主义的新文化运动是有伟大成绩的，党亦曾给以某种重视。然而党没有自觉地来提高全党的理论水准，并把这当作当时党的主要任务之一。因此，使当时的新文化运动及从事文化运动的干部，都包含着很多弱点，没有使当时的新文化运动及其干部与全党的全部实践密切联系起来；因此，就使当时的作品十分杂乱，不深刻与不实际；因此，亦不能大大提高全党的理论水平）。

（三）因为马克思、恩格斯、列宁、斯大林诸领袖，都是欧洲人，而不是中国人。他们的著作都是用欧洲文字发表的。在他们的著作上说到中国的事情并不多。而中国社会历史发展的具体道路和欧洲各国社会历史发展的道路比,有其更大的特殊性。因此,要使马克思主义中国化,要用马列主义的原理来解释中国社会历史实践,并指导这种实践,就觉得特别困难些。直到现在,马恩列斯的著作,大部分还未译成中国文字,而中国党员能读马列原著的并不多,即使能读的人也很少去读完。因此,影响到中国党员对马列主义理论的学习和修养。这也是中国党理论准备不够的原因之一。

由于这些原因,特别是我们党的主观努力不够,二十年来,我党虽有极丰富的实际斗争经验,但缺乏理论的弱点仍旧未能克服。这是我们今天还要以极大的努力来加以克服的。

所谓中国党的理论准备,包括对于马列主义的原理与方法及对于中国社会历史发展规律的统一把握。这在中国党的大多数同志不论对哪一方面都还有极大的不够,还是中国党一个极大的工作。

这就是我的答复。

克服困难，准备反攻，
为战后建立新中国创造条件[*]

（一九四二年七月二十日）

今天来说，对我们最要紧的，是如何克服困难，渡过今后两年。没有现在，就没有将来。我们的将来，只有从现在就加以准备，只有从现在发展下去。要把我们现在的工作，今后两年的工作，与将来的反攻斗争，战后新中国的斗争，密切联系起来。要在克服困难、渡过今后两年的观点上，同时也在准备将来、准备反攻与战后新中国斗争的观点上，来进行我们现在的一切工作。除开华中局扩大会所说到的一些以外，我现在特别就准备反攻与战后斗争的观点提出以下几点：

第一，在反攻以前，我们的主要任务是坚持斗争，坚持原有的根据地（这必须与开展敌占区及接敌区的游击战争密切联系起来），无须主动进行对敌决定胜负的战斗。因此，我们的主力就无须大的发展，也不可能发展，而以加紧整训教育为主，提高其质量，以便将来在发展扩大时有必要的良好基础。

* 一九四一年五月，刘少奇任中共中央华中局书记兼新四军军分会书记。一九四二年调党中央工作。本文是在回延安途中，根据中共中央《为纪念抗战五周年宣言》精神，写给中共中央华中局、新四军负责人陈毅等的一封信的后半部分。

如果我们在反攻中需要大批的新兵补充主力,需要主力尽量扩大的话,那我们现在就必须进行充分的准备,组织与训练好大批的民兵自卫军及地方武装,并保存这些后备力量;在政治上作动员的准备工作,以便在将来能大批的动员(现在无须经常动员,以免引起人民的厌倦)。

在军事上我们要准备打破敌人的严重扫荡,特别在华北、山东、上海、南京附近要准备在反攻时期出现比今天更加严重十倍的敌情。同时,要准备在反攻中较大的进攻的战斗,准备抵御可能发生的反共军进攻的战斗。

第二,如果全国人民与根据地内人民的政治动向,是决定战后新中国动向的基本力量的话,那末我们在今后的一切工作中,就特别要注意吸引全国人民与根据地内人民在政治上倾向我们,并且能坚决地拥护我们,和我们一道共同为民主自由的新中国而战斗。

第三,如果根据地内的人民负担过重,超过了人民所能负担的能力,足以破裂我们与根据地内人民的联系,足以引起根据地外的人民畏惧与拒绝我党我军的领导,足以引起人民对共产党领导战后新中国的怀疑的话,那末我们就要切实减轻人民的负担,把负担减轻到中央所指定的限度(全部负担的最高额不超过人民收入的百分之三十五,脱离生产人员不超过百分之三)以下,并须向人民作充分解释:这是战争期间的负担,在战后就要减少。如果人民负担的能力,不够养活我们的话,那我们就应实行严格的精兵简政,情愿少要些人员马匹,号召干部艰苦生活,实行严格的反对贪污浪费的斗争(各级财政机关对粮食的注意太不够,粮食浪费太大,其实关系人民生活最大的是公粮问题，而不是税收问题，我们收入最大的是粮食，浪费粮食是最大的损害民力与破坏我们的政治影响），颁布严格的法令，来惩罚那些贪污浪费公款公粮及乱征民间伕马者。同时要培养民力，注意组织与改善根据地内人民的生活。要显示我们区域与敌顽区域人民生活的本质上的区别。这件事不独要影响我们今天的斗争，而且要影响我们在战后建立新中国的斗争。对这件事情的不注意，我们必将自食其恶果。为了整个革命的利益，我们不应该姑息那些官僚主义者及贪污浪费者。这在全党全军中必须进行深入解释和动员，为革命的胜利、我们的光明前途与新中国的创造而节省一切可以节省的物质资财。对民力、对物质资财的不爱惜，无异于对党对革命不负责任，无异于犯罪。

有的部队做生意赚钱，流弊百出，应该停止、改正。但部队自己生产蔬菜、烟叶、麻、棉花及开厂做鞋子、织手巾等，是能够解决部队困难的。华中各部队机关要切实仿效。

第四，如果在根据地内很好地推行各阶层联合的民主政治，推行"三三制"〔126〕等，具有全国性的政治意义，具有新中国雏形的政治意义，足以影响与推动全国、特别是战后的民主运动的话，那末我们就要下决心，务必在今后把民主政治、"三三制"等切实推行，非达到可能的高度不可。现在我们党内党外都缺少民主的训练，对于民主政治的精神、实质及方法，党内党外多数的人都是不大懂的，因此，我们的民主没有充分见之于实际。政府机关中，以及部队与民众团体中，官僚主义与宗派主义的作风还极端严重。不少的干部是站在民众之上，而不是站在民众之中；他们是以人民的上司自居，而不是以人民的勤务员自任；他们是越权垄断包办一切，而没有尽到与党外人士实行民主合作的义务；他们自以为是人民的统治者，而不是人民的公仆；他们不是听命于人民、以民意为依归（不要与尾巴主义相混淆）。这些现象，是我们根据地内组织民主政治生活之很大的障碍。不肃清这些现象，在根据地内组织很好的民主政治生活是不可能的。如果我们在根据地内领导政权许多年，还不能建立一种象样的民主政治生活的秩序，那我们就没有权利和没有资格在全国人民中、在战后再来谈民主政治，那就会引起人民对我们以至对民主政治的怀疑，以为只是在口头上叫的而不是在实际上实行的。而且这也绝不能教育我们的党员与群众。

这些现象的发生，是由于我们在党内在群众中缺乏民主的教育和锻炼的缘故，是党风不正、宗派主义严重存在的缘故。只要我们有很好的民主的教育和训练，整顿党风，有这种毛病的党员，大多数是能迅速改正的。因为他们愿意学习与进步，但必须经过认真的教育和必要的斗争才能改正过来。

因此，我们必须在党内外及人民中进行关于民主的教育。应该指定同志去研究资产阶级在革命时期的民主主义（法国的、美国的、孙中山的），苏联无产阶级的民主主义及中国的新民主主义，研究各国的宪法，写出必要的文章、小册子及教材。我在华中局讲的《民主精神与官僚主义》[142] 等，也可拿到党员干部中去讲解和研究。要号召我们同志使自己具备充分的民主精神，学习民主，在各阶层人民中去运用民主，并总结各地实行民主的经验来教育党员与群众。还须制订出一些关于民主的法律（如各级政府组织法，选举法，代表会议的规则，处理各种案件的手续等），规定制裁那些违反民主、侵犯民权（人民民主权利）的官员的办法等。在党内，对于违反民主的党员，要进行批评、斗争或处罚。在人民中也应进行广泛的民主教育，解释各种法律等。各级宣传部教育科，应在关于民主的研究及宣传教育工作中进行必要的努力，多写文章、小册子，多到各种会议上去作报告。特别是各级政府的工作同志，各级领导同志，更须加紧对民主的学习、修养和锻炼。总之，我们要下一个决心，使党员懂得运用民主，建立真正的民主政府，真正地推行民主及"三三制"，要贯彻到底，不能敷衍了事，不能让官僚主义宗派主义在我们同志中存在与发展。

庞友兰[143]说，共产党的下层同志能照中央毛泽东同志的话办事，一定得天下。那末我们是否能够做到这样呢？是能够做到的。这对布尔什维克[16]党来说，没有做不到的理由，我们一定要做到。做到了，我们就"一定得天下"；做不到，就不一定"得天下"。这件事对我们的关系是这样重要，是能否"得天下"的大事。就是地主阶级里面的人，也是这样来警告我们的，我们能不重视这件事吗？能让现在那些恶劣现象继续存在吗？能不努力研究与学习实行民主吗？为了要"得天下"，即为了革命的胜利、战后新中国的创造，全体党员应该在根据地内创立模范的民主政治生活的新秩序。这有全国性的政治意义，这能吸引全国人民来赞成我们、反对顽固派，巩固根据地内人民和我们的关系。

第五，如果根据地内基本群众的组织程度与觉悟程度的提高，是我们坚持抗战与创造战后新中国所依靠的基础，那末我们就要用一切努力来提高基本群众的组织程度与觉悟程度。这在华中似乎已经进行了初步的工作,已经相当普遍地改善了工农生活,并组织了几百万群众到农会工会之中,调动了群众的积极性。但是工人、青年、妇女、儿童,则还大部分没有进行组织,自卫队的组织与训练,还须作极大的努力。某些地方的群众如果还没有组织与发动的话,都必须全部地使他们组织起来。当着群众已经发动,并已初步组织起来和达到了基本的经济要求之后,就应把对群众的教育工作提到第一位,就应为提高群众的觉悟程度而进行一切的努力,就应注意经济主义的狭隘思想在群众和干部中的发展。估计今年秋季减租是无须费大气力就能做到的。群众团体在秋季减租后,除经常注意保护群众的日常利益而外,要建立各种相当固定的组织与制度,以巩固群众的团结。在这时候,必须对群众进行广大而深入的教育工作,也有时间与可能来大规模地进行群众的教育工作。在许多地区,在今年秋季、冬季及明年,你们应指示各地方党及群众团体大规模地进行社会教育与国民教育,特别是对群众中积极分子的教育。目的是为了提高群众的政治觉悟程度(主要还不是为了提高群众的文化水平,但国民学校的教育及以后的社会教育,提高文化仍是主要目的),是为了在思想上巩固这些群众在我们党的影响之下,不致因为某种变动与挫折而动摇群众对我们的信仰。

为了达到上述目的,政府的教育部门、群众团体的干部及地方党,应有大的动员,应有周密的计划和准备,应密切配合,并应加强青年团儿童团的工作。要注意青年、儿童的教育与学习。要准备好教材,拨出经费,由各群众团体直接领导,在乡村中创立许多民众夜校,并须多办国民小学与中学。

群众团体的干部及地方党部的工作人员应自动去当夜校的教员，并应派遣必要的专门教员，派遣干部去加强政府教育部门的工作，同时大量吸收社会上的知识分子加以训练去办教育和当教员。必须使根据地内数百万基本群众及数十万儿童、青年都受到深入的教育。这是一个异常伟大而艰苦的工作，党与政府必须动员足够的人力物力来进行。

现在我们不能用土地革命来吸引群众跟我们走，但我们必须在减租减息[144]、增加工资及深入的教育工作中去吸引群众紧随着我们。如果我们能在深入的教育工作中吸引了数百万基本群众与青年儿童，使他们不论在什么困难的情况下都跟随我们走，那我们就要成为不可战胜的力量。这件工作，是有如此伟大的作用和意义，我们必须以极大的注意来进行。必须达到这样的目的。

有教育意义的群众会议，应多召集。各级负责同志以及各地最高的军政负责同志，都必须密切注视群众的情绪，必须设法经常去参加群众的会议，亲自去解答群众中所提出的各种问题，亲自去与群众建立亲密的联系，互相认识，而不可将群众中的事情完全委托下层同志去处理。

各地党政负责同志必须亲自去检查各种学校（小学、中学、夜校等）的教育内容，考查教员，掌握教育方针与政策，并经常亲自去向学生讲话。你们要知道，即使是希特勒、日本帝国主义及国民党[5]的特务，如果他们对青年儿童进行了深入的"教育"，他们都能驱使成千上万的青年为其拚命，难道我们有真理并有平等待人的民主精神，不能在深入的教育中团结数百万青年和我们一道为新中国奋斗吗？为了这个目的，大批的共产党员应到教育机关去服务，应学习如何去教育群众与青年，应经常总结经验，应首先训练大批的教员，我们党政群众工作的干部也去兼任教员。

报纸杂志亦应改善，亦应提高其作用，亦应成为教育群众的有力工具，亦应与群众生活有密切联系。

中央在"七七"[54]五周年纪念的宣言中提出了战后建设新中国的问题，这与顽固派企图造成少数人专政的中国是直接对抗的。应拿这篇宣言到各阶层人民中以各种方式去展开完全民主的讨论，去深入地宣传教育群众，去团结群众在我们的口号（民主的新中国）之下，去详细解答群众所提出的关于新中国的各种问题。有时甚至可用完全民主的方式在群众中进行投票测验。务必在今后两年间，在根据地数百万群众中，对于战后新中国，在思想上、在实际生活上准备好完全巩固的基础。

第六，在大地主大资产阶级顽固派与我们的斗争之中，如果中间势力、中间阶层的动向是决定胜负的因素之一的话，如果这些中间势力的动向成为决定战后新中国的重要因素之一的话，那末，我们就应该以极大的注意和切实而广泛的工作去争取中间势力站到我们这一方面来，或在斗争中守善意的中立。而且我们的目的，不只是要中间势力在今天能对我们守中立或倾向我们，主要的是要使他们在战后为新中国的斗争中能赞助我们或善意中立。我们今天争取中间势力的工作，主要是为战后斗争做准备的。目标应该放远些。

关于争取中间势力的问题及对顽固势力斗争中的统一战线问题，过去已经说得很多了，故在这里不多说。不过我们仍须经常提醒各级干部，使他们在自己的工作和执行政策中注意这个问题。

总而言之，修明政治，生聚教训，整军经武，严修武备（各种武器资材弹药的聚集），为了坚持两年斗争须要这样，特别为了准备反攻及战后的斗争更须要这样。敌人的扫荡在华北是很严重的，故在华北的工作方针更须多照顾到如何坚持两年斗争的问题，一切工作的主要目的是如何渡过今后两年的问题。在华中则情况似乎有些不同，敌人的扫荡似乎没有华北严重（过去如此，以后不知怎样）。我估计，如果我们在华北胜利地打破了敌人的扫荡与清乡，如果敌人在华北不能"剿灭"我们，那末，他们就不能照样来"清剿"华中我军了。在这一点上说，华北八路军[56]英勇艰苦地坚持斗争，是极大地帮助了华中新四军[122]，是与华中新四军的命运完全相联的。正如华中新四军在反磨擦中的胜利，极大地帮助了山东河北的八路军一样。很明白，如果八路军在华北不能坚持，则华中新四军便将立即受到敌人最残酷的"清剿"。我估计敌人或许不能照在华北一样来"清剿"华中新四军，因此，在华中的工作方针，就有更多的可能照顾到准备反攻及准备战后的斗争。一切工作就有可能更多地放在准备将来斗争的目标上。这是我的一种想象，不知客观事实的发展是否能如我所想象的这样。

为了实现这一切，目前必须经过一个关键，就是经过我们的中下级干部。而中下级干部的状况，则不是令我们完全满意的。他们还很幼稚，没有成熟，没有必要的理论基础，不了解或不完全了解党的政策，作风也有很多不正的。这是我们目前一个很大的弱点。因此，用心来逐渐解决这个问题，有极重大的意义。然而目前一下根本解决是不可能的，不解决，一切工作任务又难于完成。因此，除开办党校、组织在职干部学习、整顿三风[145] 等外，还必须设法派遣一些较强的干部去任县区工作。还必须在某一个工作任务提出以后，在干部中作充分的动员与教育，使干部理解之后，再去进行工作，并由高级负责人经常检查他们的工作，通过总结工作来教育他们。对于某些专门的问题（如战略策略，战后新中国，新民主主义等），负责同志应多作讲演，来提高我们的干部。应特别注意对直接领导部队的干部（团营连）及地方党政民工作的干部（县级区级）的教育与讲演。因为他们是直接实现党的政策与执行任务的人，是直接联系人民与士兵的人，如果他们不懂得政策，不了解任务，工作是无法做好的。而过去对他们的教育又太少，故许多问题是由他们发生的。因此，轮流召集他们来比较系统地谈清一些问题，是完全必要的。提高他们，就提高了我们的工作。过去我们许多报告都是对直属机关干部作的（这固然也要），以后应多向下层干部进行教育，才能解决问题。

关于减租减息[144]的群众运动[*]

（一九四二年十二月九日）

晋西北今后的中心任务，是开展对敌斗争与发动热烈的群众运动。在游击区、敌占区是开展群众性的游击战争，在根据地是发动热烈的群众运动。

华中群众运动的经验，可作为晋西北参考。晋西北和华中不同的是地大、人稀、经济落后，但某些原则是可以通用的。

党中央曾提出发展华中、巩固华中的任务。经过对敌伪的抗击和反磨擦的胜利，建立了我们的根据地，建立了政权，华中的发展基本上是完成了。接着的问题是巩固根据地，其中心一环，就是广泛深入地发动、组织并教育基本群众，以提高其觉悟。这些工作做好了，就容易动员群众参加抗战、参加各项建设，才可能真正发扬民主，把政权搞好，把财政经济工作搞好。这样，党才能巩固，统一战线也才会真正搞好。基本群

---

[*] 这是在晋西北干部会议上报告的一部分。由于日本侵略军和国民党顽固派的封锁、进攻，一九四一年和一九四二年各解放区处于最困难的时期，为了充分调动农民群众的抗日积极性、依靠农民群众的伟大力量，战胜困难，巩固和扩大解放区，夺取抗日战争的最后胜利，党的重大决策之一，是领导各解放区放手发动群众，开展减租减息运动。报告是在这种背景下作的。

众的极广大发动,是我们必须经过的一关,不能跳过这一关。过好这一关,一切工作才能更有基础,否则,是什么也不容易搞好的。拿统一战线来说,如果群众工作搞得不好,群众还不相信自己的力量,没有站起来,那末,抗日统一战线就会只是共产党和地主、士绅、商人的统一战线,而不是广大基本群众和地主、士绅、商人的统一战线。如果群众工作没有做好,应该加紧做,一年不行,二年三年,以至十年八年,都非要把这一工作搞好不可。

因此,在党员中,干部中,部队中,一定要加强群众观念。有些同志的群众观念非常薄弱,这是很危险的。如果不纠正,不解决,党性就成问题。

我们革命,不是为老婆,为吃饭,为出风头,而是为了人民群众的解放。一切为了群众,否则,革命就毫无意义。马克思、列宁常常讲,共产党员无论什么时候,什么地方,都要依靠群众,加强和巩固与基本群众的联系。又讲到,无论什么时候,什么地方,都要以共产主义思想教育基本群众,提高他们的觉悟,并把他们组织起来。《联共党史》[146]结束语第六条中说,共产党什么都不怕,就怕脱离群众,只要共产党永远依靠群众,就是不可战胜的。日本特务机关整天窥视着我们,时时想找我们脱离群众的弱点,来勒死我们。我们在太行山曾截获国民党[5]特务机关的指示,说破坏共产党最有效的办法,是利用共产党对群众的强迫命令。共产党如果单靠枪杆,单靠同地主、士绅、商人搞统一战线,是没有前途的。依靠群众,是马克思主义的革命原则,不可在行动中有任何违背。

但是我们有的同志口头讲的是群众,是马克思主义,一到行动就忘了马克思主义。如果对群众利益不关心,妨害群众利益,以官僚主义对待群众,就不是共产党员,应该受到严厉批评。还有的同志把群众工作的地位看得很低,这是非常不对的。把人分成等级,把各种工作也分成等级,把群众运动的工作看成很低的等级,这不是共产党应有的观点,而是封建社会的等级观点。

抗日民主根据地的群众运动,主要是农民运动,应把农会放在第一位。农会工作搞好了,青、妇团体也会搞好的,工会工作也同样。

华中群众运动的经验是这样的:派工作团下去开展减租减息运动时,先选择几个中心县,在中心县里,找二三个中心区,在中心区里,找二三个中心村,把大多数干部和最强的领导干部派到中心县、区、村去。非中心区、村的干部,开始只做宣传工作,沿村宣传减租减息、改善雇工生活。在中心区、村,集中力量发动群众,突破一点,打开局面。非中心区、村则及时宣传中心区进行减租减息的成绩和经验,造成声势,相互呼应。

中心区、村在开始发动群众时,由政府与工作团负责人访问地主,召开士绅、地主座谈会,说明群众运动要来,讲清政策,减少顾虑;同时工作团挨家挨户访问农民,和农民谈话,了解情况,调查研究,注意发现积极分子,通过积极分子联络和发动更广泛的群众。在群众酝酿成熟的基础上,召集全村农民大会,讨论和决定有关问题,选举农会筹备会。应找出当时当地农民最迫切的问题下手(比如借粮),通过这些斗争的胜利,提高农民的热忱和信心。还应加紧教育和训练积极分子。

然后成立农会,领导农民进行减租减息的斗争。成立农会时
要悬榜,农民对于悬榜,非常重视;县长、军队首长也要去出
席,并讲话鼓励,以示对农会的重视。影响一传开,非中心区
的农民也自动起来了,也要求组织农会。这就是非中心区被
中心区所推动。这时候,中心区、村即可留下一部分干部做巩
固工作,其他干部转移到非中心区。这时到非中心区,群众就
会自己找来了。一个月到两个月,就可发动千百万群众,形成
减租减息的群众运动潮流。

　　群众运动一起,积极分子涌出,就要抓紧教育。要认真准
备好一篇讲话:世界是什么人创造的? 是工人农民创造的。
饭哪里来的? 房子哪里来的? 一切都是工人农民创造的。但
是未创造世界的,却占领着世界。这里要注意打破农民的迷
信,说明人受两种压迫,一种是自然的压迫;一种是人的压迫,
人剥削人,人吃人。世界没有地主资本家可以成为世界,没有
劳动者就不行。应以外地农民起来斗争的经验以及苏联革命
成功的经验,说明工人农民应该成为社会的主人。他们一了
解这个真理,会非常兴奋,就会主张:索性把这世界推翻吧,把
那些地主老财都干掉吧。这时要特别向他们说明统一战线的
重要,今天为了打日本帝国主义,一定要和地主老财讲统一战
线,共同打日本,这是为了全民族利益,同时也就是为了农民
工人的利益和前途。这种革命阶段的性质一定要给他们说清
楚,并要说明根据地的重要等等。这篇讲话,一定要准备好,
语言和举例应当是当地农民容易懂而又切身感到的。农民听
懂了,觉悟会提高的。华中那些刚觉悟的农民,常常兴奋得睡
都睡不着,跑来问这问那,提出许多问题。这样,农民的革命

思想树立起来了,农民说"换了一个脑袋了"。这就是以马列主义教育农民,是新的启蒙运动,也就是阶级教育。这个教育搞好了,农民跟上我们走,就不会因为受一点波折而怀疑动摇。

农民在提高了觉悟之后,心也发痒,嘴也发痒,会到处去讲,进行宣传,那简直是一个很大的力量。农民起来了,就进行减租减息的斗争。

进行减租减息,农民说要斗理、斗力、斗法。所谓斗理,就是进行说理斗争。地主是很狡猾的,他会用种种方法来恐吓农民,我们必须动员一切宣传力量,造成"不减租减息没有道理"的舆论潮流。有了理,就会得到社会的同情,能大大增强农民的斗争信心和勇气。所谓斗力,就是较量力量的斗争,依靠有觉悟、有组织的农民群众的力量,去斗垮地主破坏减租减息的一切阴谋诡计。减租减息时,可从开明的地主先减起,因为容易一开始就做好,促使地主内部的分化。对那些不减的,就和他斗争。可选择一个最顽固的大地主,只要把他斗下来了,其他地主的问题也就容易解决了。所谓斗法,就是依据法律进行合法的斗争。发动农民到地主家里去谈,说明为了抗日而减租减息。农会并可开会,请地方长官和地主参加。在会上表扬开明地主的大义,对地主的普遍减租表示感谢,以消地主的积恨。遇敌人扫荡时,农民就去帮助地主空室清野,以示共同抗日,互相团结。抗日民主政府应用自己的法令来保障农民的利益,制止地主的破坏活动,同时又适当照顾地主的利益,使地主服从和拥护抗日政府的政策。

要有广泛深入的群众运动,一切工作才会做好。农民起来了，为防止地主打黑枪，自动要求发枪，民兵也就起来了。他们关心政权了，政权也就巩固了。农民"换了脑袋"之后，加上一个决心，不怕死，参加共产党的多了，党的力量就壮大了。

在群众运动中，还应注意这样几个问题：

第一，正确处理党、政府、军队与群众团体的关系。

过去我们的党、政府、军队常常代替、干涉群众团体，不尊重群众团体的独立性，关系搞得很混淆，表现在政府代替群众团体，干涉群众团体的内部生活，派群众团体干部做政府工作等。

如果是政府代替群众与地主作斗争，就会失掉政府立场，不能兼顾地主的利益；而群众未发动起来，不相信自己的力量，认为是八路军〔56〕、共产党给他们的利益，减租成了"恩赐"。结果，把地主闹翻了，群众又不拥护。这样做的人本意要做好事，结果是做了坏事。应当了解，脱离群众，少数人与地主斗争，是不允许的。马列主义的一个基本原则就是劳动者自己解放自己〔147〕。我们应该发动群众起来斗争，党、政府、军队代替群众减租减息的方式应该禁止。

政府过多地集中群众团体的力量突击征粮、征税、扩兵等，就会使群众团体放弃了自己本身的任务和工作，使群众不能正确认识群众团体。比如好些地方的老百姓都说农会是八路军的、政府的农会，而不说是自己的。我们要组织农民自己的农会，工人自己的工会，不依靠劳动者以外的任何英雄豪杰。党、政、军派去农会工作的干部，应以农会名义进行各项活动。一切好事，于农民有利益的事，都应交群众团体去做，而群众团体要教育群众拥护政府、拥护八路军。群众团体干部被派去做政府指定的工作时,应完全以政府名义,不用群众团体名义。如果群众团体代替政府征粮、征税、捕人、审案等,就成了两个政府,结果变成了无政府。至于群众团体代替党的现象,有时表现为不去搞经济任务,只去搞政治宣传。自然,不能把经济任务与政治任务完全分开,但它们是有区别的。

因此,党、政、军、民关系要区别清楚,同时又应该相互很巧妙地结合。是巧妙的结合,而不是混合。党是阶级的最高组织形式,党的领导一元化,是矛盾的统一,是相对的统一,不是绝对的,不是取消各种组织。从单细胞到高级动物是发展,越是高级动物,细胞的分工越细密。我们今天的各种组织分工要科学、明确,不能混淆。划分职权之后,然后统一。现在客观要求分工,主观却分不清,把结合变成了混合。

党不能直接领导群众团体,而应通过自己的党员去领导。政府与群众团体,应互相协助。

怕群众团体威信高是不对的。群众团体是党联系群众最重要的桥梁,群众团体威信提高,也即是党的威信的提高。群众团体有极高的威信,号召群众拥护政府才有力量。农会如果威信扫地,就难以号召农民拥护政府。所以,群众团体在群众中的威信越高越好。这种威信高,是党的领导的结果。

第二,真正巩固的群众运动,一定要有群众的领袖。

党和军队的领袖可以委派,而群众领袖是不能委派的。因此,要注意培养群众中的积极分子,使他们成为有威信的群众领袖。没有领袖的群众运动,是不巩固的群众运动。有领袖、有纪律的群众运动,才是真正革命的群众运动。群众领袖应是成千成万的，包括各方面的大大小小的群众领袖。党应培养、教育干部成为群众领袖，这是重要的事。应派干部下去经常做群众工作，长期培养，成为群众公认的领袖。在华中，派干部去作县长，先不派到县府，而派去做群众工作，工作做好了，在群众中有了威信，由群众选他出来当县长，那就成为和群众有密切联系的领袖。至于外来的做群众工作的知识分子，只要与群众密切联系，熟知群众，替群众解决问题，也可以成为群众领袖。

第三，群众运动中如发生左倾过火的情形，必须正确地对待。

群众运动起来了，可能有掌握不住的情形发生，因为群众不动则已，既动起来，往往超过我们的主观愿望，有些过左、过火的现象。有的同志对这种现象，感到害怕。应该认识，群众运动起来发生过左是一回事，领导的过左又是一回事。应该把群众行动上的过左，和干部领导上的过左，严格区别开来，因为这是有原则差别的。领导上的过左，是左倾机会主义，是犯错误，是不允许的，应该禁止的。群众起来有些过左的现象，往往是不可避免的，也是不应该害怕的。

因此，应加强我们主观领导能力，力求正确地领导群众运动，防止右倾和左倾。群众运动本身有时左有时右，无论如何我们的方针要拿得稳，我们主观领导决不能左右摇摆。怕左而不发动群众，或以为左一点不要紧，而用左的领导思想发动群众，都是不对的，要切实避免。

我们不怕群众过左，而怕自己的干部过左。四项动员[148]时，不是群众左，而是派下去的干部左。结果，把地主弄翻了，群众未起来，把自己孤立了。

我们对群众运动，一定要在领导上控制得住。对群众运动的控制，不是强迫命令，而是思想上、领导上的控制，出于群众的自愿。比如大革命[30]时，武汉码头工人自发地驱逐巡捕，占领了英租界，一二十万工人到英租界游行示威。陈独秀[114]等当时害怕群众过左，要想停止群众的游行示威，并要全国总工会负责。全总负责同志说明停止是不可能的，当晚找了群众领袖，提出示威时绝不能动手，不要损坏东西，这在思想上控制住了，结果第二天游行示威，包围领事馆，搞了一天，没有发生一点事情。这是有纪律的群众运动，这才是真正的群众运动，没有秩序、没有纪律的群众运动，不算真正的群众运动。那一次的群众运动，对于收回英租界[149]发挥了极大的作用。

在正确的领导下，群众中个别的左是能够纠正的，群众自己是能够建立起纪律的。群众中的领袖，也可能搞得过火，但我们应该在思想上进行说服教育，爱护他们的革命热情，绝不能向群众泼冷水。如果有的同志对于群众的革命热情不知道爱护，而是站在群众之上指责群众，这个共产党员的党性就不纯。

华北对敌斗争的经验[*]

（一九四三年三月十九日）

"华中概况"及你们给各地指示均收到，完全同意。我经过华北时，看到华北对敌斗争有很多好的经验，特简略电告，望你们参考。

（一）敌人较大的扫荡战役，总是分若干路向中心区合击，然后反复扫荡，再向据点撤回。我们应付的办法是：当敌人合击与反复扫荡时，主力应切实避免与敌人作战，不要去企图阻止或打击敌之一路，而应分散向四周边区及敌占区行动，主动地打击敌人空虚的据点及交通，或择地隐蔽，只留小部队在中心区游击周旋；待敌撤退时，主力再转回中心区。

（二）在反扫荡时，所有笨重不能带走的东西，都埋藏在山上或沉之水底，而这些埋藏东西的地方，是预先秘密准备好了的，有些还派小部队看守。所有群众的粮食、器具也都埋藏地下，全家老小只挑一担行李、粮食，上山"跑反"。群众"跑反"及耕牛隐蔽，也常是有组织的，有民兵掩护及放哨。

（三）在反扫荡时，地雷的作用很大，使敌人的行动受很大

＊　一九四二年三月至十二月，刘少奇从中共中央华中局所在地苏北阜宁，经山东、冀鲁豫、太岳、晋西北等根据地回延安。这是从延安发给中共中央华中局、新四军负责人陈毅、张云逸等的电报。

约束,使许多村庄及窖藏得以保存。太岳区人民还普遍有一种石炮,即在坚硬的石头上打一个洞,装上土硝、信管,放在路旁村边,触动即自行爆炸,如石匠爆取石头者然,可以炸死数人。在冀中曾用地雷包围一些据点,缩小敌占区。望你们切实研究地雷、石炮、水雷的制造,或以手榴弹作地雷。但地雷炸死自己人的事,也常发生,故须派民兵看守。

(四)训练好的民兵,在边沿区、敌占区及在反扫荡时有很大的作用。这是平时不要管饭的军队。对于他们的训练,实际的战斗锻炼及武器(地雷、手榴弹、快枪等)配备等,望令各地切实注意。各地民兵数量不一定要很多,每乡有二三十人即够,但质量要很好。华北有些边沿区的民兵,已逐渐成为脱离生产的游击队。全区青壮年轮流脱离生产,当半年兵,如是在这个区,就经常保持一二百人的游击队。

(五)在敌情特别严重的游击区,游击部队的组织形式有以下三种:(甲)在八路军[56]、游击队尚可公开活动的地方,游击队一般着军服,以连为单位活动,主要领导人是营以上干部。当地区长、区委书记,都经常在部队中,依靠这个部队坚持斗争。(乙)在八路军、游击队不能公开活动的地方,游击队均着便衣,昼伏夜出,以二三十人为单位活动,他们也不一定要一个公开的番号。(丙)在完全的敌占区,就以不脱离生产的武装队活动,平时人枪完全隐蔽,队员都有"良民证",必要时在夜间临时集合行动,至天明前则又分散隐蔽,白天放哨,如有敌人来搜查,则分散转移。华北许多主力部队的连长,都轮流经过特别训练,学习以连为单位活动的一切办法。

(六)华北争取了不少的日本俘虏。他们积极工作,对我们帮助极大。日本俘虏帮助我们教操、教刺枪、教劈剑等,获得很大的成绩,特别对我们做敌军工作、争取俘虏工作帮助更大。日本俘虏开始转变是很困难的,必须使他们明白新四军[122]、八路军是正义的军队,中国抗战也是为解放他们自己,他们才转变。但在转变后,大多是完全可靠的,能努力工作,吃苦耐劳,亦不逃跑。要已转变的老俘虏去争取新俘虏,也是不困难的。望你们切实注意这个工作,并信赖他们。

(七)在游击区与敌占区人民中的工作,非法斗争与合法斗争需要巧妙配合。一切非法的事都可以向敌人说是新四军做的,一切合法的事由人民来做。在敌占区帮助人民减轻与逃避对敌负担是中心问题。在华北没有提出对敌不负担的口号,只提出少负担、慢负担、拖负担的口号。当着敌人把负担派下来时,我们就和人民讨论,如何采用各种合法与非法的办法,使人民的负担减少、拖延及逃避。这样就使各阶层的人民都团结在我们的周围,共同对付敌伪,打击敌伪,保护人民,我们在敌占区就能存在与发展。

(八)减轻根据地人民财力与人力的负担,华北也有许多办法。除开部队生产节约外,一切不必要的会议不开,不必要的运动、工作和自卫军形式上的站岗放哨均取消,只在敌情紧张时及敌据点附近才放有作用的隐蔽哨,一切部队的粮食军需均由部队派人搬运,不动员民伕及派牲口搬运,如此则节省极大的人力,使之用在生产上。

以上各项,参照华中实际情形加以运用。

六年华北华中工作
经验的报告[*]

（一九四三年三月）

抗战准备时期与抗战初期
华北工作的经验

一　抗战准备时期

一九三五年冬天，中央决定我到华北去工作。一九三六年的春天我到了天津。当时中央给我的任务，是指导华北党的工作，进行统一战线工作，并且在全国范围内宣传党的新政策。此时党的"八一宣言"[150]及"十二月决议"[20]都发表了，但苏维埃区域[6]、红军同全国其他地方还是完全隔绝的。

当时华北的情况是怎样呢？

第一，日本帝国主义加紧向中国本部进攻。一九三五年发生了"华北事变"[151]，"何梅协定"成立，在日本要求下，中

---

*　这是在延安整风学习期间，刘少奇结合自己从一九三六年春到一九四二年春的经历，总结党在华北、华中工作的经验，在党内作的一次报告。原题为《六年敌后工作经验的报告》，全文共三部分，第一部分是绪论，收入本书的是第二、第三部分。略有删节。

央军从河北撤退，并成立了宋哲元[152]的冀察政务委员会，造成了华北的特殊化。华北处于危急之中，保卫华北、保卫中国的任务非常迫切。

第二，一九三五年十二月九日北平学生反日大示威[153]以后，学生反日运动普及全国各大小城市，开始了全国性的革命运动的来潮。但是，当时国民党[5]与共产党仍然处于尖锐对抗的形势中，因此，"停止内战，一致抗日"的口号，顿时成为全国大多数人民的呼声。

第三，共产党提出了抗日民族统一战线的新政策，获得了各阶层人民的赞成，但党仍处于秘密状态中。国民党虽然继续着"攘外必先安内"的旧政策，继续进攻红军与捕杀共产党员，但亦处于极大的动摇之中。

总起来说，当时的形势是：日本帝国主义企图灭亡全中国，亡国灭种的大祸威胁着全国各阶层的人民，共产党提出了团结全民族挽救危亡的总方针，工人、农民特别是城市小资产阶级群众革命化，民族资产阶级转到了赞成抗日的方面，当权的大资产阶级也处于极大的动摇之中。

当时我们党在华北的组织情况又是怎样呢？

从大革命[30]失败以后，经过了九年的反动时期，现在又有了新的民族革命浪潮，我们的党在白区保存下来的还有些什么呢？我们不能不悲痛地回答：除开保存了党的旗帜而外，党的组织一般没有保存下来，仅仅在河北还保存了一个省委组织、若干城市与农村中的地方组织和一批中下级干部，而且这些组织和干部还被左倾机会主义路线严重统治着。

如果说在内战时期左倾机会主义路线[154]统治苏区和红

军党的时间并不算很长，在遵义会议[155]以后已经基本上纠正过来了的话，那末，左倾机会主义路线统治白区党组织的时间是很长的。在苏区及红军的党组织还没有被左倾机会主义路线统治的时候，白区党的组织早就被这种路线统治了。在苏区及红军的党组织克服了左倾机会主义路线之后，白区党组织中的这种路线还没有被克服。虽然在"六大"[156]以后的一个时期内以及在四中全会以后的一个时期内，白区党组织中的左倾机会主义路线被纠正过[31]，但这种纠正是极不彻底的，特别是在思想体系及群众斗争策略、组织形式、斗争形式等方面，没有被彻底纠正过来。遵义会议以后党中央的正确路线还没有传达到白区来，华北党组织还是被错误路线统治着。这种错误路线（打倒一切，一切不合作，一切斗争到底，原则上否定策略路线的曲折性及在一定条件下防御、退却的必要性等等），是当时执行党的统一战线新政策的主要障碍。很明白，不坚决肃清党内的这种错误路线的影响，统一战线新政策的执行是不可能的。

在上述情况下，华北党的任务与工作方针是什么？我们是怎样根据情况来提出任务与决定方针的呢？

除开动员群众并动员各方面为"停止内战，一致抗日"（这是当时全党的总口号）而斗争外，党在华北的任务，就是准备自己，准备群众，为保卫平津、保卫华北而战。要顺利地执行这个任务，就必须联合华北一切可能抗日的党派、阶层，建立抗日民族统一战线。为了联合一切抗日势力，有效地准备自己与准备群众，就必须首先肃清党内的左倾机会主义路线，必须根据当时已经开始了的（特别在学生、知识界中）革命运动的来潮时期之具体情况，提出适当的口号、适当的斗争形式和组织形式，必须把合法斗争与非法斗争正确地结合起来，必须在青年、军队及一切群众中进行顽强的工作，耐心地向他们解释党的政策和口号。这样，才能团结华北一切抗日势力，进而推动全国的团结和准备抗日。这就是我们在当时的任务与工作方针。

当时我们是按照这样的方针努力工作了的。

我们在华北以至在全中国广泛地传布了党的抗日民族统一战线新政策。以党中央委托北方局的名义发表了新的宣言[157]，并以陶尚行的名义发表了给《自由评论》（国家社会党机关报）的一封公开信，答复张东荪在《自由评论》上讨论共产党新政策的文章[158]，在党内党外均起了极大的作用。当时还出版了《华北烽火》等党的半公开刊物，又利用当时平津上海等地许多左倾刊物，发表了我们所写的许多文章。这样，就迅速将党的新政策广泛地传布开来，在社会上取得了极大的同情。为了进行统一战线工作，我们还做了许多具体的联络工作，通过各方面的关系同各实力派及社会名流、学者等接洽，一般都得到了不坏的回答。我们还通过某方面的关系和当时南京国民党中央进行了某种非正式的接洽。

我们通过各种方式号召群众为武装保卫平津、保卫华北而斗争，使抗日救国运动更深入更广泛了。我们组织群众抵制日货、反对走私[159]，进行政治的示威、游行、请愿、罢课及部分的罢工，反对日本帝国主义、卖国贼和投降分子。组织了华北各界救国联合会、平津及其他各地学生救国会及民族解放先锋队等，并由华北这些救国团体发起，在上海召集了全国各救国团体的代表会，成立了全国各界救国联合会。又成立了全国学生救国会。通过各界救国会、学生会、民先队[68]等组织，出版了几十个公开半公开的刊物和许多小册子，组织了许多宣传队、戏剧团、歌咏团、下乡工作队等。这些就是当时群众的斗争形式与组织形式。

党的组织在当时一般还是秘密的。但群众的特别是学生、文化界的救国活动，把统治者的严格限制多少冲破了一些。许多救国团体是半公开的，一部分刊物是在官厅登记出版的，另一部分刊物书籍则没有登记亦可在许多地方公开发行。依照新的情况，党的秘密工作与群众的公开半公开的活动需要给以重新配合。我们大体正确地解决了这个问题，使党的秘密组织和秘密工作与群众的公开半公开的组织和工作，有清楚的划分及适当的联系，使党的组织隐蔽在广大的群众中，因此在这些活动中党的秘密组织的破坏还不大，而且在许多重要的城市及乡村中略有发展。还派了少数干部到香港、广州、上海、汉口、河南等地建立了一些党的组织。以北平、天津为中心的民族解放先锋队，则发展到全国各个城市，以至在巴黎、东京等地都有他们的支部。

要准备抗日战争，没有军队的参加是不可能的。我们为了争取华北的军队抗战，进行了艰苦的工作：（一）通过各种关系同中、上层军官进行接洽与联络；（二）通过群众救国运动向军队进行各种宣传鼓动；（三）用各种形式在军队中进行秘密的宣传组织工作，把许多公开半公开的刊物输送到军队中去。这些工作对于当时在华北的二十九军、五十二军及宋哲元本人的转向抗日，起了极大的推动作用。

在西安事变[48]的时候，我们坚决拥护中央和平解决的方针，并且在党员及左倾人士中进行了深入耐心的解释工作，说服了他们。

在进行上述这些工作之前及工作过程中，我们在党内同左倾机会主义路线进行了坚决的斗争。党内的指导刊物《火线》[160]在这一年多内出版了四五十期，发表了《肃清立三路线的残余——关门主义冒险主义》[161]等文章，从原则上批判了左倾机会主义路线。同时，又在一切具体工作与斗争中来彻底粉碎这种机会主义路线。

一九三六年三月，北平的学生因郭清之死举行的"抬棺游行"（郭清是为爱国被捕死在狱中的学生），是少数先进分子的冒险行动，与学校当局发生了严重的对抗。他们不听学校当局的劝告，不接受学校当局向官厅交涉抚恤及合法的追悼郭清的方式，而是秘密地、突然地推倒学校的墙壁，抬着郭清的棺材到马路上去游行，致被警察打得落花流水。这是足以陷自己于孤立的行动。我们批评了这次行动的错误，并且责令我们的党员进行许多善后工作，向学校当局进行了解释及道歉等，挽救了当时的危险形势。

当时群众中提出了"打倒卖国贼宋哲元，打倒冀察政务委员会"的口号。我们对宋哲元及冀察政务委员会作了一些研究之后，认为他们虽是日本培养起来的代理机关，但在全国救国运动高涨的情势下，还是动摇的，还不甘愿卖国当汉奸，还有转向抗日的可能。因此，我们就指出了这些口号的错误，而改为"拥护宋委员长抗日"的口号。从这些口号改变后，群众的救国活动取得了进一步合法的可能性。有一次游行的群众正遇着了宋哲元的汽车，学生即送一张传单给宋哲元，宋看传单上写着"拥护宋委员长抗日"的口号，即含笑而去。宋哲元并要群众到故宫后门的景山集合，他派了北平市长秦德纯来向群众讲话。在景山集合时，数万群众唱出了同一的救国歌声。

在同党内左倾路线的斗争中，大大提高了党员的政治水平及工作积极性，因此，逐步地巩固了群众运动的来潮，使广大的群众团结在救国会、民先队的周围。北平的国民党教授及其他国民党员为了分裂北平学生运动的目的而成立北平学生会（新学联）时，只有极少数的分子参加。在肃清左倾机会主义路线的斗争中，党内只有个别的分子不赞成，采取两面派的办法来反对。

以上就是我们在一年多的时间内所进行的主要工作。

在进行了这些工作之后，华北的党组织在政治上、组织上及统一战线方面，都获得了很大的进步与成功。党员的政治理论水平提高了，地方党的组织基本上恢复了，平津两市党的组织与工作大大加强了，还建立了山东省委、山西省委、河南工委及华中华南的若干党组织。差不多所有的大学及中学都加入了平津学生会。各方面人士对共产党的疑惧心理大大减少了，都愿意与党来往了，党在军队中的影响和组织也有扩大和发展。党已深入在群众中，与群众建立了密切的联系。这是内战时期党在白区工作中空前未有过的成绩。这一方面是由于当时运动来潮的影响，另方面是由于在华北党内克服了历史上左倾机会主义路线与正确执行党中央路线的结果。

这些成绩，为党与八路军[56]在华北抗战创造了比较顺利的工作条件与发展条件。

在我们的工作中还有什么缺点呢？

这个时期我们工作中最大的缺点，就是在工人群众中的工作非常薄弱。除开在唐山及个别的铁路与工厂中有很小的组织外，在许多企业中没有什么组织，党的新政策在工人中的影响亦很小。当时学生群众的救国运动，一般还没有发展到广大的工人群众中来，还没有较为广大的工人群众起来参加救国运动。这是由于：（一）当时的政府及工厂对工人群众的压迫与限制特别严重；（二）从很久以来，党在工人中的组织就受到无数次的破坏（一九三六年的夏天，还有一次相当大的破坏，企业中的党员及与党接近的工人共有五十多人被捕），使党与工人群众的组织联系几乎断绝，党内做职工运动的干部亦几乎没有保存下来，党必须重新训练干部才能到工人群众中去工作；（三）当时党的领导机关特别是各地方党的领导机关，对工人中的工作注意不够，没有采取一切可能的办法，派遣必要的干部到工人中去刻苦工作。

当时，中央对过去白区工作中的左倾路线，还没有作出明确的结论，这使华北党组织克服左倾路线的斗争遇到了困难，并在党内发生了纠纷。当不少同志提出过去的领导路线是否错误的问题并要求答复的时候，我们的答复却不能不是含糊的。这就给了当时个别留恋左倾路线的负责人以间隙，使他们乘着这个间隙来反对正确的领导。不久以后，中央召集白区党代表会议（一九三七年五月和苏区党代表会议一起召集），我和华北的代表来到延安开会。就在这时候，反对者在党内，在代表中，暗中进行了许多活动，他们和延安的某些同志结合起来，影响白区党代表会议中不了解内情的一部分代表和他们在一起，坚持拥护历史上白区党的左倾机会主义路线，企图否定当时华北党的正确领导路线。因而使得这个白区党代表会议的结果是不好的，我们工作中的困难不独没有减少，反而增加了。虽在不久以后抗战就爆发了，华北的工作条件、工作任务完全改变了，但是这个白区工作会议所遗留下来的恶劣影响，到很久以后还没有最后消除。这也成为当时华北党的工作中一个严重的缺点。

这就是抗战准备时期党在华北工作中的基本情况和经验。

二　抗　战　初　期

芦沟桥事变[54]发生以后，党中央估计到日寇要占领平津。平津危急。于是就提出了"武装保卫平津，保卫华北"、"为保卫国土而流最后一滴血"的口号，号召群众与军队紧急行动。

平津失守后，华北及全国抗战的形势还没有确定。根据过去"一二八"[22]抗战、冀东抗战[162]及一九三五年"华北事变"的经验，国民党可能再来一个什么停战协定，还有妥协的可能。这时我们的方针，是采取一切办法推动全国抗战，反对丧权辱国的和平妥协。

因为平津被日寇占领，我们决定：凡不能在平津立足的党员和抗日分子都撤出平津，党的领导机关撤退到太原，并且应该迅速坚决地撤退；退出平津的人，大部分应到太原分配工作；不能到太原者，即退到冀东或平津城外的乡村，设法拿起枪来打游击。但在撤退过程中,有个别负责同志反对撤退,利用撤退时某些人的慌乱现象,在党内外提出了"反对逃跑"的口号。他们命令党员及群众团体的某些负责人留在平津,因而部分地延迟了这种撤退的行动。虽然没有造成损失,但这些同志的意见与行动无疑是错误的。此时党的责任,不是什么"反对逃跑",而是如何组织撤退。如果在此时党不去组织撤退,那只能是帮助敌人。

日寇占领平津后,即大举向中国内地进攻,收复平津的可能性暂时丧失,全国抗战的形势也已经确定,国共宣布合作[163],共产党已有半公开及公开的合法地位。这时候,我们决定了如下的方针:

第一,党在平津的组织转入长期的秘密工作,应利用一切合法的可能保存与积聚力量,以等待和准备将来反攻时期收复平津。目前的主要任务是援助平津附近乡村中的抗日游击战争,城市工作服从乡村工作,干部人员除必须留在平津者外,应退到乡村组织游击队。

第二,在冀东(这里是在几年前就被日寇占领并划为特别区的地方),应准备迅速发动抗日武装起义配合全国的抗战,并坚持游击战争。

一九三八年春天,我们冀东的同志在上述方针指导下,当八路军宋时轮[164]支队进入冀东行动时,英勇地发动了冀东人民的大起义。这是一次很值得研究的人民抗日大起义。我们的同志在起义前作了很好的工作,那里的国民党组织及伪政权下差不多全部的保安队(七八个旅),县政府的武装,开滦矿山的工人,农民及许多地主资本家,都联合起来参加了起义。这是真正地发动了几十万群众来进行反对日寇汉奸的武装斗争,并在起义后立即组织了联合的领导起义的政权与军事指挥机关。然而这一次起义在不久以后即遭遇到敌人很严重的进攻,受到严重的挫折。只是到后来又用了很多的办法,方把冀东游击战争组织起来。

第三,在华北其他地区(我军的后方),应动员群众、动员一切力量参加抗战,支援前线;同时准备独立自主地进行游击战争。在这些地区,此时主要的群众组织形式,是战地动员委员会[73](有一些地方是救国会)。这种动员委员会是战争动员机关,是团结群众参加与援助抗战的机关,也是游击战争的准备机关、组织机关和领导机关。

第四,在华北即将失守的城市、矿山、铁路、工业区,应动员工人、职员能迁移者,迅速迁移;不能迁移者,准备和组织在失守以后的对敌斗争。号召工人、职员在敌人到来时,组织工人游击队,或到乡村同农民一起打游击。

以上就是我们在太原失守以前的行动路线。

在抗战之初,我们就估计到华北有全部沦陷的危险,国民党的军队会大部退出华北,华北的旧政权及国民党党部也会退走,那时,坚持华北抗战的责任就会全部或主要地落在八路军身上。

在估计了上述的可能情况之后,我们提出了这样的方针:要广泛地准备游击战争,要扩大八路军到拥有数十万人枪的强大的集团军,要建立起很多根据地,我们才能担负起独立坚持华北抗战的重大任务。八路军一到太原,北方局就向八路军的高级干部及地方党的干部明确地提出了这样的任务与方针。十一月十五日北方局的书面决定[165]，再次确定了这一方针。但当时有少数同志表示不同意，他们认为，华北也许不至于全部沦陷，也许用顽强的正规战还可能阻止敌人前进。因此，他们就觉得没有在全华北准备游击战争的必要。说到扩大八路军到数十万人的任务时，他们认为这是做不到的与不可能的，这将给国民党以受不了的刺激，一定要引起统一战线发生大破裂，至于在华北建立我党领导下的根据地及统一战线政权，那更是党的统一战线政策所不能允许的行动。他们的方针是什么呢？是要集中一切力量联合国民党进行正规战，抵住敌人前进。他们认为敌人是抵得住的，抵不住以后的事情不要去想它。游击战争只能在敌人侧后不大的地方去进行一些，辅助华北正面作战，它的意义与前途是不大的。很明白，这些同志的意见是不对的。我们当时否决与批评了这些意见。

到太原危急的时候，整个华北沦陷的趋势已经很明显。太原是当时华北最后一个还没有失守的大城市，太原失守后，在华北进行正规战争的条件一般地就失掉了，不能组织相当固定的战线，只能以游击战争的形式来坚持华北的抗战。这时，我们就在党内确定地指出：华北今后抗战的主要形式，将是大规模的游击战争，华北全党今后的中心任务，是广泛地发展、组织与领导游击战争。我们在党内提出了军事化的口号，要一切干部和党员学习军事，学习游击战争，决心把自己投入到抗日游击战争中去。

这时候中央也指示我们说，我党我军在华北应以游击战争为唯一方向。这样的指示，在当时华北情况下，是完全正确完全需要的。

当时，群情慌急，不知所从。党内也有少数党员表示了这种情绪。我们禁止党员离开华北，并向群众作广泛耐心的解释，说明太原失守后，所有在华北的中国人，只有三条路走：一是继续同敌人打，二是逃走到别处去，三是投降敌人。这三条路中，只有第一条"打"的路好走，"逃"和"降"，都不是出路。而要继续同敌人打，怎样打法？谁个打？是否能打胜？这些都是在一般群众及许多党员的思想中没有解决的问题。于是，我们采取了许多实际办法，在思想上、原则上、组织上解决了关于游击战争的战略战术问题；关于游击队的组织问题；关于游击战争中的政策问题；关于干部问题；关于游击队作战区域问题等。

我们特别告诉群众说：游击战争不能完全依靠正规军队来打，而要由人民自己武装起来，组织游击队来打。

在太原失守的前后，由于党的正确政策，八路军的胜利与良好的纪律，党与八路军在人民中的威信大大提高了。党已一般地取得了公开活动的可能。党与群众运动，华北人民的武装抗日运动，到处都有大发展之可能，到处都有群众寻找和等待共产党与八路军去领导他们，要求党派人去指导他们打游击。这时候，一方面是旧统治阶级的退却逃跑，张皇失措，和汉奸的粉墨登场；另方面是广大群众的愤激和他们的武装抗战的决心，民族革命运动的真正高涨。这时候我们的最大问题，就是干部的缺乏。当时我们为了解决缺乏干部的问题，采取了以下的一些办法：

第一，开办了许多一星期卒业的训练班，把这些人立即分派到各地去进行工作。

第二,把上层领导机关的人员尽可能地分派下去,连技术人员也分派下去工作。

第三,动员了城市中的大批工人,大批党员,大批学生及同情抗日分子,下乡去组织游击队,回到自己家乡去组织游击队。如果他们把游击队组织起来无法指挥时,就交给八路军指挥。

第四,召集一些可能召集的党的工作人员会议,在这些会议上告诉他们工作方法,检查他们的工作,交给他们任务,使我们各地方的工作人员能够迅速成熟起来,能够担负当前的任务。

第五,大量发展党员,并采用由上而下的方式建立各地方的党部,首先建立各县的县委或地委,然后再来发展党员建立支部。

因为我们从思想上、原则上、组织上解决了上述各种问题,所以全党都有一定的信心、一定的计划去进行工作,去应付激烈变化着的环境。所以,我们当时的发展是很快的,许多根据地很快建立起来,晋察冀边区政府在太原失守后不久就成立了。在客观形势的飞跃发展中,我们的工作也飞跃发展了,没有浪费一点时间。

后来,华北几乎全部沦陷,国民党军队大多数退走,并抛弃了很多武器资材。河北、察哈尔[166]两省政府及差不多所有的县长、专员都逃走了,山东韩复榘[167]的省政府和县政府人员及其军队也逃走了,山西的旧派也大多数逃走了,而山西进步的新派就大为活跃起来。华北人民正决心准备自己起来救自己的时候,八路军部队和大批共产党的工作人员深入到华北敌后,到处受到人民的热烈欢迎,密切地和人民结合在一起。我们的党员和八路军、积极的抗日分子,拾起国民党军队所抛弃的武器资材,到处组织了抗日游击队。一时,在广大沦陷区中,我党的、其他党派的与无党派的游击队,共有数百个。而这些游击队大都与八路军有密切的联系,有许多加入了八路军。这样八路军在敌后就得到迅速的扩大,许多新的支队编制起来了。八路军就成为拥有十数万人枪的强大集团军,成为坚持华北抗战的主力军了。

在旧的行政官吏逃走或叛国之后,我们委任了许多新的县长、专员,并在各战略区经过民主方式成立了行政公署或边区[64]政府,建立了新的抗日秩序。不久,许多地区的土匪被肃清,人心逐渐安定,人民自卫军、民众运动都大大发展起来。党的组织亦有十多倍的发展。单以华北范围来说,我们的党已成为领导抗战的最大的政党了。

敌人在占领太原以后的四五个月中,没有继续向山西南部进攻,这给了我们从容布置敌后工作的时间。这时候,我们决定在敌后采取可能的国家政权的斗争形式,建立抗日民主政府与统一的军事指挥机关(军区、军分区),颁布各种地方法令,征集物资、粮食,镇压汉奸等。我们还决定了根据地中党的公开及采用大刀阔斧的工作方式。不论党、政、军、民及其他组织,最初均采取由上而下的方式来建立,首先成立领导机关,然后建立下层组织。在革命高涨时期,领导机关建立以后,很快就能吸收广大的群众来充实下层。因为一切都在飞跃中,时间是很宝贵的,浪费时间就等于犯罪,一切都要迅速爽快地解决。如果没有大刀阔斧的工作方式，局面是打不开的，或不能迅速打开。我们在"拿起枪来，保卫家乡，保卫华北，坚持敌后抗战"的口号下，采取了抗日民主政权与抗日游击战争的斗争形式和抗日民主根据地的组织形式。由抗日人民代表会议直接产生根据地的抗日民主政府，组织抗日游击队、人民自卫军和工人、农民、青年、妇女的救国会，扩大八路军，以及党的公开等。由于我们及时提出了适合当时情况的新的口号去代替旧的口号，采取了新的斗争形式、组织形式去代替旧的斗争形式、组织形式，并且在斗争过程中，以武装斗争为主要形式，把各种斗争形式和组织形式相互结合起来，因此，就能够在各种不同的激烈变化着的环境中，一步一步地发动了最广大的群众走上革命的战场，并在战场上适当地布置开来。

这就是我们在这个时期内关于策略的具体指导。

华北人民的革命运动，华北的党组织，在上述策略指导之下，大踏步地前进了。仅仅几个月，华北大部地区就完成了这样几个大转变：统治华北的腐败的旧政权，在敌人进攻下几乎是完全崩溃了，代之而起的是敌人的傀儡政权——汉奸政权；随即又由于几十万几百万人民的抗日游击运动在共产党八路军领导之下的大发展，在华北广大的乡村中，摧毁了敌人的傀儡政权，代之而起的是共产党领导下的各革命阶级联合的抗日民主政权；仅仅几个月，数十万国民党军队在华北的抗战中失败了，退走了，代之而起的是数量更大的与八路军密切结合的人民的抗日游击队。这些游击队在抗战中所给予敌人的打击，大大超过数十万国民党军队所给予敌人的打击。

这种伟大坚强的游击战争,将在全国和全世界人民面前、也将在敌人面前证明:征服中国是不可能的。很明白,象这样复杂的巨大的转变,没有正确的指导,是不能在这样短促的时间内完成的。

当时在策略的指导上,最复杂、最需要冷静地思索与处理的问题,就是抗日民族统一战线中的阶级斗争问题。许多同志在这个问题上翻了筋斗。我们采用了这样两种斗争形式:第一种,就是在国民党军队和政府完全退走的地方,以及从敌人手中收复的地区,建立当地的抗日民主政府和部队,独立自主地实行三民主义[91],进行抗战,然后请求国民政府批准(但国民政府不批准也就算了)。这主要是在河北采取的形式,我们在上面已经研究过了。第二种,就是在山西采取的,即是与山西新派合作的形式,通过新派及牺盟会[74]建立根据地,建立武装政权,实行三民主义,进行抗战。这种形式,也是值得研究的。因为它也能使我们、使革命前进一大步。

关于山西新派发展的具体经验是什么呢?

我们在山西的抗日根据地,最初是在和新派密切合作的形式下建立起来的。没有山西的新派,以及新派如果不在旧派的进攻下胜利地打击旧派,那末,我们在山西以至华北坚持抗战的困难是要大得多的。山西新派的成功给了我们很大的帮助,也给了旧派投降敌人的企图以很大的打击。

山西的阎锡山[168]在绥远事变[169]后,看到敌人要侵占山西的严重性,决定了“守土抗战”的方针。因为他要抗战,他就需要人民的帮助,就需要采用许多进步的办法与任用许多坚决抗日而有能力的人才。这就形成了他下面的一派势力,即山西的新派。在太原失守后,旧派的许多人逃跑,有的投敌,于是他更重用新派,建立了新派的武装(决死队〔170〕),任命新派作专员、县长等。但到后来,因为新派愈加发展并形成为独立的力量,他又畏惧新派的势力过大,就反过来压制与打击新派,提高旧派,并利用旧派来反对新派。到最后,就指挥旧派向新派武装进攻。在新旧两派的斗争中,新派采取了坚决的方针,击溃了旧派的进攻。新派就更进一步发展与巩固了。

阎锡山是封建性很重的统治者,由于敌人对山西的进攻,他需要"守土抗战",他在抗战中需要实行一些进步的办法,目的是保持他对山西的统治。因此,他的进步是有限的,是暂时的。但是他能抗战与实行进步的办法,是好的,对革命是有利的,我们应援助他抗战。然而,如果新派的势力及群众运动的发展超过他所需要与允许的范围时,他就无所顾忌地来镇压群众和新派,他不需要真正的群众运动,他对抗战也是动摇的不彻底的。因此,我们就决定了这样的方针:(一)与阎锡山合作抗日,并且开展群众运动,同时又要提高警惕,随时戒备他来反对我们与群众;(二)用一切方式援助新派力量的发展,并设法参加新派,使新派实际地统治某些地区;(三)和新派一起,尽可能利用"牺盟会"的形式,独立自主地去开展群众运动;(四)新派在拥护阎锡山的口号下与旧派斗争,直到进行武装斗争,使旧派投敌或在山西造成反动的局面成为不可能。上述方针执行的结果,使新派取得了胜利,也使我们取得了胜利。山西新派的成功,是统一战线中左派的成功。

我们在帮助阎锡山抗战的过程中,使山西的抗战坚持了,使山西的革命前进了,也使我们前进了。因此,这个经验是值得注意的。

总起来说，华北党在这个时期执行的路线是正确的，是灵活地执行了中央路线的。在这样一个重要的、复杂的、紧急的转变关头，我们没有迷失方向，没有堕落为政治上的庸人，而是在克服了许多错误的意见之后，正确、及时地决定了前进的方向，并且动员和组织了数百万群众朝着我党指定的方向前进了。然而，即便如此，在我们的工作中还是有不少缺点的。主要有以下一些：

第一，有些地方，特别是那些有工作基础的地方，党的负责同志因为长期习惯于秘密工作，在形势突然转变、历史飞跃前进的时候，他们的工作方式一下转变不过来，不会运用公开的、大刀阔斧的工作方式解决各种问题。他们仍然照过去一样，一点一滴地去进行工作，一个一个地去发展群众团体的会员和党员，只进行局部的经济斗争和政治斗争，满足于几个党员与几十个会员的增加，满足于局部经济政治斗争的微小成绩。他们不能根据客观形势的发展提出任务，更不能解决在客观上完全成熟的那些任务。因此，他们就不能不远远落在客观形势发展的后面。这种毛病，很久以后才逐渐纠正。

当着客观形势的发展不利于我们前进的时候，就要善于等待，不要冒险前进。这时候不耐心等待，就要犯错误。但当着客观形势的发展，是来潮，是高涨，有利于我们前进的时候，就不要再等待，要大胆前进，这时候再等待，也就要犯错误。我们过去进行了十多年的秘密工作，也可以说是等待了十多年，等待什么？就是等待这样一个运动的来潮与革命的高涨。今天，运动的来潮与革命的高涨都等到了，如果又轻轻把它放过,不利用这种时机迅速前进,那就等于犯罪。

第二,有些地方党的负责同志在统一战线问题上犯了右倾错误。他们在特别有利的时候,不知道以我党为领导来团结一切的抗日势力与抗日阶层,建立抗日民族统一战线的政权,来领导敌后的抗战。他们不懂得国家政权在革命斗争中极其重大的意义,而等闲视之,弃若敝屣。在山东及其他一些地方,当着旧政权人员逃走,汉奸政权又被我们推翻很久以后,还不独立自主地建立新的抗日政权,不知道委任县长、专员,不知道经过民主方式产生当地最高的政府,不去迅速建立新的抗日秩序,让那种无政府状态延长下去。他们似乎觉得我党无权利站在抗战的领导地位,无权利站在统一战线及抗日政权中的领导地位,无权利建立当地抗日政府及委任县长、专员等,而且他们似乎还觉得全体抗日人民也无这种权利,唯一有这种权利的,是大地主大资产阶级。所以他们就等了又等,等到大地主大资产阶级去恢复那里的"一党专政",然后他们再给以拥护。甚至当这些"一党专政"者转眼无情,不独不报答他们拥护的善意,而且要驱逐他们出境的时候,他们还不知道到底是怎么一回事。由于这些同志的错误观点,使山东丧失了建设抗日民主根据地的最好时机,并还将下面已经建立起来的一些抗日民主政权机关也取消了。这些错误,给我们以后在那些地方工作造成了许多困难。这些错误,在华北其他一些地方也或多或少地发生过。

第三,有一些同志犯了过左的错误。在筹措部队的给养时,没有严格遵守统一战线的政策,过分加重地主富人的负担。在收编游击队时,编得过多,没有保留必要的地方武装及非党的外围武装，对编余干部的处理简单粗糙。在群众运动中，有些地方对于流氓分子的破坏性注意得不够，因而造成某些乱捕人、乱杀人、乱筹给养的现象，引起社会上的严重不安。党的发展在一些地方犯了"拉伕"的错误，引进了一些坏人及落后分子。这些错误现象的纠正，在许多地方是很慢的，拖延了相当长的时间。而且有些地方在纠正这些过左错误的过程中，又不适当地打击了群众和下层干部，向他们泼了冷水，因而引起群众情绪的低落和下层干部的消极，反动分子乘机抬头反攻。

第四，当时北方局与八路军的领导在路线上虽然是正确的，但在个别政策、个别工作上还不能免除自己的错误与缺点。最初我们对于地主，对于汉奸，在政策上有些过分的规定，虽在不久以后，我们自己就纠正了，但下面很久还没有完全纠正。其次，一九三八年春天，党内及军队内曾受到"一切经过统一战线"、"一切服从统一战线"[171]这一口号的影响，许多地方不敢放手发展。这个错误，我们不久以后也自己纠正了。再其次，这个时期北方局在晋西停留时间过久，没有迅速到敌后各根据地帮助解决问题，有许多原则问题没有在党的干部中，特别是军队的干部中解释清楚。八路军部队向河北平原及山东深入的时间，也稍为迟了一些。这些缺点，都多少影响到当时的工作。

这就是抗战初期，也就是我们在华北发展时期的工作经验。

抗战初期与发展时期华中工作的经验

一　抗　战　初　期

　　抗战初期,华中党的工作是由长江局指导的。在长江局成立(一九三七年十二月)前,中央派了博古[172]同志在上海、南京、汉口等地指导华中的工作。一九三八年冬,六中全会[173]决定成立中原局,并派我到中原局负责指导长江以北、陇海路以南党的工作。而长江以南及新四军[122]军部的工作,还是由东南局负责指导。皖南事变[174]后,才将东南局中原局合并,成立华中局。因此,抗战初期华中工作的情形,我不清楚。以下的意见,只是我到华中以后,就下层调查所得的一些材料来加以检讨的,所以还不是全面的。这些意见是否完全正确,也是值得商讨的。

　　这里还要说明一下,当时长江局的任务,不只是指导长江流域各省的工作,还代表中央向国民党及其他党派进行统一战线的工作,以及指导南方和大后方各省党的工作。华中的工作,只是长江局指导范围以内一部分的工作任务。我在下面所要说的,也只是华中范围以内的工作,而不涉及其他部分。

　　抗战以前,党在华中的组织基础怎样呢?

　　一般说来,党在华中的基础比华北更弱,除开南方各省及大别山有不大的游击队之外,只在上海、汉口、河南及徐州等地方有党的很小的组织,而这些组织大半是新建立的。但是,由于民族革命的来潮和党的工作,党的影响是很大的,在各大小城市的青年、知识分子和工人群众中,都有党的各式各样的广大的同情者。

在抗战开始以后,武汉失守以前,是华中情况激烈变化着的时期。当时,华中情况的特点是什么呢?

第一,日寇向华中大举进攻,上海、南京、汉口、杭州、九江、徐州、安庆等城市及华中广大地区,均有失陷的可能。

第二,各阶层人民掀起了抗日高潮,国共合作已宣布成立,我党已取得暂时的合法与半合法地位,党在群众中的影响迅速扩大。

第三,南方各省红军游击队改编为新四军,并出动到南京、镇江附近抗战。

第四,在敌人进攻下,前线国民党军队节节后退,部分溃散,遗弃大批武器弹药,敌后地区的旧政府纷纷撤退,秩序混乱,土匪纷起,人民恐慌愤激。

在上述情况下,党的工作方针与任务应该是:一方面,迅速恢复与发展党在各地方的组织,动员群众参加抗战,帮助国民党军队抵抗敌人的进攻,推动国共合作与统一战线进一步的发展和巩固;同时应将自己主要的注意力放在准备与组织广泛的游击战争上,放在敌后的乡村工作上,以便在国民党军队退却之后,在敌后独立自主地团结一切抗日阶层和势力,用游击战争坚持抗战。

当时华中党的领导机关如何决定行动路线,我不知道。据说当时华中党的领导机关只提出了:发展各地方党的组织,动员群众帮助国民党军队抗战,阻止敌人进攻,求得统一战线进一步发展等任务。而对于准备与组织敌人后方和前线的游击战争,敌后乡村中的工作及独立自主地团结一切抗日人民坚持敌后抗战的任务,则根本没有提出来。据说当时曾有同志提出了这样的意见,还受到领导机关的反对,说这些同志太重视游击战争了,说敌人是要用机械化师团才能打出去的。很明白,当时华中党的行动路线,与当时中央在抗战初期的行动路线是不同的,或者是相反的。

华中党在这一伟大抗战高潮时期内,是有成绩的,主要是:第一,在华中许多重要城市及某些乡村恢复和发展了党的组织,并组织了一部分群众参加抗日斗争,帮助了国民党军队的抗战,出版了《新华日报》[175]及其他书报,向各方面进行了统一战线工作等;第二,成立了新四军,并出动到南京镇江附近抗战,不大地发展了新四军,在个别敌后地区组织了党所领导的几个小的游击队,但这些游击队都是用友军的番号。

除开这些成绩外,工作中还有重大缺点,这就是:没有在上海、南京、武汉及其他重要敌占城市的附近组织起党所领导的广大的游击战争,没有在敌后建立根据地,敌后及乡村中的工作特别薄弱或者完全没有工作。新四军的发展还很小,在给养方面很困难,在战略上所处的地位很危险。华中敌后许多自发的抗日游击战争,很久也没有得到我党我军的领导。因此,我党我军在华中抗战中所占的实际地位是很微弱的。这就是当时华中党的工作中最大的缺点。我认为,这些缺点主要是由于以下的错误观点造成的:

第一,是不了解芦沟桥事变以后民族革命高涨的新形势和主要斗争形式的新变动,不懂得根据这种新形势和新变动来决定自己的行动路线与布置自己的工作。没有把主要的注意力、工作的中心放在组织和发展敌后广大乡村中的抗日游击战争上，而放在那些不久就要失守的城市中非武装的群众斗争上。在新形势下仍然以非武装的、部分的群众政治经济斗争为主要斗争形式，就必然使自己的工作在抗日武装斗争中发生不了什么重大作用。没有注意敌后的游击战争，在敌后去建立抗日民主根据地，没有想到自己如何有组织地独立自主地去参加抗战，而仅仅以帮助国民党军队抗战为满足。结果国民党拒绝我们的帮助，并限制和禁止群众的反日运动时，我们自然就一无所有。

在武汉失守以前，华中有发展游击战争的很好的条件。在上海、南京、汉口、徐州及其他地区，国民党军队退却时丢弃了数十万件武器及大量的军用品，而敌后又是空虚的，一时什么人也管不到。如果我们华中的负责同志此时是有决心的，动员上海、南京、汉口等地大批的干部、党员及非党抗日分子到敌后工作，如果将新四军大胆地分散深入到敌后活动，那我们一定能够在敌后组织大批的武装部队，并建立起很多的根据地。然而，当时华中的负责同志没有这样做。他们在上海、南京、武汉相继失守的时候，组织党员与同情分子一起往大后方退，而不是到敌后的乡村拾起枪来独立自主地打日本。所以在上海、南京、武汉及其他大城市失守以后，附近没有我们的游击队，倒有国民党的及土匪的游击队（我们在这些城市附近的游击队是武汉失守以后很久才去组织的）。这样，华中敌后发展游击战争及建立根据地的最好时机，就白白放过了。

第二，我们华中的负责同志在最初一个时期对于抗战形势有不正确的估计。他们估计日本不至于打到武汉来,或者中国军队可以在长江下游阻止敌人前进,中国可以速胜,可以很快就驱逐敌人出境。因而他们认为没有在敌后长期大搞游击战争的必要。因而他们对于抗日战争中正规战与游击战的相互关系有不正确的了解,不了解游击战争在整个抗战中的重要地位,不了解我们在抗战中(至少是抗日初期与中期)只有在基本上采取独立自主的游击战争的方式去参加抗战才是正确的。因此,他们就放弃了在敌后发展游击战争的中心任务。

在举国一致的抗战中,说我们华中的负责同志看不见武装斗争,那是不对的。他们看到了战争,也懂得"战争解决一切、一切服从战争"的道理,但他们对于当时敌我力量的对比有不正确的估计。他们不具体了解敌人是一个现代的帝国主义国家,而中国是一个落后的殖民地半殖民地半封建大国。在这种情况下,要在敌人战略进攻的阶段就阻止敌人向内地深入是不可能的,广大中国领土沦陷是不可避免的,中国军队驱逐敌人出境也决不是短期内可以做到的。但由于敌人是异民族,并且兵力不足与兵力分散,无法完全控制敌后广大的占领区。又由于中国旧的统治者的腐败,在敌人严重进攻下不可避免地要逃亡崩溃。只有在这种估计下,并从这些具体条件出发,才可能确立在敌后长期大搞游击战争的行动方针。但当时在华中的负责同志并不这样估计,并不承认这些具体条件的存在,认为中国军队在抗战开始时就阻止敌人深入内地是可能的。因此,他们就不能确立在敌后大搞游击战争的方针,而集中力量于如何从正面阻止敌人前进,如何保住武汉，如何很快地把敌人打退，收复沦陷区；而不集中力量于准备与布置敌人向内地推进以后的工作、武汉失守以后的工作、沦陷区不能很快收复时的工作，从而就丧失了发展游击战争的最好时机。

其实，在武汉危急时，我们在华中大部地区的中心任务应是独立自主地组织与准备游击战争，其他一切工作（如民运、地方的统一战线工作等），都只能是配合游击战争的。游击战争是这些地区当时工作的唯一方向，其他的方向都只能是空谈。当时我们在华中并没有一个正规军队，一切政治、经济、文化都还在国民党指挥下，武汉及其他地方的群众又没有自己起来直接保卫武汉的实力，而我们要在武汉附近及其他敌后准备与组织抗日游击战争，国民党又是禁止的。在这种情形下，我们除开独立自主地进行游击战争（以及与游击战争相关联的其他一切工作）外，还有什么实际工作可做呢？这时如果我们不搞游击战争，而要搞正规战争，搞保卫武汉的正规战争，那我们除开向国民党建议，督促与帮助国民党而外，是没有其他任何办法的。但国民党不听我们的建议，拒绝我们的督促和帮助。我们的建议、督促和帮助，都只能是空谈，不会有任何的结果。

抗战的主要战争形式是正规战，也只有正规战才能最后战胜敌人与驱逐敌人出境。如果有可能的话，我们也当采取正规战的方式和敌人作战，而且也要用一切方法造成将来能够和敌人进行正规战的一切条件，这些都是无需说明的。但是，从当时我们共产党的具体条件出发，是不能采取正规战去参加抗战的，特别在华中更无这种可能。而游击战争在抗战中占极重要的地位，我们又完全有可能独立自主地去进行，因此只有进行游击战才是正确的方针。然而，当时华中的领导机关对于这种又重要又可能的游击战争不去搞，轻视它，主观地缩小它在抗战中的重要地位，而去强调正规战，把自己的工作方针和全部希望放在正规战上。结果就只有去依赖国民党，将就国民党，幻想在国民党允许之下，成立若干归我们领导的机械化师团去进行正规战，或者幻想国民党能够允许我们参加他们的军事、政治领导（即所谓共同领导）。这就要在统一战线政策上走到右倾机会主义。这也是造成上述缺点的重要原因之一。

第三，华中党的领导机关在当时情况下，对于抗日民族统一战线，在执行中采取了不正确的方针。他们不是在敌人大举进攻下采用一切办法造成一种形势去逼迫（同时也实行必要的有限度的让步）大资产阶级与我党合作抗日，而是采用单纯让步的办法和在行动上严格限制自己的办法，去企图求得大资产阶级诚心善意的合作。因此，他们就不敢超出大资产阶级的意旨和允许之外去行事，不敢采取有组织的独立自主的方式去参加抗战，不敢在可能条件下组织一定独立的战线与战区去抗战，不敢组织自己所领导的抗日部队，不敢用共产党的名义及八路军新四军的番号，不敢收编那些愿意受我们编制与领导的抗日部队，甚至不敢拾起国民党军队所丢弃的枪枝，更不敢独立自主地到敌后去团结一切抗日阶层与抗日势力，建立在自己领导下的抗日民族统一战线，建立民主根据地与抗日民主政权。甚至在国民党采用各种办法来限制我们及向新四军部队实行无理磨擦和进攻时，也不敢采用坚决自卫的斗争方针，而只是一味地让步。因此，就不能不丧失在敌后发展游击战争及建立根据地的大好时机，就不能不助长大资产阶级敢于向我们进攻的嚣张气焰，就不能不脱离广大的中间阶层，而陷自己于严重孤立和危险的境地。

他们不知道，我党与大资产阶级的合作，是带着阶级对抗的合作，是在一种特殊形势下的合作。大资产阶级最初就不是诚心诚意与我们合作，而是要在合作过程中来限制、削弱与瓦解我们。所以，在这种合作中，我们决不能只用让步的办法，必须进行适当的斗争，必须利用与设法造成一种客观形势去逼迫对方，才能使这种合作继续保持与巩固。为此，首先就必须超出大资产阶级的意旨以外去发展进步势力，发展我们自己的力量，争取中间势力，孤立顽固势力；就必须超过大资产阶级允许范围，利用一切时机去敌后独立自主地建立我们的武装与根据地，团结一切抗日势力，坚决进行抗战与实行三民主义。这样，才能造成一种情势，使大资产阶级不敢轻易反对我们，不敢破坏合作，并不得不继续和我们合作。所以，我们在敌后独立自主地发展游击战争，建立根据地，不独不会促使国共合作破裂，相反，还是保证国共继续合作的条件。如果只采取让步的办法去求得大资产阶级的合作，结果不独不会使合作保持、继续与巩固，相反，还会引起大资产阶级对我们的严重进攻，引起国共合作的破裂。这一点，不独有历史上的事实可以证明，就是华中当时与后来的事实也是完全证明了的。然而我们华中的负责同志不懂得这条道理，所以走了错误的道路。

第四，不能不说到华中负责同志的组织纪律问题、党性问题以及思想方法问题。当时党中央对华中工作是有很多正确指示的,华北敌后党所领导的游击战争广大发展的实践经验,他们是知道的。然而他们不执行中央的屡次指示,轻视在华北实践中已经证明了的经验,而强调华中的特殊性,在行动中坚持自己的与中央抵触的错误路线,才在工作中造成这样不美妙的结果。

抗战开始以后,党中央关于政治、军事及组织工作的方针是很明确的,有历次决议、决定与指示,并在徐州失守后特别对华中发展敌后游击战争的方针作了明确的指示,以后对东南局及皖南新四军军部又有许多严峻而明确的指示。但是,这些都被我们华中的负责同志拒绝了,他们坚持着自己的错误方针,这不仅仅是方针上的错误,而且是组织纪律上的严重错误,表现了这些同志党性的不纯。他们强调华中一些个别的特点,说华中没有八路军,华中敌后大部分是湖沼地带、水网地带及平原,华中没有军事干部,华中的国民党与华北不同等,以此为借口,来拒绝中央的指示。很明白,他们夸大了华中的一些局部现象的特点,并根据这些局部现象来决定工作方针,这是思想方法上的错误。

此外,他们对于在敌后发展游击战争的信心不够,害怕到敌后去活动,对敌后情况估计过分严重,也是他们放弃敌后工作的原因之一。

很明白,如果他们的组织观念是强的,遵守纪律的精神是好的,党性是纯洁的,如果他们尊重与细心研究并执行中央的指示,停止执行自己的方针,那末他们也不会在自己的工作中造成这样不好的结果。

以上这些，我认为就是造成这时期内华中敌后工作特别薄弱以及其他缺点的重要原因。

二　发展时期

一九三八年，党的六中全会决定了发展华中的方针，然而在这时，发展华中最好的时机事实上已经过去了，但还没有完全过去，还来得及补救。

我们到达华中以后，继续犯了一个错误，又失去了一些时机。我们当时估计，敌人占领武汉以后，还会继续向内地实行战略进攻，平汉路、陇海路及郑州、洛阳、西安等地会被敌人占领，河南全部会成为敌占区。因此，当时我们一方面布置武汉附近及豫东的游击战争，另一方面集中准备河南的游击战争，而没有将主要注意力放在津浦路、淮南路以东的广大敌后地区。如果我们能早将中心移到津浦路附近，那我们就会多做很多事情。以后我又回延安开会，整整耽搁了一年的时间。在这个时间内，虽然李先念[176]已经初步发展了武汉附近的游击战争，彭雪枫[177]、吴芝圃[178]发展了豫东的游击战争，而津浦路、淮南路以东仍是没大注意开展游击战争，那里的同志仍在东南局原来路线的影响之下。直到一九三九年冬，才改正了这个过分的估计，才确定认识抗战的相持阶段已经到来，才把中心移到津浦路两侧敌后地区去。但这时，时机更晚了一些，条件更困难了些。

武汉失守以前，国民党为形势所逼，不得不和共产党合作，但是它企图溶化共产党，取消共产党。所以它对共产党主要是采取麻痹政策与特务政策。武汉失守后,国民党采取严格限制与打击共产党的政策,颁布了《限制异党活动办法》[179]等。从这时候起,国共之间的磨擦,就在各地逐渐发生。又因日寇停止了对中国的战略进攻,而加紧其政治上的诱降活动,国际上又有远东慕尼黑[180]的新阴谋,以及我党在华北敌后的大发展,引起了国民党一些恐惧。因此,就使得国内形势逆转,投降、倒退、分裂的危险空前严重起来。汪精卫[14]投降,亲日派活跃,全国性的反共高潮开始出现,华北敌后不断发生武装磨擦,华中国民党顽固派亦节节向我进攻,强令我江北部队南调,武装磨擦亦开始发生。此时,我党在华中及皖南薄弱的武装力量,有被亲日派反共派包围、孤立和击溃的危险。在国民党地区,我党和进步的群众组织,则受到压迫与摧残,已经开始了民众运动的退潮。因此,我们在华中的工作条件就更困难了。

这时,华中敌后地区的情况也和武汉失守时有了根本的不同。由于敌人的进攻,国民党最初对敌后的形势估计得过分严重,他们惊慌失措,退却逃跑。那时敌后是空虚的。到了这时候,国民党逐渐了解了敌后的具体情形,又看到我们在华北敌后的大发展,它对于敌后的观念有了改变,觉得敌后还是可以经营的。国民党最初是不愿到敌后去的,而指令我们到敌后去抗战,他们自己站在后方。然而在此时,他们就大胆、积极地向敌后伸展,恢复他们在敌后的统治,并严格限制与排挤我们。这样国民党就在敌后恢复了他们的一些秩序,江北自发的人民武装游击队已全部被国民党收编(但在后来又大部投敌当伪军),而我们在敌后则很孤立。形势对我们是非常危险的。

在上述情况下,我们应该怎样办,我们的方针是什么呢?

我们根据中央指示,揭破日寇的诱降与远东慕尼黑的阴谋,动员并联合一切抗日的党派、阶层和人民,反对汪精卫,反对亲日派、反共派的投降、倒退、分裂活动,为坚持抗日、团结和进步而奋斗。我们的行动方针是:(一)在国民党地区,根据运动的退潮情况,适当防御与退却,党的组织转入秘密状态,隐蔽精干,已经公开及半公开的干部党员,采取某种可能的向国民党抗议的方式撤退。(二)在敌后地区,则准备独立自主地坚持抗战,自己解决自己的困难(不依靠国民党发饷和弹药),准备全国性的及地方性的突然事变,准备实行自卫,克服当前的危险,准备在可能的地区建立一些根据地,并相机挽救前一时期华中工作中的损失。

我们当时在党内、军内传达了党中央在抗战以后的正确路线和我们的行动方针,在党的干部会上报告了目前严重的形势,指出了我们面临着的危险及华中党过去工作中的缺点错误,提出了今后的任务。全体干部的精神为之大振,深刻地检查了过去工作中的缺点与错误,认识到对于反共顽固派的退让政策不是出路,从而高度团结在中央的路线的周围,并为新的任务努力工作。这就在精神上、组织上准备了自己,并准备了群众,为克服当前的困难,为应付可能到来的突然事变而坚决斗争到底。很明白,如果没有这种转变,没有这种准备,没有这种明确的方针与坚决斗争的意志,要克服当时的危险是不可能的,当然更说不上创造华中敌后的新局面了。

我们工作的发展获得了超出我们希望以外的成绩。这一方面是由于我们的正确方针,另一方面也是由于反共顽固派犯了一个严重的错误。反共顽固派在一九三九年发动反共高潮[181],向我华北八路军及抗日民主根据地进攻。在我华北党坚决自卫方针指导下,八路军与广大人民坚决斗争,击败了反共顽固派的进攻,使他们受到了很大的损失,不得不停止进攻。然而顽固派并没有死心。他们以为华中我军力量薄弱,过去又有退让政策,很好欺负,在华中发动第二次反共高潮[182]可以有把握地消灭或驱逐我军,因而就毫无顾忌地向华中我军进攻。可是事态发展的结果与顽固派的愿望相反。反共顽固派多次的武装进攻,使我们不得不下最后的决心,团结一致与之拚命。在坚决的自卫斗争中,我们的指挥员与战斗员都是理直气壮的,广大的人民群众以及大多数地方士绅都是同情我们的,有很多人参加了我们的自卫斗争,包括江苏八十四岁的老耆绅,过去做过两任省长的韩国钧[183]先生,都是始终如一地站在同情我们方面,指责反共顽固派。在反磨擦斗争中我们执行了正确的策略,严格遵守了"人不犯我,我不犯人"的自卫原则和有理、有利、有节的原则,使我军的士兵、广大的人民群众、士绅以至国民党军队的官兵都亲眼看到:我们是自卫的,是有理的,是迫不得已的;而反共顽固派是进攻我们的,是无理的,是企图置我们于死地的。到了条件成熟了的时候,我们即向进攻我之反共顽固派实行坚决的猛烈的反击。在反击之后,我们又进行充分的解释(对自己的士兵、对人民群众、对士绅、对俘虏、对友军、对反共顽固派都进行了解释),释放俘虏官兵,医治对方伤员,并请士绅到对方提出和平条件,说明我们是不愿意自相残杀而放过日寇的。这样我们就争取到了广大的同情者和后备军,而反共顽固派则是孤立的,内部是极不一致的。所以,我们华中的武装力量虽然很小,反共顽固派指挥下的武装虽有二十余万人枪,但在无数次的磨擦斗争中,反共派没有得到重要的胜利,而我们则是一次又一次地击退了反共派的进攻,取得了很大的胜利。这样,我们在华中不独渡过了危险关头,而且打开了在敌后广大地区建立抗日民主根据地的新局面。我们华中的力量,在一年多的反磨擦斗争中没有削弱,而且发展了。反共顽固派在敌后的二十余万武装,则在磨擦中引起了内部的瓦解——叛变投敌、逃跑,加上战斗中的伤亡,所剩无几。大敌当前,他们无理进攻自家人,得到了应得的报应,受到了应有的惩罚。而我们则"因祸得福",感谢反共顽固派的进攻!

我们在华中的武装部队很少,但在一定地区有局部的优势,可能独立自主地在局部地区内实行三民主义——发动群众、武装群众、进行抗战、保卫家乡、改善人民生活等。这样,群众拥护我们,而反共顽固派就嫉妒与痛恨我们,并找借口武装进攻我们。然而群众是明白的,许多群众说:"他们自己不实行三民主义,还要反对人家来实行,真是没有道理!"他们师出无名,其气不壮,在群众中孤立,内部不团结。在这种时候,我们停止了退让,实行了坚决的武装自卫和反击。这就是反共顽固派失败的基本原因,也是我们胜利的基本原因。我们在华中敌后地区的发展与抗日民主根据地的建立,是经过了这样的具体道路:独立自主地实行三民主义与坚决的武装自卫斗争。这是和华北不同的道路。我们不独是在同敌伪的不断战斗中,而且也是在同反共顽固派的不断自卫斗争中,即是说，是在三角斗争中来建立敌后抗日民主根据地的。

在这种非常复杂的形势下，一方面我们没有在大敌当前犯进攻"自家人"的错误，另一方面我们也没有在反共顽固派武装进攻面前，犯毫不抵抗、一味退让的右倾机会主义的错误。就是说，我们不独是在对日武装斗争中，同时也在国内政治斗争中，也在对顽的反磨擦武装斗争中，执行了正确的路线，执行了正确的政治方针、军事方针与组织方针，运用了灵活的策略，彻底纠正了华中党在前一时期的错误路线，我们才渡过了难关，克服了危险，并取得了胜利。如果没有这后一方面，我们的胜利与发展也是不可能的。皖南的负责同志与新四军军部，就犯了这后一方面的错误，他们在反共顽固派阴谋和无理进攻的面前没有警惕性，一味退让，重复大革命时期陈独秀〔114〕式的右倾机会主义错误。他们没有在中央的屡次指示之下改正自己的错误，一直坚持错误到底，最后又在军事行动上犯了错误。结果就在皖南事变中遭到惨重的失败。华北华中以及皖南实践的经验，这样明确地证明了一个真理：抗战以来，应该说是遵义会议以来，党中央的路线和方针是完全正确的。谁个违背了它，谁就不能胜利。

反共顽固派的失败，是他们自己造成的。在每次磨擦之后，我们都向他们提议和平，要求他们停止武装进攻，一切问题用商谈来解决，然而他们完全拒绝。我们在二次黄桥战斗〔184〕之后，答应让出盐城、东台及其他地区的防地，放还俘虏的师、旅、团长三十余人，退还缴获的武器等条件；请韩国钧先生到韩德勤〔185〕那里去谈判，要他们停止对我们继续进攻，然而他们还是拒绝了。弄得韩国钧先生也气愤地对我们说：

"和平无望！你们还是赶快回去准备自卫吧！"很明白，如果顽固派在我们的任何一次和平提议之后，停止进攻，那他们也不会弄到那种地步的。顽固派除开抱怨他们自己以外，还能抱怨谁呢？

由于顽固派不顾大局，在华中进行了一年多激烈的武装磨擦，我们虽然基本上胜利了，但牺牲是重大的。尤其以皖南事变中的损失为最大。同时日伪也乘机利用这种磨擦来加强其对占领区的统治与掠夺，因而使敌后抗战更加困难。又由于许多反共武装的叛变投敌，伪军增加了，伪化区扩大了，敌人的扫荡也加多了。即使如此，华中敌后广大地区还是建立了进步的抗日民主根据地。各阶层广大人民在新的条件下团结起来，建立了敌后的抗日民族统一战线政权及其他一切形式的组织，武装人民，改善人民生活，保障人民的自由及人权、地权、财权等，这就大大提高了华中敌后人民的抗战力量。华中人民和新四军在一起，在共产党领导之下，有力地坚持着华中敌后的抗战，给敌伪以极大的打击。这就是在磨擦中所引起的华中敌后情况的基本变动。这种变动，将长期影响华中敌后形势的发展，并影响全国形势的发展。这是在磨擦中所产生的积极的结果。在反磨擦斗争中，我们不独克服了当时的危机，而且使我们发展华中的任务也基本上完成了。前一时期华中工作中丧失发展时机和敌后工作特别薄弱的缺点，我们也基本上克服了。

三年来，华中工作的主要成绩是什么呢？

由于中央的正确指导，北方局和八路军的援助，华中我党我军全体干部、党员和指战员的英勇奋斗，除开个别地区以

外,我们的工作都获得了很大的成绩。这些成绩,简单地讲,可以指出以下几点:

第一,胜利坚持了华中敌后抗战,严重打击了敌伪。除开皖南与豫皖苏边区外,击溃了亲日派、反共顽固派对我军的进攻,阻止了投降分裂的危险。

在一九四一年,我军各师作战的情形如下:共作战二千三百九十一次;缴获枪枝二万六千一百八十二枝,轻重机关枪六百挺,各种炮四十一门,各种子弹七十八万三千零一十二发,各种炸弹四万二千五百一十八枚;毙伤敌伪官兵三万三千零七十三名,俘虏二万零七百八十二名。我之死伤一万三千九百九十八名(皖南事变除外)。

在一九四〇年以前,我军除第五师外,作战情形如下:共作战二千七百零三次;缴获长短枪一万八千三百九十二枝,轻重机关枪四百二十八挺,各种炮五十七门,各种子弹六十六万一千五百零五发,各种炸弹一万二千九百一十七枚;俘虏及毙伤敌伪官兵共一万七千二百三十九名。我伤亡官兵一万二千七百五十三名。

从以上的数目字,可以看出我军作战取得很大的胜利,严重地打击了敌伪,坚持了敌后抗战。

第二,在华中敌后广大地区建立了根据地,并在这些根据地实行三民主义,实行民主政治,发动与组织广大的人民到抗日战争中去。虽然政府断绝供给我军一切饷弹,但由于这种根据地的建立,仍能保证我军的给养。

根据不完全不精确的统计,可以报告以下的一些近似的数目字:

我军所建立的敌后根据地,面积共约一十八万方里,如加我军经常游击活动的地区,则约有二十五万方里,其中大约有十万方里是比较巩固的地区。在根据地内的人口,根据一九四一年向我交纳各种税款及公粮者计算,约共有一千五百万人,约占敌后人口三分之一以上。在比较巩固地区的人口,则约有八百万到一千万人。

抗日民主政权的建设,虽然还极不完备,错误还多,但是我们注意吸收党外人士参加政权,实行"三三制"〔126〕。我们在各地开了参议会〔186〕及士绅座谈会等,将党的政策向各阶层人民作解释,消除了中上层人士的怀疑恐惧,他们中有一部分积极参加了抗日民主政权的建设。在这里至少可以证明:抗日根据地内,在适当改善人民生活的同时,是可以同中上层人士保持合作的;在与中上层人士保持合作的条件下,仍然是能够适当改善人民生活的。那些认为要切实改善人民生活,就不可避免要与中上层人士弄翻脸的观点,是不对的。

第三,发展了抗日武装部队,在一定基础上武装了人民。我主力军之大部经过几年来的战斗锻炼和整训,一般已结束了游击队的阶段过渡到正规兵团的规模。地方军中的一部分已提高了战斗力,不脱离生产的人民武装中一部分已能担任战斗任务。

第四,发展与建立了党的组织,在一定范围内组织了群众,改善了群众生活,实行了减租减息〔144〕、改善雇工待遇等。

除开这些主要的成绩外,还在各地开展了敌伪工作,积累了一些经验。个别地方联络友军的工作亦有成绩。各地党与部队在训练干部方面亦进行了一些工作,在各种学校及训练班毕业的学生已有数千人。一部分在职干部的理论认识与党性有些提高，在三年的艰苦斗争与工作中，锻炼了我们大批的干部。兵工生产，文教工作，亦已在各地开始进行。

这些都是我们看得见的成绩。一般地说，开辟与发展华中敌后工作的任务基本上是完成了。这种任务的完成，抗日民主势力在华中敌后广大地区内的生长与巩固，不会不影响到中国的抗战形势以及国内政治军事情况的发展。我军在华中敌后已最后地站稳了脚跟，任何势力企图消灭我们，是断乎不可能的了。长期坚持华中敌后斗争以至于最后胜利所必需的一切条件，已经打下了基础。

在这个时期的工作中，我们还有什么缺点和错误呢？

除开我们最初对于敌人的战略进攻有某些过分的估计，及皖南的负责同志犯了错误，因而受到很大损失外，还有以下一些错误与缺点：

第一，有不少同志在反磨擦斗争中犯了左倾错误。有的同志认为，反共高潮一来，磨擦一起，国民党就完全反革命了，国共关系就根本破裂，党的统一战线政策就可抛弃，因而在策略上发生了严重的错误。有的同志在武装反磨擦中超出了有理与有节的原则，只图有利，造成了原则的错误。还有的同志提出了"打倒顽固派"的口号，或把"敌、伪、匪、顽"写在一起，把顽固分子当作汉奸，把中间分子当作顽固分子来对待，甚至还发生个别没收顽固派财产的事情。有的同志向各方面的宣传解释不够，不是用科学的态度对待这一个复杂的武装磨擦问题，而是粗枝大叶地随便地处理这个问题，因而引起许多人的误会与自己内部的怀疑。

最初我们是集中火力反对右倾错误，反对在反共顽固派进攻面前畏怯、退却、投降。但后来，在武装磨擦的过程中，左倾错误逐渐地严重起来。因此，我们又不得不集中火力来反对左倾，纠正这种错误。

第二，最初，华中的党、军队和群众团体在筹措给养方面，在收编游击部队与地方武装方面，在处罚汉奸方面，在社会政策方面，都和华北一样，犯了一些过左的错误，经过了一个混乱时期，引起了社会上某些不安及上层人士的恐惧，个别地方发生地主逃跑等。然而混乱时期一般不长，有的几个月、有的几星期就纠正了。另外有些地方，则由于土匪的蜂起及顽固派武装的捣乱，这种混乱时期比较长些。

第三，由于我们在华中敌后的军队和党的组织，最初是通过江南、华北及中原各方面的关系去建立的，是各方面合拢来的，各有各的建制及领导关系、指挥关系等，在行动上、政策上最初也是各干各的，彼此联系很少，因此，在斗争中就不能彼此协助，不能统一地对付日伪与反共顽固派的进攻，而受到许多不应有的损失。在统一战线及其他政策上，对于某些具体问题和具体人，常常表现各部队之间、上下级之间、军队与党及政府之间的不一致，以及党所公布的政策与各部队各机关的行动之间的不一致，因而就给反对我们的人以很多机会来钻空子，进行挑拨离间，引起我们内部的误会。在华中建立统一的政治领导与军事领导，从组织上、行动上、思想上以至供给上、制度上去统一各部队与各地党组织，是经过了长期的艰苦工作，并在中央的有力帮助之下，才最后获得解决的。

第四,华中我军是处在民族战争与内部的磨擦战争中。这两种战争,须要两套不同的战法,须要两种不同的战略战术原则。对日战争的指挥原则,是在战略统一指挥下独立自主地开展游击战争。反磨擦战争的指挥原则,是在战略、战役以至战术上都要统一指挥,特别是在政策上,更须要统一。而这两种战争的相互关系,是很复杂的问题。由于客观事物的这种复杂性,再加上我们部队组织及战斗作风的不同,所以,许多军官的军事指挥就难免发生错误,常常受到不应有的损失。比如,在几个部队配合作战的反磨擦战争中,有些指挥员用指挥游击战争的原则来指挥部队作战。他们并不严格听从总指挥部的统一指挥,认为可以打时就打,不可以打时就不打,或随便转移方向,擅自指挥部队行动。他们或者把内战时期的战略战术原则机械运用到情况完全不同的华中敌后的反磨擦战争中。还有些同志不尊重上级所给予的战略任务,不肯用一点力去解决战略上关系重大的战斗,而只注意争取战术上的胜利。结果他们虽然在战术上获得胜利,缴了很多枪,俘虏了很多人,战斗次数亦很多,然而局面并没有打开,战略上的任务并没有完成,形势甚至还弄得更坏。另外有些部队在对日作战中不了解在战略上要统一指挥,而各部队在战术以至战役上要独立自主。他们常常在战略上不严格服从指挥,而在战术与战役上又常常请示上级,甚至抱怨上级对他们指挥太少等。还有些部队在对日伪作战中,疏忽了对反共武装的警戒,或在反磨擦战争中,疏忽了对日伪的警戒;或者不能在一定的时候集中主力对付一方面,而两面同时作战;或者在集中主力对付一方面时,又过分估计另一方面的夹击危险,而畏首畏尾，不敢下决心，或中途动摇，不善于利用他们之间的矛盾。

以上这些，就是这个时期华中工作所发生的一些错误与偏向。由于这些错误与偏向的发生，使我们在斗争过程中丧失了一些后备军，在某些阶层的人民中引起了某种程度的隔膜，并给了敌人一些可乘之机，使某些问题不能解决，造成某些僵持的局面，浪费很多时间，使我们以后的工作发生了很多困难。

华中敌后的根据地是在抗战三年以后才开始建立，并且是在反磨擦斗争胜利之后才开始建立的。由于这两个特点，再加其他特点，就使华中敌后根据地建设的条件，比华北更困难些。然而，我们有了华北建设根据地的经验，有中央的许多指示，我们可以少犯许多错误，可以较快地纠正各种错误。因此，也就使我们在中下级干部较少较弱的条件下，能够运用大刀阔斧的工作方式，迅速恢复敌后抗日的秩序，团结各阶层人民在我们的周围，建设与巩固各根据地，坚持华中敌后的抗日战争。

这就是发展时期华中工作的基本经验。

对华中工作的意见 [*]

（一九四三年六月十八日）

（一）华中各根据地工作是经过如下的具体步骤进行的：第一年（一九四〇年）是以军事行动为主，打开华中各根据地局面，附带建立我们的秩序与进行群众工作；第二年（一九四一年）是以恢复各根据地秩序、建立各种组织为主，并初步进行群众工作；第三年（去年）是以进行群众工作为主；第四年（今年）是以改造政权及建立民兵为主，同时教育干部（整风〔187〕）与发展生产。这些工作都是在坚持对敌斗争的大前提之下进行的，也是为了更有效地坚持对敌斗争与达到保存骨干之目的。在第五年（明年），各根据地就应以组织与发展根据地生产为中心工作，以便打下将来坚持根据地的基础。为了这个目的，你们现在应作一切准备。在今年生产中，创造经验，总结经验，使政府和农会工作人员熟习组织群众生产劳动的一切方法，以便在今冬能够定出明年发展生产的实际计划。农会在减租之后，应以组织群众生产及办理合作社为自己的中心工作。农会工作内容要有切实而适当的转变，不可老照过去一样。政府亦应制订比较固定的公粮、税收政策，保证农

---

* 这是从延安发给中共中央华中局、新四军的负责人陈毅等的一份电报。

民在增加生产之后，不再增加负担，增产完全归农民自己所有。参议会及其他政府的一切会议，应以生产为主要内容，其他一切与人民关系很少的会议少开，以便能动员群众的力量到生产上去。各机关、学校、部队在不妨碍战斗与工作的条件下，要实行广泛的生产运动，以便增加自给的百分比，而不加重农民的负担。

（二）在进行上述工作中，你们一方面要应付日寇的扫荡与开展反蚕食斗争，同敌人争地盘；另一方面要在今年明年彻底完成整风与审查干部的任务。因此，你们要好好总结对敌斗争的一切经验，我们亦准备将华北对敌斗争经验告诉你们。关于今年的整风，你们的决定是好的，但必须加紧检查与督促，加强思想上的领导与组织上的领导，才能贯彻。在整风初期与中期注重整顿学风（文风合在学风一起学习）是对的，但在后一阶段即应注重整顿党风，深刻检查每个干部尤其是高级干部的党性，要每个干部尤其是高级干部以季米特洛夫[188]所提的四条干部标准（无限忠心、联系群众、独立工作能力、遵守纪律）[189]来反省自己。整风与审查干部的工作，应与生产及对敌斗争联系起来做。

（三）你们是在复杂的情况、复杂的任务与工作中前进，要善于利用时机，使各种工作联系起来进行，而不失去中心环节，要切实避免工作步骤的凌乱，才能按时完成任务。领导要总其成，工作则应分途进行。比如，生产主要是动员群众及战斗员杂务人员去进行，对敌斗争主要是指挥部队、武装工作队、民兵及敌工部门去进行，但领导机关须总结经验，随时给予指导；而整风与审查干部则主要是由领导机关自己来做。

清算党内的孟什维主义[133]思想[*]

（一九四三年七月）

中国共产党——中国历史上最伟大最进步的政党，从产生到现在，已经是二十二个周年了。这是伟大的二十二年。在世界上，在中国，无数的伟大事变是在这二十二年中经过的。

中国共产党从成立到现在，已经进行了三次伟大的革命，三次伟大的革命战争。第一次大革命[30]与北伐战争[125]及现在还在进行的抗日民族革命战争，是与中国国民党[5]共同进行的，而十年的土地革命战争，则是在我党单独领导之下进行的。这三次革命战争对我党来说是没有间断地连续进行到现在。许多共产党员十多年来一直没有放下过武器。在这一点上就说明：武装斗争是中国革命的主要斗争形式与组织形式。中国共产党的生存和发展是与武装斗争分离不开的。

我们的党，在这二十二年中，在三次连续不断的全国性的革命战争中，经受了各方面的严格考验，它经过了多次的胜利，也经过了多次的挫败。它走着非常迂回曲折的道路，以至于今日。它屹立于伟大中国的国土上，并成为不可战胜的力

---

[*] 本文是为纪念中国共产党诞生二十二周年而写的，原载一九四三年七月六日延安《解放日报》。文中的"孟什维主义"泛指机会主义。

量,成为中国政治生活与历史事变中重要的决定因素之一。正是因为它走过了各种迂回曲折的道路,经受了各方面的严格考验,所以它也就把自己锻炼得特别坚强,它也就具有各方面的特别丰富的革命斗争经验。可以说,它在这二十二年中比世界上任何一国的共产党都经历了更多的重大事变,有更丰富的革命斗争的经验。不论是武装的与非武装的,国内战争的与民族解放战争的,公开的与秘密的,经济的与政治的,党外的与党内的……各种复杂形式的革命斗争,我们的党都经历过了,都有丰富的经验。而特别值得指出的,就是在二十二年长期艰苦复杂的革命斗争中,终于使我们的党、使我国的无产阶级与我国革命的人民找到了自己的领袖毛泽东同志。我们的毛泽东同志,是二十二年来在各种艰苦复杂的革命斗争中久经考验的、精通马列主义战略战术的、对中国工人阶级与中国人民解放事业抱无限忠心的坚强伟大的革命家。

我们的党有各方面的极端丰富的革命斗争的经验,但是一直到现在还没有很好把它总结起来。以马列主义的普遍原理为指导很好地总结我们党在各方面的斗争经验,还是今天我们全党的最重要的任务之一,因为这些经验的马列主义的总结,是团结全党、教育全党、提高全党以至争取中国革命胜利的最重要的一环。只要我们的党员能够真正懂得我们党的历史经验,那他们就会增加无限的信心与勇气,就会把自己的工作大大推向前进,把我们的党大大地推向前进。他们就能够避免许多在历史上已经犯过的错误,使工作过程与革命过程缩短许多。必须用中国革命的经验来教育中国的革命者,用中国党的经验来教育中国的党员,才能收到更直接的实际的效果。如果抛开如此丰富的中国革命斗争的经验,如果轻视我们党二十二年来在伟大历史事变中的斗争经验,不用心研究这些经验,不用心向这些经验学习,而只去学习离开我们较远的外国革命经验,那就是轻重倒置,那就要使我们再走许多弯路,再受许多挫折。

二十二年来我们党的斗争经验是极丰富的,是多方面的。现在我不能一一加以说明。但是在各种经验中最重要的一个经验是什么呢?我认为,在各种经验中最重要的一个经验,就是关于什么是真正的马克思主义者——什么是真正的布尔什维克[16]这个问题。大家知道,只有马克思主义才能救中国。在中国也有许多人以马克思主义者自命。然而何者是真正的马克思主义与真正的马克思主义者?何者又是假的马克思主义与假的马克思主义者?这个问题,是在中国革命群众中,并在中国共产党内多年没有完全解决的一个问题。马克思主义与马克思主义者,是有真假之分的。这种真假之分,并不以各人的主观自命为标准,而是有其客观标准的。如果我们的党员不了解这种区别真假马克思主义者的客观标准,而不自觉地盲从在一些假马克思主义者之后去进行革命,那是再危险也没有了的事。这种经验应该是我们党的各种痛苦经验中最痛苦的一个经验。过去我们党遭遇了许多不应有的挫折和失败,走了许多不必走的弯路,最主要的原因,就是在我们党内存在这些假马克思主义者,许多党员不自觉地盲从在这些假马克思主义者之后,以至使这些人占据了某些组织某种运动的指导地位,甚至在某些时候占据了全党的指导地位,因而把革命运动引上痛苦的困难的道路。这是我们全体党员必须引为深戒的一个痛苦经验。

中国共产党艰苦奋斗、英勇牺牲的精神,以及宣传组织工作的能力,并不弱于任何一国的共产党。我们对于各种工作,历来就是做得很好的,可以几十万几百万地组织群众,可以进行二万五千里长征,也可以在敌后那样艰苦与没有任何援助的条件下建立根据地,坚持抗战六七年。中国共产党员的革命精神与艰苦的工作精神,是很可钦佩的。然而我们在过去很长的时期内,关于科学的马列主义的思想上的准备是很不够的。在过去历史上我们最吃亏的地方,就是在革命运动的指导上还不免发生错误,因而就使运动遭到部分的有时甚至是严重的不应有的损失。这一个历史教训,我们必须记取,并且必须在今后认真解决这个问题。可以说,只要我们能够保证对于革命运动的指导在各方面不发生严重的原则错误,那就等于保证了中国革命的胜利。因为我们有很好的革命精神与艰苦工作精神,中国革命的客观条件一般又是很好的,只要加上正确的马列主义的指导,那革命就一定要逐步地走向胜利。

然而,要怎样才能保证我们党在各方面对于革命运动的指导不发生严重的原则错误呢? 这就须要我们的党员首先是我们的干部能够辨别马克思主义的真假,就须要在革命的队伍中,在党内,粉碎各种假马克思主义的思想体系及其派别,就须要很好总结我党二十二年来丰富的历史经验,就须要很好地进行学习,提高我们的嗅觉,就须要把毛泽东同志的指导贯彻到一切工作环节和部门中去。

从有马克思主义以来,在马克思主义运动中就有真假两派马克思主义者。整个马克思主义运动的历史,就是充满着这两派斗争的历史,在中国的马克思主义运动中也同样充满着这两派马克思主义者的斗争。这是我们一切党员必须认识明白的。

还在二十多年前,斯大林就很确切地描写过这两派马克思主义者。现把他的全文引在下面:

"现有两派马克思主义者,两派都是在马克思主义底旗帜下面做工作,都是把自己当作'真正的'马克思主义派。可是,这两派人究竟还是大不相同的。而且,在两派中间,还横着一条鸿沟,因为,两派人底工作方法,是完全相反的。

"第一派人,照例只是在表面上承认马克思主义,照例只是在口头上得意地宣扬马克思主义,他们不会或者不愿意认识马克思主义的实质,不会或者不愿意实行马克思主义,他们总是把马克思主义的活泼的革命的原理变成毫无意思的死板的公式。他们不拿经验,不拿实际工作的计算来做工作的根据,却拿那些从马克思主义著作中摘录下来的语句来做工作的根据。他们不在分析实际生活中去求得指示和方针,却在相同的事情和历史上相象的事情里面去求得指示和方针,言行不符——这就是这一派人的基本弊病。因此,他们总是灰心失望,始终都是不满意于那个常常欺骗他们的'厄运'。这一派人的名字,便是孟什维主义(在俄国),就是机会主义(在欧洲)。梯什科(约西里斯)同志在伦敦代表大会上给了这派人一个很中肯的估计,他说:这派人不是站在,而是躺在马克思主义的观点上。

"第二派人却正是相反,第二派人把问题的重心,由表面上承认马克思主义而移到实行马克思主义，移到将马克思主义化为实际。规定适合于环境的方法和手段来实现马克思主义，因环境发生变更而变更这些方法和手段，就是这一派人所最注意的事情。这一派人不是在历史上相同的事情和相象的事情里面去求得指示和方针，而是由研究周围的情形中去求得指示和方针。在工作时，他们不是拿引证和成语来做根据，而是拿实际经验来做根据，拿经验来审查自己的每一步的工作，在自己的错误中来学习和教导别人去建设新生活。所以，在这一派人的工作中，言行总是一致的。马克思的学说，完全保证着自己的、活泼的、革命的力量。马克思说过，我们不应当仅限于说明世界，而且应当更进一步去改造世界。马克思主义者是应该遵守这几句话的。马克思的这几句话，完全和这一派人相符合，这一派人的名字，就是布尔什维主义，共产主义。

"这一派人的组织者和领袖，便是列宁。"[190]

斯大林在这里说得很清楚，这两派人虽然都是在马克思主义旗帜下做工作，都把自己当作"真正的"马克思主义者，但是他们两派人的工作方法，也就是他们的思想方法，是完全相反的。

一派人是假的马克思主义者，是孟什维主义者、机会主义者，他们照例只在表面上承认马克思主义，口头上宣扬马克思主义，而不认识马克思主义的实质，不会实行马克思主义，把马克思主义变成公式教条。他们在工作的时候，不拿经验与对实际工作的计算来做根据，而拿书本来做根据。他们在决定指示和方针的时候，不是从分析具体实际生活中去求得，而是从书本上、从历史上相象的事情或相同的事情里面去求得。他们言行不符，口讲马克思主义，而实际上做的就完全是非马克思主义。客观事实的发展常常是愚弄他们的，他们总是灰心失望，死气沉沉。

另一派人，就是真正的马克思主义者，是列宁主义者、布尔什维主义者。他们是实行马克思主义的，将马克思主义用于实际。他们特别注意规定适合环境的实行马克思主义的方法和手段以及这些方法和手段的变更。他们在决定指示和方针的时候，不是在历史上相同的事情和相象的事情里面去求得，而是由调查研究周围的情况中去求得。在工作时，他们不拿书本上的引证和成语来做根据，而拿实践的经验来做根据，并拿实践经验来审查自己每一步工作，在自己的错误中学习和教育别人来推动工作前进。这派人言行一致，口讲马克思主义，做的也是马克思主义。他们不仅说明世界，而最着重的是去改造世界。他们经常保持马克思主义的活泼的、革命的力量。

这两种马克思主义者，在中国共产主义运动中，在中国共产党内，历来也就是存在的。前一种假马克思主义者，在中国，就是陈独秀[114]、彭述之[191]和中国的托洛茨基主义，就是李立三路线[18]，就是内战时期的左倾机会主义[154]，就是教条主义。这些机会主义，实质上就是中国的孟什维主义。后一种真马克思主义者，在中国，就是毛泽东同志以及团结在毛泽东同志周围的其他许多同志，他们历年来所坚持、所奋斗的路线，他们的工作方法，实质上就是中国的布尔什维主义。

我们的同志和干部必须明白，必须提高警惕性，在我们党的历史上是存在着一条孟什维主义的路线及其思想体系的。从陈独秀、彭述之、李立三以及后来的各种机会主义与教条主义，他们在各个时期中的各种表现形式虽有所不同，在组织上他们也不见得有什么联系，然而他们的实质，他们的工作方法与思想方法，是基本上相同的。他们在思想上、政治上是有其一贯性的，他们给予党的损害，给予中国革命的损害，是十分严重的。

中国的孟什维主义，除托陈取消派有其欧洲托派的衣钵真传[192]外，其他形态的孟什维主义，是并没有欧洲社会民主党[128]及俄国孟什维克衣钵真传的，而是从中国社会的小资产阶级中，在中国的特殊条件之下，自己生长出来的。所以这些人与欧洲社会民主党及俄国孟什维克比较起来，在形式上有许多特点。这就是中国的孟什维主义在形式上是以"反孟什维主义"出现的，是以"列宁主义"、"布尔什维克"、"国际路线"等等形式和词句出现的。他们在这些美丽的形式和革命的词句掩盖下，来进行实际的反列宁主义的反布尔什维主义的斗争，来宣传与实行实质上的孟什维主义。再由于我们许多党员和干部的理论水平低下，嗅觉不灵，不能在实质上辨别其为孟什维主义，就常常为他们那些美丽的形式与革命的词句所蒙蔽。他们就能够一时地取得许多党员和干部的赞成，而攫取到全党的或某些部分的领导地位。他们还特别发展中国半封建社会中小资产阶级的宗派主义、个人主义，并与中国社会中的流氓手段相结合，如是他们在党内的为害就特别严重，就特别表现其肤浅庸俗，表现其两极性与两面性。这就是中国孟什维主义的主要特点。

中国党没有欧洲社会民主党的传统，但存在着中国的孟什维主义体系和传统。

对于这种假马克思列宁主义者、假布尔什维克，是不能仅仅从他们的词句，从他们表现的形式去识别的。他们可以在言语上表现得比什么人都有更多马列主义，在形式上也可以表现得比什么人都更革命，然而他们最怕实践的考验，最怕用批评的精神去检查他们的工作。因此，必须从他们的实践中，从他们的工作中，从他们认识问题处理问题的方法中，从他们工作结果的检查中，去识别这种人，去暴露这种人的真相。他们是口头的马列主义者，而不是实际行动的马列主义者，他们的实际行动照例是不受马列主义原理的严格指导的。他们在做工作的时候，总是拿书本子做根据，拿马克思、恩格斯、列宁、斯大林的个别语句，拿什么决议上的条文来做根据，即是拿一般的概念、一般的理论来做根据，而不拿实践中的经验和对于实际工作的计算来做根据。他们在解决问题、决定方针的时候，总不是从实际出发，不是从调查研究周围的实际情况出发，而是从书本上的公式出发，从历史上的类比出发，或者从苏联、从西欧各国、从其他什么相象的事情出发。他们在实践中是唯心论者。因此，在实际工作中是常常要犯错误的，是不能最后把工作做好的。他们在实践中的结果，是必然要与他们最初的愿望、最初在口头上的宣言相违反的。如果注意到他们的工作方法，用批评的精神去检查他们的工作及其结果时，就会暴露他们的本质。毛泽东同志在整顿三风报告[193]中，对于这种人是有过严格批评的。

然而，这种人的危险性，就在于他们那大堆的马列主义的词句、布尔什维克的外衣及其先天的两面性。他们可以吓唬及蒙骗许多工农同志及幼稚的青年同志,甚至就是很老练、很有工作经验、但理论上的识别能力还很差的同志,也常常被他们所欺骗所俘虏,因而他们就可以把党的事业弄到很危险的地步。

党的过去的历史,是充满着布尔什维克路线与孟什维克路线斗争的历史。在我们党的历史上,是存在着这样两条路线和两种传统的:一个是布尔什维克的路线和传统,另一个是孟什维克的路线和传统。前一个是以毛泽东同志为代表,后一个是以党内各派机会主义者为代表。这两条路线、两个传统,是经过了长期的激烈的斗争,内容是极端丰富的。在这种斗争中,党内的错误路线,孟什维克的路线,虽然也曾经在几个短的时期内占了上风,得到过暂时的胜利,但大多数的情形总还是把错误路线克服下去。我们的党虽然常常克服工作中的错误路线,但是对思想上的孟什维主义的体系,总是没有彻底加以克服,没有彻底加以清算,没有给它以致命的粉碎性的打击。因此,这种思想,这种传统,总还是在党内残存着,到了某个时期某种条件之下,它又发展猖獗起来,危害我们的党。

现在应该是时候了,应该从思想上、政治上、工作上彻底清算党内的孟什维主义的残余,应该很好总结党的历史经验,特别是两条路线斗争的经验,并用这些经验来教育我们的干部和党员。只有这样,才能惩前毖后、治病救人,才能维护我们党的队伍的统一和纪律,才能保证我们党经常的正确的领导,才能在今后领导中国革命到达胜利。否则,我们就不能在艰苦复杂伟大的时代中,很好地实现我们先进政党的历史使命。

　　党内的孟什维主义，是小资产阶级的思想意识在党内的反映，是它的一种高级表现形态，是成了某种体系的。要清除党内的孟什维主义的思想及其体系，就要在党内用无产阶级的思想意识去清除党内小资产阶级的思想意识，就要使我们的党员能够在一切形态上区别无产阶级与小资产阶级的思想意识。这种工作，我们已经做了，有些地方还正在做，这就是毛泽东同志去年以来所号召的整顿三风的运动[187]。这种整风运动，是党在二十二年的历史中空前未有的自我教育与自我批评运动。它使我们的党在布尔什维克化的道路上空前地推进了。我们应该在整风的基础上，进而总结我们二十二年来丰富的历史经验，在思想体系上彻底清算党内的孟什维主义残余，把我们党的布尔什维克化提到更高的阶段。这就是我们在党的建设上今天的中心任务。

　　中国共产党的历史，是马列主义在中国发展的历史，也是中国的马列主义者和各派机会主义者斗争的历史。这种历史，在客观上是以毛泽东同志为中心构成的。党内各派机会主义的历史，决不能成为党的历史。党内孟什维主义的体系及其传统，决不能成为党在思想上的体系及其传统。党的历史，是与这种体系、传统作斗争并将其克服的历史。为了肃清这种传统的残余，给这种传统以暴露是完全必要的。我们没有必要替它掩蔽，替它否认，否则，对于党是有害无益的。

　　一切干部，一切党员，应该用心研究二十二年来中国党的历史经验，应该用心研究与学习毛泽东同志关于中国革命的及其他方面的学说，应该用毛泽东同志的思想来武装自己，并以毛泽东同志的思想体系去清算党内的孟什维主义思想。

但是，我们的党员和干部应该更加提高警惕的是，敌人派遣了一些特务分子混进到我们党内来，这些人也是以马列主义伪装起来在党内出现的。他们与前一种假马列主义者是有区别的，他们是反革命分子。对于这种混入党内的反革命分子，我们必须把他们清查出来。这就要在党内分清革命与反革命的界限。而在党内肃清孟什维主义的残余，则是在党内分清无产阶级与小资产阶级的思想界限。这两种界限都应该分清楚，但分清的方法和手段应该不同。前一种是用审查干部和党员的方法来分清楚，而后一种则是用整风与总结经验的方法来分清楚。

用马列主义来清算党内小资产阶级的思想意识及其体系，清查内奸，这是我们目前巩固党提高党的两大工作。这两大工作的胜利完成，我们就在思想上组织上准备了自己，我们就能以完全巩固、完全准备好了的姿态，迎接伟大光明的时期的到来。

掌握科学的马列主义的武器，肃清内部的机会主义的残余，我们就是不可战胜的。

在陕甘宁边区工厂职工
代表会议[194]上的讲话

（一九四四年五月二十日）

我们陕甘宁边区最近几年搞起来一件新的东西，这就是工业。我们今天的工业规模虽然还很小，但这几年的发展是惊人的。一九三五年时，这里只有几十个工人的一个修理厂，而现在则已经有一万多工人了。这次会议以后，相信会有更快更大的发展。我们新民主主义的政府，是保障工业的发展的，老百姓也需要发展工业，以便于达到工业品的完全自给。现在世界上凡是强大的国家，都是工业国。苏联经过第一、第二个五年计划，大大发展了工业，就把苏联从农业国家变成工业国家，因此他们就能进行如此伟大的消灭德国法西斯的战争。我们中国之所以弱，也就是因为我们还只有很少的工业，我们还不是一个工业国。要中国强盛起来，也必须使中国变成工业国。我们将来的责任，就是要把中国由农业国变成工业国。那时候我们就要建造很多的工厂、铁路和轮船，搞很多的机器，需要很多的厂长、工程师、技师、工人和很多的劳动英雄。所以工业这个新的东西，有它极远大的前途。使中国变成工业国是我们奋斗的远大目标。

我们有很多同志不了解这一点，因此要他做经济工作、做工厂工作就不高兴，他们说干这一行没有前途。依我看，无论做什么工作，都没有象做经济工作、工厂工作这样有前途。比如有很多同志，特别是长征过来的，他们总喜欢带兵打仗，他们可以当团长、当旅长。当然，在今天仍进行战争的时候，我们每个同志都应该学习打仗，应该奖励与拥护那些战争中的英雄。但是，不久的将来，战争打完了之后，那些团长、旅长又干什么呢？那时有很多同志就要放下枪杆来搞你们这一行——搞工业、搞经济或者搞文化。那时你们就是"老资格"，就是先生，他们就要向你们学习，你们就要当领导人。

将来有没有这样一个时候，象战争一样，工业也可以不要了呢？我看就是在长远的将来，工业不仅不能被取消，而且必然要大大发展的。现在边区的一百五十万人当中，大多数是农民，工人只有一万多，可是这一万多人却最有前途。几千年以来的农民，发展到今天还是农民，几乎没有大的变化。以后怎样呢？以后农民一天天就会减少的，因为以后开荒、耕种、收割大都用机器，工业技术要普遍运用到农业中去，那时农民就会变成驾驶农业机器的工人了。今天边区农民的作用与农民的力量很大，可是就发展前途来说，今天这样的农民，在将来是要起变化的，只有无产阶级和工业是最有前途的。

但是要达到那样远的前途，一定要从今天的实际情况出发，一步步地向前发展。所以我们要好好地学习、研究，把办工厂当做一门学问，用严肃的态度对待它。例如，怎样组织劳动力，怎样管理工厂，怎样改良技术，怎样规定工资等等，都要用心去研究。我们要熟悉这门知识，要使学习在工厂中成为一种风气。厂长、工程师要学，工人、职员也要学，学徒更要学,大家互相学习,这是促进我们事业发展的一种动力。须知我们现在还有好多事情没有搞,很多事情搞得不好,或是搞错了,这在开始当然是免不了的。但是我们必须从这些搞不好或搞错了的经验中去学到本事,使我们以后能够搞得好,能够少错一点,我们才可以前进。

在学习中,无论什么人,一定要放下"包袱",去掉骄傲,才能够学好。不要以为我是从城市里来的,我已经学好了,看不起这里山沟中的东西。对眼前的事情不好好学,不加以研究,你就不能把眼前的事情搞好。至于从农村中出来的同志,那更要好好学习,否则,不独现在的事情办不好,将来更无法应付。抗战要胜利,这是没有疑问的。可是在抗战胜利之后,甚至在胜利的过程中,我们可以想象得到,情况是会发生变化的。现在我们是在山沟里、在窑洞中搞,将来我们就会到城市中去。那时不仅有大工厂要办,而且有铁路、有火车、有轮船,要我们去管理。如果我们现在还不把这比较简单的本事学习好,那末将来遇到那样复杂的大的场面又怎么办呢?今天我们开这个代表会,固然是为了推进边区工业的发展,同时也是为了提高我们。只要我们认真学习,我们就可以把边区的工业搞好,不久的将来,也就可以搞更大的工业。

我们既然认识工业的前途是最远大的,我们从事这个工作的同志,就应该有决心把这件事情当做自己的终身事业,一定要把它搞好。一年不行,三年五年、十年八年,是一定能搞好的。我们必须把这样的事业精神和我们固有的革命精神结合,那一切的事情都是能够办好的。

大家知道,我们的工厂是公家办的,不是资本家办的。资本家是为了追逐私人的利润而办工厂，我们办工厂不是为了哪一个人发财，而是为了大家好，为了国家好，在今天是为了打败日本。在新民主主义社会中发展工业，我们同时采用私营与公营这两个办法。我们应该帮助私人多办一些工厂，因为生产出来的东西多了，对于我们的经济是有好处的。但有些事情私人不办或办不了的，便只好公家来办，即国家办。我们的国家是属于广大人民群众的，工农兵在这个国家中占主要的成分，公营工业也就是劳动者自己的。在我们的公营工厂中没有资本家，因而工人与工厂就没有不可调和的冲突。所以，在我们工厂管理方法上，就不是采取资本家的那一套办法。我们管理工厂的方针应该是：用一切方法与工人合作，依靠工人的积极性；工人也应该以一切方法和工厂合作。要办好工厂就要依靠大家，依靠大家都发挥出高度的积极性。

邓发[195]同志讲过，工厂管理人应该有群众观点，这很对。但工人同志也应该有群众观点。你织的布，做的衣服和鞋子，都是给八路军[56]穿、给人民穿的，你做的东西，都是给八路军和人民用的（资本家开工厂所制造的物品就不管哪个穿、哪个用，只知道赚钱，这叫做发财观点或利润观点）。如果你织的布不好，一穿就破了，鞋子做得不结实，给八路军穿，一个冲锋就烂了，那就是没有群众观点。因为我们产品的消费者是工农兵大众，开工厂就是为了替大家做事，就应该对大家尽责，不可因追求数量而忽视质量。工厂管理者在可能条件之下，应该把工人的文化生活、物质生活都搞好，使他们安心工作。大家都应该有群众观点，大家负责。有困难，大家讨论、大家研究来求得解决。领导是要集中的，每个人办事的职责应该分明。谁的工作没有做好，谁就应该负责，就应受到适当的指责。这样，我们的工厂便一定可以办得好。

总之，我们不仅能组织政治斗争、军事斗争，而且要会组织经济、组织工厂、组织劳动力、组织市场等。这是一门高深的学问。我们从今天开始，一定要把它学会，使我们中国在不久的将来也变成一个经济繁荣的工业国家。

对中央妇委[196]同志的讲话 *

（一九四五年四月）

对于妇女工作，我是外行，过去工作情形也不大清楚，所以无话可谈。但从一般群众运动（其中包括妇女运动）的做法来看，过去是否有不妥之处，因此影响工作成效呢？从这方面我可以说几个问题。

第一，从实际情况出发，从群众中来，到群众中去。任何指导方针，都要实事求是。从分析具体情况出发，才能求出正确的方针和指示，以此方针去指导群众斗争，再从群众斗争中去考验这些方针和指示的正确性。在这里要根据群众斗争的经验，同时也要参照历史上的、各国的经验。

做妇女工作，首先要明确认识工作的对象。过去有些关于妇女运动的文章和指示，没有明确认识这一点，只是一般地说二万万妇女。但是二万万妇女中，有城市妇女、农村妇女，农村妇女中，又有各阶层及各种不同年龄的人，因此必须具体明确认识工作的对象。只有认清了工作对象，才能进一步了解她们的要求和需要，才能替她们解决困难，为她们服务。

---

* 本文原题为《总结妇女工作的几个基本认识》，一九四九年由全国民主妇女联合会筹备委员会编入《中国解放区妇女运动重要文献》。收入本书时略有删节。

　　整个来说，目前根据地的问题，是一个农村问题。根据地里的军事、政治、经济、文化都是处在农村环境里，农村的经济是个体的、分散的，农村是文化落后的、不卫生的。我们在农村中工作，就要分析农村的具体环境。很可惜，我们在农村里搞了十几年妇女工作，还有不少的人完全不了解农村妇女。我们吃了农民的饭，穿了农民的衣，住在农村里，但是我们的观点，还是城市的、小资产阶级的；我们的工作，不是从农村的实事中去"求是"，而是从外国妇女运动历史类比中去"求是"；我们不去倾听农村妇女的要求和呼声，不从今天可能办到的事情出发，而从固定的公式、口号出发。这就是主观主义、教条主义。据我们看，在妇女工作中，过去经验不多，经验主义比较少，但还是有的。例如只凭大革命〔30〕时期的经验、"一二九"运动〔153〕的经验、救国会的经验等，拿这些局部的经验，而且还是教条式地去解决今天的问题，而不是从了解对象出发。由于这样，所以始终没有解决好为谁服务、怎样服务的问题。

　　对于农村妇女运动，我们现在还不很懂得。过去深入农村，到群众中去"求是"的工作做得很少，我们一些"有学问"的"妇女运动专家"，始终没有求得农村妇女关于纺织、文化、卫生等的"学问"。教条主义把什么聪明才智都闭塞了。其实农村妇女运动不是神秘的，只要你接近农村妇女，就能了解她们的思想、观点、呼声和需要。如何去了解呢？可以做农村调查，找农民和农妇谈话。只要我们真正为他们服务，他们是愿意"知无不言，言无不尽"的。自然，要做到这一点，需要经过相当艰苦的工作，但这是完全可以做到的。小陶〔197〕刚到杨家湾去工作的时候，帮助老百姓修纺车，有一个老百姓拒她于门外。当她真正替许多老百姓修好纺车以后，老百姓便把纺车送给她修，逐渐地就把什么话都讲了。这是一个很好的例证。我们要真正从一个村一个乡开始，了解清楚，着手工作。如果真正了解七八个村，解决了七八个村的问题，那么农村妇女运动究竟如何搞法，可以得到一些基本的答案。再把这种经验普遍推行，就可能形成一个运动，使整个运动提高一步。这就是突破一点、影响全局的做法。这种工作非常实际，在开始时，要埋头苦干，要切实解决问题，不能浮夸，不能出风头。但在突破一点、推动全局后，你又能在全局上来指导这个运动，使群众得到一定的利益，群众就会把你当做她们的好朋友和领袖的。不实干，要出风头，跌下来，还是要从头做起的。

过去的工作，有些不实际，没有能突破一点，没有能解决问题。有些工作是赶时髦的，例如过去从延安拍发给各地的妇女工作调查提纲，是党八股式的，不能解决问题的。

总之，在过去工作中，不认真地去了解对象，不懂得从实际出发，不知道突破一点、影响全局的做法，这是一个缺点。

自然，在突破一点以后，即在少数地方取得具体经验以后，就必须善于使这种经验普遍化，使之推动全局，形成运动，解决问题，不能老是去"突破一点"。

第二，抗日根据地、国民党[5]区、敌占区的群众运动方针问题。这三种地区情况不同，方针也不同，这是大家口头上一致承认的，但到实际工作中就模糊了。在敌占区，我们的工作方针是破坏（在国民党区，我们同国民党是合作抗日，但对它的一党专政与反人民政策是要破坏的）；在陕甘宁边区和敌后根据地，我们的工作方针则是建设。破坏和建设这两种方针有根本的区别,不容混淆。

在我们根据地,也有一部分要破坏的东西,例如减租减息[144]以破坏一部分封建残余势力。当你们妇委派工作团去绥德的时候,封建势力还维持着,对这些东西就要有一定程度的破坏。就是在延安,也有要破坏的东西,例如主观主义、官僚主义等等,但总的方针是建设,破坏也是为了建设。例如,减租减息是为了提高生产,反迷信宣传是为了建设新文化等等。有些文化工作者,认为延安还是"杂文时代",这些人忘掉了他们是在什么地方,以为只要做破坏工作,而没有明确的建设方针。在敌占区和国民党区,也有一些建设,例如建设革命党、建设革命群众团体等,但是一切这些建设是为了破坏敌人,破坏一党专政。

方针问题,现在是解决了,但思想上是否已明确认识呢?以后是否能保证不再犯错误呢?那就不一定。我们延安和解放区,也有缺点,但这是次要的,是胜利中的缺点,可以克服的。我们这里,一切事业都是人民的事业,小米、草鞋……虽然不好,但这些是人民的。敌人那里也许有些好东西,但是可惜不是人民的。我们暴露国民党统治区的民不聊生、民怨沸腾、民变蜂起以及敌占区的一切黑暗,大家听到那里的人民起来斗争很高兴,这是革命感情。你到底爱什么?爱人民,还是爱反革命?有些同志过去在工作中没有完全搞清楚这一点,所以方针上有错误。

第三,是群众观点、群众路线。过去工作中,有些同志群众观点不够。我们是一切为了人民,是人民的勤务员,从政治、军事、经济、文化各方面为人民服务。妇女工作者为妇女群众服务，但一下子就要替二万万人解决问题是不可能的，所以要从几个村子、几个妇女着手。老老实实为群众服务的思想应该建立起来。大喊大叫，装模作样，口号喊得高，样子装得象，但没有为人民做一点实事，这是要不得的。我们还是老老实实为人民服务吧！人民的眼睛是亮的，只要你做好事，就会拥护你。人民养活了我们，要我们为他们办事，但我们有些同志不老老实实替群众解决问题，想这样，想那样，还闹别扭。现在各根据地，党、政、民脱离生产的干部有几十万，做了许多的工作——建立政权、减租减息、发展生产等，但还要在思想上真正认识自己是为人民服务的，老老实实为人民做事。

群众观点中还有一个问题，就是群众路线。劳苦人民是自己解放自己，《国际歌》上早已指出，不是依靠英雄、豪杰、皇帝、神仙来解放人民，完全依靠人民自己救自己。但我们有些同志不理解这一点，总站在群众之上去"解放"群众，这是恩赐观点，剥削阶级观点。历史是群众创造的，不是英雄创造的。因此，妇女解放也要妇女自己起来。减租减息运动中，发生明减暗不减的现象，就是因为群众自己没有起来。

我们党内存在严重的命令主义，这是一种官僚主义，是违反群众路线的。表面看来，雷厉风行地执行党的口号与决定，但不是从群众中来到群众中去，不等候群众觉悟，不知道怎样把党的口号变为群众的口号。他们犯急性病，强迫命令群众去执行。因此，一切变成形式。办合作社，就摊派股金，代农民做好每户计划，但是农民则把它倒贴在门上；变工也强迫，开会也变成老百姓的重大负担。因此人民中有所谓"日伪那里罪多，国民党那里税多，共产党那里会多"的严正批评。命令主义就是没有群众路线。

我们对群众要强调其自动自觉，任何群众运动，没有群众的自觉是搞不起来的。我们做群众工作，不要以群众解放者的资格与群众见面，首先要向群众学习。在学习过程中，因为你们觉悟比较高，有理论，可以把群众的经验提高一步，转而教育群众，指导群众，提高群众的觉悟程度。群众能否解放，决定于群众自身的觉悟程度。敌人之所以能够压迫群众，除了敌人自己的力量以外，也由于群众自身的落后和没有组织。如果群众觉悟提高，就会自己起来争取解放。在群众现有经验的基础上，在实际斗争中，逐步地教育群众，一天一天地提高群众，使群众自然而然地革命化，这就是我们的基本方法。我们的革命作风，我们的全部工作和一切步骤，都要能够使群众自然而然地革命化，而不是强迫命令群众革命化。群众如果不发动起来，我们任何革命事业都是干不出来的。一切都要依靠群众的自觉与自动。

第四，必须有坚持到底、百折不回、克服困难的革命工作精神。真正发动群众自觉是不容易的，要克服很多阻力，要长期忍耐地工作，要采取许多适当的步骤。如果今天搞一下，明天又不搞，事情就办不起来。这就不是群众革命性的问题，而是我们自己的革命性不够的问题。

要有革命精神，必须去掉"爱面子"、"逞英雄"、"出风头"、"怕批评"等坏东西。自己有坏东西，还有什么面子呢？要保持面子，就必然会使自己趋于保守。有些同志，自己没有知识，为了维持"指导者"的面子，硬要拿出一套东西到群众中去，结果祸国殃民。所以改造思想也是两方面的，一方面破坏，一方面建设，破坏也是为了建设。坚持实事求是，必须有高度的革命精神、革命勇气才能做到。

　　如果我们真能根据上述四点精神办事，又去掉"爱面子"、"逞英雄"等坏东西，那末事情一定可以办好。群众随时欢迎实事求是的人去指导他们。小陶的精神和方法是值得大家学习的，她在杨家湾工作几个月，解决了许多基本问题，小陶好的地方在于没有一套主观主义的东西，而有为群众服务的精神、实事求是的精神，因此把工作做好了。我们的上层领导机关就要善于学习这样的经验，善于总结与推广这些好的经验，并培养与群众有联系的干部。要善于做伯乐[198]，认出许多群众中的"千里马"来，并继续加以培养。

论　　党[*]

（一九四五年五月十四日）

一　引　言

同志们：

　　毛泽东同志在党的第七次全国代表大会的报告〔199〕中，对于目前国际、国内形势，作了一个深刻的英明的分析，对于八年来中国民族的抗日战争以及我们党在抗战中所坚持奋斗的路线，作了一个全面的总结，对于如何动员与统一中国人民的一切力量，最后战胜日本侵略者，以及在战胜日本侵略者以后，如何建设一个独立、自由、民主、统一和富强的新中国，制订了全国人民和一切民主党派共同奋斗的伟大的纲领。

　　毛泽东同志的报告，是中国人民战斗的胜利的号召，是建设新民主主义共和国的大宪章。

　　我们的党和中国人民一起，在过去二十四年的英勇奋斗中，特别在最近八年的英勇抗战中，经过了无数的艰难困苦和

-----

　　*　一九四五年四月二十三日至六月十一日，中国共产党第七次全国代表大会在延安举行，刘少奇在会上作关于修改党章的报告。这个报告，一九五〇年一月经作者改名为《论党》，由人民出版社出版。全书共九部分，收入本书的是其中一、二、五部分。

迂回曲折的道路,在毛泽东同志领导下,终于获得了伟大的成就,为中国民族与中国人民打出了无限的光明。我们的党以及我们党所领导的中国解放区和八路军[56]、新四军[122]及其他人民军队,现在已经成为全国抗日救国的重心。

我们党之所以获得伟大的成就,在于我们的党从最初建立时起,就是一个完全新式的无产阶级政党,是全心全意为中国人民服务而在最坚固的中国化的马克思列宁主义理论的基础上建立起来的党。它以马克思列宁主义理论与中国革命实践之统一的思想——毛泽东思想作为自己一切工作的指针,规定了彻底代表中国民族和人民利益的革命纲领与革命政策,不但和中国民族与人民的敌人及一切违反中国民族与人民利益的反动政治派别作了不调和的斗争,并且粉碎了党内各种各色的机会主义。我们党正是在这种伟大的毛泽东思想指导之下,集合了中国工人阶级与劳动人民中最忠实、最勇敢、最觉悟与最守纪律的代表,从而使它成为中国工人阶级的先进的有组织的部队,使它在和民族与人民的敌人斗争时十分坚决、十分勇敢,并且知道如何去打击敌人与如何避免敌人的打击。

我们党之所以获得伟大的成就,又在于坚持地实行了为人民服务的基本原则,使我们党成为建立在人民群众中和人民群众保持密切的联系,而且有严格纪律的党。它有严格的建立在民主基础上的集中制,有自觉的铁的纪律,有严肃的批评与自我批评,在党内不容许有小组织和派别活动,慎重地接收党员,每个党员都要直接参加党的组织和党的工作等等。所有这些组织原则,都是为着领导人民达到彻底解放的目的。

这些组织原则，从第一次代表大会制订党章起，就体现在我们的党章内，经过二十四年的伟大的实践斗争，证明我们党的这些组织原则，是完全正确的。由于我们的党是按照这些原则组织起来的党，就保证着党的政治任务的执行，在斗争中的行动一致，以及各种艰难困苦的克服，并领导人民获得伟大的胜利。

广大的革命的中国人民，是热烈欢迎与信赖我们这样性质的党，因为它不只是有彻底代表中国人民利益的革命的纲领和政策，而且有严密的组织和铁的纪律，在严重的艰苦的战斗中，经得起锻炼，并表示了自己坚强的组织力量。灾难深重的、具有四万万七千五百万人口的中国民族，在强大、狡猾而野蛮的敌人面前，它的解放斗争，是十分严重的。只有我们这样性质的党，才能也才敢于率领全国人民战胜这样的敌人，获得解放。因此，我们今天来修改党章，并不是要改变我们党的这种性质和修改我们党的基本组织原则，相反，而是要根据我们党的新的经验，根据毛泽东同志在三个大革命时期中所更加丰富起来的建党学说，进一步地发展与加强我们党的这种性质和这些原则。很明显，为了准备迎接即将到来的伟大事变，为了最后战胜日本侵略者及其走狗，为了建设独立、自由、民主、统一与富强的新民主主义共和国，为了极大地增强我们党的战斗能力及与全国广大人民群众的联系，那末，进一步地发展与加强我们党的这种性质与这些原则，乃是完全必要的。

然而，党章，党的法规，不仅是要规定党的基本原则，而且要根据这些原则规定党的组织之实际行动的方法，规定党的组织形式与党的内部生活的规则。党的组织形式与工作方法，是依据党所处的内外环境和党的政治任务来决定的，必须具有一定限度的灵活性。如果环境变更，工作条件改变，党提出了新的政治任务，那末，党的组织形式与工作方法，也必须有所改变；否则，旧的组织形式与工作方法，就要障碍我们党的工作内容的发展与政治任务的执行。我们党之所以是创造性的马克思主义的政党，就是我们不仅在思想上、政治上从来不受任何死的公式束缚，而且从来不把党的组织形式以至任何组织形式，看成是不可改变的死的公式，我们能够根据中国革命斗争发展的具体条件和新的政治任务以及我们在组织上积累起来的新的经验，来经常改进我们的组织形式与工作方法。因此，在我们党的一定基本组织原则下，依据新的环境和条件以及我们党内的新的情况来修改党章，也是完全必要的。

党坚持基本的组织原则之不可破坏性，但应规定适合于环境的组织形式与工作方法，以促进党的工作的发展，保证党的政治任务的执行与行动的统一。

我们向党的第七次全国代表大会提议对我们的党章作许多重要的修改和补充。为什么要作这许多重要的修改和补充呢？这是由于以下的原因：

第一，我们的党章，从一九二八年第六次全国代表大会[156]修改以后，到现在已有十七年了，党内党外的情况，与十七年前比较，都有了极大的变动，党在今天又有了需要动员全党去执行的完全新的政治任务。

第二，我们党在最近十七年指导中国革命斗争中所积累起来的经验，是极端丰富与极端重要的，必须总结这些经验，来充实我们的党章和加强我们党的建设。

第三,党的第六次全国代表大会通过的党章,由于情况的特殊,许多部分不能适用,这就造成许多党员对于党章重视不够、实行不力的习惯,因此,第七次全国代表大会必须制订完全适合于今天现实情况的党章。

完全明白,现在我们党的情况,同它在历史上任何时期比较,都有了极大的特点。我们党现在已经是这样一个党:

第一,我们的党,已经是一个全国范围的、广大群众性的党,是一个全国人民集中仰望的党。它已有一百二十一万党员,它的组织与党员遍布全国各地,它已被全国人民认为是他们唯一的救星。

第二,我们的党,已经是一个在长期革命战争中锻炼过来,并已完全熟练了领导革命战争艺术的党。在它领导之下所组织起来的八路军、新四军及其他人民军队,已成为目前抗日战争中的主力军,中国民族与中国人民,依靠这支人民军队长期抵抗着日本侵略者,并将依靠它使战后的中国,成为民主的统一的新中国。

第三,我们的党,已经是一个领导着敌后九千五百万人民建立了强大革命根据地的党。在这里,实行了各种民主改革,并进行了各种新民主主义的政治、军事、经济、文化建设,因而使这里的生产提高,民生改善,社会安定,人民文化与觉悟提高,因而动员与团结了这里的全体人民,有力地抗击了日寇,并鼓舞着全国人民的革命斗争。这里是新中国的模型,是全国人民争取革命胜利的保障。

第四,我们的党,已经是一个克服各种错误思想,经过整风,使全党在思想上、政治上、组织上空前团结和统一的党。我们党在历史上的机会主义路线,业已被彻底清算,党内的非无产阶级思想,业已在整风运动[187]中被大量克服,而以毛泽东同志为代表的无产阶级马克思列宁主义的思想与路线,则在全党获得了从来未有的巩固的胜利。暗藏在党内的民族破坏分子和奸细,也业已有许多被清出。因此,我们全党在思想上、政治上、组织上业已空前地团结起来和巩固起来。这在中国全部解放事业中所起的作用,将是不可衡量的。

最后,第五,这是很重要的,就是我们的党,已经是一个有了自己伟大领袖的党。这个领袖,就是我们党和现代中国革命的组织者与领导者——毛泽东同志。我们的毛泽东同志,是我国英勇无产阶级的杰出代表,是我们伟大民族的优秀传统的杰出代表。他是天才的创造的马克思主义者,他将人类这一最高思想——马克思主义的普遍真理与中国革命的具体实践相结合,而把我国民族的思想水平提到了从来未有的合理的高度,并为灾难深重的中国民族与中国人民指出了达到彻底解放的唯一正确的道路——毛泽东道路。我们党和我国人民循着这条道路,在一九二七年前,发动了空前伟大的革命运动,毛泽东同志是这个革命的组织者之一;在苏维埃[6]土地革命时,创造了伟大的红色区域和红军,毛泽东同志是红色区域和红军的最杰出的创造者与领导者;在抗日战争中,创造了伟大的解放区和人民的军队——八路军与新四军,毛泽东同志又是解放区和八路军、新四军的创造者与领导者。毛泽东同志,是我们党的领袖,但他又是我们党的一个普通党员,他是在党的支配之下,并以最谨慎的态度来遵守党的一切纪律的。

他是人民群众的领袖,但他的一切都根据人民群众的意志,他在人民面前是最忠实的勤务员和最恭谨的小学生。由于毛泽东同志是这样从人民群众的革命斗争中产生出来的人物,并在伟大的中国革命斗争中经过了三十余年的历史考验,他已为我们全党和全国广大人民所熟悉,他之成为我们党和中国民族与中国人民的领袖,正是我们全党和全国广大人民所审慎选择的结果。我们党不只是有了自己的伟大的领袖,而且有了大批久经锻炼的、以毛泽东思想武装起来并围绕在毛泽东同志周围的中坚干部,他们在长期斗争中被证明是中国民族最优秀的人物,是我们民族的精华,是中国人民革命建国各方面的最上乘的干才。我们党和我们民族有了这样的伟大的领袖,又有了大批这样的干部,我们是不可战胜的,并将战胜民族的和人民的一切敌人。

同志们! 我们的党,已经是一个全国范围的,广大群众性的,在思想上、政治上、组织上巩固的,有了自己领袖的马克思列宁主义的党。它在今天,就已经成为中国政治生活中的决定因素了。

这就是我们党的目前情况的主要特点。

这就是我们党业已得到的伟大的成功。这是全中国人民的伟大胜利。这是马克思列宁主义在中国人民中的伟大胜利。这是我们党的领袖毛泽东同志的思想和领导的胜利。

然而,在我们党内并不是完全没有缺点和弱点了,也不是在我们前面就没有困难了,我们还有缺点和弱点,我们已做的事业,距离我们所要达到的目标还很远,我们前面还有许多困难需要克服。我们党的绝大部分还是处在农村中,我们的党员，绝大部分是农民和小资产阶级出身，他们虽已经过严重革命斗争的锻炼，但他们的理论和文化水平一般还不高。党内的主观主义作风，在一些同志中还没有完全克服，并且在一些同志中还存在着命令主义、官僚主义与军阀主义等脱离群众的倾向，以及妨害全党团结和统一的盲目山头主义倾向。我们党的这些缺点和弱点，还需要我们作更重大的努力和更艰苦的教育工作，才能克服。

我们党和中国民族、中国人民经过了长期的英勇斗争，特别经过了最近八年的英勇抗战，现在是接近胜利了。我们今天的任务，就是要争取与准备胜利，就是要动员与团结全中国人民一切力量配合同盟国最后地驱逐日本侵略者，收复沦陷了的城市和乡村，并克服中国一切反民主势力，建立独立、自由、民主、统一与富强的新中国。为了这个目的，就要百倍地加强我们党在一切人民群众中的工作，提高我们党在一切人民群众中的组织作用与领导作用，在思想上、政治上、组织上准备自己，并准备人民，去迎接历史上空前伟大的斗争和空前伟大的胜利。这就是我们党的当前的政治上和组织上的任务。

目前我们党的这些情况和我们党的这些任务，就是今天我们重新修改党章的出发点。

二　关于党章的总纲

我们现在制订了党的总纲，加在党章前面。这就是我们党的基本纲领。这也是党章的组成部分，是党章的前提和总则。因此,凡是党员,都必须承认这个总纲,并以这个总纲作为自己一切活动的准则。我们党有了这个总纲,将更加促进全党的团结与统一。

这个总纲,是概括我们党二十四年斗争的经验,并吸收了世界工人运动中最好的经验,也即是概括我党领袖毛泽东同志的思想而制订的。它用简要的文字,说明了我们党的性质与理论;说明了中国革命的性质、动力、任务和特点,以及我们党在中国革命中的基本方针和我们党所必需具备的条件;还说到了在我们党内不能容许机会主义存在;说到了党内的自我批评,党的群众路线和党的组织原则等。所有这些,在党章的总纲内都已提到。我只在以下几个问题上作一些解释。

第一，关于我们党的性质问题

在党章的总纲上首先就指出:我们党是中国工人阶级的先进的有组织的部队,是它的阶级组织的最高形式。它代表中国民族与中国人民的利益。它在现阶段为实现中国的新民主主义制度而奋斗。它的最终目的是在中国实现共产主义制度。我们党的这种性质是不是还有疑问呢? 我以为没有疑问了。

还在我们党成立以前,中国民族与中国人民在其优秀人物的领导之下,就进行了八十年的、前仆后继的、反帝反封建的、英勇的革命斗争,直到一九二一年,由于当时的国际条件(主要是第一次世界大战与俄国伟大的十月社会主义革命)与国内条件(愈来愈凶的帝国主义侵略、封建军阀的压迫、人民的革命斗争与五四运动后工人运动的兴起），使中国的革命者以毛泽东同志为代表第一批从急进的革命民主主义转到无产阶级的共产主义，因而产生了中国共产党。我们党从它产生时起，就有明确的阶级自觉，就以无产阶级的立场去领导中国的资产阶级民主革命，就以马克思列宁主义的普遍真理与中国工人运动和中国革命的具体实践相结合，就具有无产阶级先进政党的各种优良作风，因而就使中国革命的面目为之一新。到现在，它已经过了二十四年艰苦、曲折而极端复杂的伟大革命斗争的实际锻炼，它不只是创造了中国革命的新的胜利局面，而且积蓄了极端丰富的经验，经过毛泽东同志的集中与创造，使马克思列宁主义的普遍真理与中国革命具体实践的结合得到了高度发展。这就是说，我们党从来就是而现在尤其是一个无产阶级的、马克思列宁主义的完全新式的政党。

虽然现在我们党的主要部分是处在农村中，党员的绝大多数，是出身于农民和小资产阶级知识分子，工人成份很少，但是将出身于无产者和贫农半无产者的党员合起来算，就占了大多数。我们党今天的这种情形，以及其他的情形，自然在我们党内引起了一系列的重要问题，这就是在党内反映了大量的小生产者的思想意识，甚至资产阶级与封建阶级的思想，也时常经过党内的小资产阶级分子传达到党内来，这就是党内主观主义、宗派主义、党八股及政治上组织上的机会主义的社会来源。然而，这种情形还不能改变我们党的无产阶级政党的性质。

我们党的无产阶级的性质，是由以下一些条件来决定的：

（一）我们党是在伟大的世界无产阶级革命的时代，接受了世界马克思列宁主义运动中最优良的传统，从一九二七年中国革命及革命以前伟大的工人运动的基础上产生与发展起来的，并与中国工人运动有不断的联系；（二）党是一贯地遵循毛泽东同志创造的中国马克思列宁主义的思想及其所制订的政治路线与组织路线而发展起来的（凡是违反这个路线的都受到了历史的惩罚），以毛泽东同志为首的党中央的马克思列宁主义的领导及其无限威信，和大批久经锻炼的、以马克思列宁主义、毛泽东思想武装起来的、其中并有许多是直接从工人运动中产生的干部，足以担当党中央和毛泽东同志所指导的事业；（三）我们党的无产阶级的纲领与政策，区别于任何其他政党，并以这种纲领和政策独立地组织和领导了中国反帝反封建的人民大众的新民主主义革命，最大限度地实现了中国无产阶级在目前资产阶级民主革命中的任务，实现了无产阶级对人民大众的革命的领导权，并以社会主义与共产主义为自己的最终目的；（四）党的无产阶级的铁的纪律，每个党员都必须遵守，不得逾越，每个党员都必须遵守党纲党章，并成为党的一个组织内的工作者，党在思想上、政治上、组织上的无产阶级的统一，是一直保持着与加强着的，党清除了自己队伍中的异己分子及不可救药、不可改造的机会主义分子出党；（五）二十余年的国内战争与民族战争对于我们党的锻炼，几十万党员长期脱离了他们原来的社会职业，转入革命的军事集体生活与生死斗争中，使他们在思想上、组织上受到了严格的教育与锻炼，这样，就提高了他们的阶级觉悟与集体的意志，加强了他们的组织性与纪律性，使他们懂得在敌人面前形成全党利害的一致,而要求全体党员无条件地服从党的集中领导,并使动摇分子在严重的革命斗争中从党内不断地自然淘汰出去;(六)经过马克思列宁主义的教育,使党内小资产阶级出身的分子实行思想上的彻底改造,改变其原来小资产阶级的本质,使他们具有无产阶级先进战士的性格。经过这样产生、又经过这样锻炼与教育出来的党,与任何资本主义国度内的无产阶级政党比较,至少是毫无愧色的。

仅仅是党员的社会出身,还不能决定一切,决定的东西,是我们党的政治斗争与政治生活,是我们党的思想教育、思想领导与政治领导,而我们党的总纲及党的组织原则,则保障了无产阶级的思想和路线在党内占居统治地位。小资产阶级思想,不论它是怎样大量地反映在党内,但它在党内是不合法的,并在党的教育和整风中被不断纠正,在严重的实践斗争中被不断证明它是不适合人民利益的,因而使它不断破产。我们党员的社会出身不能决定我们党的性质,亦如欧洲某些国家工党中党员的社会成份不能决定工党的性质一样,在那些工党内的党员,虽然大多数是工人出身,然而它们并不是代表工人阶级的政党,它们不能执行工人阶级在这些国家的任务。

在中国有大批的小资产阶级革命分子加入到我们党内来,这也是很好的现象,我们党不应该拒绝他们。我们党应该十分注意吸收工人中的先进分子入党,但还必须大量吸收一切劳动人民中的先进分子入党,才能使我们党成为一个广大群众性的、强有力的党。无产阶级要从小资产阶级中不断补充自己的队伍,乃是一个必然的历史法则。

　　小资产阶级和农民都是过渡的阶级，在资本主义制度下，它们是要分化的，除开极少数的分子走向资产阶级外，一般地要走向破产，加入到无产阶级的队伍中来。当它们还是作为过渡阶级而存在时，它们在政治上可以跟自由资产阶级走，也可以跟无产阶级走，它们在思想上可以接受资产阶级的影响，也可以接受无产阶级的影响。因此，在一定的历史条件下，小资产阶级中的革命分子可以大量地加入到无产阶级的政党中来，接受无产阶级的教育，而无产阶级的政党——我们党是能够教育和改造小资产阶级革命分子的。经验证明：在他们接受我们党的条件加入我党以后，极大多数都能认真学习，接受党内马克思列宁主义、毛泽东思想的教育，接受党的纪律，参加群众的实际革命斗争，因而改变了他们原来的性格，使他们成为马克思列宁主义者——无产阶级的战士，其中并有许多人为了我们党的事业，中国的共产主义事业，牺牲了他们的性命。然而，也还有极少数的人，在他们入党以后，不能认真地正确地学习马克思列宁主义、毛泽东思想，不改变他们原来的观点与作风，有时甚至顽强地对抗无产阶级的观点与作风，企图按照他们小资产阶级的面貌和兴趣来改造我们党和建立我们党内的生活，这就不独不能使他们成为真正的马克思列宁主义者——无产阶级的战士，而且要在党内引起各种错误与分歧。这也是被党的历史经验所多次证明了的。

　　因此，一切加入我们党的人，必须认真学习马克思列宁主义、毛泽东思想，特别是小资产阶级革命分子，在入党以前和以后，更须学习，并进行思想上的改造。他们必须抛弃原来的阶级立场，站在无产阶级的立场上，克服自己的主观主义、个人主义、宗派主义等倾向。没有这种改造，就不能成为很好的党员。而这种改造，又常是一种长期的艰苦工作，对于许多小资产阶级革命分子来说，当其还不完全自觉时，并且是一种痛苦的过程。这就是我们党的建设上特别重大的问题和重大的特点。

在我们党内，最本质的矛盾，就是无产阶级思想与非无产阶级思想的矛盾，其中最主要的是无产阶级思想与农民、小资产阶级思想的矛盾。只有这个矛盾的逐渐解决，只有在党内加强马克思列宁主义——无产阶级科学思想的教育与锻炼，不断克服小资产阶级以及其他各阶级反映在党内的思想，我们党的建设和党的事业，才能进步，才能发展。相反，如果党内的小资产阶级思想自由泛滥起来，甚至侵夺党的领导，压抑无产阶级思想的发展，我们党的建设和党的事业，就要后退，就要缩小。因此，我们党的建设中最主要的问题，首先就是思想建设问题，就是以马克思列宁主义——无产阶级的科学思想去教育与改造我们的党员、特别是小资产阶级革命分子的问题，就是和党内各种非无产阶级的思想进行斗争并加以克服的问题。

由于中国社会上小资产阶级的广大，和我们党内从小资产阶级出身的党员之众多，由于中国的无产阶级和我们党以前还是处在幼稚的缺少经验的时期，此外，还由于我们党在创立以前没有足够的马克思列宁主义思想上的准备，在创立以后又立即全部投入轰轰烈烈的实际革命斗争中，没有很多时间来进行理论宣传工作，因而使我们党在很长时期内，马克思列宁主义的思想建设不够。这种情形，就给了党内没有经过改造的小资产阶级分子以可能：利用许多党员思想上的盲目性及党内小资产阶级的情绪，在马克思列宁主义的外衣下，来宣传实质上的机会主义。这就是党内小资产阶级思想在党的领导机关中获取了某些时期的暂时优势的原因。

当着小资产阶级的思想在党的领导机关中占居优势时，他们不只是在政治上实行右的或左的机会主义路线，而且也在党的建设和党的组织上实行右的或左的机会主义路线。

党的建设和党的组织上的右倾机会主义路线，就是党内某些同志的自由主义路线。这些同志企图使我们党变成小资产阶级自由主义的党，反对与废弃党在思想上、组织上的严肃性，破坏党内的民主集中制与党内铁的纪律，集体地无分别地接收党员，听任各种错误思想在党内发展而不加以纠正，对党的敌人及暗害分子丧失警戒，提倡党内的风头主义，拥护党内的散漫性和小团体倾向及自发性等。很明白，这将影响我们党不能完成任何事业，并将瓦解我们的党。

党的建设和党的组织上的左倾机会主义路线，表现在某些同志无视中国的特点，机械地搬运外国党的建设的经验，并把它当作教条而加以绝对化；片面地强调党内的集中制与党内斗争，强调一切不妥协，强调机械的纪律，而废弃党内民主、党内和睦与对于问题的认真讨论和批评以及党员的自觉性自动性等。他们在党内实行命令主义，遇事武断，实行家长式的统治，实行"愚民政策"，提倡党员的盲目服从，实行无情打击的党内斗争与惩办主义，大批处罚、开除与清洗党员，造成党内机械的纪律与封建的秩序，使党内生活死气沉沉。他们这样，虽然也可能造成党内某种一时的统一现象，但这种统一，是虚伪的、表面形式的、机械的统一，一旦这种虚伪形式被揭破，就要产生党内极端民主的无政府状态。很明白，这种路线要毁灭我们党，要使我们党变成狭隘的无生气的宗派主义的小团体。

这两种偏向，就是小资产阶级的自由主义、宗派主义与急性病在组织问题上的反映。

除开上述两种偏向外，还有一些同志因为他们在思想上、政治上的软弱与盲目性，他们不知道着重从思想上、政治上建党，而只是单纯地着重从组织上建党，因而使党的建设流于形式主义。他们喜爱与奖励那些只知盲目服从的所谓"老实人"，而惧怕与责备那些有思想、有能力但不盲目服从的人。他们只是琐碎地从生活上去注意人家的小节，而不注意一件极端重要的工作，这就是必须从思想上、政治上去启发与提高党员群众的觉悟，从而巩固党的组织和纪律。更不了解为了达此目的，首先必须启发与提高高级干部与中级干部的觉悟。他们只是注意党内的工农成份，而惧怕有能力的知识分子。他们忙于所谓组织上的"领导"，忙于开会，忙于奔跑，忙于各种琐事，但是不用思想，不能将组织上的领导提到思想领导与政治领导的水平上来，而是党的组织工作脱离党的思想领导与政治领导。这就是在党的建设工作中的盲目性。很明白，照这种做法，也同样不能建设一个马克思列宁主义的无产阶级的党，并可能被党内机会主义者所利用。

我们党对于上述各种错误路线，不断地进行了不调和的斗争并加以克服，而一致地拥护与实行了毛泽东同志的建党路线。毛泽东同志的正确的建党路线和上述各种错误路线相反,他首先着重在思想上、政治上进行建设,同时也在组织上进行建设。他经常指示我们:要把思想教育和思想领导放在党的领导的第一位。他为我们党制订了详尽的政治路线、军事路线和组织路线。他在一九二九年古田会议的决议中,就着重提出了党内非无产阶级意识的各种不正确倾向,号召同志们起来彻底加以纠正。毛泽东同志还采取了整风这种创造性的教育方法,去改造一切反映在党内的小资产阶级思想(主观主义、宗派主义与党八股,都是小资产阶级的思想方法、组织方法与千篇一律的滥调)。他把我们党的发展过程,看作是马克思列宁主义的普遍真理与中国革命的具体实践日益互相结合的过程。他把党的建设过程,同党的政治路线密切联系着,同党与资产阶级的关系及党与武装斗争的关系密切联系着。毛泽东同志《关于纠正党内的错误思想》,《论新阶段》的下半部,《〈共产党人〉发刊词》,《改造我们的学习》,《整顿党的作风》,《反对党八股》,一九四三年四月三日《中央关于继续整风运动的决定》,一九四三年六月一日《关于领导方法的若干问题》等著作以及其他著作,就是毛泽东同志建党路线的集中表现,就是毛泽东同志针对我们党的特点而提出来的正确的建党路线。我们党实行了这条路线,因而克服了各种机会主义和各种错误的建党路线,因而使党得到了极大的进步与成功。

很明白,如果我们党采取了上述错误的建党路线,即使我们党内的工人成份再多些,也不能建成一个工人阶级的政党。而我们党采取了毛泽东同志的建党路线,即使工人成份还不占大多数,也能够建成并已经建成一个工人阶级的马克思列宁主义政党。

我们党的主要部分之所以长期处在农村中,这是由于中国是一个半殖民地、半封建的国家,有最广大的农民作为目前革命中的主力军;由于中国工人阶级在城市中受压迫,长时期内无法自由进行革命活动,乃派遣自己的先锋队到农村去,组织自己广大的农村同盟军,以便在适当时机配合这个同盟军解放城市。这就是我们党长期在农村中工作的实际意义。在现今中国的特殊情况下,只有当我们党是这样做了之后,我们党才是代表了中国的工人阶级,执行了中国工人阶级在目前时期的任务。如果我们党没有这样做,那我们党就决不能代表中国的工人阶级;因为中国现在的革命,实质上就是农民革命。目前中国工人阶级的任务,基本上就是解放中国的农民。伟大的中国农民战争,如果在无产阶级政党领导之下,就与历史上一切农民战争不同,是完全能够胜利的。作为工人阶级先锋队的我们的党,要长期在农村中用最大力量来组织与领导这个农民革命,乃是必然的道理。

党章的总纲指出了我们党代表中国民族与中国人民的利益。当然,这是我们党与毛泽东思想根本的东西。中国无产阶级的利益与中国人民的利益,在各个时期都是一致的。我们党现在所进行的反帝反封建的新民主主义革命,不仅只是中国工人阶级的利益,而且是中国农民阶级、小资产阶级和资产阶级的利益,中国共产党只有当它是站在全体人民的利益上,而不仅是站在本阶级当前部分的利益上,只有当它是组织与团结整个民族与全体人民,而不仅是组织与团结本阶级来进行奋斗,它才能胜利。无产阶级如果不能解放全体人民,它自己也就不能得到解放。另一方面,只有中国工人阶级与全体劳动人民,才是中国民族的主体,只有他们的利益,才构成民族利益与人民利益的基础。中国共产党在目前为实现独立、自由、民主、统一与富强的新中国而奋斗,是代表中国工人阶级的利益,也是代表全体民族和全体人民的利益,在将来为实现社会主义与共产主义制度而奋斗,也同样是代表全体人民的利益,因为社会主义与共产主义社会的实现,即是全人类的最后解放。

第二，关于党的指导思想问题

党章的总纲上确定:以马克思列宁主义的理论与中国革命的实践之统一的思想——毛泽东思想,作为我们党一切工作的指针,反对任何教条主义的与经验主义的偏向。对于中国的与外国的历史遗产,我们既不是笼统地一概反对,也不是笼统地一概接受,而是以马克思主义的辩证唯物主义与历史唯物主义为基础,批判地接受其优良的与适用的东西,反对其错误的与不适用的东西。这些都非常清楚。

现在要加以说明的,就是关于毛泽东思想。

党章的总纲上确定以毛泽东思想作为我党一切工作的指针,在党章的条文上又规定:努力地领会马克思列宁主义、毛泽东思想的基础,是每一个共产党员的义务。这是我们这次修改的党章一个最大的历史特点。我想,我们的大会以至全党是会热烈拥护这种确定的。

百余年来,灾难深重的中国民族和中国人民,为了自己的解放而流血斗争,积有无数丰富的经验,这些实际斗争及其经验,不可避免地要形成自己的伟大的理论,使中国这个民族,不但是能够战斗的民族,而且是一个有近代科学的革命理论的民族。由于中国资产阶级在政治上、经济上的软弱性及其与人民联系的缺乏和思想眼界的有限性,他们的代表者,纵也能提出一种革命的纲领和一定的民主思想(这些好东西已由我们当成一种遗产接受下来),却不能形成一种有系统的革命理论,更说不上能形成关于整个中国历史与中国革命的全部有系统的科学理论,这种理论只能由中国无产阶级的代表人创造出来,而其中最杰出最伟大的代表人,便是毛泽东同志。

我们的大会应该热烈庆祝:在中国共产党产生以来,产生了、发展了我们这个民族的特出的、完整的关于中国人民革命建国的正确理论。这个理论,已经指导我们党与我国人民得到了极大的胜利,并将继续指导我们党与我国人民得到最后的、彻底的胜利和解放。这是我们党和我国人民在长期奋斗中最大的收获与最大的光荣,它将造福于我国民族至遥远的后代。这个理论,就是毛泽东思想,就是毛泽东同志关于中国历史、社会与中国革命的理论与政策。

毛泽东思想,就是马克思列宁主义的理论与中国革命的实践之统一的思想,就是中国的共产主义,中国的马克思主义。

毛泽东思想,就是马克思主义在目前时代的殖民地、半殖民地、半封建国家民族民主革命中的继续发展,就是马克思主义民族化的优秀典型。它是从中国民族与中国人民长期革命斗争中,在中国伟大的三次革命战争——北伐战争〔125〕、土地革命战争和现在的抗日战争中，生长和发展起来的。它是中国的东西，又是完全马克思主义的东西。它是应用马克思主义的宇宙观与社会观——辩证唯物论与历史唯物论，即在坚固的马克思列宁主义理论的基础上，根据中国这个民族的特点，依靠近代革命以及中国共产党领导人民斗争的极端丰富的经验，经过科学的缜密的分析而建设起来的。它是站在无产阶级利益因而又正是站在全体人民利益的立场上，应用马克思列宁主义的科学方法，概括中国历史、社会及全部革命斗争经验而创造出来，用以解放中国民族与中国人民的理论与政策。它是中国无产阶级与全体劳动人民用以解放自己的唯一正确的理论与政策。

毛泽东思想——中国共产主义的理论与实践，不只是在和国内国外各种敌人进行革命的斗争中，同时又是在和党内各种错误的机会主义思想——陈独秀[114]主义，李立三路线[18]，以及后来的左倾路线、投降路线、教条主义、经验主义等进行原则的斗争中，生长和发展起来的。它是我们党的唯一正确的指导思想，唯一正确的总路线。

毛泽东思想的生长、发展与成熟，已经有了二十四年的历史，在无数次的千百万人民的剧烈斗争中反复考验过来了，证明它是客观的真理，是唯一正确的救中国的理论与政策。过去有无数历史事实证明：当着革命是在毛泽东同志及其思想的指导之下，革命就胜利，就发展；而当着革命是脱离了毛泽东同志及其思想的指导时，革命就失败，就后退。马克思主义的理论与帝国主义时代无产阶级革命的实践及俄国革命的实践相结合，曾经产生了俄国的布尔什维主义[16]，列宁主义。而列宁主义，不但曾经指导俄国人民获得了彻底的解放，而且指导了与正在指导着世界人民去获得解放。作为马克思、恩格斯、列宁、斯大林的学生，毛泽东同志所做的，也正是以马克思列宁主义的理论与中国革命的实践相结合，便产生了中国的共产主义——毛泽东思想；而毛泽东思想，也指导了与正在指导着中国人民去获得彻底的解放，并对各国人民的解放事业，特别是东方各民族的解放事业，作了有益的贡献。

毛泽东思想，从他的宇宙观以至他的工作作风，乃是发展着与完善着的中国化的马克思主义，乃是中国人民完整的革命建国理论。这些理论，表现在毛泽东同志的各种著作以及党的许多文献上。这就是毛泽东同志关于现代世界情况及中国国情的分析，关于新民主主义的理论与政策，关于解放农民的理论与政策，关于革命统一战线的理论与政策，关于革命战争的理论与政策，关于革命根据地的理论与政策，关于建设新民主主义共和国的理论与政策，关于建设党的理论与政策，关于文化的理论与政策等。这些理论与政策，完全是马克思主义的，又完全是中国的。这是中国民族智慧的最高表现和理论上的最高概括。

由于中国社会、历史的发展有其极大的特殊性，以及中国的科学还不发达等条件，要使马克思主义系统地中国化，要使马克思主义从欧洲形式变为中国形式，就是说，要用马克思主义的立场与方法来解决现代中国革命中的各种问题，——其中有许多是在世界马克思主义者面前从来没有提出过与解决过的问题，在这里是以农民为主要群众（而不是以工人为主要群众），反对外国帝国主义的压迫和中世纪残余（而不是反对本国资本主义）——这乃是一件特殊的、困难的事业。这决不是如某些人所想的,只将马克思主义的著作加以熟读、背诵和摘引,就可成功的。这必须有高度的科学精神与高度的革命精神相结合。这不但需要丰富的历史知识、社会知识及指导革命斗争的经验,善于应用马克思列宁主义的方法,对社会、历史的客观情势及其发展作精确的科学分析,而且对于无产阶级的事业、人民的事业要具有百折不挠、移山填海的无限忠心,信任群众的力量,信任群众的创造和群众的将来,善于把群众的经验、意志、思想集中起来,又应用到群众中去。因此,才能依据历史进程每个特殊时期和中国具体的经济、政治环境及条件,对于马克思列宁主义作独立的光辉的补充,并用中国人民通俗语言的形式表达出来,使之适合于新的历史环境和中国的特殊条件,成为中国无产阶级群众与全体劳动人民群众战斗的武器。不是别人,正是我们的毛泽东同志,出色地成功地进行了这件特殊困难的马克思主义中国化的事业。这在世界马克思主义运动的历史中,是最伟大的功绩之一,是马克思主义这个最好的真理在四万万七千五百万人口的民族中空前的推广。这是特别值得感谢的。

我们的毛泽东同志,不只是中国有史以来最伟大的革命家和政治家,而且是中国有史以来最伟大的理论家和科学家,他不但敢于率领全党和全体人民进行翻天覆地的战斗,而且具有最高的理论上的修养和最大的理论上的勇气。他在理论上敢于进行大胆的创造,抛弃马克思主义理论中某些已经过时的、不适合于中国具体环境的个别原理和个别结论,而代之以适合于中国历史环境的新原理和新结论,所以他能成功地进行马克思主义中国化这件艰巨的事业。

　　我们党和许多党员，曾经因为理论上的准备不够，因而在工作中吃了不少的徘徊摸索的苦头，走了不少的不必要的弯路。但现在已经由于毛泽东同志的艰巨工作和天才创造，为我们党和中国人民在理论上作了充分准备，这就要极大地增强我们党和中国人民的信心和战斗力量，极大地加速中国革命胜利的进程。因此，现在的重要任务，就是动员全党来学习毛泽东思想，宣传毛泽东思想，用毛泽东思想来武装我们的党员和革命的人民，使毛泽东思想变为实际的不可抗御的力量。为此目的，一切党校和训练班，必须用毛泽东同志的著作作为基本教材；一切干部，必须系统地研究毛泽东同志的著作；一切党报，必须系统地宣传毛泽东思想；为了适应一般党员的水准，党的宣传部门，应将毛泽东同志的重要著作，编为通俗读物。

　　在闭塞头脑的党内的教条主义被克服之后，还须继续努力去克服经验主义的阻碍，并在党内发动学习毛泽东思想的运动，那我们就可以预期，党内将会有一个很大的马克思主义文化的高涨。这就从思想上准备着中国人民革命的胜利。

　　毛泽东思想，就是这次被修改了的党章及其总纲的基础。学习毛泽东思想，宣传毛泽东思想，遵循毛泽东思想的指示去进行工作，乃是每一个党员的职责。

第三，关于中国革命的特点问题

　　在党章的总纲上，指出了目前中国的社会性质是半殖民地、半封建的性质。但现在具有近一万万人口的解放区则已经是新民主主义的性质了。中国的这种社会性质,指明了中国社会经济、政治的不平衡性、复杂性等等。

由于中国的这种社会性质,又由于中国革命的基本动力是无产阶级领导的以农民为主力的人民大众,以及中国共产党的强大存在和现时的国际条件,便规定了中国革命的性质,既不是旧式的资产阶级民主革命,也不是最新式的无产阶级社会主义革命,而是新式的资产阶级民主主义性质的革命。在这个革命中,基本动力是无产阶级、农民阶级与小资产阶级,但还有别的阶级可以参加革命,还有其国内外的广泛的同盟军。因此,中国共产党在目前阶段的任务,就是联合所有一切能够参加这个革命的阶级、阶层、民族和个人,为彻底肃清外国帝国主义与本国封建主义的压迫,为建立各革命阶级联盟与各民族自由联合的中国新民主主义共和国而奋斗。中国无产阶级只有在这个革命彻底完成以后,只有中国社会经济在新民主主义的国家中有了一定程度的充分发展以后,只有在经过许多必要的准备步骤以后,并且只有根据中国人民的需要和意愿,才能在中国实现社会主义的与共产主义的社会制度。这些问题,过去在党内曾经是混淆不清、发生过许多争论的,但现在已是非常清楚而确定的了。

此外,在党章的总纲上还指出了中国革命的其他许多特点,如革命的不平衡性,以及由此而来的革命的长期性、斗争的复杂性,在一定时期内武装斗争与农村革命根据地的重要性等,所有这些,今天也已经是很清楚了。

关于中国革命的这些特点问题,过去在党内争论是最多的,党内各种机会主义,差不多都对于这些问题有过错误的了解,毛泽东思想也是在这些问题上和各种机会主义进行斗争的过程中,得到了完备的发展。因此,这些特点,必须在党章的总纲上加以肯定的说明。每个党员彻底了解这些特点,乃是必要的。

我们党的全部历史,最好地说明了中国革命的这些特点。我们党从一九一九年五四运动以后的马克思主义小组[200],发展成为今天领导强大革命根据地的党,是经过了光荣的特殊的历史道路的,是在毛泽东思想指导下,在认识与利用中国这些特点中发展起来的。

中国共产党,是在中国工人运动的基础上,在中国人民大众力争解放的基础上,在反对外国帝国主义对于中国民族压迫的革命斗争中,在反对本国封建主义对于中国人民大众压迫的革命斗争中发展起来的,是在向中国民族与中国人民大众的一切敌人进行革命的斗争中发展起来的。我们党的历史,乃是中国工人阶级团结与领导中国人民大众向压迫中国民族的外国帝国主义、向压迫人民大众的国内封建主义及其走狗和暗害者进行革命斗争的历史。

中国共产党,是在中国三次伟大革命战争中,即在北伐战争、土地革命战争、抗日战争中发展起来和锻炼出来的,是在长期的武装斗争中发展和锻炼出来的。我们党过去很长期间的历史,乃是三次革命战争的历史。

中国共产党,是在与中国广大的农民以及与城市小资产阶级群众密切联合的过程中发展起来的,是在与中国资产阶级联合对敌,又与资产阶级的妥协性、反动性进行各方面的斗争中发展起来的。我们党的历史，乃是与中国广大农民以及与城市小资产阶级群众密切联合的历史，乃是与中国资产阶级联合、又与它斗争的历史。

中国共产党，是在建设伟大革命根据地特别是农村革命根据地，并在这些根据地上进行新民主主义的政治、军事、经济、文化各种改革和建设的过程中，发展起来的。我们党过去很长期间的历史，乃是建设中国近代革命根据地特别是农村革命根据地的历史，是各种新民主主义的改革和建设事业在这种根据地上试验成功，借以教育我们党与全国人民的历史。

最后，中国共产党，是在以毛泽东同志为代表，反对党内无视或者误解中国革命这些特点的机会主义的斗争中，反对教条主义、经验主义、陈独秀主义、李立三路线以及后来的左倾路线与投降主义的斗争中，发展起来和巩固起来的；是在以马克思列宁主义的普遍真理与中国革命的具体实践日益互相结合的过程中，发展起来和巩固起来的。我们党的历史，乃是反对党内各种机会主义并将其粉碎的历史，乃是马克思列宁主义的普遍真理与中国革命的具体实践不断结合的历史。

这些，就是我们党已经走过的具体的历史道路。

我们党的这种历史道路，最好地说明了目前中国革命的性质、动力以及中国革命的不平衡性和由此而来的革命的长期性、革命斗争的复杂性、武装斗争与农村革命根据地的重要性等，说明了中国革命的发展，有它自己独特的特点，说明了无产阶级的马克思列宁主义的领导在这个革命中的决定的作用。

我们党的历史道路，就是我们党的领袖毛泽东同志根据中国革命特点所早已阐明的历史道路。毛泽东同志的道路，是最正确最完全地代表了我们党的历史，代表了中国民族与中国人民近代革命的历史。不管毛泽东同志在某几个历史时期，不能在形式上、组织上决定全党的行动，然而也正在这种时期，就愈加明白表示：真正的我们党的历史，中国无产阶级与中国人民的正确的革命方向，是在毛泽东同志那里，是以毛泽东同志为代表为中心而继续着，存在着，发展着；而不是在任何其他的地方，也不是以任何其他的人为中心而存在，而发展。

我们的党，已经在中国革命的长远道路上，在中国革命的这些特点中，在毛泽东思想指导下，发展了与锻炼了自己。我们的党，在今后的长时期中，还要在继续深入地认识与利用中国革命的这些特点中，在毛泽东思想指导下，去为达到自己的目标而战斗，并继续发展自己与锻炼自己。所以我们在党章的总纲上特别强调地说到了这些特点。在中国新民主主义的革命还没有在全国范围内得到彻底胜利时，这些特点，是会继续存在的。因此，每一个党员，在自己的工作中，必须经常记住这些特点，一分钟也不要忘记这些特点，才能不犯或少犯错误。否则，过去的许多错误还是会要重复的。比如，由于不了解中国革命在目前时期的新民主主义性质，因而在政策上犯了偏右的或者偏左的各种错误。由于不了解中国革命的极大的不平衡性以及由此而来的革命斗争的复杂性，因而在工作中犯了过分的集中与不适当的正规化，以及工作中的简单化、一般化、缺乏灵活性等错误。由于不了解中国革命的长期性，在精神上没有充分的长期艰苦斗争的准备,因而犯了各种形式的急性病,或在困难时悲观颓丧。由于不了解武装斗争在中国革命中的重要性,因而犯了不重视军队工作,不学习军事知识的错误。由于不了解农村革命根据地的重要性,因而犯了不适当地在农村环境中强调城市观点和不重视农村工作的错误。又由于不了解在某种时期城市工作的重要性,因而又可能犯忽视城市工作、拘守农村的保守主义错误。由于不了解在一切人民群众中进行长期忍耐工作的必要性,因而采取盲动冒险及命令主义的办法等。如果我们同志只就一般的意义上来了解这些特点,那还是完全不够的,必须在一切工作中,在处理每一个具体问题时,都能具体地照顾到这些特点,才能不犯或少犯错误。所以这些特点,应该成为我们党的基本纲领的一部分,至少是目前阶段中的基本纲领的一部分。

第四,关于党的群众路线问题

在党章的总纲上和条文上,都特别强调了党的群众路线,这也是这次修改党章的一个特点。因为党的群众路线,是我们党的根本的政治路线,也是我们党的根本的组织路线。这就是说,我们党的一切组织与一切工作必须密切地与群众相结合。

毛泽东同志屡次指示我们,在一切工作中要采取群众路线。他在向这次大会的报告中,又以极恳切的词句指示我们,要根据群众路线去进行工作。他说:我们共产党人与最广大的人民群众取得最密切的联系,是我们区别于任何其他政党的一个显著的标帜。他要我们:"全心全意地为人民服务,一刻也不脱离群众;一切从人民的利益出发,而不是从个人或小集团的利益出发"〔201〕。他要我们同志明了:"共产党人的一切言论行动,必须以合乎最广大人民群众的最大利益,为最广大人民群众所拥护为最高标准。"〔202〕要我们同志明了:"只要我们依靠人民,坚决地相信人民群众的创造力是无穷无尽的,因而信任人民,和人民打成一片"〔203〕,我们就是不可战胜的。他说:"在一切工作中,命令主义是错误的,因为它超过群众的觉悟程度,违反了群众的自愿原则,害了急性病。"又说:"在一切工作中,尾巴主义也是错误的,因为它落后于群众的觉悟程度,违反了领导群众前进一步的原则,害了慢性病。"〔204〕所有毛泽东同志的这些指示,都是极端重要的,每个同志都必须细心领会和切实执行。

我们的这种群众路线,是只有无产阶级的政党才能具有的。我们的群众路线,也就是阶级路线,就是无产阶级的群众路线。我们对人民群众的这种观点,我们与人民群众的这种关系,是和一切剥削阶级对待人民群众的观点及其与人民群众的关系,根本不相同的。

我们完全懂得:人民群众的先锋队在人民群众解放斗争的全部过程中所起的决定的作用。人民群众必须有自己的先锋队,而且必须有如我们党这种性质的先锋队,人民群众的彻底解放,才是可能的。人民群众如果没有自己的这种性质的先锋队,就将使人民群众没有革命的领导,而如果没有这种领导,就将使人民群众的革命事业遭受失败。中国人民只有在我们党的坚强而正确的领导之下,只有依照我们党所指出的政治方向奋斗，才能获得自己的彻底解放。

这是一方面。

在另一方面，人民群众的先锋队必须与人民群众建立正确的密切的关系。它必须在各方面，首先在政治上代表人民群众的利益，必须用正确的态度去对待人民群众，必须用正确的方法去领导人民群众，然后先锋队才能密切联系人民群众。否则，先锋队是完全可能脱离人民群众的。而先锋队如果脱离人民群众，就不能成其为人民的先锋队，就不独不能实现它解放人民群众的任务，而且有直接被敌人消灭的危险。这就是说，人民群众的先锋队在一切工作中必须有彻底的明确的联系群众的路线。

在一些什么重要情形下，先锋队就要脱离人民群众呢？

首先，就是先锋队如果不能履行自己当作人民先锋队的应有职责，不能在一切时期和一切情况下代表最广大人民群众的最大利益，不能及时提出正确的任务、政策及工作作风，不能坚持真理，不能在有错误时及时修正错误，那就要脱离人民群众。这就是说，尾巴主义、自流主义，是要脱离人民群众的。

在我们党内，公开的自发论，公开主张追随群众自发运动的尾巴主义"理论"，公开主张不要无产阶级政党领导的"理论"，是还没有的。但是一九二四年——一九二七年革命后期的陈独秀主义和抗战初期的投降主义，就是一种尾巴主义，它们远远落在当时人民群众革命运动的后面，不能提出代表人民群众并鼓励人民群众前进的正确的任务、政策及工作作风，因而脱离人民群众，使革命受到损失或失败。此外，还有些同志在各种工作中有尾巴主义这类性质的错误。比如，有些同志在实际工作中，不把党看作是阶级组织的最高形式，而把党看作是军队的、政府党团的或职工会的附属品。另有些同志在工作中疲塌，老一套，安于现状，任其自流，丧失上进心，而不根据当时当地群众的情况，提出正确的任务、政策与工作作风，率领群众力求前进，违反领导群众前进一步的原则，迁就群众中落后的意见，把自己降到普通工人、农民甚至落后分子的水平，失去先锋队的作用。有时又迁就群众中错误的意见，而跟随在群众自发运动的尾巴后面跑，不能对群众实行正确的有远见的领导。这种倾向，是要使我们脱离广大人民群众的，因为人民群众并不需要这样的人来领导自己。

其次，就是先锋队如果不用正确的态度与正确的方法去领导人民群众，不设法使群众在自己的亲身经验中来体会党的口号的正确，因而在党的口号之下行动起来，或者提出了过高的口号、过左的政策，或者提出了当时情况所不能允许的与群众所不能接受的过高的斗争形式、组织形式，那就要脱离人民群众。这就是说，命令主义、冒险主义与关门主义，都是脱离人民群众的。

在我们党内，有些同志是犯过命令主义、冒险主义与关门主义的错误的。比如，有些同志在自己的工作中不对人民群众负责，不相信群众是自己解放自己，而站在人民群众之上，去代替群众斗争，恩赐群众解放，命令群众行动。他们犯了急性病，表面上积极，然而他们不知道怎样才能把党的口号变为群众自己的口号，怎样才能把党所提出的任务变为群众自己的任务。他们不知道如何才能去启发群众的觉悟并适当地等候群众的觉悟，不知道采取许多步骤去使群众自然而然地革命化，而企图用简单的、生硬的、命令的办法强制群众接受党的口号和任务，并强制群众起来行动。他们违反了群众的自愿原则。特别在提出了过高的口号与过左的政策，引起群众的怀疑与不满之时，他们更用强迫命令甚至惩办主义的办法，去推动其工作。其中最恶劣的作法，就是他们每到一地，就去找那里的错误、缺点和坏典型，加以批评、斗争和处罚，以此去吓唬人民和干部，去推进工作；而不去找那里的优点和好典型，加以研究、补充和系统化，奖励那里的英雄和模范工作者，传布好的经验，以鼓励党员和人民前进，同时即可以克服那里的错误、缺点。他们到处打击人，简单地用命令解决一切，不向人民群众学习，不吸收群众中的新发明与新创造，而强迫别人依照他们的办法行动。这种倾向，是要严重地脱离人民群众的，并会引起群众对于他们、以至对于党发生怨恨。

除开上述两种倾向外，官僚主义与军阀主义的倾向也在我们党内有些同志中发生了。这也是严重脱离人民群众的倾向。

官僚主义的倾向，表现在有些同志没有为人民服务的观点，以及对党对人民不负责任的观点。其典型的表现就是：饱食终日，无所用心，只知发号施令，而自己则既不调查，又不研究，也不向群众学习，拒绝群众的批评，抹煞人民的权利，甚至要求人民为他们服务，为了自己的享受，而不惜牺牲群众的利益，劳民伤财，贪污腐化，在群众面前称王称霸等。

军阀主义的倾向，表现在有些同志不了解，我们的军队乃是人民的军队、人民的武力，乃是人民用以战胜敌人解放自己的一个最重要的工具，而把军队看成是超出人民之外，或是站在人民之上的一种特殊势力，甚至把军队看成是可以造成少数个人势力、个人地位的工具。因而他们就把官僚主义、命令主义的作风使用在人民的军队工作中。其特点，首先表现在官兵关系、上下级关系上，用命令主义与惩办主义的办法来统率自己的士兵与部下，而不依靠士兵与部下的自觉与自动。其次，表现在军民关系上，不注意严整部属的群众纪律，不热爱人民，而强迫、打骂人民群众，使军队脱离人民群众。再其次，表现为单纯军事观点，表现在革命军队与革命政府的关系上，企图照军阀那样把军队摆在政府之上，企图以军治政。很明白，这种倾向，与人民军队是根本不相容的。

上述这些脱离群众的错误倾向之所以在我们党内产生，是由于劳动人民的文化程度不高和旧社会剥削阶级的影响，我们党内的小资产阶级成分以及脱离社会生产甚久的成分，常常容易接受这种影响而形成各种脱离群众的倾向。这些倾向的产生，有深刻的社会根源，以至在我们党章的总纲上也提到了它们。将来革命愈扩展，工作愈繁重，我们内部的这些倾向也愈有可能生长。因此，我们应经常和这些倾向作斗争，才能经常保持和巩固我们与广大人民群众的联系。正如毛泽东同志所说，应该经常扫地和洗脸，以免这些政治的灰尘、政治的微生物来蒙蔽与侵蚀我们同志的思想和我们党的肌体。

人民群众必须有自己的坚强的先锋队，人民的先锋队必须密切联系于最广大的人民群众。只有这样，人民群众的解放，才是可能的。因此，我们党——中国人民的先锋队，必须经常清除上述各种脱离人民群众的倾向，而实行密切联系人民群众的路线。所谓密切联系人民群众的路线,就是党的群众路线,毛泽东同志的群众路线,就是要使我们党与人民群众建立正确关系的路线,就是要使我们党用正确的态度与正确的方法去领导人民群众的路线,就是要使我们党的领导机关和领导人与被领导的群众建立正确关系的路线。

毛泽东同志说:我们党的政策和工作方法应该是从群众中来,又到群众中去。这就是说,不但我们党的政治路线,而且我们党的组织路线,都应该是正确地从群众中来的路线,又正确地到群众中去的路线。我们党的正确的政治路线,是与正确的组织路线分不开的。虽然政治路线与组织路线之间,可能发生某些部分的暂时的不调和现象,但不能设想,政治路线是正确的,组织路线却是不正确;反之,组织路线正确了,政治路线却是不正确。要把二者互相孤立起来是不可能的。所谓正确的组织路线,就是党的群众路线,就是我们党的领导骨干和党内党外广大群众密切结合的路线,就是从群众中来又到群众中去的路线,就是指导方法上的一般号召与个别指导相结合的路线。

为了贯彻我们党和毛泽东同志的群众路线,在党章的总纲上和条文上都强调地指出了以下几个群众观点,这几个观点,必须在每一个党员的思想中牢固地建设起来。

第一,就是一切为了人民群众的观点,全心全意为人民群众服务的观点。我们党从最初起,就是为了服务于人民而建立的,我们一切党员的一切牺牲、努力和斗争,都是为了人民群众的福利和解放,而不是为了别的。这就是我们共产党人最大的光荣和最值得骄傲的地方。因此,凡是为了个人利益或小集团利益而损害人民利益的观点，都是错误的。我们的一切党员，以及参加我们队伍中的一切人员，只要是忠于职务并多少著有成绩的，也就都是为人民服务的，都是人民的勤务员，不管他们意识到了这一点与否，也不管他们担负的是重要的领导职务，或是普通的战斗员和炊事员、饲养员等职务，他们都是在不同的岗位上，直接或间接为人民服务的，因此，他们都是平等的、光荣的。我们要在一切党员和一切人员中，提高自觉性，使我们一切党员和一切人员都在高度自觉的基础上为人民服务，对人民负责。

第二，就是一切向人民群众负责的观点。我们为人民服务，就要对人民负责，就要在客观上使人民因为我们的服务而获得益处，获得解放，就要力求不犯或少犯错误，免得害了人民，引起人民的损失。凡属是我们提出的任务、政策与工作作风，都应该是正确的，这样才于人民有利；如不正确，即要损害人民的利益，那就要诚恳地进行自我批评，迅速求得改正。就是说，我们要善于为人民服务，要服务得很好，而不要服务得很坏。因此，我们在人民面前，一切都不应采取轻率态度，而应采取严肃的负责的态度。

还必须了解，向人民负责与向自己领导机关负责的一致性。即是说，我们党员接受党的领导机关与领导人的命令去进行工作，他们在工作中是要对党的领导机关与领导人负责的，但如果把这种对领导机关负责与对人民负责分开来看，那是错误的。必须对人民群众负责，才算是尽了最后与最大的责任。要理解党的利益与人民的利益的一致性，凡对人民有利的事业，即是对党有利的事业，每个党员都必须尽力去做。

凡对人民不利的事业,即是对党不利的事业,每个党员都必须反对,必须避免。人民的利益,即是党的利益。除了人民的利益之外,党再无自己的特殊利益。最广大人民群众的最大利益,即是真理的最高标准,即是我们党员一切行动的最高标准。每个党员对人民负责,即是对党负责,对人民不负责,即是对党不负责。要理解对党负责与对人民负责的一致性,要使二者统一起来,不要使二者割裂开来,对立起来。如果发现自己领导机关与领导人所指示的任务、政策和工作作风有缺点、错误时,即应以对人民负责的精神,向领导机关与领导人建议改正,要弄清是非,不应马虎敷衍。否则,就是对人民没有负起责任,也就是对党没有负起责任。党的纪律是必须遵守的,党的统一是必须保持的,因为保持我们党的统一与纪律,即是中国人民的根本利益,不能借口对人民负责而破坏党的纪律与统一。但领导机关与领导人的任何缺点、错误,都必须纠正。每一个党员都有责任,也有权利,去帮助领导机关与领导人纠正任何缺点与错误。因为任何缺点与错误,都是对人民不利的,因此也就对党不利。我们党员忠诚的自我批评精神,对自己及对领导机关的错误所采取的批评与自我批评的态度,以及遵守党的纪律的精神,都是对人民负责的精神。

第三,就是相信群众自己解放自己的观点。毛泽东同志经常说:人民群众是真正伟大的,群众的创造力是无穷无尽的,我们只有依靠了人民群众,才是不可战胜的,只有人民群众,才是历史的真正创造者,真正的历史是人民群众的历史。马克思早就说过:劳动者是自己解放自己[147]。国际歌上说:

不是皇帝,不是神仙,也不是英雄豪杰,全靠自己救自己。这就是说,人民群众自己的解放,只有人民群众自己起来斗争,自己起来争取,才能获得,才能保持与巩固;而不是任何群众之外的人所能恩赐、所能给予的,也不是任何群众之外的人能够代替群众去争取的。所以恩赐的观点,代替群众斗争的观点,是错误的。

人民群众自己创造自己的历史。人民群众的解放,必须由群众的自觉与自愿,并且举出自己的先锋队,在先锋队的指导下,自己组织起来,自己去斗争,自己去争取。然后群众才能自觉地去获得斗争的果实,并保持与巩固这种果实。人民群众的敌人,只有人民群众自己起来才能打倒,否则,人民的敌人是不能被打倒的。没有人民群众的真正自觉与真正发动,仅有先锋队的奋斗,人民的解放是不可能的,历史是不会前进的,任何事业都是不能成功的。甚至就是如减租减息[144]、变工队、合作社这样有关人民直接利益的事,没有群众的自觉与自动,即使有什么人"恩赐"了减租减息,代替群众把变工队、合作社组织起来,群众还是"明减暗不减",变工队、合作社也只能是形式的空洞的东西。

我们共产党人的一切事业,都是人民群众的事业。我们的一切纲领与政策,不论是怎样正确,如果没有广大群众的直接的拥护和坚持到底的斗争,都是无法实现的。所以我们的一切,都依靠于、决定于人民群众的自觉与自动,不依靠于群众的自觉与自动,我们将一事无成,费力不讨好。但只要我们依靠于群众的自觉与自动,只要群众有了真正的自觉与真正的发动,又有我们党的正确领导,我们党的一切伟大事业,都一定能获得最后的胜利与成功。因此我们共产党人——人民群众的先锋队，不论去进行任何工作，当着群众还没有自觉时，我们的责任，就是用一切有效的适当的方法去启发群众的自觉，不论如何艰苦，需要如何长久的时间，这首先的第一步的工作，是必须做好的；因为只有做好了这第一步，才能进入第二步，即是当着群众已经有了某种必要的自觉以后，我们的责任，就是去指导群众的行动，指导群众组织起来，斗争起来；在群众组织起来，斗争起来以后，我们再从群众的行动中去启发群众的再自觉。这样，一步一步地引导群众去为党提出的人民群众的基本口号而斗争。我们共产党人，以及一切任何群众中的先进分子和伟大人物，在一切人民群众事业中所起的全部作用，就只有这些。除开这些以外，不能再多一点。如果有人企图在这里再多起一点作用，一切错误都可能由此产生。英雄主义、命令主义、包办代替、恩赐观点等，都可能产生。

共产党人在人民群众的解放事业中，应该到处是、也只能是人民群众的引导者和向导，而不应该是、也不可能是代替人民群众包打天下的"英雄好汉"。人民群众在革命斗争中迫切需要有远见的坚强的引导者与向导，因为这样的引导者和向导，是人民群众争取胜利的必要条件。但是人民群众并不需要代替他们包打天下的"英雄好汉"，因为这种脱离群众的"英雄好汉"不能完成任何人民群众的解放事业。

第四，就是向人民群众学习的观点。我们要很好地为群众服务，要去启发群众的自觉，要去指导群众的行动，那我们共产党人必须首先具备一定的条件，必须有预见，对于各种问题必须有预先的计算。就是说，必须是先觉者。只有先觉者，才能觉后觉。我们同志除开完全忠实于人民解放事业，具有充分的热情和牺牲精神之外，还必须有足够的知识，还必须是十分有经验和十分机警，才能很好地去启发群众自觉和指导群众行动，才能很好地为人民服务。为了要使我们有知识、有经验和有预见，我们就必须学习。学习马克思列宁主义的理论，学习历史，学习外国人民斗争的经验，可以增加我们的知识。向敌人学习，也可以增加知识。而最重要的，就是向人民群众学习。因为群众的知识、群众的经验是最丰富最实际的，群众的创造能力是最伟大的，所以毛泽东同志常常教导我们，必须首先向群众学习，然后教育群众。只有我们同志虚心地向人民群众学习，把群众的知识和经验集中起来，化为系统的更高的知识，才能够具体地去启发群众的自觉，指导群众的行动。如果不向群众学习，而自作聪明地从脑子中想出一套东西，或生硬地从历史经验与外国经验中搬运一套东西，来启发群众与指导群众，那是一定无用的。为了能够不断地向群众学习，所以我们一刻也不要脱离群众。如果我们从群众中孤立起来，那我们的知识就要受到极大的限制，我们就决不能是聪明的，决不能是有知识有本事的，我们就决不能领导群众。

“平常的人有时竟比某些高级机关更接近真理。”

“要领导我们的事业，只靠我们的经验、领导者的经验，是远远不够的。要正确地领导，就必须以党员群众的经验、工人阶级的经验、劳动群众的经验、所谓‘小人物’的经验来充实领导者的经验。”

为要做到这一步，只有“当领导者和群众保持极密切的联系,领导者和党员群众、和工人阶级、和农民、和劳动知识分子保持极密切的联系时,才能做到这一点。"

"同群众联系,巩固这种联系,下决心倾听群众的呼声,——这就是布尔什维克领导力量强大及其不可战胜的原因。"〔205〕

这是斯大林告诫苏联共产党人的话。这是一条普遍真理。

领导者与领导机关的职责,就是要实行正确的领导,就是要正确地了解情况,正确地抓住中心,提出任务,决定问题,正确地动员与组织群众来实行自己的决定,正确地组织群众来审查自己决定之实行的情形。而为要使这些事情都做得好,就必须向群众学习,必须实行从群众中来,又到群众中去的路线。否则,任何一件领导工作都是做不好的。

这就是向群众学习的观点。

一切为了人民群众的观点,一切向人民群众负责的观点,相信群众自己解放自己的观点,向人民群众学习的观点,这一切,就是我们的群众观点,就是人民群众的先进部队对人民群众的观点。我们同志有了这些观点,有了坚固的明确的这些群众观点,才能有明确的工作中的群众路线,才能实行正确的领导。

有些同志只把工会、农会等群众团体的工作,看成是群众工作,但不把其他工作也看成是群众工作,这是错误的。我们党的及我们党所领导的各种工作、各种事业,都是人民群众的事业,并都是(无一项不是)经过人民群众去进行的工作,都应该有群众观点、走群众路线去进行。一切工作都要走群众路线,都要有群众观点。

我们党内的工作,也是群众工作,也要走群众路线。因为党的本身,就是人民群众的一部分,党又只是为人民群众服务的。

我们在军队中的工作,也是群众工作,也要走群众路线。因为军队本身,也是人民群众的一部分,军队又只是为人民群众服务的。

自然,各种工作,各有其特殊的工作方式,不可混同,如工会、农会的工作方式,和党的、军队的工作方式,应该有所区别。但各种工作,都是群众工作。

自然,人民群众不是划一的,各种工作是复杂的。我们同志应从各种工作的岗位上,直接地去为部分的、具体的人民服务(如为一个工厂的工人、一个农村的农民、一个机关的职员、一个部队的士兵服务,以至只为几个人服务等),而汇合于为全中国人民服务的一个共同目标上。因此,我们同志必须正确理解部分与全体的关系,直接进行部分工作与为部分人民服务,间接推进与加强整个革命工作与为全体人民服务。我们同志必须同时具有部分观点与全局观点,只照顾部分不照顾全体,是不对的,只照顾全体不照顾部分,也是不对的。应使部分与全体统一起来。在人民群众部分的暂时的利益与全体的长远的利益发生冲突时,应使部分的暂时的利益服从全体的长远的利益。这就是说,小道理应该服从大道理,小原则应该服从大原则。这是一个很复杂的问题,然而,只有当我们同志善于思想,善于在一切具体情况下,正确地区别与配合人民群众的部分利益与根本利益时,才能有彻底的群众路线。

否则,就可能自觉与不自觉地只站在部分人民的暂时的利益上,反对多数人民的长远的利益,而从多数人民的长远的利益上脱离人民群众。

在一切群众中,通常总有比较积极的部分及中间状态与落后状态的部分。在最初时期,积极分子总是比较占少数,中间与落后状态的人总是组成为广大的群众。按照群众路线,必须照顾多数,即是必须照顾中间状态与落后状态的群众,否则先进部分就会孤立起来,什么事情也办不好。我们在群众中提出的行动口号以及斗争形式、组织形式等,都必须是中间状态与落后状态的群众能够接受的,所谓启发群众的自觉与自动,主要地就是要去注意启发那些中间与落后状态的群众的自觉与自动。只有中间状态与落后状态的群众有了觉悟,有了热情,起来行动的时候,才能有群众运动。我们必须特别注意教育、团结与组织积极分子,使积极分子成为群众中的领导核心。但是我们绝对不是为了组织积极分子而去组织积极分子的,绝对不能使积极分子从中间与落后状态的群众中孤立起来,而是为了要经过积极分子去吸引与推动中间状态与落后状态的群众,即是为了最广大的群众而去组织群众中的积极分子。如果中间与落后状态的群众还未自觉,我们就要善于去启发他们,并要善于等待他们;如果我们不愿意等待,而冒冒失失地率领少数积极分子前进,我们就会脱离群众,我们就要失败。

中国的农民占全人口百分之八十,就全国范围来说,所谓照顾人民群众的多数,主要地就是照顾农民。我们的群众观点与农村观点,是密切联系着的。中国的工人阶级在目前情况下，如果看不见中国的农民，如果不着眼于中国农村的解放，是一定不能完成自己的任务的。中国农民群众的文化水平很低，其他群众的文化水平（除知识分子外）也很低，因此，在我们的工作中采取一般号召与个别指导相结合的方法，采取突破一点，推动全局的方法，就更有必要。指导文化水平很低的群众，仅用一般号召，是决定地不能成功的。因为群众，特别是农民群众，总是从亲自看到的、亲自体验到的事情上去理解问题，而不是从我们一般的宣传和口号上去理解问题的。我们必须在工作中突破一点，做出模范，让群众亲自看到、体验到，给群众以典型示范，才能鼓励群众特别是给中间状态与落后状态的群众以理解问题的可能与方便，给他们以信心和勇气，在我们党的口号之下行动起来，成为群众的热潮。近来各地部队工作英雄、劳动英雄与模范工作者之所以发生很大的作用，成为群众中最好的宣传者与组织者，就是因为他们是以群众所熟悉的具体的人物、范例和经验，使群众理解了问题，提高了群众的自觉与自信。中国革命根据地的革命建设事业对于全国人民的教育启发作用，对于提高全国人民的自觉与自信，也是这样。至于领导方面在突破一点的过程中取得具体经验，以加强自己的一般号召，也是这个道理。因为对于群众，如果没有群众所熟悉的具体经验来做一般号召的内容，群众是很难理解的。

我们要照顾全体，照顾多数，不要关门主义与宗派主义。我们要密切联系群众，不要官僚主义与军阀主义。

我们要领导群众前进，但是不要命令主义。我们要密切联系群众，但是不要尾巴主义。我们要从群众原来的水准出发,去提高群众的觉悟,率领群众前进。我们要在自己的工作中,把最高的原则性和与群众最大限度的联系相配合。这就是我们的群众路线。这当然是不容易做到的,但只有如此,才够得上一个好的马克思主义者,才配称为一个好的共产党员。

关于总纲的解释,就是这样。

五　关于党内的民主集中制

我们的党,不是许多党员简单的数目字的总和,而是由全体党员按照一定规律组织起来的统一的有机体,而是党的领导者被领导者的结合体,是党的首脑(中央)、党的各级组织和广大党员群众依照一定规律结合起来的统一体。这种规律,就是党内的民主的集中制。

在一个工厂或一个农村中,仅有三个党员在一起,这还不是党的组织,还必须按民主的集中制组织起来。在通常的情况下,这三个党员中必须有一个是组长,其余两个是组员,即是在各种活动中有一个领导者,两个被领导者,才能成为党的组织。有了这种组织,就产生出新的力量。无产阶级的力量,就在于组织。

党内民主的集中制,照党章规定,即是在民主基础上的集中和在集中指导下的民主。它是民主的,又是集中的。它反映党的领导者与被领导者的关系,反映党的上级组织与下级组织的关系,反映党员个人与党的整体的关系,反映党的中央、党的各级组织与党员群众的关系。

为什么说党的集中制是在民主基础上的集中呢? 这就是

说,党的领导机关是在民主基础上由党员群众所选举出来并给予信任的,党的指导方针与决议是在民主基础上由群众中集中起来的,并且是由党员群众或者是党员的代表们所决定、然后又由领导机关协同党员群众坚持下去与执行的。党的领导机关的权力,是由党员群众所授予的,因此,它能代表党员群众行使它的集中领导的权力,处理党的一切事务,并为党的下级组织和党员群众所服从。党内的秩序,是由个人服从组织,少数服从多数,下级服从上级,全党各个部分组织统一服从中央的原则来建立的。这就是说,党的集中制是建立在民主基础上的,不是离开民主的,不是个人专制主义。

为什么说,党的民主制是在集中指导下的民主呢? 这就是说,党的一切会议是由领导机关召集的,一切会议的进行是有领导的,一切决议和法规的制订是经过充分准备和仔细考虑的,一切选举是有审慎考虑过的候选名单的,全党是有一切党员都要履行的统一的党章和统一的纪律的,并有一切党员都要服从的统一的领导机关的。这就是说,党内民主制,不是没有领导的民主,不是极端民主化,不是党内的无政府状态。

党内民主的集中制,即是党的领导骨干与广大党员群众相结合的制度,即是从党员群众中集中起来,又到党员群众中坚持下去的制度,即是反映党内的群众路线。

有些同志,不了解党的集中制是在民主基础上的集中制,如是就使自己的领导脱离党内的民主,脱离党员群众,并把此种状态名之曰"集中"。他们认为自己的领导上的权力,无须由党员群众授予,而是可以自己攫取的。他们的领导地位,也无须经过选举,无须取得党员和下级组织的信任,而是可以自封的。他们的指导方针与决议，也无须从群众中集中起来并经过群众去决定，而是可以独断的。他们是站在党员群众之上，而不是结合于党员群众之中。他们是站在党的组织之上来命令党，支配党，而不是站在党的组织之内来服从党，受党的支配。他们对于上级，则利用党内的民主制向上级闹独立性，对于下级和党员，则利用党内的集中制来压制下级和党员的民主权利。他们既不民主（对下级），又不集中（对上级）。多数通过的决议和党的纪律，别人都得服从与遵守，但他们领导人自己觉得是可以不服从不遵守的。所有个人服从组织，少数服从多数，下级服从上级这些党的基本组织原则，他们都不遵守。他们认为党的法规和决议，是为那些普通人写的，而不是为他们这些特殊的领导人写的。这是党内一种反民主的个人专制主义倾向，是社会上特权阶级的思想在党内的反映。这与我们党的集中制没有丝毫相同之点。这种偏向，在我们党的组织中是存在着的，应该完全肃清它。

有些同志，不了解党的民主制是在集中指导下的民主制，如是他们就使自己的行动脱离党的集中领导，脱离党的整体。他们不顾大局，不顾整体的长远的利益，按照他们自己的兴趣和自己的见解在党内任意地自由地行动。他们不严格地遵守党纪，不执行党的领导机关的决议，在党内传播各种非组织的、非政治的、非原则的言论，或者故意夸大事实，在党内播弄是非，或者在党内实行无限制的空谈与争论，不顾环境的严重与紧急情况，甚至利用党员群众一时在思想上没有准备的盲目状态，来表决自己的要求，利用"多数"的名义来实现自己的企图等。这些就是极端民主化的思想。这与我们党的民主制没有丝毫相同之点。这种思想的危险，正如毛泽东同志所说：
"在于损伤以至完全破坏党的组织，削弱以至完全毁灭党的战
斗力"[206]。这种思想的来源"在于小资产阶级的自由散漫性。
这种自由散漫性带到党内，就成了政治上的和组织上的极端
民主化的思想。这种思想是和无产阶级的斗争任务根本不相
容的。"[207]

党内反民主的专制主义倾向，和党内极端民主化的现象，
是党内生活上的两种极端现象。而极端民主化的现象，又常
常当作专制主义倾向的一种惩罚而出现，凡是专制主义倾向
较严重的地方，那里就可能出现极端民主化的现象。这两种
倾向都是错误的，都极大地妨害与破坏党内的真正统一与团
结，全党必须警惕，严防这些现象的发生。

现在必须放手地扩大我们党内的民主生活，必须实行高
度的党内民主，同时，在实行高度民主的基础上实行党的领导
上的高度集中。

毛泽东同志在党的六届六中全会[173]的报告中说："由于
我们的国家是一个小生产的家长制占优势的国家，又在全国
范围内至今还没有民主生活，这种情况反映到我们党内，就产
生了民主生活不足的现象。这种现象，妨碍着全党积极性的
充分发挥。同时，也就影响到统一战线中、民众运动中民主生
活的不足。"[208]从六届六中全会以来，情形是有了一些变化，
不独中国解放区的民主运动有了极大的发展，就是党内的民
主生活也有了很大的发展，特别在整风运动中，在检查工作的
运动中，党内的民主已有极大的发挥。在党的第七次全国代
表大会以前，干部中对于党的历史、党的路线的深入的自由的

检讨,是党内民主的切实发挥,因而充分地准备了我们这次大会。然而,就全党来说,就各个地方来说,党内民主生活至今还是不足的,还应该继续发展。因此,党章上有许多扩大党内民主的规定。

目前我们党虽然是处在战争中,但我们的战争,是一种长期战争,在我们的技术条件和敌军的情况没有改变以前,基本上还是一种游击战争。因此,凡在游击战争中可以进行的会议和选举,都必须进行,不应借口战争环境,不必要地缩小党内民主。

在解放区,在一切可以召集大会进行选举的地方,党的各级代表大会及党员大会,必须依照党章的规定来召集,并由大会来选举党的各级领导机关。

党章规定:在选举党的领导机关时,除大会主席团有权提出候选人名单外,必须保证各代表团及所有代表都有权提出候选人,并保证选举人有批评与调换每一个候选人的权利。候选人名单,须经过充分的讨论。选举时须按名单进行无记名投票或表决。

党章规定:各地方党的代表大会每二年召集一次,即是说每二年改选党的各级地方领导机关一次,那末在两次代表大会之间,再召集代表会议若干次,来讨论并决定当前的各种工作问题,乃是必要的与可能的。在过去是召集各种大小干部会议来检讨与决定工作问题,而无代表大会与代表会议,在今后则应召集代表大会与代表会议。选举只能每二年进行一次,过多的选举,没有必要,并将妨害工作,因此,除代表大会外还须召集代表会议来检讨与布置工作。这种代表会议,每年可按各地工作需要召集一次至二次,其代表即由下级党的委员会选派。它有权撤换与补选委员会的部分委员,但它的决议和撤换与补选的委员,须经过各该委员会批准,因它比过去的干部会虽有较大的权力,但它还是各该级委员会的下级机关。

省或边区[64]、地方、县、区的代表大会与代表会议,可以轮番召集。比如,今年召集省或边区、县的代表大会,地方与区则召集代表会议;明年召集地方与区的代表大会,省或边区与县,则召集代表会议。

各级党的委员会,应较过去扩大,应将各方面负责的与人民群众有很好联系的干部包括在内。党章规定:在委员会中再组织常委,进行日常工作。在常委委员中,亦须包括各方面负责的干部,成为当地各种工作的经常的总的领导核心。在各级委员会中,除有一个正书记外,可以按工作需要再设一个至两个副书记,以便没有缺陷地照顾全般工作。各级党的委员会,决不是仅仅进行党内的组织工作,而是应该成为当地各种工作的领导集团,党内的组织工作只是党委工作的一部分,而且应由党委的组织部门去作专门的管理。因此,凡是各级委员会比较带普遍性的工作决定和工作计划,应召集全体会议来集体讨论和决定。集体决定之后,就应分途去执行。

扩大党内民主的中心一环,在于启发党员和干部的批评与自我批评。毛泽东同志在他的报告中已着重地说到了自我批评,他说:有无认真的自我批评,是我们和其他政党区别的显著标志之一。要启发党员和干部对党的政策与工作的积极负责精神,要使他们考虑问题,敢于与善于提出问题,发表意见。为此,各级领导机关的负责人,对于自己领导下的工作中的缺点与错误,必须首先进行充分的自我批评,在党员和干部中以身作则,必须有充分的接受别人批评的精神准备,万不可在遇到别人批评时,即冲动暴躁,或采取压制打击等办法。只有如此,党内民主才可顺利发扬,否则,即使按期召集各种大会和会议,仍然可能是死气沉沉的、人云亦云的、照例听报告和举手的、没有生气、没有民主的大会与会议。我们有许多同志,甚至有些负责人,至今还不能很好地领导开会,使会议开好,因此,有许多会议是失败的,或是开得不好的,有时甚至变为党员和群众的严重负担。可见单是多开会,还不是民主,还必须把会开好,必须发扬民主精神,开展批评与自我批评。为此,必须执行毛泽东同志在古田会议决议中关于"怎样使党员到会有兴趣"的指示。

经验证明:凡是那个地方的负责人在党员群众和人民群众中认真地进行了诚恳的与必要的自我批评,那里党员和人民的批评与自我批评也就会开展,积极性也就会提高,内部团结也就会达到,工作也就会改进,缺点也就会克服,而且负责人的威信不独没有损失,反而会提高。这在我们党内及人民中已有无数事实证明了的。相反,凡是那个地方的负责人没有自我批评精神,不肯或惧怕批评自己的缺点与揭露自己的错误,企图掩盖与隐藏自己的缺点和错误,或在别人批评后不表示感谢别人,不是"人告之以有过则喜",而是面红耳赤,反口相讥,或寻隙报复,那末,那里的党员和人民中的民主与自我批评,就不会开展,积极性就不会提高,内部团结就不能达到,缺点不能克服,工作不能进步,负责人的威信也就会丧失。

因此,开展与扩大党内民主,各地党的负责人所负责任是非常之大的。

党章规定:各级党的领导机关和负责人,应该定期地向选举自己的党员和下级组织报告自己的工作。在这种报告中,不只应该说到当前的情况和工作的成绩,而且应该说到缺点和弱点以及工作中的错误,请求自己的选举人和下级组织提出意见和批评。经验证明:许多下级组织和党员干部在工作中所发生的错误与缺点,其责任并不能由下级组织及党员与干部来担负,而应该由上级领导机关来担负。因为这些错误和缺点的造成,许多是因为上级领导机关没有及时地提出任务、指示政策,或者虽然提出了任务,指示了政策,但是没有系统地彻底地解决问题,或者提出的任务,指示的政策本身就有错误。在这种情况下,过多地责备下级组织和党员与干部,把责任向下面推卸的现象,是很不好的,是最能使下级丧失信心和积极性的。当然,下级党委,被领导的党员与干部,如果有错误、缺点,也应一样有自我批评精神。

党内民主的实质,就是要发扬党员的自动性与积极性,提高党员对党的事业的责任心,发动党员或党员的代表在党章规定的范围内尽量发表意见,以积极参加党对于人民事业的领导工作,并以此来巩固党的纪律和统一。只有认真地扩大党内民主,才能巩固党内的自觉的纪律,才能建立与巩固党内的集中制,才能使领导机关的领导工作臻于正确。为此,党章规定:党的各级领导机关,必须遵照党内民主的原则进行工作。

要在党内放手实行高度的民主,决不是要削弱党内的集中制,相反,要在实行高度民主的基础上,同时实行高度的集中。要使高度的民主与高度的集中统一起来,不要使二者对立起来。只有实行高度的民主,才能达到领导上的高度集中;只有在以民主为基础的高度集中领导之下,才能实行高度的民主。认为实行高度的民主就要削弱领导上的集中,是错误的。因此,党章规定:党的各级领导机关遵照党内民主原则进行工作时,不能妨害党内的集中原则,不能使正当的有利于集中行动的党内民主被误解为无政府倾向(向党闹独立性和极端民主化)。

党内民主,必须保证是按照有利于党的事业(即人民的事业)的方向进行,不能松懈党内的战斗意志与战斗团结,不能被暗害分子、反党分子和党内的分裂主义者与投机家、野心家所利用。因此,党章规定:凡关于全党的或地方范围的党的政策与路线问题之彻底检讨与辩论,必须是有领导的,必须是在时间上允许即客观情况不紧急的条件下,并须有中央或地方领导机关的决议。下级组织有过半数以上的提议,或有上级组织的提议,也可以进行这种检讨。

党内的民主应该扩大,但党的决议必须无条件地执行。党员个人服从党的组织,下级服从上级,少数服从多数,全党各个部分组织统一服从中央,党章规定的这些原则,必须无条件地执行。

有些同志在执行这些原则时,是提出条件的,他们或者以同意决议、指示的正确性作为服从的条件,或者以人事上的能力之强弱、地位之高低、党龄之长短、文化程度之高低以及某些历史的恩怨与山头亲疏等关系,来作为服从的条件。应该说:所有这些条件,都是不应该有的。一个共产党员是否有高度的纪律性和遵守纪律的精神,只有在他处于危险的情况下,或者在他与党的组织发生了严重的原则分歧和人事上的分歧之时,才能表现出来。只有当他处在少数地位时,仍然是无条件地服从了党的组织原则,他才是一个有高度纪律性和原则性的党员,才能表示他是顾大局的,是懂得局部服从全体、小道理服从大道理的,懂得个别的原则分歧与人事上的分歧,是应该服从于党的统一与党的纪律之最高原则的。

我们共产党人在任何时候,都不应该提倡盲目的服从。由于我们现在还处在分散的农村游击战争的环境中,各个地区的内外情况,常有极大的悬殊,因此,我们在工作中必须采取"集中领导、分散经营"的政策。采取过分集中经营的政策与平均主义的政策,都是错误的。但分散经营(即各个地区独立地进行工作和具有独立工作的能力,不是闹独立性),不是脱离集中领导,而必须有领导上的集中。在这里,领导机关的决议与指示,常常不能照顾到一切区域的一切情况,而只能是带着一般性的。因此,决议与指示,就常有在一般地区行得通,而在某些特殊地区行不通的情形。领导机关的决议与指示中有错误,在实际上行不通的事情,也常有的。在这种时候,我们就不是提倡盲目的执行与服从,而提倡自觉的认真的执行。这就是说,要认真地研究情况与研究决议、指示,如果发现决议、指示有错误,或者与本地情况不合,就应勇于提出意见,请求上级收回或修改,而不是闭着眼睛,硬要去实行,以至劳民伤财,脱离群众。下级这样做,并不是反抗上级,也不是闹独立性,而正是以认真的精神去执行决议与指示。只有这样的党员,才是最好的党员,他不只是能够独立思考问题,而且能够帮助上级纠正错误、缺点。这是应该特别奖励的。关于执行上级的决议、指示,可以有三种态度:第一,上级的决议、指示,合口味的就执行,不合的就不执行,这叫闹独立性。不管他用什么话来敷衍搪塞,这总是闹独立性,这是要不得的。第二,不问行得通与否,既不研究决议、指示,又不研究情况,盲目地机械地执行,这是一种盲目性。这不是在认真地执行上级的决议、指示,而是在盲目地执行,这也是要不得的。第三,既研究决议、指示,又研究情况,行得通的就坚决执行,行不通的就向上级提出,详尽地报告为什么行不通的理由,请求改变决议、指示。这叫做自觉地认真地执行决议、指示。只有这第三种态度,才是正确的。共产党员的这种创造性与自动性,我们不独不反对,而且应该大大提倡。党反对没有纪律性的、向党闹独立性的倾向,但提倡与奖励每个党员在党的方针下独立思考问题、独立进行工作的创造精神。

领导机关的决议、指示,应该允许下级和党员提出意见,提出怀疑,提出修改。如果是决议、指示真有缺点和错误,应该接受下级意见加以修正,如果是下级的意见不对,也应很好解释,把思想弄通,而决不可对下级加以错误的打击。对任何指示、决议,在请求修改后,上级仍然决定要执行者,均必须执行,不可坚持自己的意见,反抗上级的决定。

共产党的纪律,是建筑在自觉基础上的,不可以把党的纪律变成机械的纪律,变成限制党员自动性与创造精神的所谓"纪律"。应该使党员的纪律性与创造精神结合起来。

党章规定:各级党的组织,必须保证在自己指导下的报纸宣传中央机关与上级组织的决议与所定的政策。这是我们党的统一性与全国性所必需的。中央与上级组织的决议和政策，必须在各地宣传，而与这些决议和政策相反的一切思想，则不应宣传。必须宣传马克思主义的思想，不得宣传违反马克思主义的思想。关于这一点，某些地方党的组织的执行情形并不是很好的。有些报纸，对中央决议与政策宣传不够，并且有过抵触中央决议与政策的文字发生。为此，各级党的组织，必须加以检查和改正。

党章规定：凡关于全国性质的问题，在中央没有发布意见和决定以前，各地方党的组织和党的负责人，除自行讨论及向中央建议外，均不得自由发布意见和决定。这也是党的统一性与全国性所必需的。我们全党只能有一个方针、一条路线，而不能有几个方针、几条路线。对于全国性的问题，只能有一种态度、一种意见，而不应有几种态度、几种意见。凡是应该和必须由中央决定与发布的问题，各地方党的组织，不要越俎代庖，抢在中央之先来发布意见。凡关于全国性的问题，一切党的负责人，包括中央委员在内，在没有得到中央同意前，均不得发布意见。他们可以把自己的意见在当地党的委员会内加以讨论，并向中央提出建议，但是对内对外发布中央尚未发布的意见，或通电各地党委宣传这种意见，则不能允许。因为这种意见与决定如与中央意见和决定相抵触，则在党内，在人民中，在敌人面前，均将留下极不好的影响。在没有或缺少无线电的时期，我们没有强调这一点，但在无线电已经畅通的情形下，这一点是必须强调的。抗战期间，中央曾经几次指示了这个问题。

关于地方性质的问题，党章规定：在不抵触中央与上级决定的条件下，党的地方组织有自主决定之权。在这里，上级组织的过分干涉，代替下级决定问题，也是应该避免的。上级组织向下级提议，帮助下级正确地解决问题，是必需的，但决定之权，应给下级组织。

我们党在许多地区，现在还是处于地下状态。在这种状态下的党的组织，必须采取特别的形式去进行工作。因此党章规定党在公开状态之下的组织形式与工作方法，凡不适用于秘密状态之下的党的组织者，均得变通办理之。这个规定，是必要的，党章所规定的组织原则，全党都必须执行，但党的组织形式与工作方法，是应该依照环境和条件的改变而改变的，这在前面已经说过了。

目前任务和战略部署[*]

（一九四五年九月十九日）

（一）国共谈判[209]暂时很难有结果。国民党[5]军队在敌伪掩护下业已进入许多大城市及交通要道，并有进入北平、天津之可能。伪军几乎全部为国民党掌握。热河[210]及察哈尔[166]两省我必须全部控制，东北全境我亦有控制可能，但红军[211]在十二月初将全部撤离东北（热、察两省将更早撤退），我必须迅速作妥善部署，方能保障我党对于东北的控制。

（二）目前全党全军的主要任务，是继续打击敌伪，完全控制热、察两省，发展东北我之力量并争取控制东北，以便依靠东北和热、察两省，加强全国各解放区及国民党地区人民的斗争，争取和平民主及国共谈判的有利地位。为此，特作下列部署，望坚决执行之。

（甲）晋察冀（除冀东外）和晋绥两区以现有力量对付傅作义[212]、马占山[213]向察哈尔张家口之进攻及将来胡宗南[214]由北平向张家口之可能的进攻，坚决打击傅、马及其他进攻之顽军，完全保障察哈尔全境、绥远[70]大部、山西北部及河北一部，使之成为以张家口为中心的基本战略根据地之一。

---

* 　抗日战争胜利后，在中共中央主席毛泽东赴重庆谈判期间，刘少奇代理中共中央主席的职务。这是根据党中央决策起草的一份党内的指示电。

（乙）山东主力及大部分干部迅速向冀东及东北出动。第一步，由山东调三万兵力到冀东，协助冀热辽军区肃清伪军，开辟热河工作，完全控制冀东、锦州、热河。另由山东调三万兵力，进入东北发展，并加装备。

（丙）华东新四军[122]（除五师外），调八万兵力到山东和冀东，保障与发展山东根据地及冀热辽地区。浙东我军即向苏南撤退，苏南、皖南主力即撤返江北。

（丁）成立冀热辽中央局，并扩大冀热辽军区[215]，以李富春[216]为书记，林彪[217]为司令员。罗荣桓[218]到东北工作。将山东局改为华东局，陈毅[219]、饶漱石[220]到山东工作。现在的华中局改为分局，受华东局指挥，其人员另行配备。

（戊）晋冀鲁豫军区[221]竭力阻滞并打击顽军北上部队，准备三万兵力在十一月调到冀东和进入东北。

（己）全国战略方针是向北发展，向南防御。只要我能控制东北及热、察两省，并有全国各解放区及全国人民配合斗争，即能保障中国人民的胜利。

（庚）关于各区具体部署另定。

以主要力量建立
东、北、西满根据地[*]

（一九四五年十一月——十二月）

一 十一月二十日的电报

（一）退出大城市后，我们在东北要取得对国民党^[5]斗争的胜利，除开竭力巩固一切可能的战略要点外，主要决定于东北人民的支持及我党我军与东北人民的密切联系。因此，你们在一切行动中，必须注意政策，给东北各阶层人民以好的影响。从城市退出时，应保持良好的纪律，除开我们所需要的物资、机器可以搬走外，其他一切工厂、机器、建筑均不要破坏。这些工厂在若干年后，仍将归于我有，不怕暂时让给别人。对铁路，除开军事上有必要者外，亦不要破坏。可以在人民中公开宣传，我们为了避免内战、和平解决国共争端而退出城市，但我们要求东北人民实行民主自治。

（二）你们应迅速在东满、北满、西满建立巩固的基础，并加强热河^[210]、冀东的工作。应在洮南、赤峰建立后方，作长

---

* 这是给中共中央东北局负责人的三份电报。

久打算。在业已建立秩序的地方，要发动群众控诉汉奸及开展减租运动。国民党是不能满足东北人民的要求的。只要我能争取到广大农村及许多中小城市，紧靠着人民，我们就能取得胜利。

二　十二月二十四日的电报

（一）毛主席因疲劳过度，已休息一个多月，现仍在休养中。

（二）东北情况我不会比你更清楚，但我对你们的部署总有些不放心，觉得是有危险性的。你们主力部署在沈阳、长春、哈尔滨三大城市周围及南满，似乎仍有夺取三大城市的态势，而在东满、北满、西满的许多战略要地（如通化、延吉、密山、佳木斯、嫩江、洮南等），并无坚强部队和有工作能力的党的领导机关去建立可靠的根据地。你们屁股坐在大城市附近，背靠有很多土匪的乡村，如果顽军一旦控制大城市，你们在城市附近不能立足时，主力以至全局就不得不陷于被动。你们今天必须放弃争取东北大城市的任何企图。在东北今天的情况下，没有大城市即没有优势。但你们不要在自己立足未稳之前，去企图建立在东北的优势。你们今天的中心任务，是建立可靠的根据地，站稳脚跟。然后依情况的允许去逐渐争取在东北的优势，这应作为下一阶段的任务。你们只有这样做才是稳当的、没有危险的、不会陷于被动的，否则恐有一时陷入被动之危险。

（三）我提议你们把屁股坐在东满、北满、西满等可靠地区，去建立根据地，而不使全局陷入被动。现到东北的主力部队和干部，必须分散部署，应以大半分到东满、北满、西满各战略要地去建立根据地，只留一小半在三大城市附近发展，并准备随时能撤走。你应了解，主力从四周向城市集中是容易的，士气是高涨的，而主力在紧张情况下从城市撤走是困难的，必将引起混乱。你们应趁顽军尚未到达时，将主力从容移至安全地带，在冬季好好进行发动群众建立根据地的工作，这样明春才有办法应付。黄克诚[222]及梁、罗[223]等部亦须迅速分散到全西满各地，才能过活，否则严冬一到，分散与剿匪均难进行，冬季工作将不能获得很好结果。以上意见，请你考虑。如你同意的话，请向东北局提议迅速适当地改变若干部署。

三　十二月三十一日的电报

十二月二十四日你们关于群众工作指示，很好，望切实迅速贯彻执行。如果你们在东北今冬明春能发动广大深刻的群众运动，象大革命[30]时南方的农民运动与工人运动那样，又有十余万主力部队和二十万地方部队与之配合，那你们就不独能够在东北站住脚，而且能争取对国民党的优势，否则你们在东北的地位就将是很危险的。望抓住这一决定性的环节，集中全力，加以解决，这样你们就取得了第一个决战的胜利。你们必须放手发动群众，不要束缚自己的手脚。我们军队不论到任何地方，必须帮助群众剿匪，帮助群众反对汉奸、特务及进行减租、增资，群众才不会讨厌军队。军队必须用心进行群众工作，新建部队亦必须在群众工作中才能巩固起来。东北各地发动群众的具体情况，望经常电告，中央很关心这一工作进行的情况和程度。

关于土地问题的指示 *

（一九四六年五月四日）

根据各地区最近来延安的同志报告，在山西、河北、山东、华中各解放区，有极广大的群众运动。在反奸、清算、减租、减息斗争中，直接从地主手中取得土地，实现"耕者有其田"，群众热情极高。在群众运动深入的地方，基本上解决了或正在解决土地问题。有些地方，运动的结果，甚至实现了"平均土地"，所有的人（地主在内）都得了三亩土地。

另一方面，一部分汉奸、豪绅、恶霸、地主逃跑到城市中，则大骂解放区的群众运动。有些中间人士则发生怀疑。党内亦有少数人感觉群众运动过火。

在此种情况下，我党不能没有坚定的方针，不能不坚决拥护广大群众这种直接实行土地改革的行动，并加以有计划的领导，使各解放区的土地改革，依据群众运动发展的规模和程度，迅速求其实现。

各地党委在广大群众运动面前，不要害怕普遍地变更解

---

* 抗日战争胜利后，以反奸清算、减租减息为内容的群众运动广泛深入地开展，农民群众迫切要求获得土地。中共中央决定把减租减息政策改为没收地主土地分配给农民的政策。本文是为中央起草的党内文件，通常称"五四指示"。

放区的土地关系,不要害怕农民获得大量土地和地主丧失土地,不要害怕消灭农村中的封建剥削,不要害怕地主的叫骂和诬蔑,也不要害怕中间派暂时的不满和动摇。相反,要坚决拥护农民一切正当的主张和正义的行动,批准农民获得和正在获得土地。对于汉奸、豪绅、地主的叫骂应当给以驳斥,对于中间派的怀疑应当给以解释,对于党内的不正确的观点,应当给以教育。

各地党委必须明确认识,解决解放区的土地问题是我党目前最基本的历史任务,是目前一切工作的最基本的环节。必须以最大的决心和努力,放手发动与领导群众来完成这一历史任务,并依据下列各项原则,给当前的群众运动以正确的指导。

(一)在广大群众要求下,我党应坚决拥护群众在反奸、清算、减租、减息、退租、退息等斗争中,从地主手中获得土地,实现"耕者有其田"。

(二)坚决用一切方法吸收中农参加运动,并使其获得利益,决不可侵犯中农土地。凡中农土地被侵犯者,应设法退还或赔偿。整个运动必须取得全体中农的真正同情或满意,包括富裕中农在内。

(三)一般不变动富农的土地。如在清算、退租、土地改革时期,由于广大群众的要求,不能不有所侵犯时,亦不要打击得太重。应使富农和地主有所区别,对富农应着重减租而保存其自耕部分。如果打击富农太重,将影响中农发生动摇,并将影响解放区的生产。

(四)对于抗日军人及抗日干部的家属之属于豪绅地主成

份者,对于在抗日期间,无论在解放区或在国民党[5]区,与我们合作而不反共的开明绅士及其他人等,在运动中应谨慎处理,适当照顾,一般应采取调解仲裁方式。一方面,说服他们不应该拒绝群众的合理要求,自动采取开明态度;另方面,应教育农民念及这些人抗日有功,或是抗属,给他们多留下一些土地,及替他们保留面子。

（五）对于中小地主的生活应给以相当照顾,对待中小地主的态度应与对待大地主、豪绅、恶霸的态度有所区别,应多采取调解仲裁方式解决他们与农民的纠纷。

（六）集中注意于向汉奸、豪绅、恶霸作坚决的斗争,使他们完全孤立,并拿出土地来。但仍应给他们留下维持生活所必需的土地,即给他们饭吃。对于汉奸、豪绅、恶霸所利用的走狗之属于中农、贫农及其他贫苦出身者,应采取争取分化政策,促其坦白反悔,不要侵犯其土地。在其坦白反悔后,须给以应得利益。

（七）除罪大恶极的汉奸分子的矿山、工厂、商店应当没收外,凡富农及地主开设的商店、作坊、工厂、矿山,不要侵犯,应予以保全,以免影响工商业的发展。不可将农村中解决土地问题、反对封建地主阶级的办法,同样地用来反对工商业资产阶级。我们对待封建地主阶级与对待工商业资产阶级是有原则区别的。有些地方将农村中清算封建地主的办法,错误地运用到城市中来清算工厂商店,应立即停止,否则,即将引起重大恶果。

（八）除罪大恶极的汉奸分子及人民公敌为当地广大人民群众要求处死者,应当赞成群众要求,经过法庭审判,正式判处死刑外,一般应施行宽大政策,不要杀人或打死人,也不要多捉人,以减少反动派方面的借口,不使群众陷于孤立。反奸清算是必需的,但不要牵连太广,引起群众恐慌,给反动派以进攻的借口。

(九)对一切可能团结的知识分子,必须极力争取,给以学习与工作机会。对开明绅士及其他党外人士,或城市中的自由资产阶级分子,只要他们赞成我们的民主纲领,不管他们还有多少毛病,或对于目前的土地改革表示怀疑与不满,均应当继续和他们合作,一个也不要抛弃,以巩固反对封建独裁争取和平民主的统一战线。对于逃亡的地主及其他人等,应让其回家,并给以生活出路。即使其中有些人回家目的在于扰乱解放区,亦以让其回家置于群众监督之下为有利。如此,可以减少城市中反对群众的力量。

(十)群众尚未发动起来解决土地问题的地区,应迅速发动,务必在今年年底以前全部或大部获得解决,不要拖到明年。但在进行斗争时,必须完全执行群众路线,酝酿成熟,真正发动群众,由群众自己动手来解决土地问题,绝对禁止使用违反群众路线的命令主义、包办代替及恩赐等办法。

(十一)解决土地问题的方式,群众已创造了多种多样。例如:

(甲)没收和分配大汉奸土地。

(乙)减租之后,地主自愿出卖土地,佃农以优先权买得此种土地。

(丙)由于在减租后保障了农民的佃权,地主乃自愿给农民七成或八成土地,求得抽回三成或二成土地自耕。

(丁)在清算租息、清算霸占、清算负担及其他无理剥削中,地主出卖土地给农民来清偿负欠。

农民用以上各种方式取得土地,且大多数取得地主书写的土地契约。这样就基本上解决了农村土地问题,而和在内战时期解决土地问题所采用的方式[224]大不相同。使用上述种种方式来解决土地问题,使农民站在合法和有理地位,各地可以根据不同对象,分别采用。

(十二)在运动中所获得的果实,必须公平合理地分配给贫苦的烈士遗族、抗日战士、抗日干部及其家属和无地及少地的农民。在农民已经公平合理得到土地之后,应巩固其所有权,发扬其生产热忱,使其勤勉节俭,兴家立业,发财致富,以便发展解放区生产。在解决土地问题后,凡由于自己勤勉节俭,善于经营,因而发财致富者,均应保障其财产不受侵犯。因此,不可无底止地清算和斗争,妨害农民的生产兴趣。对于一部分有游惰情绪的人及二流子,应加以教育,使他们从事生产,改良生活。

(十三)在运动中及土地问题解决后,应注意巩固与发展农会和民兵组织,发展党的组织,培养提拔干部,改造区乡政权,并教育群众为保卫已得的土地和民主政权而斗争,为国家民主化而斗争。

(十四)凡我之政权不巩固、容易受到摧残的边沿地区,一般不要发动群众起来要求土地,就是减租减息[144]亦应谨慎办理,不能和中心区一样,以免造成红白对立及受到摧残。但在情况许可的地区,又当别论。

(十五)各地党委应当放手发动与领导解放区的群众运

动,依照上述各项原则,坚决地去解决土地问题。只要能遵守上列各项原则,保持农村中百分之九十以上人口和我们党在一道(农村中雇农、贫农、中农、手工工人及其他贫民共计约占百分之九十二,地主、富农约占百分之八),保持反封建的广泛统一战线,我们就不会犯冒险主义的错误。如果我们能够在一万万数千万人口的解放区解决了土地问题,就会大大巩固解放区,并大大推动全国人民走向国家民主化。但是,如果我们不能遵守上述各项原则给运动以正确的指导,如果侵犯中农土地或打击富农太重,或不给应该照顾的人们以必要的照顾,那会使农村群众发生分裂,因而就不能保持百分之九十以上人口和我们党一道,就要使贫农、雇农和我们党陷于孤立,就要增加豪绅、地主和城市反动派的力量,就要使群众的土地改革运动受到极大的阻碍,这对于群众是很不利的。因此,必须说服群众和干部遵守上述各项原则,对于群众方为有利。

(十六)因此,各地必须召开干部会议,总结经验,讨论中央指示,向一切党的干部印发并解释中央指示;根据当地具体情况,确定实施中央指示的计划;调动大批干部,加以短期训练,派到新区去进行这一工作。同时向党外人士作必要与适当的解释,指出解决土地问题是百分之九十以上人民群众的正当要求,合乎孙中山主张与政协决议[225],而且对各色人等及地主富农有相当照顾,因此应当赞助农民的要求。同时各地应当教育干部,特别是区乡干部,发挥共产党员为人民服务的精神,不要利用自己的领导地位取得过多的利益,以免引起群众不满,转向同干部作斗争。如果此种斗争已经发生,则应劝告干部采取公平态度解决问题,以免脱离群众。

（十七）几年来，各地正确执行了一九四二年中央土地政策的决定[226]，发动了广大群众运动，支持了抗日战争。由于目前清算减租运动的发展和深入，实际上不能不依照广大群众的要求，对土地政策作重要的改变，但不是全部改变，因为并没有全部废止减租政策。

（十八）党内在土地问题上发生的右的与左的偏向，各地应根据本指示，以充分的热情与善意进行教育，加以纠正，以便领导广大群众为完成土地改革、巩固解放区而奋斗。

在全国土地会议上的结论[*]

（一九四七年九月十三日）

全国土地会议开了将近两个月。在会议上，各解放区同志就土地改革情况作了报告，交流了经验，提出今后进行土地改革的意见，并进行了反复讨论。同志们发扬自我批评精神，实事求是，不夸张，不抹煞，有功不骄，有过不隐，好就是好，坏就是坏。这样的精神和态度是好的。因此就能平心静气，发现真理，发现错误，坚持真理，纠正错误。

土地会议有个发展过程。在开始的阶段，一些观点、论点、看法和政策有缺点，甚至有错误，后来修改了。可见大会是实事求是的，也看到我们这些人，包括我在内，是会有错误的。开始有错误，后来改了，这就对了。领导人不可能是十全十美的，要求领导人把一切问题都解决，是不可能的。占着领导地位的人（我们大家大小都是领导干部）自己应如此想：我说的话、决定的政策，应力求完满，缺点少，不犯错误。但事实却往往相反，运动发展过程证明总不是那样完满，原来的决定

---

* 一九四七年三月中共中央决定，以刘少奇为书记，组织中央工作委员会，进入晋察冀解放区，主持中央委托的工作。一九四七年七月十七日至九月十三日，刘少奇在河北省平山县西柏坡村主持召开全国土地会议并作了报告。这是在会议上所作结论的节录。

总会需要修改,甚至有根本的错误。下面工作的同志,要求上面的领导指示都是正确的,这当作一般要求是可以的,但世界上没有一个十全十美的领导者,古今中外都没有。领导者主观上要求不犯错误,结果也往往会有错误的。不怕有错误,只要能发现错误,寻找原因,迅速修正错误就好了。大会开得好,错误发现了,修正了,真理也发现了。我们准备坚持真理,随时修正错误,这是毛主席的口号。今后要继续去发现我们的错误。《土地法大纲》[227]等文件还可能有错误,要准备去发现,准备由历史来证明、来作结论。现在我来作会议的结论,是否对,也要由历史来证明。

一

　　"五四指示"[228]后,一年多来各解放区都进行了伟大的土地改革运动,发动了广大群众。一般讲,运动得到很大成绩,但大部分地区不彻底,即使比较彻底的地方也还有若干毛病。土地改革不彻底的原因有以下三个:(1)指导土地改革的政策不彻底;(2)党内不纯;(3)官僚主义的领导。

　　首先分析第一个原因,即指导土地改革的政策不彻底。我们党解决土地问题已有几十年的历史。经过十年内战,我们对土地革命有了经验。抗日战争开始后,将没收地主土地改为减租减息[229]。这个改变,在领导机关讲是完全自觉的,是在一贯坚定的土地政策之下自觉地让步。到情况发生变化,让步的条件和原因发生变化时,又由减租减息转变为"耕者有其田"。这就是去年的"五四指示"。"五四指示"是很大的一个转变,这个转变是正确的,但是转变得还不彻底。由减租减息到现在这次会议决定平分土地,中间经过一个"五四指示"。从"五四指示"以来,时间是一年零三个月。一年多的经验证明,一定要有象今天这样的彻底平分土地政策,才能彻底解决农民土地问题。

　　"五四指示"是由减租减息到彻底平分土地的过渡政策,有其历史的来龙去脉。从"五四指示"当时的情况和环境条件来看,要求中央制定一个彻底平分土地的政策是不可能的。因为当时全国要和平,你要平分土地,蒋介石打起来,老百姓就会说,打内战就是因为你共产党要彻底平分土地。当时广大群众还没有觉悟到和平不可能,还不了解与蒋介石、美国和不了。假如只根据我们共产党的了解,认为与蒋介石和不可能,与美国和不可能,因而就决定不和的政策,那就会脱离广大群众。为了既不脱离全国广大群众,又能满足解放区群众要求,二者都照顾,使和平与土地改革结合起来,结果就产生了"五四指示"。这不算错误,应当如此决定。今天情形不同了,全国人民认为与蒋介石和不可能了,我们党提出打倒蒋介石的口号,进行人民解放战争。现在党与群众的思想准备成熟了,形势也成熟了,提出彻底平分土地是适时的,不迟也不早。

　　第二,党内不纯。这是土地改革不彻底带基本性质的原因。党内不纯在一年土地改革中更加证明、更加暴露了。可以这样说,党内不纯的情况不改变,即便政策彻底也不行,不只是不能完成土地改革任务,也不能进行战争,还会使党走向灭亡。党内组织上、思想上不纯,上一次报告[230]讲过。党内小资产阶级自发性的弥漫，自由主义，宗派主义，组织上混乱等，都是党内不纯。地主富农混进来，党内阶级路线、阶级观点模糊，就使得土地改革不能彻底。

第三，官僚主义。从现象上来讲，最严重、妨碍群众最大的，就是那种"雷厉风行"强迫命令的官僚主义。还有一种就是"饱食终日，无所用心"的官僚主义，连孔夫子都反对，我们还能不反对么？那种"雷厉风行"强迫命令的官僚主义，不发动群众，不启发群众，不等待群众觉悟，而站在群众头上，命令群众，这是不允许的。为"完成任务"而强迫命令是错误的，不能鼓励，不能批准，不能撑腰。愈奖励愈来强迫命令，愈是"完成任务"，那就不得了。官僚主义是地主阶级、剥削阶级的思想反映到无产阶级的政党里来，一些党员受了影响。还有，无产阶级、劳动群众的觉悟和文化程度不够，使那些官僚主义者能利用群众的弱点，钻空子来整群众。所以，领导机关要小心，不要看见形式上完成任务就奖励，那样可能上大当，奖励了官僚主义。奖励官僚主义的人，也是官僚主义。今后不仅要看是否完成任务，还必须考查是怎样完成任务的。官僚主义与党内不纯是相联系的，党内不纯则官僚主义更厉害。有些官僚主义者，是以国民党[5]的方式来统治群众。工农分子搞官僚主义，是受了地主富农的影响，要教育批评，必要时要处分，处分也是为了教育。要发扬民主，订立一套民主制度，便利群众去监督，保证群众有很多机会、用各种形式来反对官僚主义。

二

　　会议上通过的《土地法大纲》，代表着今天土地政策的基本和主要部分。《土地法大纲》还要经中央修改、批准后再发给你们，可先根据此草案去准备。从草案来看，政策已彻底了。依靠贫雇农团结中农的路线，在实行彻底平分的方针下也不变，还是这个路线。彻底平分土地一定要团结中农，不仅不可以少注意，而且更要注意。一部分中农虽然抽出土地，但大部分中农得到土地。就是对抽出土地的富裕中农也要设法团结他们，必要时可设法在别的方面予以补偿，比如在政治待遇方面或分些别的东西给他们。为了使他们不受地主富农影响来反对我们，群众所采用的抽地方式要好些。个别中农不愿意抽，就不要强迫去抽。如果有的中农坚决反对平分土地，甚至与地主富农搞在一起，那自然要进行必要的斗争，但斗争还是为了团结中农。

　　《土地法大纲》在政策上没有规定区别对待，但实行中可以有所区别。如对不同的地主、地主与富农、旧富农与新富农等，在实际执行中还是区别一下好。对大地主、恶霸可斗得凶一些，对于那些愿意投降的中、小地主就轻一些。不过，要在基本上不牺牲群众利益或保护群众利益之下，在执行平分土地政策之下来区别，不能因为区别和照顾而牺牲群众基本利益或不实行平分。区别，基本上是根据群众意见。利用矛盾，争取多数，反对少数，在满足贫雇农要求的方针下，分化敌人营垒。应该有此斗争策略。

关于打乱平分问题。一般讲,党与政府不要大宣传打乱平分,一定要照《土地法大纲》宣传,不许宣传其他东西。打乱平分,虽然有它的好处,但阻力太大,为了减少阻力,还是用抽多补少,抽肥补瘦的办法好。

对地主,一定要使他低头屈服,要监视管制起来。对不屈服的、顽固反抗的,可暂时不分给本人土地,但一经屈服就要分给。如地主坚持顽抗、反革命时,一定要严格镇压。有的富农反对彻底平分政策,甚至不比地主弱。中国富农有许多方面比地主本事还多一些,要知道,地主很难争取到中农反对革命,而富农接近中农,影响中农的可能性较地主为大。所以,对富农要特加注意。在做法上、政策上对富农与地主要有些区别,以便不使他们与地主一道反对革命;如果他们反对革命,就要镇压。

《土地法大纲》经中央批准后,要与群众直接见面。各地订的细则如有与《土地法大纲》抵触的,以《土地法大纲》为依据。平分土地要组织群众、发动群众自己去搞。最可怕的是群众还没有发动,还没有与地主撕破脸,仅仅由几个干部包办。苏维埃[6]时期的经验,彻底平分土地一定要组织队伍,发动贫农、雇农组织农会,群众觉悟了才行。不去组织队伍,不提高群众觉悟,是不能分好的,就是分了也不巩固。

政策上有个问题要提一下,就是工商业问题。工商业肯定要保护。有的工商业者有土地可以分,其他不动;有些地主有工商业,工商业部分不动;有的地主把东西转移到铺子里,可以命令退出。特别是城市里,一切工厂商店,一律不动,让它去经营。

三

上面讲了一年来土地改革不彻底的原因有三个。今天，政策不彻底这一条解决了，今后只有两个问题，即党内不纯和官僚主义。有了彻底的政策，有了贯彻政策的纯洁的党组织，又有了好办法，不是官僚主义的而是群众路线的，土地改革就一定能进行到底。所以，整编队伍就成了首要关键。队伍有两个，一个是党的队伍，一个是群众队伍，而决定的一环首先是党的队伍，即群众的参谋部。党搞好了，其次是群众队伍，群众队伍的整编决定于发动群众。整编队伍的方法，上次报告中已详细讲了，还是"思想打通，组织整顿，纪律制裁"。对混进党内的地主、富农、阶级异己分子和蜕化分子要清洗；对小资产阶级思想和自由主义要进行思想斗争。党内思想斗争以反右为主，防止左倾。特别是在贯彻平分土地政策的情况下，左倾情绪在党内、群众中有很大的基础。这就是流氓小资产阶级的狂热性、投机性；有的地主富农出身的党员干部怕别人说右，故意搞"左"；党内还流传着一种"左"比右好的观点。有犯左倾错误的环境与条件，再加上土地分配方法简便，容易使我们犯左倾错误。必须搞好正面宣传：如何整党，如何斗争，如何分配，怎样搞就对，怎样搞就错。思想上必须提倡为人民做长工，要提得响亮。鲁迅先生说："俯首甘为孺子牛"。我们的干部、共产党员要甘心给老百姓做牛马，凡不愿意给老百姓当长工、当牛马的可以退党。退党有自由，入党没有自由。如果有的党员站在人民头上胡作乱为而不受到打击，领导机关熟视无睹，不设法整顿，领导也有问题，要批评，要改正。同时，党内要表扬好的、为人民当长工的。要把表扬与批评结合起来。没有功而表扬，则是丑表功。我们是有功则表，无功则不表，有过则批评，无过不批评。有些地方单表扬是不对的。整党也要有批评有表扬。整党分为两步，一是由上而下思想打通，组织整顿，纪律制裁，目的是去掉障碍，去掉障碍才能彻底实现土地改革；土地改革之后，由下而上地整上来，这是巩固党，扩大战果，在毛泽东思想基础上，把党的经常制度、正确作风建立起来，使党的面貌焕然一新。

整党中，对犯错误的同志一方面要严格，不放任，不搞自由主义；另一方面对愿意改正错误、愿意学习的同志要热情帮助，要给他们以工作和学习的机会，还要照顾他们的生活。要把严格与热情结合起来，放任与冷酷都要不得。"不教而诛"是不对的，要教育才行。没有讲清楚，不处分；教育了，纪律说清楚了，再犯错误就要处分。处分第一次轻一些，二次三次重一些。该处分的必须处分，否则就失去了党的严肃性。要把讲清楚以前与讲清楚以后区别开来，这是领导机关的责任。

整党中要注意清查反革命分子。我们这样大的党，一定会有混进来的国民党特务，但为数不多。对特务案子处理要慎重，凡特务案子一律不准许在下面处理，要送到保卫机关审查清理。土地改革中对反革命案子的处理也要慎重。组织人民法庭，我们没有经验，大家可以去创造。

四

一般来讲，干部在执行群众路线上（考虑问题、解决问题、决定政策、执行政策）都进了一步，但是还没有彻底解决。

群众观点是革命观点、革命精神，它与无产阶级的立场、对人民的情感都有联系。没有这些，就不会有彻底的群众路线。要相信群众有创造力，能创造一切，群众是聪明的。不相信这些，就没有群众观点，就不会有群众路线。

有人以为要群众路线，就不要领导了，这种理解很简单、很庸俗。一切领导，包括军事、政治、经济、文化的领导都要有群众观点，走群众路线。所谓走群众路线，就是领导者走群众路线。问题是领导决定政策、考虑问题、决定办法时，要有群众观点，要走群众路线。人民群众的利益高于一切，把党的利益与群众利益对立起来是错误的。

我们的群众路线即马列主义的阶级路线。所以，只有坚持马列主义、无产阶级立场，才有彻底的群众路线。党性不纯的人不可能走群众路线。

群众路线是党的根本路线。离开群众路线，党的政治、组织、军事及其他一切就不可能有正确路线。决定政策要有群众观点、群众路线，执行政策也要有群众观点、群众路线。一切政策的决定、修改和执行，口号的提出与转变，都必须有群众观点，走群众路线。测量政策的正确与否，要以最大多数人民的最大利益为标准。比如，十年内战时期没收地主土地的政策，到抗日战争时期转变为减租减息政策，是从群众利益出发决定的。"五四指示"也是从群众利益出发决定的。今天彻底平分土地，对解放区群众有利，对自卫战争有利，即对全国人民有利。

决定政策的方法，是从群众中来，政策决定后，要拿到群众中去宣传解释，拿到群众中去执行。对的，就有群众拥护；错的，就没有群众拥护。群众反对的、不拥护的，就有问题。我们的政策，唯一目的是为了群众利益。政策要群众自己去执行，但我们先锋队要领导，不要包办代替。群众没起来，去代替群众，是不对的。群众发动起来了，必须有领导，对群众中的错误意见，要说服教育。不是说，不要包办代替就什么也不做了，尾巴主义、自发论也要不得。

五

方针政策应根据不同地区的情况贯彻执行。这次会议决定的政策，可以全部适用于比较巩固的解放区。在特殊地区、游击区、战区和新区，可以特殊一些，务使适合于当地的环境，不能机械执行。

青年团问题，由中央决定后就着手去办。头一步要选择和训练一批青年干部。在土改中把青年团下层组织形成起来，选择积极分子加以训练。中央局、区党委要选择一批有群众工作作风的、虚心的、能接近群众而没有官僚主义毛病的青年干部去做青年团工作。

妇女工作要重视。妇女工作是党的和群众工作的重要的一部分，必须注意去做。经验证明，单靠女同志把妇女工作做好是不可能的,应当由全党来做。土地改革中要进行妇女工作,根据妇女觉悟程度决定政策,采取办法。妇女婚姻自由的主张,我们共产党应该拥护,现在慢点讲可以,但不能不赞成。婚姻自由是妇女的基本权利之一。贫雇农一起来之后,不只是打倒地主的神权、财权、地权,还要打倒夫权,这是今天妇女解放的一个条件。

生产问题。董老[231]讲了,我赞成。同志们在土改中,要调查土地情况,村财政要整理好,其他负担方面也要搞好,但主要是组织互助,把生产力从封建束缚下解放出来。

军队问题。土地改革后群众有了新气象,党有了新气象,军队也应有新气象。在部队中要给翻身农民撑腰,要反对军阀主义和官僚主义。军队必须参加土地改革,军队有很多人,有很大力量。军队里边有许多好作风,地方要学习。军民关系搞好就是增加了战胜蒋介石的力量,军队打了胜仗,也增加了地方力量。

最后讲几句。实行这样的彻底平分土地的政策,整顿党,整顿作风,直接的目的是为了广大农民的利益,为了把土地改革这一基本任务完成。解决土地问题是直接关系到几百万几千万人的问题,就全中国来说,是几万万人的问题。这直接是农民的利益,同时也是全民族的利益,是中国人民最大的最长远的利益,是中国革命的基本任务。只有发动群众,彻底进行土地改革,把党整纯洁,才能战胜蒋介石。我们解放区有一万万五千万人口,蒋管区有三万万多人口,比我们多,但蒋介石那里农民没有翻身,在反对他,在他的脚下安了"碴子"。我们这里农民翻了身,我们脚跟站得更稳了。这样,就将使我们与蒋介石在力量对比上发生根本的变化。他那里有三万万人，但没有人拥护他，还反对他；我们有一万万五千万人，群众自动参军参战，人力、财力、物力是无穷的。晋冀鲁豫那里，刘、邓[232]带走五个纵队，又组织五个开走了，现在又在组织五个，几十万人参军。负担问题也是一样，农民翻了身，生产提高，从前出三斗公粮还嫌重，现在出六斗也愿意。只要一万万五千万人翻身，我们的力量就比蒋介石大，后备力量就比他大得多。晋冀鲁豫现在仅有七百万人彻底翻身，即有那么大的力量，我们今后搞他七千万或两个七千万，力量是不可限量的呀！中央苏区[233]过去只有二百多万人口，几个县的土地改革搞彻底了，支持了多年战争，抵住了蒋介石，直到现在还在那里搞。土地改革搞彻底，群众发动好，力量是无穷尽的。几个县搞好就有那么大的力量，我们搞他三百个、成千个县，农民都起来革命，蒋介石有什么办法？天王老子也没有办法。解放区搞好了，蒋管区群众也要起来。解决力量对比关系，就要实行土地改革。蒋介石靠美国，我们是靠老百姓。但靠老百姓要有两个条件：第一个就是反对地主，平分土地；第二个就是民主，不准许站在人民头上屙屎撒尿。这两个条件我们可以做到，做不到就不象个共产党的样子。实行土地改革是争取爱国自卫战争胜利最基本的一环，有决定意义的一环，我们有信心能做好。大体上半年可以完成一个大概，以后再仔细搞。我们党内虽然有些不好的现象，要洗刷、批评，但多数同志是好的、忠实于人民的，因而一定能够胜利完成土地改革，一定能够战胜蒋介石。最后胜利是属于我们的！

对华北记者团的谈话[*]

（一九四八年十月二日）

同志们：

很久以前，就想和你们做新闻工作的同志们谈一次话，我过去只和新华社同志谈过，和多数同志没谈过。谈到办报，我是外行，没办过报，没写过通讯，只是看过报，因此，你们工作中的甘苦我了解得不真切。但是，作为一个读者，我可以向你们提点要求。你们写东西是为了给人家看的，你们是为读者服务的。看报的人说好，你们的工作就是做好了。看报的人从你们那里得到材料，得到经验，得到教训，得到指导，你们的工作就是做好了。

报纸办得好，就能引导人民向好的方面走，引导人民前进，引导人民团结，引导人民走向真理。如果办得不好，就存在着很大的危险性，会散布落后的错误的东西，而且会导致人民分裂，导致他们互相磨擦。因此，新闻工作的影响是很大的。你们的工作做得好，就很好；做得不好，就要受历史的

---

*　一九四八年九十月间，中共中央为了改进和加强新闻工作，在河北省平山县西柏坡村召集人民日报社、新华社华北总分社的部分记者进行学习。这个谈话是在这次学习的集会上发表的，通常称为"对华北记者团的谈话"。

处罚。

新闻工作很重要，党很重视这个工作。党历来的文件、书刊都曾说明党报的重要性。《联共党史》[146]说了党报的重要性，说明它组织和团结了群众，起了指导革命的作用，而且说它是"中心"。俄国在创立社会民主工党的时候，列宁认为，要首先搞清思想界限，宣传党应该如何建设，方针是什么，路线是什么，然后再来建党[234]。原则问题没搞清楚，建党建不好。如何把原则性的问题搞清楚？办报，办全国性的报纸，使报纸起中心一环的作用。

我们党必须和广大群众保持密切的联系，如果和群众联系不好，就要发生危险，就会象安泰[235]一样被人扼死。共产党也会被人扼死的哩！党什么也不怕，就怕这一项。美帝国主义，我们是从来不怕的，原子弹，我们也是不怕的。党的第一次全国代表大会，只有十二个代表，手无寸铁，就说要打倒帝国主义、打倒军阀。帝国主义，地主阶级，资产阶级，都不足怕。我们根据马列主义分析的结果，知道它们要死亡的，无产阶级硬是要发展的，这是历史的必然。所以，我们没有什么可怕的，这是从总的方面来说的。但是，我们就是怕脱离群众。因此，我们到处宣传这一点，每个共产党员都要宣传这一点，在任何地方、任何时候，都要和群众密切联系，而且不断地巩固扩大这种联系。现在，我们和群众是有联系的，但是还不够；要说已经联系得够了，工作做好了，那比一万美国军队还可怕，因为不再要求不断巩固扩大同群众的联系了。甚至有人说，老百姓算什么，有点官僚主义算什么！这就比一百万美国军队更可怕。

我们所说的和人民群众联系，主要是指和劳动人民的联系，而且我们要不断地巩固和扩大这种联系，一天也不能中断，叫做时时刻刻保持和群众的联系。

这是讲联系群众的重要性。那末，怎样联系群众呢？怎样巩固与扩大这种联系呢？

列宁说，党要通过千百条线索和群众联系起来。是的，我们党要通过千百条线索和群众联系起来，而你们的工作、你们的事业，就是千百条线索中很重要的一条。报纸每天和群众见面，每天把党的政策告诉群众。军队是党联系群众的桥梁，人民代表会、合作社等也是党联系群众的桥梁。没有这些桥梁，党和人民群众的联系就断了，党和人民之间就有了鸿沟，因此必须有这些桥梁。千座桥，万条线，主要的一个就是报纸。

报纸要能够密切联系群众，那是很好的；但是，如果给群众以错误的东西，散布坏影响，散布错误的思想、错误的理论、错误的政策，把群众中的消极因素、落后因素、破坏因素鼓动起来，就要犯大的错误。因此，报纸工作如果做不好，就是最厉害的脱离群众，就会发生很危险的情况。

办报是联系群众很重要的工作，你们就是做这个工作的。

有的同志说，做新闻工作没有兴趣，没有味道，担心是不是有前途。很明白，这是不懂得你们工作的重要性，自己轻视自己。当然，除了新闻工作，还有别的重要工作，打仗、生产都是重要工作。不能这样讲，"只有我重要"。要了解，除开前方有军队打仗，后方有人办工厂，有人做党的工作等，还需要你们，这是必要的社会分工。

党是依靠你们的。党怎样领导人民呢？除了依靠军政机关、群众团体领导人民之外，更多更频繁的是依靠报纸和通讯社。现在我们铁路不大通，邮政也不大通，和广大群众通点消息，就靠新华社、广播台了。中央就是依靠你们这个工具，联系群众，指导人民，指导各地党和政府的工作的。

人民也是依靠你们的。人民想和中央通通气，想和毛主席通通气，有所反映，有所要求，有所呼吁。许多人不会写字，邮路不通，电报不通，见毛主席很难见到。本来天天见面就好了，可是办不到。你们记者是要到各地去的，人民依靠你们把他们的呼声、要求、困难、经验以至我们工作中的错误反映上来，变成新闻、通讯，反映给各级党委，反映给中央，这就把党和群众联系起来了。

我们的报纸现在有几十种，将来全国会有几百种，如果能比较真实、全面、深刻地把群众的情绪、要求、意见反映出来，那不知会起多大的作用。你们要和群众生活在一起，了解他们真正的情绪和要求，看他们反对什么，拥护什么，要求什么，把这些东西反映出来。不相关的人看看也许就算了，相关的人就会好好注意，就得到了你们的帮助。我们要了解群众，向群众学习。不经过和群众有联系的干部，不经过人代会，不经过你们，就没有别的办法，那就危险得很。我们坐在这里，危险得很哩！搞错了没有？这是我们经常要考虑的问题。

党依靠你们的工作，指导群众，向群众学习。因此，你们做得好，对党对人民的帮助就大；做不好，帮助就不大；如做错，来个"客里空"[236]，故意夸大，反映得不真实，就害死人了。因此，这是个很严肃的工作，一定要认真负责地从事你们的事业，要对党对人民有很大的责任心。搞“客里空”是会受处罚的。有些资产阶级的记者是靠拍马屁吃饭的。在我们党内，有没有喜欢别人吹拍的戈尔洛夫[237]呢？有的。你批评他，他不高兴，你给他吹吹拍拍，他高兴了。因此，“客里空”还有点地位，因为党内还有资产阶级影响，“客里空”还能靠这点残余吃饭。不过这不可靠，哪一天一说整党，就糟糕了，靠资产阶级影响得彩的“客里空”一下子就不行了，这是他们应该有的前途。不靠广大人民吃饭，不靠真理吃饭，你的事业就靠不住。如果你的事业建筑在人民利益与真理上面，那才是可靠的。这样，即使你批评了别人，吃了人家一顿骂，也不要怕。只要我们的工作建立在党的路线、方向上，即便一时不得彩，也不要怕，要能坚持，要有点硬劲，要有点斗争性，要象鲁迅那样有骨头，没有骨头，是硬不起来的。为了人民的事业，你们要经得起风霜，要经得起风浪，要受点锻炼，要学得经验。你们不受多次波折，怎么能锻炼出来！

　　你们就要出去了，要到群众中去了。听说你们在这里学习后，把握增大了，信心提高了，这很好。又听说你们感到知道的东西很少，担心下去会碰到困难，把握还不够，信心还不高。你们还年轻、幼稚，还不成熟，还不能自立，这些党是看到了的。怎么办呢？要不断学习。你们可以互相学习，也可以看国民党[5]的报纸，看外国通讯社的报道，人家有许多东西不比你们写得差，甚至还好些。如果你们的工作完全建立在这三个星期的学习上，那是不够的。你们要看一看，做新闻工作需要些什么条件，需要些什么知识，自己必须独立学习、努力学习。这样，你们就有了主动性。

你们的工作还没有上路，我的估计是这样子的。你们的工作还有些象豆芽，还在生长的阶段，但是生命力很强，将来是会上路的。那时你们对工作就会是熟练的、顺手的了。党老早就办报了，办报的人还没有上路，这是不是估计过低了呢？如果估计过低，那就对不起了，如果估计得对，你们就警惕。

为什么说你们还没有上路呢？这是有理由的。共产党办一件事情，要重新创造，要积累经验，一时办不好，并不奇怪。即使如此，我们也不比资产阶级落后。资产阶级办报是经过好多年才上路的，把办了几十年的《申报》[238]和刚办的《人民日报》[239]比较一下，我们进步并不慢。说我们进步不慢是不是就要骄傲呢？不是的。你们是给人民办报，是人民的记者、通讯员，人民给你们的任务，是否都已办好了？还没有，还没有上路。我是就这个标准来估计的。

你们要有主动学习的精神，独立地把你们的事业做好。这三个星期的学习，当作一个开始。你们要根据这个方向努力学习，创造条件，增加知识，把工作做好。

你们过去为党为人民做了许多工作，是有成绩的。但是，曾经犯过错误，在人民中的影响是很不好的。可是我们没有责备办报的同志，更没有责备你们，因为这怪不得你们。依照你们现有的条件，还不可避免地犯些错误。这怪我们没有把新华社、报纸掌握好，我们是批评自己的。但是应当向你们讲清楚，你们过去做错了许多事。过去的责任不追究，要追究的话，我们负责。

我们有个要求，希望你们能成熟起来，我作为一个读者把这个要求提出来。你们的任务是写给读者看，读者就是你们的主人,他说你们的工作没做好,那就等于上级说的,你们没有话讲。

为了把工作做好,要具备一些什么条件呢?

第一,要有正确的态度。你们是人民的通讯员,是人民的记者,要全心全意为人民服务。

你们要了解人民群众中的各种动态、趋向和对党的方针政策的反映。人民包括各阶层,要加以区别。要善于分析具体情况,看各阶层人民有什么困难、要求和情绪。要采取忠实的态度,把人民的要求、困难、呼声、趋势、动态,真实地、全面地、精采地反映出来。"精",就不是拉杂,"采",就是漂亮,挂点"采",读起来爱读。你写得不"精",人家看不了那么多,你写得不"采",人家不愿意看。所以要拣重要的写,重要的就是"精"的。要做到真实,就要全面,缺一面就不是真理。

你们写东西要考虑对象。这就是说每写一篇稿子,就要考虑这篇稿子大体上是写给谁看的。要区别全国与地方。你写给新华社的稿子,是面向全国的,包括蒋管区,而且还有外国人。你们就要考虑,他们需要什么,哪些东西多了,哪些又少了。如果你写一篇太行的通讯,要给各解放区看,就要估计到他们对太行需要知道些什么,怎样写才使他们更有兴趣。如果是报道经验,就要考虑太行的某一经验有无一般性。各解放区都适用的经验,哪怕只是一个村的,他们也要看的。有的经验并没有一般性,只适合太行用,那就不要详细介绍,人家不看,因为他们那里没有这个问题。

你们的报道一定要真实,不要加油加醋,不要戴有色眼镜。群众对我们,是反对就是反对,是欢迎就是欢迎,是误解就是误解，不要害怕真实地反映这些东西。唯物论者是有勇气的，绝不要添加什么，绝不要带着成见下乡。党的政策到底对不对，允许你们去考察。如果发现党的政策错了，允许你们提出，你们有这个权利。如果你们看到党的政策大体上是对的，但是还有缺点，也要提出来。这是不是不相信党的政策呢？不是的。党的政策是否正确要在群众实践中考验。你们要把党的政策执行结果如实告诉我们，中央时刻在准备考验自己的政策。中央是这个样子，各级党委也应该是这样子。如果政策有错误，就修正它，如果它是不完全的，就把它补充得完全起来。马列主义的领导，应该如此。因之，鼓励你们去考察，依照你们的材料、看法提出问题来，如果政策正确，就说正确，如果政策错了，就说错了。你们不仅可以这样做，而且你们的任务就是如此——在群众中考察党的政策执行得怎样。你们不要怕反映黑暗的东西，当然，有的是不宜发表的。你们要从各方面去考察，用各方面的材料证明自己的判断。第一是真实，不要过分，再就是全面、深刻。

　　说到全面、深刻，应该说，不深刻不会全面，提不到理论高度，是不会全面的，那只能是零碎的、现象的、无系统的。全面，就要综合，要总结，要提到政策、理论的高度。提不到理论高度，就不能认识事物的本质。理论的东西就是要"透"，不是光说明现象、皮毛，而且能说明内部的联系。

　　要全面，就不要笼统地讲，得分析。一个政策在执行时，要看各阶级、各阶层有什么意见，各种人有什么意见，看这个政策什么人拥护，什么人反对，什么人怀疑。如果该拥护的却反对起来了，就要看是政策的问题，还是执行的问题。你们的责任，就是要从各方面把事情搞清楚之后，再下判断。考察不清楚，就没完成任务，你的通讯人家就不会相信，因为没有材料，没有分析。问题不在于人家是不是相信，而在于你是不是把事情搞得清楚。你们应敢于说："相信我的通讯吧，不会有危险的。"你们要负起这个责任。

你们去访问，不论访问什么人，要得到群众的真心话，是很不容易的。对于新闻记者，在资本主义社会里，很少有人对他们讲真话。在我们这里，马克思主义的新闻记者，所遇到的不会这样了。但即使如此，如你问群众，今年的公粮怎么样，所得的回答是"很好很好"，你就报道个好，这不一定真实，因为你听的是表面的话。你们要和群众深谈，要从各方面考察，找出普遍现象，否则，这种反映就不真实。如果能够真实、全面、深刻地把群众情绪反映出来，作用就很大。人民的呼声，人民不敢说的、不能说的、想说又说不出来的话，你们说出来了。如果能够经常作这样的反映，马克思主义的记者就真正上路了。群众就会拥护你们，你一到那里，群众就会找你反映情况。那时，记者在群众中威信高的、低的，影响大的、小的，就看出来了，现在还看不大出来。你们的工作做好了，党和群众会报答你们的。但是，这是结果，不能当作目的去追求。如果你着急，马上想搞一个全国出名，那只能是"客里空"。你们的笔，是人民的笔，你们是党和人民的耳目喉舌。你们不能采取轻率的、哗众取宠的、"客里空"式的态度，而应当采取负责的、谨慎的、严肃的态度去做工作。

第二，必须独立地做相当艰苦的工作。凡不愿独立地做艰苦工作的人，任何事情也做不好。你们要切记这一点。艰苦工作，首先思想上要艰苦，要做理论的、系统的工作，而且是独立地去做。人家叫你们去做什么就做什么是不行的。你们要真实地反映情况，独立地去作判断，就要到处去看，去问，就要读马列的书，做许多研究工作。光靠在这里学习三个星期，下去还不能把事情做好，还有很多东西要学。比方说，有时从群众中听到一句话，这句话是真是假，到底是什么意思，下个判断并不容易。没有经验，没有理论上、方法上的修养，就没法判断。有的同志说，过去走了"干部路线"，现在要走群众路线，只提倡群众当家，反对干部当家。哪里会有不要干部的群众路线？那只能变成群众要怎样办就怎样办。群众怎样当家？总要选派代表吧，不能几百万人一齐当家吧，干部还不就是他们的代表。许多同志认不清这一点，把群众当家和干部当家对立起来，是错误的。为什么看不出来？因为缺乏马克思主义理论，缺乏独立的思考，不能在分析之后加以正确的判断。

第三，要有马列主义理论修养。要做马克思主义记者，却不大懂马克思主义，基本问题就在这里。你们不提高理论修养，工作是做不好的。

有的同志在北平时写得很多，很有人看，可是一到我们这里，写不出来了。他们说没有"自由"，一篇稿子改来改去，把"创造性"给限制了。不是的，如果你写违反马列主义的东西，当然要限制，必须限制的吧。比方，你写一篇文章，倒是生动活泼，但内容却是只要群众当家，否定干部的作用，这种"创造性"是要限制的。问题在于你当了党报的记者，不是在北平墙报上、不是在《大公报》[240]上写文章，这一点要搞清楚。在蒋管区写东西,有百分之三十的马列主义,群众就欢迎,呱呱叫;在我们的报上如果有百分之三十的非马列主义,就得挨骂。

你们缺乏经验,特别是缺乏马列主义理论,看问题不是马列主义观点,而是别的观点,比方小资产阶级观点等,这样,写东西的盲目性就很大。

因此,要提高理论水平,要熟悉马列主义,特别要学习唯物史观、认识论,学习阶级分析的方法。你们学习这些,不是看一遍书就行,而是要不断地学,直到能够运用,有能力看出别人用得对不对。那时,写东西就自由了。不熟悉马列主义,就不自由,你们现在还没有获得这种自由。共产党记者最可宝贵的知识,是理论知识,在这方面,你们特别缺少。所以,要继续学习,不只要三个星期,要三个月、三年、三十年,努力把马列主义学好。

第四,要熟悉党的路线和政策。为了及时地正确地宣传党的路线和政策,就要经常学习、研究,时刻注意党的各项方针政策的执行情况。自己不懂的问题,应当勤问,可以写信问你们的上级。不懂得党的路线,是搞不好工作的。你们还要懂得两条战线的斗争,善于用两条战线斗争的方法来办报。坚定地执行党的正确路线,既批评左的倾向,又批评右的倾向。这是基本的方法,马列主义的方法。不否定左和右的谬误,就没法肯定真理,要确定真理,就得否定谬误。

你们不仅要宣传党的政策,还要在群众的实践中去考察政策是不是正确,有没有缺点,这里就表现出你们的创造性了。你能了解群众的真正情绪,他就不能;你能有力地宣传党的政策,他就不能;你写得真实、精采,他就不能;你能发现党的政策的缺点，他就不能。你的创造性就表现在这里，党不是限制而是鼓励这种创造性。但是，无政府主义、资产阶级、小资产阶级的东西，不能任其泛滥。写这些东西的人说是发展他的个性，其实是发展他那个阶级的党性。我们要的是无产阶级的党性、个性，如果你有接近群众的个性，有全面深刻反映劳动人民心理之个性，这是好的。如果你讨厌群众，有喜欢反映地主、资产阶级思想感情之个性，那是不行的。

　　具备了以上四个条件，工作就可以做好。但是，你们现在还不够，还要学习。当然，如果感情还在地主、富农、资产阶级那里，那就不只是学习问题了，不过学习也会好些。相信你们是为人民服务的，即使有点地、富、资产阶级观点，也是不自觉的。希望你们继续努力改造自己，端正为人民服务的态度，学会接近劳动人民的本事，加强马列主义的修养，熟悉党的路线政策，不怕独立地做相当艰苦的工作，把人民的新闻工作做好。

对马列学院第一班学员的讲话[*]

（一九四八年十二月十四日）

同志们：

学校开学已经很久，我还没有来过。以后想和同志们多谈一谈，不知能不能做到。我们学校要办下去，大家可以安心学习。学习时间定为一年半，课程也规定了，大致分为三个学期。有的同志担心，怕中途调走，现在可以肯定地说，让你们尽可能学完，中途不调动。但世界上的事情不是绝对的，个别的人在必要的情况下也可能调走。一般地说是不调动，让大家学完。

有些同志要求讲讲形势。现在中国的形势发展很快，政治形势的中心点，即战争形势很好，对我们很有利。北平很快就可解放。去接收的干部，正准备赶往北平。南边还包围着蒋军的主力，一个星期到两个星期，黄维[241]等四个主力兵团可能被消灭。把在北平、天津及徐州的两股主力解决之后，蒋介石就没有主力了，中国局势就算"天下大定"了，长江以北

　　＊　为了适应时局发展的迫切需要，迎接全国解放，培养具有理论知识的党的领导干部和宣传干部，中共中央于一九四八年七月决定在华北创办高级党校，仍沿用延安的马列学院的名称，刘少奇兼任院长。马列学院第一班于一九四八年十一月八日在河北省平山县李家沟口开学。

军事上就没有那么多的事情可做了。此外就是过长江了。胡宗南[242]、白崇禧[243]不是主力,明年过长江没什么问题。是不是会有出乎意外的事情发生呢? 不可能。例如,美国会不会开兵来干涉? 大量开兵,开一二十万来干涉中国革命,美国是不敢的。因为开来军队,不但不可能阻止中国革命的发展,而且会使中国革命更要大大发展。它很怕和我们打一仗。如果打起来的时候,我们俘虏它一些人,或消灭它几千、一万,它怎么办? 不打下去,帝国主义面子上不好看,打下去,它受不了。所以现在国际形势很好。不久,平津解放和徐州战役结束后,我们将休整一下,明年再过长江。

中国革命胜利的形势是确定了。现在革命形势发展太快,出乎我们的意料之外。现在不是怕太慢了,而是怕太快了。太快对我们的困难很多,不如慢一点,我们可以从从容容地准备。你们要安心学习,"两耳不闻窗外事,一心专读圣贤书",窗外事可以问一问,但不要因此不安心。现在你们只有一百多个人。虽然工作上需要干部,但抽出一部分人,挤出一年半时间专心学习,却很有必要。工作会因此有点损失,但不大。这一年半的时间,你们学马克思主义,学理论知识,这对中国革命、对人民、对党都很必要。

为什么要办马列学院,为什么要学马列主义呢? 特别是一个共产党员,不学行不行? 少学行不行? 不行。"没有革命的理论,就不会有革命的运动。"[244]这是列宁的有名的话。革命的行动是受革命的理论指导的。理论正确,指导正确,革命就能胜利,否则不能胜利。马列主义是我们党的理论基础,但我们党在提高理论修养方面是有缺点的。我们的干部几年来做了很多工作，对日本帝国主义斗争，对蒋介石斗争，对地主阶级斗争，艰苦奋斗，这很好。但缺点是理论修养不够，许多同志最重要的缺点就在这里。就整个党来说，我们是不是个有马列主义理论的党呢？是的，是有理论的，而且从来就是在马列主义理论基础上建立起来的党。党中央、毛主席的马列主义修养，是大家都知道的。但是我们多数人在这方面还有很多缺点。我们要提高党的干部的理论水平，使各方面比较负责的干部具有或多少具有马列主义的理论修养，一定要做到这一点。这就是我们办马列学院的目的。马列学院办起来，就是要使一些负责干部有时间、有机会学到一些马克思主义理论，或多或少具有马列主义理论修养，再回到工作中去，把工作做得更好。做过实际工作的同志，在实际工作中碰到很多问题解决不了。例如，一下子农业社会主义，一下子又是地主富农思想，一下子又是资本主义思想。做了一些工作，有成绩是一方面，但还有另一方面，即犯过些错误。只要真正多少做过具有群众性的、在革命中起过些作用的工作的人，都懂得自己有盲目性，犯过错误。经济工作中犯过错误，土改工作中犯过错误，组织工作中犯过错误，就是因为有盲目性，缺少知识。很多同志现在也许还不了解，到毕业时就会知道，过去犯的那些错误，是马克思、列宁早就在原则上说过了的。

有些同志希望多听报告。这不是坏事，但有点依赖别人学习的味道。你们的意思好象是说：读过马恩列斯的书的同志，讲给我听，我就可以不读了。这是懒汉的精神，想依赖别人。这种精神，是与共产党员的精神不符合的。共产党员的精神，是积极上进的精神、独立创造的精神。列宁讲过，要认识一个复杂的问题，要认识一个真理，没有相当艰苦的独立的精神和工作是不可能的[245]。必须有自觉的、艰苦的、独立的工作，要自己搜集材料，分析材料，否则要了解真理是不可能的。斯大林也讲过，我们不能希望马克思在几十年前就把几十年后的事情都做完，把我们的一切问题都解决了[246]。他们总要留一点事情给后人做。他们没有做完的工作还很多，你要做起来，就不太容易，就是相当艰苦的工作。自己不进行独立的艰苦的工作，要想学到一些理论知识是不可能的。所以学习主要是靠自己。听报告，听教员讲，只能得到一定的帮助，不能完全依赖听报告和教员。要学得一点东西，必须靠自己努力，方法也要弄对。只努力而方法不对，也学不到什么，自认为学到了，也是假的，靠不住的。

很多问题，马克思、恩格斯、列宁、斯大林以及党中央、毛主席都研究过，很多理论问题在原则上几乎都已解决了。现在的问题是我们如何去读这些书，了解这些知识。至于很多具体问题，是不是马克思都给我们解决了？例如接收北平这类具体问题，是不是都给我们解决了呢？如果这样要求，就是教条主义。接收北平的具体方法、具体组织、具体形式，要靠我们自己来解决。一九二七年大革命[30]失败后，有些同志看了"两个策略"（即列宁著《社会民主党在民主革命中的两种策略》），才后悔为什么不早点看，许多问题列宁早已解决了。如果当时看了"两个策略"，从建党、国共合作问题上好好研究，我们就不会在国民党[5]、蒋介石叛变革命时毫无思想准备。后悔的事多得很，土改中又发生后悔，后悔一九三三年划分阶级的文件[247]为什么不早看。我们现在要做到不是事后后悔,而是事前有准备、有研究。

你们做过很多工作,也犯过一些错误。现在也许不懂得,到毕业时就会知道,没有理论是不行的,不学马列主义理论是不行的。

过去办过马列学院,有毛病,有教条主义,已经批评过了。现在又办起来了,要办好,办下去,一班完了,二班、三班还要来。中国党有三百多万党员,面临的情况复杂,再加上解放上海、北平、天津、南京等地,情况更复杂,没有高深理论是解决不了这些问题的。现在中央提出一个任务,要提高党的干部的理论水平,不久即将发出指示。开办马列学院也是提高党的理论水平的方法之一,而且是很重要的方法。将来还要以马列学院为中心,在全党学习中起指导作用,依靠马列学院去使全党理论水平有所提高。你们不仅要做学习的模范,而且要帮助全党学习。比如你们的文章、你们的刊物、你们的学习心得,可以拿来帮助中央去指导全党的学习。教员、学生也都有此责任。马列学院是高级党校,将来还打算在东北办一个分校,还要办中级党校、初级党校。这是提高理论水平的重要办法。除此以外,我们还有其他方法,例如在职干部学习、写文章、办报纸等,都是提高理论水平的方法。但马列学院有特殊作用、特殊任务,而且是在党中央直接领导下办的,一定要用它来培养一些干部,使他们懂得马列主义知识,把工作做好。

有人会说:"我不读马列主义的书不行吗?以前我不读这些书,也当了县委书记、地委书记;我现在不读,也能当县委书记、地委书记。"但是,现在中国革命胜利了,不读书,可不成。

以前在山头上，事情还简单，下了山，进了城，问题复杂了，我们要管理全中国，事情更艰难了。我们打倒蒋介石、打倒旧政权后，要领导全国人民组织国家，如果搞得不好，别人也能推翻我们的。唐太宗[248]曾与魏徵[249]争论过一个问题：创业难呢，还是守成难呢？历史上从来有这个问题。得了天下，要能守住，不容易。很多人担心，我们未得天下时艰苦奋斗，得天下后可能同国民党一样腐化。他们这种担心有点理由。在中国这个落后的农业国家，一个村长，一个县委书记，可以称王称霸。胜利后，一定会有些人腐化、官僚化。如果我们党注意到这一方面，加强思想教育，提高纪律性，就会好一些。所以现在采取许多办法，如在党内反对地主富农思想，反对资本主义意识，进行批评、斗争以至处分、撤职等等，都是为了挽救堕落的干部。否则，堕落的人会很多，会使革命失败。因此，不是说胜利了，马克思的书就不要读了，恰恰相反，特别是革命胜利了，更要多读理论书籍，熟悉理论，否则由于环境的复杂，危险更大。

有的同志担心，过去马列学院有教条主义，将来恐怕又搞教条。这种警戒是有好处的。有没有犯教条主义的危险呢？任何时候都有的，今天有，以后还会有。教条主义是主观主义。主观与客观的矛盾总是存在的，要是人们不犯主观主义，就没有唯心论了。一万年后也还会有主观主义。我们自觉地警戒，就能够少犯或不犯。但是，如果怕犯教条主义，就不学习了，不进马列学院了，这也有危险性，这叫做经验主义。现在党内思想上主要的偏向、危险性到底偏在哪一方面呢？偏在经验主义方面的多，经验主义是主要偏向、主要危险。不学习就要犯经验主义,而且已经犯了,就是那些怕犯教条主义的人,他就有经验主义的偏向,因为他怕犯教条主义,便不学习了。自己已经处在经验主义偏向的危险中,还不觉得,这就不好了。事情有些为难:不学是经验主义,学了又是教条主义,该怎么办呢? 就是要既不是教条主义,又不是经验主义,布尔什维克[16]的可贵就在这里。土改不能左,不能右,是不容易的。既要走群众路线,又要不犯尾巴主义,是不容易的。没有相当艰苦的独立工作,要找到真理,找到正确路线,成为真正的马克思主义者,是不可能的。所以,要学习,要努力。各种问题都是一样。现在经济上右的、左的问题又来了。搞资本主义那是右,马上搞社会主义那是左。既不能搞资本主义,又不能搞社会主义,事情就有点为难,要克服这个困难。不怕这些为难,才是布尔什维克。学习马列主义,就是为了解决这些问题。做了很多事,不读书,怕犯事务主义;读了书,又怕犯教条主义。任何事情都有两条战线的斗争。共产党员对任何事情都要进行两条战线的斗争,不犯经验主义,又不犯教条主义。两条战线斗争,这是共产党员在党内生活中经常进行的、不能离开的。

有的同志说:"要联系实际,就要到村子里去工作。"联系实际有很多方法。到村子里去,是一个方法,但还有更多的方法。马列学院也能联系实际,是要在更广大的范围内去联系实际。

读马恩列斯的书,就是学习外国革命的经验、世界各国的革命经验。马恩列斯的书籍中,论中国的不到百分之一,百分之九十九都是讲的外国事,写的外国材料,分析的外国历史。

有的人认为，何必学这些外国东西，中国的书还读不完，毛主席的书还读不完呢，或者至少先读中国的书，再读外国的书吧！这个说法是不对的。我们要认识中国革命经验与世界革命经验的关系问题，必须都学，废弃一面是不对的。废弃中国革命经验，就是"言必称希腊"，就是教条主义。也有些人认为凡外国的东西都是好的，中国的东西都是不好的。五四运动以来，不但党内，就是党外，也是如此。整风[187]以后，党内在这方面纠正了。现在发生的问题，是只学中国的，不学外国的。学不学外国革命经验的问题，就是学不学马恩列斯理论的问题。

中国是个大国，将近五万万人口，占全世界人口的四分之一，几乎等于整个欧洲的面积和人口。有人说："欧洲是出马恩列斯的地方，但欧洲还有一部分地方革命没有胜利，中国没有出马恩列斯，革命却胜利了。"是的，中国革命的胜利，也是世界革命的胜利，对其他地方影响甚大，是一件大事。但是，只有中国革命的经验，而不吸取世界革命的经验，就不但不能担负世界革命的任务，而且不能指导中国革命取得胜利。请你们看看斯大林论布尔什维克化十二条中的第三条[250]，他告诉我们要根据具体情况的具体分析，来指导各国自己的革命，但是这一条中的最后一句话说，必须参照世界各国的革命经验。这一句很容易被忘掉。没有这一句行不行呢？可不可以删掉呢？不能删掉。任何一个重要革命问题的解决，光有根据具体情况的具体分析还不行，还必须参照各国的革命经验、历史经验。例如人民代表会议制度，就是研究了资产阶级议会制度[251]和苏维埃[6]制度的经验而提出的。中国革命是世界革命的一部分,而且是世界革命很大的一部分,不是孤立的。所以我们学习,不仅要联系中国的实际,而且要联系外国的实际;不但要研究现在的实际,而且要联系历史的实际。

有人提出为什么要学西方史? 不学行不行? 不学不行。因为学西方历史是为了读懂马列主义。毛主席说,马列主义是普遍真理,是放之四海而皆准的。学习理论,就是为了使这一普遍真理与中国革命具体实践相结合。所以我们既要有实际经验,更要有理论知识,二者缺一不可。既要有中国经验,又要有外国经验,二者缺一不可。否则,就是跛足的马克思主义者。教条主义者是跛足式的马克思主义者,而经验主义者则是爬行的马克思主义者,看得不远,迷失方向。所以我们必须学习普遍真理,把马克思主义普遍真理与中国实际结合起来。有中国经验,又有外国经验,才有实现正确指导的可能。

有同志又问:"没有外国经验,土改、军事我们也搞了些,而且有成绩,为什么不行?"是的,以前你没有这种知识,但中央的指示、毛主席的指示中却有,只是你不知道而已。你们还有个缺点,就是如果中央写错了,你们也看不出来,照着错的做。人家写错了,你看不出,你只能照样做,那是不够做领导工作资格的。你们凭个人的一点经验去做革命工作,去领导群众进行革命,也是不够的,那就好比是只能在地上爬行一样。当然,你们曾做了好多事,也有的做得好,但还是不大称职的干部。你们在正确领导下就能做对,没有正确的领导就做不对,不能独立决定方向。季米特洛夫[188]讲干部的四个条件[189]中,就有一条,要能独立地决定方向。你们不能如此,就不是称职的干部。如果要算个好干部,够资格做领导工作的话，那就要能独立决定方向。要有中国知识，又有外国知识；要有理论知识，又有实际经验。过去工作做得不坏，假如学了理论，就能把工作做得更好一点，使工作更前进一步。否则，就有一种危险，就是要后退一步，因为中国革命胜利了，情况更加复杂，不能前进，就要后退。

外国经验怎样运用呢？毛主席讲不能"言必称希腊"，斯大林说是参照，所以不能拿外国经验硬套。不是套，而是参照。例如关于合作社问题，要根据中国情况，参照外国经验，作具体分析。要这样去运用。

学习国际经验，现在特别需要。马克思主义的内容无比丰富，解决了世界上许多大的原则性问题，如民族问题、工人运动问题、秘密工作问题等等。所以马克思主义的理论书要认真学，学得好就站起来了，不爬行了；过去未想通的，现在可以想通了，眼界宽阔了，天地大了。

有的人说："地理、历史以前学过，又来学，不必要。"我们考虑过，还是学一下好。过去学过，现在再学，也没有什么坏处。过去在北平学习历史、地理，和我们这里有不同的内容、不同的分析。有的同志未学过史、地，学一下更好。不学地理、历史，你就"理论不起来"。你说你的历史知识够了，就考试一下，结果证明，还是要学。历史里边也有普遍真理。我们要用马克思主义的观点来分析历史现象。

有的同志认为规定的书太多了，读不完。我以为最好还是把它读完，紧张一点。

我看了你们的卷子，许多同志文化水平不够。要学习理论，文化不够是一个缺陷。因此，为了学马列主义，学习文化是必要的。以你们现在的文化水平看来,要真正学好理论,有许多同志是不够的。有些同志大学毕业,但写的文章就是不通。写文章,字也要写正当。你们写的很多字,我就不认得。写字也要搞点"纪律性",否则是无政府状态,主观主义,乱七八糟。这叫做不尊重民族语言的传统。毛主席曾挖苦过写"工人"二字弯两弯、加三撇的人,说他是古代文人学士的学生,不管别人懂不懂,叫做主观主义。这些现象要批评一下。最近各地写来的报告,审查之后,大错没有,小错一篇中可以找出一百个。语言不通,名词的解释不同,一件事就各有各的解释,我们和你们不同,你们和农民不同。怎样才能使语言共同起来呢? 就是要学习写文章,否则你们出去工作难以动笔。多写文章也能帮助读书。不但要学习写理论的文章,而且要注意写现实性的文章。写文章也是你们学习好坏的标准之一。学校要用正规办法,要考试,将来毕业要准备这一着。初级、中级的党校,也要一步一步地正规点,办下去,将来党内的马列主义理论修养才能达到一定的水准。

关于城市工作的几个问题[*]

（一九四九年三月十二日）

毛主席的报告^{〔252〕}很好，许多同志的发言也很好。我同意大家的意见。

土地改革中，各地犯了些错误，中央对此是有责任的，其中大多数与我个人有关。土地会议上主要是反右，也批评了、反对了"左"，但做得不够，积极想办法防止"左"做得不够。看到了些无政府、无纪律状态，也提出了批评，但直到毛主席系统地提出批评并规定了纠正办法，才得到纠正。

今后全党的工作重心是城市工作。现在讲讲城市工作中的几个问题：

（一）要有城乡一体的观点。过去我们只有乡村，现在加上城市，就是说，加上了大工业、国营企业（社会主义性质的）、国家资本主义、城乡关系等等新问题。我们要以城市工作为重心来领导全党工作，就要想到、照顾到这种种问题，"单打一"的做法必须改变，否则就要犯错误。

（二）城市的接管问题。接收城市的问题，现已大体解决，虽然仍有些毛病，但已能接收得使人民满意。不过还有两个

问题需要解决：

一个是私人企业的复工问题。北平许多私人企业至今未开工。私人企业不开工，有的是确有困难，但是有些资本家想捣蛋、怠工，企图削弱党在工人中的影响，增加他们在工人中的资本，这也是事实。因此，我提议，在大城市中，如南京、上海，对于私人企业，凡属对国计民生有重要关系者、捣蛋怠工者，原则上派人去监督，派军事代表去。现在一般地公布监督私人企业的法令是不适宜的。但对派去监督私人企业者，应给他和该企业以详细的指令。在派出之先，还应有充分的准备工作，了解情况（也可找资本家谈），搞清楚问题，有了把握再派去。对军事代表的职权，在指令中应有具体规定，如厂方应对代表做详细的报告，不准隐瞒；要组织工会，教育工人；要防止资本家的怠工破坏。对于工人罢工，党在原则上是无权禁止的。但对某些资本家及反动分子的破坏，必须镇压，才能保障生产。自然，在必要与可能范围内，协助私人资本家解决其复工与生产上的困难，如原料、销路等问题，也是需要的。

另一个问题，就是企业接收后应迅速安排，交给适当机关去经营，以便进行正常的生产。当然有些企业是交不出去的，如上海的纱厂，交给地方是不能正常生产的，但中央政府又尚未成立，也无人接管，所以上海市仍应设法管起来。中央政府成立后，即应对接管沪、汉等大城市的大企业进行准备。

接收后的城市管理问题，现尚未基本解决。二中全会后，大家应努力学习解决。接收得好，还要管理得好，还要改造。有些旧的东西要去掉，但也不能去掉太多，新的东西要生长起来。把城市建设起来，生产发展起来，就是管好了，就使工人与农民接近起来了。

（三）依靠工人，发展生产。在管理城市问题上，毛主席提出依靠谁、做什么的问题，毛主席的答复是依靠工人，发展生产。

工人是必须依靠的。但工人是否可靠呢？马克思主义认为，工人阶级是最可靠的。这是一般说的。具体地说，则还有问题，因此，我们必须努力工作，使工人阶级完全可靠。如我们疏忽，不做工作就去依靠，那是靠不住的。

我们党过去同工人很有联系，但后来被迫转入乡村。国民党[5]在工人中活动了这么多年，散布了影响，工人内部也复杂起来了；而我们与工人的联系减弱了，我们的干部（包括中央委员在内）对工人工作生疏了，对工人的面貌也不熟悉了。所以必须努力学习，时刻注意毛主席关于依靠工人的指示，加强工人工作，使工人成为完全可靠的。其主要办法有三：尽可能保障工人的生活水平勿使之过低；深入广泛地教育工人；组织工人。

（1）关于保障工人生活。人民政府应给工人以可能与必要的优待。例如当物资缺乏时，除保障军队生活外，第一就是保障工人生活，要使他们的生活水平比我们后方机关职员较高。自然，工人过高的要求，片面追求福利，那是错误的，我们已经批驳过了。但因此而疏忽对工人生活的保障，对工人生活漠不关心，那更是错误。在极端困难时，工人生活虽苦，而我们的生活更苦，那我们就有理由说服工人，取得他们的谅解，获得他们的支持。陈云[253]同志在沈阳对工人讲，不仅工人烧碎煤，我们也烧碎煤，好煤拿去开火车运军队打仗了。好煤是用来开火车对呢,还是用来烧火对呢? 工人知道了这些情形,就没有怨言了。陈云同志这样讲是很对的。

自然,共产党要为工人阶级生活的改善而斗争,这个原则并没有改变。如果我们不给工人阶级以希望,那末工人就会说,国民党时代如此,现在也如此,你们与国民党一样。我们必须宣传,将来工人生活是要改善的,现在生活苦是为了战争,为了建设,为了将来。

目前,有许多农民说,工人生活好,不出差,不出公粮,这不公平。这些话,有其部分理由,但不能完全同意。另一方面,工人也说,农民得到了土地,工人得到了什么? 工资未增加,工时未减少,种种情况与过去差不多。这也有部分的理由,但应向未来看。当然不能象对农民一样,允许工人“工者有其厂”,但应注意宣传解释,到将来一有可能,即要改善工人的生活。

工资问题,现在仍未解决,到北平后就要召集全国的专门会议,或先从某一个企业部门研究解决之。这方面有许多工作要做,希望大家注意。

(2)关于教育工人问题。我们一进城,即应着手进行教育,要以几个月或半年的时间开展广泛的职工教育,开始着重于工人。对于旧的行会组织,应加以改组。对于旧职员,则应区别企业职员与政府职员之不同。企业中的旧职员,基本上不动。旧政府机构是要打烂的,可以留用的旧职员,一般也要调离原机关(除特殊技术需要者外)。原封不动地保存旧政府机构是不对的。

总起来说,不管是职员、工人,均应加以教育,着重的是政治教育。方式是多办短期训练班,一两个月毕业,三四个月毕业;再就是上大课、夜校等。开始一个时期,上大课是主要的。李立三[254]同志说,沈阳解放以来,住过训练班的职工有三千人,上过大课的有三万人。至于留用的旧职员,当然应受训练。

我们现在许多训练班的教育内容,多着重于政策。政策是要讲的,但对于唯物史观的教育忽视了,对于无产阶级世界观的宣传不够,这是一个重要缺点。俘虏兵经过诉苦运动,一个星期就变了,掉转枪头,英勇杀敌。土地改革中农民的诉苦运动,也是这样的。这是马克思主义的阶级教育。凡啃住阶级观点、阶级立场、阶级斗争学说、唯物史观的,大都站稳了脚;反之,立场就不坚定,尽管讲政策,但一遇到严重困难就站不稳了,就不能坚定不移。这是屡试不爽的。在对工人进行教育时,应特别注意这一点。必须加强工人的阶级教育,提高工人的阶级觉悟。平津解放后,进行教育的条件是很好的,工人有充分的热情,找我们上大课,虽然下工后很疲劳,上大课还是来。如果进城半年还不搞教育,工人热情就会冷下来。所以要趁热打铁,大办工人训练班、短期训练班,选择优秀分子,办工人政治大学,象东北那样,课程要着重讲马列主义的基本观点(唯物史观,劳动创造世界,剩余价值,阶级斗争)及中国革命基本问题,然后才是讲各种政策,才是具体问题和具体组织工作。课程大约就是这四门。

经过这样的教育,才能使工人,至少是工人中的一部分先进分子提高觉悟。接着就要搞职工会,在工人中发展党的组织,原则上党在工人中应大量发展。这样,我们才能掌握工业,掌握城市。工人政治觉悟提高,组织上有了工会,还有大量党员,那末工人群众就成为最可靠的力量,并且同我们互相了解。互相了解是很重要的。长时期内,我们和工人群众是被隔离着的,彼此生疏了。我们许多负责干部不了解工人,工人也不了解我们,他们急于要了解我们。所以,负责同志进城后就应该和工人见面,向工人讲话,和工人接近,真正互相了解。

(3)关于工会组织问题。全国总工会应该发一个关于组织工会的决定。全国产业工人有几百万,连手工业工人在内则有千万。应规定只有出卖劳动力为生者才可以加入工会,而不要把小手工业者也搞进来。可以组织几个大企业的全国性的工会,如铁路总工会等。原则上要把所有的工人都组织到工会中来。

工人代表会的方式很好,凡有三百个职工以上的工厂、机关,均可成立代表会。机关、工厂的代表会合起来,就是市的工人代表会议。

城市的工人代表会议,可在工会成立以前就成立,开始是讨论工人本身的生活问题,逐渐到工厂的生产问题,再到市政等问题。市工人代表会议可作为成立市人民代表会议的第一个步骤。市政府的工作计划和意见,均可向市工人代表会议报告、解释宣传,让代表们讨论。工人代表会议搞熟练了,然后搞学生的、街道市民的代表会,搞几个月,搞年把,再发展到成立市人民代表会议。

人民代表会议是人民政权的主要组织制度、组织形式,有整个的代表会的系统,由代表会选出各级政府委员会。这就是民主的形式，是由上而下与由下而上相结合的、行政命令与群众运动相结合的一种主要的经常普遍运用的形式。厂长的行政命令在工人代表会议上通过，取得同意，而后下达，则容易贯彻得多。各地应抓住代表会这一形式，大量地搞。大革命[30]时期我们没有搞，内战时期与抗战时期也搞得不多，现在不能再拖了。如再拖迟，就不利于反官僚主义，不利于有力地克服行政命令中的一切毛病。现在各地应成立人民代表会议。

总之，生活有保障，工人情绪提高了；加强教育，工人的觉悟提高了；组织工人，工人团结起来了，就有了力量。这样，我们就能获得工人阶级的支持，工人努力提高生产，撑我们的腰。于是，共产党依靠工人，工人也靠了共产党，相互依靠，我们与工人群众就结合起来了。

关于新中国的经济建设方针[*]

（一九四九年六月）

一、解放战争快要结束，一部分地区已结束。没收官僚资本及改革土地制度一部分已完结，其余亦将完结。今后的中心问题，是如何恢复与发展中国的经济。

二、经济建设对于我们党是一个新的问题，我们还没有准备。我们的干部还不熟悉经济工作，特别是不会经商。关于中国经济的确实材料，我们也还没有。

三、我国是一个产业落后，发展又不平衡的大国。我国大部地区的经济，比东北要落后得多。但在改革土地制度、没收官僚资本、取消帝国主义在我国的经济特权以后，我国的经济将会很快地恢复和发展。在共产党领导之下的中国，应该怎样和采取什么路线去发展经济呢？

四、在推翻帝国主义及国民党^[5]统治以后，新中国的国民经济主要由以下五种经济成分所构成：

（1）国营经济；

（2）合作社经济；

（3）国家资本主义经济；

---

* 这是一份党内的报告提纲。

（4）私人资本主义经济；

（5）小商品经济和半自然经济。

此外还有一些纯粹的自然经济，但意义不大。

五、这五种经济成分中，小商品经济与半自然经济占着绝对的优势。合作社经济今天还很少，但可以很快地发展。国家资本主义经济也很少，但可能在一个颇大程度上去组织。国营经济则在接收全国官僚资本后，以及在将来收回若干大企业后，是一个可观的但还是很小的成分。不过它可以使社会的经济命脉操在国家手中，而居国民经济的领导地位。在无产阶级、共产党领导之下，由上述五种经济成分所构成的国民经济，我们称之为新民主主义经济。

六、由上述五种经济成分构成的新民主主义经济的内部，是存在着矛盾和斗争的，这就是社会主义的因素和趋势与资本主义的因素和趋势之间的斗争，就是无产阶级与资产阶级的斗争。这就是在消灭帝国主义势力及封建势力以后，新中国内部的基本矛盾。这种矛盾和斗争，将要决定中国将来的发展前途到底是过渡到社会主义社会，抑或过渡到资本主义社会？我们认为新民主主义经济是一种过渡性质的经济。这种过渡所需要的时间，将比东欧、中欧各人民民主国家长得多。

七、在前项基本矛盾的斗争中，合作社经济是国营经济的同盟者和带有决定意义的助手，国家资本主义经济也可在一定程度上成为国营经济的助手，而小商品经济及半自然经济则是一种动摇的力量。无产阶级领导之下的新民主主义国家的国营经济是社会主义性质的经济，国家资本主义经济是十分接近于社会主义的经济，合作社经济是在各种不同程度上带有社会主义性质的经济。私人资本主义经济则是资本主义发展趋势的基础。大量的独立的小生产者，一方面可以接受各种不同程度的合作社形式，另一方面又是"经常地、每日每时地、自发地和大批地产生着资本主义和资产阶级"〔255〕。

八、根据上述分析，我们认为新中国的经济建设方针，应该如下：

在目前及战后最初一个时期内，因要急于医治战争创伤，恢复被破坏、被隔离的经济生活，一般说来，前述五种经济成分，除开那些投机操纵的经营及有害于新民主主义的国计民生的经营而外，都应加以鼓励，使其发展。但在这种发展中，必须以发展国营经济为主体。普遍建立合作社经济，并使合作社经济与国营经济密切地结合起来。扶助独立的小生产者并使之逐渐地向合作社方向发展。组织国家资本主义经济，在有利于新民主主义的国计民生的范围以内，容许私人资本主义经济的发展，而对于带有垄断性质的经济，则逐步地收归国家经营，或在国家监督之下采用国家资本主义的方式经营。对于一切投机操纵及有害国计民生的经营，则用法律禁止之。这就是说，在可能的条件下，逐步地增加国民经济中的社会主义成分，加强国民经济的计划性，以便逐步地稳当地过渡到社会主义。这种过渡，是要经过长期的激烈的艰苦的斗争过程的，这就是列宁在苏联新经济政策〔256〕时期所说的"谁战胜谁"的问题。

九、我们从国民党政府及战犯手中可接收不少的大企业，对帝国主义国家在中国的企业也将逐步收回或置于国家监督之下。剩下的私人资本的大企业,已经不多。铁路、银行、对外贸易、邮政、电报、大钢铁业、盐业、纸烟业和大部分矿山、轮船、纺织业等,将由国家经营或由国家监督经营。目前的问题是:(1)我们还没有制订完备的经济方针,还没有完备的经济计划;(2)我们的干部还不懂得管理经济,大批最好的干部还在忙于军事,无暇来学习经济;(3)还没有建立全国性的统一领导的经济机关,各个地方、各个部门的国营经济常出现无组织无政府状态,互相竞争,商人资本家则从中渔利。中央拟于最近发布关于经济建设方针的决议,建立全国性的国民经济委员会,建立各省各县的国民经济委员会,成立财政、工业、铁路、船运、邮电、农业、商业各部及国家总银行与各专业银行,并按各产业部门成立公司或托拉斯[257],经营国家的工厂和矿山。建立国营、省营、县营、市营各企业间的正确关系。

十、我们在土地改革已完成的地区组织了许多劳动互助组。还拟普遍地组织消费合作社、农业供销合作社、手工业合作社及劳动互助组。要办学校训练干部,并建立全国性的合作社领导机关及合作银行。

十一、因为中国的特殊情况,我们认为国家资本主义的经济形式有可能在颇大的范围采用,也很需要。其形式是租让、加工、定货等。现在已有少数加工、定货企业。

十二、依国家商业及合作社商业发展的程度,适当地实行某些物品的配给制,以保证军队、工人、机关工作人员及学校学生的生活。对市场则采用调剂物价的政策,以与奸商作斗争。发展国家商业及合作商业,使之逐渐地在广大范围代替私人商业,以帮助恢复和发展农业和工业,逐渐地积累资金,建设国家工业。只有在经过长期积累资金、建设国家工业的过程之后,在各方面有了准备之后,才能向城市资产阶级举行第一个社会主义的进攻,把私人大企业及一部分中等企业收归国家经营。只有在重工业大大发展并能生产大批农业机器之后,才能在乡村中向富农经济实行社会主义的进攻,实行农业集体化。

十三、很明显,苏联及东欧各国无产阶级对于中国无产阶级的援助,对于中国经济的发展及上述任务的实现,是有重大意义的。这种援助我想有以下几方面:(1)经验上的援助;(2)技术上的援助;(3)资金上的援助。此外在物资方面似应实行某种程度和范围内的经济互助。如果这种援助和互助是很大的,那就可能帮助中国更快地走向社会主义。

十四、今后中国的经济建设必须反对以下两种错误倾向:一种是资本主义的倾向。就是把中国今后经济发展方针,看作是发展普通的资本主义经济,把一切希望寄托于私人资本主义经济的发展,向资本家作无原则的让步,对小资产阶级的弱点表示迁就,自觉或不自觉地要把中国建设成为资本主义共和国,这就必然会是半殖民地半封建的旧统治的复辟。这是在新民主主义经济建设中放弃无产阶级领导地位的资产阶级的或小资产阶级的路线。另一种是冒险主义的倾向。就是在我们的经济计划和措施上超出实际的可能性,过早地、过多地、没有准备地去采取社会主义的步骤,因而使共产党失去农民小生产者的拥护,破坏城市无产阶级与农民的联盟,这就要使无产阶级领导的新民主主义政权走向失败。因此,我们必须在今后的经济建设中,经常地进行两条战线斗争,反对上述两种倾向,以保证正确的经济建设方针的贯彻执行。

加强全国人民的革命大团结[*]

（一九四九年九月二十一日）

各位代表先生们：

中国人民政治协商会议的第一届全体会议，业已开幕了。从此，中国的历史进入一个完全新的时代——人民民主时代。我代表中国共产党的全体党员以极端愉快和热烈的心情庆祝人民政治协商会议的开幕，庆祝即将由这个会议产生的中华人民共和国及其中央人民政府的成立！

中国人民政治协商会议，是中国人民民主统一战线的组织形式，是全国人民实行革命大团结的一种最重要的具体方式。它在今天开始了自己的工作之后，将长期地继续在中国存在，并将在一切必要的地方建立它的地方组织。中国人民在一百多年来反对帝国主义、封建主义和官僚资本主义的艰苦斗争中深深地懂得：必须实行全国人民的革命大团结，才能战胜压在自己头上的强大的敌人，并在战胜这些敌人后巩固胜利的果实，成功地建设新中国。但在过去的时期，由于帝国主义和反动派的百端阻碍与破坏，中国人民的革命大团结没有能够在组织上最后地形成起来，或者初步地形成起来又被

---

[*]　这是代表中国共产党在中国人民政治协商会议第一届全体会议上的讲话，原载一九四九年九月二十二日《人民日报》。

帝国主义和反动派所破坏。然而，在今天由于英勇的人民解放军业已基本上推翻了帝国主义及其走狗国民党[5]反动派的统治以及人民群众觉悟程度的增高，中国人民的革命大团结得以在完全新的基础上形成起来。中国人民政治协商会议的开幕，就是表示这种新的全国人民的革命大团结及其在组织上的最后形成。这种团结的基础十分巩固，团结的规模十分广大，在历史上是空前未有的。帝国主义和反动派虽然仍在千方百计地企图破坏这种团结，但是，我们相信，世界上已经没有一种力量能够阻碍与破坏中国人民的这种革命大团结了。过去被人讥笑为一盘散沙的四万万七千五百万中国人民，一旦在正确的领导之下团结成为一个统一的力量，它的光芒将照耀全世界，它将迅速地肃清一切残敌，克服一切困难，把落后的中国建设成为独立、民主、和平、统一和富强的新中国。

中国共产党从它产生的时候起，就为中国人民的革命大团结而奋斗，在今后，它也一定要继续为这种大团结而奋斗。因此，中国共产党一定要为人民政治协商会议的成功及其发展和巩固而进行不懈的努力。中国共产党以一个政党的资格参加人民政治协商会议，和其他各民主党派、各人民团体、各少数民族、国外华侨及其他爱国民主分子一起，在新民主主义的共同纲领的基础上忠诚合作，来决定中国一切重要的问题。凡是中国共产党参加并一道通过的人民政治协商会议的决议，中国共产党将坚决地执行并为其彻底实现而奋斗。中国共产党将为人民政治协商会议的最高威信而奋斗，不允许任何人来破坏人民政治协商会议。这就是中国共产党对人民政治协商会议今后所要采取的态度。我们也希望各民主党派、各人民团体、各少数民族、国外华侨及其他爱国民主分子以至全国人民，对今天开幕的人民政治协商会议也采取同样的态度。

在今天建立起来的全国人民的革命大团结，是有它的坚固的政治基础的。这个基础，就是即将由政协筹备会提交全体会议讨论和通过的中国人民政治协商会议的共同纲领。我们认为这个共同纲领是中国历史上一个极端重要的文献。它说到了我们的一般纲领，确定了我们国家的政权机构和军事制度，决定了我们国家的经济政策、文化教育政策、民族政策和外交政策。它是如此的坚定明确，清楚地指出了哪些事是应该做而且必须做的，哪些事是不应该做而且不允许做的。这是总结了中国人民在近一百多年来特别是最近二十多年来反对帝国主义、封建主义和官僚资本主义的革命斗争的经验，而制订出来的一部人民革命建国纲领。这是目前时期全国人民的大宪章。这个共同纲领，经过政协全体会议的讨论和通过之后，中国共产党当完全遵守它的一切规定，并号召全国人民为其彻底实现而奋斗。在这样的政治基础上建立起来的全国人民的大团结及政治协商会议，在世界上将是无敌的。

中国共产党要拥护人民政治协商会议并为实现它的共同纲领而奋斗，是因为这个共同纲领包括了共产党的全部最低纲领。共产党的当前政策，就是要全部实现自己的最低纲领。这个最低纲领，既已全部为人民政治协商会议所接受，因此，中国共产党拥护人民政治协商会议并为实现它的共同纲领而奋斗，乃是当然的事情。但是，大家都知道，中国共产党除开自己的最低纲领之外，还有它的最高纲领，而这个最高纲领，则是中国人民政治协商会议的共同纲领所没有包括进去的。在协商过程中，有些代表提议把中国社会主义的前途写进共同纲领中去，但是我们认为这还是不妥当的。因为要在中国采取相当严重的社会主义的步骤，还是相当长久的将来的事情，如在共同纲领上写上这一个目标，很容易混淆我们在今天所要采取的实际步骤。无疑问，中国将来的前途，是要走到社会主义和共产主义去的。因为中国工业化的结果，如果不使中国走到社会主义去，就要使中国变为帝国主义的国家，这是中国人民以至全世界的人民都不能允许的。但这是很久以后的事情，对于这些事情，中国人民政治协商会议很可以在将来加以讨论。在中国采取社会主义的步骤，必须根据中国社会经济发展的实际需要和全国最大多数人民的要求。到了那时候，中国共产党也一定要和各民主党派、各人民团体、各少数民族及其他爱国民主人士进行协商并共同地加以决定。中国共产党在将来也愿意和一切愿意进入社会主义的人们一道，共同地进入社会主义。我们知道，不独是今天实现新民主主义需要全国人民的革命大团结，就是到将来实现社会主义的时候，一样地需要全国人民的革命大团结。

中国人民革命大团结万岁！

中国人民政治协商会议万岁！

中华人民共和国万岁！

中央人民政府万岁！

注　释

1　"五卅"运动　指一九二五年五月三十日爆发的反帝爱国运动。一九二五年五月间,上海、青岛的日本纱厂先后发生工人罢工的斗争,遭到日本帝国主义和它的走狗北洋军阀的镇压。上海内外棉第七厂日本资本家在五月十五日枪杀了著名工人领袖、共产党员顾正红,并伤十余人。五月三十日,当二千余学生分头在公共租界各马路进行示威时,一百余名遭巡捕(租界内的警察)逮捕,被拘押在南京路老闸巡捕房内,引起了学生和市民的更大愤慨,有近万人聚集在巡捕房门口,要求释放被捕学生。英帝国主义的巡捕向群众开枪,打死打伤许多爱国群众。这就是震惊中外的"五卅"惨案。六月,英、日等帝国主义在上海和其他地方继续进行屠杀。这些屠杀事件激起了全国人民的公愤。广大的工人、学生和部分工商业者,在许多城市和县镇举行游行示威和罢工、罢课、罢市,形成了全国规模的反帝爱国运动。——第1页。

2　奉直军阀　即奉系军阀和直系军阀。奉系军阀是指以张作霖为代表的奉天省(今辽宁省)籍军阀集团;直系军阀是指以冯国璋、曹锟等为代表的直隶省(今河北省)籍军阀集团。当时,奉系军阀张作霖控制了北洋政府,并占据着东北、京、津及直隶北部、山东北部;直系军阀吴佩孚、孙传芳占据着直隶南部、河南、湖北、湖南、江苏、安徽、江西、福建、浙江等地。——第1页。

3　这里是指中国的民族资产阶级。——第2、171页。

4　廖仲恺(一八七七——一九二五),广东惠阳人。一九〇五年参加同盟会。辛亥革命后任广东都督府总参议。积极协助孙中山确立联俄、联共、扶助农工的三大政策。一九二四年国民党改组后,被选为中央执行委员会委员、常务委员、政治委员会委员,并先后任工人部部长、农民部部长、黄埔军校国民党党代表、广东省省长、财政部部长、军需总监等职。一九二五年八月在广州被国民党右派暗杀。——第4页。

5　中国国民党　是孙中山创立的政党。一九〇五年,孙中山领导的兴中会与华兴会、光复会联合组成中国同盟会。同盟会领导了辛亥革命。一九一二年,同盟会联合几个小党派改组为国民党,和北洋军阀袁世凯实行妥协,基本上成了官僚政客集团。一九一四年,为了反对袁世凯的统治,孙中山领导一部分国民党员组成中华革命党,一九一九年十月,又改为中国国民党(简称国民党)。一九二四年一月在中国共产党的帮助下,孙中山改组了中国国民党。改组后的中国国民党接受中国共产党提出的反帝反封建的政治主张,重新解释三民主义,确立联俄、联共、扶助农工三大政策,从而实现了第一次国共合作,并依靠这一合作进行了推翻北洋军阀统治的北伐战争。这个时期的国民党,具有工人、农民、小资产阶级、民族资产阶级的民主革命联盟的性质。一九二七年蒋介石、汪精卫相继发动反革命政变后,国民党基本上变成代表大地主大资产阶级的反动集团。——第4、15、20、35、55、77、89、95、110、176、229、234、246、290、309、371、373、379、387、400、411、421、426、433 页。

6　苏维埃 是俄文 Совет 的音译,意即会议或代表会议,是俄国十月革命后的权力机关的名称。第二次国内革命战争时期,中国共产党在各地建立的革命政权也称 苏维埃政权,它所控制的地区称 苏维埃区域,简称苏区。——第 11、19、32、39、49、75、245、319、389、415 页。

7　黄色工会 原指为资产阶级所收买、控制的工会。一八八七年法国蒙索明市工人罢工,资本家收买工贼组织了一个假工会,来破坏工人罢工。当时罢工工人打碎了这个工会会所的玻璃窗,资方改用黄纸糊窗子。从此,资本家操纵的工会被称为黄色工会。中国的黄色工会是指第一次国内革命战争失败后国民党所控制的工会。——第 14、28、37、62 页。

8　当时上海出版业工会,是国民党改组派操纵的一个工会。一九三一年十一月大东书局工人举行罢工时,出版业工会曾发动商务、中华、世界、民智等书局工会发表宣言,表示支持。大东书局的工头为了执行资本家的命令,破坏罢工,就带领工人退出出版业工会,并进行复工。大东书局党组织的负责人,没有识破资本家和反动工头的阴谋,并且不懂得在出版业工会内部发展革命力量的重要性,从左的错误观点出发,为了摆脱出版业工会的领导,也赞同退出黄色工会。——第 14 页。

9　赤色工会 指中国共产党领导的工会。——第 14、28、37、62 页。

10　指一九二八年七月九日党的第六次全国代表大会通过的《职工运动决议案》,一九二九年六月党的六届二中全会的《政治决议案》,一九三〇年九月党的六届三中全会的《职工运动决议案》等文件。——第 14 页。

11　作者在此文中主张中国共产党人应参加黄色工会去争取群众,批评了退出黄色工会的策略,但沿用了当时中央文件中"消灭黄色工会"的提法。
——第15页。

12　蒋派　指国民党中以蒋介石为代表的一派。——第15页。

13　改组派　是中国国民党的派别之一。一九二八年底,汪精卫、陈公博、顾孟
余等因不满蒋介石独揽权力,在上海成立"中国国民党改组同志会",形成
了国民党中的改组派。——第15页。

14　汪精卫(一八八三——一九四四),原籍浙江山阴(今绍兴),生于广东番
禺。早年参加中国同盟会。一九二五年在广州任国民政府主席。一九二
七年七月十五日在武汉发动反革命政变。一九三一年"九一八"事变后主
张与日本帝国主义妥协。一九三七年抗战爆发后,任中国国民党副总裁。
一九三八年底公开投降日本帝国主义,一九四〇年在南京成立傀偏政府,
任主席。——第15、173、276页。

15　国际五次大会　指一九三〇年八月在莫斯科召开的赤色职工国际第五次代
表大会。——第16页。

16　布尔什维克　是俄文 Большевик 的音译,意即多数派。一九〇三年俄国
社会民主工党第二次代表大会制定党纲、党章时,以列宁为首的马克思主
义者同马尔托夫等机会主义者展开激烈的斗争。在选举中央领导机关时,
拥护列宁的人获得了多数票,称为布尔什维克。此后,马克思列宁主义者
曾被称为布尔什维克,马克思列宁主义曾被称为 布尔什维主义。——第
17、24、40、64、71、163、184、220、227、292、334、414页。

17　见列宁《怎样组织竞赛?》(《列宁选集》第3卷,人民出版社1972年版,第
393页)。——第21页。

18　李立三(一八九九——一九六七),湖南醴陵人,中国共产党早期的领导人
之一。一九三〇年六月十一日党中央政治局在李立三领导下通过了《新的
革命高潮与一省或数省的首先胜利》决议案,主张全国各地都要准备马上
起义,定出了组织全国中心城市武装起义和集中全国红军进攻中心城市
的冒险计划,随后又将党、青年团、工会的各级领导机关,合并为准备武装
起义的各级行动委员会。这种左倾错误,称为"立三路线"。同年九月党的
六届三中全会开始纠正李立三的左倾错误。李立三本人在会上也承认了
错误,随即离开了中央的领导岗位。以后,长期的革命实践证明他改正了
错误,在第七、第八次全国代表大会上继续被选为中央委员。——第23、
71、296、334页。

19　"六大"的决议　指中国共产党第六次全国代表大会一九二八年七月九日通过的政治决议案。——第 25 页。

20　指一九三五年十二月中共中央在陕北子长县瓦窑堡召开的政治局会议通过的《中央关于目前政治形势与党的任务决议》。——第 25、57、245 页。

21　一九三一年九月十八日,日本驻在中国东北境内的"关东军"进攻沈阳。驻沈阳和东北其他地方的中国军队(东北军),执行蒋介石的绝对不抵抗的命令,使日军迅速地占领了辽宁、吉林、黑龙江等省。这次事件被称为"九一八"事变。——第 25 页。

22　一九三二年一月二十八日夜,日本海军陆战队向上海进攻,当时驻在上海的十九路军在全国人民抗日高潮的影响和推动下,和上海人民一起进行了一个多月的英勇抗战,给日本帝国主义以沉重的打击。这次抗战由于蒋介石和汪精卫的出卖终于失败。这次事件被称为"一二八"事变。——第 25、253 页。

23　王正廷(一八八二——一九六一),浙江奉化人。一九二八年六月起任国民党政府外交部长,执行蒋介石对日妥协退让的政策。一九三一年"九一八"事变后,爱国学生到外交部请愿,激于义愤,将他痛打。同年九月三十日王被迫辞职。——第 27 页。

24　上海工联　即上海工会联合会,是上海各赤色工会的联合组织。一九二九年六月成立,一九三六年结束。——第 28 页。

25　反帝同盟　指一九二八年八月成立的上海反帝大同盟,是中国共产党领导的群众组织。——第 28 页。

26　民众抗日会　即上海民众反日救国联合会。一九三一年十二月六日成立,是中国共产党领导的群众性抗日组织。——第 28 页。

27　左联　即中国左翼作家联盟。一九三〇年三月在上海成立,是中国共产党领导的革命文学团体。一九三六年初,为了更广泛地组织文艺界抗日民族统一战线,左联宣布自动解散。——第 28 页。

28　社联　即中国社会科学家联盟,是中国共产党领导的革命文化团体。一九三〇年在上海成立,一九三五年"一二九"运动后其成员大部分参加各界救国会,社联即停止活动。——第 28 页。

29　灰色团体　指当时中国共产党领导的或由与党有联系的进步分子组织的,

但不以革命面目出现因而可能避免受国民党反动政府压迫的群众团体。——第 29、62 页。

30　大革命　指一九二五——一九二七年的反对帝国主义、封建主义的革命运动。——第 32、48、77、172、241、246、290、308、375、411、425 页。

31　一九三一年一月在上海召开的中国共产党第六届中央委员会第四次全体会议,以比李立三更左的指导思想批判李立三的错误,使左倾错误更加发展,并开始了王明左倾冒险主义在党内的统治。作者在此文中对四中全会的看法,是当时党内对四中全会的一般认识。一九四五年党的六届七中全会通过了《关于若干历史问题的决议》,对四中全会的错误作出了正式的结论。——第 32、56、247 页。

32　一九三五年八月一日,中国共产党发表《为抗日救国告全体同胞书》,又称"八一宣言",号召建立由各党派联合组织的 国防政府 和由各抗日武装部队联合组织的 抗日联军。这一主张后来未能实现。——第 33、39、86 页。

33　工厂法、工会法 是国民党政府在一九二九年公布的。——第 35 页。

34　苏维埃劳动法 即《中华苏维埃共和国劳动法》。一九三一年中华工农兵苏维埃第一次全国代表大会通过,同年十二月颁布。劳动法体现了保护工人阶级的利益、巩固与发展苏维埃政权的原则。——第 36、71 页。

35　民族扫墓运动 是国民党于一九三四年发动的清明节祭扫黄帝陵及中华民族其他历史人物陵墓的运动。——第 36 页。

36　一九三四年二月,蒋介石在进行军事"剿共"的同时,在南昌发起"新生活运动",以"礼义廉耻"、"生活军事化、艺术化"等为口号,宣扬封建道德和法西斯主义。当时我党领导工人群众开展合法斗争,曾利用新生活运动要求人们过"整齐清洁"生活的虚伪口号,向统治者争取工人群众的经济利益。——第 36 页。

37　京东与保属的干部 即中国共产党冀东特委和保定特委所属的干部。——第 42 页。

38　一九三六年八月、十一月,日本帝国主义策动和指挥伪蒙军,两次向绥远东北部进攻,当地驻军傅作义所部在全国人民抗日救亡运动的推动下,奋起抗战,击溃了日军和伪蒙军,并于十一月下旬乘胜收复了百灵庙等地。这就是 绥东事件。——第 50 页。

39　晋绥当局　指当时国民党太原绥靖公署主任阎锡山及其所属的三十五军军长兼绥远省主席傅作义。——第 50 页。

40　冀察、南京当局　指当时冀察政务委员会委员长宋哲元、南京国民党政府行政院长蒋介石。——第 50 页。

41　牺牲封建地主的利益　指中国共产党当时实行的没收地主土地的政策。随着形势的发展和建立抗日民族统一战线的需要，党对地主阶级的政策作了相应的改变。一九三七年二月，中共中央致中国国民党三中全会电中提出了停止没收地主土地的政策。同年八月，中共中央在洛川召开的政治局扩大会议决定以减租减息作为抗日战争时期处理土地问题的基本政策。——第 52 页。

42　指毛泽东一九三七年五月三日在中国共产党全国代表会议上所作题为《中国共产党在抗日时期的任务》的报告。——第 55，72 页。

43　"八七"会议　是中国共产党中央于一九二七年八月七日在汉口召开的一次紧急会议。会议通过了《中共八七会议告全党党员书》以及关于农民斗争、职工运动、党的组织问题的决议，改选了中央领导机构，坚决地纠正了以陈独秀为代表的右倾投降主义的错误，提出了土地革命和武装反抗国民党反动派屠杀政策的总方针。但是，这次会议在反对右倾错误的时候，不认识应当根据不同的情况，组织恰当的反攻或必要的退却，在组织上开始了宗派主义的过火斗争，因而为后来的左倾错误开辟了道路。——第 56 页。

44　见斯大林《在党的第十七次代表大会上关于联共（布）中央工作的总结报告》（《斯大林选集》下卷，人民出版社 1979 年版，第 343 页）。——第 57 页。

45　见列宁《共产主义运动中的"左派"幼稚病》（《列宁选集》第 4 卷，人民出版社 1972 年版，第 192 页）。——第 63 页。

46　指毛泽东一九三七年五月七日在中国共产党全国代表会议上所作的《为争取千百万群众进入抗日民族统一战线而斗争》的报告。——第 69 页。

47　中国共产党第六次全国代表大会制定的党章曾规定：党在政府、工会、农会、合作社及其他群众组织的领导机关中，凡有担任负责工作的党员三人以上者即成立党团；党团的任务是在各该组织的领导机关中指导党员为加强党的影响、实现党的政策而工作。中国共产党第七次全国代表大会制定的党章，把"党团"改称"党组"。——第 70 页。

48 西安事变 也称"双十二事变"。在日本帝国主义加紧侵略中国,要把中国变为它的殖民地的危急形势下,以张学良将军为首的国民党东北军和以杨虎城将军为首的国民党第十七路军,在中国共产党的抗日民族统一战线政策和全国人民抗日运动的影响和推动下,要求蒋介石停止内战,一致抗日。蒋介石拒绝了这个要求,并亲自赶到西安积极部署"剿共"。一九三六年十二月十二日,张、杨联合行动在西安附近的临潼扣押了蒋介石,这就是著名的西安事变。事变发生后,国民党内以何应钦为首的亲日派准备乘机发动大规模内战,牺牲蒋介石以便取而代之。由于中国共产党坚持和平解决西安事变的方针,并经过中共代表周恩来、博古(秦邦宪)、叶剑英等同志的艰苦工作,西安事变终于和平解决,促进了抗日民族统一战线的形成。——第73、250页。

49 东北军 即张学良统率的原东北边防军。西北军 指杨虎城统率的第十七路军。——第74页。

50 北洋军阀 是袁世凯建立的封建军阀集团。一八九五年清政府命袁世凯在天津小站编练"新建陆军",归北洋大臣节制。一九〇一年袁任北洋大臣,所建军队称北洋军。辛亥革命后,袁窃据大总统地位,培植党羽,形成了控制中央和许多省份的地方政权的军事集团。一九一六年袁死后,这个集团分化为直、皖、奉三系。一九二六年皖系军阀段祺瑞下台,一九二七年直系军阀被国民革命军消灭,一九二八年奉系军阀政府垮台,历时十七年的北洋军阀从此覆灭。——第76、172页。

51 一九二四——一九二七年第一次国共合作时期,中国共产党根据党的第三次全国代表大会决议精神,派遣一批共产党员以个人资格加入国民党并参与国民党各级的领导工作。党内合作的形式 即指这种统一战线形式。——第77页。

52 十年苏维埃运动 指一九二七——一九三七年中国共产党领导中国人民为推翻蒋介石的反动统治,建立和保卫工农苏维埃民主政权而进行的革命运动。——第77页。

53 毛泽东在《中国共产党在抗日时期的任务》一文中,提出了实现党的政治领导的四项原则,其内容是:第一,根据历史发展行程提出基本的政治口号,和为了实现这种口号而提出关于每一发展阶段和每一重大事变的动员口号。第二,按照这种具体目标在全国行动起来时,无产阶级,特别是它的先锋队——共产党,应该成为实现这些具体目标的模范。第三,在不失掉确定的政治目标的原则上,建立与同盟者的适当的关系,发展和巩固这个同盟。第四,共产党队伍的发展,思想的统一性,纪律的严格性。——第 78 页。

54　芦沟桥事变　也称"七七"事变。芦沟桥距北京城十余公里,是北京西南的门户。一九三七年七月七日,日本侵略军在这里向中国驻军进攻。在全国人民抗日热潮的推动和中国共产党的抗日主张的影响下,中国驻军奋起抵抗。中国人民英勇的八年抗战,从此开始。——第 80、117、230、253 页。

55　领导战争的政党与军政当局　指国民党和以蒋介石为首的统治集团。——第 81 页。

56　八路军　是抗日战争时期中国共产党领导的人民军队的主力之一。一九三七年八月,依据与国民党政治谈判的结果,红军主力部队改名为国民革命军第八路军。朱德任总指挥,彭德怀任副总指挥,叶剑英任参谋长,任弼时任政治部主任。八路军辖一一五师、一二〇师、一二九师。同年九月,八路军改为国民革命军第十八集团军。朱德为总司令,彭德怀为副总司令。八路军一直在敌后进行独立自主的游击战争,创建了晋绥、晋察冀、晋冀鲁豫、山东等敌后抗日民主根据地。在长期的艰苦斗争中,粉碎了日、伪军的反复"扫荡",并打退了国民党顽固派的屡次进攻。一九四五年日本帝国主义投降时,八路军已发展到九十余万人。——第 81、92、94、173、231、238、243、251、305、315 页。

57　会门　是旧中国的民间结社,有三合会、哥老会、大刀会、在理会、洪门等。这些组织的成分主要是破产农民、失业手工业者、流氓无产者等,他们以宗教迷信为联系纽带,有的还拥有武装。一些会门曾进行过反抗官僚、地主压迫的斗争。由于这类组织的落后性,也往往容易被反动统治阶级和地主豪强势力甚至日伪所利用。抗日战争时期,我党为团结一切抗日民众组成统一战线,曾对一些会门采取了联合和争取的策略。——第 84 页。

58　一九三一年"九一八"事变后,中国共产党号召人民武装抗日。东北各地人民和国民党一部分在东北的爱国军队纷纷组成义勇军、救国军、自卫军等抗日武装。这些武装通称 东北义勇军。——第 84、95 页。

59　民团　是旧中国农村中地主阶级为维护自己的利益而组织的武装。——第 85、91 页。

60　伪蒙军　指以蒙奸德穆楚克栋鲁普为总裁的伪蒙古军政府所属军队。——

第 85 页。

61　维持会 是抗日战争期间日本侵略者在我国沦陷区指使汉奸建立的临时性的地方政权。——第 88 页。

62　复选制 是间接选举的一种形式。先由选举人选出代表,称初选;再由代表投票选举,称复选。——第 89 页。

63　聂荣臻(一八九九—　　　),四川江津人。当时任晋察冀军区司令员兼政治委员。——第 90 页。

64　中国共产党在民主革命时期所建立的革命根据地,很多都是在两省或几省交界的地区,所以称为边区,如晋察冀边区、晋冀鲁豫边区等。——第90、96、259、363 页。

65　宋劭文(一九一〇—　　　),山西太原人。中共党员。一九三七年抗日战争爆发后,曾任山西省五台县县长、山西省第一区政治主任公署主任、专员公署专员。一九三八年一月晋察冀边区行政委员会成立时被选为主任委员。——第 90 页。

66　抗日救国十大纲领 是一九三七年八月在陕北洛川召开的中共中央政治局扩大会议上通过的。其要点是:一、打倒日本帝国主义;二、全国军事总动员;三、全国人民总动员;四、改革政治机构;五、实行抗日的外交政策;六、实行为抗战服务的财政经济政策;七、改良人民生活;八、实行抗日的教育政策;九、肃清汉奸卖国贼亲日派,巩固后方;十、实现抗日的民族团结。——第 91 页。

67　累进税 是随着纳税人应该纳税的收入(或财产价值)的增加而递增税率的税,收入越高,交税的比率越高。——第 91 页。

68　民先队 即中华民族解放先锋队,是“一二九”运动中的先进青年在中国共产党领导下所组织的青年团体。一九三六年二月成立。抗日战争爆发后,许多民先队员参加了抗战和建立敌后根据地的工作。国民党统治地区的民先队组织,一九三八年被蒋介石政府强迫解散。解放区的民先队组织,后来并入更广泛的青年团体——青年救国会。——第91、96、249 页。

69　蒋、阎 指蒋介石、阎锡山。——第 91 页。

70　绥远 原是一个省。一九五四年撤销,辖区划归内蒙古自治区。——第 91、371 页。

71　贺龙(一八九六——一九六九),湖南桑植人。当时任第十八集团军第一二〇师师长。——第 92 页。

72　关向应(一九〇二——一九四六),辽宁金县人。当时任第十八集团军第一二〇师政治委员。——第 92 页。

73　战委会　即战地动员委员会,是抗日战争初期在山西等地建立的一种统一战线性质的组织。它是发动群众参加和支援抗战的动员机关,又是游击战争的领导机关。在有些地区,国民党的政权机关撤走后,它还起过政权机关的作用。——第 92、255 页。

74　牺盟会　即山西省牺牲救国同盟会,是一九三六年九月在中国共产党的推动和帮助下建立的一个地方性的群众抗日团体,在山西省的抗日战争中曾起了重大的作用。阎锡山在牺盟会建立初期表示支持。后来蒋介石、阎锡山转向消极抗战积极反共,公开摧残牺盟会,许多牺盟会的干部和群众中的进步分子遭到杀害。原牺盟会中坚持抗日的成员,在中国共产党的领导下继续进行抗日斗争。——第 93、261 页。

75　一九三七年抗日战争爆发后,中国共产党主张全面抗战,发动群众,实行人民战争,以战胜日本帝国主义。国民党由于害怕人民群众的力量通过抗战发展壮大起来,因而不许人民群众起来抗战,只实行国民党政府和军队的 片面的军事抗战。——第 94 页。

76　国际上调解"中日冲突"的活动　指一九三七年日本帝国主义发动侵华战争后,英、美、德等帝国主义企图以牺牲中国权益为条件来结束中日战争的调解活动。这一年八、九月间,英、美等国多次表示愿意出面"斡旋",十一月间在布鲁塞尔召开"九国公约"签字国会议,讨论和平解决"中日冲突"的办法,但未能取得结果。与此同时,德国驻华大使陶德曼多次向蒋介石政府提出和谈条件,实行劝降,受到中国人民的反对。——第 94 页。

77　见马克思、恩格斯《德意志意识形态》第 1 卷第 1 章《费尔巴哈》(《马克思恩格斯选集》第 1 卷,人民出版社 1972 年版,第 76—77 页)。——第 98 页。

78、79、80　本文一九八〇年三月人民出版社出版单行本时编辑部注:在这三处的"反革命"一词后面,在一九六二年版都加了"和改良派"四字。这不是作者本人加的,而是本书的编辑人员加了而经过作者同意的。现在这三处仍按一九四九年版。——第 99 页。

81　孔子(公元前五五一——公元前四七九),名丘,字仲尼,春秋时鲁国陬邑(今山东曲阜)人,儒家学派创立者。这里的引文见《论语·为政》。——第 101 页。

82　孟子(公元前三七二——公元前二八九),名轲,战国时邹(今山东邹县东南)人,是儒家学说的主要继承者。这里的引文见《孟子·告子下》。——第 101 页。

83　见毛泽东《实践论》(《毛泽东选集》第 1 卷,人民出版社 1964 年版,第 273 页)。——第 101 页。

84　见恩格斯《在马克思墓前的讲话》(《马克思恩格斯选集》第 3 卷,人民出版社 1972 年版,第 575 页)。——第 104 页。

85　见《恩格斯致约·菲·贝克尔》(《马克思恩格斯选集》第 4 卷,人民出版社 1972 年版,第 449—450 页)。——第 104 页。

86　见斯大林《致〈工人报〉》(《斯大林全集》第 7 卷,人民出版社 1958 年版,第 16 页)。——第 104 页。

87　见斯大林《在莫斯科市斯大林选区选举前的选民大会上的演说》(《斯大林文选》上卷,人民出版社 1962 年版,第 163—164 页)。——第 105 页。

88　见《孟子·告子下》。——第 106 页。

89　曾子(公元前五〇五——公元前四三六),名参,春秋时鲁国武城(今山东费县)人,孔子的学生。这里的引文见《论语·学而》。——第 109 页。

90　《诗经》是我国最早的诗歌总集。本名《诗》,后世称为《诗经》。编成于春秋时代,内分《风》、《雅》、《颂》三大类,共三百零五篇。这里的引文见《诗经·卫风·淇奥》。——第 109 页。

91　三民主义 是孙中山对于中国资产阶级民主革命所提出的民族、民权、民生三个问题的原则和纲领。一九二四年,孙中山在中国国民党第一次全国代表大会上重新解释三民主义,把旧三民主义发展为联俄、联共、扶助农工三大政策的新三民主义。——第 110、174、261 页。

92　总理遗嘱 指中国国民党总理孙中山一九二五年三月十一日病危时的遗嘱。全文如下:"余致力国民革命,凡四十年,其目的在求中国之自由平等。积四十年之经验,深知欲达到此目的,必须唤起民众,及联合世界上以平等待我之民族,共同奋斗。现在革命尚未成功。凡我同志,务须依照余所著建国方略、建国大纲、三民主义及第一次全国代表大会宣言,继续努力,以求贯彻。最近主张开国民会议及废除不平等条约,尤须于最短期间,促其实现。是所至嘱。"——第 110 页。

93　见《论语·乡党》。——第 111 页。

94　见毛泽东《中国共产党在民族战争中的地位》(《毛泽东选集》第 2 卷,人民出版社 1964 年版,第 499—500 页)。——第 112 页。

95　见马克思、恩格斯《共产党宣言》(《马克思恩格斯选集》第 1 卷,人民出版社 1972 年版,第 264 页)。——第 119 页。

96、97　见列宁《怎么办?》(《列宁选集》第 1 卷,人民出版社 1972 年版,第 284、294 页)。——第 119 页。

98　见毛泽东《实践论》(《毛泽东选集》第 1 卷,人民出版社 1964 年版,第 268 页)。——第 119 页。

99　见列宁《怎么办?》(《列宁选集》第 1 卷,人民出版社 1972 年版,第 242 页)。——第 120 页。

100　见毛泽东《实践论》(《毛泽东选集》第 1 卷,人民出版社 1964 年版,第 268—269 页)。——第 120 页。

101　见列宁《共产主义运动中的"左派"幼稚病》(《列宁选集》第 4 卷,人民出版社 1972 年版,第 200—201 页)。——第 126 页。

102　本文一九八〇年三月人民出版社出版单行本时编辑部注:这里的引文以前各版在"由于这一切原因,"以下,省略了"无产阶级专政是必要的,"等字。作者可能因为重点是要说明消灭阶级必须经过非常"艰难的工作和斗争",所以作了这种省略。考虑到这里的省略不免对引文原意有所影响(这与上一段引文中的省略不同),现在加以恢复。在"文化大革命"中,有人把这种省略说成是作者"反对无产阶级专政"的所谓证明。凡是能够看懂这段文字的真实意义的人,都会明白这种说法是完全不能成立的。——第 126 页。

103　见列宁《共产主义运动中的"左派"幼稚病》(《列宁选集》第 4 卷,人民出版社 1972 年版,第 181 页)。——第 126 页。

104　指德国作家埃米尔·路德维希(一八八一——一九四八)。一九三一年十二月路德维希访问苏联时,曾受到斯大林接见。详见《和德国作家埃米尔·路德维希的谈话》(《斯大林选集》下卷,人民出版社 1979 年版,第 298—312 页)。——第 128 页。

105　彼得大帝(一六七二——一七二五),是俄国历史上的一个著名皇帝。——

第 128 页。

106 见毛泽东《中国共产党在民族战争中的地位》(《毛泽东选集》第 2 卷,人民出版社 1964 年版,第 488 页)。——第 130 页。

107 见宋朝范仲淹《岳阳楼记》。——第 132 页。

108 见《孟子·滕文公下》。——第 132 页。

109 见《论语·子张》。原文是:"君子之过也,如日月之食焉:过也,人皆见之;更也,人皆仰之。"——第 132 页。

110 慎独 是儒家的用语,意思是:在个人独处的时候也要能谨慎遵守道德原则。原文出自《礼记·中庸》:"莫见乎隐,莫显乎微,故君子慎其独也。"——第 133 页。

111 斯达汉诺夫(一九〇六——),苏联顿巴斯的采煤工人,煤炭工业中的著名革新者。由于他运用新技术和改进劳动组织,一九三五年八月三十日创造了在五小时四十五分钟内用风镐采煤一百零二吨的记录,相当当时定额的十四倍。这一先进事例很快得到广泛传播,并发展成为群众性的社会主义竞赛运动,即斯达汉诺夫运动。——第 143 页。

112 阿比西尼亚即现在的埃塞俄比亚,位于非洲的东北部。——第 144 页。

113 见《伊索寓言》中的《蝙蝠与黄鼠狼》。故事是:一只蝙蝠跌在地上,被黄鼠狼捉住,他请求饶命。黄鼠狼说不能放他,因为黄鼠狼生来是与鸟类为敌的。蝙蝠说他并不是鸟,而是老鼠,因此就被放了。后来他又跌在地上,被另一只黄鼠狼捉住,他请求不要吃他。黄鼠狼说自己恨所有的鼠类,蝙蝠说他并非老鼠,乃是蝙蝠,就又被放走了。蝙蝠就这样地两次改了他的名字,救了性命。——第 147 页。

114 陈独秀(一八八〇——一九四二),安徽安庆市(原怀宁县)人。一九一五年九月起主编《青年》杂志(后改名《新青年》),一九一八年和李大钊创办《每周评论》,提倡新文化,是五四新文化运动的主要领导人之一。五四运动后,接受和宣传马克思主义,是中国共产党的主要创始人之一。在党成立以后的最初六年是党的主要领导人。在第一次国内革命战争后期,犯了严重的右倾投降主义错误。其后,对于革命前途悲观失望,否认无产阶级应当继续完成中国民主革命的任务,在党内成立小组织,进行反党活动,一九二九年十一月被开除出党。后和托派分子相结合,一九三一年五月曾被中国的托派组织推为总书记。一九三二年九月被国民党逮捕，一九三七年八月出狱。——第148、218、241、280、296、334页。

115　张国焘（一八九七——一九七九），江西萍乡人。一九二一年参加中国共产党第一次全国代表大会。在党的第二、四、五、六次全国代表大会上当选为中央委员，在党的六届一中全会上当选为政治局委员。一九三一年任中共鄂豫皖中央分局书记、中华苏维埃共和国临时中央政府副主席等职。一九三五年六月红军一、四方面军在四川西部会合后任红军总政委。他反对中央关于红军北上的决定，进行分裂党和红军的罪恶活动，另立中央。一九三六年六月被迫取消第二中央，并和二、四方面军一起北上，十二月到达陕北。一九三七年任陕甘宁边区政府副主席。一九三八年四月，他乘祭黄帝陵之机逃出陕甘宁边区，经西安到武汉，投入国民党特务集团，成为中国革命的叛徒，随即被开除出党。——第148页。

116　抗大　是中国人民抗日军事政治大学的简称。——第150页。

117　见斯大林《再论我们党内的社会民主主义倾向》（《斯大林选集》上卷，人民出版社1979年版，第501—502页）。——第152页。

118　见恩格斯《致爱·伯恩施坦》（《马克思恩格斯全集》第36卷，人民出版社1975年版，第359页）。——第154页。

119、120　见斯大林《再论我们党内的社会民主主义倾向》（《斯大林选集》上卷，人民出版社1979年版，第497页）。——第161、162页。

121　见毛泽东《矛盾论》（《毛泽东选集》第1卷，人民出版社1964年版，第309—310页）。——第162页。

122　新四军　是抗日战争时期中国共产党领导的人民军队的主力之一。一九三七年十月，中国共产党根据同国民党谈判的协议，决定将江西、福建、广东、湖南、湖北、河南、浙江、安徽八省的红军游击队分别集中，改编为"国民革命军陆军新编第四军"，并任命叶挺为军长，项英为副军长，张云逸为参谋长，袁国平为政治部主任。一九三八年一月，新四军军部成立，下辖四个支队。随即挺进敌后，开展抗日游击战争，创建了华中敌后抗日根据地。一九四一年国民党制造皖南事变后，中共中央对国民党顽固派作了针锋相对的斗争，重整了新四军，任命陈毅为代理军长，刘少奇为政治委员，部队改编为七个师，继续坚持抗战，创立、发展和巩固了苏南、苏中、苏北、淮南、淮北、鄂豫皖、皖中、浙东等敌后抗日根据地。一九四五年日本帝国主义投降前夕，新四军发展到三十多万人。——第168、173、231、

244、266、315、372 页。

123 两个特委 指中共江北特委和中共苏北特委。——第 169 页。

124 革命的三民主义 也称"新三民主义",详见本书注 91。——第 171 页。

125 北伐战争 是中国共产党和中国国民党合作进行的反对帝国主义、反对封建军阀的革命战争。一九二四年,孙中山在中国共产党的帮助下召开了有共产党人参加的国民党第一次全国代表大会,确定了联俄、联共、扶助农工的三大政策,改组了国民党,实现了国共合作,并组织了革命军队。一九二六年五月,中国共产党直接领导的叶挺独立团作为北伐军的先遣军向湖南挺进。七月九日,国民革命军正式出师北伐。八月在湖北击溃军阀吴佩孚的主力,十一月在江西歼灭军阀孙传芳的主力,十二月占领福建、浙江,一九二七年三月进入南京、上海。由于中国共产党人在战斗中发挥了骨干作用,并组织广大工农群众积极支援北伐,所以革命势力迅速发展到长江、黄河流域。一九二七年四月十二日和七月十五日,蒋介石、汪精卫先后在上海、武汉发动反革命政变,北伐战争的胜利果实被篡夺。——第 172、290、333 页。

126 根据中国共产党的抗日民族统一战线政策,对解放区的抗日民主政权领导成员的组成,规定共产党员占三分之一,非党的左派进步分子占三分之一,中间派占三分之一,故称"三三制"。——第 174、225、283 页。

127 抗战建国纲领 是一九三八年四月一日国民党临时全国代表大会通过的,内容包括抗战的军事、政治、经济、外交等方面的政策。这个纲领对人民作了某些让步,如规定组织国民参政机关,许诺给予人民言论、出版、集会、结社自由。后来由于蒋介石推行消极抗战、积极反共的政策,纲领中对人民的某些让步没有兑现。——第 175 页。

128 欧洲社会民主党 是欧洲各国"社会民主党"、"社会党"和"工党"等的统称。这些党大多成立于巴黎公社失败后到二十世纪初资本主义相对和平发展时期。早期曾对各国工人运动起过积极作用。十九世纪末年以后,各国党内修正主义和机会主义迅速滋长,绝大多数的党在第一次世界大战中采取了支持本国政府进行帝国主义战争的立场,党内的左派则分裂出去,在一九一九年以后陆续成立各国共产党。——第 179、297 页。

129 见斯大林《再论我们党内的社会民主主义倾向》(《斯大林选集》上卷,人民出版社 1979 年版,第 497 页)。——第 181 页。

130　见斯大林《再论我们党内的社会民主主义倾向》(《斯大林选集》上卷,人民
出版社 1979 年版,第 497—498 页)。——第 181 页。

131　第一国际　即国际工人协会,一八四六年九月在伦敦成立,是无产阶级的
第一个群众性的国际联合组织,第二国际成立后始称第一国际。马克思
和恩格斯主持的第一国际指导了各国工人运动,与各种非无产阶级社会
主义流派进行了斗争,传播了马克思主义,巩固了各国工人的国际团结。
一八七六年七月,根据马克思的提议,第一国际正式宣布解散。——第
182 页。

132　第二国际　是各国社会党的国际联合组织,一八八九年七月在巴黎成立。在
恩格斯的指导和影响下,第二国际初期基本上保持了革命的立场。一八九
五年恩格斯逝世后,第二国际各国党内的机会主义迅速滋长,以伯恩施坦
为首的右派和以考茨基为首的"中派"占据了第二国际的领导地位。第一
次世界大战爆发后,由于大多数社会民主党公开支持本国资产阶级政府
参加帝国主义战争,第二国际陷于破产。——第 182 页。

133　一九〇三年俄国社会民主工党第二次代表大会制定党纲、党章时,马尔托
夫等机会主义者反对以列宁为首的马克思主义者的主张,在投票选举党
中央机关时,该派只获得少数选票,故称为 孟什维克(孟什维克是俄文
Меньшевик 的音译,原意为少数派)。他们的观点被称为 孟什维主义。
——第 183、290 页。

134　俄国的经济主义派　是十九世纪末二十世纪初俄国工人运动中的一个派
别。以普罗科波维奇、库斯科娃为代表。他们崇拜工人运动的自发性,认
为工人运动的任务只是为了改善经济状况而斗争。经济主义派即因此而
得名。一八九九年曾发表宣言,公开反对马克思主义,要求放弃建立无产
阶级的独立政党,放弃工人阶级独立的政治要求。列宁为了建立马克思
主义的革命政党同经济主义派进行了坚决的斗争。——第 183 页。

135　工团主义　是国际工人运动中的一种小资产阶级机会主义思潮。十九世纪
末二十世纪初在法国、意大利、西班牙、瑞士等地流传很广。主要代表人
物有法国索烈尔、拉加德尔等人。工团主义者反对政治斗争,否定无产阶
级政党的领导作用和无产阶级专政,鼓吹由工会领导和组织生产,以工会
代替国家机构。——第 183 页。

136　左派共产主义的一派　指一九一八年一月布列斯特和谈时期俄共(布)党
内出现的一个左倾机会主义集团,核心人物是布哈林、普列奥布拉任斯

基、皮达可夫和拉狄克等。他们反对缔结布列斯特和约,认为继续同帝国主义进行战争可以促进国际革命,只有在西欧各国革命的条件下,社会主义在俄国的胜利才能巩固。一九一八年四月,在苏维埃政权着手进行社会主义建设时,他们反对利用资产阶级专家和实行国家资本主义,反对在企业中建立纪律和实行经济核算,认为这是恢复资产阶级秩序。列宁同左派共产主义者进行了坚决的斗争,左派共产主义者在一九一八年夏承认了错误。——第189页。

137　布列斯特和约　指一九一八年三月苏维埃俄国在俄国西部布列斯特——立托夫斯克城同德国、奥匈帝国、保加利亚和土耳其所签订的和约。按照这个和约,苏俄丧失领土并付出巨额赔款。这是新建立的苏维埃政权为了退出帝国主义战争,集中力量巩固十月革命取得的胜利而采取的一种革命妥协。一九一八年十一月,随着德国的被战败,全俄中央执行委员会宣布废除这个和约。——第189页。

138　关于工会问题的论争　是以托洛茨基为首的反对派在一九二〇年十一月初全俄工会第五次代表会议上挑起的。托洛茨基反对对工人采取说服方法,反对在工会里扩大民主,而主张把军事方法搬到工会里来,并提出了立刻把"工会国家化"的要求。列宁先后发表了《论工会、目前局势及托洛茨基的错误》、《再论工会、目前局势及托洛茨基和布哈林的错误》等文章,批判了托洛茨基的错误。——第189页。

139　召回派　是俄国一九〇五——一九〇七年革命失败后,在布尔什维克队伍中产生的左倾机会主义派别。代表人物有波格丹诺夫、卢那察尔斯基、阿列克辛斯基、波克罗夫斯基。他们主张放弃一切合法斗争,拒绝参加工会、合作社以及其他合法的组织,并要求从第三届国家杜马中召回社会民主党的代表,因此被称为召回派。一九〇九年六月召回派被开除出布尔什维克组织。——第189页。

140　托派是托洛茨基派的简称,原为联共(布)党内以托洛茨基为首的反列宁主义的一个政治派别。这里指中国的托派。一九二七年革命失败后,以陈独秀为代表的一小部分投降主义者,采取了托洛茨基主义立场,认为中国资产阶级对于帝国主义和封建势力已经取得了胜利,中国资产阶级民主革命已经完结,中国无产阶级只有待到将来再去举行社会主义革命,在当时就只能进行所谓以"国民会议"为中心口号的合法运动,而取消革命运动。因此他们又被称为"托陈取消派"。一九二九年十一月陈独秀等人被开除出党后,在托洛茨基的直接撮合下,同其他托派分子相结合,在一九三一年五月建立了统一的中国托派组织"中国共产主义同盟"。陈独秀被推为总书记。不久,它的领导成员先后被国民党逮捕,这个组织遂即瓦解,但一些托派分子和托派小组织还在继续进行活动。——第 199 页。

141　中国党秘密活动的十年　即一九二七——一九三七年的第二次国内革命战争时期。这个时期中国共产党没有合法地位,在国民党统治区只能秘密从事革命活动。——第 221 页。

142　《民主精神与官僚主义》是一九四一年刘少奇在华中局党校的讲话。《红旗》1980 年第 14 期重新发表了这篇讲话。——第 226 页。

143　庞友兰(一八七四——一九四七),江苏滨海人,苏北开明绅士。一九四二年十月被选为盐阜区参议会副议长。——第 227 页。

144　减租减息是中国共产党在抗日战争时期的土地政策。解放战争时期和全国解放后的初期,在新解放的地区也曾实行过这一政策。——第 229、233、283、310、351、381 页。

145　整顿三风　是一九四二年毛泽东在《整顿党的作风》报告中提出的,他把主观主义、宗派主义、党八股称为"三股歪风",提出:"反对主观主义以整顿学风,反对宗派主义以整顿党风,反对党八股以整顿文风"。——第 232 页。

146　《联共党史》即一九三八年由联共(布)中央特设委员会主编、联共(布)中央审定的《苏联共产党(布)历史简明教程》。——第 234、397 页。

147　参见马克思、恩格斯《神圣家族》(《马克思恩格斯全集》第 2 卷,人民出版社 1957 年版,第 45 页)和马克思《国际工人协会共同章程》(《马克思恩格斯选集》第 2 卷,人民出版社 1972 年版,第 136 页)。——第 238、350 页。

148　四项动员　指一九四〇年晋绥地区动员筹粮、筹款、做军鞋和参军。——第 240 页。

149　收回英租界　指一九二七年收回汉口英租界。同年一月三日,武汉人民举行庆祝国民政府北迁和北伐胜利集会。当宣传员在英租界附近广场演说时,英帝国主义公然指使大批武装水兵用刺刀驱赶听讲群众,当场刺死中国海员一人,刺伤群众数十人。英帝国主义干涉中国革命的暴行,激起了武汉各界人民的极大愤慨,他们要求武汉国民政府向英国当局提出强烈抗议。一月五日,武汉数十万人民在中国共产党的组织领导下举行了声势浩大的示威大会。会后革命群众英勇地驱逐了英国巡捕(租界内的警察),占领了英租界。武汉国民政府接受群众的要求,派军队进驻租界,正式收回了汉口英租界。——第 241 页。

150　"八一宣言"即中国共产党在一九三五年八月一日发布的《为抗日救国告全体同胞书》。——第 245 页。

151　"华北事变"指一九三五年日本帝国主义侵略华北和以蒋介石为首的国民党政府出卖华北主权的一系列事件。这一年五月底,日本帝国主义向国民党政府提出了各种无理要求。六月初,国民党政府在华北的代表何应钦开始与日方秘密会商。七月六日,何应钦正式致函日本华北驻屯军司令官梅津美治郎,接受了日方要求,这就是所谓"何梅协定"。六月二十七日,国民党察哈尔省政府代理主席秦德纯又与日本特务机关长土肥原以换文方式达成协议,通称"秦土协定"。按照这些协定,中国在河北和察哈尔的主权大部丧失。随后,日本帝国主义更策动汉奸制造所谓"华北五省自治运动",企图使河北、察哈尔、绥远、山东、山西五省脱离中国。十月,日本帝国主义指使汉奸在河北省东部举行暴动,一度占领了香河县城。十一月,汉奸殷汝耕在通县成立所谓"冀东防共自治委员会"(后来改称"冀东防共自治政府")。十二月,国民党政府指派宋哲元等成立"冀察政务委员会",以适应日本帝国主义关于"华北政权特殊化"的要求。——第 245 页。

152　宋哲元(一八八五——一九四〇),山东乐陵人。当时任国民党军第二十九军军长、"冀察政务委员会"委员长、河北省政府主席。——第 246 页。

153　一九三五年十二月九日,北平学生数千人在中国共产党的领导下举行爱国游行示威,提出"停止内战,一致对外"、"打倒日本帝国主义"等口号。游行的学生遭到了国民党政府的镇压。第二天,北平各校学生宣布总罢课。十六日,学生和市民一万余人,再度举行示威游行。全国人民纷纷响应,形成中国人民抗日救亡运动的新高潮。这次运动,历史上称"一二九"运动。——第 246、308 页。

154　这里是指以王明为代表的左倾冒险主义。——第 246、296 页。

155　遵义会议　指一九三五年一月党中央在贵州遵义召开的政治局扩大会议。这次会议集中讨论和纠正了军事上的左倾错误,结束了左倾冒险主义在党中央的统治,确立了毛泽东在红军和中央的领导地位,在最危急的关头挽救了红军,挽救了党。——第 247 页。

156　"六大"指一九二八年六、七月间在莫斯科召开的中国共产党第六次全国代表大会。——第 247、317 页。

157　指一九三六年三月十日发表的《中共中央北方局为抗日救国宣言》。——第 248 页。

158　张东荪(一八八六——一九七三)，浙江杭州人。当时是国家社会党的首领及《自由评论》的编辑。一九三六年二月七日，张东荪在《自由评论》第 10 期上发表《评共产党宣言并论全国大合作》一文，对一九三五年八月一日中共中央发表的《为抗日救国告全国同胞书》进行了评论，文章虽表示支持中国共产党的政策，但也有错误观点。刘少奇写了《关于共产党的一封信》，署名陶尚行，发表在《自由评论》第 22 期上，阐明了中国共产党的抗日救国政策，批评了张东荪的错误观点。——第 248 页。

159　走私　原指违反海关法规，非法运输、携带、邮寄货物进出国(边)境的行为。这里指当时日本帝国主义加紧对我国华北的经济侵略，非法偷运和武装护运大量日本货物入口，占领中国市场，打击中国的民族工业。——第 248 页。

160　《火线》是中共河北省委的内部刊物。一九三三年三月在天津创刊，秘密发行。一九三八年转移至平西根据地出刊。——第 250 页。

161　即本书《肃清关门主义与冒险主义》一文。——第 250 页。

162　冀东抗战　指一九三三年三月，中国军队在冀东喜峰口一带长城线上抗击日本侵略军的战役。由于蒋介石集团坚持对日妥协政策，这次抗战以签订卖国的"塘沽协定"而结束。——第 253 页。

163　国共宣布合作　指一九三七年九月二十二日国民党被迫将《中国共产党为公布国共合作宣言》公开发表，二十三日蒋介石发表承认中国共产党合法地位的谈话。至此，中国共产党倡导的抗日民族统一战线正式形成。——第 254 页。

164　宋时轮(一九〇七——　　)，湖南醴陵人。当时任八路军第四纵队司令员兼该纵队第十二支队司令员。——第 254 页。

165　北方局的书面决定　指一九三七年十一月十五日《北方局关于目前形势与华北党的任务的决定》，即本书《独立自主地领导华北抗日游击战争》一文。——第 256 页。

166　察哈尔　原是一个省，一九五二年撤销，原辖区分别划归河北、山西两省。——第 258、371 页。

167　韩复榘(一八九〇——一九三八),河北霸县人,国民党地方军阀。当时任山东省政府主席,在日本帝国主义的进攻下,不战而逃,在一九三七年十二月底至一九三八年一月初的十多天时间里,放弃了山东中部和西南部的大片国土。——第258页。

168　阎锡山(一八八三——一九六〇),山西五台人,长期统治山西省的军阀。早年参加过同盟会。辛亥革命后曾任山西省都督、督军、省长、督办等职。一九三二年后任太原绥靖公署主任。抗日战争时期任第二战区司令长官。——第261页。

169　绥远事变　这里指绥东事件,见本书注38。——第261页。

170　决死队即山西青年抗敌决死队。它是抗日战争初期中国共产党领导、组织的山西人民的抗日武装,在山西的抗日战争中起了重要作用。决死队建立初期,曾得到阎锡山的支持,后来蒋介石、阎锡山转向消极抗战积极反共,发动了第一次反共高潮,阎锡山在山西发动"十二月事变",妄图消灭决死队,但未能得逞。——第262页。

171　一九三七年十二月九日,王明以中共驻共产国际代表的身份,在向中共中央政治局作工作报告时提出"一切为了抗日,一切经过抗日民族统一战线,一切服从抗日"的口号。他对统一战线的主张和依据这种主张而采取的行动以后被概括为"一切经过统一战线"、"一切服从统一战线"。实践证明这一口号是错误的,一九三八年十月党的六届六中全会上批评并纠正了这一口号。——第265页。

172　博古　即秦邦宪(一九〇七——一九四六),江苏无锡人。抗日战争爆发后任中共驻南京代表。一九三八年起先后任中共长江局、南方局委员兼组织部长。——第266页。

173　六中全会　即一九三八年十月在延安召开的中国共产党第六届中央委员会第六次全体会议。全会确定了坚持抗日统一战线的方针,批判了关于统一战线问题上的右倾投降主义错误。——第266、361页。

174　一九四〇年十月,国民党军事当局强令长江南北和黄河以南坚持抗日的新四军、八路军全部开赴黄河以北。中国共产党一方面驳斥这一无理要求,一方面从维护抗日大局出发答应将安徽南部的新四军部队调到江北。一九四一年一月,皖南的新四军九千余人,取得国民党当局同意,向江北转移。部队行至安徽泾县茂林地区,遭到七、八万国民党军队的突然袭击。经七昼夜浴血奋战,弹尽粮绝,除少数突围外,大部壮烈牺牲。军长叶挺被俘。这就是震惊中外的 皖南事变。接着,蒋介石又宣布取消新四军番号,进攻在华中、华北的新四军、八路军部队。中国共产党严厉驳斥了蒋介石的反动命令,粉碎了国民党的军事进攻,任命陈毅为新四军代理军长,张云逸为副军长,刘少奇为政治委员,重整并扩大了新四军部队。——第 266 页。

175 《新华日报》是中国共产党在国民党统治区公开出版的机关报。一九三八年一月十一日在汉口创刊,同年十月二十五日迁到重庆继续出版。一九四七年二月二十八日被国民党政府强迫停刊。——第 268 页。

176 李先念(一九〇七——　　　),湖北红安人。当时任新四军豫鄂挺进纵队司令员。——第 275 页。

177 彭雪枫(一九〇七——一九四四),河南镇平人。当时任新四军游击支队司令员兼政治委员。一九四一年任新四军第四师师长兼淮北军区司令员。一九四四年九月在战斗中牺牲。——第 275 页。

178 吴芝圃(一九〇六——一九六七),河南杞县人。当时任新四军游击支队副司令员。——第 275 页。

179 《限制异党活动办法》是国民党中央在一九三九年春秘密颁布的。这个文件规定采用各种法西斯统治的方法,控制、迫害共产党人和进步分子,破坏一切抗日的群众组织。在他们所认为的“异党活动最烈之区域”,规定实行“联保连坐法”,并在保甲组织中建立“通讯网”,即建立反革命的特务组织,以便随时监视和限制人民的活动。——第 276 页。

180 一九四一年太平洋战争爆发前的几年中,美、英帝国主义曾多次酝酿牺牲中国以取得和日本帝国主义的妥协。这个阴谋因和一九三八年英、法两国通过与德、意法西斯签订“慕尼黑协定”将捷克出卖给德国的阴谋相类似,所以叫做“远东慕尼黑”,或称“东方慕尼黑”。——第 276 页。

181 反共高潮 指第一次反共高潮。一九三八年十月武汉沦陷以后,国民党的反共活动日益加剧。一九三九年十二月,蒋介石下令蒋鼎文部侵占我陕甘宁边区的淳化、栒邑、正宁、宁县和镇原五县城;阎锡山在山西发动“十二月事变”,进攻决死队等山西新军;一九四〇年春,蒋介石又下令朱怀冰、石友三等部大举进攻我冀南和太行根据地的八路军。中国共产党领导解放区军民予以坚决的反击,一九四〇年三月消灭国民党三个师,肃清了盘踞在华北各解放区内部的反共顽固派。这样,蒋介石发动的第一次反共高潮被打退。——第278页。

182 第二次反共高潮 即一九四一年一月国民党阴谋策划的围攻皖南新四军的事件。详见本书注174。——第278页。

183 韩国钧(一八五七——一九四二),江苏泰县海安镇(今属海安县)人,是著名的开明绅士,曾多次参与调解苏北国民党顽军同新四军之间的磨擦。——第278页。

184 二次黄桥战斗 指著名的黄桥决战。一九四〇年十月初,国民党江苏省主席韩德勤指挥二十六个团三万余兵力向驻泰兴县黄桥镇的新四军发动进攻,妄图消灭新四军苏北部队。新四军七千余人在陈毅、粟裕指挥下奋起还击,激战四天,把韩部击溃。此役共歼国民党顽军一万一千余人。——第280页。

185 韩德勤(一八九一——),江苏泗阳人。当时任国民党江苏省政府主席兼苏鲁战区副总司令。——第280页。

186 参议会 是中国共产党在抗日民主根据地为吸收党外人士参加政权而设立的,具有人民代表会议性质的机构。——第283页。

187 整风 即整风运动,是中国共产党一九四二年起在全党范围内开展的一个马克思列宁主义的思想教育运动。参见本书注145。——第288、300、319、415页。

188 季米特洛夫(一八八二——一九四九),保加利亚人,国际共产主义运动著名活动家。一九二一年任工会国际中央理事会理事,一九三五年至一九四三年任共产国际执行委员会总书记。一九四五年十一月回国后,任保加利亚共产党总书记和部长会议主席。——第289、416页。

189 详见季米特洛夫《在共产国际第七次代表大会上》(《季米特洛夫选集》,人民出版社1953年版,第156—157页)。——第289、416页。

190 引自《马克思、恩格斯、列宁、斯大林思想方法论》(解放社1942年版,第19—21页)。今译文见斯大林《列宁是俄国共产党的组织者和领袖》(《斯大林选集》上卷,人民出版社1979年版,第129—130页)。——第295页。

191 彭述之(一八九六——),湖南宝庆人。一九二一年参加中国共产党。第一次国内革命战争后期追随陈独秀积极推行右倾投降主义。大革命失败后,成为取消主义分子,在党内成立小组织,进行反党活动。一九二九年十一月被开除出党,后成为托洛茨基分子。——第296页。

192　托陈取消派有其欧洲托派的衣钵真传　指中国的托陈取消派在思想上和组织上与托洛茨基有直接联系。托陈取消派的纲领《我们的政治意见书》,完全照搬了托洛茨基关于中国革命问题的主张。一九二九年,托派分子刘仁静由莫斯科经欧洲回国途中,曾专程前往土耳其会见托洛茨基,带回了托洛茨基为中国托派分子起草的纲领草案。这一草案被一九三一年五月召开的中国托派的统一大会接受为"中国共产主义同盟"的政治纲领。——第297页。

193　整顿三风报告　指毛泽东关于整风运动的三个报告:《改造我们的学习》(一九四一年五月)、《整顿党的作风》(一九四二年二月一日)和《反对党八股》(一九四二年二月八日)。——第298页。

194　陕甘宁边区工厂职工代表会议　是一九四四年五月一日至二十五日在延安举行的。出席会议的有边区各工厂和生产合作社的厂长、工程师、技师和工人的代表共二百余人。会议总结了边区工业建设所取得的成绩和经验,讨论并确定了进一步发展边区工业的任务、方针和政策。——第302页。

195　邓发(一九○六——一九四六),广东云浮人。当时任中共中央政治局候补委员、中共中央职工委员会书记等职。——第305页。

196　中央妇委　即中国共产党中央妇女运动委员会。——第307页。

197　小陶　即陶端予(一九二一——　　),原籍浙江绍兴,生于天津市。当时是中共中央宣传部教育科干部。她在深入农村开展工作期间创办的延安市杨家湾小学,成为全边区模范小学。——第308页。

198　伯乐　相传古代善于相马的人。这里比喻善于发现人才的人。——第313页。

199　指一九四五年四月二十四日题为《论联合政府》的政治报告。——第314页。

200　马克思主义小组　或称共产主义小组。一九一九年五四运动后,马克思主义在中国逐渐传播开来。一九二○年,中国具有初步共产主义思想的革命者先后在上海、北京等地建立共产主义小组,宣传马克思列宁主义,领导工人罢工斗争,使马克思主义和中国工人运动相结合。在国外,东京和巴黎的中国留学生也相继成立了共产主义小组。共产主义小组进一步为中国共产党的成立作了思想上和干部上的准备。——第 339 页。

201　见毛泽东《论联合政府》(《毛泽东选集》第 3 卷,人民出版社 1964 年版,第 1043—1044 页)。——第 343 页。

202、203　见毛泽东《论联合政府》(《毛泽东选集》第 3 卷,人民出版社 1964 年版,第 1045 页)。——第 343 页。

204　见毛泽东《论联合政府》(《毛泽东选集》第 3 卷,人民出版社 1964 年版,第 1044 页)。——第 343 页。

205　参见斯大林《论党的工作缺点和消灭托洛茨基两面派及其他两面派的办法》(《斯大林文选》上卷,人民出版社 1962 年版,第 147 页)。——第 354 页。

206、207　见毛泽东《关于纠正党内的错误思想》(《毛泽东选集》第 1 卷,人民出版社 1964 年版,第 86 页)。——第 361 页。

208　见毛泽东《中国共产党在民族战争中的地位》(《毛泽东选集》第 2 卷,人民出版社 1964 年版,第 495 页)。——第 361 页。

209　国共谈判　指一九四五年国共两党在重庆举行的和平谈判。抗日战争胜利后,国内出现了内战危机。为了避免内战,争取和平,八月二十八日中国共产党派毛泽东、周恩来、王若飞赴重庆同国民党进行和平谈判。经过四十三天的谈判,十月十日发表了《国共双方代表会谈纪要》(即"双十协定")。在这个纪要中,国民党方面不得不承认中国共产党提出的和平建国的基本方针和人民的某些权利,但是却顽固地拒绝承认人民军队和解放区民主政权的合法地位,以致无法就这些问题达成协议。十月十一日毛泽东回到延安,周恩来、王若飞同国民党继续谈判。不久,蒋介石便撕毁协议,向解放区发动军事进攻。——第 371 页。

210　热河　原是一个省,一九五五年撤销,原辖区分别划归河北、辽宁二省及内蒙古自治区。——第 371、373 页。

211　红军　指一九四五年八月八日苏联对日本宣战后,因中苏共同对日作战的需要进入中国东北地区的苏联军队。——第 371 页。

212　傅作义(一八九四——一九七四),山西临猗人。当时任国民党军第十二战区司令长官。中华人民共和国成立后,曾任中央人民政府委员、政协全国委员会副主席、国防委员会副主席、水利部部长、水利电力部部长等职。——第371页。

213　马占山(一八八七——一九五〇),吉林怀德人。当时任国民党东北挺进军司令。东北挺进军当时归第十二战区司令长官傅作义指挥。——第371页。

214　胡宗南(一九〇二——一九六二),浙江孝丰(今属安吉县)人。当时任国民党第一战区司令长官。这里是指他的第三十四集团军,这支部队于一九四五年八月由陕西进入河北,归第十一战区司令长官孙连仲指挥。——第371页。

215　冀热辽地区党的领导机关原称中共冀热辽区党委,军事领导机关称冀热辽军区,分别隶属中共晋察冀中央分局和晋察冀军区领导。一九四五年九月,中央决定成立冀热辽中央局并扩大冀热辽军区。因形势发生变化,并未付诸实施。十月,中央决定成立冀热辽中央分局和冀热辽军区,分别隶属中共晋察冀中央局和晋察冀军区领导。原冀热辽区党委、冀热辽军区改为冀东区党委、冀东军区。——第372页。

216　李富春(一九〇〇——一九七五),湖南长沙人。当时任中共中央财经部部长、中共中央副秘书长。——第372页。

217　林彪(一九〇七——一九七一),湖北黄冈人。曾任八路军一一五师师长。当时在派赴东北途中。——第372页。

218　罗荣桓(一九〇二——一九六三),湖南衡山人。当时任中共山东中央分局书记,山东军区政治委员。——第372页。

219　陈毅(一九〇一——一九七二),四川乐至人。当时任中共中央华中局副书记、新四军军长。——第372页。

220　饶漱石(一九〇三——一九七五),江西临川人。当时任中共中央华中局书记、新四军政治委员。——第372页。

221　晋冀鲁豫军区成立于一九四五年八月,刘伯承任司令员,邓小平任政治委员,下辖太岳军区、太行军区、冀南军区、冀鲁豫军区。——第372页。

222　黄克诚(一九〇三——　　　),湖南永兴人。当时是调至东北的新四军第三师师长兼政委。——第375页。

223　梁 即梁兴初(一九一二——　　　),江西吉安人。当时调至东北的山东军区第一师师长。罗 即罗华生(一九一〇——　　　),湖南湘潭人。当时任调至东北的山东军区第二师师长。——第 375 页。

224　内战时期解决土地问题所采用的方式　指一九二七——一九三七年的十年内战时期采取的没收地主一切土地分给无地少地的农民的政策。——第 381 页。

225　政协决议　指一九四六年一月在重庆召开的政治协商会议上通过的《和平建国纲领》。其中关于农民和土地问题的条文是："实行减租减息，保护佃权，保证交租，扩大农贷，严禁高利盘剥，以改善农民生活，并实行土地法，以期达到'耕者有其田'之目的。"——第 382 页。

226　指一九四二年一月二十八日中共中央政治局通过的《中共中央关于抗日根据地土地政策的决定》。——第 383 页。

227　《土地法大纲》即《中国土地法大纲》。一九四七年九月十三日中国共产党全国土地会议通过。十月十日由中共中央颁布。——第 385 页。

228　"五四指示"即一九四六年五月四日发布的中国共产党中央委员会《关于土地问题的指示》。见本书第 377—383 页。——第 385 页。

229　一九三七年二月，中共中央在致国民党三中全会电中提出停止没收地主土地的政策。七月，《中国共产党为公布国共合作宣言》中又提出"停止以暴力没收地主土地的政策"。八月，中共中央在陕北洛川召开的政治局扩大会议决定以减租减息作为抗日战争时期的土地政策。——第 385 页。

230　指一九四七年八月二十——二十一日刘少奇的《在全国土地会议上的报告》。——第 386 页。

231　董老　即董必武（一八八六——一九七五），湖北红安人。当时任中共中央政治局委员、中央工作委员会常委、华北财经办事处主任。——第 394 页。

232　刘　即刘伯承（一八九二——　），四川开县人。当时任晋冀鲁豫野战军司令员。邓　即邓小平（一九〇四——　），四川广安人。当时任晋冀鲁豫野战军政治委员。——第 395 页。

233　中央苏区　是第二次国内革命战争时期中国共产党领导的以中华苏维埃共和国临时中央政府所在地瑞金为中心的根据地，位于江西南部和福建西部。——第 395 页。

234　参见列宁《〈火星报〉编辑部声明》（《列宁全集》第 4 卷，人民出版社 1958 年版，第 316 页）。——第 397 页。

235　安泰　是希腊神话中的巨人,地神之子。他在同对手搏斗时,只要身不离地,就能从母亲大地身上吸取力量,所向无敌。后被对手举在空中扼死。——第 397 页。

236　"客里空"是苏联剧本《前线》中的一个惯于捕风捉影、捏造事实的新闻记者。后来我国新闻界借以泛指那些脱离事实、虚构浮夸、说空话的新闻报道作风。——第 399 页。

237　戈尔洛夫　是苏联剧本《前线》中的一个高傲自大、故步自封的前线总指挥。——第 400 页。

238　《申报》一八七二年在上海创刊。一九四九年上海解放时停刊。——第 401 页。

239　《人民日报》当时是中共中央华北局的机关报,一九四八年六月十五日创刊。一九四九年八月,中央决定将《人民日报》改为中共中央的机关报。——第 401 页。

240　《大公报》一九〇二年在天津创刊。曾先后出上海、汉口、重庆、桂林、香港等版。解放后,上海版于一九四九年六月十七日发表《大公报新生宣言》,继续出版。后移至天津,又迁北京,一九六六年停刊。现有香港《大公报》。——第 405 页。

241　黄维(一九〇四——　　),江西贵溪人。当时任国民党军第十二兵团司令官。一九四八年十二月在淮海战役中被我军俘虏。一九七五年特赦后,任中国人民政治协商会议全国委员会常务委员等职。——第 408 页。

242　胡宗南　当时任国民党西安绥靖公署主任。——第 409 页。

243　白崇禧(一八九三——一九六六),广西桂林人,国民党桂系军阀。当时任国民党军华中"剿匪"总司令。——第 409 页。

244　见列宁《怎么办?》(《列宁选集》第 1 卷,人民出版社 1972 年版,第 241 页)。——第 409 页。

245　参见列宁《几个争论问题》(《列宁选集》第 2 卷,人民出版社 1972 年版,第 457—458 页)。——第 411 页。

246　参见斯大林《在党的第十八次代表大会上关于联共(布)中央工作的总结报告》(《斯大林选集》下卷,人民出版社 1979 年版,第 468 页)。——第

411页。

247　指一九三三年十月十日中华苏维埃共和国中央政府人民委员会发布命令公布的《怎样分析农村阶级》、《苏维埃共和国中央政府关于土地斗争中一些问题的决定》等文件。——第411页。

248　唐太宗(五九九——六四九),即李世民。唐代皇帝。——第413页。

249　魏徵(五八○——六四三),唐初政治家。唐太宗在位时,曾任谏议大夫和秘书监等职。——第413页。

250　参见斯大林《关于德国共产党的前途和布尔什维克化》(《斯大林选集》上卷,人民出版社1979年版,第312页)。——第415页。

251　资产阶级议会制度　是资本主义国家实行的一种政治制度。采用这种制度的国家,在宪法中规定议会为立法机关,并有组织或监督政府的权力。议会的权力大小在各资本主义国家有所区别,但本质上都是资产阶级专政的工具。——第415页。

252　指一九四九年三月五日毛泽东《在中国共产党第七届中央委员会第二次全体会议上的报告》。——第419页。

253　陈云(一九○四——　),上海青浦人。当时任中共中央政治局委员、中共中央东北局副书记、东北军区副政治委员、东北财经委员会主任。——第421页。

254　李立三　当时任中华全国总工会副主席、党组书记。——第423页。

255　见列宁《共产主义运动中的"左派"幼稚病》(《列宁选集》第4卷,人民出版社1972年版,第181页)。——第428页。

256　新经济政策　是苏联一九二一年开始实行的经济政策。主要内容是:用粮食税代替余粮收集制;发展商业,在一定限度内允许自由贸易和私商存在;在国营企业中实行经济核算制,并以租让、租赁等形式发展国家资本主义。——第428页。

257　托拉斯　是英文Trust的音译。它是资本主义生产和资本的集中达到很高的程度后产生的垄断组织的高级形式。它由许多生产同类商品和与产品经营有密切关系的企业合并组成。在社会主义国家,托拉斯是社会主义企业的组织形式之一。——第429页。

全世界无产者，联合起来!

刘少奇选集

下　卷

人民出版社

目　　录

国家的工业化和
人民生活水平的提高[*]

（一九五〇年）

直到现在，中国劳动人民的生活水平和世界许多先进国家比较起来，还是很低的。他们还很穷困，他们迫切地需要提高生活水平，过富裕的和有文化的生活。这是全国最大多数人民最大的要求和希望，也是中国共产党和人民政府力求实现的最基本的任务。

中国劳动人民为什么很穷困，他们的生活水平为什么很低呢？

从历史上来说，这有两个基本原因。

一个原因，是中国近代化的机器工业、运输业和农业还很少，在国民经济中，百分之九十左右还是手工业和个体农业，在运输业中，也绝大部分是人畜力和木船运输。和机器工业比较起来，它们的生产力很低，耗费劳动力很大，不能生产出大量的物质资财来供人民享受。

另一个原因，是外国的帝国主义者和中国的封建地主、官僚、买办阶级在中国的长期统治。他们无限制地掠夺中国人

---

    * 这是一份未发表过的手稿。

民的财富,欺侮和压迫中国人民,并造成长期的战争和大量的土匪,阻碍中国工业的发展,压制和毁坏已经是很低的中国的生产力。这样,就不能不使中国的劳动人民更加陷于穷困和饥寒生活的深渊。

这就是造成中国劳动人民生活水平很低并且过着穷困、痛苦和被侮辱生活的两个基本原因。

怎样才能使中国劳动人民从穷困、痛苦和被侮辱的生活中解放出来,并不断地提高他们的生活水平,使他们能够过富裕的和有文化的生活呢?

这就必须做好两件最基本的事情。

第一件事情,就是必须推翻外国帝国主义和中国封建地主、官僚、买办阶级的统治,建立人民民主专政的政权,实现中国的独立,统一中国,肃清土匪,保障国内的和平,没收官僚资本,实行土地改革及其他各种民主改革,消灭地主阶级及其他一切封建残余势力,从而在城市和农村中解放已有的生产力。这一件事情,中国人民在中国共产党领导之下已经基本上做好了,未完的工作在不久以后也可以完成。以后的工作,就是继续加强和巩固人民民主专政,防止反动分子复辟的阴谋,加强国防力量以保卫世界和平,防止帝国主义的侵略和进攻。这虽然还是一项严重的需要付出很大的人力物力去完成的任务,但中国人民在共产党领导之下也是保证能够做好的。做好这一件事情的意义,只是使中国人民从帝国主义、封建主义和官僚资本主义的压迫之下解放出来,只是使他们从穷困、痛苦、被奴役、被侮辱的地位翻起身来,只是使中国已有的生产力获得解放,清除发展生产的障碍,造成继续发展生产的顺利条件,并且使生产的继续发展获得保障,不受内部的和外来的野蛮势力的破坏。但这还不是生产力的直接提高,还不是生产本身的发展,因而就不能很大地提高人民生活水平。人民政府剥夺了官僚资产阶级和地主阶级的财产,并将地主的财产无代价地转交给贫困的农民,人民政府又禁止了投机家的大量掠夺,并拨出了大量的款项救济灾民、失业工人及其他无以维持生活的人。这些,对于最穷困的劳动人民的生活是有一些补助的,但是这种补助是很少的,并且是暂时的。这就是说,推翻帝国主义、国民党的统治,建立人民民主专政,统一中国,剥夺官僚资产阶级和地主阶级的财产,还只是清除发展生产的障碍,造成发展生产的条件,还不是生产的直接发展,因而还不能立即和直接地提高人民的生活水平。但是做好了这第一件事,就使中国人民有可能并有了顺利的条件去做好第二件事。而不做好这第一件事,第二件事是做不好的。过去许多实业救国论[1]者的错误和他们失败的原因,就在于他们不懂得这个道理。

第二件事情,就是利用已经建立并且巩固起来的人民民主专政作为主要的工具,并利用其他各种条件,配合各方面的努力,来发展一切有益于人民的生产及其他经济事业。首先用一切办法在现有基础和现有水平上来提高每一个劳动者的劳动生产率,提高生产品的数量和质量,节省原料和材料,消灭浪费,降低生产品的成本,然后逐步地提高生产技术,建设新的生产事业,并使手工业和个体农业生产经过集体化的道路改造成为具有近代机器设备的大生产。这就是使中国逐步地走向工业化和电气化。只有工业化和电气化,才能建立中国强大的经济力量和国防力量。只有逐步地做好这件事情，不断地提高劳动生产率，发展近代化的生产事业及其他经济事业，才能使中国人民逐步地提高生活水平，能够过富裕的和有文化的生活。而如果不能做好这件事情，就决不能提高中国人民的生活水平。因为生产事业的发展，劳动生产率的提高，乃是全体人民一切物质福利和精神福利的基础。

只有做好了第一件事情，才有可能做好第二件事情。当着我们去做好第一件事情的时候，我们的目的就是为了要做好第二件事情。现在第一件事情已经或者差不多做好了，第二件事情也已经在一些地方开始进行，不久以后，就要更大规模地有全面计划地来进行，而且要永远继续下去，因为生产是更基本的，永远需要的。如果我们在做好第一件事情之后，不能接着把第二件事情做好，那我们的革命就没有什么大的意义了，我们的革命就不能说是已经胜利了，相反，我们还要遭受可耻的失败。

如果我们配合世界保卫和平的力量在相当长的时期内保障了世界的和平，也就是说，保障了我们进行经济建设的和平环境，那我们进行经济建设的大体步骤应该是怎样的呢？

首先，我们必须恢复一切有益于人民的经济事业，并使那些不能独立进行生产的已有的工厂尽可能独立地进行生产。其次，要以主要的力量来发展农业和轻工业，同时，建立一些必要的国防工业。再其次，要以更大的力量来建立我们重工业的基础，并发展重工业。最后，就要在已经建立和发展起来的重工业的基础上，大大发展轻工业，并使农业生产机器化。中国工业化的过程大体要循着这样的道路前进。

中国工业化的过程为什么要采取这样的步骤？

在恢复中国的经济并尽可能发挥已有的生产能力之后，第一步发展经济的计划，应以发展农业和轻工业为重心。因为只有农业的发展，才能供给工业以足够的原料和粮食，并为工业的发展扩大市场。只有轻工业的发展，才能供给农民需要的大量工业品，交换农民生产的原料和粮食，并积累继续发展工业的资金。同时，在农业和轻工业发展的基础上，也可以把劳动人民迫切需要提高的十分低下的生活水平提高一步，这对于改进人民的健康状况，在政治上进一步团结全体人民，也是非常需要的。而建立一些必要的急需的国防工业，则是为了保障我们和平建设的环境所不可缺少的。只有在这一步做得有了成效之后，我们才有可能集中最大的资金和力量去建设重工业的一切基础，并发展重工业。只有在重工业建立之后，才能大大地发展轻工业，使农业机器化，并大大地提高人民的生活水平。

中国人民的生活水平，只能循着经济发展的步骤来提高，经济建设能够继续发展一步，也就造成了使人民生活水平继续提高一步的可能性。否则，中国人民的生活水平是不可能提高的。如果有人要勉强地去提高，使人民生活水平的提高超过了经济发展的速度，超过了经济事业的负担能力，那就要阻止和破坏经济事业的发展，在最后，不独不能提高人民的生活水平，相反，还要破坏人民的生活，使人民生活水平降低。这就是一种无政府主义观点，是一种经济主义和片面福利的观点，一切觉悟的工人和劳动者必须反对这种观点。

发展中国经济，使中国工业化，是需要巨大的资金的，而没有资金,没有数百亿银元的资金投资于工业,特别是重工业,那就不要想加快我们的工业化。但是从哪里并且怎样来筹集这些资金呢?

在资本主义国家的工业化中,筹集资本的方法,除了无情地剥削本国的工人和农民,并使无数的小生产者和中等企业主破产,以集中资本之外,照斯大林同志说,还有以下三种方法:依靠对于殖民地的掠夺,依靠军事赔款,依靠奴役性的借款和租让[2]。但是,这些办法,我们都是不能采取的。无情地剥削本国人民和对于殖民地的掠夺,这是与我们国家立国的原则根本相反的。在奴役性的条件下向各资本主义国家取得借款和让出租让地,我们当然也是不能采取的。在平等的条件下向社会主义的苏联及其他人民民主国家取得借款和实行租让,原则上是可以的,我们也已经做了一些,以后或许还可能做一些,但是不能取得很大资金,因为苏联及其他人民民主国家也需要很大的资金去发展他们的工业。因此,我们筹集工业资金的办法,也和以前的苏联差不多,就只有由中国人民自己节约这一个办法。除开这个办法,我们就不能筹集中国工业化所需要的巨额资金。

由于中国人民已经取消了帝国主义在中国的特权,避免了帝国主义对于中国人民的掠夺,由于实行了土地改革,免除了农民向地主交纳的地租,又由于没收了官僚资本企业使之成为国营企业,再加之以劳动人民生产热忱的提高,劳动生产率的提高,各种节约制度的建立和降低成本等,中国人民在人民政府的正确领导之下,是能够用节约的办法由自己逐步地筹集起工业化所需要的大量资金的。人民的这种节约,当然应由国家的税收,国营工业、商业和银行的利润,以及发行建设公债等等办法来实现,而不是要每家每户地去直接节省。

为了保卫中国与提高人民的生活水平,就需要进行大规模的经济建设,使中国工业化。而为了要大规模地进行经济建设与加快工业化,就需要由人民节省出大量的资金以投资于经济事业。而要人民节省出大量的资金,就不能不影响人民生活水平提高的速度,就是说,在最近一二十年内人民生活水平提高的速度不能不受到一些限制。这并不是为了别的,只是为了创造劳动人民将来更好的生活,在将来能够更快地提高人民的生活水平。因为人民节省下来的资金不是用来满足剥削者奢侈的生活,更不是用来满足政府办事人员的腐化生活,而主要的是用来满足国家工业建设的需要。这就为提高中国人民的生活水平建立了可靠的基础。这一点,是应该使所有的工人和劳动者都来了解的。这就是说,我们为了筹集资金去建设我们的工业以创造将来更好的生活,在我们不饿不冻并能保持通常的健康的条件之下,我们尽可能多节省一点,少花费一点,以便由国家把资金积累起来,去加快工业化的速度。

斯大林同志说过:"一个农民,他积累了少量的钱,他不用这些钱去修理犁头,革新自己的经营,而却买了一架大留声机,……花光了"[3]。这样的农民,是不会创造自己幸福的生活的。这对于我们的国家也是一样。如果能够从人民的节省中筹集一些资金以投资于工业,但我们却不这样做,而由大家在消费中花光了,那我们就不能创造人民的幸福的生活。这就是说,在建设时期内,存在着提高人民生活水平和由人民积累资金以加快工业化之间的矛盾,应使广大人民彻底了解这个矛盾,以便获得适当的解决。

　　并不是所有国家的工业化都能相应地提高劳动人民的生活水平。一些资本主义国家,工业化过程中劳动人民的生活水平并没有相应提高,而且这些国家最后不能不变成帝国主义,去侵略其他民族和国家,取得原料和市场来维持自己已经发展起来了的工业,并因此而要进行世界大战。这就是资本主义的国家工业化的道路。这条道路我们是不能采取并且是必须避免的。

　　但是,世界上还有另外一条国家工业化的道路。这就是社会主义的或人民民主主义的国家工业化的道路。采用这条工业化的道路,就能在工业化的过程中相应地逐步地提高劳动人民的生活水平,避免失业、饥饿和破产的痛苦,并且不需要去侵略其他的民族和国家,更不需要进行战争。这是我们应该采取并且必须采取也能够采取的道路。

　　在世界历史上就只有这两条国家工业化的道路。除此以外,是没有第三条路的。有人说要走第三条路,这只是在欺骗人民。如果有人在"诚意"地幻想第三条路,那也只是在"诚意"地自欺欺人,其结果是没有两样的。

在庆祝五一劳动节
大会上的演说*

（一九五〇年四月二十九日）

同志们：

我们现在庆祝中华人民共和国成立以后的第一个五一劳动节，我们是感到十分兴奋的。因为在已往的年代，除开解放区外，中国大多数的劳动人民在庆祝自己的节日——五一劳动节的时候，不独是不能受到政府的保护，相反，还要受到反动政府的严厉禁止，劳动人民只能在反动军队和特务警察的严密监视之下，并在和他们进行不顾牺牲的斗争的条件之下，才能举行庆祝与度过自己的节日。但是中国劳动人民在庆祝今年五一劳动节的时候，情形就完全不同了。中央人民政府已把五一劳动节定为国家最重要的合法节日[4]之一，并命令工厂、作坊、机关、学校和人民解放军的部队在这一天放假。人民的军队和警察不独不会来禁止人民举行庆祝与游行，相反，他们将和人民一道参加庆祝与游行。保护劳动人民在安静和欢乐的情形之下来庆祝自己的五一劳动节，乃是人民政府的职责。这就是说，中国大多数的劳动人民从有史以来才第一

---

* 这是在中国人民政治协商会议全国委员会为庆祝五一国际劳动节召开的干部大会上的演说，原载一九五〇年五月一日《人民日报》。

次在自己政府的保护之下，在自由欢乐的情景之中，庆祝自己的节日。这怎能不使我们和全中国的劳动人民感到十分的兴奋和骄傲呢！

同志们！这种情形的变化是表示什么呢？

这种变化就是表示：中国人民大革命已经胜利了，中国的劳动人民已经获得了解放，压迫我们、贱视劳动人民的反动阶级的政权已经被人民的力量打倒了，劳动人民已经建立了以自己为基础的人民政权。这是中国劳动人民从有史以来所获得的第一次最伟大的胜利。我们庆祝这个最伟大的胜利！庆祝一九五〇年的五一劳动节！庆祝中国劳动人民的解放！

同志们！五一劳动节为什么值得我们的国家和人民这样隆重地来举行庆祝呢？

这就是因为人类世界以至人类本身乃是从劳动中创造的。劳动乃是人类社会赖以生存和发展的基础，劳动者乃是文明的创造者。因此，劳动应该成为世界上最受尊敬的事情，劳动者应该成为世界上最受尊敬的人们，而劳动节就应该成为我们人民和国家最值得纪念和庆祝的一个节日。劳动节乃是我们工人及其他一切劳动人民团结的节日，乃是全世界的工人和劳动人民国际团结的节日。我们在这一天，要以隆重的仪式来纪念一切劳动者的创造，庆祝劳动者在劳动中所获得的成果，感谢劳动者给予人类一切生产和生活的资料与文化艺术上的享受，并为以后的劳动创造鼓舞起人民的高度热情。同时，我们要以最高的热情向世界各国的工人阶级和劳动人民、首先是向苏联的工人阶级和劳动人民致以兄弟的敬礼！

中国人民革命是胜利了，中国劳动人民是解放了，但是在中国社会上存在了几千年的尊敬那些无所事事不劳而食的社会寄生虫、贱视劳动和劳动者的观点和习惯，是仍然存在着的。这样一种完全错误的、使劳动人民受到极大冤屈的观点和恶习，必须坚决地加以肃清。我们必须给劳动者、特别是那些在劳动事业中有重大发明和创造的劳动英雄们和发明家们以应得的光荣，而给那些无所事事、不劳而食的社会寄生虫以应得的贱视。这就是我们的新道德的标准之一。

在我们这里以及早就在苏联和各人民民主国家中所发生的这种变革，诚然是人类历史上最伟大的变革。中国人民将和苏联人民一样，逐步地完成这种变革，并将倚靠自己的劳动，逐步地创造自己无限美好的将来。这种变革的伟大意义，今天或许还有不少的人想象不到，但是愈到后来，人们就会愈加明显地感觉到今天在我们这里开始的变革将开辟怎样远大的前程。很明显，这种伟大的变革以及将来美好前途的创造，只有在工人阶级和共产党的领导之下才有可能。由于这种变革，中国工人阶级已经成为国家的领导阶级。正因为工人阶级已经成为国家的领导阶级，它在共产党的领导之下实现自己的历史任务，它就能团结全国人民，保证我们的国家逐步地走上富强康乐的境地，逐步地由新民主主义过渡到社会主义。

但是，同志们！在我们庆祝人民的胜利并看到了无限光明前途的时候，我们不能忘记，我们暂时地还是处在困难的情况中。国民党反动派的残余还盘踞在台湾、舟山、金门诸海岛上，并在美国帝国主义的帮助之下轰炸我们的若干城市，封锁我们的若干海口，因此，我们还须进行解放舟山[5]、金门、台湾的战役，并要进军到西藏去^{〔6〕}。在后方的若干新解放地区，尚有许多国民党土匪待我们去肃清。我们去年又在几个省区内遭到了灾荒，有成百万的灾民须要国家拿出巨额的粮食去救济。由于我们国家的经济制度原来是不能独立的半殖民地经济制度，是倚赖帝国主义、封建主义、官僚资本主义而生存并为它们服务的经济制度，在长期战争中生产又受到了严重的破坏，要把这种经济制度改造成为独立的、倚靠人民并服务于人民的经济制度，并医治战争的创伤，是要经过许多痛苦的过程并需要进行巨大的努力才能达到的。正因为过去的这种旧的经济秩序已被打破，新的经济秩序还没有来得及建立，在我们面前就出现了各个社会经济事业中的严重的脱节与无政府状态。又由于过去十二年来通货膨胀、物价高涨的影响所造成的某些经济事业的虚假的表面的繁荣状态，遇到了今天物价趋向稳定的局面，也发生了暂时的货物滞销、生产缩减的困难。由于以上这些客观的困难，再加上我们在工作中的某些缺点和错误，就造成了目前一部分工人的失业和工商业中的某些困难情形。这些困难，是须要政府与各界人民共同协力来加以克服的，这也是完全能够克服的。

为什么我们目前的困难是完全能够克服的困难呢？

因为我们目前的困难乃是胜利中的困难，进步中的困难，而胜利与进步的本身就包含着克服困难的一切因素，只要我们善于利用这些因素，创造出必要的条件，我们就能克服这些困难。因此，我们的困难乃是暂时的困难。

我们目前确实有困难，这是大家知道的。但是，如果对目前的情况加以分析，我们就可以清楚地看到，使中国经济和工业发展的基本条件，或者已经创造出来，或者正在创造中。因此，我们具有充分的信心去克服目前的困难，并使情况逐步地走向好转。这些基本条件我可以举出以下一些：

第一，帝国主义已经从中国赶走，帝国主义在中国的许多特权已经被取消。新中国的海关政策与对外贸易政策已经成为保护新中国工业发展的重要工具。这就是说，我们已把中国大门的钥匙放在自己的袋子里，而不是如过去一样放在帝国主义及其走狗的袋子里。从今以后，中国工业就不致受到帝国主义的廉价商品的竞争，中国的原料将首先供给自己工业的需要。这就扫除了一百年来使中国工业不能发展的一个最大的障碍。

第二，人民解放战争已接近于胜利的结束。人民解放军最近在海南岛敌人强固工事面前的胜利登陆，并击溃大量敌军，因而即将解放全岛的经验，可以用于向台湾及其他敌占岛屿的进军上面去。在台湾解放以后，敌人的封锁与轰炸自然结束，国家的军政费用就可大量缩减，大量增加经济建设的投资也就成为可能，我们的国家就将完全转入经济建设的轨道上去。这是完全可以预料得到的。

现在东北已经完全转入经济建设的轨道上去了。东北人民政府[7]在一九五〇年，除开即将解交中央人民政府二百六十万吨粗粮，用以支援战争、救济灾荒及发展生产而外，在他们的预算中，有三百九十九万吨粮食（折成关内小米计算）投资于东北的经济事业。据东北人民政府高岗主席的报告：东北的工业生产，在一九四九年，占工农业生产总额的百分之三十五。在一九五〇年，即将上升至百分之四十三。今年东北公营工业的生产,将等于一九四九年的百分之一百九十三。农业生产,将等于一九四九年的百分之一百三十七。一九四九年,东北公营工业的就业人数增加了二十四万人,职工实际工资平均增加了百分之二十七。一九五○年,预计国家从东北国营企业中收入的利润与折旧费,差不多要占东北地区国家总收入的一半。东北农民的负担,在一九四九年已比一九四八年减轻了,一九五○年还要相对地减轻一些。东北的私人工商业也有发展。如沈阳,在一九四九年,私人工业家数增加了百分之二十三,其雇用工人数目增加了百分之十八。东北已经没有了失业工人,并已感到工人不足。东北人民的生活已开始有了改善,各种消费品的需要量大增,市场有了很大的扩大。在东北已经出现的这些事实,不久的将来,在关内也一定会要出现的。这就指明,中国经济与中国工业发展的前途是完全光明的。

除东北外,在关内,现在也已在广大地区内开始转入经济建设,人民政府已在进行有重点的恢复经济。一九五○年中央人民政府用于经济事业的投资,也有三百九十三万吨粮食。如把关内关外合计,人民政府在今年对于经济事业的投资共有七百九十二万吨粮食,折成美金约有七亿美元左右。除开这些投资以外,国家银行对公私企业贷款的数目也是很大的。大家知道,这些投资与贷款还是人民政府在战争与灾荒等困难的情况之下所做到的。如果战争结束,金融物价完全稳定,军政费用大量缩减,国家能够用于经济事业的投资将会提高到怎样一种程度,是不难想象到的。这将促进经济的迅速恢复与发展,乃是毫无疑问的。

第三，东北与华北的土地改革，除绥远[8]外，已经结束。河南及其他若干地区的土地改革，将在今年完成。若干新解放区的土地改革[9]，将依照人民政府的命令在今年秋后开始，并将在两三年内基本上完成全国的土地改革。如此，就能解放农村的生产力，以充分的粮食和原料供给城市，解决工业发展的市场问题。再举东北为例：一九四七年在东北销售的布匹是八十万匹，一九四八年是一百二十万匹，一九四九年是三百二十万匹，一九五〇年预计可能达到九百万匹，一九五〇年第一季度已经销售了二百五十万匹。这就是说，农民在土地改革后，生产增加，生活改善，购买力大大提高，工业品的销售市场就大为扩大。这个刺激工业发展的最根本最重要的条件，我们已经创造或者即将创造出来。现在农村中萎缩的购买力，只待完成土地改革，又有两三个象样的丰收年成，就将迅速恢复，并将逐步扩大，因而使城市工商业繁荣起来，这也是无可怀疑的。

第四，现在国家的财政经济工作已经统一，国家的财政收支已接近平衡，不久可能完全平衡，金融物价已趋向稳定。这是全国最大多数人民的利益。这是除开人民解放军在前线上的胜利以外，中央人民政府成立以来为人民所做的一件最大的工作。中国的财政经济，在历史上是没有统一过的。国家财政收支，在过去数十年中也没有平衡过，反动政府每年必须发行巨额的钞票和举借巨额的内外债才能过日子。中国的金融物价也是十二年来没有稳定过的，人民必须在通货膨胀的损失中付出巨额的资金。但是人民政府在战争尚未结束与发生灾荒及帝国主义封锁等情况之下，在很短的时期内，就实现了这些重大的措施，并达到这样的成绩。这是任何反动政府都不能做到的，只有真正的人民政府才能做到。这就证明：我们统一中国的口号不是一句空话，而是有其严格的政治、军事和经济内容的。这是我们国家一个极为重大的进步。在这种进步之下，就为一切正当的工商业及其他生产事业创造了一个恢复和发展的条件，使资本不致用于投机事业或损失于通货膨胀，而用在正当的工商业及其他生产事业上去。

自然，在这种进步的新局面出生的时候，不可避免地产生了一些痛苦和困难。这正如产妇在分娩以前有阵痛一样。人民政府为了平衡收支、稳定物价，就不能不严格地征收公粮、税款和发行一些公债[10]，并严格地节省开支。否则，就只能是通货的继续膨胀和物价的继续波动。但是，严格地征收公粮、税款和发行公债的结果，就使农村和城市人民的负担有些部分是加重了，这就给了许多人以困难。节省开支的结果，就使数百万军政人员继续过着艰苦的供给制生活，不能或很少可能照顾他们的家庭，使他们的不少家庭过着艰苦的甚至半饱的生活。这也给了这些人以困难。这些就是分娩前阵痛的一种表现。在这些阵痛之后，出现了财政收支接近平衡，物价趋向稳定的新局面。在物价趋向稳定的新局面出现之后，过去囤积居奇的行为就停止了，投机者还不得不向市场抛售过去囤积的货物。许多消费者也因在过去通货膨胀时期购存了不少的消费品，现在这些消费者即使得到货币，也暂时不去购买消费品，而把货币放在袋子内，或者存入银行。因此，就发生货物滞销并跌价，银行的货币存款大增而难于放出，一部分工厂生产过剩，许多商店存货卖不出，因而难于维持，发生一部分工人失业的现象。这也是在物价趋向稳定后必然要产生的痛苦和困难，也是不能避免的。

当然，如果我们人民政府这个产科医院的一切医生和助手都是很高明的，各种助产设备和药剂都很齐备，在临到这个新局面出生时是可以减少一些痛苦和困难的。但是可惜，我们这个产科医院的一切医生和助手并不个个都是高明的，各种设备和药剂的准备也不完全。他们只能在各项创造性的工作中一面工作，一面学习，逐步总结经验和积累经验。这样就使得一些本来可以避免的痛苦和困难没有能够避免。这就是我们的许多同志在工作中所发生的各种缺点与错误。这些缺点和错误，必须认真地加以纠正。我们希望人民群众对于政府工作展开批评，并提出相当的建议，以便督促政府的工作人员纠正这些缺点和错误，以便减少那些不必要的痛苦和困难。

缺点和错误是有的，痛苦和困难也是有的，但是毕竟在我们面前开始出现了收支接近平衡、物价趋向稳定的新局面。同志们！各界同胞们！咬紧牙关，继续努力，在一个相当时期之后，紧要的关头就可以过去。我们的痛苦和困难只是暂时的现象，这也是无可怀疑的。

第五，我们进行建设的国际条件也是很好的。在战争结束、全国统一之后，我们是迫切需要和平环境来进行经济建设的。人民政府在外交方面自当切实执行和平政策，与苏联及各人民民主国家一道为保障世界和平而努力。这是异常清楚的，帝国主义者对于中国人民的解放具有极大的仇恨，美国帝国主义还正在援助台湾蒋介石匪帮，对于新中国进行各种阴谋破坏活动。因此,全国人民和人民解放军必须提高自己的警惕性,必须坚决解放台湾和巩固国防,并准备对付帝国主义的任何可能的挑衅。但是以美国为首的帝国主义侵略阵线,业已遇到并还要遇到全世界爱好和平人民的坚决抵抗。以苏联为首的和平民主阵线的力量已经空前地壮大起来了。帝国主义者如果敢于挑衅,敢于进行战争的冒险,其结果就将是帝国主义制度的全部灭亡。由于中苏友好同盟互助条约〔11〕的签订,我们已经有了一个强有力的同盟者。正如毛泽东主席所说:它将使我们能够放手地去进行建设工作。我们又从苏联获得了低利贷款和专家的帮助,并就短时期内我们自己无法举办的几项事业和苏联实行经济合作,这也就可以减少我们资金和经验不足的困难。

综合以上各种有利条件来看,我们目前的困难将要一个一个地被我们克服,我们的经济情况在经过短时期的困难以后,会要逐步地走向好转,并将在两三年后走向根本的好转,乃是没有可以怀疑的余地了。

根据以上的分析,我们就可以了解,我们当前的任务和中国人民努力的方向应该是什么了。中共中央在为庆祝五一劳动节所发布的三十八条口号中,已经清楚而正确地提出了各方面的任务。我现在只就以下几个任务来作一些说明:

一、解放台湾、西藏,肃清土匪、特务,巩固国防。

担任前线任务的人民解放军部队,应该积极地准备解放西藏、台湾及其他敌占海岛的进军,以便在全国范围内结束战争。担任后方任务的人民解放军部队、公安机关和公安部队,应该尽可能迅速地肃清土匪,肃清特务分子,保卫社会治安，以便使人民能够安心生产，同时自己也进行生产，学习文化，提高军事技术，巩固国防。这是全国人民当前最大的要求。全国人民，包括台湾、西藏的人民在内，应当用最大的努力来支援与配合人民解放军去完成这个光荣的任务。我们在这里，还要向台湾及其他海岛上的国民党将军和西藏的统治者们说几句话：立即停止你们的绝望的抵抗，断绝与帝国主义的一切关系，并派遣代表到人民解放军来进行谈判，或者举行起义，或者放下你们的武器，以配合人民解放军解放这些地区的行动。如果你们能够这样做，人民政府对于你们既往的罪行才有可能加以赦免，你们也才有起码的理由请求人民政府原谅你们的过去并考察你们的将来。这是你们最后一次取谅于人民的机会了。

二、调整工商业与公私关系。

中央人民政府即将根据共同纲领[12]与毛泽东主席的指示，采取一些具体办法来调整工商业与公私关系，使我们国家的经济生活能在目前的条件下加以组织与计划，以便克服公私企业之间以及各企业部门之间许多尚未进入正轨的状态和无政府状态。对于那些有可能维持、又于国计民生有益、但是发生困难的私人生产事业，人民政府应该给以帮助，这些企业的主人和工人群众也必须各尽所能，共同协力，以便把这些企业维持下来，等待情况的好转。为了调整工商业与公私关系以克服目前的困难，尽可能适当地统一与分配一切国家机关和国家企业的定货和加工，是有极重要的作用的。这些定货和加工的数量极大，因为没有适当的统一和分配，常常发生各种毛病和损失。应该使我们的军政机关和企业机关尽可能地、一个一个地作出一定时期的定货预算和加工预算,特别是大批的定货和加工预算,并提出自己的意见,交给工商贸易机关。同时,各地工商贸易机关应该要各地公私生产机关据实报告自己的生产情况,并加以调查,报告上级。这样,就使我们的中央工商贸易机关有可能在适当的范围内统一与分配国家的各种定货和各种加工,并调节各企业的生产。这样,一方面,可使国家机关避免一些不必要的损失,另一方面,又可调剂市场,调节生产,救济许多困难的生产事业,并可刺激新的生产事业的发展。在国家定货和加工等方面照顾特别困难的上海工商业,乃是必要的。

三、某些生产的转业与私人资本的出路。

过去服务于帝国主义、封建主义、官僚资本主义的企业,例如高级消费品工业,迷信品工业,投机商业,以放高利贷和买空卖空为目的的金融业等,是没有前途的,应该转业。某些暂时生产过剩的工业,例如纸烟、火柴、肥皂工业等,也不得不暂时缩小生产或转业。还有某些企业需要切实改变他们的产品为适合农民的用品,才能扩大销路。又由于投机事业的停止,社会已有很大数量的游资要求投放于生产事业。从根本观点上看来,无疑问,这是一些好的现象。无疑问,这又是要产生一些痛苦的。缩小生产、停工、转业,不可避免地要产生一些失业或者改行。现在已有人问:我愿转业,但转到何处去? 请人民政府告诉我,什么事业可以办? 这个问题是提得对的。要具体确切地答复每一个这样的问题,须要经过具体的调查研究,我现在只能作一般的大体方向的答复。这就是说,凡适当地服务于人民的需要,特别是适当地服务于农民的需要，而国家现在又不能办，或虽然办了但还很少的事业，是可以办的。交通运输事业以及服务于国家经济重点恢复部门的事业，医药事业，也是可以办的。此外，还有某些特殊矿产的开采与提炼，某些特殊工厂的建立，某些电力站的安建等，国家都可以在适当的条件之下，与私人订立合同，允许私人办理。现在人民政府还没有禁止私人创办任何不是操纵国计民生而是有益于国计民生的事业，所以私人事业的活动范围是很广大的。国家企业与私人生产事业之间的某些不适当的竞争现象，以及在定货中在加工中的某些不适当的条件，在调整工商业的工作中应该加以改正。劳资关系也可以在国家劳动法令、集体合同及劳资协商机构中纳入正轨。所以，私人资本不是没有出路的。当然，应该是老老实实地、不怕花费一些资本和气力地去经营那些确实于国计民生有利的事业。对于老老实实不怕花费一些资本和气力去经营生产的事业家，人民政府应当给予他们以各项必要的便利条件，并给以指导，使其避免盲目性，帮助其事业的成功。

四、救济灾民，救济失业工人。

经过人民政府及广大人民的努力运输，我们今年的粮食情况，可以确定地说是有保障的了。现在离开麦收只有四十来天，目前正是救灾的紧要关头，因此，各地救灾人员不要保留，而要放手地把政府拨到各地的救灾粮在灾民生产自救的方针下迅速发放，以便使灾民渡过难关。由于人民自己的努力和人民政府的大规模组织工作，今年的灾荒已经确定地可以渡过，而不要外国一粒粮食的救济。美国帝国主义者在帮助蒋介石匪帮杀死了几百万中国人以后，忽然又装作慈善家的面孔,说是要来救济我们这里的灾民。他们所谓救灾的目的,就是要到中国的灾民中来进行破坏活动。中国人民虽然欢迎那些确属善意的国外帮助,但是对于帝国主义者的"好意",我们已经领教得够多了,我们不需要这些人来进行破坏活动。

既然某些经济事业的缩小、停工和转业是不可避免的,在各大城市中,在可能范围内,救济失业工人就是完全必要的,不容缓办的。中央人民政府已经决定拨出一批粮食和经费,同时也要求工商业家和在业工人拿出一部分钱来,作为救济失业工人的基金。中央人民政府劳动部正在起草救济失业工人的办法,并准备在各大城市成立失业工人救济处和职业介绍所。在中央的办法尚未发布以前,上海及其他若干城市,可以而且应该实行一种临时的救济。从来中国的政府是不救济失业工人的,而人民政府虽然今天还处在困难之中,对于失业工人就要规定并实行确实救济的办法。

五、今后的土地改革。

在今年秋后,在那些业已准备好了的新解放区,应该实行土地改革,但这种地区不应该太广。在战争已经基本上胜利的情况下,我们认为在今后的土地改革中,应该只没收地主的土地和许多公地,分配给无地少地的农民,同样也分给地主一份,而不动富农的土地和财产。对于地主的其他财产,除开农民必需的一部分生产资料外,也不予没收分配。关于这些问题,新的土地法令将要加以规定。鉴于过去的经验,我们认为在今后实行土地改革,应该完全是有领导的,有准备的,有秩序的,不能容许混乱现象的发生。因此,我们就不能急于要求完成一切新解放区的土地改革，而必须分为几个步骤，分期分区地去完成土地改革。如果能够在今后三年内基本上完成全国的土地改革，那就算是很快的了，就是一个很大的胜利。

六、认真地纠正缺点错误，整训干部。

在去年四月二十日人民解放军各路野战军开始向南方和西北进军以来，在极短的时间内，即已解放除西藏以外的全部中国大陆包括有三万万以上人口的地区。我们占领的地区是这样大，各项工作极其繁重和复杂，有经验的干部不足，大批的新干部吸收进来，加上没有时间进行整训，因而在工作中伴着伟大成绩而俱来的，就是发生了许多缺点和错误。我们必须全面地看问题，工作的成绩和工作中的缺点错误，干部的艰苦努力和干部中发生的毛病，我们都应当看到，而不可对于任何一方面估计不足。现在全国人民都称赞我们的成绩，但同时要求我们改正已经发生的缺点错误，我们就应当正视这些缺点错误，并加以改正。中共中央已经做出了决定，要展开批评和自我批评[13]，并要整训工作干部[14]。在进行了这些步骤以后，我们相信，我们的缺点错误是可以改正过来的。

错误中最严重的是命令主义的错误。我们有相当多的干部，他们也是为了完成国家和党给予他们的任务而斗争，这是好的，但是他们不讲究执行国家的和党的政策。他们不是在严格遵循国家的和党的政策的限度内去完成国家和党给予他们的任务，而是采取一种粗暴的方法去进行工作，不去注意具体的情况，不顾及事实上是否可能，不肯虚心地和当地人民商量，只是简单地去完成任务，结果，任务是完成了，人民却受到了本来可以避免的损失。这种命令主义作风,在征粮、税收和推销公债等项工作中已经表现得相当严重,已经引起许多人不满,如不加以纠正,我们就会脱离群众。不久以后,我们就要在广大的地区内进行土地改革,如不争取时间整训干部,土地改革工作也就难于做好。

关于我们干部中这种命令主义的错误作风,中共中央历年都有指示着重纠正,但是,即令在多次纠正之后,又可以发生。现在共产党有了四百多万党员,其中有将近二百万人只有两年半、两年、一年或者几个月的党龄。在政府机构中,在最近一年多中接受了大批的旧人员从事工作。在这种完全新的情况下,就要求我们立即开始进行一次大规模的整训工作,首先是整训干部的工作。主要的是总结工作,纠正命令主义的作风,其次是纠正其他的错误和缺点。

同志们! 如果我们的工作作风更好一些,我们的缺点错误更少一些,我们的工作做得更好一些,那末,我们就能更好地团结全中国的人民,就能更高地鼓舞全国人民的热情,就能增加人民更大的力量,就能使我们的国家和人民更快地渡过目前的困难和创造美好的将来。而这一切,就正是我们在庆祝今年五一劳动节的时候所要求达到的目的。

伟大的五一劳动节——全中国与全世界劳动人民团结的节日万岁!

全中国各民族各民主阶级各民主党派各人民团体的团结合作万岁!

军队面临的新任务[*]

（一九五〇年五月十六日）

中国人民解放军在中国人民革命中的第一个任务，就是推翻帝国主义和封建势力，推翻国民党的统治，建立一个以工人阶级为领导的、以工农联盟为基础的人民民主国家。现在，这个伟大的任务已接近完成，即将告一个段落了。

那末，从此以后是不是就万事大吉、无事可做了呢？不，我们还有新的任务，就是建设国防，保卫祖国。这个任务较之头一个任务更伟大、更严重、更具有国际意义。帝国主义不来向我们挑衅则罢，如胆敢前来，便坚决给予打击，保卫我们的国家，保卫世界和平。毛泽东同志已多次告诉过我们，帝国主义如果敢于进行挑衅，敢于进行战争冒险，其结果必将是帝国主义的全部灭亡。当然，我们需要进行和平建设，不希望打仗，世界上也不会马上发生大战，但我们要作准备，要总结过去的经验，要开始新的工作，建设国防，整编、教育、训练部队。这些工作是艰巨而长期的。

我们的部队要进行整编和复员。毛泽东同志指示我们，目前财政经济困难，人民负担过重，军队和地方工作人员要加

---

* 这是在中国人民解放军全军参谋会议上的讲话。

以缩减,否则人民负担不起,对国家也不利[15]。过去农民的公粮负担较重,城市工商业加税后,工商业家叫苦,许多工厂关门,大批工人失业。而工商业税也大多转嫁到农民身上。因此,我们一定要想出办法,紧缩开支。这就要整编部队,复员一部分人员。现在部队中也有一部分人员希望复员,如一些解放战士[16]就说我们对他们是"解而不放"。进行复员要谨慎从事,要使他们有地方安置,能生活,不饿饭。这件事做得好就能得人心,做不好则会失去一部分人心。因此,我们要在不失人心,不影响部队战斗力的条件下,复员一部分人,以缩减财政开支,减轻人民负担。关于整编和复员的具体问题,总司令[17]还要作报告。

现在我讲一下关于干部战士的文化教育问题。

部队和地方的老干部,是我们党的精华,是中华人民共和国的骨干。他们有很大的功劳,人民是要感谢他们的。这些干部总的来说是很好的,是忠实于党,忠实于国家和人民的。但也有缺点,就是文化水平低,技术知识少,业务能力差,因而应付新的工作有困难。军队干部虽然打过仗,有作战经验,但缺乏国防建设的知识,应付不了新的对帝国主义的战争。因此我们必须想办法,提高他们的文化和技术水平。现在已有这样的条件,国家可以拿出一笔教育经费,花三五年甚至十年的时间来进行这项工作。苏联在革命胜利后,花了十年时间,培养出了大批有文化、有技术、有业务知识的工农干部。我们应该吸取他们的经验,根据我们的情况,订出培养干部的计划。这是我们党和国家对干部负责的态度。我们的干部过去艰苦奋斗,表现得很好。现在我们应该教育、提高他们;而且是一律培养,使人人都有学习的机会,但首先要教育老干部。

部队每个师要开办一个学校,把没有达到高小文化程度的干部抽出来上学。他们可以少做甚至不做工作,也可以少参加或不参加生产,以便专心学习。教学进度可以加快一些,初小、高小、初中、高中的课程都用两年时间学完,甚至还可以更快一点。只要他们愿意学,我们就给他们提供学习的条件和时间。这样,几年以后,不识字的可以提高到初小,初小提高到高小、初中,而在高中毕业后,便可以进大学,学铁路、轮船等各项专门技术。部队原有的技术工作人员,如医务、无线电人员等,也可以进专门学校去进一步提高。我们将来就要靠这些干部来管理国家各方面的技术工作。军队要建设海军、空军、炮兵及各种技术兵种,也有赖于这些干部的提高和掌握新的军事技术。

部队中文化低的老战士,也需要帮助他们提高。不然他们就要说闲话,埋怨我们党对他们不起。他们会说,我们没有功劳也有苦劳。是的,他们确有苦劳,也有功劳,但是要他们担负更大的责任又担负不起,怎样办? 他们会说,你们为什么不教育我们? 在过去我们还可以说困难太多,但现在不打仗了,还有什么困难? 各地方的学校也都办起来了,他们为什么不可以进学校? 现在再没有理由可以解释了。如果我们的干部战士大家都抱怨,都说闲话,就不好了。这个工作,如果这几年不有计划地做,等到大家都"攻击"起来才做,就慢了,就陷于被动了。

苏联的同志根据他们的经验,建议我们要培养工农干部,特别是从工厂中培养和提拔干部。这个工作我们做得很少,还没有计划,有的地方只部分地做了一点。我曾向苏联同志解释过,我们党开始是在城市建立的,后来长期和主要在农村活动。我国工人阶级过去长时期中只是部分地、秘密地和我们的党发生联系,工人阶级中的大部分人真正公开地和党发生联系还不久,还是解放以后的事。因此需要经过两三年的组织工作和教育工作,才能在工人阶级中大量发展党员和提拔干部。现在,我们国家的干部主要是军队干部和地方工作干部。因此,先要培养这些干部,然后才是工厂的工人,以及农村的农民。请大家讨论一下,订出一个文化教育计划来,经中央和军委批准后实行。

有了计划后,首先要准备教员。在中国教员是有的,大批知识分子可以吸收做教员,但要先加以训练,才能分配工作。其次要准备教育经费和房子。但这个问题不大,抗战时期,抗大[18]没有房子,也可以教书,现在比那时好得多了。当然这许多事不是一下子就能统统办好的,要逐步地去做。

广大的干部战士都是迫切要求学习的。文化教育与我们军队工作有密切关系。所以这个问题也可以在这次会议上加以讨论。

关于土地改革问题的报告 *

（一九五〇年六月十四日）

各位委员、各位同志：

中国人民政治协商会议共同纲领〔12〕规定，要"有步骤地将封建半封建的土地所有制改变为农民的土地所有制"。在去年冬季，人民政府在华北的城市近郊和若干地区，在河南的一半地区，总共约有二千六百万农业人口的地区实行并且完成了或在基本上完成了土地改革。一般地说来，去年冬季所实行的土地改革，已经没有出大的偏差，进行得比较顺利，很少有破坏的事件发生。人民，特别是分得土地和其他生产资料的农民，对于这种土地改革是满意的。

除此以外，人民政府和人民解放军又在广大的新解放区进行了肃清土匪、反对恶霸和减租运动，并在许多地区建立了农民协会。据华东和中南两区同志报告：两区农民协会已有约二千四百万会员，并有民兵约一百万。在运动开展的地区，普遍地召集了县、区、乡三级的人民代表会议和农民代表会议，农民积极分子已大批产生，已有三万八千多个乡政权实行了改造，农民群众的觉悟水平已经很快地提高。华东和中南

---

　　* 　这是在中国人民政治协商会议第一届全国委员会第二次会议上的报告，原载一九五〇年六月三十日《人民日报》。

两区并准备在今年冬季以前训练约十八万干部去进行土地改革。因此，我们认为在这些农民运动业已开展并有准备的地区，在今年冬季可以开始实行土地改革。

现在全中国业已完成或基本上完成了土地改革的地区约有农业人口一亿四千五百万（总人口约一亿六千万），尚有约二亿六千四百万农业人口的地区（总人口约三亿一千万）没有进行土地改革。各地请求在今年冬季实行土地改革的，约有一亿农业人口的地区：华北三百五十万，西北八百万，华东三千五百万到四千万，中南四千七百万到五千六百万。总共约有三百多个县。这是要请求政协全国委员会讨论并请求中央人民政府决定施行的。除此以外，全国还有约一亿六千四百万农业人口的地区不准备在今冬进行土地改革。其中大部分可在一九五一年秋后进行，一部分可在一九五二年秋后进行。最后剩下一小部分地区，其中主要是各少数民族聚居的地区，则留待以后再说。在少数民族聚居的地区，除东北朝鲜族地区和蒙古族地区已经实行土地改革，以及其他若干地区少数民族中已有多数群众要求实行土地改革得予进行外，其余二千万左右人口的少数民族地区在什么时候能够实行土地改革，今天还不能决定。这要看各少数民族内部的工作情况与群众的觉悟程度如何，才能决定。我们应该给予各少数民族以更多的时间去考虑和准备他们内部的改革问题，而决不可性急。我们提出的土地改革法草案亦规定不适用于少数民族地区。这就是说，我们准备从今年冬季起，在两年半到三年内，只是在基本上完成全国的土地改革，而不是全部地完成全国的土地改革。这是我们的一个大体的计划。这个计划如果能够实现,那就是中国人民一个极为伟大的历史性的胜利。那就不能算是很慢而算是很快地完成了中国革命中一个最基本的历史任务。

确定这样一个大体的计划,是有必要的,可使各新解放区的人民政府与人民团体按照这样的计划去准备和进行工作。我们要求:在决定今年不进行土地改革的那些地区,就不要去进行土地改革,如有农民自发地起来进行土地改革,亦应说服农民停止进行;而在那些决定今冬进行土地改革的地区,则应集中力量在夏秋两季进行准备,以便在秋收以后,在迅速完成征收公粮的任务之后,即行开始土地改革,并力求在今年一个冬季在基本上正确地完成一亿农业人口地区的土地改革。如果在某些地区开始土地改革后,发生了某些偏向,并引起了某种混乱状态,而不能迅速纠正时,则应该停止这些地区的土地改革,以便在纠正偏向并进行更多的准备工作之后,到明年再去进行。

总而言之,我们在今后的土地改革中,不能容许混乱现象的发生,不能容许在偏向和混乱现象发生之后很久不加纠正,而必须完全依照中央人民政府和各级人民政府所颁布的法令及其所决定的方针、政策和步骤,有领导地、有计划地、有秩序地去进行。因为我们今后的土地改革是历史上最大规模的土地改革,只有这样,才能符合最大多数人民的利益。

为了有领导有秩序地去进行今后的土地改革,中央人民政府必须颁布一个土地改革法及其他若干文件。中共中央已经起草了一个土地改革法草案提交政协全国委员会,请全国委员会审查和讨论,以便取得共同一致的意见,然后向中央人民政府委员会建议,由中央人民政府委员会颁布施行[19]。我想就这个草案和今后土地改革中若干应该注意的事项,提出以下一些问题来加以说明。

一　为什么要进行土地改革

土地改革的基本内容,就是没收地主阶级的土地,分配给无地少地的农民。这样,当作一个阶级来说,就在社会上废除了地主这一个阶级,把封建剥削的土地所有制改变为农民的土地所有制。这样一种改革,诚然是中国历史上几千年来一次最大最彻底的改革。

为什么要进行这种改革呢?简单地说,就是因为中国原来的土地制度极不合理。就旧中国一般的土地情况来说,大体是这样:占乡村人口不到百分之十的地主和富农,占有约百分之七十至八十的土地,他们借此残酷地剥削农民。而占乡村人口百分之九十以上的贫农、雇农、中农及其他人民,却总共只占有约百分之二十至三十的土地,他们终年劳动,不得温饱。这种情形,经过了最近十余年来的抗日战争和人民解放战争之后,是有了一些变动,除开已经实行了土地改革的地区不说外,有一些地区的土地是更加集中在地主的手中,例如四川等地区,地主占有土地约占百分之七十至八十。而在另外一些地区,例如长江中游和下游地区,土地占有情况则是有一些分散的。根据我们最近在华东及中南一些乡村的调查材料来看,一般的情况大体是这样:地主占有土地及公地约占百分之三十至五十,富农占有土地约占百分之十至十五,中农、贫农、雇农占有土地约占百分之三十至四十,小土地出租者占有土地约占百分之三至五。乡村中全部出租土地约占百分之六十至七十。富农出租土地约占百分之三至五,富农自耕土地约占百分之十。这就是说,乡村中百分之九十的土地是中农、贫农及一部分雇农耕种的,但他们只对一部分土地有所有权,对大部分土地则没有所有权。这种情况,仍然是很严重的。这就是我们民族被侵略、被压迫、穷困及落后的根源,是我们国家民主化、工业化、独立、统一及富强的基本障碍。这种情况如果不加改变,中国人民革命的胜利就不能巩固,农村生产力就不能解放,新中国的工业化就没有实现的可能,人民就不能得到革命胜利的基本的果实。而要改变这种情况,就必须按照土地改革法草案第一条的规定:废除地主阶级封建剥削的土地所有制,实行农民的土地所有制,借以解放农村生产力,发展农业生产,为新中国的工业化开辟道路。这就是我们要实行土地改革的基本理由和基本目的。

孙中山先生很早就提出了"平均地权"的口号,后来又提出了"耕者有其田"的口号[20]。中国的工业化必须依靠国内广大的农村市场,没有一个彻底的土地改革,就不能实现新中国的工业化,这个道理是很明显的,无须多加解释。

明确地说明土地改革的这一个基本理由和基本目的,现在仍然是必要的。因为这个基本理由与基本目的可以驳倒一切反对土地改革、对土地改革怀疑以及为地主阶级辩护等所根据的各种理由。而现在各种反对与怀疑土地改革的意见,实际上仍然是有的。

土地改革的这一个基本理由和基本目的,说明了过去地主阶级所造成的历史罪恶,是根源于过去的社会制度。因此,除对极少数犯了重大罪行的地主,即罪大恶极的土豪劣绅及坚决反抗土地改革的犯罪分子,应由法庭判处死刑或徒刑而外,对于一般地主只是废除他们的封建的土地所有制,废除他们这一个社会阶级,而不是要消灭他们的肉体。所以在土地改革法草案上规定,在没收地主阶级的土地和其他生产资料之后,仍分给地主一份土地和其他生产资料,使地主也能依靠自己的劳动维持生活,并在劳动中改造自己。地主在经过长时期的劳动改造之后,是可以成为新人的。

土地改革的这一个基本理由和基本目的,是区别于那些认为土地改革仅仅是救济穷人的观点的。共产党从来就为穷苦的劳动人民的利益而奋斗,但共产党的观点从来就区别于那些慈善家的观点。土地改革的结果,是有利于穷苦的劳动农民,能够帮助农民解决一些穷困问题。但土地改革的基本目的,不是单纯地为了救济穷苦农民,而是为了要使农村生产力从地主阶级封建土地所有制的束缚之下获得解放,以便发展农业生产,为新中国的工业化开辟道路。只有农业生产能够大大发展,新中国的工业化能够实现,全国人民的生活水平能够提高,并在最后走上社会主义的发展,农民的穷困问题才能最后解决。仅仅实行土地改革,只能部分地解决农民的穷困问题,而不能解决农民的一切穷困问题。

土地改革的这一个基本理由和基本目的,是着眼于生产的。因此,土地改革的每一个步骤,必须切实照顾并密切结合于农村生产的发展。正由于这个基本理由和基本目的,所以中共中央提议在今后的土地改革中保存富农经济不受破坏。

因为富农经济的存在及其在某种限度内的发展，对于我们国家的人民经济的发展，是有利的，因而对于广大的农民也是有利的。

这就是我对于为什么要进行土地改革这个问题的简单的解释。

二　土地的没收和征收

土地改革法草案上规定应该没收和征收的土地是：（一）地主的土地；（二）祠堂、庙宇、寺院、教堂、学校和团体在农村中的土地及其他公地；（三）工商业家在农村中的土地；（四）因从事其他职业或因缺乏劳动力而出租的超过当地每人平均土地数百分之二百以上的土地和半地主式的富农出租的土地。除此以外，富农的土地及其他财产一般不动，中农、贫农、雇农及其他农村人民自有的土地及其他财产均不动。

在这里，我们是容忍了小块的出租土地不加征收。这对于农村生产是有一些不利影响的，但没有大的不利。因为我们估计这种小块的出租土地总数，不超过耕地总数的百分之三至五。而照顾革命军人、烈士家属、工人、职员、自由职业者以及因从事其他职业或因缺乏劳动力而出租少量土地者，乃是必要的。因为在中国对于失业及丧失劳动力的人员还没有社会保险，而这些土地很多又是各人劳动所得购置者，故保留这一部分土地，并由其继续出租或自耕，是有一些好处的。

对于富农所有的土地及其他财产，在土地改革法草案第六条上是规定得很明白的。

　　第一，富农所有的自耕和雇人耕种的土地及其他财产，加以保护，不得侵犯。因为只有这样，才能保存富农经济。

　　第二，富农所有的出租的小量土地，亦予保留不动；但在某些特殊地区，经省以上人民政府的批准，得征收其出租土地的一部或全部。因为富农出租的小量土地一般不多，为了确实地中立富农，并保护中农和小土地出租者，保留富农这一部分出租土地，也是有必要的。但在某些特殊地区，则有不同的情况，富农出租的土地相当的多，如不征收富农这一部分出租土地，贫苦农民就不能分得适当数量的土地。因此，在这些地区，经省以上人民政府的批准，得征收富农出租土地的一部或全部，以解决这样的问题。

　　第三，是有少数富农出租大量土地者，对其出租的土地则是应予征收其一部或全部的。例如富农出租土地超过其自耕和雇人耕种的土地数量时，这就已经不是一种单纯的富农，而是一种半地主式的富农了，所以土地改革法草案规定：半地主式的富农出租大量土地，超过其自耕和雇人耕种的土地的数量者，应征收其出租的土地。

　　此外，在地主家庭中，也有人自己常年参加主要农业劳动，耕种一部分土地，而以主要部分土地出租者。对于地主家庭中的这种人亦应给以照顾，其自耕部分的土地在适当地加以抽补后，应在基本上予以保留，其余部分土地则应没收。

　　没收地主土地的同时，应没收地主的耕畜、农具、多余的粮食及其在乡村中多余的房屋。房屋中的家具应随房屋没收分配，但为了使用方便，可加以调整。所谓多余的粮食是指地主在减租、交纳公粮并留下地主自己足够食用之外的粮食。所谓多余的房屋是指地主及其家属足够住用之外的房屋。这种多余的粮食及多余的房屋家具和耕畜、农具，连同土地一起没收，并加以分配，同样也留给或分给地主一份，是必要的。因为这些都是进行农业生产必要的生产资料，农民在分得土地后，必须有这些生产资料，才能进行生产。当然，农民仅仅分得地主的这些生产资料还是很不够的，这须要农民自己努力并实行互助，再加政府的帮助才能加以解决。

除开这些以外，地主的其他财产，包括地主所经营的工商业在内，不予没收。自然，由于地主的多年剥削，多数地主是还有许多其他财产的。根据过去的经验，如果没收和分配地主这些财产，就要引起地主对于这些财产的隐藏分散和农民对于这些财产的追索。这就容易引起混乱现象，并引起很大的社会财富的浪费和破坏。这样，就不如把这些财产保留给地主，一方面，地主可以用这些财产维持生活，同时，也可以把这些财产投入生产。这对于社会也是有好处的。在今后的土地改革中，对于地主这样处理，和过去比较，是要宽大得多了。但地主中的许多人还是可能要坚决反对与破坏土地改革的，还是可能要坚决反对与破坏人民政府的。对于这些坚决的反动的地主分子，就应该坚决地加以惩办，而不应该宽容和放纵。

地主阶级中的某些人，在土地改革中并在土地改革以前，是会要进行许多破坏工作的，例如宰杀或弄死耕畜，砍伐树木，破坏农具、水利、建筑物、农作物和家具等。各地方的人民政府应即拟定详细办法加以严禁。对仍在地主手中的这些财产，应责令地主妥善地加以保护，不得破坏、隐藏、分散和出卖。如有违犯，应即责令其赔偿或予以处分。除地主阶级外，其他的人如有破坏这些财产者，亦须予以处分。

三　保存富农经济

土地改革法草案对于富农的土地及其他财产的各项规定，其目的就是要保存富农经济，并在土地改革中，在政治上，中立富农，更好地保护中农和小土地出租者，以便孤立地主阶级，团结全体人民有秩序地实现土地改革，废除封建制度。

为什么在过去的土地改革中我们曾经允许农民征收富农多余的土地财产，而我们现在又主张在今后的土地改革中保存富农经济呢？这主要的是因为现在中国的政治和军事形势已经根本不同。

在过去，在两年以前，人民革命力量与反革命力量还处在残酷的战争中，人民力量还处于相对的劣势，战争的胜负谁属还没有确定。一方面，富农还不相信人民能够胜利，他们还是倾向于地主阶级和蒋介石一边，反对土地改革和人民革命战争；另一方面，人民革命战争又要求农民付出极大的代价（出兵、出公粮、出义务劳动）来支援战争，争取战争的胜利。而争取战争的胜利，则是全国人民最高的利益，一切都是应该服从于它的。正是在这种时候，我们允许了农民征收富农多余的土地财产，并对地主的一切财产也加以没收，以便更多一些地满足贫苦农民的要求，发动农民的高度革命热情，来参加和支援人民革命战争，打倒美帝国主义所支持的蒋介石政权。这在当时，是必要的和正确的。在当时，如果在解放区没有一个最彻底的土地改革，不能充分满足贫苦农民的要求，就很难克服当时所遇到的困难。

现在的形势已经与过去根本不同。人民革命战争在大陆上已基本结束，蒋介石匪帮的最后灭亡已经毫无疑问，要求农民出兵役、出义务劳动这两项巨大任务已经没有了，出公粮一项任务也比过去减少一些了。现在全国人民的基本任务，是在全国范围内进行经济建设，恢复与发展社会经济。打台湾还是一项重大任务，但人民解放军已有足够力量去担负。现在我们所遇到的困难的性质，已经不同于我们在过去战争中所遇到的困难，现在的困难主要是在财政经济方面的困难，是恢复、改造与发展社会经济上的困难。同时，全国各民族、各民主阶级、各民主党派、各人民团体的革命大团结，已经在政治上和组织上形成，富农的政治态度，一般地也比以前有了改变，如果人民政府实行保存富农经济的政策，一般地是能够争取富农中立的，并且能够更好地保护中农，去除农民在发展生产中某些不必要的顾虑。因此，在目前的形势下，在今后的土地改革中，采取保存富农经济的政策，不论在政治上和经济上就都是必要的，是比较地对于克服当前财政经济方面的困难，对于我们的国家和人民为有利些。

在一九四六年七月至一九四七年十月这一时期内，华北、山东及东北许多地区的农民群众和我们的农村工作人员，在实施土地改革中，没有能够按照中共中央在一九四六年五月四日颁发的基本上不动富农土地财产的指示，而按照他们自己的意志行动，将富农的土地财产和地主一样地没收了。这是可以理解的。因为这一时期，是中国人民和国民党反动派双方斗争最紧张最残酷的时期。土地改革中发生偏差，也以这一时期为最多，侵犯了一部分中农的利益，破坏了一部分农村中的工商业，并在一些地方发生了乱打乱杀的现象。发生这些现象的原因，主要是由于当时紧张的政治形势和军事形势，同时，也由于我们的大多数农村工作人员没有土地改革的经验，他们不知道正确地划分农村阶级成分的方法，划错了一部分人的阶级成分，将某些富农当成了地主，将某些中农当成了富农。鉴于此种情况，中共中央乃于一九四七年十月十日颁发了土地法大纲，将富农和地主加以区别，但允许征收富农多余的土地财产。同年冬季，中共中央颁发了划分农村阶级成分的文件，毛主席发表了《关于目前形势与任务》的文告[21]，任弼时[22]同志也发表了关于土地改革问题的演说。从这时起，农村中发生的某些混乱现象就停止了，土地改革走上了正轨。为了使我们的同志今后在各新解放区进行土地改革工作中不要重复过去的错误，指出过去的经验是有必要的。我们现在是处在完全新的情况下，我们建议的土地改革法，采取了消灭封建制度保存富农经济的方针，也是完全必要的。

　　我们所采取的保存富农经济的政策，当然不是一种暂时的政策，而是一种长期的政策。这就是说，在整个新民主主义的阶段中，都是要保存富农经济的。只有到了这样一种条件成熟，以至在农村中可以大量地采用机器耕种，组织集体农场，实行农村中的社会主义改造之时，富农经济的存在，才成为没有必要了,而这是要在相当长远的将来才能做到的。

这就是我们现在为什么主张保存富农经济的理由。

自然,在那些土地改革业已完成的地区,是不能容许富农借此向农民收回土地的,如有此种事件发生,必须坚决地加以禁止。

四 关于分配土地中的若干问题

在如何分配土地的问题中,首先需要加以说明的,是在原耕基础上用抽补调整方法来分配土地,以及适当地照顾原耕农民的问题。

因为在原耕基础上用抽补调整方法来分配土地,可以避免过多的不必要的土地变动,而这是对于生产有利的。在抽出原耕农民租入的土地分配给别人时,应给原耕农民以适当的照顾。应使原耕农民分得的土地(自有土地者连同其自己的土地在内),适当地稍多于当地无地少地农民在分得土地后所有的土地,以使原耕农民保持相当于当地每人平均土地数的土地为原则。因为过多地抽出原耕农民租入的土地,可能使原耕农民受一些损失,给原耕农民以上述规定的照顾,可以使原耕农民不受或少受损失,而这是必要的。此外,在土地改革后,仍有一部分土地是要出租的,这些土地可以租给那些抽出土地过多的原耕农民,作为调整和补偿。对于原耕农民最好的那一部分土地应该不抽或少抽。根据经验,在这样适当地照顾了原耕农民之后,他们是满意的。因为他们原来租入的土地,现在已变成自己的土地了,不要交租了,不要去奉承地主了，他们在社会上的地位提高了，他们所分得的土地又比别人要多一些，他们还是比别人要好一些，所以他们是高兴的。

在分配土地和其他生产资料时，对于乡村中无地少地人口中若干特殊问题应当加以妥善处理。有一些人在土地情况许可的条件下应多给他们一些土地，例如只有一口人或两口人而有劳动力的贫苦农民。有一些人是可以少分甚至可以不分土地的，例如乡村中的手工业工人、小贩、自由职业者及其家属，家住乡村的人民政府与人民团体的工作人员而有薪资收入者，家住乡村而本人在外从事其他职业者等。这些人凡有收入足以维持生活者，不应分土地。有些人收入不能经常维持生活或不够维持生活，应当分给他们若干土地，但可以少于农民所分得的土地。这些问题的适当处理，是要根据乡村中的和各人的具体情况，经过农民和这些人的协商与讨论来具体决定。

在土地改革法草案中所说的烈士家属，应包括辛亥革命[23]以来历次为革命阵亡和死难烈士的直系亲属及抗日阵亡将士和人民解放战争中阵亡将士的直系亲属在内。烈士本人计算在家庭人口之内分得一份土地，作为对于烈士家属的一种抚恤，是有必要的。

取有城市人民政府或工会的证明文件回到乡村的失业工人及其家属，要求分地而又能从事农业生产者，在当地土地情况允许的条件下，应分给与农民同样的一份土地和其他生产资料。这样可以安插一部分失业工人，对社会是有利的。

乡村中的僧、尼、道士、教士及阿訇，乡村中的逃亡地主及曾经在敌方工作现已还乡的人员及其家属，有劳动力，愿意从事农业生产，而无其他职业维持生活者，应分给与农民同样的一份土地和其他生产资料。因为如果不这样做，他们就要成为无业游民，扰乱社会治安，对人民极为不利。

家居乡村业经人民政府确定的汉奸、卖国贼、战争罪犯、罪大恶极的反革命分子及坚决破坏土地改革的犯罪分子，本人不得分给土地，以示惩罚。这些人，有些已经确定，有些尚待在土地改革中加以确定，应由地方人民政府加以审查，慎重处理。

依照土地改革法草案，所有规定收归国有的土地及其他财产，如系无人经营管理者，当地人民政府应即派人管理经营之，不使其遭受破坏或荒废。如有人经营管理，在国家不需用这些土地时，可由原经营者继续经营之，但原经营者不得以之出租、出卖或荒废，如不需用这些土地时，必须交还给国家。

各地名胜古迹，历史文物，如无人管理而又需要派人管理者，当地人民政府必须注意派人管理，不使破坏。

这些就是对于分配土地中若干问题的说明。

五　在进行土地改革时若干应该注意的事项

土地改革是一场系统的激烈的斗争。我们在今后土地改革中的总路线，应该是依靠贫农、雇农，团结中农，中立富农，有步骤地有分别地消灭封建剥削制度，发展农业生产。农民协会应该成为土地改革队伍的主要组织形式和执行机关。各级农民代表大会、农民协会委员会和各级人民代表会议[24]，应该成为土地改革中活动的中心。正派的农民中的积极分子和上面派到乡村中的土地改革工作干部，应该成为土地改革中的骨干。进行土地改革的各省的高级领导机关应该与乡村架通电话，与下级密切联系，并逐级派负责人或巡视团下去，切实地掌握运动的领导。从乡起，均应事先作成土地改革的步骤和计划，并呈报上级批准之后再执行。下级如有问题发生不能解决者，应报告上级请示，上级机关应即派人下去帮助解决。应该首先解决那些完全成熟、情况完全明了、关系最大多数人的主要问题，而把那些情况尚不明了、尚有争执的少数人的问题推到以后去解决，以免被少数人的疑难问题牵制多数人的问题不能解决。这些都是各级指导土地改革工作的干部所应该注意的问题。

在普遍进行土地改革之前，县以上的领导机关应在少数区乡进行典型试验，以便取得成熟的经验，作为训练干部和指导土地改革之用。

各级农民协会的领导成分应该是纯洁的，不纯洁的地方应该发动群众加以改选。这里所谓纯洁，不是说对雇农、贫农、中农中之犯有某些错误者采取关门态度，拒绝他们入会。相反，应当欢迎他们入会，加以教育，团结他们。这里所谓纯洁，是指不要让地主富农及其代理人加入农会，更不要让他们充当农民协会的领导人员。农民协会中的主要领导成分应该由贫农雇农中挑选，但必须切实地联合中农，首先必须切实地保护中农（包括富裕中农在内）的土地及其他财产不受侵犯，同时必须吸收中农积极分子参加农民协会的领导，规定各级农民协会领导成分中有三分之一的数目由中农中挑选，是完全必要的。除开农民协会外，不要再组织贫农团，在农村中也不要组织工会。为讨论贫农、雇农及手工工人的问题，在农民协会中可以召集贫农、雇农或手工工人的会议或代表会议，但这种会议应该允许中农的代表参加。

农民协会应切实注意吸收农民家庭中的妇女来参加，并吸收妇女中的积极分子来参加领导工作。为了保障妇女在土地改革中应得的利益和妇女在社会上应有的权利，并讨论有关妇女的各种问题，在农民协会中召集妇女会议或代表会议是必要的。

农民协会应该吸收乡村中贫苦的革命的知识分子及其他劳动人民来参加。同时，还必须在会外团结乡村中一切反封建的分子，包括那些赞成土地改革的开明士绅在内，组成农村中反封建的统一战线，共同地来反对封建剥削制度。人民政府并应召集富农开会，向富农宣布政策和解释农民协会的行动，以安定富农的情绪。人民政府还应该召集地主讲话，向地主宣布政策法令，使地主也能了解土地改革的内容和办法，并警告他们不要反抗和进行破坏活动，而应该老实地服从人民政府的法令和农民协会的决定。对守法的地主，人民政府依法宽待他们。只有对于那些企图组织反抗并进行阴谋破坏活动的地主和特务反革命分子，才应该不留情地给他们以镇压，及时地粉碎他们的一切反抗。

在土地改革时期，除开在农村中进行广泛的宣传解释外，还应该在城市的各界人民中，在人民解放军的部队中，进行广泛的宣传解释。应该在工人中，学生中，职员中，工商业者中，在部队的指挥员和战斗员中,解释人民政府的土地改革政策和法令,使他们了解,并同情农民,帮助农民,而不要去同情地主,帮助地主,更不要去庇护地主,庇护自己亲朋戚友中的地主分子,应该告诉这些地主分子,要他们老老实实地服从人民政府的法令和农民协会的决定,而不要去进行反抗和破坏活动,以免遭受可以避免的打击。这也是组成反封建统一战线中一项极为重要的工作。

在土地改革中,各民主党派的干部、城市中的教职员及其他民主分子愿意参加土地改革工作者,应吸收他们参加,并且不必要他们回避本地,这可使他们和农民群众都能获得有益的考验和教育。

为了在土地改革中及时地镇压恶霸分子、特务反革命分子及地主阶级中的反抗与破坏活动,并处理农民对于这些分子的控诉,应该组织人民法庭来担负这种任务。人民法庭对于普通的刑事和民事案件,以及特别复杂需要长期侦察才能决定的案件,应交普通法庭和公安机关去处理,以便使自己能够集中注意力去处理当前土地改革中各种违法的现行案件,保持农村的革命秩序。人民法庭应依照政府颁布的条例来进行工作,不得任意处理罪犯。除开人民法庭和治安机关外,其他的人民团体和机关不得拘留、审判和处理罪犯。各级人民政府应用大的注意力去帮助人民法庭,并加强与训练人民法庭的干部,使人民法庭能够担负起自己的任务,否则,土地改革的秩序就有不能很好保持的危险。

在土地改革中划分农村中的阶级成分,是一件复杂的而又极其重要的工作,各级领导机关必须根据中央人民政府颁布的决定认真地加以处理。由于地主阶级成分关涉到他们的土地和其他生产资料的没收，必须更加慎重地划分。但在农村中绝大部分人口的阶级成分是明朗的，容易划分的，也不会有多的争论的，应将这些人的阶级成分首先确定。另有一小部分人的阶级成分是不明朗的，难于划分的，有争论的，应该摆在后面，多加研究，并请示上级，然后去划分，不要急于去划分这些人的阶级，以至划错，引起他们不满。总之，各人的阶级成分不应该划错，划错了的，必须改正。

为了正确地执行以上各项以及土地改革中的其他工作，整顿我们干部中的作风，特别是纠正命令主义的作风，是一个带有决定性的关键。现在各地整风运动[14]已在开始进行。这项工作如能进行得好，再加之以关于土地改革的学习也能进行得好，我想，今后大规模的土地改革运动是能够有保障地按照中央人民政府的法令有秩序地有步骤地有分别地去完成的。而这项工作的完成，就为我们国家财政经济状况的根本好转创造了一个最根本的条件，就在政治上将广大的农民群众组织起来了，我们的国家和人民政府就能达到从来未有的强大和巩固了。

这就是我关于土地改革问题的报告，请各位加以审议。

学习态度和学习方法[*]

（一九五○年九月十日）

中国革命胜利了。总的说来，我们各项工作做得很好，但理论工作却是很薄弱的一环。我们很多干部，甚至是负重要责任的高级干部，斗争经验丰富，可是理论水平不高。这是我们党的一个弱点。还有些同志文化水平也不高。因此，首先要提高他们的文化水平，然后再提高理论水平。有经验是一个长处，但受文化和理论水平的限制，就不能有大的发展，碰到问题有的能处理得好，驾驭得了，有的就不能驾驭，处理不好。我们很多干部有丰富的斗争经验，再有了文化和理论，就可以担负更多的工作，解决更多的问题。

现在，我们的一个重要任务是提高干部的文化水平和理论水平。这是一项经常性的任务，不可能一下做好，大约要花十年的工夫才能前进一步。缺乏理论是很大的弱点。有的同志对于理论的重要性认识不够，不愿意做研究理论的工作，这种思想是不对的。我们不仅要有少数人研究理论，而且要有更多的人研究理论，在职干部也要抽出时间去研究理论。只有理论没有实践当然有犯教条主义的危险，但是理论是实际

---

* 这是在马列学院第二、三班开学典礼上讲话的一部分。

工作的指针，没有理论，工作就是盲目的，没有前途的。没有理论的人容易被"俘虏"，被人家天花乱坠的话所迷惑。掌握了理论才能正确地指导工作。有些人不懂理论，又要站在指挥台上指挥，行吗？不行。现在还有这样的人，他还站在指挥台上；等大家理论水平提高了，他再要站在指挥台上就不行了。

　　我们党的干部应该重视理论工作。今天，党需要你们去做研究理论的工作，并且决定给你们一些实际问题去研究处理，看是否能运用已学得的理论，这对你们是很好的。一般来讲，你们学习较长的时间后，能够学到一些理论知识，将来出去工作，就可以运用掌握了的马列主义理论去观察、解释、处理实际问题。运用理论观察、解释、处理实际问题，这就是目的。为了达到这个目的，就需要你们学习许多东西，学习马列主义基本知识，学习毛泽东著作和其他一些知识。

　　但是，仅仅读了几本书，有了一些理论知识，并不等于就有了理论。读了书，增加了一点理论知识，这只是有了运用理论的可能，而处理实际问题不是单靠书本所能解决的。有些人只知道翻书本，中国的外国的他都知道，你说到什么问题，他可以马上把书翻出来。但碰到实际问题，马克思没有讲过，列宁也没有讲过，他自己就不知道怎样分析、处理，这就是不懂得用马列主义的立场、观点和方法处理问题。中国的教条主义者就是这样。我们学习马列主义，要学习它的立场、观点、方法，不要把马列主义变成教条。你们以后所遇到的、所要处理的问题都是新的问题，许多是马克思、恩格斯、列宁没有讲到的。比如湖南、广东如何土改，他们没有讲过，怎样来处理呢？就得靠你们用所学到的马列主义的立场、观点、方法，去观察、分析、处理，并且要处理得不错。这样才叫做有了一些理论，才算在马列学院[25]学到了理论。土地问题、农民问题的一些基本观点，马克思、列宁讲过了，但是要处理中国的土地、农民问题还要靠我们创造，还要根据中国的实际情况，提出具体的解决办法。如富农问题，过去是把富农多余的土地财产征收了，分给贫雇农，现在要保存富农经济。那末，过去的处理是否不对呢？不。过去分富农的土地对，现在不分也对。现在不保存富农经济就是错误的，因为情况变了。当然富农本身并没有改变。如果说有改变，那是政治态度有了改变。在战争当中，富农同地主站在一起，反对土改，是不能争取的。今天中国革命胜利了，就有可能争取他们。时间不同了，条件不同了，他们周围的环境改变了。抗日战争时期不搞土改，只搞减租，解放战争中征收富农多余的土地和财产分给农民，今天则是保存富农经济，这是整个革命形势决定我们这样做的。在战争紧张的时候，即使不那样做，富农也不会拥护我们，也不会站到我们一边。今天战争胜利了，要恢复生产，发展生产，就要保存富农经济。对这个问题，虽然有些农民目前不十分满意，但随着生产的发展，农民是会满意的。这就是具体情况具体分析，这是马克思主义的精华。有些人学习了两年，知道了许多理论知识，但没有真正学到什么马列主义，这是可能的。学习了马列主义的思想方法，还必须对客观材料和实际情况加以分析、整理，才能形成正确的思想。做事情也好，写文章也好，都是这样。当然，书还是要读的，知识总是多一点好，但不能说，只要书读得多就好。多了还要善于运用。书读得多，理论知识多，又能运用，这才是真好。

你们还要学习写文章。文化不高的同志不会写文章，不会组织文章，这是一个弱点。马列学院第一期重视写文章，第二期也要重视写文章。不会的要学会，已会的要练习写比较复杂的文章。写文章也是掌握一种武器，要能够提出问题，解释清楚问题。

在马列学院主要是学习理论，真正练习运用，还是要到实际工作中去。在工作岗位上能够运用理论，独立地处理问题和独立工作，这就是学习马列主义的结果，这就说明学习有了成绩。

理论不够的学理论，文化不够的学文化。此外，党性不强的，思想有毛病的，组织性不好的，也要来学习。要做到既有理论，又有文化，又不骄傲，思想好，作风正派，这样就能到处受人欢迎。有了理论，却很骄傲，看不起人家，动不动给人家扣机会主义大帽子，那人家就不欢迎你。所以，你们虽然快毕业了，也要整顿一下思想。越是有理论有知识的人，越应该感到自己知道的少。要是学了点马列主义，不是更谦虚而是更骄傲了，这就说明马列主义中最重要的东西没有学到。学到了东西，增强了信心，能够处理问题，坚持真理，批判错误，这当然不能叫做骄傲。

我们的同志作风要正派，有毛病的要把毛病去掉。自己应该认识到，我们是在党的领导下，一切为了党，一切为了人民。应该彻底地解决这个认识问题。学了马列主义，就要把个人主义、自由主义、命令主义、官僚主义这些东西克服掉。党支部的工作、学院的工作都应该注意这个问题。这里面也

包括怎样正确对待工作分配的问题。马列学院的学生要服从
组织分配。无论到什么地方，做什么工作，都是一样的，不能说
这个地方不好，这个工作不好，我不去。也不能说我有了理
论，比别人高，还给我这个事情做！

有些同志说，做理论研究工作自己能力不够。这固然不
是骄傲，但说明信心不足。大家在马列学院学习了马列主义，
要提高信心。怕工作搞不好而兢兢业业，努力搞好，这是进步
的表现，可以使工作做好。但是必须有信心。能力今年不够，
明年就够了，明年还不够，再搞几年就够了。没有说能力够了
再去担负工作的。

宣传、理论工作是我党很弱的一环，必须加强。列宁主编
过《火星报》[26]。我们党最重要的宣传工作是毛泽东同志做
的，我也做一些。《人民日报》很多社论稿我们都亲自看。宣
传工作是光荣的岗位，不愿做宣传工作是不对的，从马列学院
毕业出来不能做宣传工作是没有理由的。宣传不是讲空话，
而是要讲实际问题。宣传工作可以碰到很多问题，要你们说
话，要你们写文章，要你们作解释，这正需要运用你们学到的
马列主义理论。在学校里是学习，做宣传工作是实习。学习
一个时期，做一个时期的宣传工作，以后再担负别的工作就
更好了。我们党要有很多做理论研究工作的。中国党如果没
有很多的理论干部，就不可能领导这样大的国家达到社会
主义。

在北京市第三届
人民代表会议上的讲话[*]

（一九五一年二月二十八日）

主席、各位代表：

首先，请让我向北京市第三届人民代表会议致以热忱的敬礼和祝贺！

我们很感谢你们，感谢首都的人民！因为中央人民政府各机关取得首都各界人民很多的帮助，所以它们能够在这里安排下自己的办公处并进行了一年多的工作。然而这也引起了首都人民一些困难，最显著的就是房屋的困难。不少人已向我们提出了这种困难，我们也认为应由政府与人民合作来逐步地解决这个问题。听说你们的会议已对这个问题进行了讨论，这是很好的。我想这个问题是能够逐步地加以解决的。

北京市第三届人民代表会议在它的民主化的基础上比前两届是更进了一步的。代表的人数增加了，百分之八十三的代表是由人民选举的，只有百分之十七的代表是经协商邀请的。其中只有百分之三的代表是政府代表。首都的人民，由于有了过去两年和两届人民代表会议的经验，开始熟悉了他

＊　本文原载一九五一年三月十三日《人民日报》。

们中间的政治代表人物，所以他们进行这种选举就已开始成为可能。他们选举代表的方式，在公营工厂企业和专科以上学校，是由选民大会直接选举，而郊区农民及工商界、青年、妇女代表和区域代表，则由选民代表会议选举。在选举时，除开各学校因选民全部识字又有过多次选举经验采用了无记名投票而外，在其他地方，则在讨论了候选人名单之后，都是采用举手表决的方式。我认为这样做是完全正确的和必要的。这样，就使作为北京市人民民主政权主要组织形式的人民代表会议，在组织基础上更广大、更密切地联系了人民群众，在组织形式上也比以前两届更完备了一些。如果代表会议又讨论了和解决了人民中间更多的问题，它所选举的政府委员会和协商委员会又能忠实履行代表会议的决议，那末，我们就可以想象：它将在人民中更加提高自己的威信，它在人民民主政权的建设过程中就前进了一大步。这是值得大家庆贺的。

我认为不独北京市的人民代表会议应该如此，在其他地方，凡是条件业已具备了的，也应该如此地来召集人民代表会议〔24〕。在人民已经有了相当组织的城市，在土地改革已经完成了的乡村，人民已经开始能够选出自己的代表的时候，就应该不迟疑地让人民直接地或间接地来选举各级人民代表会议的代表。选举的方式，也大体上可以采用北京市的经验。

说到选举，有些人就常常想到"普遍、平等、直接、无记名投票"这句老口号。无疑问，过去在蒋介石反动的独裁政权底下，提出这个宣传口号去反对蒋介石的独裁政权，那是有它的进步意义的。但是，这个口号如果拿到今天新民主主义的政权底下要求立即实行，对于中国人民目前的实际情况则是还不完全适合的，因而也是不能完全采用的。中国大多数人民群众，主要是劳动人民还不识字，过去没有选举的经验，他们对于选举的关心和积极性暂时也还不很充分。如果在这种情形下，就来普遍地登记选民，机械地划定选区，按人口比例一律用无记名投票的办法来直接选举各级人民代表大会的代表，根据我们过去在若干地区实行过的经验，这样的选举反而是形式主义的，它给人民许多不必要的麻烦，损害人民的积极性，在实际上并不能使这样选举产生的人民代表大会具有更多的代表人民的性质，因而也就不能用这种办法使今天的人民政权更加民主化，更加密切地联系人民。资产阶级的旧民主主义者是注重这一套形式主义的办法的，他们也常常满足于这一套形式，以便他们能够在选举中加以操纵，假代表人民之名来实行资产阶级专政之实。然而我们是新民主主义者，我们首先注重的不是这一套选举的形式，而是它的实质，就是说，要使人民，主要使劳动人民真能选举他们所乐意选举的人去代表自己，并要代表能忠实地把他们的意见和要求反映到政府中去。只要选举能真实地做到这一点，我们就不在选举的方式上去斤斤计较，而尽可能地采用群众所熟悉的和便利的方式去进行选举。北京市的这种选举方式，证明对于人民是便利的，是在目前可以采用的方式。"普遍、平等、直接、无记名投票"的选举方式，在中国目前的情况下还不能因而也不应该一下采用。这只有在各种准备工作均已做好，中国大多数的人民群众经过了相当长期的选举训练并大体识字之后，才能最后地完全地实行这种选举方式。在最近的将来，我们还只能依据中国大多数人民群众的实际情况,逐步地做好各种准备工作,并逐步地实行更加普遍的、平等的、直接的或间接的、用举手表决方式的选举。对于被人民选举出来的各级人民代表会议的代表,要责令他们经常地、密切地联系自己的选民,向政府反映人民的要求和意见,并将政府的政策、人民代表会议的决议向人民作解释。各级人民政府和协商委员会要建立专门的有能力的机关来适当处理人民向政府所提出的每个要求,答复人民的来信,并用方便的办法接见人民。这样,使各级人民政府密切地联系人民,切实地为人民服务,而广大的人民也就可以经过各级人民代表会议和人民政府来管理自己的事务和国家的事务。这是我们在目前就能逐步地达到的。这样,就能极大地扩大各级人民代表会议和人民政府的代表性。

人民代表会议与人民代表大会制度,是我们国家的基本制度,是人民民主政权的最好的基本的组织形式。我们的国家,就是人民代表会议与人民代表大会制的国家。目前的各级人民代表会议已在代行各级人民代表大会的职权,在不久的将来,就要直接地过渡为各级人民代表大会。各级人民政府,各民主党派,各民主阶级的人民,都应该依据共同纲领[12]和中央人民政府颁布的法令,按照各个地方实际可能的情况,积极地努力地把各级人民代表会议实际地而不只是形式地建立起来,使它在政治上和组织上更广大更密切地联系各民主阶级的人民群众,在组织形式上也逐步地完备起来,使目前的各级人民代表会议能够在最近几年内逐步地过渡为各级人民代表大会——完全能够代表人民行使各级政权的人民代表大会。这样,就能依靠人民代表会议与人民代表大会这一个有伟大功效的制度,把全国人民紧密地团结在各级人民政府的周围,在中央人民政府的统一领导之下,形成为一个强大的统一的力量,去履行我们全国人民迫切需要履行的建设任务和国防任务。这样,我们就没有任何困难是不能克服的,也没有任何任务不能完成。由毛泽东主席领导制订的完全适合中国目前国情的人民代表会议与人民代表大会制度,将保证我们国家和人民的长远胜利。

新民主主义的人民代表会议与人民代表大会的国家制度,已经证明,在将来的历史上还会要证明,它是比任何旧民主主义的议会制度要无比优越的,对人民来讲,它比旧民主主义的议会制度要民主一万倍。

为了在我们国家建立这种制度,并使这种制度尽可能迅速地成为我们国家从下至上的、系统的、经常的、巩固的制度,各级人民政府必须依照中央人民政府的法令和组织通则的规定,经常定期地召集各级人民代表会议。根据各地经验,这种人民代表会议在大城市每年至少应召集三次,中小城市应召集四次,省每年至少应召集一次,县每年至少应召集两次,区乡可按规定召开。我说的是至少,当然还可以多开。经验还证明,有十万人口以上的城市应召集各城区和郊区的人民代表会议,以便处理许多具体的在人民看来是很重要的问题,而这些问题常常是市人民代表会议和人民政府难于处理的,须由各区人民代表会议和区人民政府来处理。为了保证各级人民代表会议能经常召开,各级人民政府应责成民政部门对下级政府加以督促,并规定日期要下级政府向自己作关于人民代表会议的报告。因为有些政府工作人员是不大愿意召开人民代表会议的,他们习惯于少数人包办一切,而不习惯于和人民的代表商量办事,他们认为召开人民代表会议"太麻烦",他们借口"工作太忙",或又借口"没有事",而不召开人民代表会议。对于这些人,必须由上级加以督促。否则,他们就不按规定时间召开人民代表会议。对于没有充分理由而不按规定时间召开人民代表会议者,应给以批评以至处分。如有充分理由必须推迟召开者,亦须报告上级人民政府批准。如此,就能保证各级人民代表会议能经常定期召开。根据各地经验,各级人民代表会议只要能够召开,就有好处。过去绝大多数都开得很好,对各方面都有很大的好处。但也有少数开得不好或不大好的,然而也有一种好处,它可以暴露这些地方工作上的缺点和政府工作人员的官僚主义,它可以督促和教育这些地方的政府工作人员并引起上级的注意,因而就使这些地方的工作有可能获得转变。因此,各级人民代表会议不论有事无事都应按期召开,"工作太多"更应召开,以便动员更多的人民群众和团结人民中的积极分子把这些所谓太多的工作分头地去做好。所以,除非是有某些紧急情况发生使我们不能不暂时改变经常的工作方式,得暂时推迟人民代表会议的召开而外,在一切通常的情况下,均必须遵守我们国家这项重要的制度,按期召开各级人民代表会议。要使各级人民代表会议(在土地改革的乡区是农民代表会议)成为各级人民政府一切工作和一切活动的中心环节。各级人民政府的一切工作和一切活动应向各级人民代表会议作报告,并接受其质询和审议,重要的工作和活动还须先经过人民代表会议的讨论和决议,然后大家团结一致地去加以执行。

　　此外，还请各位注意，北京市人民民主政权更加走向民主化，是在军事管制的条件之下进行的。有些人觉得，既要实行军事管制就不应或不能实行民主，或者说，国家处在军事时期，就不能实行民主。他们把人民解放军的军事管制与人民民主政治的实行和发展看作是绝对对立、彼此不相容的东西。这种观点是完全错误的。中国今天还是处在军事时期，战争还在一些地方实际地进行着，全国也还在军事管制时期，然而我们在全国各地又正在很好地实行着民主，按期召开各级人民代表会议，并要进行各级人民代表会议的选举，把国家的和地方的各种政策交给人民和人民的代表会议去作充分的讨论和决定。一方面，战争和军事管制并没有妨害人民实行民主；另一方面，人民实行民主也并没有妨害战争和军事管制。相反，它们二者倒是相互帮助、相互加强的。这是什么缘故呢？这是因为我们的军事管制是人民的军事管制。人民解放军本身就是人民的军队。人民解放军的军事管制，对于敌人和反动派来说，是无情的公开的军事专政，对于人民来说，就意味着人民的民主。它对于人民不独不会有什么束缚和不方便，相反，它保护人民，替人民解除旧势力的压迫和束缚，给人民极大的方便，鼓舞人民起来作主人，把自己的和国家的命运操在自己手中，由他们自己来管理自己的事务和国家的事务。毛泽东主席在《论人民民主专政》的文章中说，人民民主专政有两个方面，即"对人民内部的民主方面和对反动派的专政方面"。人民解放军的军事管制就是最初的人民民主专政，它强力地镇压反动派，同时竭尽一切方法保卫、鼓励和帮助人民建立各级人民代表会议和人民政府,并且在条件成熟时逐步地把权力移交给各级人民政府机关。到反革命已经肃清,土地改革已经完结,人民大多数已有组织,各级人民代表会议和人民政府已能完全履行自己的职权,那时,军事管制就自然地成为不必要了,它的一切权力也就自然而然地为各级人民政府所代替了。所以,我们的军事管制不独不妨害各级人民代表会议的召集,相反,它的主要任务之一就是要召集各级人民代表会议,建立各级人民政权。借口军事管制或军事时期而不召开人民代表会议,是不对的。

经济建设现已成为我们国家和人民的中心任务。但是新民主主义的经济建设必须有新民主主义的政权来领导和保障。没有新民主主义的政治,就不能有新民主主义的经济,即不能有以社会主义的国营经济为领导的五种经济成份[27]相结合的经济。这也是我们的新民主主义革命区别于过去资产阶级革命的一个显著特点。在资产阶级革命即资产阶级政权建立以前,就存在着并发展着资本主义经济,但是以社会主义的国营经济为领导的新民主主义经济,就只有在以工人阶级为领导的新民主主义的国家政权建立之后,才能加以组织并使之发展。新民主主义的政权建设,人民民主政权的发展,我们国家的民主化,和新民主主义的经济建设,人民经济事业的发展,我们国家的工业化,是不能分离的。没有我们国家的民主化,没有新民主主义政权的发展,就不能保障新民主主义经济的发展和国家的工业化。反过来,新民主主义经济的发展和国家的工业化,又要大大地加强和巩固新民主主义政权的基础。因此,我们的基本口号是:民主化与工业化! 在我们这里，民主化与工业化是不能分离的。

自由和富强的新中国万岁！

人民代表会议与人民代表大会的国家制度万岁！

共产党员标准的八项条件 *

（一九五一年三月）

一、中国共产党是中国工人阶级的党，是工人阶级的先进部分。中国革命在过去是工人阶级领导的，在以后更需要工人阶级领导。工人阶级将来要发展，要成为人口中的大多数，农民在使用机器耕种之后也变成工人。最后全体人民是工人。（我们党历来依靠无产与半无产。）一切党员必须承认此点。

二、中国共产党的最终目的，是要在中国实现共产主义制度。它现在为巩固新民主主义制度而斗争，在将来要为转变到社会主义制度而斗争，最后要为实现共产主义制度而斗争。（新民主主义、社会主义与共产主义制度的要点另外说明。新民主主义革命一般地不破坏私有财产的制度，但社会主义就首先要在工业中然后要在农业中破坏私有制。在农业中组织集体农场，这时，只能依靠工人及贫雇农，不能依靠一般农民，只是团结农民。）一切党员必须具有为党的这些目的而坚持奋斗的决心。

---

* 这是一份手稿，是为中国共产党第一次全国组织工作会议准备的报告提纲的一部分。三月二十八日刘少奇在会上作了报告，其中讲的这八条，经过整理和修改，写进了会议通过的《关于整顿党的基层组织的决议》。

三、因此，现在的人做一个共产党员，必须是一辈子都要坚持革命斗争。如果在中途不能坚持革命斗争，就不能再做共产党员。这种革命斗争是包括政治的、经济的、思想的斗争在内，并且还要和帝国主义的武装干涉进行武装斗争（但不是说要当一辈子兵）。

四、一切共产党员进行革命斗争，必须在党的统一领导之下去进行。因此，一切党员必须执行党的政策和决议，积极参加党所领导的革命运动，严格地遵守党的纪律，对于党内党外一切损害党的利益的现象必须进行斗争。否则，就不能做一个共产党员。

五、一切党员必须把人民群众的公共的利益，即党的利益，摆在自己的私人利益之上，党员的私人利益必须服从人民的即党的公共利益。一切自私自利的人，不肯为人民牺牲自己的人，都不能做共产党员。（乡村中互助组、互助会、合作社，就是社会主义经济方式之一，是半社会主义。不怕牺牲自己一点，努力为合作社工作，就是社会主义。公营工厂生产竞赛，更是社会主义。）

六、一切党员在革命斗争中，必须勇敢坚决，不能在严重的艰苦的环境中退缩，不能向敌人投降，不能叛变共产党与共产主义。否则，就不能做共产党员[28]。

七、一切党员都必须为人民群众服务，使党与人民群众建立很好的关系，认真地了解人民群众的要求和意见并及时地向党反映，把党的政策向人民群众作宣传解释。除开经过批准的少数党员外，每个党员都必须在自己的职业之外，再做一件党的组织或支部所分配的社会服务的工作。不能这样做的人，都不能做共产党员。

八、一切党员为了能够并且更好地履行以上各项，都必须努力地学习，使自己懂得更多的马克思列宁主义、毛泽东的思想，使自己的觉悟更加提高。不努力学习的人，是不能做好一个共产党员的。

为更高的共产党员的条件而斗争 *

（一九五一年四月九日）

一 我们党是伟大的、光荣的和正确的，但是存在着问题

几天来对于我的报告[29]的讨论，集中在整党与建党问题上，特别着重地讨论了党员条件问题。在讨论中，大家承认我们党是伟大的、光荣的和正确的；同时，又承认我们党现在还存在着一些问题，批评了我们过去在建党工作中的某些缺点。这种讨论，我认为是合于我们党目前的实际情况的，因此，它是正确的。

有人问：在我们党内既然钻进了一些坏分子，在一部分党的基层组织中又有相当大的一部分党员不够标准或不完全够标准，同时又说我们党是伟大的、光荣的、正确的，这种说法是否矛盾？

我们说：这不矛盾。钻入党内的坏分子只是极少数。不够

---

* 这是在中国共产党第一次全国组织工作会议上的总结报告，收入本书时第五部分有删节。

标准或不完全够标准的党员占有相当大的比重的情形,只存在于一部分基层组织中,并不是全党的情况。就全党来说,大多数党员是够标准的或是基本上够标准的。而更重要的,则是在我们党内起决定作用和领导作用的,并不是那些不够标准或不完全够标准的党员,更不是坏分子,而是大多数好的党员,而是党的大批优秀干部、党的中央和党的领袖毛泽东同志。所以,虽然在我们党内还存在着各种问题,但是就总的情况来说,我们党是伟大的、光荣的和正确的。

我们党是伟大的、光荣的和正确的,还在于我们的党不怕自我批评,不怕揭露自己还存在着的缺点。即使我们党还存在着相当严重的缺点,我们也不否认和隐讳它们,而是承认它们的存在,在党员面前揭露它们,并想出办法,决心把它们纠正。因此,我们决定进行整党[30]。这正是表示我们党是伟大的、光荣的和正确的。某些同志不愿承认或企图隐讳党内所存在的缺点,那是不正确的,不是我们党所应该采取的态度。

二　为什么有许多党员不够标准

在我们党内,为什么有许多党员不够标准或不完全够标准呢?

这大部分是由于在过去接收党员时降低了条件,同时,在党内对于党员的教育工作又不够,没有尽力把这些不够标准的党员提高到适当的标准上面来。对于这部分党员,只要我们以后加强教育,其中会有一些人达到标准的。小部分则是由于目前的形势改变了,有些党员赶不上形势的发展,不愿或者不能在新的形势下担负新的革命任务，他们落后了，丧失了党员的条件。对于这部分党员，也有一些人还是可以教育好的。

在过去接收党员时，有些地方降低了党员的条件，这是不是一种带原则性的错误呢？

是的。这是一种带原则性的错误。列宁主义的党从来就不允许把党员的条件降低到普通群众的水平，从来就从原则上坚持作为工人阶级先锋队的党员必须具有比普通群众更高的觉悟程度和坚定的革命意志。在接收党员时，任意地降低党员的条件，显然是违背了列宁主义的这项原则的。

在过去接收党员时，有些地方党的组织为什么犯了这种错误呢？我在报告中已经说过：这是由于我们党的高级领导机关过去对于接收党员的工作没有实行严格的控制与检查，也没有把这项原则在党内普遍地说清楚，因而使过去接收党员的工作在某些地方、某种程度上陷于一种自流的状态。这种责任是应由中央来担负的。因此，党中央责成各省委和中央局，今后对于接收党员的工作必须实行严格的控制与检查，并责成一切党的组织在今后接收党员时必须坚持党员的条件。

三　现在应该更加提高党员的条件

过去接收党员，有些地方降低了条件，是不对的。但那时革命还没有胜利，反动派还统治着中国，加入共产党的人，还要担负遭受反动派迫害的危险，而党也处在严重的战争环境中,一切条件都是很艰苦的。在这种情形下,落后分子、投机分子、反动分子自然就不来或很少来加入共产党。这是过去我们发展党员的一种自然的客观的限制。但是一到辽沈、淮海、平津三大战役[31]胜利以后,战争的胜负谁属,已经完全明白,这种情形就完全改变了。今天,革命已在全国胜利,情形就更不同了。在有些人看来,现在加入共产党,不独不要担负什么艰险,而且可以获得个人的许多保障以及荣誉、地位等等。这时,落后分子、投机分子、反动分子就会希望加入我们党,而且有不少的坏分子积极地要钻入我们党内来。客观的自然的限制没有了,如果我们又不在主观上加强限制,就是说,不更加提高党员的条件,不更加严格入党的手续,那就会有大批的落后分子、投机分子、反动分子混入到党内来。这对于我们党则是一种严重的危险。

在辽沈、淮海、平津战役胜利以后,我们没有及时地提高党员的条件,严格入党的手续,相反,有些地方却更加大量地发展党员,因而使全党党员数量最近两年迅速地增加了约一倍,这已经是不妥当的。去年六月党的三中全会[32]决定,在老区农村一般应停止发展党员;在新区农村,土地改革[9]完成以前,一般不应发展党员。但是,在此以后,仍有个别地区擅自降低条件发展党员,这就更是不对的了。

现在虽然不象一九四九年以前那样随时有遭受反革命迫害的危险,但是战争还没有完结,经济建设和文化建设的工作方在开始进行,帝国主义及其走狗每天都在计划着要破坏我们的事业,企图在中国复辟。所以毛泽东同志说:"夺取全国胜利,这只是万里长征走完了第一步。……中国的革命是伟大的,但革命以后的路程更长,工作更伟大,更艰苦。"〔33〕由于中国革命已经胜利,新的更伟大更艰苦的革命任务已经被提了出来,因此,今后共产党员必须比过去具有更高的条件,才能担负这些任务,否则,是不能担负这些任务的。这也要求我们必须更加提高党员的条件。因此,在今后接收党员,如再降低党员的条件,那就更不对了。

由于中国革命已经胜利,中国的工人阶级和广大的劳动群众已经能够自由地接触与学习马克思列宁主义,已经掀起了全国规模的阶级斗争和反帝国主义的斗争。在这种情形下,普通工人和其他劳动人民的觉悟程度也提高了,作为工人阶级先锋队的共产党员的条件,则必须更加提高,同时也可能提高。现在党外已经产生一些非党的革命者和共产主义者,他们的觉悟程度和革命积极性甚至已经超过了我们的一部分党员。愈到后来,这种情形也就会愈加明显。这就不独使我们在以后接收新党员时能够更加提高党员的条件,而且也逼着我们一部分觉悟不高和革命积极性不够的老党员非努力提高自己不可。这是我们今后建党整党的一个很有利的条件。我们应该利用这个条件。

现在必须把党员的条件提到尽可能的适当的高度。这就是说,以后接收的新党员,都必须经过考察,经过教育;都必须是成分好的,即是从工人或其他劳动者出身的人,至于从剥削阶级出身的人,则必须是在基本上抛弃了剥削阶级的立场、观点和作风并决心为工人阶级和其他劳动人民的解放而斗争的人;都必须是历史清楚、没有政治问题的人;都必须是对党忠诚、愿意为党的事业终身奋斗的人;都必须是在群众斗争中受到阶级教育,有了实际的基本的阶级觉悟,并在工作、生产和学习中表现出这种觉悟、发挥了革命积极性的人。对于具备了以上各项基本条件的人,还必须向他们进行共产主义与共产党的教育,以便在更高的水平上提高他们的觉悟,即把他们提高到党员的觉悟水平上来,然后才能接收他们入党。这就是说,必须是成分好,历史清楚,对党忠诚,有实际的阶级觉悟并表现积极,又懂得共产主义与共产党的事业,愿意遵守党纲党章的人,才能被接收为党员。这些就是我们在今后必须坚持的党员条件。对于过去考察不够、教育不够的老党员,亦应经过考察,经过教育,使他们合于这些条件。

在整党决议草案上说到教育党员时,提出了共产党员标准的八项条件,这是必要的。这就是说,有了前面所说的各项基本条件之后,还必须具有这八项条件。这主要是依靠教育才能达到的。这就是每个共产党员在今后应该具备的条件。

四 每个党员除开社会职业之外,必须在党的一个组织的分配之下担负一种工作

我们党有许多党员是专门担负领导党与群众工作的革命职业家,但同时有更多的党员是从事各种社会职业的。在今后,由于经济工作、技术工作比过去更加重要,将会有更多的党员去从事社会职业。而从事社会职业的党员,有许多人是

不热心于党与群众的工作和政治工作的,因而在他们中间就常常产生一种单纯的社会职业观点,例如单纯的技术观点、军事观点等。在另一方面,由于许多党员不经常担负党与群众工作和政治工作,也减弱了党与人民群众的联系和党对人民群众的领导作用。很明显,这是一种很大的损失。

为了纠正上述缺点,为了发挥我们党在人民群众中的更大的作用,所以在整党决议草案关于共产党员标准的八项条件中规定:"每一个有社会职业的党员,除从事社会职业之外,都必须在党的一个组织的分配之下担负一种工作。否则,不能做一个共产党员。"这种规定是符合党章的,是很有必要的。否则,某些从事社会职业的党员,除开他的业务外,可以完全不担负党与群众工作和政治工作。

党员参加党与群众工作和政治工作,应在党的一个组织的分配之下来进行。例如,参加各级党委和党组的领导工作,参加党内教育及对人民群众的宣传工作,参加发展党员的工作,参加各种群众团体的工作及社会服务工作等,应根据每个党员可能抽出的时间,根据各个党员的能力,根据当时的客观需要,由党员所属的党的组织适当地来加以分配,并给以检查和指导。除开专门担负领导党与群众工作的革命职业家及某些有特殊情形的个别党员而外,所有从事社会职业的党员,在自己的业务之外,都应该义务地担负至少一种这样的工作,并且必须尽力把自己担负的工作做好。有些同志很忙,很难抽出时间,但每星期甚至每个月抽几小时的时间来担负一种工作,总是可能的。所以,把这定为做一个共产党员的条件之一。

五　反对降低党员的条件

有些同志提出了一些问题,意思是要求降低党员的条件。我认为不能同意这些同志的意见。

有人问:有些党员在入党时是不够条件的,甚至有许多糊涂思想,但在入党后经过教育和斗争的锻炼,又成为好党员,这种情形在过去是很多的,那末,是否可以仍照过去一样允许那些不够条件的人入党呢?

答复说:不可。在今后,应该使那些不够条件的人在党外教育和锻炼好了之后,即是在他们够上一个党员的条件之后再入党,而不要在他们条件还不具备时急于接收他们入党。党员入党之后,固应继续地加以教育和锻炼,党也能够把一些不够条件的党员教育锻炼好,但今后如果把一些不够条件的人接收到党内来,是要发生毛病,使党陷于被动的。过去这样做,已经发生了一些毛病,并使某些地方党的组织相当地陷于被动,但那时革命还没有胜利,特别对那些长期过供给制艰苦生活的人,这样做还是可以的。而在今后,就不应再允许这样做了。现在,我们也有一切便利的条件在党外教育和锻炼愿意入党的人,已经完全没有这种必要,先把他们接收入党然后去教育和锻炼他们。

有人说:党员条件提高了,可能会使某些党的组织对于发展党员采取消极态度。我们认为这是可能发生的一种偏向,必须注意防止。因此,党的各级领导机关应当经常进行检查,对于那些在发展党员和建党工作上采取消极态度的组织必须给以批评、督促和指导，必须纠正这种偏向。这就是说，一定要发展党员，特别在那些没有党员或党员很少的地方一定要发展党员，也可根据实际情况的可能规定发展党员的时间和数目，但同时又一定要坚持党员条件，严格入党手续，做充分的考察和教育工作。

六　是否可能提出不适当的过高的党员条件

在强调提高党员条件的时候，党内可能产生不适当地向某些党员提出过高条件的情况。

在联共党内，曾经有人提出过以精通党纲作为党员的条件。斯大林同志对这种意见批评过了[34]。联共有一个详细的党纲，要精通这样的党纲，只有大学教授才有可能，一般劳动者出身的党员是做不到的。所以这样的条件是不适当的，过高的。我们党没有详细的党纲，但有一个简单的纲领。对于这种简单的纲领，在经过说明后，普通劳动者出身的党员是可以大体理解的，也必须使他们大体理解，但要他们精通则仍是很难的。

对于劳动者出身的党员，应该重视的是他们在阶级斗争中所启发的实际的阶级觉悟，而不是教条主义式地去要求他们背诵马列主义的词句。在我们党内，曾经有些人要求党员去背诵许多马列主义的词句，并且认为能够背诵更多词句的党员就是觉悟更高的党员。这也是不适当的。但这不是说我们就不要用马列主义的原则去教育党员，在今天，我们的党员迫切需要这种教育。

在我们党内，有些人更多地注意别人的小毛病——非政治性非原则性的个人生活上的小节，并把这些小毛病强调起来，向党员提出不适当的要求。这也是不好的，应该防止。

现在，在我们不脱离生产的党员和党外积极分子中存在着一种严重的现象，这就是会议太多，社会活动太多，使他们忙不过来。许多工厂中的党员，除开生产时间以外，每日活动时间在两小时甚至四小时以上。农村也有许多党员活动时间太多。学校中的党员也是一样。特别是担负基层组织职务的干部和劳动模范，常常应接不暇。这是因为我们的党员和党外积极分子兼职太多，各种组织的活动时间没有合理的安排，各种会议没有很好组织，所以浪费了许多人的时间。为了解决这个问题，各级党委必须和各方面协商，以便切实地加以调整和限制，务使每个党员和积极分子参加活动的时间不要太多。否则他们的积极性是不能长久保持的。要求每个从事社会职业的党员拿出一定的时间来参加活动是必需的，但是，很明显，要求我们的党员用太多的时间无代价地来参加活动，那是不适当的，过高的。

脱离生产的党员，在供给制条件下生活，对于家庭的困难常是难于解决的。有些党员，因家庭父母妻子的生活确实无法维持，而要求回家生产。对于这种请求，党是应该给以同情和考虑的。在没有别的办法解决时，应该允许他们的请求。在通常情况下，要求我们的党员没有必要地牺牲自己的家庭，也是不妥当的。

降低党员的条件，是不对的。但是提出不适当的过高的条件，也是不对的。对党员的实际困难必须考虑。

七　对于不够条件的党员如何办

在提高党员的条件以后，对于已经入党但不够条件的党员如何办？对于这些党员，过去没有考察清楚的，应在整党中考察清楚，教育不够的，应该补课，给以教育，以便提高他们。在这样做了以后，我们相信，现在不够条件的党员，会有相当一部分在将来可以够条件。对于不愿补课，或补课后仍然不够条件的党员，如果是坏分子，就应清除出党，如果不是坏分子，也应分别地为他们作出适当的结论，具体指出他们在哪些方面不够条件，并请他们退党。如果他们不愿退党，而愿继续做一个党员，也可以向他们提出要求，等候他们一个时期。过了这个时期以后，再审查他们的问题，如果仍然不够条件，可以再次请他们退党。这样做的目的，一方面是要保持党的严肃性，另一方面又不要和他们伤感情。对于经过教育仍不够条件的党员，作出适当的结论，指出他们不够条件，并请他们退党，这是必要的。不这样做，就不能保持党的严肃性，就要影响好党员，也会在群众中留下不好的影响。同时，又采取教育和忍耐等候的办法，照顾他们的要求，不伤他们的感情，而这也是有必要的。对他们采取简单粗暴的办法去处理，也是不对的。

进行整党和处理党员的问题，不只是要坚持党的原则，在通常情况下，还必须取得基层组织中一切好党员的赞成和拥护，取得党外群众的赞成和拥护。就是说，必须有那里的内在的力量和党站在一条战线上，才能使那里的问题得到适当的解决。在整党和建党的工作中，适当地吸收党外群众来参加，并听取他们的意见，取得他们的帮助，是可以的和必要的。

八　为更高的共产党员的条件而斗争

在整党建党工作中，要分清两个界线。首先要分清敌我界线，其次要分清党员与群众的界线、先锋队与阶级的界线。这是性质不同的两种界线，要采用不同的方法去区分，在区分以后，也要采取不同的态度去对待，不能容许混淆。这就是我们的原则。

做一个共产党员是不容易的。他首先要具备各种条件，下定决心，并经过充分的教育才能入党。在入党以后，又须在工作和斗争中不断地学习与锻炼，继续提高自己，然后才能在党的领导下更好地去为人民服务。因此，不是普通的工人、农民和知识分子都能够做共产党员的，而必须是他们中间最先进、最有决心的分子，才能做共产党员。因而做一个共产党员是最光荣的。

还在五十年以前，列宁就为建立一个先进的无产阶级的革命政党并为这个党的高标准的党员条件进行了坚决的斗争。以后，在联共党内又不断地进行了这种斗争。所以联共就成为世界无产阶级最先进的政党，并首先领导俄国无产阶级和劳动人民争取了革命的胜利，建立了世界上第一个社会主义国家。我们中国共产党根据列宁的建党原则和联共党的经验，从建党以来，也一直为坚持高标准的党员条件而进行了不断的斗争，我们党的中央和毛泽东同志，在任何时期都是坚持这种原则斗争的。因此，中国共产党领导中国工人阶级和中国人民取得了革命的胜利，建立了中华人民共和国，我们的党也就成为一个伟大的、光荣的和正确的共产主义的党。在今后，我们仍然要继续为更高的共产党员的条件而斗争。

党在宣传战线上的任务 *

（一九五一年五月二十三日）

看了同志们提出来的问题和一些讨论记录，有好多问题在讨论中已经解决了，我想只就几个重要问题来讲一下。

一　对于我们党过去的
宣传工作的估计

自从马克思列宁主义传到中国以后，就立即被中国的先进人物所接受。经过这些先进人物对马列主义理论的研究和宣传，从而组织了中国共产党。中国共产党的产生，一个是由于中国工人阶级的成长；一个是由于世界无产阶级革命运动的发展，俄国十月革命的胜利；还有一个直接的原因，就是对于马列主义的学习、研究和宣传。中国共产党经过近三十年的斗争，获得了革命的胜利。在这个长期的、艰苦的革命斗争中，一方面，我们在广大的范围内宣传了马列主义，使马列主义的原理通俗化，具有中国的民族形式。这是一个很大的工作，很困难的工作。把马列主义原理拿到中国人民中间，特

别是拿到中国劳动人民中间来宣传，来实践，来应用，如果不进行通俗化的工作，就不可能在中国推广，劳动人民就不可能接受。马列主义产生于欧洲，经过我们党的宣传、努力，使它具有了中国民族的形式，同中国劳动人民的实际生活、实际斗争密切结合起来。这样，马列主义就成了中国劳动人民进行革命斗争的强有力的战斗武器和战斗旗帜。另一方面，我们又在极为深刻的意义上丰富和发展了马列主义的理论，在马列主义总武器库中增加了不少新的武器。这些新武器对于东方各国人民的革命斗争，尤其对于东方各殖民地、附属国人民的斗争是很有用的。这就是说，中国的共产主义者，由于他们对马列主义原理的无限忠心，并且正确地应用了这些原理，与中国革命的实际相结合，最有效地在中国人民中宣传了马列主义，并获得了伟大的成绩。

这些成绩的获得，在我们党里面讲，主要应归功于我们的领袖、杰出的马列主义宣传家毛泽东同志。这一点是必须指出的。我们党做宣传工作的同志，应以毛泽东同志为模范，照毛泽东同志那样来宣传马列主义。

中华民族历来就是一个有文化、有理论的民族。由于我们党对马列主义的学习、宣传、应用和创造性地发展，我们已经把中华民族的理论水平提到了空前的高度。不止理论水平提高了，而且从实践上把中国的面貌改变了。这就是说，马列主义已经确定地在中国人民中间取得了历史性的胜利。不止在中国人民中间取得了胜利，而且使东方各国人民一天一天地更信服马列主义。

从马克思主义产生到现在已一百多年。在这一百多年中间,马克思主义不断地取得胜利。俄国十月革命的胜利是马列主义一次伟大的胜利。十月革命胜利后中国革命的胜利,是世界共产主义运动中又一次伟大的胜利。对于过去我们宣传马列主义的成绩和效果,我想应该这样来估计。

二　现在我们宣传工作的情况

现在的情况和过去根本不同了。中国革命胜利了,我们有了更好的宣传马列主义的条件。首先没有人禁止我们宣传马列主义了。几十年来,宣传马列主义是被禁止的,而且禁止得相当厉害,只要哪个人在街上讲一句"拥护马列主义",喊一声"打倒帝国主义",就会被抓到监牢里,甚至有杀头的危险。那时有各种禁止宣传马列主义的法令,中国的马列主义宣传者是受过很多折磨的,因宣传马列主义受打击、坐班房的人很多,被判处死刑的也不少,可是,许多共产主义者还是用了很巧妙的方法去宣传马列主义。几十年来,在蒋介石统治的地区,在日本人统治的地区,他们坚持宣传马列主义。有的用文字宣传,不能用文字宣传就用口头宣传,不能向很多人宣传就个别地宣传,不能向不认识的人宣传就向自己认识的人宣传,向自己的朋友、亲戚、同学、同事去宣传,向靠得住的人一个一个地去讲,这样不顾一切地坚持着宣传工作。今天的情况反过来了,中国革命胜利了,一切禁止马列主义宣传的法令彻底废除了。现在宣传马列主义的人,不仅不会坐班房,如果宣传得好,还会受到大家的称赞,可以做模范,有很大的荣誉。当前,中国成万万的人民在实际革命斗争中,在反对帝国主义的斗争中，在反对封建主义的斗争中，在阶级斗争中，受到马列主义的教育，他们的阶级觉悟空前地提高。过去束缚他们的思想锁链已经被粉碎或者正在被粉碎。他们中有些人是通过自己受压迫的经历，一算帐，一搞阶级教育，提高了觉悟，接受了马列主义；有些人自己没有受过压迫，可是，听人家一诉苦，也有了觉悟，相信了马列主义。一个人的阶级觉悟仅仅从感性知识中、从实际生活中得来是不够的，还要提到理论的高度。特别是共产党员更要做到这一点。一个有了实际阶级觉悟的人，再参加到实际斗争中去，再读书本子，学习马列主义的理论，觉悟就更高了。现在广大人民对于马列主义这个新思想的学习和接受，正在广大范围内展开，这是我们进行马列主义、毛泽东思想宣传的空前有利的条件。我们的宣传工作者，就要利用这种条件来加强马列主义的宣传，继续努力提高劳动人民的觉悟和理论水平，使我们中华民族在世界上成为有最高理论水平的民族之一。

毛泽东同志在《论人民民主专政》一文中说："有了人民的国家，人民才有可能在全国范围内和全体规模上，用民主的方法，教育自己和改造自己，使自己脱离内外反动派的影响（这个影响现在还是很大的，并将在长时期内存在着，不能很快地消灭），改造自己从旧社会得来的坏习惯和坏思想，不使自己走入反动派指引的错误路上去，并继续前进，向着社会主义社会和共产主义社会前进。"他还指出，在全国范围内和全体规模上进行教育，不仅要教育人民，而且要教育反动派。对人民是用民主的方法和自愿的方式来教育；对于反动派是用强迫的方法进行教育。

用什么东西教育人民呢？就是用马列主义的思想原则。用马列主义的思想原则在全国范围内和全体规模上教育人民，是我们党的一项最基本的政治任务。我们要向社会主义、共产主义前进，首先就要在思想上打底子，用马列主义的立场、观点和方法来教育自己和全国的人民。这就是今天在新形势、新条件下，党的宣传工作的任务。这个任务是伟大的、艰苦的和光荣的，是需要很长时期才能完成的。

必须用马列主义的观点和方法去教育人民，而不是用其他任何观点和方法去教育人民。用马列主义的观点教育人民，首先就要肃清帝国主义的思想和封建主义的思想。对于资产阶级、小资产阶级、农民阶级的思想体系，即非马列主义、非无产阶级的思想体系，要批评，但不能肃清，也肃不清。因为今天我们在政策上还允许资产阶级的经济存在，允许小资产阶级和农民阶级的经济存在，不仅允许它们存在，而且还要使它们得到发展。既然承认它们的经济存在，就必须承认它们思想的存在与合法。资产阶级、小资产阶级、农民阶级的思想在今天也有它好的一面，比如它们在政治上反对帝国主义，反对封建主义等。但是，它们的思想体系是不正确的。照它们的那个办法中国是搞不好的，照资产阶级的思想中国就不能走向社会主义，就要走向资本主义。所以，我们要肃清帝国主义思想、封建主义思想，批评一切非无产阶级的思想，这样才能确立马列主义——工人阶级思想的领导权。确立马列主义即工人阶级的思想领导，巩固与加强这种领导，是在政治上、经济上加强工人阶级领导的前提。

对资产阶级思想、小资产阶级思想不批驳行不行呢？不行。不驳它就有一个问题，就是谁胜谁负的问题，是资产阶级思想、小资产阶级思想战胜呢？还是无产阶级的思想战胜呢？如果我们让资产阶级思想、小资产阶级思想在中国人民中间占了上风，接着资产阶级就会在政治上、经济上占上风，那末，中国革命就要失败。所以，虽然现在不能宣布它非法，但是我们一定要批驳它，指出它的错误。这样，工人阶级的思想领导地位才能确立起来，才能保证工人阶级在政治上、经济上取得的胜利，保证马列主义在中国的胜利。

三　今后如何加强党的宣传工作

我们党的宣传工作同当前任务的需要比较起来，还很不相称，需要加强。有些党员认为，只要做好实际工作就够了，可以不向人民作宣传，可以不宣传马列主义。这种观点是错误的。宣传工作也就是思想工作。思想斗争是一切革命斗争的前提。不做思想斗争，不宣传马列主义，就不能有真正的自觉的革命斗争。一切共产党员都有向人民宣传马列主义的义务，这是党章上规定了的。每个党员要把党的主张、党的政策向人民作解释、作宣传，宣传我们党的基本观点，以马列主义的观点反对一切错误的观点。每个党员都要这样做。我们党从最初建立起，就是全党作宣传的。所以，我们的宣传工作做出了这样大的成绩，革命得到了胜利，广大人民信服共产党的主张，信服马列主义。以后，更要这样做。担负实际工作的，要宣传你那项实际工作，同时还要宣传马列主义的基本理论，两者都要宣传。

要完成上述宣传上的任务，我们现在还有很多的缺点需要克服。我们有些党员的理论水平很低，自己不懂什么是马列主义，要向人家宣传马列主义，这是一件难事。因此，为了做好宣传工作，为了提高理论水平，每个共产党员首先需要学习。

目前，做宣传工作的人很少，宣传机构不健全，宣传人员的能力不强，这是我们的一个弱点。所以，宣传机构要加强，人力、物力都要加强。但是必须了解，我们不能仅仅依靠专门的宣传机关去做宣传工作，主要地是领导全体党员以及非党积极分子、党外的共产主义者去做宣传工作。如果我们仅仅依靠宣传部的一些职业宣传员来做宣传工作，那是做不好的。从来我们党的宣传工作也不是这样做的，而是依靠全党以及党外的共产主义者，马列主义者，党外的积极分子做宣传工作的。这样才能把宣传工作做好。那末，我们的宣传部做什么事情呢？主要的工作就是研究情况，作计划，发指示，供给宣传材料，总结宣传经验，审查宣传内容合乎不合乎马列主义原则，方法是不是适合群众的需要，宣传机构是不是健全。宣传部主要地是做这些工作。因此，宣传部以后要按期地（几个月或半年）、经常地总结和研究全党的宣传工作情况。各级宣传部都要这样做。按期总结经验，提出任务，起草指示，这些事情都是由宣传部来办的。但是，指示要党委发出，因为你要动员全党来做宣传工作。宣传部的工作做好没做好，就看你动员全党做宣传工作这件事情做得怎么样，这件事情做好了，你的宣传工作一定会有成绩，一定会做好；如果这件事情做得不好，只是宣传部的几个人在那里做宣传工作，你怎么努力也不会有好的成绩。所以，加强宣传机构，增加工作人员，增加一点经费，这是需要的，但是还必须改善工作方法，纠正错误观点。

进行宣传工作要运用好各种宣传工具，如宣传员网、报纸、刊物、出版、戏剧、电影、美术、音乐、广播、学校等，要把这些宣传工具都搞好，都加强，统统动员起来，运用起来。这是一个很复杂、很庞大的工作。宣传部的一个很大的任务，就是要把这些事情领导起来。做好这个工作，要有计划，要克服自流状态。现在有很多东西是自流的，党内刊物的出版，也有很多是无计划的。报纸的思想内容不够丰富，马列主义的内容很少，以后要加强。要以马列主义思想为指导，做好每一项宣传工作。此外，现有的这些宣传工具还不够，电影不够，戏剧不够，其他的文艺形式也不够，特别是通俗出版物不够。所以宣传教育工具还要增加，特别要增加适合于工农劳动群众的宣传教育工具。

总之，必须发动与指导全党一切干部、党员、党外积极分子去进行他们所能够做、又需要做的宣传教育工作。宣传部应当作为一个计划机关、指挥机关、领导机关来推动全党做宣传工作。有很多人是专门做宣传工作的职业宣传家，有专门办报纸的，有专门演戏的，有专门画画的，要把他们动员起来，团结起来，组织起来，指挥他们，教育他们，他们有错误的观点要批评。此外，还有广大的业余义务宣传员，宣传部也要作出计划，给他们发宣传要点，指导他们作好宣传。而我们现在所缺乏的恰恰是在这一方面。如果把宣传部当作一个起草指示、拟订计划、检查工作、总结经验、指导工作、供给材料、搞好设备、搞好组织的业务机关,那末,宣传部的工作就可以做好。

四 宣传工作与中心工作的关系

我们的宣传工作是不能离开当前的中心工作的,并且是为了保证各项中心工作的完成的。宣传工作必须与各级党委所定下来的中心工作密切配合,离开了党的中心工作,宣传工作就会失败。不论什么地方,一个省也好,一个县也好,党委在每个时期,总有一个中心工作。如果要等中心工作搞完了,再来搞宣传工作,那一定要落空。我们党所领导进行的每一项中心工作和实际工作,都是有政治意义的,都是从人民群众的根本利益上考虑和决定下来的。因此在进行每一项中心工作和实际工作时,都必须向群众宣传这一项工作的政治意义,说清楚为什么要做这项工作,怎样做法,结果怎么样,不做行不行。这样,中心工作和实际工作才能搞好,群众的政治水平和政治觉悟才能提高。同时,在做每一项工作时,人们也会有各种错误的想法和说法,会产生这样那样的思想顾虑,甚至还会有反革命分子的造谣。这就更需要我们根据马列主义的原则,用马列主义的立场、观点、方法,向群众进行宣传教育。所以,实际的中心工作与宣传的中心工作应该是一致的,宣传部门应该动员一切宣传工具来为中心工作服务,保障实际工作的完成。这样,党委就不会讨厌你,就会欢迎你,也就觉得很需要宣传工作了。

如果有这样的党委书记,他在抓中心工作和实际工作时,不注意宣传工作,不动员一切的宣传工具去保障这项工作的完成，他不要宣传部，甚至把宣传部长都派下去搞中心工作，这当然是不对的。但这样的党委书记我看也不多。恐怕还是我们自己不善于运用各种宣传工具，动员各方面的力量，向广大人民作宣传，去配合中心工作的完成。这是需要我们改进的。宣传部把宣传工作布置好了以后，是可以去做一些中心工作的。亲自去参加一下群众的实际斗争很有必要。不然，感性知识一点也没有，马列主义恐怕也宣传不好，中心工作恐怕也宣传不好。但是不要放弃自己的业务。业务搞好了，对中心工作有帮助，党委就会照顾你们，就离不开你们，就不会把你们的人都抽走。

当然，我们党的宣传工作不止是宣传当前的中心工作，不止是搞当前的时事政策宣传，而且要作马列主义基本理论的宣传。所以宣传工作可以分作两项：一项是当前中心工作、时事政策的宣传，一项是马列主义基本理论的宣传。宣传部要设专门的机构来管理理论教育。现在我们党对基本理论的宣传教育注意不够，有些忽视。加强基本理论的宣传教育，应当成为我们党的重要工作之一，应当作为宣传部的一项重要工作提出来。我们应该在党员中间普遍进行基本理论的教育，对党外的积极分子也要进行这一教育，在社会上也应该作一些基本理论的宣传。基本理论的宣传教育不能马上见效，效果在后边，在将来，"百年树人"。在这一点上，与当前的中心工作会有些矛盾，需要很好地加以解决。基本理论的教育与当前中心工作的宣传应当密切配合，不可偏废。要反对忽视理论教育与理论学习的倾向。基本理论的宣传教育，也不是只靠宣传部自己来搞，宣传部要作计划、作检查、作总结，也可以办个刊物,写些文章,但主要的还是动员全党来做。基本理论的宣传教育要联系实际,不要搞得空空洞洞。我们在实际工作的宣传上要联系基本理论,同时基本理论的宣传也要联系实际工作,两者要相互联系,而且要联系得很好。理论同实际分离是错误的,机械地、生硬地联系也是错误的。这样出题目有点为难。要做共产党员,要做马克思主义者总是有点为难的,就是要用一点心思,研究一番,学习一番,然后工作才能做好。

五　建立经常的宣传机构和工作

我们现在需要建立能够经常做宣传工作的机构,以便使宣传工作不断地、随时随刻地进行。因为现在有许多重要的事情必须向群众作宣传。国际国内形势怎么样,生产上、经济上有些什么大事,党的中心工作是什么,为什么要制定现行的政策,群众都要求了解,我们都要经常向群众作宣传解释。我们还要经常用我们的宣传去粉碎反革命的宣传。群众里边有各种错误意见、错误思想要批评,还有思想顾虑和不通的问题要解释。如果哪一个时候宣传工作接不上气,工作就会发生问题。所以,我们必须在群众里边有经常的宣传工作,以增加群众的信心,提高群众的觉悟,推动我们的工作。宣传国际国内大事,宣传我们的政策,揭露反革命的宣传,对各种错误思想进行讨论、批驳,这也是一种民主。没有这些,国际国内大事不告诉群众,很多政策不跟他们商量、讨论,群众有意见不听他们的,这就是没有民主。要群众关心国际国内大事,关心我们党的政策,他们越注意,思想就越发展,就会提出很多问题和意见,我们的宣传工作就更需要加强。

建立经常的宣传工作,为什么以前不提出这个问题？因为那时是战争环境,不稳定,交通也不方便,所以在全国范围内全体规模上建立党的经常的宣传工作不可能。现在有可能了,城市里边天天有广播,有这样多的报纸,交通也方便了,全国安定了。因此,只要我们把宣传组织建立起来,宣传部门的工作搞起来了,经常有人管理宣传工作,就可以建立党的经常的宣传工作。当然不可能一下子都办好,要一步一步来,尽可能地搞好。至于哪些多办,哪些少办,哪些急办,哪些缓办,各地可以根据实际情况去决定。

过去我们有点突击宣传,有什么问题,宣传一下,过去就完了。所以党的宣传工作,在群众里边做得不经常,以后要经常做起来。经常宣传工作的内容、方法也需要讲究。宣传什么,如何宣传,要按照当时当地的情况决定,不仅是由宣传部决定,还必须取得党委的同意。宣传要点,要经过党委讨论,至少要经过党委书记看过,才能发出。这是关于建立经常宣传机构和工作的问题。

六　注意思想斗争,反对自由主义

我们现在要注意思想斗争,注意党对人民的思想领导,反对自由主义。我们党内现在有浓厚的自由主义空气。有这种情况:反革命造谣说,蒋介石到了上海,天津、北京也被蒋介石占领了;一贯道[35]也到处造谣,闹得人心惶惶。我们那些共产党员到哪里去了呢？他们不反对，也不作斗争，只是向上写报告，说不晓得怎么办好，要请示。这完全是反革命宣传，是非法的嘛！还要请示什么呢？任何共产党员听到谣言都应该立即起来反驳，追查制造谣言的人。我们共产党员在思想上应有最锐敏的警觉性，必须反对自由主义的风气和自由主义的态度。在党内，只承认一种思想是合法的，就是无产阶级思想，马列主义。在党外，非无产阶级、非马列主义的思想，还是合法的。但是要批评，指出它的错误。党内党外要区别对待。还有一种披着马列主义的外衣，实际上是非无产阶级的思想或反马列主义的思想，我们要注意。共产党员应该有这种嗅觉。总之，无论在党内党外，都要注意思想斗争。

现在，在人民中间，许多旧观点已经动摇了，新的观点开始被接受。对许多旧观点，特别是封建观点，要从思想上、理论上批驳它。例如迷信问题、命运问题等，过去解释不对的，要用新的观点去解释，要用马列主义的观点，辩证唯物论和历史唯物论的观点来解释，把旧的观点驳掉。而我们在这方面的工作包括我们的报纸、刊物都做得很少。

今天，思想政治工作的必要性更加提高了，更加需要加强党的思想领导，因为目前的情况与过去不同了，中国人民的革命胜利了，各种工作更繁杂，实际工作任务更加重了。在我们的经济建设工作大规模地开展起来以后，很多党员就要担负更多的实际工作，如管理工厂、管理贸易、管理银行、管理铁路，搞农业技术等。而如果埋头到这些实际工作中去，不加强政治学习，不加强马列主义理论学习，那就有危险性，就会脱离政治，脱离基本理论，使非无产阶级的思想发展起来。因此，一切共产党员必须学习马列主义，学习政治，学习党的基本理论，而且要宣传马列主义。

总的来讲，我们党的宣传工作已经取得了很大的成绩，但也还有很多缺点。我们要总结经验，发扬成绩，并用各种办法逐步克服工作中的缺点，真正做到在全国范围内和全体规模上来宣传马列主义，用马列主义教育人民，提高全国人民的阶级觉悟和思想水平，为在我国建设社会主义和实现共产主义打下思想基础。只要我们共产党员在思想上是清醒的，那末，就可以保证全国人民信任我们党，并在我们党的领导下，一步一步地走到最后胜利！

国营工厂内部的矛盾
和工会工作的基本任务 *

（一九五一年）

所有的工厂和矿山，都是人类向自然界进行斗争，即进行生产的机关或工具。所以工厂和矿山的唯一作用与任务，就是人们使用它们来进行生产。这就构成了人类以及工厂和矿山与自然界的矛盾和对立。

当着工厂及其生产品被资本家所占有，资本家从而剥削并压迫直接从事生产的工人的时候，在工厂内部人与人的生产关系上又存在着劳资之间的阶级矛盾。这是一种在根本上敌对的不能和解的矛盾。由于在工厂内部存在着这种矛盾，就压制着工人们的生产积极性，使工厂的生产力不能充分发挥，有的时候，还要废置或破坏生产力。

当着工人阶级领导的国家已经建立，并把工厂收归国有，又进行了民主改革以后，即在目前，我们的国营工厂内部就再没有阶级对抗和剥削关系存在了，工厂管理机关与工人们的关系就从根本上变为一种同志的关系了。因而他们就能够而

---

* 这是读邓子恢《在中南总工会筹委扩大会上的报告》和高岗《论公营工厂中行政与工会立场的一致性》两篇文章的笔记，写作时间约在五六月间，收入本书时删去了引述邓、高两文的一些段落。

且应该团结一致，充分发挥自己的力量，去向自然界进行斗争，发展生产。随着这种生产的不断发展，就能够不断地改善与提高工人阶级和劳动人民的生活。这就是社会主义的国营工厂优于资本主义工厂的基本原因。

在国营工厂内部是没有阶级矛盾了，但是不是还有其他的矛盾呢？一切事物的构成都是矛盾的构成，国营工厂的内部结构当然也是矛盾的结构。什么是构成国营工厂的内部基本矛盾呢？这就是国营工厂管理机关与工人群众之间的矛盾，就是国营工厂内部的公私矛盾。这种矛盾与资本家工厂中的阶级对抗完全不同，它是一种在根本上非敌对的、可以和解也应该调和的矛盾。但它是一种不容否认的、客观存在的、真正的矛盾，是在长时期内要我们来认真地加以调整和处理的矛盾。由这种矛盾所构成的国营工厂内部的各种关系，就是国营工厂中完全新的社会主义的生产关系。在这种新的生产关系不断发展的基础上，将一步一步地形成我们国家和社会一切新的上层建筑。

因此，现在国营工厂中所要处理的，已经不是阶级矛盾和剥削关系以及由这种矛盾和关系所发生的问题，因为这种矛盾和这种关系已经被消灭了，不再存在了。现在，我们在国营工厂中必须来处理另外一种新的矛盾和新的关系，这就是国营工厂管理机关与工人群众之间的矛盾和关系，以及由这种矛盾和关系所发生出来的各种问题，因为这种关系已经在中国开始建立起来，在今后还会长期大量地发展。目前在国营工厂中所发生的一切问题，差不多都是从这个基本问题上发生出来的，或与这个基本问题有关系的。如果不能正确地处理这个问题,就不能正确地处理国营工厂中的一切问题。但是,这种矛盾和关系是工人阶级和人民内部的矛盾和关系,因此,应该用同志的、和解的、团结的办法来处理这种矛盾和关系。

由此可见,矛盾大体上可以分为两类:一类是在根本上敌对的不能和解的矛盾;另一类是在根本上非敌对的可以和解的矛盾。我们在观察问题的时候,必须分清这两类矛盾的不同性质,既不可以把敌对的不能和解的矛盾看作是非敌对的可以和解的矛盾,也不可以把非敌对的可以和解的矛盾看作是敌对的不能和解的矛盾。工人阶级内部的矛盾,例如,国营工厂管理机关与工人群众个别部分之间的矛盾,就是属于后一类矛盾。如果把这种矛盾看成是一种敌对的不能和解的矛盾,因而采取一种敌对的不妥协的态度去对待,那就在根本上犯了错误。

应该采用怎样的方针和政策来处理国营工厂中管理机关与工人群众之间的矛盾呢?有两种不同的人,站在两种相反的立场上,采取两种根本相反的处理方针和政策。

一种是工人阶级和人民的敌人,反革命分子,他们站在反对工人阶级和人民的立场上,利用矛盾的斗争性及双方的一切弱点,进行挑拨,来推动与促进这个矛盾的斗争和破裂,以达到他们反革命的破坏的目的。另一种是工人阶级和人民中的觉悟分子,共产党人,他们站在工人阶级和人民的立场上,利用矛盾的统一性及双方的一切优点,来推动和促进这个矛盾的和解和妥协(经过适当的斗争),以达到双方团结一致,共同努力进行生产的目的。毛泽东同志提出的在国营工厂中实行公私兼顾的方针，正是这种方针。

国营工厂中的管理人员、工会工作者和工人群众，当着他们的觉悟程度还不够高，还没有认识清楚这个问题的一切方面，那里的先进分子也还没有能够说服工厂中的多数人员，因而他们在处理这个问题的方法上发生错误的时候，在他们之间是可能发生磨擦、冲突的，甚至可能发生工人罢工、怠工等事件。如果其中还有人接受了反革命分子和坏分子的挑拨，这种情形就可能发展到严重的程度。因为矛盾的斗争是绝对的无条件的，非敌对的可以和解的矛盾，如果任何一方面处理不当，也可以发生一时的敌对现象。如果发生了这些冲突，工会与管理机关的任务就是要最迅速地去加以解决，一方面满足群众合理的可以满足的要求，另一方面在政治上说服工人群众，而最重要的，就是要在根源上预防这些事件的发生。

由于以上种种原因，在国营工厂中由工人群众组织工会，并由工会代表工人群众和工厂管理机关协议并调处各种有关双方的问题，以至签订集体合同及其他协定等，就是必要的。只有到了共产主义社会，这个矛盾才能最后解决。在那时，工厂厂长的职务也就如工厂中其他工人的职务一样，只是一种简单的分工，而不需要担负其他特殊的任务了。在那时，工会的特殊作用也就消失了，不必要工会了。

因此，在目前的国营工厂中以及在将来社会主义的长时期内，工会还是必要的。工会工作者与国营工厂管理人员，在保护工人阶级和全体人民整个利益的问题上，他们的出发点，他们所站立的地位与立场，是或者应该是相同的，一致的。在这些关涉工人阶级基本利益的问题上，他们有共同的、一致的立场和出发点。但是，在处理有关双方的各种个别的日常的问题时，他们又各自有自己的出发点，各自站在自己的同对方相矛盾的地位与立场上来协议和调处这些问题，以至各自代表自己的一方面来签订合同等。这就是说，在关涉工人阶级整个利益的问题上，他们的利益和立场是共同的、一致的；但是在关涉双方的各种个别问题上，他们彼此之间又有某些利害矛盾，需要认真地来加以调整。这就是说，在整个的或基本的利益相同的前提之下，又有个别的或部分的利益矛盾，而后一种利益是要服从前一种利益的。

人们对于任何一个问题的立场，是由人们在牵涉到这个问题的矛盾中所站立的地位来决定的。他们或者站在矛盾之外、矛盾之上，或者站在矛盾之中的某一个方面，各自从自己站立的地位即立场出发来决定对这个问题所应采取的方针、态度和办法，或者利用矛盾的统一性促进矛盾的和解，或者利用矛盾的斗争性促进矛盾的冲突和破裂。人们在矛盾中所站立的地位相同，他们也就会有共同的立场；在矛盾中所站立的地位如果不同，他们也就会有不同的立场。他们虽是站在不同的立场，但是如果双方都采取使矛盾和解的方针，那对于促进矛盾的和解是更有利的，可以得到相反相成的效果。因为任何矛盾的合作和和解都是相互的、有条件的，而促进矛盾的斗争则是只要一方面就可以的，是无条件的，绝对的。宇宙间的各种矛盾又是相互影响相互制约的，其中有主要的和起决定作用的矛盾，又有次要的和从属的矛盾。所以人们在处理任何一个问题时，不只是孤立地考虑他们在这个问题的矛盾中所站立的地位，必须同时并首先考虑他们在主要的和起决定作用的矛盾中所站立的地位,并由这后一个地位去决定他们对于这个问题的处理的基本方针,又由前一个地位去决定他们处理的方式和态度等。因此,人们在处理任何一个问题的时候,都必须同时考虑许多有关的其他问题,以及他们在这许多问题中所站立的地位,并确定它们中间的主从关系。

此外,在工会工作中还有一个基本问题是应该说清楚的,这就是工人阶级先锋队——共产党与工人群众之间对于工会的看法上的差别。

我们常常说,工会是党与工人群众之间联系的桥梁,是工人群众的共产主义的学校,是人民政权的主要的社会支柱之一;工会在经济建设中,在加强国家政权的工人阶级领导中,有着重大作用。对于工会作用的这些看法,是正确的。这也是我们重视工会工作、积极地去帮助工人群众组织工会的出发点和力求达到的目的。一切在工会中工作的共产党员,一时也不要离开这些目的和出发点。否则,就是错误的。

但是,应该了解,这些是先锋队的出发点,是先锋队对于工会的要求和所要实现的目的。这些要求和目的是只有共产党人和群众中的觉悟分子才能具有的,普通的工人,特别是工人中的落后部分,是还没有这些要求和目的的,我们也不能这样去要求普通的工人。工会不是工人先锋队的组织,它必须使自己成为先进的、普通的以至落后的工人都能加入的组织,然后工会才能具有自己应有的群众性,并具有上述各种重要的政治作用。没有群众参加的工会,或群众对工会表示冷淡,没有热情和积极性,那也就要失去工会应有的基本的作用。

普通的特别是政治上落后的工人,他们来加入工会,并积极参加工会中的各种工作，出发点和目的是什么呢？他们既不是要来建立共产党与工人群众之间的桥梁，也不是来参加共产主义的学校和建立人民政权的社会支柱，他们通常的出发点和目的很简单，就是要使工会成为保护他们日常切身利益的组织。他们是为了保护自己的利益和一般劳动者的利益而团结起来、组织起来的。如果工会不能实现他们这个目的，如果工会脱离了保护工人利益这个基本任务，那末，他们就会脱离工会，甚至还会另找办法来保护他们的利益，工会就会脱离工人群众。

由此可见，由于工人阶级的先锋队与工人群众之间的觉悟水平不同，他们对于工会的看法，对于工会的要求和组织工会的目的也是有差别的。我们应该了解这种差别。但是这并不要紧，我们可以使这两种要求和目的结合起来，统一起来。结合这两种要求和目的，就是一切共产党员和先进工人在工会工作中最基本的和经常的任务。

保护与增进工人群众和一切劳动群众的利益，包括日常切身的与根本的，个别的、部分的、暂时的与整个的、长远的利益在内，不独是一切共产党员的责任，而且是共产党一切斗争、一切工作的最终目的。因此，共产党赞成工人们团结在工会之内，保护自己一切正当的不容侵犯的利益。而在工会中工作的一切共产党员，务必最周密地关心工人群众一切经济的、政治的和文化的福利，即使是最微小的事情，也必须予以关心。只要工人群众的这些要求无损于工人阶级领导的国家及其经济发展，无损于劳动人民的其他部分，亦即无损于工人阶级根本的、整个的和长远的利益，就应该力求满足工人群众的这些要求。共产党员和工人中的先进分子只有这样坚持不懈地周密地关心和保护工人群众一切正当的不容侵犯的利益，才能把最广大的工人包括政治上落后的工人都团结在工会之内和自己的周围，并取得工人们对工会对自己的信仰。只有使工会和工会中的共产党员与先进分子取得了工人群众的日益高涨的信仰，并团结了日益广大的工人在自己的周围和领导之下，工会才能成为共产党先锋队与工人群众之间联系的桥梁，才能吸引广大的工人群众来热情地参加国家政权的与经济的建设，使工会成为人民政权的主要的社会支柱之一，并使先锋队能够用共产主义的原则和精神，利用工人中一切实际斗争的经验，去教育工人群众，使工会成为共产主义的学校。这样，就使工人群众的要求和目的与共产党的要求和目的结合起来、统一起来了。这就是说，工会工作必须从普通工人的要求出发，力求实现他们一切合理的能够实现的要求，然后逐步地提高工人们的觉悟，来实现我们党的要求和目的。实现我们党的这些先进的要求和目的，是共产党员和先进工人在工会中长期正确工作的结果。而所谓正确的工作，就是他们一时也不能离开普通工人对于工会的要求，即经常保护工人们正当的不容侵犯的各方面利益；同时，又不能迁就落后工人的不正当的有损于工人阶级整个利益与长远利益的要求，而要不断地说服工人，教育工人，提高工人的觉悟，以至达到共产党所要求的那种水平。这样说来，共产党员在工会中的工作，是一种很重要也很艰苦的工作。

关于合作社的若干问题 [*]

（一九五一年）

为了说明合作社工作中的若干问题[36]，我想以农村中的供销合作社为对象来加以说明，而不涉及其他合作社工作中的特殊问题。因为农村供销合作社，一方面，或者首先是，把农民当作生产者组织起来，为农民推销除自己消费以外的多余的生产品，供应农民所需要的生产工具和其他生产资料；另一方面，又把农民当作消费者组织起来，供应农民所需要的生活资料。它的这些任务是较为复杂的。因此，只要能说明供销合作社中的问题，其他合作社的特殊问题也就容易说明了。

在农村中，农民要求合作社或国营经济机关办理的，大概主要有以下四件事情：第一，是把他们多余的生产品推销出去，并且在价格上不使他们吃亏；第二，供应他们所需要的生产资料，并且在价格、质量和供应的时间上都不使他们吃亏；第三，供应他们所需要的生活资料，同样在价格、质量、时间上都不使他们吃亏，能较市价便宜一点；第四，办理信贷事业，使他们能存款和借款，利息不过高。在这四件事情中，经验证明，供销合作社不能兼办信贷业务，须由银行单独办理。因为

----

* 这是一份未发表过的手稿，成稿时间约在七八月间。

放款一时收不回,就会影响合作社的资金周转,破坏合作社的计划、信用与合同。除开第四件事不办外,其他三件事,供销合作社都是应该办而且必须办的。如果合作社目前的力量不能全办,那就首先办推销,然后办供应。办供应时,应特别注意供应生产资料。因为生产资料的供应难办,资金需要多,利润少甚至没有利润;农民一个时候大量要,一年只要一两次,但生产这些生产资料则要几个月甚至一年,要积压很多资金。因此,合作社如不对此特别加以注意,有些人就不想办或容易疏忽。而且,我想在这一点上国家应给合作社以更多的帮助,甚至要给若干津贴使合作社来办这件事。否则,单靠合作社是难于办好的。如果合作社能把这三件事全办好,还有多余的力量,那就还可兼办一些医药、卫生、文化及其他社员福利事业。

我认为办好前面三件事情,是农村供销合作社最基本的任务,是组织供销合作社的基本出发点,也是农民加入合作社的基本出发点和要求,是合作社在全部工作中一时也不能离开的基本目的。合作社从农民(包括先进的、一般的和落后的农民)的这种要求的基点出发,在国营经济的帮助、配合和领导之下去办好这三件事情,就会产生如下的结果:合作社和国营经济机关就能把大量的农产品控制在自己的手中,大量供给工厂原料和城市的需要,又能为国家推销大量的工业品;就能使合作社成为国营经济机关与广大农民小生产者密切结合的纽带,使合作社和农民成为国营经济的同盟军,使农民和国营经济都避免商人的中间剥削;最后,还能使合作社中的共产党员和先进分子用集体主义的精神去教育广大的农民群众,使他们了解并接受社会主义的原则。必须说明，合作社之所以能够在国家的经济上和政治上起这些重大的作用，是由于正确地办好了前面三件事情的结果，如果离开这三件事情，或者采用不正确的办法去办这三件事情，因而使这三件事办不好，那合作社就决不能在经济上和政治上产生这些结果，相反，还要产生许多其他不好的结果。还必须说明，使合作社能够在经济和政治上起这些好的重大的作用，正是我们共产党和先进分子认真去组织合作社的目的，这些目的代表人民群众长远的根本的利益，因此，又是指导合作社工作的基本政治原则。这就是说，由共产党来创办和领导合作社，就要在这些原则的指导之下，使合作社发生这些重大的作用。在这里，我们可以看到普通群众与先锋队共产党之间的差别。一般的群众特别是群众中落后的部分，他们加入合作社并积极地来关心合作社，是为了满足前面三个要求，至于合作社在经济上和政治上的这些重大作用，即由合作社控制物资，推销工业品，及成为纽带、同盟军，灌输集体主义思想，甚至免除中间剥削等等，他们还不能看到或不能完全看到，因而也不能成为他们加入合作社及在合作社中积极努力的要求和目的。但是，先锋队，共产党员和先进分子，是看到了或应该看到合作社这些作用的，并经过办好群众要求的前面三件事情，来达到后面这些经济与政治目的。这就是说，一般群众组织合作社的目的与先锋队的目的是有差别的，不是完全一样的，先锋队除开满足群众初步的切身的要求而外，还有他们更高的代表全体和长期利益的目的。先锋队有责任把这两种目的两种要求经常地适当地结合起来，在工作过程中既满足群众正当的要求，又能实现自己先进的经济和政治目的,二者不能偏废,必须兼顾,这也可以说是公私兼顾。有不少同志对于先锋队与群众之间的这种差别是不清楚不明确的,因此,他们在工作中或者离开群众的切身要求,离开群众组织合作社的直接目的而脱离群众;或者离开先锋队应有的更高的目的和责任,而使工作失去正确的前进方向,并在群众的根本和长远利益上脱离群众。

合作社应该怎样来办好农民要求的三件事情呢?

应该回顾一下,在没有合作社和我们的国营贸易以前,农民的这三件事是由商人来办理的。但是,商人是办理得如此地不得人心,以致使农民受了无法解脱的极大的痛苦。因为商人并不以办好农民这三件事为自己的目的,而是以赚取利润和更高的利润为自己的唯一的目的。有利的事他就办,无利的事就不办,什么事对他更有利,他就去办什么事,而无利或利少的事,即使农民怎样要求,他也不办。相反,商人还扼紧农民的咽喉使农民出不过气来,农民有东西急求出卖的时候,他不买,农民急求买东西的时候,他不卖,他必须等候能赚取更高的利润。这样,就使农民吃大亏以至破产,但商人的腰包却因此装满了。这就是商人办理这三件事的基本法则。这就叫做资本主义的办法。然而,商人在主观上虽是完全没有办好这三件事的目的,但在客观上却为农民办了这些事,虽然商人办得如此不得人心,但是在没有其他办法的时候,农民还是需要和"欢迎"商人去办这些事的。因为既然要有买卖,农民就脱离不了商人。因此,结论应该这样作:商人过去在客观上是为农民办了这三件事,但是办得不好,使农民吃亏太大,他们不忠实于农民,在农民中完全失去了自己的信誉。

为什么农民要组织合作社来办这三件事,而不任由商人继续去办呢? 目的就是要把三件事办好,办得不使农民吃亏。这就是农民要办合作社的目的,也是共产党为农民办合作社所要达到的最初目的(但是共产党还要由满足农民这个最初目的引导农民走上计划经济的更高目的)。这就是由共产党领导的合作社办理这三件事与商人的基本区别。如果没有这个区别,农民就不需要合作社,合作社就办不起来,即使办起来,在农民看来,也就与商人没有多大的区别。

现在商人继续在农村中办这三件事,农民也在共产党领导下组织合作社办这三件事,谁个办得更好,办得使农民更满意,农民就会拥护谁,向谁靠拢。因此,这是一个决定农民趋向谁的重大的政治问题。不待说,农民的趋向又是决定谁胜谁的关键之所在。

合作社应该怎样才能把这三件事情办得比商人好,办得使农民满意,使农民不吃亏,至少不吃大亏,同时又对国家对工人阶级的领导有好处呢? 我认为合作社必须采取一系列区别于商人资本主义的办法,才能把这三件事办好。

第一,合作社必须忠实于农民,诚心诚意地为农民办好这三件事,以此作为自己一切业务经营和一切工作的、一时一刻也不能忘记的直接目的。这是合作社区别于商人的一个基本点。

第二,合作社的目的既然是诚心诚意地为社员推销产品,供应社员生产和生活资料,并在价格、质量等等方面不使农民吃亏,还尽可能便宜一些,那末,赚取利润就不能作为合作社唯一的或主要的目的，而只能作为一个附带的目的，或者只是作为办好合作社的若干必要条件之一。甚至把后一个赚取利润的目的和前一个办好供销的目的平列起来，同时加以强调，也是不对的，而必须使后一个目的服从前一个目的。

第三，合作社在自己的业务经营中，应该而且必须取得适当的而不是过高或过低的、平均的而不是每一次交换都一样的利润，但赚取利润不是它唯一的或主要的目的。这就是说：（一）凡为社员所急切要求的产品推销和物资供应，不管利多、利少，甚至是无利的事情，它也应该尽力去经营；（二）凡是与推销社员产品和供应社员物资无关的事情，即使能赚取高额利润，在合作社办理社员所要求的事业还感到人力财力物力不足时，就不要分出人力财力物力去经营；（三）在上下级合作社之间实行对于利润的适当管理，限制过高的利润，实行利润的分配，对于某些推销物资实行超额利润的返还。（这是苏联专家告诉我们的，说是苏联的合作社实行这样的制度。我们有些合作社已个别地实行过，证明能办。我以前担心超额利润返还太麻烦，但经验证明并不麻烦，在上下级合作社之间超额利润返还是很简单的。对于社员的返还没有实行过，但合作社代社员推销的货物，有些还规定看涨不看跌，常是先付社员一部分货价，待推销之后再按销售价格结账补钱，合作社只抽手续费。这就证明，基层社对社员实行推销物资超额利润的返还，也是能实行的。）

第四，实现前面三条是保障合作社办好社员要求的三件事的几个基本条件，也是合作社区别于商人资本主义的几个基本特点。除此以外，社员还欢迎合作社多分一些红利，但这已经不是社员的主要要求和主要目的。因为社员已在前面三件事上并在价格上几乎每天每月都得了好处，所以，合作社少分红甚至不分红，并不减弱社员对于合作社的拥护和关心，合作社并不因此脱离群众。据合作总社的同志说，华北合作社大多数不分红，有些合作社分红但也分得很少，而合作社社员却仍然迅速大量地发展，社员与合作社的联系很密切，原因就是合作社已集中全力去办好前面三件事并著有一些成效。合作社既然不以盈利为主要目的，自然就不能把分红当作主要的事情来办。但我还是赞成按股金分一部分红利给社员，因为这样可以引导社员来关心合作社的盈亏，对合作社有好处，又是社员所喜欢的（最近河北顺义县[37]开了一次合作社代表大会，社员对合作社很积极，提出了几百个提案，但没有一个提案是关于合作社盈亏的）。但分红比例过大，就要影响合作社的公积金，所以比例应该小。同时，合作社的盈余分配暂时可以不留（不是一定不留）社员福利基金、公益金、文化教育费等项，如此，就可以扩大公积金和分红的比例。但股金分红最高也应在盈余额的百分之三十或四十以下，而公积金则应保证在百分之五十以上，其余应给工作人员一些奖金等。在以上这些条件下，分红不分红，分红多少，我认为都不至于变更合作社的根本性质。

第五，合作社的股金，我认为原则上应该按照社员需要推销的产品和供应的生产资料与生活资料的多少，来决定应交股金的多少。并可把股金分为两类：一是生产合作股金，以户为单位入社和交纳股金，种地多要合作社推销的产品又多，就应多交，次多的比较少交，更少的再少交，可分为三等至五等。

一是消费合作股金，不按户而按个人为单位交纳，每人至少一股，每股股金一律。这样，就使人口多消费需要多的人家多入几股，而人口少消费也少的人家则少入几股。以户为单位来算，并不是平均入股。从原则上说，这样入股是合理的，因为多享受权利就应该多尽义务，不尽义务就不应该享受权利，少尽义务就应该少享受权利。但这种办法还没有实行过，没有经验，不知是否行得通。我想提交农民去讨论，农民是会想出行得通而又合理的办法的。据合作总社的同志说，现在有少数贫苦而人口又多的人家，不能全家每人都入股，只能少入几股，因此，这家就只能较少地享受权利，合作社供应他们的物资也少。这是应该注意的问题。如果再加生产股金分等入股，这种情形就可能更多。因此，必须和农民讨论出适当可行的办法，照顾贫苦人家，用分期交纳、劳力入股、土产入股及其他办法来解决他们的问题。合作总社准备规定十六岁以下的儿童在他们的父母兄长入股后免除入股，但照儿童分量供应物资。我认为这个规定是好的。有人说，农村中有些人愿向合作社多入股。据我得到的反映，这种人是很少的。如果照前面分等和按人入股以后，这种人就可能更少。因此，这不是一个重要问题。让他们多入几股，没有什么害处，但由此来增加合作社的资金，也不可能。因此，在坚持合作社其他各项基本原则的条件下，接收自愿多入股者的股金，并按股多分点红利给他们，是可以办的。但合作社不要把增加资金的希望寄托在这一点上，也不要向他们和群众宣传说：合作社就是为你们赚取红利的，多入股多分红是有很大希望的。

第六，合作社对于社员与非社员的待遇，必须有显著的差别。否则,社员不满,非社员不入社,群众不关心合作社,合作社就不能发展,合作社在国家经济和政治上的重大作用当然也无从期待。合作社对社员与非社员的差别待遇,是主要的应该表现在推销与供应物资的优先和价格上呢,还是主要的应该表现在分取股金红利上呢,或者是把二者平列看待同时着重呢? 这是一个有争论的问题。我的意见是赞成第一种办法,而不赞成第二种第三种办法。在这个问题上,也有充分的实际经验来判断哪一种办法最好。以前,合作社还是作为一种分散的经济形态而存在,据我所了解,华北的合作社绝大多数是实行第二种办法的,实行第三种办法的很少,实行第一种办法的更少。那时,合作社就很少有起色,很难发展,失败的也多。后来,他们改取了第一种办法。现在华北以及其他许多地方的绝大多数的合作社都已大体上采取了第一种办法,凡采取这种办法有成效者,合作社就迅速发展,业务扩大,资金增多,社员比较满意,甚至大为满意,而失败的也少了。现在多数合作社实行的办法是这样的:除开国家委托代办的收购与贷放等实行社员与非社员一律平等待遇外,凡是由合作社自办的事业,社员都有优先权。由于合作社的资金和人力都不够,社员要办的事业还办不完,所以合作社就只能全力为社员服务,就是说,它只能或优先推销社员的产品,非社员的产品就不能销,或要压很久才能销,只有合作社特别需要而又缺少的物资,才和社员一样收购非社员产品。在供应物资方面,它也只能供应或优先供应社员所需要的,非社员所需要的就不供应,只有合作社的滞销货物,才卖给非社员以至商人。此外,多数合作社供应社员的物资,都较市价便宜,有些货物便宜百分之二十以上，有些合作社办到了廉价的货物，就常常廉价限额卖给社员。因此，社员每天每月都看到合作社对他们的好处，他们满意，而非社员不能到合作社买货，卖货也为难，他们就积极要求入社。在合作社迅速发展以后，业务也迅速扩大，合作社就更加只能办社员的事，而不能办非社员的事，因此，对非社员实行两种价格的买卖，在今天也不能实行。这是今天多数合作社的情况。至于合作社的资金，则仍然是不足的，这只有在群众满意以后，由群众想办法，再加以国家的帮助来逐步解决，此外，是没有别的办法解决的。第二种办法不如第一种办法优越，就在于分红每年只能有一两次，社员很难感到合作社的好处。而且办事人更容易贪污，群众更难监督，对群众的教育作用也不很好。至于第三种办法，则一般是不能实行的，因为二者不能兼顾，必须以一方面为主要的努力方向。

第七，由于合作社已逐渐成为全国范围的、包括广大群众的、在有些地方已经差不多是包括全体群众的经济组织，如何来确定上下级之间以及彼此之间在组织上和业务上的关系，就是一个很重要的问题。以前，上级合作社自开不少零售店，因而与下级社关系不好，或者根本不经营业务，只负指导之责，因而不能从业务上领导与帮助下级社。后来决定上级社为下级社服务，上级社只办批发和帮助下级社推销土产，不办零售，而让基层社办零售。这样，关系是好了一些，业务也经营得好一些。但是如何使上下级合作社之间有组织、有计划、统一地经营业务，这个问题还没有解决。个别地方的经验已经有了，有些合作社也试作了计划并按计划经营，但就全般来讲,还没有组织好。因此,有些利高而行销的货,各合作社就去争购争销,而利低和不大行销的货,就不大想购销,关系还是不大好。我想应该使合作社的贸易逐步地成为有组织有计划的贸易,但这件事必须在国家统一的贸易计划之下,与国营贸易机关分工合作,才能办好。现在国营贸易机关与合作社配合大致是好的,双方都得到很大的帮助。在将来恐怕要向这样的方向发展:在乡村和小城市多让合作社经营,在大中城市多让国家商店经营。但现在双方力量都还不够,还只能在一些个别业务上分工。

第八,贯彻合作社在组织上的制度也是保障合作社工作正确进行的必要条件。合作社业务应向社员完全公开,货物的进价、售价、用费、利润等都向社员作报告,并由社员及监察委员会随时审查,按期实行选举,自由提出批评建议。贯彻这些办法,就能使合作社不致失去群众的监督和控制。此外,各地方的共产党员应一律参加各地方的合作社,并成为合作社中的积极社员。共产党员和先进分子应该使合作社成为用集体主义精神教育群众的学校,应该经常利用合作社工作中每一个显著的成绩向群众说明,集体经济是优于个体经济和私人资本主义经济的。

以上这些办法,我认为是目前多数供销合作社应该采取也可以采取的。而这些办法又是区别于商人的办法的。

除开上面所说的以外,在合作社业务的经济核算上还有一系列的问题要认真地很好地解决。例如,资金如何清理,资金如何运用(有些合作社固定资金占用太大,甚至有收齐股金买一栋房子或工厂就无钱做生意的),各种费用和损耗如何减少，工作人员的效能如何提高，人员如何减少，以及如何利用社员和社员家属为合作社服务。这些事合作社已在认真整顿并已见成效，有些已大见成效。此外，各地区合作社进行物资相互交流，实行远地采购与直接向工厂定货，派出推销人员和小组远地推销等，都大见成效。由于采取了这些办法，再加之以国家对合作社在税收、价格、运输、贷款等方面的优待，就能使多数经营得好的合作社能够以比较优于市场的价格优待社员，有些货物并且能在价格上有相当多的优待，合作社还获得了相当的利润，亏损的只是少数。以后，在这些方面还要长期继续加紧努力。

有人要求迅速大量发展合作社，使合作社贸易成为有组织的贸易，以便协助国家经济的统计和计划。这个要求谁也不反对，问题只在怎样迅速大量发展。我认为以上提出的办法是最能迅速大量发展合作社的办法，这样发展起来的也才是巩固的。在新区发展合作社也大体要依照这些办法。用空口动员摊派股金的办法去发展合作社，过去是有过的，但这种办法不能再采取。据程子华[38]同志说，现在合作社发展得很快，去年七月全国合作社工作者代表会议召开时，全国有两千万社员，但不完全确实，有些甚至是摊派股金的，今年六月统计已有五千万社员，估计年底可到八千万，这个数字比以前确实，也牢靠得多。以前合作社干部事情不多，有些不安心工作，现在工作忙得很。合作社分为组导部与业务部，组导部的工作赶不上群众组社和入社的要求，业务部的工作又赶不上合作社组织的发展，没有足够的货品卖给他们，生意多得做不完。这是因为实行了前面我所说的一部分办法的结果。至于如何使合作社的贸易成为有计划的贸易，这件事还没有做好，要在以后才能逐步做好。

当合作社的许多办法还没有系统地加以规定与说明时，在已经组织起来的许多合作社的工作中有某些混乱、不一致与界限不明的现象，那是自然的。即使如此，过去许多合作社在群众中组织物资的推销与供应上还是做了不少的工作，并有不少好的经验。但是也有些不好的合作社，其中最坏的如进行违法投机和贪污者不去说它们以外，还有这样一种几乎完全脱离社员的合作社，它们不大关心或完全不关心社员的物质需要，它们的营业额百分之七十、八十、九十以至百分之百都是和非社员进行交易，它们对社员的责任就是赚一些钱来分红利给社员。因此，只要是有利和利多的事情，它们就去办，即使这对于社员的物资推销与供应是无关系的。它们虽也能赚来一些正当的利润，并也分了一些红利给社员，但是应该说，这类合作社的这些做法与正当商人的做法是没有什么区别的，它们在社会经济上所发生的影响也与商人没有什么区别，唯一的区别就是它们的资金是由很多劳动者集股来的。但有些合作社中也有大股东，少数几个社员的股金占全社股金一半以上。社员是不满意这类合作社的。这类合作社中的办事人发生的毛病也较多。如果把这类合作社当作普通商业来说，也不是一种坏的商业，因为它们也为人民进行了物资交流。但是如果把它们当作合作社的商业来说，那就是一种不好的合作社。我认为这类合作社的经验是不应该采用的。

在过去和现在，一切有益于国计民生的私人商业也能在客观上为人民服务，合作社商业也为人民服务，这两种服务的区别，是应该有的，并且是应该划分清楚的。那末，区别在哪里？又如何划分？我所想到的就是以上提出的一些办法。就是说，这两种服务的目的、方针和办法都不同。

据说在华北和东北还曾个别地发生过这种情形，就是合作社几乎完全成为国家贸易公司的代办机关、附属机关或分支机构，它们主要的或全部的是办了贸易公司的事情，而社员群众要求的事情则办得很少或没有办。合作社是应该接受国家委托办理的各种事务的，但这要与合作社自己的任务和活动相适应或大体相适应，如果因此而破坏了合作社对社员群众的基本义务和合作社章程，就要脱离群众。这是另一种偏向。但这种偏向发生不多，也不是主要的。

供销合作社应该一方面与私人资本主义商业分清界限（这是主要的），另一方面又应该与国营经济机关有区别（虽然它与国营经济机关密切同盟），这样，就规定了合作社的根本性质，它是劳动群众的集体经济组织。它积极而有效地活动的结果，会加强农民小有产者的地位（在他们中间是每日每时都要产生资本主义与资产阶级的[39]），但是同时又更多地加强国营经济和国家的地位，所以这类合作社经济是具有很大社会主义成分的半社会主义的经济。

这就是我对于供销合作社的了解。

在中国新民主主义青年团
第二次全国代表大会上的祝词 *

（一九五三年六月二十三日）

亲爱的代表同志们：

中国新民主主义青年团〔40〕从一九四九年成立以来，在中国共产党的领导下，在中国革命青年运动的长期的优良传统的基础上，已经发展成为中国青年的一支强大的先进队伍了。这四年来，在解放我们伟大祖国的革命战争中，在抗美援朝〔41〕的伟大斗争中，在进行一系列的社会改革中，在恢复国民经济的一切战线上，都有这一支勇敢的、生气勃勃的队伍和党在一起并作为党的助手而活跃着，贡献着自己的力量。中国共产党和它的伟大领袖毛泽东同志极为关怀和重视青年团的工作以及它的成长、它的作为党的助手和后备军的作用、它在团结全国青年参加祖国建设事业中所获得的成就。我谨代表中国共产党中央委员会和毛泽东同志，向参加中国新民主主义青年团第二次全国代表大会的全体代表致以热烈的敬礼，并祝贺你们的这次大会获得圆满的成功！

你们这次大会是在这样的时候召开的，就是我们伟大祖

---

* 本文原载一九五三年六月二十四日《人民日报》。

国由国民经济的恢复时期开始进入国民经济的有计划建设的新时期。我们祖国的新的历史时期在全国人民面前提出了新的历史任务，这就是逐步地实现国家的工业化，并在这个基础上使我们祖国由新民主主义逐步地过渡到社会主义。作为党的助手和后备军，中国新民主主义青年团的全体团员就要和党一起，站到为国家工业化而斗争的最前列。青年团员要在自己的不同岗位上积极地参加祖国的各种建设，发挥自己的积极性和创造性，并在中国青年群众中起带头的和模范的作用。青年团员要以对祖国、对人民的无限忠诚，依靠着和周围群众的密切联系，去为完成和超额完成国家工农业生产计划而努力。

作为党的助手和后备军，中国新民主主义青年团的全体团员就要努力学习马克思列宁主义，提高自己的共产主义的觉悟程度。青年团员要努力学习马克思、恩格斯、列宁、斯大林的伟大的学说，学习毛泽东同志的著作，学习各种科学知识特别是苏联的先进科学和技术的知识，学习党和国家各种政策的知识，学习各种生产业务和各种工作业务的知识。青年团员要永远记住列宁的教导：学习、学习、再学习。这就是青年团员的重大任务。

作为党的助手和后备军，中国新民主主义青年团的全体团员就要巩固自己的组织，为自己组织的纯洁性和严肃性而斗争。青年团员要学会运用批评和自我批评的方法去和一切损害人民事业与党的事业的不良现象进行斗争。青年团员要在自己的队伍中锻炼纪律性和组织性，培养忠于祖国、忠于人民、忠于党的事业的道德品质，发扬艰苦朴素的、实事求是的、密切联系群众的作风。青年团员要努力使青年团在政治上、组织上和思想上成为中国青年运动中的更加巩固的骨干力量，并从而使全国青年成为祖国各种战线上的一支强大的突击力量。

作为党的助手和后备军，中国新民主主义青年团的全体团员就要高度地发扬爱国主义和国际主义的精神，把保卫祖国、建设祖国的伟大事业与保卫世界和平的伟大事业紧密地联系起来，学习苏联列宁共产主义青年团的光辉榜样，继续与和平、民主、社会主义阵营各国的青年以及世界其他国家的先进青年团结一心，为保卫世界和平、争取人类美好的将来而奋勇前进！

同志们！斯大林同志说过：青年是我们的将来，我们的希望[42]。我们的党和我们的祖国对于青年正是寄托着无限的信赖和希望的。我们完全相信，中国新民主主义青年团在党的领导下，一定会善于团结全国的青年，在我们伟大祖国的建设事业中尽到自己的责任。

同志们！党中央希望你们的大会充分地讨论党在这个新的历史时期所提交给青年团的任务，并以共产主义的批评和自我批评的精神，总结工作经验，发扬优点，纠正缺点和错误，同时认真地吸收苏联青年工作的先进经验，以达到教育全体团员和改进工作的目的。

努力学习马克思列宁主义的理论！

全中国的青年大团结万岁！

全世界爱好和平民主的青年大团结万岁！

加强党的统一战线工作[*]

（一九五三年七月十八日）

党的各级统一战线工作部在各级党委领导下，做了很多工作，一般都做出了成绩。党中央最近讨论了统一战线工作，认为是满意的。党中央还认为今后要进一步加强党的统一战线工作，因而也就要加强中央及各级党的统一战线工作机构。中央的、省市自治区的、若干县的统一战线工作机构都要加强，一部分有必要的县，要建立统一战线工作机构，已经建立的县的统一战线工作机构，凡是有工作有需要的，应该保存，没有工作没有需要或很少工作很少需要的，就不要保存了。

党内有一些同志认为党的统一战线工作似乎不是那么必要的，而是可有可无、可做可不做的，或者认为从现在起就可以降低统一战线工作的重要性，缩小统一战线工作的范围，甚至可以不要统一战线工作了。这些观点是和党中央的观点不一致的，是不正确的。党中央认为统一战线工作是一种必要的工作，过去是必要的，现在是必要的，将来一个相当长的时

---

* 这是在中共中央统一战线工作部召开的全国统一战线工作会议上的讲话。当时刘少奇曾对这篇讲话的记录稿作了修改；一九五六年为收入中共中央统一战线工作部的《统战政策文件汇编》，他又在原记录稿上作了修改。本文包含了他先后两次修改的内容。

期内也是必要的,今后还要进一步加强这项工作。为什么？因为,中国反帝反封建反官僚资本主义的革命虽然胜利了,而且是彻底地胜利了,但帝国主义还存在,还威胁着我们,台湾还没有解放,地主阶级、官僚资产阶级的残余还存在,还想复辟。为了对付他们,就还需要团结一切可能团结的人,需要统一战线。这是一个原因。另一个原因是中国还很落后,工业很少,特别是重工业很少,为了改变这种落后的情况,为了建设我们的国家,为了实现国家工业化和过渡到社会主义,我们也需要团结一切可能团结的人,需要统一战线。

我们现在有两个联盟：一个是工农及其他劳动者的联盟,这是我们阵线的基础,是最重要的,是决定我们命运的。革命能不能胜利,政权能不能巩固,国家能不能工业化以及能不能建成社会主义,都决定于这个联盟。另一个是劳动人民和一部分可以联合的剥削者及其代表的联盟,即在工农及其他劳动者联盟的基础上,再和民族资产阶级、上层小资产阶级及其知识分子和政治代表结成联盟,此外,加入这个联盟的还有少数民族的上层分子、宗教界人士等。这就是目前我们说的人民民主统一战线。为了实现我们伟大的目的,我们不仅需要在劳动人民内部有巩固的联盟,而且还要和一部分剥削者结成联盟。而后一个联盟是服从于和服务于前一个联盟的。在劳动人民内部结成联盟,党内认识是一致的,没有争论的；但和一部分剥削者结成联盟的问题,党内有些同志还有不同的认识,还有分歧。目前我们所说的统一战线工作,主要的是指后一种和一部分剥削者结成联盟的那种工作。

党的总路线、总任务是要在一个相当长的时间内逐步地实现国家的社会主义工业化和社会主义的改造，逐步地过渡到社会主义社会去。为了实现这个总路线、总任务，要做很多工作，就是说：要进行很大的工业建设工作；要进行很大的农业合作化工作；要进行手工业合作化的工作；要发展国营商业和合作社商业；对资本主义工商业，要采取利用、限制和改造的方针，主要经过国家资本主义的方式，逐步地进行社会主义的改造。做好了这几大项工作，中国就是社会主义的国家了，就没有资本主义了，剥削阶级就消灭了，并在以后也不再产生剥削阶级了。

做好这些工作，需要相当长的时间，我们想尽可能短一些，但毕竟要有相当长的时间，不可能太短，太短就要犯急性病。我们要做很多的艰苦工作，要做很多的政治工作和经济工作，其中一项需要做的重要工作就是统一战线工作。目前我们所说的这种人民民主统一战线工作的主要任务，就是团结、教育和改造民族资产阶级、上层小资产阶级及其知识分子和政治代表，以及加强国内各民族的工作。少数民族工作有两个方面，一个方面是要教育和组织少数民族中的劳动人民，这是基本的；又一个方面是要对少数民族中的上层分子进行统一战线工作。

党的这种统一战线工作是为了实现党的总路线和总任务的斗争中的一个方面的必不可少的工作，是总斗争中的一个方面的斗争。在中国的条件下，党的这种统一战线工作是阶级斗争的一种特殊的不可少的形式。

实现国家工业化，有两种方法，一种是资本主义的方法；另一种是社会主义的方法。我们国家一定要工业化，一定要走社会主义的道路，决不能走资本主义的道路。

要走社会主义的道路，在我国建成社会主义社会，就要消灭一切剥削阶级。消灭剥削阶级可以有两种方法：一种是采取直接剥夺的方法，我们并不拒绝采用这种方法，我们过去消灭地主阶级和官僚资产阶级就是采用这种方法，苏联消灭地主阶级和资产阶级也是采用这种方法，东欧人民民主国家消灭剥削阶级也是采用这种方法。另一种是采取逐步改造的方法，也就是统一战线的方法，即经过教育、说理、批评和自我批评、在政治上工作上生活上进行安排等等又团结、又斗争的方法，引导那些能够服从社会主义改造或不坚决反抗社会主义改造的资产阶级分子走上社会主义的道路。我们要把资产阶级分化成为两部分：一部分是能够服从社会主义改造的，使他们跟着我们走到社会主义去；另一部分是坚决反抗社会主义改造的。对待坚决反抗的这一部分，应象消灭地主阶级、官僚资产阶级那样地消灭他们，好在我们对这种方法是熟练的，这个比较简单，比较容易，不成什么问题。毛泽东同志说过，我们不怕民族资产阶级造反[43]。问题在于有没有别的办法使他们不坚决反抗社会主义改造或服从社会主义改造。他们中间有一部分（可能是一小部分）会坚决反抗，这是一定会有的，如果不估计到这一点，就要犯错误；但是他们中间的另一部分（可能是大部分）由于我们执行正确的统一战线政策而有可能跟着我们走到社会主义，因为这样对于我们和他们都有利，因为我们有政治上的优势和经济上的优势，只要我们的政策是正确的，我们的工作做得好，就会使他们感到跟着我们走对他们也是有利的。因而他们能够服从社会主义改造。

　　从总的方面来讲,党的这种统一战线工作只是实现党的总任务的总斗争中的一个方面的工作,是一种配合的辅助性质的工作,但从消灭我国现存的剥削阶级来讲,这种统一战线的方法,即和平过渡的方法,又可能是主要的方法,而直接剥夺的方法则可能是次要的方法。所以,统一战线工作对党的总任务、总斗争来讲是配合的,对消灭现存的剥削阶级的方式来讲则可能是主要的。

　　有人说,做这种统一战线工作是找麻烦。我们说,是找麻烦,但是又省麻烦。做统一战线工作是麻烦的,但是经过统一战线工作,资产阶级、上层小资产阶级及其知识分子和政治代表的大部分不造社会主义的反,相反的,他们服从社会主义,为社会主义服务,这就省了大麻烦。说做这种统一战线工作是找麻烦,只有一部分真理,没有全部的真理。就是说,这些同志的意见是片面的,不全面的。还有一部分真理是省麻烦,省大麻烦。找来的是小麻烦,省去的是大麻烦,这才是全部的真理。

　　为什么我们要用而且可以用这种统一战线的方法来改造民族资产阶级的大部分? 因为殖民地半殖民地的中国民族资产阶级,过去是受帝国主义、封建主义、官僚资本主义的压制和排挤的,基本上没有掌握过政权,有软弱性。民族资产阶级过去曾和我们合作,参加了反帝、反封建的斗争,解放以后又参加了人民民主政权和国家建设,又肯接受国家资本主义如加工订货、公私合营等等,将来也可能大部分表示服从社会主义改造。对于这样的资产阶级分子,毛泽东同志说过:"只要谁肯真正为人民效力,在人民还有困难的时期内确实帮了忙，做了好事，并且是一贯地做下去，并不半途而废，那末，人民和人民的政府是没有理由不要他的，是没有理由不给他以生活的机会和效力的机会的。"[44] 他们不造反，并肯跟着我们一道走，我们是没有理由不要他们的。除非他们半途而废，不合作了，造反了，我们才有理由不要他们。

更重要的是，对资产阶级来说，我们已有了极大的政治上的优势，经济上的优势，国际上的优势，各种条件都使资产阶级不能不跟着我们走到社会主义。如果他们不跟着我们走，半途而废，对他们是不利的。

因此，这种统一战线工作对党对人民都是必要的，今后还要进一步加强。

我们还可再从反面来设想一下，就是说，如果我们取消了党的这种统一战线工作，不再和民族资产阶级、上层小资产阶级合作了，那又会怎么样？如果这样，我们和民族资产阶级、上层小资产阶级的关系就可能破裂，他们的知识分子和政治代表也可能和我们破裂，少数民族中的上层分子也可能和我们破裂，他们可能反对我们，可能造反。这样，就可能使我们遭到很大的困难、很大的麻烦，使我们在相当长的时间内陷于被动，而且很难解决。例如某些地方在某些时候对民族资产阶级采取了过左的政策，因而就使一些私营企业关门，工人失业，我们就很难办。现在全国私营企业的工人店员有三百八十万人，如果发生大批的关门、失业，我们的困难就更大了。又如果少数民族中的上层分子和我们闹翻了，发生叛乱，麻烦也很大。这类事情已发生过，为了平息少数民族地区的某些叛乱，我们曾花了很多的钱和很多的人力，而且死了一些人。

有人说，做这种统一战线工作要花钱、花时间、花精力，不值得。但是如果不花这方面的钱，不花这些时间和精力，就可能要花更多的钱，更多的时间，更多的精力，而且还要死人。

必须了解，我们在政治上和剥削者建立联盟不是为了别的，而是为了工农劳动人民的利益。统一战线工作服务于工人阶级和劳动人民的利益。为了工人阶级的解放，就要解放全体劳动人民；为了工人阶级和劳动人民的解放，还要改造剥削者。我们并不是这样喜欢剥削者，而是为了解放我们工人阶级自己，才不怕麻烦地去做改造剥削者的工作。工人阶级必须解放全人类，自己才能获得解放。因此做统一战线工作不是为了任何别的目的，而是为了工人阶级和劳动人民的利益和解放。这就是统一战线工作的立场。

所以，结论是：这种统一战线工作不能取消，统一战线工作是党的一种必要的工作，在今后一个相当长的时期内还是必要的。取消统一战线工作是不对的，轻视统一战线工作也是不对的。

这种统一战线工作是阶级斗争的一种形式，是一种革命工作，是一种光荣的革命工作。有同志认为这种统一战线工作只是送往迎来，吃吃喝喝，而不是一种革命工作，是可有可无的。这种看法是不对的。如果做统一战线工作的同志只知道送往迎来，吃吃喝喝，为吃吃喝喝而吃吃喝喝，而不知道为什么要做这种统一战线工作，那他们就不会把工作做好。我们应当告诉他们：做这种统一战线工作是为了共产党，为了工人阶级，为了劳动人民，为了国家工业化，为了比较顺利地过渡到社会主义，这种统一战线工作是一种革命工作，是阶级斗争的一种特殊形式,是有团结、有斗争的,做统一战线工作的同志们也是光荣的。

听说有些同志,包括若干做统一战线工作的同志在内,对以上这些道理不很清楚,不了解统一战线工作的必要性,对统一战线工作部门的编制、干部等等问题也未能适当地加以解决,应该向这些同志做解释工作。只要思想问题解决了,任务规定得明确了,组织问题就好解决;因为组织问题总是要跟着需要与可能来加以解决的。

希望今后统一战线工作做出更大的成绩。

为增强党的团结而斗争 *

（一九五四年二月六日）

　　我们的党目前在基本上是团结一致的，是巩固的，是健全的。这不但我们自己承认，全国人民承认，就是我们的敌人也不能不承认。我们提出增强党的团结的要求，我们揭露党内的缺点，并不妨害这个基本事实，宁可说正是从这个基本事实出发的。党在基本上的团结、巩固、健全，并不是说党已经没有缺点，而是说党已经有了很好的条件来考察和克服自己的缺点。政治局所提出的决议草案[45]分析了目前我们党的状况的两个方面。我以为这个草案所指出的党的缺点值得我们在座所有同志的深刻注意，值得省（市）委员会以上的负责干部和武装部队的高级负责干部的深刻注意，值得全党各级组织的深刻注意。

　　草案说我们目前还采取着和资产阶级联合的政策，小资产阶级还象汪洋大海似地包围着我们，说我们的党很大，党内的马克思列宁主义的教育还很不够，一部分干部中的思想政治情况还相当复杂，这些是不是事实呢？我们中间大概没有人怀疑这些事实，但是这些事实有什么意义呢？这些事实的

---

　　* 这是在中国共产党第七届中央委员会第四次全体会议上的报告的节录。

意义之一就是它们威胁着我们党的团结。资产阶级和小资产阶级既然包围着我们，他们的思想作风就不会不在我们党的薄弱部分传布起来，而他们的思想作风和我们党的思想作风是不可调和的，因而这些东西就不会不在我们党内起一种腐蚀、瓦解和分裂的作用。我们党的马克思列宁主义的教育的不足和一部分干部思想政治状况的复杂，就助长了资产阶级的和小资产阶级的思想作风对于我们党的侵蚀。

草案又说一部分干部甚至某些高级干部对于党的团结的重要性还认识不足，对于集体领导的重要性还认识不足，对于巩固和提高中央威信的重要性还认识不足；党内相当多的一部分干部滋长着一种极端危险的骄傲情绪，他们因为工作中的若干成绩就冲昏了头脑，忘记了共产党员所必须具有的谦逊态度和自我批评精神，夸大个人的作用，强调个人的威信，自以为天下第一，只能听人奉承赞扬，不能受人批评监督，对批评者实行压制和报复，甚至把自己所领导的地区和部门看作个人的资本和独立王国。同志们！所有这些是不是事实呢？究竟我们党内对于党的团结和集体领导的重要性是认识得很够，还是认识得不够？究竟现在是不是有相当多的一部分干部骄傲了起来？如果我国的社会主义建设刚才开始，就已经出现了这种骄傲的、不能接受批评和监督的人们，那末几年以后，十几年以后，他们就要骄傲成什么样子呢？历史上曾经有过无数的事例，表明胜利者的骄傲怎样危害着他们的团结而得了可悲的结果。他们的团结在共同受敌人压迫的时候还是好的，或比较好的，而当敌人的直接压迫被推翻了以后，许多胜利者就骄傲起来了，因此就使团结不能继续保持下去了。这种情形在旧时代几乎是不可避免的。我们党的阶级基础和历史使命同旧时代的胜利者都不一样，我们是工人阶级的共产主义的党，我们的最后目的是消灭剥削、消灭阶级，随后也就消灭国家权力和党本身，因此我们的团结是可以巩固的。我们从来反对任何党员由满腔热忱地勤勤恳恳地为人民服务的高贵品质堕落到资产阶级的卑鄙的个人主义方面去；在一九四九年三月召开的党的二中全会，曾经特别告诫全党干部在革命胜利以后严防骄傲，因为骄傲就可以引导到个人主义的发展，就可以引导到党的团结的损害和破坏，就可以引导到党的事业的严重损失。我们应当时时刻刻都记得，我们的万里长征才走完了第一步，而且凶恶的敌人还包围着我们，等待着利用我们的不谨慎不和睦来损害我们，而只要有可能，他们就要来消灭我们，在这种情况下，党的团结就是党的生命，对于党的团结的任何损害，就是对于敌人的援助和合作。只要党内出现了个人主义的骄傲的人们，只要这种人的个人主义情绪不受到党的坚决的制止，他们就会一步一步地在党内计较地位，争权夺利，拉拉扯扯，发展小集团的活动，直至走上帮助敌人来破坏党分裂党的罪恶道路。因此，中央政治局认为自己有绝对的责任，哪怕只是发现了这种状况的萌芽，就必须敲起警钟，动员全党来克服这种危险，并要求犯有这种错误的同志迅速彻底改正自己的错误；而如果等闲视之，任其蔓延滋长，就是对党和人民的犯罪。

中央政治局考虑到党外和党内的各种状况，认为中央通过这个决议是适时的，并且是绝对必要的。决议将极大地提高全党的觉悟、警惕性和战斗力，这是和全国人民的利益、社会主义建设和社会主义改造的利益完全符合的。决议草案中提出了增强党的团结的各项具体办法，这些办法可以有效地增强团结，并且可以使破坏团结的言论和行动受到全党的鄙弃、抵制和制裁。

为着增强党的团结，政治局认为应当指出，在我们党内的某些同志中有一种说法和做法是错误的，即他们认为，只要他的意见自以为是对的，就可以不遵守党的民主集中制和集体领导的原则，不受党的纪律的约束，就可以不服从领导，不按党的章程办事。这些同志应当认识违反党的民主集中制，破坏党的纪律，就是破坏党的团结，而破坏党的团结，就是破坏党的最高利益，危害党的生命。因此，这些同志必须深刻认识他们这种说法和做法的错误，并且立即改正这种错误的说法和做法。至于对那些坚持这种错误的说法和做法而不愿改正的人，我们党就应向他们进行坚决的斗争，以便使党的民主集中制、党的纪律不致遭到破坏，以便使党的团结不致受到损害。

毫无疑义，党的团结必须是在马克思列宁主义基础上的团结，必须是在正确的政治原则和正确的组织原则的基础上的团结。只要我们的同志真能按照党的章程办事，只要我们的同志切实遵守决议草案中的各项规定，党是允许党内不同意见的提出和讨论的，党是保证党内不同意见的提出和讨论的。为了增强党的团结，我们党不但不允许缩小党内民主和缩小党内的批评和自我批评，而且必须保证充分发展党内民主，充分发展党内的批评和自我批评。我们每个同志都需要别人帮助，每个同志如果有了缺点，犯了错误，就都是党的损失，大家就都有责任来帮助他克服缺点，改正错误。而党的团结正是为了发展这种同志式的互相帮助，使每个同志都能在我们这个团结和睦的大家庭里得到共同的进步，共同把党的工作做好，共同把革命的事业推向前进。

但是如政治局所提出的决议草案所说，在我们党内，批评和自我批评的原则还不是在所有的环节都能畅行无阻的。这种情形必须改变，因为它危害着我们党的进步，危害着我们党与群众的联系，也危害着我们党的团结。党的任务就是要继续在中央和毛泽东同志历来所指示的关于批评和自我批评的轨道上前进，从巩固和加强党的团结出发，发展批评和自我批评，向压制批评的现象作斗争，坚决实行"知无不言，言无不尽"，"言者无罪，闻者足戒"，"有则改之，无则加勉"这些原则，以克服工作中的错误和缺点，提高我们的马克思列宁主义的觉悟水平，提高党性，增强党的团结。毫无疑义，这样的团结才是真正的团结。这样的团结就能够大大地增强我们全党的战斗力量，改进我们的工作，以达到新的胜利。

当然，我们党内也有这样的人，他们口头上并不反对批评和自我批评，可是在实际行动上却认为批评和自我批评只能适用于别人，只能适用于别人工作的范围内，而不能适用到自己，不能适用到属于自己工作的范围内。这样的想法是完全错误的。当然，也还有这样的人，他们不是想经过批评和自我批评来巩固党的纪律，来促进党的团结和帮助同志的进步，而是想假借批评和自我批评的名义来削弱和破坏党的纪律，从而削弱和破坏党的团结和党的威信。这样的态度是党所完全不能允许的。我们需要正确地展开批评和自我批评，正确地使用批评和自我批评这个武器，同时应该使那些有上述这类错误想法和错误态度的人能够及时地认识和改正自己的错误。

政治局认为：关于批评和自我批评问题，必须遵循党中央和毛泽东同志历来所指出的并且是行之有效的正确的方针，这就是："从团结出发，经过批评和自我批评，达到团结的目的。"因此，对于那种具有在性质上比较不重要的缺点或犯有在性质上比较不重要的错误的同志，或者对于那种虽然具有严重或比较严重的缺点、犯有严重或比较严重的错误，但在受到批评教育以后，仍能把党的利益放在个人利益之上，愿意改正并实行改正的同志，应当采取"与人为善"、"治病救人"的方针。对于他们的缺点或错误必须按照情况进行严肃的批评或必要的斗争；但是这种批评或斗争应当从团结出发，经过批评或斗争达到团结的目的，不应当不给他们改正的机会，更不应当故意将他们的个别的、局部的、暂时的、比较不重要的缺点或错误夸大为系统的、严重的缺点或错误，因为这种态度就不是从团结出发，就不能达到团结的目的，就不利于党。这是一方面。

另一方面，对于那种有意地破坏党的团结，而与党对抗，坚持不改正错误，甚至在党内进行宗派活动、分裂活动和其他危害活动的分子，党就必须向他们进行无情的斗争，给以严格的制裁，甚至在必要时将他们驱逐出党。因为只有这样，才能维护党的团结，才能维护革命的利益和人民的利益。

为了增强党的团结，反对破坏团结的言论行动，为了粉碎帝国主义者和反革命分子破坏我们党的团结的各种阴谋，为了反对混进党内来的各种敌对活动和敌对思想，为了正确地区别党内斗争的不同情况而采取不同的方针，都需要全党干部首先是高级干部有充分的革命警惕性和政治敏感。毛泽东同志在《整顿党的作风》的演说中曾经号召全党同志提高嗅觉，"对于任何东西都用鼻子嗅一嗅，鉴别其好坏，然后才决定欢迎它，或者抵制它"。这仍然应当成为我们的座右铭。

　　同志们！党的中央委员会和省（市）委员会以上负责同志和武装部队的高级负责同志的团结，是全党团结的关键。在增强党的团结的事业上，这些负责同志担负着主要的责任，因此，他们应当以身作则，增强相互间的团结，并且在党的所有组织和全体党员中进行积极的工作，为增强全党的团结而斗争。只要我们的党是团结一致的，协同动作的，我们就一定能够团结整个工人阶级，团结全体劳动人民和全国人民，战胜内外敌人的任何破坏阴谋，保证社会主义建设和社会主义改造的伟大事业的胜利。

关于中华人民共和国
宪法草案的报告 *

（一九五四年九月十五日）

各位代表：

　　制定中华人民共和国宪法，在我国国家生活中，是一件具有重大历史意义的事情。我国的第一届全国人民代表大会第一次会议的首要任务，就是制定我国的宪法。

　　现在提交大会的宪法草案，是经过了郑重的起草工作而完成的。

　　中央人民政府委员会在一九五三年一月十三日成立了以毛泽东同志为首的中华人民共和国宪法起草委员会。宪法起草委员会在一九五四年三月接受了中国共产党中央委员会提出的宪法草案初稿，随即在北京和全国各大城市组织各民主党派、各人民团体和社会各方面的代表人物共八千多人，用两个多月的时间，对这个初稿进行了认真的讨论。应当说，这八

---

*　这是在中华人民共和国第一届全国人民代表大会第一次会议上的报告，原载一九五四年九月十六日《人民日报》，一九五五年六月编入人民出版社出版的《中华人民共和国第一届全国人民代表大会第一次会议汇刊》。报告共分四部分，其中第三部分《关于全民讨论中提出的对宪法草案的意见》本书未收入。

千多人都是宪法起草工作的参加者。以这个初稿为基础经过修改后的宪法草案,由中央人民政府委员会在一九五四年六月十四日公布,交付全国人民讨论。全国人民的讨论进行了两个多月,共有一亿五千多万人参加。广大的人民群众热烈地拥护这个宪法草案,同时提出了很多修改和补充的意见。根据这些意见,宪法起草委员会对原来的草案再度作了修改,并且经过一九五四年九月九日中央人民政府委员会第三十四次会议讨论通过,这才产生了现在提交大会的这个草案。

现在,我代表中华人民共和国宪法起草委员会向大会作关于宪法草案的报告。

中华人民共和国宪法草案
是历史经验的总结

我们制定宪法是以事实作根据的。我们所根据的事实是什么呢? 这就是我国人民已经在反对帝国主义、反对封建主义和反对官僚资本主义的长期革命斗争中取得了彻底胜利的事实,就是工人阶级领导的、以工农联盟为基础的人民民主国家已经巩固地建立起来了的事实,就是我国已经建立起社会主义经济的强有力的领导地位、开始有系统地进行社会主义改造、正在一步一步地过渡到社会主义社会去的事实。

从这些事实出发,我们制定的宪法当然只能是人民民主的宪法。这是属于社会主义类型的宪法,而不是属于资产阶级类型的宪法。

我们提出的宪法草案,是中国人民一百多年以来英勇斗争的历史经验的总结，也是中国近代关于宪法问题和宪政运动的历史经验的总结。

中国人民曾经长期生活在帝国主义和封建主义的黑暗统治下面。一百多年以前，外国资本主义开始侵略中国，暴露了当时中国的封建皇朝完全没有能力保卫自己的国家。外来的侵略和压迫愈来愈厉害，国内的政治也愈来愈黑暗。从那个时候起，中国这样一个大国，在对外关系上实际丧失了独立国家的地位，广大人民过着非常痛苦的日子。但是，就在那个时候，中国人民开始进行了英勇的反对外国资本主义和本国封建主义的革命斗争。许多的先进人物，为了救中国，为了改变自己国家的命运，努力去寻找真理。他们努力学习西方资产阶级的政治和文化，以为西方资产阶级的那些东西很可以救中国。他们在学了这些东西以后，就企图按照西方资产阶级国家的模型来改变中国的国家制度和社会制度。

在甲午战争中中国被日本战败以后，以康有为[46]为首的改良派的变法运动，就是这种企图的一次尝试。他们希望中国有一个不要根本改变封建制度而可以发展资本主义的宪法。他们的主张在当时受到了许多人的赞成和拥护。他们虽然是改良派，但在当时的条件下，他们的变法运动还是有进步意义的，因此引起了反动派的仇视。他们的活动，在一八九八年受到以慈禧太后[47]为首的反动派的镇压而失败了。

甲午战争中国的失败，激起了广大的人民运动。同康有为一派改良变法运动的同时，以孙中山为首的革命派和其他几个革命派的运动发展起来了。在康有为一派失败以后，他们在一九〇五年组成了革命同盟会[48]。这一派和改良派不同，他们抱着建立资产阶级民主共和国的理想而进行推翻清朝统治的革命斗争，这就比改良派大进了一步。

　　清朝的统治，在革命势力迅速发展的情势下，已经不能维持下去。为了维持自己的统治，为了欺骗人民和抵制人民的革命，在将近五十年前，清朝统治者宣布了"预备立宪"，并且在一九〇八年公布了一个"宪法大纲"。这个"宪法大纲"的主要目的是要保存封建专制制度，虽然在表面上不能不许诺人民一些要求，但是人民不相信这种许诺是真的，不相信这种"立宪"能使中国进步。人民抵制了这种骗人的"立宪"。这个时候，对于这种"立宪"，以孙中山为首的革命派采取了坚决反对的立场，而以康有为为首的改良派则采取了拥护的立场。因此，改良派也受到了革命派的反对，并为人民所抛弃。

　　以孙中山为首的革命派，坚决主张经过革命来实现他们所期望的民主宪政，也就是资产阶级性质的民主宪政。就当时的历史条件来说，他们这样做是正确的，他们代表了广大人民群众的要求。在他们的领导下，终于爆发了具有伟大历史意义的辛亥革命[23]。

　　在一九一一年十月十日爆发的辛亥革命推翻了清朝的统治，结束了中国两千多年来的封建帝制，产生了中华民国和以孙中山为首的革命的南京临时政府，并产生了一个临时约法[49]。这个临时约法具有资产阶级共和国宪法的性质，是有进步意义的。辛亥革命使民主共和国的观念从此深入人心，使人们公认，任何违反这个观念的言论和行动都是非法的。但是当时的革命派是有缺点的。他们没有一个彻底的反对帝国主义和封建主义的纲领，没有广泛地发动和组织可以依靠的人民大众的力量,因此他们不能取得对于帝国主义和封建主义的彻底胜利。这次革命终于失败了,袁世凯[50]领导的反动派篡夺了国家权力。从此中国就进入各派北洋军阀[51]统治的时期,临时约法被撕毁,"中华民国"变为名不副实的空招牌。孙中山领导的革命派进行了反对北洋军阀政府的斗争,但是没有得到成功。

在北洋军阀的统治下,中国的状况越来越坏。世界上所有的主要帝国主义国家都在中国进行争夺,它们支持中国的各派军阀连年不断地进行内战,使中国陷入极端混乱的局面。一个军阀接着一个军阀掌握当时的北京政权。北洋军阀中最后一个所谓大总统曹锟,为了继续维持军阀的统治,在一九二三年公布了一个骗人的"宪法"[52]。这个"宪法"也立即为当时的人民所否认,孙中山领导的国民党和中国共产党都反对了这个"宪法",认为是伪宪。这个伪宪公布以后只有一年,曹锟的政府就垮台了。

在辛亥革命以前和辛亥革命以后的若干年间,中国一切有志救国的人还只能按照资本主义的方向去寻找中国的出路。到了第一次世界大战和俄国十月社会主义革命以后,中国人开始看到了西方资本主义的日趋没落,并且看到了社会主义的万丈光芒。一九一九年五月四日,中国发生了伟大的反对帝国主义和封建主义的革命运动。在这个时候,中国工人运动开始高涨起来。中国人民中的先进分子开始确信,能够解决中国问题的不是资本主义的道路,而是社会主义的道路。先进分子的这种正确的信念,很快地变成了广大群众的信念。一九二一年,中国建立了马克思列宁主义的工人阶级的政党——中国共产党。从此,中国就开辟了革命的新局面,中国革命成为工人阶级领导的人民民主革命,即新民主主义革命,成为世界社会主义革命的一部分,并且得到社会主义的苏联的援助。

在这个时候,伟大的革命家孙中山,从多年奋斗的经验中,认识了要达到救国的目的,"必须唤起民众,及联合世界上以平等待我之民族,共同奋斗"[53]。他终于勇敢地采取了联俄、联共、扶助农工的三大政策,改组了国民党,同中国共产党建立了反帝反封建的联盟,展开了新的革命斗争。

一九二七年,中国国民党和中国共产党联合进行的北伐革命战争正在走向胜利的时候,蒋介石国民党背叛了孙中山的政策,背叛了革命。从此以后,中国革命的领导责任就完全由中国工人阶级和它的政党中国共产党单独担负起来了。从此,中国革命所表现的深刻性、彻底性和广大的群众规模,为以前一切革命运动所完全不能比拟。中国人民经过土地革命战争、抗日战争和人民解放战争,逐步地创造了坚强的人民革命军队和广大的革命根据地,并在革命根据地里面建立了统一战线的人民民主政权,进行了各种社会改革,得到了丰富的革命经验。长期的革命斗争证明,中国共产党指出的由新民主主义到社会主义的道路是唯一能够救中国的道路。这条道路在全国人民中树立了极高的信仰。在第二次世界大战结束以后,中国人民终于战胜了美国帝国主义支持的蒋介石反动派,在一九四九年取得了人民革命的伟大胜利。

在过去相继统治中国的几个反动政府中,蒋介石国民党政府是最后的一个反动政府,它是从来不要宪法的。但当它垂死的时候,也想用一个伪宪来救自己的命。它在一九四六年制造的那个伪宪[54]受到中国共产党、中国各民主党派和全国人民的坚决反对,结果同过去的反动政府一样,在蒋介石公布他的伪宪以后不到三年的时间,他的统治就彻底垮台了。同时,拥护这个伪宪的中国青年党[55]、民主社会党[56]等反革命党派也受到了人民的唾弃。这件事,在座的各位代表都是清楚地记得的。

一百多年以来,中国革命同反革命的激烈的斗争没有停止过。这种激烈的斗争反映在国家制度的问题上,就表现为三种不同的势力所要求的三种不同的宪法。

第一,就是从清朝、北洋军阀一直到蒋介石国民党所制造的伪宪。这些封建买办阶级的反动统治者是连资产阶级民主也反对的。他们本来不要任何宪法,所以总是要拖到他们的反动统治在革命力量的打击下摇摇欲坠,他们的末日已经临近的时候,才制造一种骗人的"宪法",其目的是想利用一些资产阶级宪法的形式装点门面,使他们的反动统治能够苟延残喘。他们的这种目的,当然不可能达到。

第二,就是中国民族资产阶级在以往多年所盼望的宪法,也就是资产阶级民主共和国的宪法。这种宪法,除了辛亥革命所产生而随即被袁世凯撕毁了的那个临时约法以外,中国从来没有产生过。

世界上有过许多民族,在脱离封建主义之后,建立了资产阶级的共和国。但是在半殖民地半封建的中国,资产阶级共和国始终只是一种幻想。中国资产阶级既然没有能力领导人民战胜外国帝国主义和本国反动派的联合力量,它就不可能使中国变为资产阶级共和国，也就不可能使中国出现资产阶级性质的宪法。

第三，就是工人阶级领导的、以工农联盟为基础的人民共和国的宪法，这就是现在我们所要制定的宪法。

毛泽东同志早已指出：在工人阶级领导的人民革命胜利以后，不会建立资产阶级专政的共和国，而一定要建立工人阶级领导的、以工农联盟为基础的人民民主专政的共和国。这个以工人阶级为领导的人民共和国只会把中国引向社会主义，而不会把中国引向资本主义。

事情就是这样：封建买办阶级的反动统治者几次用来骗人的伪宪，都不能使人民上当，都受到人民的抵制。而参与制造和积极拥护这种伪宪的人们，也被人民所抛弃。果然，几批反动统治者都接着伪宪的宣布迅速垮台，而这些所谓"宪法"都变成了废纸。同时，几十年来，在中国虽然有过不少的人为实现资产阶级的宪政做过各种各样的努力，但是一点成就也没有。在中国出现的真正的宪法，毕竟只能是人民民主主义和社会主义的宪法，只有这种宪法，才是适合于最广大人民群众的利益，而为最广大人民群众所欢迎的。

所以我们说，我们现在提出的宪法草案乃是对于一百多年以来中国人民革命斗争的历史经验的总结，也是对于中国近代关于宪法问题的历史经验的总结。

当然，我们的宪法草案又是中华人民共和国成立以来新的历史经验的总结。

一九四九年，中国人民政治协商会议制定了一个共同纲领[12]。这个共同纲领起了临时宪法的作用。这个共同纲领总结了过去革命的经验，特别是人民革命根据地的经验，宣告了中华人民共和国的成立，确定了中华人民共和国应当实现的各方面的基本政策。这个共同纲领，中央人民政府和地方各级人民政府坚决地执行了。

从中华人民共和国成立以来，虽然只有五年的时间，我们国家的变化却是巨大的。

第一，我国已经结束了在外国帝国主义统治下的殖民地和附属国的地位，成了一个真正独立的国家。毛泽东同志在一九四九年九月中国人民政治协商会议开幕的时候，庄严地宣告："占人类总数四分之一的中国人从此站立起来了。"一百多年以来，中国人民作了无数的牺牲，以求摆脱外国帝国主义的统治，这个目的已经达到了。从一九五〇年起在全国范围内发动的伟大的抗美援朝运动[41]，继续加强了我国的独立地位。我国已经以世界大国的身分出现在国际舞台上。我国已经同苏联和各人民民主国家一起，成为保卫世界和平的坚强堡垒。

第二，我国已经结束了年代久远的封建主义的统治。封建主义的剥削制度曾经是我国停滞不振、落后和被欺侮的根源，这种根源已经由全国规模的群众运动在我国绝大多数地区内完全消灭了。

第三，我国已经结束了长期的混乱局面，实现了国内和平，造成了我国全部大陆空前统一的局面。我国各民族之间已经结束了过去那种互相歧视和互不信任的情况，而在反对帝国主义和反对各民族内部的人民公敌的基础上，在民族平等和友爱互助的基础上，亲密地团结起来了。

第四,我国已经在极广泛的范围内结束了人民无权的状况,发扬了高度的民主主义。经过土地改革[9]及其他社会改革,经过镇压反革命[57]和抗美援朝等广大的群众运动,人民群众已经组织起来。无数平日对国事漠不关心的人,也积极地起来参加国家的政治生活了。全国广大人民群众已经深切地体验到,人民代表大会是管理自己国家的最好的政治组织形式。

第五,由于解放后的人民在劳动战线上表现出惊人的热情和创造能力,加上我们的伟大盟国苏联的援助,我国已经在很短的时间内,恢复了被帝国主义和国民党反动派所破坏了的国民经济,开始了社会主义建设和社会主义改造的事业。社会主义经济在实际生活中,已经无可怀疑地证明了它比资本主义经济具有极大的优越性,它已日益壮大,并且日益巩固自己在国民经济中的领导地位。我们的国家关于社会主义事业所采取的具体步骤和具体措施,得到了广大人民群众的拥护。从一九五三年起,我国已经按照建设社会主义的目标,实行了发展国民经济的第一个五年计划,并且已经获得了成就。

这一系列的情况,说明了我们的国家五年以来已经大踏步地前进了,说明了国家权力一旦掌握在有组织有领导的人民手里,便能发挥无敌的力量,使人民从悲惨的生活中解放出来,使我们的国家有飞跃的进步,使人民的物质生活和文化生活得到改善。这一系列的情况,也说明了我们的国家和政府为什么会这样得到全体人民的支持和信任,并得到全世界爱好和平的人民的同情和支持。

我国近代历史中,人们曾经长期争论过的一个根本问题——中国的出路是什么,是资本主义呢,还是社会主义？对于这一个问题,五年以来我国发生的巨大变化已经作了生动的解答。五年以来的生活充分证明,由目前复杂的经济结构的社会过渡到单一的社会主义经济结构的社会,即由目前的新民主主义社会过渡到社会主义社会,是我国应当走的唯一正确的道路。

现在来看,中国是不是还有什么其他的路可走呢？

美国帝国主义和蒋介石卖国集团向我们说:我国应当回到殖民地和封建统治的老路上去。据说我国人民正处在"黑暗生活"中,他们应当来"解放"我们,中华人民共和国应当推翻,他们的反动统治应当复辟,那就是说,我国人民应当再回到帝国主义、封建主义和官僚资本主义的血腥统治下面去。大家知道,经过一百多年的斗争才得到了解放的全国人民是决不会允许我国再退回到这条悲惨的老路上去的。但是美国帝国主义和蒋介石卖国集团以及大陆上的特务反革命分子,却坚持要使我国走这条老路。现在美国帝国主义还侵占着台湾,蒋介石卖国集团还盘踞在台湾继续作恶,并且时刻企图回到大陆上来。反动派的复辟仍然是一个实际的危险。如果有人看轻这种危险,那就要犯错误。因此,全国人民必须经常保持高度的警惕性,必须努力加强我们的国防力量,并为解放台湾,彻底消灭蒋介石卖国集团而进行坚决的斗争。

我国是否还可以走资本主义道路,发展资本主义,变成资本主义国家呢？或许还有一些落后分子作这种幻想,但这是一种很错误而且很危险的幻想。毛泽东同志说过,"资产阶级的共和国,外国有过的,中国不能有"〔58〕。在工人阶级领导下的今天的我国人民，决不会容许资本主义在我国泛滥，更决不会容许把工人阶级领导的人民民主专政变为资产阶级专政。世界资本主义已经没落，世界上所有资本主义最发达的国家都已走到了绝路，而社会主义的苏联和其他人民民主国家已经繁荣强大起来。我国人民在工人阶级领导下正在建设社会主义，国家的面貌正在改变，人民的物质生活和文化生活正在逐步提高。在这样的国际国内的局势下，中国人民难道会愿意抛弃自己社会主义的光明幸福的前途，而走到资本主义的苦痛的道路上去吗？当然是不会的。所以，凡有这种幻想的人必须迅速抛弃这种幻想。如果还有人不愿抛弃并且坚持这种幻想的话，那他们就有可能走到帝国主义所指引的危险的道路上去。因为他们既然坚持要使中国走资本主义的道路，就势必要同帝国主义国家联系起来，而帝国主义者却不会让中国成为独立的资本主义的国家，只会使中国成为帝国主义和封建买办阶级统治的殖民地。这正是蒋介石卖国贼所走的道路。

我国是否还有什么别的道路可走呢？或许有人想到一条维持现状的道路，即既不是资本主义的道路，也不是社会主义的道路，而是既有社会主义，又有资本主义，将我们现在所处的状态维持下去。大家知道，我国正处在建设社会主义社会的过渡时期。在我国，这个时期也叫做新民主主义时期，这个时期在经济上的特点，就是既有社会主义，又有资本主义。有一些人希望永远保存这种状态，最好不要改变。他们说：有了共同纲领就够了，何必还要宪法呢？最近几年，我们还常常听见"巩固新民主主义秩序"这样一种说法，这种说法就是反映了维持现状的思想。这究竟是否可能呢？社会主义和资本主义两种相反的生产关系，在一个国家里面互不干扰地平行发展，是不可能的。中国不变成社会主义国家，就要变成资本主义国家，要它不变，就是要使事物停止不动，这是绝对不可能的。要变成资本主义国家，我在前面已经说过，此路不通。所以我国只有社会主义这条唯一的光明大道可走，而且不能不走，因为这是我国历史发展的必然规律。

由此可见，我国走社会主义的道路，是确定不移的。除此以外，没有其他的路可走。

从中华人民共和国成立以后，我国已经走上了社会主义的道路。宪法草案序言中说："从中华人民共和国成立到社会主义社会建成，这是一个过渡时期。国家在过渡时期的总任务是逐步实现国家的社会主义工业化，逐步完成对农业、手工业和资本主义工商业的社会主义改造。"从一九五三年起，我国已经按照社会主义的目标进入有计划的经济建设时期，因此，我们有完全的必要在共同纲领的基础上前进一步，制定一个象现在向各位代表提出的这样的宪法，用法律的形式把我国过渡时期的总任务肯定下来。

在我国实现社会主义工业化和社会主义改造，是一个十分艰巨复杂的任务。必须动员全国人民的力量，发挥广大人民群众的积极性和创造性，在正确的和高度统一的领导之下，克服各种困难，才能实现这样的任务。因此，一方面，我们必须更加发扬人民的民主，扩大我们国家民主制度的规模；另一方面，我们必须建立高度统一的国家领导制度。为了这样的目的，我们也有完全的必要制定一个比共同纲领更为完备的象现在向各位代表提出的这样的宪法。

全国人民在讨论中热烈地称赞我们的宪法草案，因为这个宪法草案正确地总结了我国的历史经验。这个宪法草案是我国人民利益和人民意志的产物，是我们国家发生了巨大变化的产物。

人民称赞这个宪法草案，还因为它正确地吸收了国际的经验。宪法起草委员会在从事起草工作的时候，参考了苏联的先后几个宪法和各人民民主国家的宪法。显然，以苏联为首的社会主义先进国家的经验，对我们有很大的帮助。我们的宪法草案结合了中国的经验和国际的经验。我们的宪法草案不只是我国人民革命运动的产物，而且是国际社会主义运动的产物。

以上是关于我国宪法的历史意义的说明。

关于宪法草案基本内容的若干说明

现在，我对宪法草案的基本内容分为以下四个问题作一些说明。

第一，关于我们国家的性质问题

宪法草案第一条规定："中华人民共和国是工人阶级领导的、以工农联盟为基础的人民民主国家。"宪法草案在序言和其他许多条文的规定中都表明，在我国的人民民主制度下，还存在着广泛的人民民主统一战线。

只有依靠工人阶级的领导,我国人民才能从帝国主义、封建主义和官僚资本主义的压迫下获得解放,这个真理早已由过去长期的历史事实证明了。在人民获得胜利以后,出现了新的问题:工人阶级领导国家建设是不是也和过去一样有本领和有把握呢? 对于这一点,如果有些人在开始的时候采取了等等看的态度,那末,五年以来的事实已经充分证明了工人阶级领导国家的非凡的才能。为着巩固我国人民已经取得的胜利果实,必须继续巩固和加强工人阶级对于国家的领导。我们的社会主义建设和社会主义改造的事业,离开工人阶级对于国家的领导,是不能设想的。

不断地巩固和加强工农联盟,是工人阶级的领导能够得到胜利的基本保证。这在我国过去的革命战争中和现在的国家建设中都是一样的。在反对帝国主义和封建主义的革命战争中锻炼出来的我国的工农联盟,到了中华人民共和国成立以后,不是削弱了,而是更加加强了。在逐步过渡到社会主义社会的过程中,农民是要起变化的,这种变化现在已经开始了,这就是从经济生活不稳定的个体农民逐步变化为社会主义的合作化的农民。只有由工人阶级领导农民走合作化的道路,才能不断地改善农民的生活情况,才能使工农联盟更加密切和更加巩固。

在劳动人民中, 除工人农民外,我国还有为数不少的城市和乡村的个体手工业者和其他非农业的个体劳动者,他们是依靠劳动过活的, 或者是主要地依靠劳动过活的。工人阶级必须如同团结农民一样,很好地团结这些劳动人民共同建设社会主义。团结这些劳动人民, 是属于工农联盟的范畴之内的。

工人阶级领导和以工农联盟为基础,标志着我们国家的根本性质。这就表明我们的国家是人民民主国家。人民民主国家和资本主义国家在性质上是完全不同的两类国家。在资本主义国家里,无论怎样标榜"民主",终究只是占人口中极少数的资产阶级居于国家的统治地位。在我们这里,最大多数的人民才真正是国家的主人。

我国的知识分子,在过去的革命运动中起了很重要的作用,在今后建设社会主义的事业中将起更加重要的作用。知识分子从各种不同的社会阶级出身,他们本身不能单独构成一个独立的社会阶级。他们可以同劳动人民结合而成为劳动人民的知识分子,也可以同资产阶级结合而成为资产阶级的知识分子,还有极少数的知识分子同被推翻了的封建买办阶级结合而成为反动的知识分子。除开极少数坚持反动立场并进行反对中华人民共和国活动的知识分子以外,我们的国家必须注意团结一切知识分子,帮助他们进行思想改造,发挥他们的能力,使他们为社会主义的建设事业服务。毛泽东同志早已说过:"一切知识分子,只要是在为人民服务的工作中著有成绩的,应受到尊重,把他们看作国家和社会的宝贵的财富。"[59]

宪法草案序言指出:"今后在动员和团结全国人民完成国家过渡时期总任务和反对内外敌人的斗争中,我国的人民民主统一战线将继续发挥它的作用。"这就表明,在我国过渡时期,工人阶级领导的包括各民主阶级、各民主党派、各人民团体的人民民主统一战线具有重要的作用。这是以工农联盟为基础而又较工农联盟更为广泛的联盟，即劳动人民同可以合作的非劳动人民之间的一种联盟。有人以为既然要建设社会主义，这种联盟就不可能存在，也没有存在的必要，这种看法是错误的。

我国在过渡时期还有民族资产阶级。人们知道，在社会上有剥削阶级和被剥削阶级存在的时候，阶级斗争总是存在的。但我国原来是被外国帝国主义压迫的国家，由于我国这样的特殊历史条件，工人阶级和民族资产阶级之间就不但有斗争，还曾经有过并且现在还存在着联盟的关系。民族资产阶级过去曾经在工人阶级领导下参加了民族民主革命，五年以来，又在国家领导下参加了爱国运动和经济恢复的工作。经过"三反"[60]"五反"[61]的严重斗争，许多资本家提高了觉悟，他们表示愿意接受社会主义改造。这样，我们的国家对资本主义工商业就有可能采取逐步进行社会主义改造的政策，并且现在正进行着这种改造。在过渡时期，民族资产阶级在国民经济中还有重要的作用。他们在扩大生产、改进企业管理和生产技术、培养和训练技术工人和技术人员等方面，在接受社会主义改造方面，对国家还可以作出一定的贡献。在过渡时期，民族资产阶级在政治上也有一定的地位。

在我国社会中，特别在各少数民族中，还有属于其他阶级成份的爱国的人士，国家也要很好地团结他们。

由此可见，我国现在的统一战线仍然具有广泛的基础。

中国共产党早已指出，在工人阶级领导下的全国人民的革命大团结，不只是对于我国人民民主革命是需要的，对于实现社会主义事业也同样是需要的。因为在我们面前还站着帝国主义。同时,在我国给人们选择的道路,实际上只有两条,或者是重新受帝国主义的奴役,或者是实现社会主义。中国要独立、民主和富强,只有走社会主义一条路。在这种情况下,凡是不愿意做殖民地奴隶的爱国的人们,就有在工人阶级领导下团结起来接受社会主义道路的可能。在继续巩固工人阶级领导和工农联盟的前提下,在可能的范围内,人民中间的团结越广,对于社会主义事业就越有好处。所以,我们的宪法应当是一个全国人民大团结建设社会主义社会的宪法。

第二，关于过渡到社会主义社会的步骤问题

宪法草案第四条规定:"中华人民共和国依靠国家机关和社会力量,通过社会主义工业化和社会主义改造,保证逐步消灭剥削制度,建立社会主义社会。"

为了贯彻第四条规定的方针,宪法草案在总纲的其他一些条文中又作了许多规定。这些规定既表明了建设社会主义社会这一个总目标,也表明了建设社会主义社会的具体步骤。

我国在过渡时期还有多种经济成份。就目前来说,我国的生产资料所有制,主要的有:国家所有制,即全民所有制;合作社所有制,即劳动群众集体所有制;个体劳动者所有制;资本家所有制。国家的任务是尽力巩固和发展前两种所有制的经济成份,即社会主义的经济成份,并对后两种所有制的经济成份,即非社会主义的经济成份,逐步进行社会主义改造。所以国家要"保证优先发展国营经济",特别要注意逐步建立社会主义主要经济基础的重工业,要"鼓励、指导和帮助合作社

经济的发展"，要鼓励和指导资本主义工商业"转变为各种不同形式的国家资本主义经济，逐步以全民所有制代替资本家所有制"。

宪法草案的这些规定，当然不是空想出来的，而是以中华人民共和国成立以来社会经济关系的变化和广大群众的经验为根据的，因此都是行得通的。关于这些规定，我想说一说以下几个问题。

首先，是关于过渡形式的问题。我们知道，实现对农业、手工业和资本主义工商业的社会主义改造，是一种很艰巨的任务。我们决不可能在一朝一夕完成这种改造。我们必须根据群众的经验和觉悟程度，根据实际的可能性，逐步前进。我们的经验已经证明，不论在农业、手工业或者资本主义工商业的社会主义改造过程中，都可以有过渡的形式，而采用灵活的多样的过渡形式又是完全必要的。

在对农业和手工业的社会主义改造中，主要的过渡形式是劳动群众部分集体所有制的合作社，如象几年来我国农村中已经开始发展起来的、以土地入股和统一经营为特点的农业生产合作社〔62〕。在我国的历史条件下，我们逐步地和广泛地运用这种半社会主义性质的合作经济的过渡形式，就可以引导广大的个体劳动者比较顺利地走向劳动群众的集体所有制。

在对资本主义工商业的社会主义改造中，过渡形式是国家资本主义。在我国的历史条件下，我们可能通过各种不同形式的国家资本主义逐步实现对资本主义工商业的社会主义改造。在以工人阶级为领导的国家管理下的国家资本主义，同资产阶级统治下的国家资本主义具有根本不同的性质。这就是列宁所说的"我们能够加以限制，我们能够规定它的界限的一种资本主义"[63]。在国家资本主义经济中，一方面，资本家的所有制还没有废除，资本家还是有利可得，另一方面，资本家已经不能为所欲为地唯利是图。经过国家资本主义这种过渡形式，就可以为将来用全民所有制代替资本家所有制造成有利的条件。

宪法草案把这些过渡形式明确地规定下来，对于我国的社会主义改造事业是有重要意义的。

其次，我要说一下通过和平道路来建成社会主义社会的问题。在人民的讨论中有不少的人问：为什么宪法草案序言中说我国的人民民主制度能够保证我国通过和平的道路来消灭剥削，建成社会主义社会呢？

在我国，封建主义的剥削制度，除少数地方外，已经在革命战争和土地改革的过程中完全消灭了。为要建成社会主义社会，还要消灭资本主义的剥削制度。这是进一步的社会变革。在资本主义国家中，工人阶级和其他劳动群众要实行这种社会变革，必须经过推翻资产阶级专政的国家制度的革命。但是，我国现在的政治经济状况是同资本主义国家完全不同的。我国已经建立了工人阶级领导的人民民主的国家制度。我国已经有了日益强大的社会主义的国营经济，这种国营经济已经成为整个国民经济的领导力量，而资本主义经济在我国已经不占统治地位。因此，我国的社会主义革命也就同资本主义国家不相同。我们可以依靠现在这样的国家机关和社会力量来逐步地进行社会主义改造。同时，如前面所说，在我们国家内,工人阶级同民族资产阶级存在着联盟的关系,因此,在我国消灭资本主义的剥削制度,也可以不采取象一九五〇年到一九五二年实现土地改革那样的方式,即在一个短时间内发动一次广大的群众运动,一下子就把封建的土地制度消灭了。国家对资本主义工商业的社会主义改造,将经过一个相当长的时间,并通过各种不同形式的国家资本主义来逐步实现。我们将让资本家们有一个必要的时间在国家和工人阶级的领导下逐步接受改造。当然,斗争是一定会有的,现在有,将来还会有。现在就有一部分资本家进行各种违法活动,有一些人并对社会主义改造采取抵抗态度。所以宪法草案规定:"国家禁止资本家的危害公共利益、扰乱社会经济秩序、破坏国家经济计划的一切非法行为。"那种认为我国已经没有阶级斗争了的想法,是完全错误的。对于那些违法和进行破坏活动的资本家,是应当加以处罚的。由限制资本主义剥削到消灭资本主义剥削,不可能设想没有复杂的斗争,但是可以通过国家行政机关的管理、国营经济的领导和工人群众的监督,用和平的斗争方式来达到目的。资本家只要明白了大势所趋,愿意接受社会主义改造,不违法,不破坏人民的财产,那末,他将得到国家的照顾,将来的生活和工作将得到适当的安排,他的政治权利也不会被剥夺。这同我们对待封建地主阶级的政策是大有区别的。所有这些,即工人阶级的国家领导权和工农的巩固联盟,社会主义经济在国民经济中的领导地位,国内统一战线的关系,并加上有利的国际条件,就是我国所以能够通过和平道路消灭剥削制度、建成社会主义社会的必要条件。

　　至于各少数民族地区的社会主义改造，更要充分注意各民族发展的特点。对于这个问题，我在以后还要说到。

　　其次，关于富农问题。在人民的讨论中有不少的人问：宪法草案规定"国家对富农经济采取限制和逐步消灭的政策"，应当怎样了解？

　　大家知道，富农经济是农村中的资本主义经济，富农是农村中最后的一个剥削阶级。在我国，富农经济原来就不发达。在土地改革中，富农出租的那一部分土地已被分配。在土地改革后，由于农村中生产合作、供销合作、信用合作的发展，由于国家执行了对粮食和其他主要农产品的统购统销[64]政策，富农经济已大大地受了限制。农村中虽然又产生了少数新富农，但是一般说来，富农经济不是上升，而是下降的。现在富农每人平均占有的土地比一般农民占有的土地只多一倍。过去的富农现在多已不雇工人或很少雇工人，放高利贷的减少了，经营商业的也受到了很大限制。所以，在我国，可以用合作化和限制富农经济发展的办法，逐步消灭农村中的资本主义。当然，斗争是不可避免的，富农的破坏活动是不可忽视的。在许多地方都发现有富农抵抗统购统销和破坏互助合作的事实。对于有破坏行为的富农分子，必须加以处罚。但是根据我国的整个政治经济情况来看，今后可以不需要发动一次象土地改革那样的特别的运动来消灭富农。将来对于那些已经放弃剥削行为的原来的富农，可以在当地农业生产合作社已经巩固的前提下，根据一定的条件，并在取得农民的允许以后，让他们分别参加合作社，继续加以改造。

　　其次，在人民的讨论中还有不少的人问：宪法草案一方面规定，国家依照法律保护资本家生产资料所有权和其他资本所有权，另一方面又规定，要对资本主义工商业实行社会主义改造，要逐步以全民所有制代替资本家所有制，这岂不是互相矛盾么？

如果说这里有什么矛盾的话，那末，这正是反映着客观生活中存在的矛盾。在我国过渡时期，既有社会主义，又有资本主义，这两种所有制的矛盾就是客观存在的矛盾。同时，资本主义工商业在现阶段一方面有它的有利于国计民生的作用，另一方面又有它的不利于国计民生的作用，这又是资本主义工商业本身客观存在的矛盾。我们解决社会主义同资本主义的矛盾的政策，就是一方面允许资本家所有制存在，利用资本主义工商业有利于国计民生的作用，另一方面限制资本主义工商业的不利于国计民生的作用，采用过渡办法，准备条件，以便逐步以全民所有制代替资本家所有制。宪法草案所规定的关于过渡到社会主义社会的一些具体步骤，就是为了要正确地解决这种矛盾。

在我国的具体条件下，我们认为我们所采取的建设社会主义的方针和方法是正确的。这个真理，还可以从反面，就是从敌人的叫喊中和某些外国资产阶级报纸的评论中得到证实。

帝国主义者和台湾蒋介石卖国集团非常不喜欢我们建设社会主义，他们每天都在攻击我们。这有什么奇怪呢？原来我们是做对了。

有些外国资产阶级报纸失望地发现，在我们的宪法草案中宣布的我国所走的道路，"就是苏联所走过的道路"。是的，我们所走的道路就是苏联走过的道路，这在我们是一点疑问也没有的。苏联的道路是按照历史发展规律为人类社会必然要走的道路。要想避开这条路不走，是不可能的。我们一向认为马克思列宁主义是普遍的真理。

为了破坏我们的社会主义事业，狡猾的敌人还特别雇用了一些人，如象托洛茨基陈独秀分子，他们装成"左"的面孔，攻击我们的社会主义改造事业的具体步骤和具体措施。他们说，我们做得"太不彻底"，"太妥协"，"离开了马克思主义"。他们想用这些胡说混淆人们的视听。他们要我们破裂同民族资产阶级的联盟，立即剥夺民族资产阶级。他们又嫌我们的农业政策"太慢了"，他们要我们破裂同农民的联盟。这些难道不是完全的胡说吗？我们如果照这样做，当然只有帝国主义和蒋介石卖国贼最为高兴。

我国人民既有建设社会主义的坚定目标，又有切实可行的具体步骤，这就不能不使我们的敌人大大地不高兴了。敌人最不高兴的事情，就是对我国人民最好的事情，这是用不着说的。

第三，关于我国人民民主的政治制度和人民的权利和义务

宪法草案第二条规定："中华人民共和国的一切权力属于人民。人民行使权力的机关是全国人民代表大会和地方各级人民代表大会。"这个规定和其他条文的一些规定表明我们国家的政治制度是人民代表大会制度。根据我国人民革命根据

地政治建设的长期经验,并参照苏联和各人民民主国家的经验,在五年以前,我们的共同纲领就确定了我们国家的这种政治制度。宪法草案总结了五年以来国家机关工作的经验和各级各界人民代表会议[24]的经验,对我们国家的政治制度作出了更加完备的规定。我们采用这种政治制度,是同我们国家的根本性质相联系的。中国人民就是要用这样的政治制度来保证国家沿着社会主义的道路前进。

人民代表大会制度所以能够成为我国的适宜的政治制度,就是因为它能够便利人民行使自己的权力,能够便利人民群众经常经过这样的政治组织参加国家的管理,从而得以充分发挥人民群众的积极性和创造性。显然,如果没有一种适宜的政治制度使人民群众能够发挥管理国家的能力,那末,人民群众就不能很好地动员和组织起来建设社会主义。

我国的各级人民代表大会是在普选的基础上产生的。宪法草案规定,凡年满十八岁的公民,不分民族、种族、性别、职业、社会出身、宗教信仰、教育程度、财产状况、居住期限,都有选举权和被选举权。由于现在的各种具体条件,我国在选举中还必须依照法律在一定时期内剥夺封建地主和官僚资本家的选举权和被选举权,还必须规定城市和乡村选举代表名额的不同的人口比例,实行多级选举制,并且在基层选举中多数是采用举手表决的方法。我国的选举制度是要逐步地加以改进的,并在条件具备以后就要实行完全的普遍、平等、直接和秘密投票的制度。但是现行的选举制度是适合于我国目前时期的情况的,对于人民最便利,并且能够照顾各少数民族和各民主阶级,使他们有适当的代表名额。从这样的选举中产生的各级人民代表大会，能够充分代表人民的意志，所以这是具有高度民主性质的人民代表机关。

依照宪法草案的规定，我国的全国人民代表大会完全统一地行使最高的国家权力，而我们的国家行政机关，从国务院到地方各级人民委员会，都由全国人民代表大会和地方各级人民代表大会这样的国家权力机关产生，受它们的监督，并可以由它们罢免。所以，我们的国家行政机关决不能脱离人民代表大会或者违背人民代表大会的意志而进行活动。适应我国的实际情况，并根据中华人民共和国成立以来建设最高国家权力机关的经验，我们的国家元首职权由全国人民代表大会所选出的全国人民代表大会常务委员会和中华人民共和国主席结合起来行使。我们的国家元首是集体的国家元首。同时，不论常务委员会或中华人民共和国主席，都没有超越全国人民代表大会的权力。

我们国家的大事不是由一个人或少数几个人来决定的。人民代表大会制既规定为国家的根本政治制度，一切重大问题就都应当经过人民代表大会讨论，并作出决定。全国性的重大问题，经过全国人民代表大会讨论和决定，在它闭会期间，经过它的常务委员会讨论和决定；地方性的重大问题经过地方人民代表大会讨论和决定。我国的人民代表大会就是这样能够对重大问题作出决定并能够监督其实施的国家权力机关。

宪法草案第二条第二款规定："全国人民代表大会、地方各级人民代表大会和其他国家机关，一律实行民主集中制。"我们经过人民代表大会制统一和集中行使国家的权力，就说明了我们的民主集中制。在香港出版的反动刊物说我们"这种人民代表大会制乃是中央集权的制度"。这些反动分子自以为发现了一种什么理由可以用来攻击我们。可是我们马克思列宁主义者早就公开地宣布过,我们是主张集中制的。问题是什么样的集中:是少数大封建主或大资本家的专制的集中呢,还是以工人阶级为领导的人民大众的民主的集中呢?这两种集中制度,当然是完全不同的两回事情。正如宪法草案中所规定的,我们在这里是把高度的集中和高度的民主结合在一起的。我们的政治制度有高度的集中,但是这种高度的集中是以高度的民主为基础的。

人民当自己还处在被压迫地位的时候,不可能把自己的意志和力量充分地集中起来。中国人民在过去被人讥笑为"一盘散沙",就是由于这个原因。革命使得人民的意志和力量集中起来了。而当人民已经得到解放并建立了自己的国家以后,当然就要把自己的意志和力量充分地集中到国家机构里去,使国家机构成为一个坚强的武器。人民的国家机构越是坚强,它就越有能力保卫人民的利益,保障人民的民主权利,保障社会主义的建设。

毛泽东同志在《论联合政府》一书中说到我们国家政治制度的时候,清楚地指出:"它是民主的,又是集中的,就是说,在民主基础上的集中,在集中指导下的民主。"这就是我们的原则。

有不少的人,常常错误地把民主和集中看作是绝对对立而不能互相结合的两回事。他们以为,有了民主就不能有集中,有了集中就不能有民主。他们看到我们国家机关中的人民的政治一致性，看到全国高度的统一领导，就企图证明在我们这里"没有民主"。他们的错误在于他们不了解人民民主，也就不能了解建立于人民民主基础上的集中。

人民的共同利益和统一意志，是人民代表大会和一切国家机关工作的出发点。因此，在这一切国家机关中，也就能够在民主的基础上形成人民的政治一致性。但是，不能因为政治上的一致性而取消或者缩小批评和自我批评。恰恰相反，批评和自我批评是我们民主生活的一种极重要的表现。在我们的一切国家机关中，工作中的缺点和错误总是有的，因此，在全国人民代表大会的会议上，在地方各级人民代表大会的会议上，在一切国家机关的会议上和日常活动中，都要充分地发扬批评和自我批评。我们必须运用批评和自我批评的武器来推动国家机关的工作，不断地改正缺点和错误，反对脱离群众的官僚主义，使国家机关经常保持同群众的密切联系，正确地反映人民群众的意志。如果没有充分的批评和自我批评，也就不能达到和保持人民的政治一致性。压制批评，在我们的国家机关中是犯法的行为。

从资产阶级的观点出发，是不能理解我们国家的政治制度的。许多外国资产阶级的报纸评论了我们宪法草案中的政治制度。有一些人因为我们的人民代表大会拥有广泛的权力而感到奇怪，说什么"尤其是全国人民代表大会职权的强大，不得不令人吃惊"。另有一些人却在那里争论我们中华人民共和国主席的地位是象法国的总统呢，还是象美国的总统。这些评论家总想用资产阶级国家的政治制度来衡量我们的制度，或者根据他们主观上一些奇奇怪怪的想法说这样那样。但可惜的是他们还没有看到最大的和最根本的事情，他们还没有看到中国历史上已经发生的巨大变化，这个变化就是以工人阶级为首的中国人民已经当了中国的主人。

还有一些外国资产阶级的评论家攻击我们国家的集中制和人民的集体主义，并且根据这点说，在我国"没有个人自由"，"忽视个人利益"。因此，我想说一下高度的集中和人民的集体主义是不是妨害人民群众的个人利益和个人自由的问题。

在宪法草案的许多条文中，规定了我国公民享有广泛的自由和权利。宪法草案规定公民有言论、出版、集会、结社、游行、示威的自由，并且规定国家要供给必需的物质上的便利，以保证公民享受这些自由。宪法草案还规定："公民的人身自由不受侵犯。任何公民，非经人民法院决定或者人民检察院批准，不受逮捕。""公民的住宅不受侵犯，通信秘密受法律的保护。""公民有居住和迁徙的自由。"宪法草案又规定公民有劳动的权利和受教育的权利，劳动者有休息的权利和在年老、疾病或者丧失劳动能力的时候获得物质帮助的权利，并且规定国家要逐步扩大现在还不充分的物质条件，以保证公民享受这些权利。此外，宪法草案还规定公民有宗教信仰的自由。我们的国家所以能够关心到每一个公民的自由和权利，当然是由我国的国家制度和社会制度来决定的。任何资本主义国家的人民群众，都没有也不可能有我国人民这样广泛的个人自由。

有些外国评论家看到我们一方面要保卫人民的民主自由权利，另一方面要镇压一切叛国的和反革命的活动，惩办一切卖国贼和反革命分子，他们就觉得奇怪。当然，如果有人希望我们在宪法中去保障卖国贼和反革命分子活动的自由，那就只能使他失望。对于意图奴役我们的外国帝国主义者和帝国主义的走狗们，我们的宪法和一切法律是永远也不会让他们得到一点方便的。难道不正是因为我们剥夺了卖国贼和反革命分子的自由，人民才有了真正的自由么？

有些外国评论家看到我们一方面保障公民有宗教信仰的自由，另一方面惩办那些形式上披着宗教外衣而实际上进行反革命活动的帝国主义分子和叛国分子，他们就觉得奇怪。当然，如果有人希望我们去保护那些对于我国人民民主政权进行颠覆活动的帝国主义分子和叛国分子的自由，那就同样只能使他失望。根据宪法草案的规定，我们的国家将如同过去一样切实地保障公民有宗教信仰自由的权利，但是，保障宗教信仰自由和保障反革命活动自由，是绝对不能混同的两件事，我们的宪法和一切法律同样是永远不会让那些披着宗教外衣进行反革命活动的分子得到一点方便的。这种道理也没有任何难于理解的地方。

在资本主义制度下，国家只是保障剥削阶级极少数人的利益和自由，而剥夺极大多数人的利益和自由。在我们这里，恰恰相反，我们绝不容许任何人为了个人或者少数人的利益和自由而妨害大多数人的利益和自由，妨害国家和社会的公共利益。因为这种理由，所以宪法草案第十四条规定："国家禁止任何人利用私有财产破坏公共利益。"在我们这里，妨害公共利益的所谓"自由"，当然要受到限制和禁止。但是，我们的国家是充分地关心和照顾个人利益的，我们国家和社会的公共利益不能抛开个人的利益；社会主义，集体主义，不能离开个人的利益；我们的国家充分保障国家和社会的公共利益，这种公共利益正是满足人民群众的个人利益的基础。

我们的国家能够鼓舞广大的人民群众积极地参加国家和社会的公共生活，并且使人民群众从集体主义的观点出发，在公共生活中自觉地遵守他们对社会、对国家应尽的各项义务，这是我们的人民民主制度符合人民利益的证明。人民群众是否因为有了集体主义，尽了对于社会、对于国家的义务，就会丧失个人利益和个人自由呢？当然不是的。在人民民主制度和社会主义制度下，人民群众能够体验到国家与社会的公共利益和个人利益是不可分的，是一致的。在人民民主制度和社会主义制度下，人民有了完全的民主权利，同时也有完全的义务。人民既然完全地行使了国家权力，也就会以主人的身分尽完全的义务。

在我们的国家里，人民的权利和义务是完全一致的。任何人不会是只尽义务，不享受权利；任何人也不能只享受权利，不尽义务。宪法草案规定公民必须遵守宪法和法律，遵守劳动纪律，遵守公共秩序，尊重社会公德；并且规定公民有爱护和保卫公共财产的义务，有依照法律纳税的义务，有依照法律服兵役的义务。宪法草案又规定，"保卫祖国是中华人民共和国每一个公民的神圣职责"。宪法草案所规定的这些义务，都是每一个公民无例外地必须遵守的。宪法草案的这些规定，将进一步地提高人民群众对于我们伟大祖国的庄严的责任感。因为我们的国家是人民的国家，国家和人民的利益完全一致，人民就自然要把对国家的义务看作自己应尽的天职。任何人如果企图逃避这些义务，就不能不受到社会的指责。

　　我国人民愿意贡献自己的力量来保卫我们的祖国，来不断地加强人民民主制度，来参加伟大的社会主义事业，也就是因为我们的祖国越是强盛，我们的人民民主制度越是强有力，我们的社会主义事业越是向前发展，人民的自由和权利也就越有保障，越能够扩大。

第四，关于民族区域自治问题

　　宪法草案的序言和许多条文规定了国内各民族间平等友爱互助的关系，保障了各少数民族的自治权利。

　　中华人民共和国成立以来，已经废除了民族压迫制度，建立了国内各民族平等友爱互助的新关系，各少数民族地区的政治、经济和文化的事业开始逐步发展，人民生活开始逐步改善。我国已经成为自由平等的民族大家庭。宪法草案总结了这方面的经验，对于民族区域自治，对于各少数民族的政治、经济和文化建设，作了比共同纲领更进一步的规定。

　　我们的国家是工人阶级领导的人民民主国家，所以我们的国家能够用彻底的民主主义和民族平等的精神来解决民族问题，建立国内各民族之间的真正合作。我们坚决地认定，必须让国内各民族都能积极地参与整个国家的政治生活，同时又必须让各民族按照民族区域自治的原则自己当家作主，有管理自己内部事务的权利。这样，就能够消灭历史上残留下来的民族间的隔阂和歧视，不断地增进各民族间的相互信任和团结。

　　宪法草案明确地规定，我国公民，不分民族、种族，一律都享有平等的权利,并且宣布,对任何民族的歧视和压迫,在我国都是不合法的。宪法草案还规定,各民族都有使用和发展自己的语言文字的自由,都有保持或者改革自己的风俗习惯的自由。宪法草案把我们国家在民族问题上所遵守的人民民主主义和社会主义的原则以及根据这种原则所应当采取的具体措施,用法律的形式肯定下来了。

宪法草案反映了我国各民族利益的一致性。一百多年以来,我国各民族,包括汉族和各兄弟民族在内,共同遭受了外国帝国主义的压迫。帝国主义者曾经进行各种阴谋,破坏我国各民族间由于长远的历史而形成的联系,企图实现他们的"分而治之"的侵略政策。中华人民共和国成立,使中国各民族都从帝国主义压迫下得到了解放,但是帝国主义者仍旧在处心积虑,妄想分离我国各民族,借以达到他们的重新奴役我国各民族的目的。面对着帝国主义者的这种侵略阴谋,我国各民族都必须提高警惕,不要给帝国主义者进行这种阴谋以任何机会。我国各民族都必须加强和巩固我们祖国的统一,必须紧紧地团结在一起,共同为建设伟大的祖国而努力。宪法草案宣布中华人民共和国是统一的多民族国家,并宣布各民族自治地方都是中华人民共和国不可分离的部分。显然,这样的规定是完全必要的,是完全符合我国各民族的共同利益的。

宪法草案通过各种规定,保证各少数民族在聚居的地方,都能真正行使自治权。民族自治地方的自治机关,不仅行使一般的地方国家机关的职权,而且能够依照宪法和法律规定的权限管理本地方的财政,依照国家的军事制度组织本地方的公安部队,可以制定自治条例和单行条例以适应当地民族的政治、经济和文化的特点。民族自治地方的自治机关的形式,可以依照实行区域自治的民族大多数人民的意愿去规定。自治机关在执行职务的时候要使用当地民族通用的语言文字。在只有一个乡的民族聚居地区内,虽然不可能也不需要建立自治机关行使上述各种自治权,但也要设立民族乡,以适应聚居的民族成份的特殊情况。

必须指出,大民族主义和地方民族主义都是错误的。这种思想,对于我国各民族的团结和民族区域自治的实行,都是有害的。我们从宪法草案的序言中可以看到,为着继续加强民族的团结,不仅要反对帝国主义和各民族内部的人民公敌,也要反对大民族主义和地方民族主义。

汉族在我国人口中占有极大的多数,由于历史条件的关系,汉族的政治、经济和文化在国内各民族中也发展得较高,但是决不能因此就以为汉族可以享受任何一点特权,就可以在其他兄弟民族面前表示任何一点骄傲。恰恰相反,汉族倒有特别的义务去帮助各兄弟民族的发展。各少数民族虽然已经获得了民族平等的权利,但是如果仅仅依靠他们自己的条件和力量,就还不能迅速地克服原来经济上和文化上的落后状况。因此,汉族的帮助对他们是很重要的。汉族人民必须在经济上和文化上给各兄弟民族以真心诚意的帮助,特别是派到各少数民族地区工作的汉族干部,更必须时时刻刻为少数民族经济文化的发展和生活水平的提高设想,全心全意为少数民族服务,帮助各少数民族内部的团结,并且要耐心地帮助当地民族干部成长起来,以便由他们自己担负本地区的各种领导工作。由于过去反动统治阶级的影响，在汉族人民中，以至在汉族干部中，还存在一种大汉族主义思想。例如：不尊重少数民族的风俗习惯，不尊重少数民族的语言文字，不承认少数民族有宗教信仰的自由，不承认少数民族有管理自己内部事务的权利，在少数民族地区工作而不尊重少数民族干部，不同他们商量办事，不相信他们能够在实际工作中提高自己管理各种事务的能力等等。毫无疑问，这种大汉族主义的思想和行为，必然会起破坏民族团结的作用，也完全是我们的国家制度所不允许的。汉族人民和汉族工作干部必须随时注意克服大汉族主义思想。另一方面，在各少数民族中存在着一种地方民族主义思想。这种地方民族主义同大汉族主义同样是长期历史的遗物。应当指出，这种地方民族主义的思想和行为，同样足以妨害各民族间的团结，而且完全有害于自己民族的利益，所以同样是应当克服的。

建设社会主义社会，这是我国国内各民族的共同目标。只有社会主义才能保证每一个民族都能在经济和文化上有高度的发展。我们的国家是有责任帮助国内每一个民族逐步走上这条幸福的大道的。

但是各民族有不同的历史条件，决不能认为国内各民族都会在同一时间、用同样的方式进入社会主义。宪法草案序言中说："国家在经济建设和文化建设的过程中将照顾各民族的需要，而在社会主义改造的问题上将充分注意各民族发展的特点。"这就是说，在什么时候实行社会主义改造以及如何实行社会主义改造等等问题上，都将因为各民族发展情况的不同而有所不同。在这一切问题上，应当容许各民族人民群众以及在各民族中同人民群众有联系的公众领袖们从容考虑，并按照他们的意愿去作决定。

在某些少数民族中进行社会主义改造的事业，将比汉族地区开始得晚一些，而且他们的社会主义改造所需要的时间也会长一些。当这些少数民族进行社会主义改造的时候，社会主义事业可能在全国大部分地区内已经有了很大的成效，这些少数民族将来的社会主义改造事业也就会有更为顺利的条件，因为在那个时候国家会有更多的物质力量去帮助他们。少数民族的广大人民，由于看到全国范围内社会主义胜利的好处，也会愿意走这条路。即使还有少数人担心社会主义改造会损害自己个人的利益，国家也会采取必要的政策，妥当地安顿他们的生活。所以社会主义改造，在少数民族地区，可以用更多的时间和更和缓的方式逐步地去实现。现在还没有完成民主改革的少数民族地区，今后也可以用某种和缓的方式完成民主改革，然后逐步过渡到社会主义。在我们国家内，在各少数民族中，任何人只要拥护人民民主制度，团结在祖国大家庭里，就都有自己的光明前途，在社会主义社会中都有自己的出路，这是一定的。

以上是关于宪法草案基本内容的说明。

结　　　论

各位代表！在全国人民的讨论中，证明了我们的宪法草案是代表全国各族人民的利益的，是实事求是的。人民群众在讨论宪法草案的时候说："宪法草案把全国人民在中国共产党和毛主席领导下做过的许多事情都写上了；把现在已经开始做、以后应当做又能够做的事情也写上了。""我们应当怎样走到社会主义，一条一条地都摆出来了。""宪法草案标志着各少数民族的政治、经济和文化的建设事业将得到更大的发展。"广大群众认为我们起草的宪法是"幸福生活的保证"，认为宪法草案的"每一条都代表着人民的利益"。这是人民群众对宪法草案所作的结论，显然，这种结论是正确的。

我们的宪法草案，经过全国人民代表大会通过以后，将成为我国的国家根本法。这个宪法既然是表达了人民群众的亲身经验和长期心愿，它就一定能够在我国的国家生活中起巨大的积极的作用，一定会鼓舞人民群众为保卫和发展我们的胜利成果而斗争，为粉碎一切企图破坏我国社会制度和国家制度的敌人而斗争，为促进我国建设事业的健全发展和加速我国建设的进度而斗争。

宪法是全体人民和一切国家机关都必须遵守的。全国人民代表大会和地方各级人民代表大会的代表以及一切国家机关的工作人员，都是人民的勤务员，一切国家机关都是为人民服务的机关，因此，他们在遵守宪法和保证宪法的实施方面，就负有特别的责任。

中国共产党是我们国家的领导核心。党的这种地位，决不应当使党员在国家生活中享有任何特殊的权利，只是使他们必须担负更大的责任。中国共产党的党员必须在遵守宪法和一切其他法律中起模范作用。一切共产党员都要密切联系群众，同各民主党派、同党外的广大群众团结在一起，为宪法的实施而积极努力。

　　中华人民共和国宪法的公布，不但会使全国人民欢欣鼓舞，而且也会使我们在全世界一切国家中的朋友感到高兴。人民的中国在国际间有很多的朋友。伟大的苏联和各人民民主国家是我们亲密的朋友，全世界一切国家爱好和平的人民都是我们的朋友。我们在国际间的朋友对我们事业的支持，是我们取得胜利的主要条件之一。我们的朋友为我们的胜利而高兴是可以理解的。中国革命的胜利具有伟大的世界历史意义，中国社会主义建设和社会主义改造的胜利，同样是具有伟大的世界历史意义的。我们的宪法已经把我国在国际事务中的根本方针规定下来了，这个方针就是要为世界和平和人类进步的崇高目的而努力。我国已经得到的一切成就和将要得到的成就，都有助于全世界人民的和平与进步的共同事业。争取世界的持久和平是我国进行社会主义建设的必要条件。

　　我国宪法的公布，是全国各族人民长期共同奋斗获得了伟大胜利的一个成果，但是这并不是说，宪法公布以后，宪法所规定的任何条文就都会自然而然地实现起来。不是的。宪法一方面总结了我们过去的奋斗，另一方面给了我们目前的奋斗以根本的法律基础。它在我们国家生活的最重要的问题上，规定了什么样的事是合法的，或者是法定必须执行的，又规定了什么样的事是非法的，必须禁止的。在宪法公布以后，违反宪法规定的现象并不会自行消灭，但是宪法给了我们一个有力的武器，使我们能够有效地为消灭这些现象而斗争。宪法规定我们的国家要建立社会主义社会，这当然不是说社会主义社会已经是现成的东西，也不是说我们可以坐着等它来到。我们面前还有遥远的道路，在这条道路上必然会有艰难，有曲折,绝对不会是一帆风顺的。宪法的意义是伟大的,宪法交给我们的任务尤其伟大。我们只有经过艰苦的奋斗和顽强的工作,经过不断的努力的学习,克服横在我们面前的种种困难,才能达到我们的目的。我们一点也不要因为我们目前所已经得到的成就而骄傲自满。骄傲自满,对于任何个人,任何阶级,任何政党,任何民族,都是有百害而无一利的。当我们庆祝宪法的制定和公布的时候,我们全国各族人民必须按照宪法所规定的道路,在中国共产党的领导下,加强团结,继续努力,谦虚谨慎,戒骄戒躁,为保证宪法的完全实施而奋斗,为把我国建设成为一个伟大的社会主义国家而奋斗。

提 倡 节 育[*]

（一九五四年十二月二十七日）

关于节育问题，我们党、我们的卫生机关和宣传机关，是提倡还是反对？有些人是反对的，有的人还写了反对文章。现在我们要肯定一点，党是赞成节育的。为什么要赞成而不反对？这个道理列宁已经讲过。苏联在革命胜利后，经济尚未恢复和发展，人民生活很苦，无产阶级生活更苦，小孩生多了没有办法。经济没有发展起来，不节育是无法解决困难的。后来苏联社会主义建设成功，才搞"母亲英雄"，提倡生育；特别在第二次世界大战结束以后，人口减少，又有大量荒地可以利用，增加人口有利，就提倡生育了。为什么苏联先节制生育后提倡生育？因为情况变了。我们中国要不要搞"母亲英雄"和提倡生育呢？我们不要搞，我看将来也不搞，可能永远不搞。我们在陕北时提过"人畜两旺"的口号。据我所知，当时陕北婴儿死亡率很高，生下来的小孩有百分之五十都死了。人民要求改变这种状况，我们才提出"人畜两旺"。我们并未提倡多生，主要是设法降低婴儿死亡率。又因为有人不赞成

---

　*　这是在召集国务院第二（文教）办公室、卫生部、轻工业部、商业部、中共中央宣传部、中华全国民主妇女联合会等单位负责人座谈节制生育问题时的总结讲话。

新法接生,所以要宣传。但就在那时,"人畜两旺"在干部中也没有提倡。那时我们在农村,现在到了城市,情况完全不同了。我们已经有了六万万人,每年生的比死的多得多。全国每年出生二千多万人,除掉死的还增加一千多万人。中国大概不会因为节育闹人口恐慌,今天有六万万,以后会不会越来越少? 我看不会。全世界的人口增加,以中国为最快,现在每年平均增长率为百分之二。如果不节育,增加还要快。人口增加后有没有困难? 有困难,困难很多,而且一下子解决不了。例如北京的粮食、布匹、药品就都不够。国家在这方面有很大负担,很多个人也有困难。总之,小孩生多了困难很大,父母、家庭、小孩子本身都困难,社会和国家也困难。衣、食、医药、学校等等都不够,而且一下子也解决不了。因此,应当赞成节育,不应反对。反对的理由都不能成立。说节育不人道,这不对。说节育影响不好,这不是实际问题。

节育问题怎样宣传? 公开登报宣传现在不必进行。但是可以做口头宣传。首先搞一个党内指示[65],在党刊上发表,先把党内思想统一起来,使干部看法一致。卫生部可以用卫生常识的名义专门编些节育技术指导的小册子,也不用登报。医药公司卖避孕药品和器具,生意好得很,也用不着登广告。在卫生机关和医院中,对医务工作人员讲清楚道理是必要的,以澄清思想。

堕胎、绝育等问题,卫生部应有具体规定。现在,结扎输卵管要生过六个孩子,限额太高了。特别是有病的人,最好一个小孩也不要生。还有难产的,据说上海有剖腹生过三个小孩的人要求结扎输卵管,医生还不干。其实,这样难产的,不必等生第三个就应该结扎了。

避孕药品与器具的供应，不要从商业问题上着眼，这是个人民需要的带政策性的问题。商业部门和生产部门要努力供应，力求满足，尽可能做好。国家控制有必要。对私人工厂也要加工订货。扩大生产有困难，可以克服。这生意不会亏本，但不要赚很多。自己生产不足，允许进口，从苏联、人民民主国家进口，也允许从资本主义国家进口，也不禁止到香港去买。现在乡下人也在叫苦，他们不知道如何节育，也不知道可不可以不生孩子，溺婴的很多，特别在贫苦农民中更多。可见农民中也不是没有人要求节育。做妇女工作的同志就应该采取适当办法，告诉他们如何节育。当然，现在在农村中也不要搞节育的宣传动员运动。

根据今天讨论的结果，你们可以起草一个报告，交中央批下去登党刊。报告起草工作由林枫[66]同志负责，卫生部徐运北[67]、轻工业部龚饮冰[68]、商业部王磊[69]、中宣部范长江[70]、妇联康克清[71]这些同志参加。经常工作主要由卫生部负责。

给张难先委员的信

（一九五五年四月七日）

张难先[72]委员：

三月二日来函及附件均已收到，你所提的意见很重要。

共产党和人民政府是为人民服务的，过去为人民做了好事，今后还要为人民做好事。号召人民相信共产党和人民政府是好的，但人民对共产党和人民政府的每项政策，都要经过自己的亲身体验，才能真正相信。所以在实施政策的时候，要向人民进行宣传解释工作，打通人民的思想，有时还要等待人民的觉悟。因此，不能性急，也不能提倡盲从。

依法罢免人民代表或者政府工作人员，是人民很重要的权利，在必要的时候，应当予以实施。在这方面需要多加宣传，并应通过类似监利县这样的事例写文章，登报纸，用以教育干部和人民，使人民行使自己的这种权利。

我们的国家这样大，机关这样多，绝大多数的干部是好的，但也有少数不好，这是事实。同时，好的干部如果没有经常的监督也可能变坏。因此，对一切国家机关工作人员都应实行监督。除了广大人民的监督以外，还必须加强各级监察机关和检察机关，认真实行国家的监督。

　　我很关心你的眼疾，务请注意静养，少看书报，以期早日痊愈。

　　此致
敬礼

　　　　　　　　　　　　　　刘　少　奇
　　　　　　　　　　　　一九五五年四月七日

关于资本主义工商业的
社会主义改造问题 *

（一九五五年十一月十六日）

最近，在中华全国工商业联合会[73]开会时，毛泽东同志就资本主义工商业的社会主义改造问题，找参加会议的资本家谈了两次话。对这个问题，还没有同各地的同志谈，党内的思想还不统一。现在的情况，是我们要全面地进行对资本主义工商业的社会主义改造，要全面规划，同农业合作化一样，在两三年之内把对资本主义工商业的改造搞出一个头绪来，公私合营要基本上完成。面临着这个任务，在这紧张的时期，如果我们党内的思想不完全统一，认识不一致，那是不好的，会使我们党的领导陷于被动。所以，中央决定开这个会。

现在，资本家的情绪很不安，小资产阶级、农民的情绪也不安。这是个很大的问题。原因是什么呢？就是我们现在要改变两种所有制：要把小生产者的个体所有制改变为集体所有制；要把资本主义所有制改变为国家的全民所有制。所以，牵涉的人很多，农民牵进来了，小手工业者牵进来了，小商小贩牵进来了，资本家牵进来了。要改变他们的所有制，改变他

---

* 这是在中共中央召开的有各省、市、自治区党委代表参加的关于资本主义工商业社会主义改造问题会议上的讲话。

们的生活方式、生活习惯。因此，他们动荡不安，感觉到掌握不住自己的命运，不晓得明天怎么样。毛泽东同志讲，现在资本家是"十五个吊桶打水，七上八下"[74]。在这个紧要关头，如果我们不加紧宣传党的方针政策，或者我们在政策上犯错误，再加上反革命分子一鼓动，就可能发生大问题。所以，我们在这方面要抓紧。现在没有牵涉到的只有一个工人阶级。他们是无产阶级，没有土地，也没有私有资本。这一部分人全中国有几千万。要搞社会主义，就要靠这几千万人，靠工人阶级提出办法。所以，没有无产阶级专政，没有无产阶级坚强的领导，社会主义是不能建成的，改变这两种所有制是不可能的。

要建成社会主义社会，就要改变资本主义所有制和个体所有制，建立全民所有制和集体所有制。只要我们抓紧了这一点，在这一点上不动摇，那末，我们就基本上没有违背马列主义，就不会犯重大错误。至于用什么方法，采取什么形式，用多少时间来改变这两种所有制，特别是废除资本主义所有制，这是可以根据各国的客观条件来决定的。

党的路线是要实行和平改造，即采用赎买的办法来废除资本主义所有制。这就跟废除封建所有制的办法不同。对于地主阶级，我们是采取打倒的办法，没收的办法，而对资产阶级我们不是采取打倒的办法，也不是采取没收的办法，而是采取赎买的办法。大体上，废除资本主义所有制有这么几种办法：一种是没收的办法，这是苏联采取了的，东欧各国也是采取这个办法；一种是挤垮的办法，就是不给任务，不给原料，不给生意作，把生意统统揽到我们国营商店、国营工厂里面，这在名义上不说是没收,实际上还不是死路一条?还有一种是赎买的办法。这三种办法的目的都是最后实现全民所有制。现在我们可以考虑一下这个问题。用没收的办法好不好?一九四九年要没收是可以没收的,现在如果要没收也还是可以没收的,问题是这个办法有好处没有。我们说,党内的思想不完全统一,还有分歧,就是指的这个问题。恐怕还有不少的干部总在那里等着,认为资本家的资产总是有一天要没收的,这个办法在许多同志脑子中间并没有放弃。用挤垮的办法在我们很多同志中间也是有这个想法的。应该挤垮,为什么不一下挤垮?为什么还要把生意让给资本家作?我们现在是采取赎买的办法。我们也宣传这一点,向资本家讲清这一点。形式上我们不是拿一笔钱或者发一笔公债给资本家,把工厂买过来,而是分作若干年,或者十多年,用"四马分肥"〔75〕的办法,用定息〔76〕的办法,付给资本家一笔利润。到最后,定息没有了,就是全民所有制完全实现了。三种办法哪一种好,请同志们讨论这个问题。在这个问题上要统一一下认识,不然,在阶级斗争这样紧张,五亿几千万人动荡不安的时候,我们党内思想不统一,认识不一致,有的要采取这个办法,有的要采取那个办法,还有的同志要采取其他的办法,这是很危险的。所以,这是很重要的问题。

采取没收的办法是不大好的。在一九四九年那个时候,社会主义经济还没有,就一下没收,会搞个稀烂,经济上不利,政治上也不利。资本家跟共产党合作,愿意接受共产党的领导,也愿意开工生产,我们说不要,一定要自己干,要把它没收,理由不那么充足。而且,那个时候农村里面土地改革没有完成，我们党的干部主要集中在农村，派不出更多的干部到城市里面来。一九五〇年的时候，不是有同志主张对资本家要挤一下吗？毛泽东同志说，不要四面出击，农村里面地主还没有打倒，在城市里面就向资本家出击，这是很不利的，这是很危险的[77]。所以，那时来一个调整工商业，退让一下，是完全正确的。一九四九年不采取没收的政策，在政治上、经济上证明是对的。那末，今天是不是可以没收？今天这个理由更不好说。资本家接受了共产党的领导，成立了工商业联合会，参加了政治协商会议[78]，拥护宪法，努力完成加工订货（当然也有一些五毒[79]行为），这时候忽然一下实行没收，那就没有信用了，政治上就很不利，站不住脚。同时，对我们同帝国主义的斗争，对国内的阶级斗争也是很不利的。经济上也不利。挤垮的办法也一样，挤垮，他就要破产，破产就要受损失，破铜烂铁、坛坛罐罐就要打烂一些，破坏一些。毛泽东同志也讲过，把资本家挤垮，把他赶到马路上去要饭，然后还是要救济他，要他劳动改造。不论是对地主也好，对资本家也好，总是要把他们改造过来，变成劳动者。这条路是不可避免的。马克思就讲过，无产阶级不解放全人类自己就不能最后解放[80]。如果共产党也可以讲一点命运的话，无产阶级就是这么一条苦命。总而言之，我们采取没收的办法也好，挤垮的办法也好，赎买的办法也好，最后还是要把资本家收容起来，加以改造，使他们变成劳动者。因此，用赎买的办法，统一战线的办法，是最好的办法。正象马克思对英国工人阶级说的，在适当的情况下面，对资本家实行赎买的办法，这是最有利的[81]。

对资本主义工商业实行和平改造有没有可能？这决定于条件。马克思说过，在一定的条件之下，和平改造是可能的。现在我们就是有了这种条件，有了这种充分的条件。国际的条件，一个是苏联的存在，一个是中国的民族资产阶级跟国际资产阶级割断了联系。说它们一点联系也没有，当然也很难讲，但是它们的经济联系和政治联系一般是割断了的。国内的条件，政治上，有无产阶级、共产党的领导，强有力的人民民主专政，巩固的工农联盟，再加上农业和手工业的合作化，这样就完全把民族资产阶级包围起来了，要它走社会主义道路。经济上，现在我们有极大的社会主义经济优势，资本家不接受改造就要垮台，就要破产，接受改造就统一安排，也就有饭吃。所以，从国际条件来看，从国内条件来看，造成了一种形势，逼着资本家非走这条路不可。同时，我们还采取了赎买的政策，给他利润，安排他的工作，政治上给选举权，给地位。在这种形势下面，在这种条件下面，再加上教育，资本家接受社会主义改造是可能的，和平改造是可能的。

现在，各位同志的任务就是要向资本家进行教育，向他们解释党的方针政策，向他们指出走社会主义这条路前途是光明的。要调查清楚他们的思想状态，有些什么问题，有些什么顾虑，然后研究一下。在目前这个时期，有关的各部部长、局长，各地方的省长、市长、党委书记应多有几次，或者可以说经常地召集大的、中的、小的资本家开会，向他们作报告，向他们宣传社会主义。

要在资产阶级分子中间培养一批核心进步分子，每一个城市里面应该有几十个或者几百个。他们应该是不怕"共产"，而且下决心准备"共产"。他们不仅自己下决心,而且向其他的资产阶级分子去宣传,去影响其他的资产阶级分子。这个问题是毛泽东同志提出来的一个很重要的问题[82]。就是说,我们要废除资本主义所有制,不只是采取逼的办法,而且要采取教的办法,统一战线的办法。要使资产阶级内部起变化,就要在资产阶级里面产生那么一部分人,他们积极赞成社会主义。这样事情就好办。他们内部没有这个分化,没有产生这样的人,这就难办。那末,有这么多共产党员,有这么多工人阶级里面的积极分子还不够吗?为什么还要在资本家里面找积极分子呢?同志们必须清楚,资本家中间的积极分子能够起一种作用,这种作用是共产党员和工人阶级中的积极分子起不了的。刚才陈云[83]同志讲了,两个陈副总理[84]的报告不如资本家老婆的一席话。所以,在资本家中间,在资本家的老婆中间,在资本家的子女中间,有一批积极分子,赞成社会主义,宣传社会主义,这是很可宝贵的,对于今天的阶级斗争形势是很有帮助的。这是一个重要问题。对这个问题思想上要搞通,不然做这个事情就觉得没有劲,做是要去做,因为中央指示了,不做也不行,但是做得懒洋洋的,做得不那么认真。

要变资本家和资本家代理人为劳动者,为工人,为国家经济机关的工作人员,这是不是可能呢?我看这个问题在我们党内有些同志是怀疑的,而且怀疑这是不是违背马列主义。变为劳动者,无非是种地,做工,在国家机关里面办事,在学校里面教书。而很多资本家是管过工厂的,资本家代理人就是管理工厂的人。当然,其中有些人是不大能够做事的,但有些人是很能够做事的,精明干练、懂技术的人不少,他们的管理能力甚至超过我们的同志。如果把他说通了,他不用资本主义的办法而用社会主义的办法来管理工厂,能够管得很好,那为什么不可以呢? 把资本家改造之后,有的甚至比我们的同志管工厂管得好一些,这种情形是可能的。当然,将来在我们的机关里面,如果有这么一些资产阶级分子,那消灭资本主义残余的斗争就会更复杂一些,时间更长一些。

使资产阶级分子接受社会主义改造这件事情,是要准备在一个相当长的时间里面来最后完成的。不是一下子没收,也不是一下子挤垮,而是分成多少年,慢慢地逐步地使他们改变习惯,改变生活方式,到最后不给定息他们也可以维持生活了,生活习惯也改变了,没有觉得不方便了,这就是毛泽东同志讲的“水到渠成,瓜熟蒂落”〔85〕。统一战线以后是不是要? 阶级消灭了以后,还要有统一战线,因为还有这么多原来的资本家,还有这么些党派,大家团结起来有好处,在国际上也有好的影响。

对资本主义工商业的改造,要有一个全面规划,不要一股风,应该很有计划、很有步骤地来进行这个工作,各方面要配合,党委要抓紧领导。现在是一个紧要的时期,全行业的公私合营是我们同资产阶级决定胜负的斗争。当然,我们以前也跟资产阶级斗争,“三反”〔60〕“五反”〔61〕运动把它集中地斗了一下,后来又松一点了,以后还有斗争。其中一个决定胜负的斗争,一个起质的变化、起决定性变化的斗争,就是这个公私合营的斗争。这是谁战胜谁的问题。我们跟资产阶级斗争,到底是社会主义胜利,还是资本主义胜利呢? 这个谁战胜谁的问题还没有解决。那末在什么问题上解决呢？一个农业合作化，一个手工业合作化，一个资本主义工商业公私合营。资本主义工商业公私合营了，农业合作化了，手工业合作化了，胜负问题也就解决了。所以，对农业合作化的问题，手工业合作化的问题，资本主义工商业社会主义改造的问题，必须重视，必须抓紧，不能马马虎虎，不能随随便便。同志们要紧张起来，谨慎小心，不要有本位主义，不要有个人主义，要团结一致，把这个工作做好。这样，就可以取得社会主义战胜资本主义的决定性的结果。

关于作家的修养等问题 *

（一九五六年三月五日）

关 于 业 余 作 家

大多数的青年还是要利用业余时间进行写作，应该让他们在工作中锻炼，不应该过早地把他们调出来。因为调出来对工作有影响；同时，让他们专业写作不见得就有很大把握，要考虑调出来对创作事业是不是有好处。

某些人，经过作家协会了解，确实是能够写作、而且写作有把握的，我们应该帮助他们，给他们写作机会，切实保证他们的创作时间，如果他们不能长期离开工作，可以利用短期的创作假期的办法让他们进行创作。

担负实际工作的同志，我们发现其中确实是有创作天才的（因为文学艺术和其他工作不同，需要特殊的天才），就可以调出来使他们专业化，让他们当作家。全国有很多地委书记、县委书记、厅长、局长，如果他们当中确实是有写作天才的，就应该调出来。我们少一个厅长，多一个作家，比较起来益处更大。只要你们知道哪一个地委书记或者县长，他的确有经验，

---

* 这是在中国作家协会第二次理事会扩大会议期间同作协负责人周扬、刘白羽的谈话。

有创作才能，虽然文学艺术修养不够，那就可以把他调出来，帮助他提高文学艺术方面的修养，使他成为一个专业作家。

关于作家的修养

我们的作家，如果要成为一个好的专业作家，应该具有丰富的知识，应该懂得自然科学：物理学（包括懂得原子弹，现在是原子能时代）、化学、代数、几何、微积分，也应该懂得历史知识和世界文学知识，至少应该懂得一种外国文，要能看原文。既然是大作家，就应该懂得外国文。鲁迅就有很丰富的知识，我们的优秀作家也应该成为这样的大作家。我们许多作家，是革命培养出来的，有丰富的斗争经验，和群众也有联系，就是知识不够，是"土作家"，只懂得关于老百姓的一点东西，不知道世界知识。只当一个"土作家"是不行的。我们的青年作家或专业作家都要有丰富的知识。文化水平决定作家的创作水平。要让那些有天才的人专业化，让他们学习历史，学习文学，给他们条件，为使他们成为一个大作家打好基础。

关于减轻作家的文学行政工作

文学行政工作很重要，没有这部分工作，作家的队伍就不能组织起来。要调一些非作家来做行政工作，以免除一些作家的行政职务。

作家协会有多少人？（周扬：总会、分会一共不到一千人。）人少，其中又有很多青年，从里边很难找到做行政工作的

人，应该调一些做党政工作的人来干行政工作，减轻作家的
负担。

关 于 文 学 编 辑

这工作不是作家就不行。应该重视编辑工作，对于编辑的
待遇，各方面都要提高。编辑工作是一种高级创作。因为他
要看作家的作品，鉴别作品，因此这个工作本身就是创作，只
不过他不写就是了。（周扬：编辑也要到生活中去。）很赞成。

关于作家体验生活

体验生活还是要参与实际工作，哪怕是很短一个时期也
可以。一个没有到农村去领导过或办过合作社的人，自己一
点经验也没有，要描写农业合作化，那总是困难的，写矛盾、冲
突也没有办法写。

关于党、政府和负责同志对作品的
批评以及作家怎样对待这些批评

党与政府采取政治上的干涉，有的是应当的，就是干涉得
对的；但是也有的干涉是粗暴的，或者干涉错了的。一个作家
写的作品没有被通过，或是一个剧本不让上演，不让发表，或
是让作家再改。这怎么办呢？作家对于党与政府的意见都是很
尊重的，作家自己对于生活也没有十分把握，因此感到很为

难。以后如果这种干涉是正式代表组织的意见，就应有一个正式决定，来一个正式文件，无论是代表党委或政府，都应有正式文件。作家如果不同意组织上的意见，还可以把组织上的正式决定连同你的意见寄到中央来，或是寄到文化部、宣传部、作家协会，都可以。如果有组织上的正式决定，在这个决定没有取消和改变以前，你就得服从，因为你在那个地方首先还是受当地党委的领导，还是不能无政府主义。如果证明是他们干涉错了，我们就可把这些材料加以通报或在报纸上发表。总之，对于这种干涉，不论他们是文化局长或是党委书记，都要他们来一个正式决议，不要口头讲，口头上发表议论不能算数。

我们对于新产品应该爱护。虽然它还有些公式主义，还很幼稚，不完全合乎群众的需要，落后于群众的要求，群众有意见，议论纷纷，但是我们要爱护它们，因为它们是新产品。

作家不能不让人家提意见，不让人家讲话。自由论争就是要让大家讲话。有的意见是负责同志讲的，这些负责同志的话，也应该看作是读者、观众的意见，尊重他们的意见，是完全应该的，但作家不一定要按他们提的意见那样修改，作家如果不同意可以不改。作家不让负责同志发表感想也不好，因为是负责人，言论就没有自由了？那不行。他们可以发表他们的感想，至于你采纳不采纳，或者是不是按他们的意见修改，你有你的自由。如果是政治上的错误，那就要做出决定，有正式文件，那当然是另一回事。没有正式文件，你可以只当作个别意见，可以不听。那一天我看到曹禺[86]同志，曾说：延安时期演的《雷雨》比现在演得好。也许我这个印象是不对的，但是，是不是以后就不许我讲话了呢？既有两种不同的感想，就可以讲。（陈毅[87]：作家应该有独立的见解，独立的风格。）很同意。

关于作家的社会主义热情

现在工人、农民对于社会主义的积极性这样高，而有些作家——人类灵魂的工程师倒反而没有积极性，没有社会主义热情，哪怕是极个别的人，也应该注意这个问题。作家没有社会主义的热情，就是有另外一种热情。

对于文艺工作的几点意见 [*]

（一九五六年三月八日）

一

民间职业剧团是否改为国营，需要研究。未定之前，暂时不改。可先搞合作社性质的"共和班"，通过党团员和积极分子来领导。要注意改善其内部关系，通过内部力量去改造。首先要用物质利益去促进他们的劳动，要劳动者从自己物质生活上去关心自己的劳动。不要因为想搞国营，就不关心劳动成果了，好象观众喜欢不喜欢都一样。劳动者关心劳动成果，这是社会主义的客观法则。国营剧团也应当注意关心自己的劳动成果。其次是对待演员，好演员工资要高些，差一点的，工资可低些。可以采取订立合同的办法。有权签订合同，也有权拒签合同。"堂会"〔88〕是旧社会对戏班子的做法。现在还搞堂会，就是看不起艺术家。

几千个剧团都国营，会搞掉积极性。这不是促进，而是促退。该搞合作社，而搞了国营，这就是"左"。任何事情都一样，没有明显的优越性，不要去改，至少慢一点改。要让民

---

* 这是在文化部党组汇报工作时的谈话。

间职业剧团再搞它一个时期。比如在两三个五年计划内,让它与国营剧团竞赛,看谁的观众多,看谁最能得到人民的喜爱。

要适当组织个体劳动。有些个体劳动是长期的,如修修补补等行业。乐器制造尽可能搞些合作社。文化用品生产能搞合作社的就搞合作社,不行的就个体劳动。问题在于怎样组织才能适应他们的特点。对于流散艺人,可让他们登记,发给执照。说鼓书也是个体劳动,要让他们到处跑跑,但要适当组织,要适应他们的活动情况,便于他们的精神劳动。怎样组织好,可同他们商量。这些组织不要老开会,可以每年开它一两次会,时间也可固定。开会时采取民族形式,玩它一天,热闹一番,大家高兴。如会员碰到困难,就与有关方面交涉,帮助他们解决;还要帮助他们组织学习,听听报告,流动到哪里,都可以听到报告。对他们多做些政治思想工作。文艺团体也要多帮助他们。他们不适于集中活动,不要强迫他们集体活动,要放松一些。

要注意发展代销经销业。小书摊(包括租赁业)可采取代销或经销办法。代销业可确定一批代销员,推销多少给多少手续费。这实际上是零付工资。经销业有自己的资本,不要把它吃掉,可以搞批零差价,差价也相当于工资。在农村可搞货郎担,一个月去打个圈,也可有固定顾主和固定圈子。

二

我们的方针是百花齐放,推陈出新。但"出新"不能勉强。

文艺改革必须经过一定的努力。没有怀孕就要生孩子，这是不可能的。百花齐放，就允许并存，各搞各的。比如洋的土的都可以搞嘛。

演《打渔杀家》，穿补钉衣服不好。人民喜欢漂亮的人与衣服，不要搞得太实了。戏改不要大改，有害则改，无害不改。有些老戏很有教育意义，不要乱去改。新文艺工作者到戏曲剧团搞戏改，不要犯急性病。一定要"瓜熟蒂落"，"水到渠成"。不能过早地改，改得不要过分，不能改得不象了。京剧艺术水平很高，不能轻视，不能乱改。搞掉了是不行的。不采取支持、帮助、发展的方针，而采取轻视、忽略、压制的方针，是不对的。京剧看不懂，可用幻灯打字幕，那个时代讲的话，不要去改，照样写出来。当然瓜熟不摘，也要掉下来。戏改如此，各种改革都是如此。

瓜不熟，要摘，是主观主义。目前，主观主义、宗派主义、党八股都有。建议大家再好好读一读毛泽东同志《在延安文艺座谈会上的讲话》。文艺界要整风。

反映现代生活不能勉强。外国歌剧就很难反映，即使能反映，也只有几个戏。要让地方戏各尽所长，发挥作用。不要以为不能演现代戏的，就不重视。观众口味是不同的，有的愿听全本戏，有的愿听片断，大部分还是喜欢故事性强的戏。农民喜欢听连台本戏。看了折子戏，能得到休息，使人高兴，就很好。搞好娱乐、休息，就有助于人们发挥社会主义积极性。看《天鹅湖》可以提高兴致。《巴黎圣母院》的艺术水平很高，也有教育作用。

自己好的要保持、发扬，外国好的也都要吸收。世界各国的电影都要搞进来,包括美国的。一种是进步的,一种是无害的。无害的,能帮助了解情况的,也可以进口。有害的,不要进口。

新歌剧很好。比如《白毛女》,大家都很喜欢,外国人看了也很感动。我们是否有歌剧历史? 有。《葡萄仙子》、《麻雀与小孩》都是不错的。先前办洋学堂,是学日本,那时歌咏运动中有些歌,很普及。把这些编成歌剧,是从黎锦晖[89]起。不要轻视黎派的创作。他们大胆地把这种形式搬到舞台上。后来搞了《农村曲》。《白毛女》是发展,是进步,受到各国人民欢迎。要多搞《白毛女》这样的歌剧。西洋歌剧也要搞。

三

文艺批评问题,应当引起注意。要鼓励批评,发展批评,这是一;批评力求正确、适当,这是二;批评要看对象,应对人有所帮助,这是三。负责同志看戏,不许议论不行,议论了对人又有压力,怎么办? 若是随便讲几句,不能算批评,可以不听;如果是正式意见,那就讲清楚。当然组织决议还是要听的。既然是决议案,那就要服从。不这样,大家就无所适从。议论有时是正确的,有时不一定正确。外行提意见应采取商量的态度,不要站在作家之上。作家、艺术家要尊重群众的意见,但不是非听不可。否则这人说一句,改一下,那人说一句,又改一下,就会改得不成样子,也就没有个性了。

四

业余作家的作品大量出现，这是好现象，将来一定会更多。业余作家写出不少好的、反映现实的作品，因为他们熟悉生活。业余作家是大有希望的，作家协会一定要看重他们，培养他们，要采取欢迎、帮助、支持的态度。要采取一种政策，即：一方面让他们参加工作，一方面给他们写作时间，一个时候还可以离职写作。这是对待有成就的业余作家。职业作家也应当根据情况参加一定的工作。生龙活虎的东西，省委书记不一定能写出来。职业作家应了解省委是怎样领导工作的，有条件的应参加党的会议，从上到下有系统地参加。要深入生活。有的人原来是省、地委书记或部队干部，现在从事创作，要帮助他们多写，并给他们一定的荣誉。有的人当作家更适当，就让他们当作家，但仍须兼任一个副职，参加一些工作，千万不要脱离生活。领导部门要抓思想，同时要注意发挥作家的个性特点和风格。

在全国先进生产者
代表会议上的祝词[*]

（一九五六年四月三十日）

同志们：

我代表中国共产党中央委员会，向全国先进生产者代表会议，向出席和没有出席这次会议的全国先进生产者和先进工作者，致以热烈的祝贺！

从去年下半年以来，在我国的农村中兴起了巨大的农业合作化的高潮，接着全国资本主义工商业和手工业的社会主义改造也进入了高潮，这就是目前我国正在进行着的极为广阔极为深刻的社会主义革命。这个革命现在已经取得了决定性的胜利。这个革命的胜利极大地鼓舞了全国人民建设社会主义的积极性，促进了整个国民经济和文化事业的高涨。大家知道，全国的农民在农业生产战线上正在进行着空前未有的努力，为逐步地实现一九五六年至一九六七年的十二年农业发展的伟大计划[90]而奋斗。在他们中间，出现了大批的农业劳动模范，他们团结着广大的农民群众，成为农业战线上的中坚。同样，在工人阶级中间，在工业战线以及其他经济战线

和文化战线上，在各个工作部门的工作岗位上，也出现了空前规模的社会主义建设的热潮，出现了大批的先进生产者和先进工作者，他们发起了先进生产者运动，领导着广大的工人群众和知识分子群众，为又多又好又快又省地实现伟大的社会主义建设计划而斗争。你们就是工人阶级中间这些优秀分子的代表。

我国人民的共同目的是要把我国建设成为一个伟大的、有强大的工业和农业、有高度文化的社会主义国家。我国目前的经济状况和科学、文化、技术状况还是很落后的。因此，我们必须动员各方面一切可能动员的积极因素，进行长期的艰苦的斗争，才能逐步地改变我们的落后状况，实现我们的伟大的历史任务。目前我国各个生产战线上的先进生产者，各个工作部门中的先进工作者，正是我国社会主义建设事业中的一种最积极的因素。这种因素应当受到我们最大的重视。

人民群众是历史的创造者。人类社会的历史，归根结底，是生产的历史，是生产者的历史。生产是永远处在发展变动的状态中的，新的生产技术不断地代替着旧的生产技术。因此，在任何时代，在任何生产部门中，总是有少数比较先进的生产者，他们采用着比较先进的生产技术，创造着比较先进的生产定额。随后，就有愈来愈多的生产者学会了他们的技术，达到了他们的定额，直至最后，原来是少数先进分子的生产水平就成为全社会的生产水平，社会生产就提高了。如果有重大的生产技术的发明，就要引起生产技术的重大改革，带来生产的巨大高涨。因此，先进生产者是人类经济生活向前发展的先驱，也是人类社会历史向前发展的先驱。

但是先进生产者在旧的时代并不是经常受到社会重视的。恰恰相反，剥削阶级一般地是贱视生产者的。当先进生产者的创造有利于剥削者的时候，剥削者才利用这种创造，但是仍然常常为着"专利"而限制别人学习和利用这种创造。而当先进生产者的创造不利于剥削者，或者剥削者由于愚昧，而不能了解这种创造的价值的时候，这种创造和创造者就常常受到打击，受到压制。因此，在旧社会中，先进生产者的先进经验和各种发明创造的利用和发展，总是受到各种限制的。社会主义社会跟过去的旧社会相反，它的主人不是剥削者，而是生产的劳动者自己。在社会主义社会里，没有人禁止学习和利用先进生产者的先进经验，相反，它要求先进生产者充分发挥自己的作用，要求其他的生产者认真地学习和利用他们的先进经验，因为社会主义社会的利益是同先进生产者的利益一致的。在社会主义社会里，仍然有先进和落后的矛盾，但是这种矛盾不是对抗性的矛盾。社会主义社会解决这种矛盾的基本方法，就是通过劳动群众的自觉的努力，通过教育和批评的方式，不断地把落后提高到先进的水平。千百万劳动者在先进生产者率领下为消除落后而斗争，就是社会主义社会不断前进的一种动力。正因为这样，先进生产者在我们的时代里才能发展成为如此强大的群众性的运动，才能在社会生活中居于如此光荣的地位。大家知道，毛泽东同志曾经说过，劳动模范有三种作用，即带头作用、骨干作用和桥梁作用。这就是说，在人民民主制度的条件下，先进生产者不但是人民群众的先驱，而且成了人民群众的核心，成了国家和人民群众之间的重要纽带。先进生产者是社会和国家的领导力量的不可缺少的组成部分；没有先进生产者，也就不可能有完全正确的领导。

同志们！你们聚集在这里举行全国先进生产者代表会议，你们的会议受到党和政府的极大的重视，这个事实就是表示我们坚决支持你们在各个生产战线上的创造，支持全国的先进生产者运动；就是表示我们坚决同你们站在一起，要求全体工人阶级象你们一样地劳动；就是表示我们决心克服一切障碍，为把你们所已经达到的先进的生产水平迅速地变为全社会的生产水平，并且为继续前进到更高的生产水平而斗争。

为了发展先进生产者运动，为了使先进生产者运动达到这样的目的，需要先进生产者、普通生产者和生产的领导者三方面的共同努力。

每一个先进生产者应当坚持自己的先进的生产技术和先进的生产定额，应当为普及自己的先进的技术和先进的定额而斗争。先进生产者不只是要保持自己的先进，而且要努力促进别人由落后达到先进。因此，先进生产者必须用一切方法帮助和教会别人，并且不断地争取更加先进。仅仅依靠一时的先进不能保持永远的光荣，而骄傲自满只能促成自己的退步。唯有不断地学习，不断地努力，才有可能不断地前进。

每一个普通生产者应当向先进生产者学习，向先进生产者看齐，迅速地把一般的生产水平提高到先进分子的水平。这是完全可以做到而且是必须做到的。试问，既然是先进生产者已经做到的事，具有同样条件的别的生产者有什么理由做不到呢？既然是先进的单位已经做到的事，具有同样条件的别的单位有什么理由做不到呢？很明显，拒绝向先进生产者看齐的人们没有什么理由可讲，有的只是一种得过且过的惰性,这种惰性的实质不是别的,就是要保持生产的落后状态,保持我们国家的落后状态。因此,我们必须批评那种不积极赶上先进者、用种种借口替自己的落后辩护的人们,我们必须要求他们切实地改变这种态度。只有如此,才有可能尽快地把先进生产者的水平变为全社会的一般水平,从而尽快地把全社会的生产推向前进。

每一个生产的领导者应当坚决地支持先进生产者的运动,支持每一个有实际意义的先进经验和创造。这就是说,第一,他必须详细地鉴定、研究和总结先进生产者的先进经验,以便确定它是可以推广和应当推广的,并且找出推广的有效的方法。第二,他必须采取一切必要的技术措施和组织措施,例如组织先进操作的表演、传授和训练,改进原有的设备、劳动组织和操作规程,研究人们不愿意学习先进经验的经济上、技术上和思想上的原因,并且加以消除,等等,以便实际地而不是空谈地推广这种先进生产者的经验。谁做的这些实际工作愈多、愈好,他在推广先进生产者运动方面所得的成绩也就愈大。诚然,这是一个艰苦的、细致的工作,但是一个害怕做艰苦细致工作的人,是不能够成为一个社会主义事业的领导者的。

可惜在我们的社会主义事业中,这样的一种领导者还是有的,这些人具有我们所说的官僚主义的倾向。为了发展先进生产者运动,必须跟这种官僚主义倾向作斗争。

妨碍先进生产者运动的官僚主义倾向有几种形式。有一种人是实际上不满意或者反对先进生产者运动的。他们安于落后,把落后的技术和落后的定额当作先进的东西,或者是当作不能更改、至少是目前不能更改的东西。我们的不少的先进生产者已经跟这种人进行了斗争，用事实批判了他们的错误的观点，使他们受到了教育。我们今后还需要继续反对这种倾向。还有另一种形式的官僚主义倾向。有这种倾向的人，口头上甚至主观上不但不反对先进生产者运动，而且是热烈支持的，但是他们满足于空喊，满足于一般号召，满足于给先进生产者发奖旗，写访问记，满足于让先进生产者当这种或者那种代表，他们很少认真地为先进生产者创造条件，使之不断前进，很少认真地研究先进生产者的经验，认真地推广这些经验，他们不努力使先进生产者运动由个别的先进生产者前进到整个的先进的车间，由个别的先进的车间前进到整个的先进的工厂，由个别的先进的工厂前进到整个的先进的行业，反而使先进生产者有忙于应酬、脱离群众、不能继续提高、渐渐变为落后生产者的危险。我们必须纠正这种官僚主义的领导方法。

官僚主义倾向还有一种相当流行的表现，就是不关心职工群众的切身生活利益。在社会主义社会中，国家的利益、集体的利益和劳动者个人的利益应当是一致的，其中没有不可调和的矛盾。国营企业、公私合营企业、合作社营企业的工人，国家机关中和文化、教育、卫生事业机关中的工作人员，合作社的农民，他们的劳动是为着国家和集体的利益，同时是直接为着他们个人的利益。而国家的利益则是劳动人民的共同利益，也是每个劳动人民最根本的利益。当然，把个人的利益跟国家和集体的利益对立起来，离开生产的发展而追求生活的改善，这种意见是不正确的。但是只注意增加生产，增加国家和集体的利益，而不注意增加劳动者个人的利益，也是不正确的。要求在发展生产的基础上逐步增加个人的收入，改善个人的生活，这是完全正当的和必要的。只有这样，劳动者的积极性才会不断提高，先进生产者运动才能获得巩固的基础。但是现在有些企业和机关的领导者只是片面地注意提高劳动生产率，增加生产，却不注意按照可能和必要增加劳动者的收入，改善劳动者个人的生活，对于在生产上、工作上有卓越成就的人们，也不注意给予充分的奖励。这种倾向，无疑是必须坚决纠正的。

只有坚决依靠先进生产者、普通生产者和生产领导者的共同努力，只有坚决克服领导工作中的各种官僚主义倾向，并且正确地处理国家利益、集体利益和个人利益的关系，把它们紧密地结合起来，我们才能使先进生产者运动得到普遍的持久的发展，才能使我国的生产水平和科学、文化、技术水平在这一基础上不断地提高。

同志们！我们的国家是人民民主制度的国家，在我们的国家里，一切工作都必须贯彻执行依靠群众的路线，都必须依靠由上而下的方法和由下而上的方法相结合。离开群众的积极性主动性，离开群众的智慧和力量，任何少数人的领导都不会是正确的、有效的和巩固的。反过来说，只要我们不是在口头上而是在实际行动中密切地依靠群众，我们就能够战胜一切困难。在我们的前面摆着一个最困难的任务，这就是要把一个在经济上和文化上都很落后的六亿人口的大国建设成为一个先进的社会主义工业强国。完成这个任务，就会使整个社会主义阵营极大地加强起来，就会使世界和平极大地巩固起来。

为了达到这个目的，你们全体先进生产者代表和我们同样担负着巨大的、光荣的责任。我们希望你们每一位代表，你们所代表的每一位先进生产者和先进工作者，以及农民、手工业者、人民解放军的指战员和其他爱国人民中的每一位先进分子，在党中央和国务院的领导下，都能够密切地联系群众，带领群众不断地向先进的水平看齐，不断地前进再前进，那末，我们大家就一定能够完成我们共同的历史任务。

我们祖国的伟大的社会主义建设计划胜利万岁！

为社会主义而奋斗的中国工人阶级万岁！

伟大的中国人民万岁！

在中国共产党第八次
全国代表大会上的政治报告 *

（一九五六年九月十五日）

同志们：

从我们党的第七次代表大会[91]以来，十一年已经过去了。我们的祖国在这十一年内经历了两次有世界意义的伟大历史事变。在一九四九年，我们党领导人民推翻了帝国主义、封建主义、官僚资本主义的反动统治，建立了中华人民共和国。在去年下半年和今年上半年，我们党又领导人民取得了农业、手工业、资本主义工商业的社会主义改造的全面的决定性的胜利。由于这两次胜利，我们国家的内外关系发生了一系列的根本变化。

除台湾还被美国侵略者侵占以外，近百年来骑在中国人民头上的外国帝国主义势力已经被赶走了。中国已经成为伟大的独立自主的国家。

外国帝国主义的工具——官僚买办资产阶级已经在中国大陆上消灭了。

封建地主阶级，除个别地区以外，也已经消灭了。富农阶

---

* 本文原载一九五六年九月十七日《人民日报》，一九五七年二月编入人民出版社出版的《中国共产党第八次全国代表大会文献》。

级也正在消灭中。原来剥削农民的地主和富农，正在被改造成为自食其力的新人。

民族资产阶级分子正处在由剥削者变为劳动者的转变过程中。

广大的农民和其他个体劳动者，已经变为社会主义的集体劳动者。

工人阶级已经成为国家的领导阶级。它的队伍扩大了，它的觉悟程度和文化技术水平大大提高了。

知识界已经改变了原来的面貌，组成了一支为社会主义服务的队伍。

国内各民族已经组成为一个团结友好的民族大家庭。

以共产党为领导的人民民主统一战线，更加扩大和巩固了。

我们的国家参加了以苏联为首的争取持久和平和人类进步的社会主义阵营，同伟大的苏联和各人民民主国家建立了牢不可破的友好合作关系。我国人民在胜利的抗美援朝战争[41]中制止了帝国主义侵略者的凶焰。我国在国际关系中坚持和平共处的五项原则[92]。我国的国际地位提高了。

所有这些变化，不但唤起了中国六亿人民的空前未有的革命积极性，而且在世界生活中，在一切被压迫的民族和一切被剥削的人民中，不能不发生伟大的吸引力。

我们党现时的任务，就是要依靠已经获得解放和已经组织起来的几亿劳动人民，团结国内外一切可能团结的力量，充分利用一切对我们有利的条件，尽可能迅速地把我国建设成为一个伟大的社会主义国家。

为了完成这个巨大的任务，我们应当正确地总结过去时期的斗争经验，继续完成我国的社会主义改造，进一步加强我国的社会主义建设，进一步健全我国的政治生活，正确地处理国际事务，进一步巩固我们党。我们的大会对于这一切问题的讨论和决定，将促进我们党和我国人民在已有的胜利的基础上，取得新的更大的胜利。

一　党在过渡时期的总路线

在十一年前，党的第七次代表大会向全党提出的任务，是"放手发动群众，壮大人民力量，团结全国一切可能团结的力量，打败侵略者，建设新中国"。这个任务，已经在一九四九年实现了。

反动派常常自己选择走向灭亡的道路。我们党的第七次代表大会的方针是要求国民党同全国民主力量成立联合政府。还在抗日战争初期，我们党就曾经同国民党成立了联合抗日的协议。在以后，特别是在抗日战争结束以后，我们党又曾经多次同国民党进行和平谈判，以图避免内战，并且试图经过和平的道路实现中国的社会政治改革。在一九四六年，我们和几个民主党派曾经同国民党达成了一个和平建国的协议〔93〕。但是接着国民党反动派却在美帝国主义的支持下发动了全国的大内战，企图消灭代表中国人民的力量——中国共产党和其他一切进步民主力量。他们想错了。我们党在争取和平改革的时候并没有放弃警惕，没有放弃人民的武装。我们的政策是：如果国民党愿意和平，并且愿意在和平的条件下进行改革，这是有利于人民的，是我们所力争的。但是我们知道，和平的愿望能否实现，却不取决于我们，而取决于当时的统治阶级。如果国民党反动派一定要把战争强加在人民头上，那末，我们也作了充分的准备，能够动员人民的力量击败他们，使战争的发动者自食其果。历史所作的结论正是这样。想要消灭人民力量的人们，自己被人民的力量消灭了。

　　同反动派相反，人民不是好战的。即使在战争期间，凡能和平解放的地方，例如北京、绥远[8]、长沙、昆明、四川西部、新疆和西藏，我们都做了争取、接洽和谈判的工作，实现了和平解放。但是当着人民被迫而不能不拿起武器的时候，人民拿起武器来是完全正确的。反对人民这样做，要求人民向进攻的敌人屈服，这就是机会主义的路线。在这里，究竟采取革命的路线，还是采取机会主义的路线，这是关系到六亿人民在时机成熟的时候是否应当取得政权的大问题。我们党采取了革命的路线，因而有了今天的中华人民共和国。

　　在中华人民共和国成立以后，由于工人阶级在同几亿农民建立了坚固同盟的条件下取得了全国范围的统治权力，工人阶级的政党中国共产党成为领导全国政权的政党，人民民主专政实质上已经成为无产阶级专政的一种形式。这就使我国的资产阶级民主性质的革命有可能经过和平的道路，直接地转变为无产阶级社会主义性质的革命。因此，中华人民共和国的成立，标志着我国资产阶级民主革命阶段的基本结束和无产阶级社会主义革命阶段的开始，标志着我国由资本主义到社会主义的过渡时期的开始。

　　我国过渡时期的基本特点是什么呢？

第一，我们的国家是一个工业落后的国家。为了建设社会主义社会，必须发展社会主义的工业，首先是重工业，使我们的国家由落后的农业国变为先进的工业国，而这是需要一个相当长的时间的。

第二，在我们的国家里，工人阶级的同盟者不但有农民和城市小资产阶级，而且有民族资产阶级。因此，为了改造旧经济，不但对于农业和手工业需要采取和平改造的方法，而且对于资本主义工商业，也需要采取和平改造的方法，而这就需要逐步进行，需要时间。

党中央委员会根据我国的具体情况，规定了我们党在过渡时期的总路线，这就是：在一个相当长的时间内，逐步实现社会主义的工业化，逐步完成对农业、手工业和资本主义工商业的社会主义改造。党的这个总路线是在一九五二年国民经济恢复阶段终结的时候提出的，在一九五四年已经为全国人民代表大会所接受，作为国家在过渡时期的总任务，记载在中华人民共和国宪法里面。

党在过渡时期的总路线是照耀我们各项工作的灯塔。各项工作离开它，就要犯右倾或者"左"倾的错误。在过去几年中，从右面离开党的总路线的倾向，主要地是仅仅满足于资产阶级民主革命的既得成就，要求把革命停顿下来，不承认我们的革命有向社会主义过渡的必要，不愿意对城市和农村的资本主义采取适当的限制政策，不相信党能够领导农民走向社会主义，不相信党能够领导全国人民建成社会主义。从"左"面离开党的总路线的倾向，主要地是要求在"一个早上"就实现社会主义，要求在我国用没收的方法消灭民族资产阶级，或者用排挤的方法使资本主义工商业破产，不承认过渡到社会主义应当采取逐步前进的步骤，不相信我们可以经过和平的道路达到社会主义革命的目的。我们党坚决地拒绝和批判了这两种错误的倾向。很明显，如果我们党接受这些意见的任何一种，我们就将不能建设社会主义，或者不能如同今天这样顺利地建设社会主义。

按照过渡时期的总路线，我国已经在一九五三年开始执行发展国民经济的第一个五年计划。党中央委员会原来预计，完成过渡时期的总任务，将需要大约三个五年计划的时间。第一个五年计划的实践证明，为了完成国家的工业化，三个五年计划的时间是必要的，或者还需要更多一点时间。但是社会主义改造的任务，在第一个五年计划期间就已经基本上完成，而在第二个五年计划期间，除个别地区以外，就可以全部完成。

二　社会主义改造

我国的农业、手工业、资本主义工商业的社会主义改造，现在已经取得了决定性的胜利。

根据今年六月的统计，全国一亿二千万农户中，加入农业生产合作社[62]的，已经有一亿一千万户，占农户总数的百分之九十一点七。其中，有三千五百万户加入了初级合作社；有七千五百万户，即大多数，加入了高级合作社。畜牧业中的互助合作运动，也已经有了发展。

全国个体手工业者参加了各种不同形式的生产合作组

织。加入工业生产合作社、生产小组或者供销生产合作社的，已经占个体手工业从业人员总数的百分之九十。个体渔民、个体盐民和运输业中的个体劳动者，现在也基本上实现了合作化。

全国资本主义工商业已经基本上实现了全行业的公私合营。个体小商业也已经基本上实现了合作化，为国营商业和合作社商业执行代销代购的业务。

这些成就，主要地是在一九五五年下半年开始的我国农业、手工业和资本主义工商业的社会主义改造运动的高潮中达到的。

这个社会主义改造运动高潮的出现，不是偶然的，而是一九四九年以来我国各种社会条件发展成熟的必然结果。

中华人民共和国成立以后，人民政府没收了控制国家经济命脉的全部官僚资本的企业，包括由国民党政府在抗战胜利以后接收的日、德、意各国在中国的企业，把它们变为国营的社会主义企业，使国家掌握了最大的银行，几乎全部的铁路，绝大多数的钢铁工业，其他重工业的主要部分，以及轻工业的某些重要部分。这就为我国社会主义经济的优越地位奠定了基础。

人民政府接着用极大的努力发展了国营工业、国营运输业和其他国营企业。国营工业产值在一九四九年还只占全部工业总产值的百分之二十六点三，到一九五二年就已经占百分之四十一点五，而到一九五五年，就已经占百分之五十一点三了。

人民政府把全部私营银行和钱庄改造为在国家银行领导

下的统一的公私合营银行，由国家集中经营银行信贷、保险业务和黄金、白银、外国货币的交易。人民政府建立了对外贸易的管制，实行了外汇的管理。人民政府又建立了全国统一的强大的国营商业和供销合作社商业，掌握了主要的工业原料和主要的货源，逐步地实现了批发商业的国有化，巩固了社会主义商业在全国市场上的领导地位。

强大的社会主义经济的发展，建立了对于农业、手工业、资本主义工商业进行社会主义改造的物质基础。但是为了完成社会主义改造的任务，还必须采取适合我国情况的政策和步骤，才能使我国广大的农民和手工业者乐于参加集体经济，使我国的民族资产阶级不太勉强地接受社会主义改造。

我们采取了哪些政策和步骤呢？现在，我们就农业、手工业、资本主义工商业的改造分别地作一些简单的说明。

首先，我们要说明的是农业的社会主义改造。

我国的农业合作化运动是在彻底完成了土地改革的基础上进行的。我们党没有采取单纯依靠行政命令、"恩赐"农民土地的办法，去进行土地改革。在中华人民共和国成立以后，我们花了整整三年的时间，用彻底发动农民群众的群众路线的方法，充分地启发农民特别是贫农的阶级觉悟，经过农民自己的斗争，完成了这一任务。我们花了这样多的时间是否需要呢？我们认为这是完全需要的。由于我们采取了这样的方法，广大的农民就站立起来，组织起来，紧紧地跟了共产党和人民政府走，牢固地掌握了乡村的政权和武装。因此，土地改革不但在经济上消灭了地主阶级和大大地削弱了富农，而且在政治上彻底地打倒了地主阶级和孤立了富农。广大的觉悟的农民认为，无论是地主或者富农的剥削行为都是可耻的。这就为后来的农业的社会主义改造创造了有利的条件，大大地缩短了农业合作化所需要的时间。

在旧中国的农村人口中，有百分之六十到七十的贫农和雇农群众。他们是农村中的半无产阶级和无产阶级，很容易接受工人阶级政党的领导。他们不只是在资产阶级民主革命中有很大的积极性，在社会主义革命中也有很大的积极性。在土地改革以后，广大农民群众的经济地位是改善了，很多贫农雇农上升为中农。但是由于我国农村地少人多，全国农民平均每人只有三亩耕地（约等于五分之一公顷），南方许多地方每人只有一亩田或者只有几分田，所以在农村中仍然有百分之六十到七十的贫农和下中农。在继续个体经营的条件下，他们要想过富裕的生活是毫无把握的。这就使占农村人口大多数的贫农和不富裕的农民积极地响应我们党的号召，愿意走合作化的道路。

在土地改革以后，我们随即在农民中广泛地建立了带有社会主义萌芽的农业生产互助组织。这是农民的一种集体劳动组织。由于互助比"单干"优越，在一九五二年参加互助组织的农户已经占全国农户总数的百分之四十，在一九五四年又增加到将近百分之五十八。在互助组织的基础上，党中央在一九五二年开始有计划地发展半社会主义的农业生产合作社，这是以土地入股、统一经营、但仍然保持土地和主要生产资料私有的一种初级合作社。这种合作社在一九五一年底还只有三百多个；由于它又比互助组织优越得多，到一九五五年上半年已经发展到六十七万个，参加的农户约一千七百万户。

从一九五五年下半年以后，象大家所知道的，由于党中央和毛泽东同志纠正了党内抑制农民的合作化积极性的右倾保守思想，农业生产合作社开始了特别迅速的发展。随后，初级合作社又开始大批地改组成能够更有效地组织生产的社会主义的高级合作社，在这种合作社里，土地和其他主要生产资料都由私有变成了集体所有。

事实证明，我们党采取这种逐步前进的办法是适当的。因为这使得农民在合作化运动中不断地得到好处，逐渐地习惯于集体生产的方式，可以比较自然地、比较顺利地脱离土地和其他主要生产资料的私人所有制，接受集体所有制，从而避免了或者大大减少了由于突然变化而可能引起的种种损失。

在农业合作化运动中，党的阶级政策是，树立贫农和土地改革以后由贫农上升的下中农在合作社内部的领导优势，同时巩固地联合中农。富裕的和比较富裕的中农在农村中虽然居于少数，但是他们对于下中农以至贫农仍然有重要的影响。这些富裕中农一般地是拥护共产党和人民政府的，他们中间的许多人还是在土地改革中"翻身"的，但是他们对于走合作化的道路却不可避免地要发生动摇。为了巩固同中农的联合，这里的关键是必须在合作化运动中坚持自愿和互利的政策。自愿和互利的政策是适用于一切人的，对于中农更有重要的意义。党不但禁止勉强中农加入合作社，而且规定在合作化初发展的时候，首先吸收贫农和下中农入社，一般地不吸收比较富裕的中农入社。党又规定，在中农入社以前和以后，特别是在处理入社的生产资料的时候，都不允许损害他们的利益，占他们的便宜；当然也不让中农损害贫农的利益，占贫农的便宜。国家在粮食问题上的正确政策，也对于中农发生了有益的影响。从一九五三年开始，国家对于粮食和其他主要农产品实行了统购统销[64]，并且在统购统销中规定了合理的价格，这就基本上消灭了市场上的粮食和其他主要农产品的资本主义投机活动。在一九五五年，国家又规定把购粮数量限制在一定的水平上，改正了前一年不适当地多购七十亿斤粮食的错误，这就消除了农民担心政府收购过多的疑虑。由于党坚定不移地执行了联合中农的方针，由于中农看到了走资本主义道路的无望，看到了合作社生产的日益显著的优越性，广大的中农在合作化的高潮中终于停止了动摇，积极地要求入社了。

对于原来的地主分子和富农分子，党在过去几年中一贯地注意了领导农民防止和反对他们在合作化运动中的破坏活动，在合作化初期禁止他们加入合作社。只是在合作化运动取得胜利以后，党才决定分别地根据他们的具体情况，允许他们以不同的身份到合作社里进行同工同酬的劳动，以便把他们改造成为新人。

由于实行了以上的政策，我们就能在全国范围的土地改革完成以后不到四年的时间内，基本上完成了农业的社会主义改造，把全国的一亿一千万农户组织成为一百万个左右大小不等的、高级的和初级的农业生产合作社。

其次，我们要说明的是手工业和其他个体经济的社会主义改造。

我国广大的手工业个体劳动者除在极小范围内能够自产自销以外，都要依靠国营商业、供销合作社和资本主义企业供给原料、推销成品和借给资金。他们中间的多数人生活困难，疾病伤亡没有保险。他们的生产技术多数是落后的，有被现代机器生产淘汰的可能。因此，他们希望联合起来，在国营经济的领导下克服这些困难。从整个国民经济的利益来说，很多的手工业生产是必须继续保存和发展的，这主要地是为了满足国内市场的广大需要，部分地也是为了供应出口贸易的需要。中国的个体渔民、盐民、小商小贩和运输业中的个体劳动者，也有很大的数量，他们的情况同手工业者大体相近。

对于手工业、渔业、盐业和运输业的社会主义改造，一般地是采取合作化的形式。这些方面的合作化运动，在过去几年内陆续有所发展。到一九五五年，加入手工业生产合作组织的人数占手工业从业人员总数的百分之二十九。手工业和其他个体经济合作化的大发展，是在今年上半年。新成立的合作社，有些是经过生产小组的过渡形式发展起来的，大部分是在今年的合作化高潮中直接组织的。此外，有一小部分手工业和一小部分属于资本主义经营方式的木帆船、兽力车，同资本主义工商业一起实行了公私合营。

小商小贩是个体的商业劳动者。他们在社会主义改造中，除了一部分随着资本主义商业实行公私合营以外，一般地也走上了合作化的道路，组成合作商店或者合作小组。小商小贩所组织的合作小组，为国营商业和供销合作社代销代购，而照旧采取便利消费者的分散流动的经营方式，照旧保存它们原有的符合社会需要的经营特点。

最后，我们要说明的是资本主义工商业的社会主义改造。

在我国曾经占统治地位的大资产阶级主要是官僚买办资产阶级，这个阶级如前面所说，早已被革命消灭了。在旧中国，民族资产阶级是同帝国主义、封建势力和官僚资本有矛盾的。他们在资产阶级民主革命中具有两面性：一方面，他们在一定条件下愿意参加反对帝国主义反对国民党反动统治的斗争；另一方面，他们在斗争中又常常表现有一种动摇性和妥协性。在中华人民共和国成立以后，他们表示拥护人民民主专政，拥护共同纲领〔12〕和宪法，表示愿意继续反对帝国主义，赞成土地改革；但是，他们又有发展资本主义的强烈愿望。因此，我们对待民族资产阶级的政策，同过去一样，仍然是又团结、又斗争、以斗争求团结的政策。这就是说，在工农联盟的基础上，工人阶级还保持着同民族资产阶级在政治上的联盟。在经济上，资本主义工商业具有两方面的作用：一方面具有有利于国计民生的作用，另一方面具有不利于国计民生的作用。因此，国家对于资本主义工商业采取了利用、限制和改造的政策。按照这样的政策，工人阶级又同民族资产阶级建立了经济上的联盟，并且在这种联盟中实现了国营经济对于资本主义经济的领导，使资本主义私有制逐步地经过各种形式的国家资本主义转变为社会主义的全民所有制。

国家对于资本主义工商业所以必须采取利用的政策，不仅是由于民族资产阶级有接受这个政策的可能性，而且还由于在过渡时期我们在经济上有利用资本主义工商业的必要性。全国解放初期，国民经济遭受了帝国主义和国民党反动统治的严重破坏，我们面对着恢复国民经济的重大任务；同时又由于我国经济很落后，小生产占优势，我们有必要利用一切可以利用的经济力量，以利于国民经济的恢复工作和建设工作。几年来，我们在优先发展国营经济的条件下，实行"公私兼顾、劳资两利"的政策，在原料分配和其他一些问题上对于私营经济基本上给予"一视同仁"的待遇，这就使得私营工厂工人免于失业，同时也使得资本家有一定的利润可得。由于这个政策，对于国计民生有利的资本主义工商业都能维持下来，并且有一些发展。事实证明，资本主义工商业在国民经济的恢复时期和建设时期，对于国营经济在许多方面都起了辅助的作用。对于资本主义工商业实行利用政策，使国家能够取得更多的工业品去换取农民的粮食、工业原料和其他农产品，使国家能够在市场上经常有相当充足的物资，有利于物价的稳定。当然，这种利用政策绝不是让资本主义自由发展。对于资本主义工商业的不利于国计民生的作用，国家必须实行限制的政策，这种限制政策是同利用政策分不开的。

国家对于资本主义工商业的限制，是同资产阶级一个阶级的狭隘利益冲突的，因此资产阶级中总是有许多人表示反对，或者违反这种限制。限制和反限制的斗争是近几年来我国内部阶级斗争的主要形式，它反映着我国国内主要的阶级矛盾——工人阶级和资产阶级之间的矛盾。从人民共和国成立以来，国家同资本主义的经济，在活动范围方面，在税收方面，在市场价格和加工订货、统购包销、经销代销的条件方面，在工人的劳动条件方面，经常地反复地进行限制和反限制的斗争。其中主要的是一九五〇年春天为了稳定物价而反对投机活动的斗争，和一九五二年反对行贿、偷税漏税、盗窃国家资财、偷工减料、盗窃国家经济情报的"五反"斗争。进行这些斗争，是因为有许多资产阶级分子进行了有害于国计民生的非法活动，不能不坚决地加以制止。在进行这些斗争中，我们注意防止和纠正了对于资本主义经济的限制过多过死的错误。党和国家的基本方针，是通过这些斗争使那些坚持不法行为的少数资产阶级分子在人民群众中，同时也在资产阶级内部陷于完全的孤立，而把那些愿意服从国家法令的大多数资产阶级分子团结起来。

国家实行利用政策和限制政策的目的，都是为了对于资本主义工商业实现社会主义的改造。这种改造分为两个步骤：第一步是把资本主义转变为国家资本主义，第二步是把国家资本主义转变为社会主义。在无产阶级执政的国家领导下的国家资本主义是什么呢？正如列宁所说的："这就是我们能够加以限制，我们能够规定它的界限的一种资本主义。"[63]我们通过国家资本主义这种过渡形式，使民族资产阶级在国家和工人阶级的领导下，有一个必要的时间来逐步地接受改造。在工业方面，由于国家掌握了大部分工业原料，从一九五○年开始对于私营工业采取了供给原料、加工订货和统购包销的办法，从而初步地把私营工业纳入国家资本主义的轨道。到了一九五四年，又进一步地有计划地用公私合营的方式来改造资本主义工业，使主要的大型私营工业企业多数转变为公私合营企业。在商业方面，由于国家经过国营商业和合作社商业掌握了一切重要的农产品和工业品的货源，就有可能按照国家规定的条件把货品批发给私营商业，使私营商业执行经销代销的业务。在一九五四年，这种经销代销的初级形式的国家资本主义商业已经大量地发展起来。有了这些准备以后，到一九五五年秋冬之间，农业合作化的高潮最后地断绝了资本主义在农村发展的道路，从根本上改变了国内阶级力量的对比，资本主义工商业全行业公私合营的条件就完全成熟了。这种全行业公私合营，是我国国家资本主义的最高形式，是使资本主义所有制转变为社会主义公有制的具有决定意义的重大步骤。

为了通过国家资本主义这种和平过渡的办法来达到社会主义的目的，我们对于资产阶级私有的生产资料的国有化，采取了逐步赎买的政策。在全行业公私合营以前，赎买的形式采取分配利润的制度，即按企业盈余多少，分配一定利润（例如四分之一）给资本家；在全行业公私合营以后，赎买的形式采取定息的制度，即在一定时期内，由国家经过专业公司支付资本家以一定的利息。此外，资方人员凡能工作的都由国家有关部门分配工作，不能工作的也酌量给以安置，或者予以救济，保障他们的生活。这也是一种必要的赎买的办法。马克思和列宁都说过，在一定的历史条件下，无产阶级对于资产阶级采取赎买政策是允许的，并且是有利的。这已经在我国的革命实践中得到了证明。

我们在对资本主义工商业实现社会主义改造的过程中，是把企业的改造和人的改造结合进行的。这就是在企业改造的同时，采取教育的方法，逐步地改造资本家，使他们由剥削者改造成为自食其力的劳动者。我们对于民族资产阶级采取又团结、又斗争、以斗争求团结的政策，主要是教育他们。对于资本主义经济的限制和对于资产阶级的不法行为的斗争是一种重要的实际的教育。几次调整，统筹兼顾，全面安排，使他们各得其所,这又是一种重要的实际的教育。他们在社会主义改造中采取积极态度的,我们表示欢迎;采取怀疑态度的,我们进行教育并且表示等待;采取反抗态度的,我们进行必要的斗争,而目的还是为了改造他们。这种分别对待的政策,也都是重要的实际的教育。此外,我们还采取了在资本家中举行讲演会,座谈会,开办学习班,组织资本家和他们的家属进行学习,以及引导资本家内部进行批评和自我批评等等方法,向他们进行教育,解决他们的思想问题。我们这些教育的目的,是要提高他们中间原来的进步分子,即拥护社会主义改造的分子,使中间分子和落后分子逐步地改变态度向进步分子看齐,分化顽固分子。一句话,团结多数,削弱反抗,以利于社会主义改造。

国家对于资本主义工商业所实行的利用、限制和改造的政策,以及根据这个政策所采取的每一个步骤,并不是凭主观愿望任意决定的,而是研究了各方面的实际情况和条件,针对国计民生的迫切需要而确定的。这个政策和这些步骤,不但得到了广大群众的拥护,而且资本家也找不出任何一个站得住脚的理由来拒绝或者反对。现在已经可以断定,除开个别的顽固分子还想反抗以外,在经济上接受社会主义改造,并且逐步转变为名副其实的劳动者,是绝大多数民族资产阶级分子能够做到的。

在农业、手工业和资本主义工商业的社会主义改造过程中,我们的工作并不是没有缺点和错误的,我们的政策并不是一开始就成熟的,在政策的执行中也出现过局部的偏差。但是,改变生产资料私有制为社会主义公有制这个极其复杂和困难的历史任务，现在在我国已经基本上完成了。我国社会主义和资本主义谁战胜谁的问题，现在已经解决了。

这不是说，我们在社会主义改造方面的任务已经全部完成。在我们的面前还摆着许多迫切的重大的问题。什么是我们今后的任务呢？

在农业合作化方面，我们需要继续按照自愿和互利的政策，争取还没有加入合作社的少数农户入社，并且领导那些初级合作社转为高级合作社。但是我们要采取耐心等待的态度，不允许有任何的强迫命令。目前最急需解决的问题是必须保证现有的一百万个左右合作社尽可能增加生产和增加社员收入。有一部分合作社的成立是比较急促的，还需要迅速处理许多遗留问题，或者还需要调整现有的组织形式。多数合作社还缺少领导几十户、几百户农民进行集体生产的经验，党必须帮助合作社的干部尽可能迅速地取得这种经验。许多合作社过分地强调集体利益和集体经营，错误地忽视了社员个人利益、个人自由和家庭副业，这种错误必须迅速地纠正。为了有效地发扬社员的生产积极性，巩固合作社的组织，必须坚持勤俭办社和民主办社的方针，并且不断地加强对社员的社会主义和集体主义的思想教育。不久以前的个体农民，现在变成了合作社的社员，这是几亿农民生活史上的一个绝大的变化。合作社的干部必须充分认识这个变化，谨慎地担负起社员群众所委托给他们的重大领导职务，全心全意地为社员的利益服务。他们应当了解：只有使社员感觉到自己确实是合作社的主人翁，而且使社员的收入能够每年有所增加，这样的合作社才能够巩固。

在手工业和其他原来的个体经济的改造工作方面，必须根据各行各业的特点，采取不同的形式，分别地解决各种合作组织在发展中的具体问题。在这里，不顾具体情况，采取千篇一律的形式，是错误的。一部分的合作组织在适当的条件下，将要发展成为国营企业或者并入国营企业；一部分的合作组织将在长时期内保持生产资料的集体所有制；而另一部分的合作组织，则将在社会主义企业的管理下保持各负盈亏的经营方式。各种合作组织都必须注意保持和发展原来的个体经济在生产上和经营上的优良传统。合作化以后，手工业产品的质量必须不降低而要提高，品种必须不减少而要增多。

在资本主义工商业的改造工作方面，同样地应当按照各行各业的特点和社会经济的多方面的需要，分别地解决它们发展中的具体问题，而不要轻率地作千篇一律的处理，以免造成损失。对于企业中的职工，应当继续进行有系统的教育工作和组织工作，使他们充分了解并执行自己在企业改造方面、生产方面和团结教育资方人员方面的任务，并且选拔职工中间的优秀分子参加企业的管理工作。对于资方人员，应当进行工作上和生活上的安排，建立公私双方人员共同工作的良好关系，并且继续加强对于他们的政治教育。资方人员很多是富有管理经验和技术知识的，他们了解消费者的具体需要，熟悉市场情况，善于精打细算。因此，我们的工作人员除开向他们进行教育以外，还必须认真地向他们学习，把他们的有益的经验和知识当作一份社会遗产继承下来。资本主义工商业的改造，目前还只达到全行业公私合营的阶段。我们必须准备在将来的适当时机，把这些企业变为完全社会主义的国营企业。

只有在完成以上所说的各方面的任务以后，我们才彻底地解决了我国的社会主义改造问题。我们相信，我们党一定能够继续同全国人民一起，在不长的时间内胜利地完成这些任务，使我国的社会主义建设得到最有利的发展条件。

三　社会主义建设

第一个五年计划的执行情况和第二个五年计划的准备

我国发展国民经济的第一个五年计划，已经实行了三年又八个半月。到明年，我国将完成第一个五年计划，并且编制一九五八年到一九六二年的第二个五年计划。我们党和全国人民当前的中心任务，就是争取超额完成第一个五年计划和积极准备第二个五年计划。

第一个五年计划的执行已经得到了巨大的成就，甚至我们的敌人也不能否认这种成就了。

我们大力发展了工业的基本建设工作。在过去几年内，我们已经扩建了东北钢铁工业基地，开始了内蒙古、华中两个新的钢铁工业基地的建设，新建和扩建了一系列的电站、煤矿、油井，一系列的有色金属厂矿、化学工厂、建筑材料工厂，一系列的机器制造厂，一系列的轻工业工厂。第一个五年计划规定限额[94]以上的工业建设项目，施工六百九十四个，完工四百五十五个。实际上，施工的项目将达到八百个左右，而可以完工的项目则将接近五百个。在计划规定的五年基本建设投资总额四百二十七亿元中，前三年所完成的和今年计划完成的已经达到三百五十五亿元，占计划数百分之八十三。

第一个五年计划规定，工业总产值在五年内增长百分之九十点三，这个规定将超额完成。今年年度计划中的工业总产值，已经达到了原计划的一九五七年的指标，而钢、钢材、金属切削机床、水泥、汽车轮胎、棉纱、棉布、纸张等项，今年的计划产量，都已经超过了原计划的一九五七年的指标。由于重工业的发展，我国现在已经开始制造载重汽车、喷气式飞机、六千瓩至一万二千瓩的发电设备等等。我国经济建设所需要的机器设备，到一九五七年将有百分之六十左右可以自给。

我国的农业，在总产值方面和主要的粮食作物、经济作物方面，也有可能超额完成第一个五年计划。农业和副业的总产值，计划规定一九五七年比一九五二年增长百分之二十三点三。在一九五三和一九五四两年都因为严重的自然灾害，增长很少，但是在一九五五年已经比一九五二年增长百分之十四点八。今年我国虽然又有比较严重的水灾、旱灾和风灾，但是，在合作化的基础上，粮食产量还是可能达到原计划一九五七年的水平。

在水利方面，我国过去三年内，在淮河流域、长江中游和其他许多河流上进行了一系列的建设。黄河的三门峡水利枢纽工程，已经进行了施工前一系列的准备工作。此外，各地农村还兴修了大量的小型水利工程。

在运输方面，第一个五年计划规定建设铁路新线四千余公里,公路干线一万公里,今年都将超额完成。

在国内贸易和对外贸易方面,在文化教育卫生事业方面,也都有迅速的发展。

职工的生活有了初步的改善。预计今年全国职工的平均工资将比一九五二年增长百分之三十三点五。国家和企业每年实际开支的劳动保险费、职工医疗费、职工文教费和职工福利费,共约占每年工资总额的百分之十三左右,四年总计约四十四亿元。国家在过去三年中修建的和今年计划修建的职工宿舍共达五千几百万平方公尺。

应当指出,第一个五年计划中有个别的指标,例如石油原油、食用植物油、卷烟的产量,由于客观情况的限制,将不能完成计划。但是整个说来,第一个五年计划可以超额完成。

我们第一个五年计划的基本建设的投资总额和工程项目,虽然有可能超额完成,但是为了完成某些重大建设单位的部分工程计划,却还必须适当地集中必要的财力和物力,作紧张的努力。对于其他限额以上的工程,也要争取尽量地完成预定计划。

各个重工业部门虽然已经超额完成了生产任务,但是为了保证基本建设计划能够更好地完成,我们必须努力生产更多的钢铁、机器设备和建筑材料,必须相应地增多煤、电、石油、有色金属和化学制品等等的生产。同时,还应当相应地解决运输和城市建设等问题。

在农业方面,必须进行严重的努力。粮食、棉花必须力求继续增产。油料作物、猪和其他牲畜、有些副业产品在过去几年中增产不快,有的甚至一度下降,必须由农业和商业部门采取有效措施,促进它们的尽速增产。

我们完成第一个五年计划以后,就将紧接着执行第二个五年计划。因此,在这次大会上,我们要讨论和通过我们党关于第二个五年计划的建议。关于这个建议,周恩来同志将代表党中央委员会作专门的报告。

什么是第二个五年计划的基本任务呢?

党中央委员会认为,为了满足我国社会主义扩大再生产的需要,完成社会主义工业化的任务,为了加强社会主义阵营各国之间的国际协作,促进社会主义各国经济的共同高涨,根据我国人口众多、资源丰富的条件,我们应当在三个五年计划的时期内,基本上建成一个完整的工业体系。按照这个方向,第二个五年计划的基本任务,简单地说来,就是:(1)继续进行以重工业为中心的工业建设,推进国民经济的技术改造,建立我国社会主义工业化的巩固基础;(2)继续完成社会主义改造,巩固和扩大集体所有制和全民所有制;(3)在发展基本建设和继续完成社会主义改造的基础上,进一步地发展工业、农业、手工业的生产,相应地发展运输业和商业;(4)努力培养建设人材,加强科学研究工作,以适应社会主义经济文化发展的需要;(5)在工业农业生产发展的基础上增强国防力量,提高人民的物质生活和文化生活的水平。

在第一个五年计划期间,我们一般地还不能够自己制造重型的和精密的机器,因而自己不能供给很多重点工程的主要设备。我国生产的钢材在数量上和品种上也不能满足需要,许多种高级合金钢还不能生产,有色金属工业的产品种类很少,无线电工业还很薄弱,有机合成化学工业还几乎没有。

在第二个五年内，我们应当努力建设上述薄弱的和缺少的项目，争取在一九六二年我国经济建设所需要的机器设备可以有百分之七十左右能够自给，其中包括部分重型的和精密的机器。在燃料方面，石油的产量特别落后于需要，我们必须逐步改善这种情况。

在第二个五年计划期间，需要以更大的规模进行地质勘探工作，来发现种类更多和数量更多的地下资源，并且以更大的规模进行基本建设工作。在第二个五年内，基本建设的投资额将比第一个五年增加一倍左右。除继续建设东北、华中、内蒙古的钢铁工业基地以外，将在三门峡周围地区、甘肃青海地区、新疆地区、西南地区建设新的工业基地。在第二个五年的基本建设计划完成以后，全国很多的机器制造工厂、冶金工厂、电站、煤矿、石油企业、化学工厂、建筑材料工厂，将拥有现代先进技术的装备。

重工业各部门的生产需要大大提高。在一九六二年，需要把钢的产量由一九五七年的原定计划数四百一十二万吨增加到一千零五十万至一千二百万吨，煤的产量由一亿一千三百万吨增加到一亿九千万至二亿一千万吨，电的产量由一百五十九亿度增加到四百至四百三十亿度。

轻工业也需要有比较快的发展。在一九六二年，要求棉纱由一九五七年的原定计划数五百万件增加到八百至九百万件，食用植物油由一百七十九万吨增加到三百一十至三百二十万吨，糖由一百一十万吨增加到二百四十至二百五十万吨，机制纸由六十五万吨增加到一百五十至一百六十万吨。

为了适应整个国民经济的需要，第二个五年计划应当按照《一九五六年到一九六七年全国农业发展纲要(草案)》[90]所指出的方向,把农业提到更高的水平。在一九六二年,要求生产粮食五千亿斤左右,棉花四千八百万担左右,并且应当力争超过这两个指标。大豆、油料、糖料、其他经济作物和副业产品,也必须积极发展;副业中的养猪业,特别需要努力发展。

铁路、公路、水运等项运输事业以及电讯事业都需要继续发展。对于原有线路应当逐步地进行必要的技术改造,继续合理地组织运输,充分发挥现有运输设备的潜力。现在的铁路运输已经在某些地方呈现紧张情况,必须积极改善。在第二个五年内,要求新建铁路八千至九千公里,把兰新铁路修到中苏边境,把西北、西南各省用铁路干线联接起来。

为了增加材料和设备的新品种,应当充分动员我国的技术力量,努力加强产品的设计和研究的工作,进行新产品的生产。轻视自己的技术力量,不去积极使用它和培养它,是不对的。

按照初步的计算,要求第二个五年计划期末国民收入比第一个五年计划期末增长百分之五十左右。除增加国家的积累以外,人民的生活将得到相当的改善。五年内,职工人数将增加六百万人至七百万人左右;工人职员的平均工资将增加百分之二十五至三十;农民的全部收入也将增加百分之二十五至三十;粮食、棉布和其他重要消费品如食油、食糖、煤油、煤炭等的供应,都将有所增长。

从以上所说的简单轮廓可以看出,党关于第二个五年计划的建议,预示着我国国民经济的巨大而迅速的进展。按照这个建议,第二个五年计划的实现,将为我国在第三个五年计划期间基本上完成过渡时期总任务准备好必要的条件。

党中央委员会所建议的第二个五年计划的发展速度是积极的,同时又是稳妥可靠的。发展速度必须是积极的,以免丧失时机,陷入保守主义的错误;又必须是稳妥可靠的,以免脱离经济发展的正确比例,使人民的负担过重,或者使不同的部门互相脱节,使计划不能完成,造成浪费,那就是冒险主义的错误。

很明显,第二个五年计划要求比第一个五年计划有更大的投资。我国的国民经济发展了,我国的财政状况也随着有了改进。但是必须看到,我们的资金仍然是有限的,我们必须最有效、最节约地使用资金。增加建设费用的一个重要方法就是进一步节减军政费用。党中央在一九五〇年已经确定了这个方针,但是由于抗美援朝战争的发生,这个方针没有能够早日实现。虽然近年我国已经努力节减军政费用,但是,在第一个五年国家财政支出中,估计国防费用和行政费用仍将占国家财政支出的百分之三十二,经济文化建设支出共约占百分之五十六。在第二个五年中,必须使军政费用的比重下降到百分之二十左右,使经济文化建设支出的比重提高到百分之六十至七十。在经济文化建设中,也必须适当地集中使用资金。因此,国民经济的技术改造,在第二个五年内必须首先集中在重工业特别是机器制造工业和冶金工业方面。同时,在一切企业中,在一切国家机关中,在整个社会生活中,都必须继续提倡节约,克服浪费。浪费在任何时候都是妨碍生产的发展和生活的改善的。我们的建设还在开始,我们更应当为积累每一元的建设资金并且加以最有效的使用而奋斗。我们的一部分消费物资必须出口，以便换来工业建设所需要的机器装备。为了将来的幸福，我们不能不暂时忍受一些生活上的困难。勤俭建国、勤俭办企业、勤俭办合作社、勤俭办一切事业，这是我们党建设社会主义的长远方针，这也是拟定和执行第二个五年计划所必须遵循的方针。

以下，我们将就工业、农业、商业、文化教育四个方面，概括地说明一下我们在过去几年所取得的一些经验和当前必须注意解决的一些问题。

工　　业

在工业方面，这里只讲几个比较重要的问题，就是重工业和轻工业的关系问题，工业的布局问题，产品和工程的质量问题，职工生活问题，企业领导问题。

我国的工业化事业是以发展重工业的生产，即生产资料工业的生产为基础的。在旧中国，生产资料工业的产值在全部工业产值中所占的比重很低，在一九四九年，只占百分之二十六点六。这是中国生产力落后的标志。我们党所实行的社会主义工业化的政策，要求根本改变这种状况，保证优先发展生产资料工业的生产。在一九五二年，生产资料工业的产值约占我国全部工业产值的百分之三十五点六，到第一个五年计划期末，这个比例将有可能上升到百分之四十以上。

为了有计划地发展国民经济，我们在今后必须继续贯彻执行优先发展重工业的政策。有些同志想把重工业发展的速度降低，这种想法是错误的。试问：如果我们不很快地建立起自己的必要的机器制造工业、冶金工业以及其他有关的重工业,我们用什么东西去装备轻工业、运输业、建筑业和农业呢?我们就将得不到必要的各种机器,得不到必要的钢材和水泥,得不到必要的电力和燃料,我们的国民经济就将长期陷于落后的境地。很明显,我们决不能那样办。

但是也有这样的同志,他们片面地强调发展重工业的意义,他们想降低轻工业和其他经济部门的发展速度,这种想法也是错误的。他们不了解:第一,人民对于消费品的需要既然日益增长,如果不相应地发展轻工业,就可能出现商品不足的情况,就将影响物价和市场的稳定。特别是在农村中,如果没有足够数量的工业产品以稳定的合理的价格去交换农产品,就可能妨碍工农联盟的巩固,并且可能影响农业生产的发展。第二,轻工业需要的投资比较少,企业建设的时间比较短,资金的周转比较快,所以资金的积累也比较快,而轻工业所积累起来的资金正可以用来帮助重工业的发展。由此可见,在资金、原料、市场所允许的范围内,适当地注意发展轻工业,对于建设重工业不但无害,而且有利。

在工业的布局问题上,目前需要注意的是沿海和内地的配合,大型企业和中小型企业的配合,中央国营企业和地方国营企业的配合。

为了合理地布置生产力,使工业企业接近自然资源,使工业和整个国民经济得到平衡的发展,我国在第一个五年计划期间已经把工业重点逐步移向内地,正在改变着解放前百分之七十以上的工业集中在沿海各省的畸形现象。但是这决不是说可以否认或者忽视沿海各省工业的作用。我们应当充分利用沿海各省的有利条件,继续适当地发展那里的工业,以帮助内地工业的发展,加速全国的工业化。在第一个五年计划期间,辽宁、上海、天津等工业区已经发挥了显著的作用。在第二个五年内,除开充分利用东北和华东的工业基地以外,还必须合理地发挥河北、山东地区和华南地区在发展工业上的作用。

在第二个五年内,为了配合大型企业的建设和生产,为了加速工业的发展,加强工业的协作,增加产品的品种,为了便于充分利用资源,充分利用原有企业,特别是大量的公私合营企业,必须在建设大型企业的同时,有计划地新建和改建中小型企业。

必须注意把中央各经济部门的积极性和地方经济组织的积极性正确地结合起来。在过去,一方面,有些中央部门对于地方工业的发展和统一安排注意得不够,以致地方工业不能够合理地发挥潜在力量;另一方面,有些地方领导机关也曾经不顾全国生产设备是否有余,不顾当地的资源条件和其他经济条件,盲目地新建和扩建一些工业,因而也造成了国家的损失。这两种偏向都必须纠正。

为了完成国家的生产计划,无论轻工业或者重工业,无论地方国营企业或者中央国营企业,都必须努力提高产品的质量。同样,为了完成国家的建设计划,工业、运输业以及其他一切部门的基本建设单位,都必须努力提高工程的质量。这是我国社会主义建设事业中最迫切的问题之一。

社会主义的优越性,不但要表现在我们的经济成就的数量和进度上面,还必须表现在它的质量上面。我们已经生产了许多质量优良的重工业产品和轻工业产品，建成了许多质量优良的工程。但是由于一部分企业的设备落后和技术水平不高，一部分企业缺乏产品标准和工艺规程，一部分企业没有建立严格的质量检查和技术监督的制度，特别是一部分企业的领导机关没有充分地重视保证产品和工程的质量，只是片面地重视保证数量和进度，所以有许多产品和工程的质量是不好的，某些产品不合规格，成为次货。商业方面统购包销制度所产生的副作用和执行这个制度所发生的缺点，以及在私营工商业改造过程中曾经一度发生的某些混乱现象，也降低了许多轻工业企业对于产品质量的责任心，甚至造成了许多产品质量下降的严重情况。这些情况已经给国家和人民带来损失，必须迅速地加以扭转。一切技术水平不高和设备落后的企业必须采取有效措施，争取在短期内熟练地掌握有关的技术，并且逐步地改善设备落后的状况。一切企业都要定出合理的产品标准和工艺规程。一切检查制度不严的厂矿和工地，必须迅速建立质量检查和技术监督的机构和制度。对于不合标准的产品和不合规格的工程应当定出适当的处理办法，应当积极地改善原料、材料的质量和原料、材料的供应工作。对于轻工业产品，应当严格地执行按质分等论价的政策，并且在一部分产品中逐步地推行选购制度。尤其重要的，必须在一切有关的工人和职员中进行关于保证质量、提高质量的思想教育，彻底地纠正那些对于质量不负责任的错误观点。

在发展生产的基础上逐步地改善职工生活，对于提高广大职工群众的积极性，具有重大的作用。为了改善职工生活，需要解决哪些问题呢？首先，应当保证职工的工资收入在生产发展的基础上逐步增加,并且继续贯彻执行按劳取酬的原则,改进工资制度和奖励制度。第二,应当切实加强对于生产的安全措施和劳动保护工作。第三,应当努力保证和改善副食品的供应工作。第四,应当逐步增加职工的福利设施,积极设法解决职工急需的住宅和其他的困难。第五,应当保证职工有时间料理家庭的生活,得到应有的休息。

职工群众有许多困难不是短时间内可以解决的,只有在社会主义建设得到更大的发展以后才能解决。我们还需要艰苦奋斗,不应当只管个人利益和目前利益,而忽视全国的和长远的利益。这一点必须向职工群众说明。但是,在另一方面,片面地强调全国的和长远的利益,而忽视职工的个人利益和目前利益,也是不对的。目前职工生活中的有些问题是必须解决而且是可能解决的,其所以没有解决,只是因为企业的领导者、工会组织和有关主管部门没有积极努力。我们必须坚决反对这种不关心群众痛痒的官僚主义态度。

处理职工生活问题的上述原则,适用于一切企业的职工和国家机关的公务人员。

职工群众的积极性能不能发扬,在很大程度上决定于企业的领导制度和领导工作是不是健全。企业的健全的领导应当是怎样的呢?

在企业中,应当建立以党为核心的集体领导和个人负责相结合的领导制度。凡是重大的问题都应当经过集体讨论和共同决定,凡是日常的工作都应当由专人分工负责。企业的领导者,企业中的党组织、行政组织、工会组织和青年团组织,都应当善于把企业的当前任务向群众解释清楚,善于发动群众开展社会主义竞赛和先进生产者运动，提出合理化建议，不断地改进工作。企业中各方面的领导骨干，都应当善于深入群众，同群众打成一片，了解群众的情绪和要求，积极帮助群众解决困难。

企业领导工作的改进，不仅需要企业本身的努力，而且需要上级国家机关的努力。在这里，有必要指出这样一个事实，就是上级国家机关往往对于企业管得过多、过死，妨碍了企业应有的主动性和机动性，使工作受到不应有的损失。应当保证企业在国家的统一领导和统一计划下，在计划管理、财务管理、干部管理、职工调配、福利设施等方面，有适当的自治权利。这并不是说，上级国家机关的领导需要减弱。恰恰相反，许多上级机关并没有真正深入企业，它们对于企业的领导往往是不及时和不具体的。我们的经济部门的领导机关必须认真把该管的事管好，而不要去管那些可以不管或者不该管的事。只有上级国家机关的强有力的领导同企业本身的积极性互相结合，才能把我们的事业迅速地推向前进。

农　　业

第二个五年计划的建议，在农业生产的增长和农民收入的增加方面提出了巨大的任务。应当怎样完成这些任务呢？

我们是在没有农业机器的条件下实现农业合作化的。我国的农业，只能随着国家工业化的发展，根据不同地区的不同耕作条件，适当地逐步地实现农业机械化。在第二个五年计划期末，机耕面积，预计只占全国耕地面积的十分之一。计划增加的耕地面积,同第一个五年一样,只能达到几千万亩,即近于全国原有耕地面积的二十分之一。化学肥料的产量,到一九六二年,每亩播种面积平均还摊不到三斤。因此,在第二个五年内,农业增产的主要方法,仍然是依靠农业合作社和农民群众采用兴修水利、增施肥料、改良土壤、改良品种、推广新式农具、提高复种指数、改进耕作方法、防治病虫灾害等项措施,来提高单位面积产量。

应当看到,依靠这些措施,实现农业增产的潜力是巨大的。例如在水利方面,现有的灌溉面积只占全国耕地面积三分之一,在其余三分之二的耕地中,有许多是可以找到水源灌溉的。在肥料方面,人畜粪尿和绿肥等自然肥料,来源很丰富,肥效也高,现在还有不少地方是没有充分利用这些肥源的。我国农村有丰富的人力,而且在农业合作化的基础上组织起来了。只要正确地坚持不懈地推行上述措施,完成建议中的第二个五年的增产指标是完全可能的。

在第二个五年内,保证粮食和棉花的增产,仍然是一项非常重要的任务。同时,保证其他经济作物、畜牧业和副业产品的增产,也是一项重要的任务。根据统计,除去自给性的副业不计外,各种经济作物、畜产品和副业产品的产值,在全国农业产值中约占百分之五十左右,接近甚至超过粮食所占的比重,因而对于农民收入有极大的重要性。而这些经济作物、畜产品和副业产品,对于轻工业、人民副食品和出口贸易的供应,又有极大的意义。拿养猪来说,我们在第二个五年内要求把养猪的数字从一九五七年的计划数一亿三千八百万只增加到一九六二年的二亿五千万只左右,就是因为养猪关系到全国城乡的肉食、农作物的肥料、猪肉猪鬃的出口,非大力发展不可。因此,各个地方的党组织、政府和它的农业部门必须切实加强对于经济作物、畜牧业和副业的领导。应当按照本地方和国家的需要,在中央和地方的计划指导之下,帮助每个农业生产合作社制定适合于自己情况的发展粮食生产、经济作物生产、畜牧业生产、副业生产的全面计划。在发展副业生产的问题上,应当照顾到合作社集体经营和社员家庭经营的必要的分工,使两方面的积极性都得到合理的发挥。目前,有许多合作社比较忽视甚至不合理地限制社员经营家庭副业,这种偏向应当纠正。

为了促进经济作物、畜牧业和副业的发展,必须实行正确的价格政策。从人民共和国成立以来,我们的价格政策,一般地是适当的,是照顾到农民的利益的,但是,在执行中也犯了一些错误。几年来,某些经济作物、养猪业和其他副业的发展不快或者减产,部分地就是由于这些产品的收购价格有些偏低。这些偏低的收购价格,应当在经过调查研究以后,及时地加以适当的调整。

保证农业生产发展的一个重大问题,是必须保证农民在生产发展的条件下能够增加收入。党中央要求全国的合作社,在初办的几年内,在正常年景的情况下,争取百分之九十的社员增加收入,而以后,在发展生产的基础上,一般社员都可以逐年增加收入。为此,不但需要国家有正确的税收政策和价格政策,而且需要合作社正确地规定公共积累和社员个人收入的比例。合作社不应当任意增加生产费用、管理费用、公积金、公益金的数量;国家的税收也应当保持在一个适当的比例上。我们应当坚持兼顾国家利益、集体利益和个人利益的分配政策。

商　　业

同工业和农业的发展相适应，国内贸易和对外贸易在第一个五年计划期间得到了显著的成就。在国内贸易方面，社会商品零售额按今年的计划将比一九五二年增长百分之六十六点三。在过去几年中，我们保持了物价的稳定，发展了城乡的物资交流，供应了人民的需要。在对外贸易方面，今年的进出口总值将比一九五二年增长百分之六十五。在全国解放以前，我国的进口商品是以生活资料为主的；一九五〇年以来，在进口商品中生产资料已占百分之九十以上。我国的对外贸易保证了国家建设事业对设备和器材的需要，并且发展了我国同苏联、各人民民主国家以及其他国家的经济合作和友好关系。

第二个五年计划期间，在国民经济进一步发展的基础上，按照初步的估算，国内社会商品零售额一九六二年将比一九五七年增长百分之五十左右，对外贸易进出口总值也将有很大的增长。

由于私营商业的社会主义改造已经在基本上完成，统一的社会主义的市场已经形成，社会主义商业现在在整个国民经济中起着极其重要的作用。工业产品中的消费品和一部分生产资料，农业产品中的商品部分，都要经过社会主义商业分配给工业生产部门、农业生产合作社和广大的消费群众。由于人民购买力的增长，由于人民对消费品特别是副食品的需要的增长，由于农业合作化和工业建设的迅速发展，由于对外贸易要求出口的物资愈来愈多，今后我国商业工作的任务将更加繁重。商业部门必须根据人民群众和对外出口的需要，通过价格政策和采购措施来推动工业和农业增加产量，改善质量；必须进一步发展商业网，扩大商品流通，加强对于工业品、农产品的采购和供应，并且使商业网的安排，适应于商品采购的需要和群众购买的方便。

商业的进一步发展，特别要求在目前认真地改进购销关系，正确地掌握物价政策和适当地调整某些商品的价格。

在利用、限制、改造资本主义企业时期所采取的许多关于购销关系的措施，现在必须改变，代之以适合于目前经济情况的措施。在资本主义工商业实行全行业公私合营以前，我们的国营商业曾经对于资本主义工业的产品实行加工定货、统购包销；对于农产品，除粮食、棉花、油料由国家实行统购以外，其余的大部分或者委托供销合作社统一收购，或者由国营商业直接收购；对于城市和集镇的市场，实行了严格的管理，统一议定商品价格，并且限制了某些私商贩运活动的范围。这些措施在当时是必要的，收到了成效的。但是这些措施的执行，也产生了某些副作用，这就是前面说的，一部分工业品质量下降，品种减少，一部分农产品和副业产品减产，一部分物资交流受到妨碍。现在必须克服这些缺点。我们应当改进现行的市场管理办法，取消过严过死的限制；并且应当在统一的社会主义市场的一定范围内，允许国家领导下的自由市场的存在和一定程度的发展，作为国家市场的补充。

全国解放以前，我国经过了十二年严重的通货膨胀，物价经常波动。解放以后，针对这种情况，党的基本方针是稳定物价。这就是说，不管当时某些物价是否合理，首先使各种物价在当时的水平上稳定下来，而在稳定以后，再对某些十分不合理的价格进行若干调整。党的这个基本方针是正确的，执行这个方针的结果是成功的，它对我国工业农业生产的发展起了有益的促进作用。但是我们在物价政策的执行方面也有不少的错误和缺点。商业部门应当总结过去的经验，在继续执行稳定物价的方针下，拟出一套适合于目前具体情况而有利于工农业生产的比较完整的价格政策和价格方案。收购价格的规定，必须达到有利于增产的目的，这是我们物价政策的一个重要原则。为了提高工农业产品的质量，在收购和销售两方面，都必须实行按质分等论价的政策。对于当地收购、当地销售的商品，收销差价过大的，应当适当地缩小；而对于低值的小商品的批零差价，应当适当地扩大。此外，还必须严格禁止违反国家的物价政策而寻求不应有的商业利润的行为。

商业工作的巨大的任务，要求全国的商业工作人员进一步学会做生意。我们必须认真地总结我国商业所积累的一切有用的经验，必须有计划地培养商业工作的干部和专家，把我国的社会主义商业提到更高的水平。

文　化　教　育

文化教育事业在整个社会主义建设事业中占有重要的地位。我国的文化教育事业在过去几年中已经有了巨大的进步。拿一九四九年同今年计划相比，高等学校的学生数从十一万六千人增加到三十八万人，中等学校的学生数从一百二十六万八千人增加到五百八十六万人，小学生数从二千四百三十九万人增加到五千七百七十几万人。图书出版数已经由解放初期的一亿多册增加到今年的十六亿册。医疗机构的床位数已经从解放初期的十万零六千张增加到今年的三十三万九千张。

第二个五年计划要求高等学校学生增加一倍左右，中等专业学校、高级中学和初级中学的学生也有相应的增加。第二个五年计划要求特别加强专门人才的培养和科学研究的发展，以便积极掌握世界各国的最新科学成就。我国的科学家们已经初步拟定了一个一九五六年至一九六七年的科学发展规划[95]，这个规划要求我国的最急需的科学和技术的部门，在十二年左右接近世界的先进水平。我们应当坚决支持各个科学研究机关和高等学校同心协力地实现这个愿望。

为了繁荣我国的科学和艺术，使它们为社会主义建设服务，党中央提出了"百花齐放，百家争鸣"的方针。科学上的真理是愈辩愈明的，艺术上的风格是必须兼容并包的。党对于学术性质和艺术性质的问题，不应当依靠行政命令来实现自己的领导，而要提倡自由讨论和自由竞赛来推动科学和艺术的发展。

为了实现我国的文化革命，必须用极大的努力逐步扫除文盲，并且在财政力量许可的范围内，逐步地扩大小学教育，以求在十二年内分区分期地普及小学义务教育。同时，对于职工的文化教育和技术教育，对于一部分文化程度很低的机关工作人员的文化教育，也必须继续加强。对于没有文字的少数民族，应当帮助他们创造文字。

我们要用社会主义的、马克思列宁主义的思想去武装知识分子和人民群众，对封建主义的、资本主义的思想进行批判。在过去几年中，我们已经在这一方面进行了大规模的工作，这一工作对于我国社会主义改造事业的胜利起了伟大的作用。但是大家知道，改造旧的思想意识比改造旧的生产关系更困难些，更需要时间。我们必须继续加强思想战线上的工作。在我们对于封建主义和资本主义的思想体系进行批判的时候，我们对于旧时代有益于人民的文化遗产，必须谨慎地加以继承。

要完成文化教育工作各方面的任务，必须进一步扩大和加强知识分子的队伍。我们必须经过学校教育和在职干部的业余教育，大量培养新的知识分子，特别是从劳动阶级出身的知识分子。同时，我们必须运用资产阶级和小资产阶级的知识分子的力量来建设社会主义，并且要向他们学习。但是，我们不应当让他们所带来的资产阶级思想和小资产阶级思想侵蚀无产阶级的队伍，相反，我们要尽一切努力帮助他们转变为同劳动人民密切结合的新知识分子。由于我们党做了长期的有系统的工作，我国知识分子的基本队伍已经同工人农民结成了亲密的联盟，并且有相当数量的知识分子变成了共产主义者，加入了我们的党。在今后，我们的任务就是要继续贯彻执行团结、教育、改造知识分子的政策，改善对于知识分子的使用，使他们更有效地为祖国的伟大建设事业服务。

四　国家的政治生活

革命的根本问题是政权问题。我们为什么能够在仅仅七年的时间内根本改变我们祖国的面貌，在社会主义改造和社会主义建设方面获得如此巨大的成就呢？这难道不是因为我们领导工人阶级和广大的人民群众取得了全国的政权的原故吗？这难道不是因为我们的政权是一种完全新式的政权——人民民主专政的政权的原故吗？

为了大大地发展我国的已经开始的社会主义建设，并且彻底完成社会主义改造，我们必须继续加强人民民主专政，继续改进国家工作。

我们所建立的国家，同一切其他的社会主义国家一样，是人类历史上最民主、最有效率、最巩固的国家。中华人民共和国的成立，使几亿被侮辱被损害的饥寒交迫的奴隶升到了主人翁的地位，使他们的生活和自由得到保障，使劳动得到光荣，使妇女得到平等的地位。大批优秀的工人、农民、妇女、青年参加了国家管理工作，把我们的国家机关建设成为勤勉的、廉洁的、为人民服务的国家机关。我们的国家实现了空前未有的统一。由于民主改革的彻底完成和镇压反革命[57]的胜利，由于社会主义改造的成就和社会主义建设的发展，还由于人民政府的其他一系列的措施，在我们的社会上出现了空前未有的安定。

世界上一切国家的实质都是阶级的专政，问题只是什么阶级对什么阶级专政。一切地主阶级、资产阶级的国家都是少数人统治多数人、剥削者统治劳动人民的工具。俄国十月革命的伟大功绩，就是它首先把这种情况颠倒过来，使国家成为多数人统治少数人、劳动人民统治剥削者的工具。尽管我国的革命有自己的许多特点，可是中国共产党人把自己所干的事业看成是伟大的十月革命的继续。我们的人民民主专政就是以工人阶级为首的人民大众对于反动阶级、反动派和反抗社会主义革命的剥削者的专政。我们的民主不是属于少数人的，而是属于绝大多数人的，是属于工人、农民和其他一切劳动人民以及一切拥护社会主义和爱国的人民的。

我国的人民民主专政经历了资产阶级民主革命和社会主义革命两个时期。当资产阶级民主革命在全国胜利以前，在革命根据地已经建立了人民民主专政，这种专政是解决资产阶级民主革命任务的，因为它只是实行了对于封建土地制度的变革，并不改变民族资产阶级的生产资料所有制，也不改变农民的个体所有制。在中华人民共和国成立以后，人民民主专政开始担负由资本主义过渡到社会主义的任务，就是说，要把资产阶级和小生产者的生产资料的私有制改变为社会主义的公有制，彻底消灭人剥削人的制度。这样的政权实质上只能是无产阶级专政。只有无产阶级经过自己的先锋队中国共产党，毫无阻碍地运用政权这个武器，把全体劳动人民和其他可以接受社会主义的力量紧密地团结在自己的周围，共同执行无产阶级的政策路线，一方面，组织向社会主义过渡的经济文化生活，另一方面，镇压反动阶级和反动派的反抗，防御外国帝国主义的干涉，才能够实现这样严重复杂的任务。

事情很明显：如果在资产阶级民主革命的阶段，我国的农民和民族资产阶级离开了无产阶级的领导尚且不能够取得胜利,那末,在社会主义革命阶段,除开无产阶级以外,还有别的什么社会力量能够负起这种领导责任呢? 要是没有无产阶级的坚定的、有远见的和大公无私的领导,就是贫苦的农民也不可能走上真正社会主义的道路,更不必说本性同社会主义完全相反的资产阶级了。我国资产阶级能够锣鼓喧天地接受社会主义改造,这个奇迹正是说明了无产阶级的正确领导的伟大力量,正是说明了无产阶级专政的绝对必要。

人们会问:既然我国现阶段的人民民主专政实质上是无产阶级专政的一种形式,那末,为什么又有其他阶级、其他党派和无党派民主人士参加政权呢? 我国的人民民主统一战线为什么还要继续存在呢?

要知道:无产阶级专政不但需要无产阶级对于国家机关的坚强领导,而且需要最广大的人民群众对于国家机关的积极参加,二者缺一不可。无产阶级只有同广大的可以接受社会主义的群众结成联盟,才能形成最大多数人对于反动阶级的专政,才能实现社会主义,这难道不是异常清楚的道理吗?列宁说:"无产阶级专政,是无产阶级,即劳动者先锋队与人数众多的非无产者劳动阶层(小资产阶级,小业主,农民,知识界等等),或与大多数劳动者建立的特式阶级联盟,……是为最终建成并巩固社会主义而建立的联盟。"[96]列宁所说的阶级联盟的范围,在不同的历史条件下是可以不一样的,但是,无产阶级专政总是一定形式的阶级联盟,这一点是无可怀疑的。

工农联盟是我们的人民民主专政和人民民主统一战线的基础。农民占我国人口的百分之八十以上,离开了同农民的联盟就谈不到实现社会主义。我们党在长期的革命斗争中已经同农民建立了血肉般的联系。从人民共和国成立以来,无论在土地改革工作中,在互助合作运动中,在农业生产和农村经济文化事业的领导中,在税收政策、粮食政策、物价政策的制定和执行中,我们都注意了继续加强这种联系。农民在我国政治生活中占着应有的重要地位。在全国广大农村的国家机关中工作的,几乎全部是农民。但是应当说,在我们的工作中,对于农民的具体利益重视不够的缺点还是不少的。在农业合作化以后,工农联盟进到了一个新的更高的阶段。但是在同时,由于许多党组织和国家机关过高地估计目前农业合作社的经济能力和滥用合作化所产生的"便利",在农村工作中的命令主义倾向又有了新的发展。为了继续巩固工农联盟,我们必须坚决克服这些缺点。

对于农民的政策,同样适用于其他的新近参加了各种合作组织的手工业者、小商小贩和其他个体劳动者。他们在我国也是一个重要的社会阶层。由于他们的居住和经济活动都比较分散,我们过去在他们中间的工作比较薄弱。现在他们组织起来了,他们需要解决许多迫切的问题。我们必须采取有效的办法加强同他们的联系,使他们的经济利益和政治利益得到应有的重视。

在我国的人民民主专政和人民民主统一战线中,民族资产阶级具有一种特殊的地位。在抗日战争期间,革命根据地的政权机关已经吸收民族资产阶级的某些代表人物参加。但是那是在资产阶级民主革命阶段,因而是比较容易了解的。在人民共和国成立以后,民族资产阶级和它的党派有更多的代表人物参加了我国的无产阶级专政性质的国家机关,并且同工人阶级和共产党在社会主义事业中继续保持政治上的联盟。这是为什么呢？这种联盟在社会主义改造已经取得基本胜利的今天还有什么意义呢？这一切难道不是一种负担吗？

诚然,我国的民族资产阶级,包括大中小资本家和资产阶级的知识分子在内,是我国社会上除开官僚资产阶级以外人数最少的一个阶级,并且在政治上和经济上都有很大的软弱性。但是不论在过去和现在,这个阶级在我国社会上都有很大的影响和作用。在一方面,这是因为他们在历史上发展了近代工业,领导了旧民主主义革命,在一定程度上参加了新民主主义革命,并且在中华人民共和国成立以后的具体条件下,采取了接受工人阶级和共产党领导的态度,接着又逐步地采取了接受社会主义改造的态度。在另一方面,这是因为他们比较早地掌握了现代的文化,并且掌握了一些现代企业的技术知识和管理知识;直到现在,他们仍然是我国具有比较丰富的现代文化知识、拥有比较多的知识分子和专家的一个阶级。在过去几年内,民族资产阶级参加了国民经济的恢复工作,还参加了或者支持了土地改革、镇压反革命、抗美援朝的斗争,从而使我们最大限度地孤立了敌人,并且增强了革命的力量。在社会主义改造过程中,工人阶级同民族资产阶级的联盟,对于教育和改造资产阶级分子起了积极的作用;在今后,我们还可以通过这种联盟对他们继续进行团结、教育和改造的工作,使他们利用自己的知识来为社会主义建设服务。由此可见,把这种联盟看作一种徒然的负担,是错误的。

民族资产阶级的大多数人,近年来正在经历着社会主义改造的深刻变化。我们的任务是要继续和改进同他们的合作关系,使他们有充分的机会发挥能力和专长,并且进行进一步的自我改造。同过去一样,这种合作仍然是有团结又有斗争的。在社会主义改造完成以前,阶级斗争仍然继续存在。在社会主义改造完成以后,社会主义和资本主义的立场、观点和方法之间的斗争,还会继续一个很长的时间。我们进行这种斗争的主要方法是说服教育的方法,只是对于那些对社会主义采取敌对态度并且违抗国家法律的个别的人,才必须分别情况采取必要的强制改造方法。

我国的民主党派主要是在抗日战争时期形成的,并且同我们党早就发生了合作的关系。它们在中华人民共和国成立的时候,参加了人民政府,随后又逐步地支持了社会主义的事业。在今后,我们认为,应当采取共产党和各民主党派长期共存、互相监督的方针。中国各民主党派的社会基础是民族资产阶级、上层小资产阶级和它们的知识分子。在社会主义改造完成以后,民族资产阶级和上层小资产阶级的成员将变成社会主义的劳动者的一部分。各民主党派就将变成这部分劳动者的政党。由于在这部分劳动者中,资产阶级思想的残余还会拖得很长,各民主党派还需要在一个很长的时间内继续联系他们,代表他们,并且帮助他们改造。同时,各民主党派同共产党一道长期存在,在各党派之间也能够起互相监督的作用。我们的党是一个不为私利而全心全意为人民服务的政党。但是我们现在还有缺点,将来也一定还有缺点,并且不可能没有错误。我们当然首先要加强党内的自我批评和依靠广大劳动人民的监督来消除这些缺点和错误;同时,我们也应当善于从各民主党派和无党派民主人士的监督和批评中得到帮助。

各民主党派的代表人物和无党派民主人士在我们的许多国家机关中担任着重要的职务。在我们的政府机关、学校、企业和武装部队中,还有广大的党外工作人员。这就要求我们的党员必须同党外工作人员建立良好的合作共事关系。这个问题之所以必须提出,是因为至今还有一部分共产党员抱着一种"清一色"的观点,他们不愿意党外人士参加国家机关的工作,或者有事不同党外人士商量,不尊重党外人士的职权。这种观点是一种宗派主义观点。共产党员在任何时候在人民中都是少数,因此共产党员在任何时候都有义务同党外的人合作。党必须教育那些不善于同党外的人合作的党员迅速地克服自己的缺点,这是目前巩固人民民主统一战线的重要任务之一。

随着我国社会主义事业的胜利发展,我们的人民民主统一战线的范围将愈来愈广泛。对于少数民族的上层人士、宗教界的爱国人士和其他有各种社会影响的爱国人士,我们都应当继续坚持同他们的团结。海外各地的爱国华侨也是统一战线的组成部分,我们必须继续团结他们。总之,我们的任务就是使一切积极因素都能够动员起来,使他们对于建设社会主义的事业都能贡献一份力量。

由此可见,最广泛的统一战线和最广泛的爱国主义团结,不但没有损害我们的无产阶级专政,而且有利于无产阶级专政的巩固和发展。

我们的国家制度是高度的民主和高度的集中的结合。这个制度已经在我国过去几年的历史中表现了它的优越性。这当然不是说，我们的国家工作就是完全健全的了。我们的许多国家机关和工作人员在工作中常常脱离我们的国家制度的正确原则，不是发挥了而是妨碍了我们的国家制度的生动力量。当然也不是说，我们的国家制度已经一切都完备了。它还需要相当的时间使自己逐步地成熟和完善起来。

什么是我们目前改进国家工作的主要任务呢？

为了适应社会主义改造和社会主义建设的新形势，目前在国家工作中的一个重要任务，是进一步扩大民主生活，开展反对官僚主义的斗争。

在我们的许多国家机关中，存在着高高在上、不了解下级和群众的意见、对于下级和群众的意见加以压制、对于群众生活漠不关心的官僚主义现象。这种脱离群众、脱离实际的官僚主义，严重地妨碍着国家的民主生活的发展，妨碍着广大群众的积极性的发挥，妨碍着社会主义事业的前进。我们必须认真地、有系统地改善国家机关，精简它们的组织机构，明确规定每个工作人员的责任，帮助他们改变那种只是忙于开会、签公文而不接近群众、不研究情况和政策的作风，定出中央一级和省、市一级的国家机关各部门负责人经常深入下层、了解下情、检查工作、倾听意见的具体办法，督促他们严格地加以执行。

反对官僚主义是一个长期的斗争。但是，我们完全有信心在我们的人民民主制度下逐步消除官僚主义的病害。因为我们的国家同那些少数人压迫绝大多数人的剥削阶级的国家相反，我们的制度是反对官僚主义而不是保护官僚主义的。

为了同官僚主义作有效的斗争,我们必须同时从几个方面加强对于国家工作的监督。第一,必须加强党对于国家机关的领导和监督。除了党的各级委员会必须经常检查各级政府中党组织的工作以外,党委的各个工作部门应当负责建立起对于有关的政府工作部门中党组织和党员的经常的监督。第二,必须加强全国人民代表大会和它的常务委员会对中央一级政府机关的监督和地方各级人民代表大会对地方各级政府机关的监督。为了这个目的,应当加强人民代表的视察工作,以便广泛地收集人民群众的意见,并且加强各级人民代表大会对于政府工作的检查、批评和讨论。第三,必须加强各级政府机关的由上而下的监督和由下而上的监督。在反对官僚主义的斗争中,国家的监察机关应当充分地发挥它的应有作用。第四,必须加强人民群众和机关中的下级工作人员对于国家机关的监督。必须鼓励和支持由下而上的批评和揭露;凡是对批评者实行压制和报复的人,必须受到应得的处分。

目前国家工作中另一个重要问题,是必须适当地调整中央和地方的行政管理职权。这也是符合于扩大民主生活、克服官僚主义的要求的。

在中华人民共和国成立以后,为了实现和巩固国家的统一,我们反对了分散主义,把许多应当由中央管理的事务集中到中央手里,这是完全必要的。但是,近几年来中央有些部门把过多的事务抓到自己手里,对地方限制得过多过死,忽视地方的特殊情况和特殊条件,应当同地方商量的事也不同地方商量;有些部门还发出许多形式主义的公文和表格,给地方压力很大。这样,既不利于地方的工作,也分散了中央的精力，发展了官僚主义。不可能设想：在我们这样大的国家中，中央能够把国家的各种事务都包揽起来，而且样样办好。把一部分行政管理职权分给地方，是完全必要的。国家的很多工作，例如农业、小型和中型的工业、地方的运输事业、地方的商业、中小学教育、地方的卫生事业和地方的财政等等，中央只应当提出一般的方针政策和大体的规划，具体工作应当交由地方因地制宜、因时制宜地去部署办理，并且应当把中央机关的干部分一部分到地方去工作。省、市、县、乡都应当有一定范围的行政管理职权。根据这样的方针，现在中央正在同地方共同研究和拟定具体方案，准备逐步地加以实行。这样，既能够发挥中央机关的积极性，也能够发挥地方的积极性，使中央和地方都有必要的机动，又便于实行相互的监督。这对于促进我国社会主义建设的普遍高涨具有重要的意义。

　　正确地处理少数民族问题，是我们的国家工作中一项重大的任务。我们必须用更大的努力来帮助各少数民族在经济和文化上的进步，使各少数民族在我国社会主义建设事业中充分地发挥积极作用。

　　少数民族的状况在过去几年中已经发生了很大的变化。少数民族中的民主改革和社会主义改造已经在大多数地区取得了决定性的胜利。在国内三千五百多万少数民族人口中，已经有二千八百万人口的地区基本上完成了社会主义改造，另有二百二十万人口的地区正在进行社会主义改造，有近二百万人口的地区正在进行民主改革，只有三百多万人口的地区还没有进行民主改革。今后，在尚待进行民主改革和社会主义改造的地区，我们仍然必须采取我们所一贯采取的慎重方针,这就是说,一切改革必须由各少数民族的人民和公众领袖从容考虑,协商处理,按照各民族自己的意愿办事。在改革中应当坚持和平的方式,而不要采取强力斗争的方式。对于少数民族的上层人士,在他们放弃对于劳动人民的剥削和压迫以后,国家要采取适当的办法,使他们的政治待遇和生活水平不致降低,并且说服人民群众同他们长期合作。对于少数民族地区的宗教信仰问题,我们必须长期坚持地执行宗教信仰自由的政策,决不可以在社会改革中加以干涉;对于宗教职业者的生活困难,应当帮助他们得到适当的解决。

各少数民族要发展成为现代民族,除进行社会改革以外,根本的关键是要在他们的地区发展现代工业。国家在第一个五年计划期间,已经在一些少数民族地区,建立了一些新的工业基地,举办了一些大型的现代工业和运输业,在第二个五年计划期间还将继续这样做。这是全国各民族人民的共同利益和根本利益。汉族人民和少数民族人民都应当为完满地实现国家的这个计划而共同奋斗。同时,为了满足少数民族人民的特殊需要,中央各部门和各省、自治区政府,还应当根据客观上可能和经济上合理的原则,在少数民族地区逐步地举办一些地方工业。凡是在少数民族地区的工业,无论是中央国营工业或者是地方工业,都必须注意帮助少数民族形成自己的工人阶级,培养自己的科学技术干部和企业管理干部。只有这样,少数民族在各方面的发展才能比较快地达到现代的水平。

由于历史形成的现实条件,少数民族中的社会改革和经济文化建设,都需要汉族人民的大力援助。所以,继续改进汉族人民和少数民族人民、汉族干部和少数民族干部之间的关系，就有特别重要的意义。在目前，为了改进这种关系，主要的问题是要克服大汉族主义。

几年来，我们有很多的汉族干部在各少数民族地区工作，他们的大多数正确地执行了党的民族政策，完成了党给他们的任务，受到了少数民族的欢迎。但是也有一部分汉族干部，不尊重少数民族干部的职权和意见，不积极地耐心地帮助少数民族当家作主，而是由自己在那里包办代替。这些缺点和错误，同某些同志的思想中存在着轻视少数民族的大汉族主义倾向是有关的。

中国各民族共同地创造了我国的历史和文化，今后各民族也一定要共同地建设我们伟大的社会主义祖国。国内各少数民族的发展水平是不一样的，但是绝对不是所有的少数民族在所有的方面都落后。有一些民族的发展水平同汉族一样或者差不多，还有一些民族在某些方面的发展比汉族高，值得汉族人民向他们学习。每一个民族都有自己的长处。认为少数民族一无长处、样样不如汉族的观点，就是一种大汉族主义的观点。

忽视各少数民族在我国社会主义建设中的重要作用，也是大汉族主义的一种表现。各少数民族的人口虽然只占全国总人口的百分之六，但是他们居住的地区，却占全国总面积的百分之六十左右，其中许多地方富有各种工业资源。如果认为不要少数民族的共同努力和积极参加，单凭汉族人民的努力，就可以把我国建设成为一个伟大的社会主义国家，这显然是一种错误的想法。

　　所有上述大汉族主义的倾向和观点，都必须切实改正。只有坚决地克服了大汉族主义的任何一种细小的表现，少数民族中的地方民族主义情绪才能顺利地克服，国内各兄弟民族才能在我们的人民民主的大家庭里面更加亲密地团结起来。

　　为了巩固我们的人民民主专政，为了保卫社会主义建设的秩序和保障人民的民主权利，为了惩治反革命分子和其他犯罪分子，我们目前在国家工作中的迫切任务之一，是着手系统地制定比较完备的法律，健全我们国家的法制。

　　在革命战争时期和全国解放初期，为了肃清残余的敌人，镇压一切反革命分子的反抗，破坏反动的秩序，建立革命的秩序，只能根据党和人民政府的政策，规定一些临时的纲领性的法律。在这个时期，斗争的主要任务是从反动统治下解放人民，从旧的生产关系的束缚下解放社会生产力，斗争的主要方法是人民群众的直接行动。因此，那些纲领性的法律是适合于当时的需要的。现在，革命的暴风雨时期已经过去了，新的生产关系已经建立起来，斗争的任务已经变为保护社会生产力的顺利发展，因此，斗争的方法也就必须跟着改变，完备的法制就是完全必要的了。为了正常的社会生活和社会生产的利益，必须使全国每一个人都明了并且确信，只要他没有违反法律，他的公民权利就是有保障的，他就不会受到任何机关和任何人的侵犯；如果有人非法地侵犯他，国家就必然出来加以干涉。我们的一切国家机关都必须严格地遵守法律，而我们的公安机关、检察机关和法院，必须贯彻执行法制方面的分工负责和互相制约的制度。

　　反革命分子是要破坏我们的国家、破坏我们的建设、危害人民的安全的,因此,我们的国家机关必须镇压和肃清反革命分子。我们在一九五〇年领导了全国范围的镇压反革命的斗争,给了反革命分子的活动以严重的打击。在一九五五年,我们又在社会上进行了镇压反革命的斗争,在全国的机关中对于暗藏的反革命分子进行了清查。这些大规模的群众斗争,大大地巩固了社会的秩序,加强了国家的安全。

　　我们对反革命分子和其他犯罪分子一贯地实行惩办和宽大相结合的政策,凡是坦白的、悔过的、立功的,一律给以宽大的处置。大家知道,这个政策已经收到了巨大的成效。从去年下半年以来,由于惩办和宽大相结合的政策的影响,由于社会主义改造高潮的影响,由于人民群众的觉悟程度和组织程度的提高,反革命分子的活动愈来愈感到困难,因而在反革命分子中发生了激烈的分化,成批的反革命分子向政府投案自首。这个事实说明,一方面,反革命分子确是存在着,认为可以放松警惕性的想法是完全错误的;另一方面,只要我们的政策正确,反革命分子是可以肃清的,认为反革命活动会愈来愈严重的想法也是没有根据的。

　　在今后,我们的公安机关、检察机关和法院仍然必须同反革命分子和其他犯罪分子进行坚决的斗争。但是如上所说,这一斗争必须严格地遵守法制,并且应当根据目前的新情况,进一步实行宽大政策。党中央委员会认为,除极少数的罪犯由于罪大恶极,造成人民的公愤,不能不处死刑以外,对于其余一切罪犯都应当不处死刑,并且应当在他们服徒刑的期间给以完全人道主义的待遇。凡属需要处死刑的案件,应当一律归最高人民法院判决或者核准。这样，我们就可以逐步地达到完全废除死刑的目的，而这是有利于我们的社会主义建设的。

为了保卫我们的祖国，我们还必须继续加强我们的国防，继续加强我们的国防军——光荣的中国人民解放军。人民解放军必须努力提高自己的战斗力，警惕地守卫我们的边境和海岸线，保卫我国领土的完整。

我们祖国的领土台湾还被美帝国主义所霸占，这是对于我国安全的一个最大的威胁。解放台湾的问题完全是我国的内政问题。我们愿意用和平谈判的方式，使台湾重新回到祖国的怀抱，而避免使用武力。如果不得已而使用武力，那是在和平谈判丧失了可能性，或者是在和平谈判失败以后。不管采用什么方法，解放台湾的正义事业一定能够取得最后的胜利。

五　国　际　关　系

为了把我国建设成为一个伟大的社会主义国家，我们不但要团结国内一切可能团结的力量，而且要争取国际上的一切有利条件，团结国际上一切可能团结的力量。

我国现在所处的国际环境是怎样的呢？

总的说来，目前的国际形势对于我们的社会主义建设是有利的。这是由于社会主义的、民族独立的、民主的、和平的势力，在第二次世界大战以后，有了空前的发展，而帝国主义侵略集团的积极进行扩张、反对和平共处、准备新的世界战争的政策,愈来愈不得人心。在这种情况下,世界局势不能不趋向于和缓,世界的持久和平已经开始有了实现的可能。

在十月革命以后,苏联人民进行社会主义建设的时候,世界上还没有第二个社会主义国家。但是,在我国人民进行社会主义建设的时候,情况就已经根本不同了。第二次世界大战以后,不但苏联变得更加强大,而且在欧亚两洲出现了许多新的社会主义国家。现在,包括中国在内,社会主义国家已经拥有占人类总数三分之一的九亿多人口,并且在地理上连成一片,组成了以苏联为首的社会主义国家的友好的大家庭。我们之间的这种兄弟般的友谊和互助合作的关系,正在不断地发展和巩固。苏联和其他社会主义国家同南斯拉夫联邦人民共和国,已经恢复了友好的关系。我国同南斯拉夫联邦人民共和国也已经建立了外交关系,发展了友好的来往。

现在,社会主义各国正动员国内人民的一切力量,从事社会主义的和平建设,工农业生产以资本主义国家所难以比拟的速度向前发展着。我们在对外关系中一贯执行着坚定的和平政策,主张一切国家间的和平共处和友好合作。我们相信社会主义制度的优越性,不怕同资本主义国家进行和平竞赛。我们的政策符合于全世界人民的利益。一切爱好和平、要求民族独立和争取社会进步的力量都会得到我们的同情和支持。社会主义国家在全世界人民中的声望日益增长,对于国际形势发展的影响日益扩大。以苏联为首的社会主义国家已经成为争取世界持久和平的坚强堡垒。

今年二月举行的苏联共产党的第二十次代表大会是具有世界意义的重大政治事件。它不仅制定了规模宏伟的第六个五年计划,决定了进一步发展社会主义事业的许多重大的政策方针,批判了在党内曾经造成严重后果的个人崇拜现象,而且提出了进一步促进和平共处和国际合作的主张,对于世界紧张局势的和缓作出了显著的贡献。

社会主义国家的强大和团结一致,是我国进行社会主义建设的最有利的国际条件。

第二次世界大战后另一个有伟大历史意义的发展,是民族独立运动的广泛胜利。除了越南民主共和国、朝鲜民主主义人民共和国、中华人民共和国已经走上了社会主义的道路以外,在亚洲和非洲,摆脱了殖民主义束缚的,还有其他一系列的民族独立国家。这些民族独立国家,包括我们的伟大邻邦印度在内,共有六亿几千万人口,占人类总数的四分之一。这些国家的绝大多数都在执行着和平中立的外交政策。它们在国际事务中起着愈来愈大的作用。在万隆召开的亚非会议[97]的成功,许多亚非国家独立运动的新发展,特别是最近埃及把苏伊士运河公司收归国有的震动世界的事件[98],证明了民族独立运动已经形成为一种巨大的世界力量。在过去,亚非大多数国家都曾经是帝国主义的殖民地和半殖民地,是帝国主义准备和进行战争的后方,但是现在却变成反对殖民主义、反对战争和支持和平共处的力量了。同时,在拉丁美洲的国家中,反殖民主义的斗争也在发展。帝国主义者正在竭力阻挡民族独立运动的潮流,但是这个潮流是阻挡不住的。它最后必将席卷整个亚洲、非洲和拉丁美洲,从而永远结束殖民主义的统治。

毫无疑问,社会主义国家的存在,社会主义国家对于民族独立运动的同情和支持,大大地便利了这一运动的发展和胜利。同时,民族独立运动的高涨又削弱了帝国主义的侵略势力,有利于世界和平的事业,因而也有利于社会主义国家的和平建设。因此,社会主义国家和民族独立国家的友好合作,既符合于彼此的共同利益,也符合于世界和平的利益。

这一些伟大的历史变化,是同帝国主义的、特别是美帝国主义的愿望背道而驰的。美国垄断资本利用它在第二次世界大战中发了横财的有利地位,在战后进行疯狂的扩张活动,首先是控制德日等战败国,夺取英法等国在亚洲和非洲的势力范围,力图树立世界霸权。它组织军事集团,建立军事基地,制造紧张局势,准备新的战争。美帝国主义把它的这一切活动说成是为了"防御共产主义侵略"。但是,谎话究竟不能掩盖事实。社会主义同侵略是根本不能相容的。在社会主义国家里,既然消灭了依靠侵略发财、依靠殖民地和国外市场发财的阶级,也就消灭了对外侵略的社会根源。而在帝国主义国家里,依靠侵略发财的集团是永远不会自愿地停止侵略的。世界人民看得很清楚:苏联、中国和其他社会主义国家积极主张和平共处,发展东西方的经济文化关系,并且带头裁减了自己的武装部队,削减了自己的军费。相反,美帝国主义却仍然在扩张军备,反对发展东西方的关系,害怕和平共处好象害怕世界末日一样;它的武装力量至今还在远离自己的国界几千公里以外霸占着我国的台湾,在日本、南朝鲜、菲律宾和西欧各国的领土上横行霸道。

把"防共"和"反共"的口号当作烟幕来掩盖一个国家统治世界的企图,在第二次世界大战以前就早已流行过了。帝国主义者当然十分仇恨社会主义国家。但是，他们也知道，强大和团结一致的社会主义国家是碰不倒的。因此，美帝国主义目前的主要活动，实际上是假借"反共"之名，以便压制本国的人民，尽可能地控制和干涉处于社会主义国家和美国之间的广大中间地带。

美帝国主义的这些活动日益引起各方面的反抗，日益加深资本主义体系内部一切固有的矛盾。现在，受过和正在受着殖民主义灾害的国家和人民已经愈来愈认识到，美帝国主义是当前最大、最贪婪的殖民主义者。在亚非地区，愈来愈多的民族独立国家采取了和平中立政策，拒绝参加美国的侵略性军事集团，有力地限制了美帝国主义的殖民扩张。在西方国家中，也有愈来愈多的国家逐渐识破了美国扩张政策对它们危害的真象，而拒绝把自己套在美国的战车上、赞成同社会主义国家和平共处的中立趋势，也已经日益发展。美国的主要盟国英法两国，曾经企图凭借美国的力量来维持自己的既得利益。但是，事实上，追随美国的扩军备战政策只是为美国势力的入侵开辟了道路，而沉重的军费负担日益严重地妨碍着它们国家经济的发展。这就加强了美国的主要盟国对于美国的垄断和控制的不满和反抗，特别是加深了英美之间的矛盾。同时，西方各国的人民群众正在日益展开广泛的和平民主运动，反对美国的扩军备战政策。美国人民也已经逐渐地体会到这种政策为他们带来沉重的负担和战争的危险。就是在美国统治集团内部，也有一些头脑比较清醒的人逐渐认识到战争政策未必对美国有利。

英法统治集团的外交政策正处在矛盾和混乱之中。英法两国在目前整个国际局势的影响下，虽然表示了一定程度的和平共处的愿望，但是它们由于企图保持殖民主义的特权，对于民族独立运动却不愿意放弃使用武力和武力威胁的政策。这种状况，在埃及政府收回苏伊士运河公司以后的发展中，特别明显地表现出来了。英法政府想用武力干涉的方法，破坏埃及的神圣主权，重新夺取苏伊士运河。美国一方面支持英法的侵略行为，另一方面企图乘机夺取它们在中东的利益。帝国主义的侵略政策和民族独立国家的反侵略运动之间的斗争，在中东正在尖锐化。全世界的最广泛的同情是在埃及方面，全世界最广泛的舆论都主张和平解决苏伊士运河的争端。英法如果不遵循和平解决的途径，而实行武力干涉，那就不但会受到埃及人民和阿拉伯各国人民的英勇抗击，而且必将引起整个社会主义阵营、亚非两洲、拉丁美洲以及西方国家的广大人民的坚决反对，也将引起英法两国广大人民的坚决反对。世界是要走向和平的；在苏伊士运河问题上和其他民族独立运动的问题上，采取武力干涉政策只能招致彻底的失败。

毫无疑问，帝国主义者还会继续制造紧张局势，还要压迫一切他们可能压迫的人民，战争的危险仍然存在。在这个问题上，如果我们丧失警惕性，那就会犯错误。人类争取和平和进步的斗争必然还要经历许多迂回曲折的过程。但是，世界的总的趋势是光明的。只要社会主义各国和世界上一切和平民主力量团结一致，共同努力，世界的持久和平和人类进步的事业就终将取得胜利。

我们在国际事务中坚定不移的方针，是为世界和平和人类进步的事业而努力。在过去几年中，我们在这方面的工作是有成绩的。

中国人民在革命斗争中,得到了以苏联为首的和平民主社会主义阵营的支持。中华人民共和国在成立以后不久,就同伟大的苏联签订了友好同盟互助条约[11]。几年来的事实证明,伟大的中苏同盟是远东和世界和平的重要支柱。对于我国的社会主义建设,苏联给了巨大的援助;欧洲和亚洲的人民民主国家也给了种种的援助。兄弟国家的这种同志式的援助,是中国人民永远不能忘记的。这种援助,无论在过去、现在和将来,都是我们所不可缺少的。中国同伟大的苏联和其他社会主义国家,在共同目标和相互援助的基础上建立起来的团结和友谊,是牢不可破的,是永恒的。继续巩固和加强这种团结和友谊,是我们最高的国际义务,是我国对外政策的基础。

中国身受过殖民主义的灾害,而且中国的领土台湾到现在还处于美国的控制之下。中国人民深切地同情并且积极支持一切被压迫民族和被侵略的国家反对殖民主义和维护民族独立的斗争。这个斗争的每一个胜利,不论它出现在亚洲、非洲或者是拉丁美洲,都将会进一步加强和平的力量。

中国同刚刚从殖民主义统治下解放出来的其他亚非国家有许多共同的经历、处境和愿望。我们在一般的国际关系中,首先在相互关系中,都有相互尊重领土完整和主权、互不侵犯、互不干涉内政、平等互利和和平共处的要求。中国同印度首先倡议的五项原则,体现了这些共同要求。我们已经根据这些原则同许多亚非国家建立了友好合作关系,促进了这个地区的和平。

我们争取在五项原则的基础上首先同我们的所有邻国建立睦邻关系。我们同这些国家有深厚的传统友谊，而没有不可解决的争端。在我们同某些邻国之间，存在着一些历史上遗留下来的问题。帝国主义者力图利用这种情况来破坏和阻挠我们同邻国发展和建立友好关系。但是，这种企图是注定要失败的。我们同邻国之间的一切问题，都可以根据五项原则，通过和平协商的途径，求得解决。我们同邻国发展和建立友好关系，既符合我国的利益，也符合我们邻国的利益。

我国同欧洲的一些西方国家，已经建立了正常关系。

我国准备同一切尚未同我国建交的国家建立正常的外交关系。建立这种关系是对于双方都有利的。

我们以五项原则为基础的和平共处政策不排斥任何国家。对于美国，我们也同样具有同它和平共处的愿望。但是，美国一贯地敌视我国，侵占我国的台湾，派遣特务对我国进行颠覆活动，对我国实行禁运，并且竭力在国际事务中排斥我国，蛮横地剥夺我国在联合国的合法地位。虽然如此，我国政府仍然努力通过和平协商的方法解决同美国的争端。我们曾经一再建议举行中美外长会议，来解决和缓并消除台湾地区紧张局势的问题。我国的这种努力，只是为了和缓国际紧张局势，而不是在任何意义上承认侵略。全世界都知道，我国人民对于保卫祖国的独立和安全是不怕付出代价的。但是美国政府对于我国的态度至今还远不是现实的和合理的。结果怎样呢？尽管美帝国主义采取一切罪恶的手段来破坏我国，企图孤立我国，但是，伟大的新中国在世界上屹立着。正义是在我们方面，世界的广大的同情是在我们方面。在世界上被孤立的，并不是我国，而恰恰是美帝国主义。如果美帝国主义不愿继续失败下去，它的出路，只能是对于我国采取现实的合理的态度。这种情况，对于美国人也已经不是什么秘密了。

中国人民和世界各国人民都需要和平，都需要增进相互间的经济文化关系和友好来往。我国人民在过去几年中积极地参加了有益于世界和平的各种国际活动，并且积极地发展了同各国人民的经济文化的交流，发展了同各国人民团体和各方面社会人士的交往。虽然我们在这些方面遇到了许多人为的障碍，我们的国际友人还是愈来愈多。事实证明，铁幕不在我们这一边。我们的门是对一切人敞开的。

以上这些，就是我们处理国际事务的基本政策。我们今后仍将继续贯彻执行这些政策。

六　党　的　领　导

在党的第七次代表大会到第八次代表大会期间，随着革命的胜利和国家状况的变化，党本身的状况也有了很大的变化。党已经成为领导全国政权的党，在人民群众中具有很高的威信。党的组织壮大了。现在党已经有一千零七十三万党员，其中工人党员占百分之十四，农民党员占百分之六十九，知识分子党员占百分之十二。党的组织已经分布到全国，并且分布到各个民族。绝大多数的党员都受了伟大的革命斗争的锻炼。就是占百分之六十以上的一九四九年以后入党的新党员，基本上也都是过去几年的群众革命斗争和社会主义劳动中涌现出来的先进积极分子。整个说来，党同人民群众的联系是更加密切了，党的工作经验是更加丰富和全面了，党的团结比过去任何时候都更加巩固了。

我们已经说过，在我们国家的社会主义事业中不可能没有无产阶级专政，而无产阶级专政是经过无产阶级的政党——共产党的领导来实现的。中国共产党的领导的力量，在于它有马克思列宁主义的思想武器，有正确的政治路线和组织路线，有丰富的斗争经验和工作经验，善于把全国人民的智慧集中起来，并且把这种智慧表现为统一的意志和有纪律的行动。不但在过去，而且在今后，为了保证我们的国家能够有效地处理国内和国际的复杂事务，都必须有这样的一个党的领导。这是全国各阶层人民和各民主党派根据实际生活所共同承认的。

但是，在社会主义建设的工作中，也有极少数同志曾经企图削弱党的领导作用。他们把党对于国家各方面工作的方针政策的领导问题同单纯技术方面的问题混淆起来，他们认为党对于这些工作的技术业务还是外行，因而就不应当领导这些工作，而他们则可以独断专行。我们批判了这种错误的观点。党应当而且可以在思想上、政治上、方针政策上对于一切工作起领导作用。当然，这不是说，党应当把一切都包办起来，对一切都进行干涉；也不是说，对于自己所不懂的事情，可以安于做外行。党要求我们的干部和党员进行艰苦的学习来学会自己工作中所不懂的事情。我们学习得愈多，就会领导得愈好。

象我们在前面所说，党从第七次代表大会以来的路线是正确的，这是事实所已经证明了的。但是应当承认，我们党在担负目前的日益繁重的任务方面,并不是没有困难了,并不是不会犯错误了。我们在社会主义改造方面,社会主义建设方面,国家政治生活方面,都犯过暂时的、局部的错误。在国际事务的处理上,也不是毫无缺点和错误的。因此,党的领导的任务之一就是要研究和分析过去所犯的错误,取得教训,从而求得在今后的工作中少犯错误,尽量不重复已经犯过的错误,并且尽量不使小错误变为大错误。

要使我们党今后继续保持正确的、健全的领导,根本的问题是在于努力减少党组织和党员在思想认识上的错误。在我们党内有正确思想和错误思想、正确路线和错误路线的斗争,这种斗争是阶级斗争和各种社会现象的反映。我国原来是小资产阶级占多数的国家,这个阶级的情绪经常影响我们,不断地给我们压力,资产阶级也经常从各方面来影响我们。党必须经常进行党内教育,不让资产阶级和小资产阶级的思想损害我们党在政治上的纯洁。但是我们的错误不但有社会的根源,而且有认识上的根源。一个人如果不懂得正确的意见只能是对于实际事物的客观的全面的反映,而坚持要按自己的主观的片面的想法去办事,那末,即使他有一切善良的动机,也还是会犯或大或小的错误。因此,为了避免犯错误,必须正确地认识客观实际,正确地辨明是非。

鉴于目前我们的党员十分之九都是第七次代表大会以后入党的,在这里简单地回顾一下在党的历史上正确的路线怎样有效地克服错误路线的基本经验,我们认为并不是没有现实意义的。

我们党在三十五年的历史中,曾经犯过四次严重的路

线错误,这就是一九二七年上半年的陈独秀右倾机会主义
路线[99]和以后七年间先后发生的三次"左"倾机会主义路
线[100]的错误。而从一九三五年一月党中央的遵义会议[101]
以来的二十一年中,我们党在以毛泽东同志为首的中央的领
导下,却没有犯过路线错误。这个历史的变化究竟应当怎样
解释呢? 很明显,这不能仅仅用党的历史长短、经验多少去解
释,因为党在一九三一年至一九三四年间所犯的错误反而比
以前两次的"左"倾错误更为严重;也不能仅仅用某个时期党
的领导者个人情况如何去解释,因为大多数犯过错误的领导
者在后来也为党做了很好的工作。从我们党的历史可以得出
这样的结论:党的经验多少和党的领导人选对于党是否犯错
误有重要的关系,但是关系更重要的,是各个时期广大党员首
先是党的高级干部是否善于用马克思列宁主义的立场、观点
和方法去总结斗争中的经验,坚持真理,修正错误。这是考验
党的干部的马克思列宁主义觉悟水平高低的主要标志。党的
干部的马克思列宁主义的觉悟水平愈高,他们识别正确的意
见和错误的意见、识别好的领导者和坏的领导者的能力也就
愈高,他们的工作能力也就愈高。

　　党在一九三四年以前,虽然积累了丰富的经验,但是当时
党的领导机关并没有给以认真的研究;虽然否定过几次错误
路线,但是实际上只是处分了犯错误的领导者,并没有正确地
分析那些错误和那些错误在思想认识上的根源,因而就不可
能帮助党的干部提高觉悟水平。特别是在一九三一年到一九
三四年期间统治全党的以王明[102]、博古[103]等同志为首的
"左"倾机会主义者,不但没有接受过去几次错误路线的教训,

而且由于他们的教条主义的思想方法和横蛮武断的作风，把主观主义和宗派主义的错误发展到了党的历史上空前未有的地步。他们完全不顾当时国内社会各阶级的实际状况，不顾敌我力量对比的客观形势，在政治上和军事上都采取了极端冒险的政策，在党内生活上也完全破坏了党内的民主制度，发展了过火的党内斗争。他们的错误领导，使革命斗争遭到严重的失败，使当时的革命根据地和工农红军损失了百分之九十，国民党统治区的党组织和党领导下的革命组织几乎损失了百分之百。

但是在一九三五年以后就不同了。党在一九三五年的转变，基本上就是党的高级干部的多数从失败中得到了经验、提高了觉悟的结果。在这以后，党中央并没有给犯错误的同志以严重的惩办，仍然分配他们以适当的领导职务，耐心地等待和帮助他们从思想上真正地认识自己的错误。同时党中央又系统地帮助全党干部逐步地了解马克思列宁主义的理论和实际相结合的原理，了解我们的主观认识必须符合于客观实际的原理。由于党的思想工作和组织工作有了重大的改进，党的事业就得到了迅速的发展。为了帮助全党干部，包括犯过错误的同志在内，认真地研究党的历史经验，学会正确的思想方法和工作方法，以求减少在工作中的错误，党中央曾经在遵义会议的七年以后，在全党发动了反对主观主义、宗派主义和党八股的著名的"整风运动"[104]。全党干部在这个运动中，按照马克思列宁主义的立场、观点、方法，详细地检查了自己的思想和工作，检查了党在思想上、政治上和组织上的领导，展开了深刻的批评和自我批评。这样，就真正地提高了大批干部的马克思列宁主义的觉悟水平和对于党内是非的辨别能力。大批干部认识了同实际脱节的教条主义的错误，也认识了同理论脱节的经验主义的错误，养成了联系群众、调查研究和实事求是的作风。他们在党内外所进行的工作，就变得比较符合客观实际了，工作中的重大错误就减少了。

以上所说的我们党的历史经验，充分地说明了克服思想认识上的主观主义，是保证党的工作顺利发展、避免重大错误的根本关键。

主观主义的错误在目前我们许多干部的思想上和工作中仍然严重地存在着，使我们的工作受到许多不应有的损失。我们现在面对着新的条件和新的任务，我们必须解决许多比过去更为复杂的和不熟悉的问题。在这种情况下，如果我们不努力提高马克思列宁主义的觉悟水平，不努力学习新的知识，钻研新的业务，而满足于对胜利的一片赞扬，主观主义的错误就必然会发展起来。同时，加入我们党的大批新党员，还没有受到足够的马克思列宁主义的锻炼，也很容易成为主观主义、教条主义的市场。

为了有效地反对主观主义，必须进行有系统的努力来提高我们党的马克思列宁主义的水平。首先，我们必须认真地加强干部的首先是高级干部的系统的马克思列宁主义的学习，使他们善于用马克思列宁主义的立场、观点、方法去观察和解决实际生活中的问题，提高自己在复杂情况中判断方向、辨明是非的能力，并且学会用马克思列宁主义的理论去研究和整理自己的工作经验，在经验中找出具体事物发展的规律性。第二，必须加强在广大的新党员中理论和实际统一的教育,使他们逐步懂得马克思列宁主义的立场、观点和方法,获得关于马克思列宁主义的一般原理、党的历史和我国社会主义事业现状的基本知识,认识主观主义——包括教条主义和经验主义——的危害,而在知识分子新党员中,则要特别着重认识教条主义的危害。第三,必须加强党的理论工作。我们应当迅速地集中必要的党内外马克思列宁主义的科学工作力量,从事我国社会主义改造和社会主义建设的重大问题和基本经验的研究,从事当前国际问题的研究,从事马克思列宁主义基本理论以及同马克思列宁主义有密切关系的科学部门的研究,使这一系列研究适合于当前党的实际工作的迫切需要,适合于向广大党员和广大青年进行理论和实际统一的马克思列宁主义教育的迫切需要。

为了有效地反对主观主义,党的各级领导机关都应当大大加强对于实际情况的调查研究工作。在过去几年的党的工作中所曾犯过的右倾保守、急躁冒进和强迫命令的错误,都是由于没有认真地、正确地研究实际情况和集中群众经验的结果。不少党的工作人员,也同前面说过的某些国家机关的工作人员一样,开始表现出骄傲自满的情绪,宁愿坐在机关里,用空谈代替调查,由感想定出政策,而不愿意深入下层,倾听下情,检查党的决议的执行情况并且从实践中检验党的决议是否正确,刻苦地研究新鲜事物并且正确地支持新鲜事物的发展。党必须教育他们深刻地认识这种主观主义在工作中所造成的损害,必须帮助他们学会用老老实实的态度在群众中进行调查研究,帮助他们学会"从群众中来,到群众中去"的工作方法,并且使他们懂得,这是他们能够继续担负党的领导工作的必要条件。

为了力求党的领导工作符合于客观实际，便利于集中群众的经验和意见，减少犯错误的机会，必须在党的各级组织中无例外地贯彻执行党的集体领导原则和扩大党内民主。一切重大问题的决定都要在适当的集体中经过充分的讨论，容许不同观点的无拘束的争论，以便比较全面地反映党内外群众的各种意见，也就是比较全面地反映客观事物发展过程中的各个侧面。每个领导者都必须善于耐心地听取和从容地考虑反对的意见，坚决地接受合理的反对意见或者反对意见中的合理部分；对于由正确动机、按正常程序提出任何反对意见的任何同志，必须继续和睦无间地共事，绝不要采取排斥的态度。只有这样，才会有真正的而不是形式的集体领导，才会有真正的而不是形式的党内团结，党的组织和事业也才会日益兴旺。

关于贯彻党的集体领导原则和扩大党内民主的问题，在党中央委员会所提出的新的中国共产党章程草案中受到了充分的注意。对于这个草案，邓小平同志将作详细的说明[105]，在这里不需要多说。党章草案关于党员的权利和党的下级组织的权利作了一些新的规定。草案规定，党员有在工作中充分发挥创造性的权利，并且在对于党的决议不同意的时候，除无条件地执行以外，有保留和向党的领导机关提出自己的意见的权利。草案规定，凡属地方性质的问题和需要由地方决定的问题，应当由地方组织处理，以利于因地制宜；又规定党的下级组织如果认为上级组织的决议不符合本地区、本部门的实际情况，应当向上级组织请求改变这个决议。党章草案还规定，县一级以上各级的党代表大会改为常任制，每年召开一次。所有这些，必将促进我们党的各级组织和全体党员的积极性的高涨。

当然，我们党的民主生活的扩大，决不是减弱了而恰恰是加强了党的集中制，我们党的党员的创造性的发扬，决不是减弱了而恰恰是加强了党的纪律性。同样，我们党的集体领导原则，决不是否认了个人负责的必要和领导者的重要作用；相反，它是使领导者能够充分正确地和最有效地发挥个人作用的保证。大家知道，我们党的领袖毛泽东同志所以在我们的革命事业中起了伟大的舵手作用，所以在全党和全国人民中享有崇高的威信，不但是因为他善于把马克思列宁主义的普遍真理同中国革命的具体实践结合起来，而且是因为他坚决地信任群众的力量和智慧，倡导党的工作中的群众路线，坚持党的民主原则和集体领导原则。

对于犯错误的同志采取正确的态度，是党的正确领导的必要条件之一。

对于犯错误的同志给以严厉的处罚，以至把他们驱逐出党，这是很容易的。但是如果没有解决为什么造成错误的思想问题，那末，严厉的处罚不但不能保证党不再重犯同样的错误，甚至还会造成更大的错误。在"左"倾机会主义路线统治我们党的时期，在党内斗争中所实行的"残酷斗争，无情打击"的办法，只是造成了党内是非不明、死气沉沉的状况，使党内的有生力量受到了摧残，使党的事业受到了重大的损失。

以毛泽东同志为首的党中央在纠正了王明、博古等同志的机会主义路线的错误以后，也彻底地改变了错误的党内斗争方式。

在党内斗争中,党首先严格地区别了党内的是非问题同混入党内的反革命分子、蜕化分子和其他坏分子的问题的界限。

对于混进党内的反革命分子,在党内坚持进行分裂破坏活动的阶级异己分子和其他不可救药的腐化堕落分子,党采取了坚决态度,把他们清除出去。在我们的队伍中确是混入了一些反革命分子和其他坏分子,我们已经清洗了一些,以后也还要继续注意防范和清洗。但是事实证明,这样的人只是极少数。在党领导了国家政权以后,党内贪污腐化、违法乱纪、道德堕落的现象有了某种程度的发展,这种严重现象必须坚决制止。过去我们进行了反对贪污浪费和违法乱纪的群众斗争,以后又粉碎了以阴谋手段夺取党和国家领导权的高饶反党联盟〔106〕。在今后,我们还必须经常从思想上和组织上进行反对腐化堕落现象的斗争,经常把不可救药的腐化堕落分子清除出党。

但是,对于任何由于认识上有错误而在工作上犯错误的同志,党都坚决地执行了"惩前毖后,治病救人","既要弄清思想,又要团结同志"的原则,着重思想的教育,而不轻易采取纪律处分。对于这些同志的错误思想,一定要实事求是地进行批评,并且具体地分析错误的根源。这样做的目的,是为了帮助他们,继续团结他们在一起工作。对于在工作上犯了严重错误的同志,虽然在必要的时候可以给予恰当的纪律处分,或者适当地调动工作,但是仍然必须用同志的态度耐心地帮助他们认识和改正错误,以达到团结他们的目的。总之,对于犯了错误的同志,只要所犯的错误可以在党内改正,并且本人愿意改正,就必须让他留在党内改正,并且不应当滥用组织权力,给以不适当的处分。反之,如果用简单的粗暴的方法去纠正思想性质的错误,那末,不但思想问题不会解决,错误还会重犯,而且必然伤害党内应有的和睦,甚至会把普通的意见分歧发展成为组织的分裂。

党提高了马克思列宁主义的觉悟,加强了对于实际情况的调查研究工作,扩大了党内民主,并且对于工作中的错误采取了正确的方针,这样,党的团结和统一就必然日益巩固。而党的团结和统一,当然不但是我们党本身的利益,而且是整个工人阶级和全国人民的利益,因为党是整个工人阶级和全国人民群众的领导核心。

我们要巩固地团结全党,目的正是为了巩固地团结整个工人阶级和全国人民群众。我们的全部力量的源泉在于我们能够密切地依靠工人阶级和人民群众。为了把我国建设成为一个伟大的社会主义国家,我们必须用最大的努力继续加强党和群众的团结。

我国最广大的群众已经组织起来。各种群众组织是我们党联系群众的必要的纽带。除开前面已经说过的农民所组织的合作社以外,最重要的群众组织就是工会组织、青年团组织和妇女组织。

我国工会组织现在已经拥有一千二百万会员,它在国家建设中发挥了重大的作用。党应当加强对工会工作的领导,通过工会工作把我国工人阶级培养成为一个有组织的、有觉悟的、有文化技术的阶级,使广大的工人群众紧密地团结在党的周围。工会组织在社会主义建设事业中,一方面,应当用说服教育的方法吸引工人群众,通过社会主义竞赛和先进生产者运动为不断提高劳动生产率而斗争;另一方面,还应当密切关心群众的生活,发挥群众的监督作用,向一切企业中违法乱纪、侵害群众利益、不关心群众生活的官僚主义现象进行勇敢的斗争。忽视这两种任务的任何一方面的倾向,都是错误的,都应当纠正。

已经拥有二千万团员的中国新民主主义青年团[40],最近即将改名为中国共产主义青年团。由于青年团在过去几年的有成效的努力,在我国生气勃勃的青年职工、青年农民、青年科学技术人员和其他青年知识分子中,正源源不绝地生长着社会主义事业的突击力量,并且向党输送着大批的新党员。青年团应当在党的领导下,在团员和广大青年群众中开展更加生动的思想工作和组织工作,克服某些团组织不注意采取适合青年特点的工作方式,不用说服教育方法去发扬青年群众的积极性和主动性的缺点。

我们党一贯地关怀和支持妇女解放运动,把妇女的彻底解放看作我们事业的重要目标之一。我国妇女群众现在在工农业劳动中和其他许多社会职业部门中,占有日益重要的地位。各种工作岗位上的女干部正在迅速地成长。党应当继续鼓舞妇女群众的上进心,帮助她们克服参加工作的某些特有的困难,帮助她们提高工作的熟练程度,纠正党内外一切歧视妇女的错误思想,并且注意在社会生活和家庭生活中树立男女平等和保护妇女儿童的新的道德风尚。已经在全国各地建立了组织的民主妇女联合会是广大妇女的群众组织,党应当关心和帮助它的工作，通过它来加强党和妇女群众的联系。

为了巩固我们党同人民群众的亲密联系，必须继续加强我们在各方面群众中的工作，尤其是必须在全体干部和党员中反复地进行全心全意为人民服务的教育。一个好党员、一个好领导者的重要标志，在于他熟悉人民的生活状况和劳动状况，关心人民的痛痒，懂得人民的心；他坚持艰苦朴素的作风，同人民同甘苦共患难，能够接受人民的批评监督，不在人民面前摆任何架子；他有事找群众商量，群众有话也愿意同他说。只要我们的党是由这样的党员组成的，我们就永远有无穷无尽的、不可征服的力量。

如同我们党在国内依靠着我国人民群众的支持一样，在国际上，我们依靠着各国无产阶级的支持，依靠着各国人民的支持。如果没有各国无产阶级的伟大的国际主义的团结，如果没有国际革命力量的支持，我们的社会主义事业是不能胜利的，胜利了，要巩固，也是不可能的。

我们必须继续加强同各国共产党、工人党的兄弟团结，必须继续向苏联共产党和其他一切国家的共产党学习他们的革命经验和建设经验。对待任何兄弟党，都必须采取热情的和谦虚的态度，必须坚决反对任何大国主义和资产阶级民族主义的危险倾向。

中国革命是国际无产阶级革命事业的一部分。在我们的成就里面，包含着各国工人阶级和劳动人民的奋斗的成果。中国共产党中央委员会在此谨向各国兄弟党，并且经过他们向各国工人阶级和劳动人民，致以衷心的感谢和敬意，并且保证同他们永远团结一致。

让我们全党同志永远团结在一起！让我们永远同全国人民群众团结在一起，永远同各国工人阶级和全世界人民团结在一起！我们的伟大的社会主义事业一定要胜利，世界上没有任何力量可以阻止我们的胜利！

关于中小学毕业生
参加农业生产问题[*]

（一九五七年四月八日）

解放以后，我国的教育事业有了很大的发展。一九四九年只有小学生二千四百多万，中等学校学生一百二十六万，高等学校学生十一万多；而目前已经有小学生六千三百多万，中等学校学生约五百九十七万，高等学校学生四十万以上。但是由于我国各种条件的限制，现在还没有可能实行普及中学教育。至于高等教育，本来不属于普及教育的范围，它的发展当然要受更多的限制。因此，小学毕业生和中学毕业生都要有很大的部分转入生产。这是一个现在全国人民普遍关心的问题。

有人问：今年有许多高小毕业生和中学毕业生不能升学，是正常现象还是不正常现象？是长期现象还是暂时现象？是好事情还是坏事情？今后不能升学的学生会比今年更多还是更少？他们说教育工作方面犯了错误，他们责备政府今年的教育计划订得过低。

---

* 本文是根据刘少奇一九五七年三月二十二日在湖南省长沙市中学生代表座谈会上的讲话整理的，经刘少奇审定后作为《人民日报》社论于四月八日发表。

　　是的,去年在教育工作上是有缺点和错误的,其中一项重要的错误就是去年多招了一部分学生,给工作带来了不少的困难。但是,不能说,去年不多招一部分学生,今年就可能招更多的学生。我们认为,今年高中毕业生大部分升学、小部分不升学,初中和高小毕业生小部分升学、大部分不升学的情况,是正常现象。而去年和前几年,高中毕业生几乎全部升学,初中毕业生大部分升学、小部分不升学的情况,却是一种临时性的现象,是中等教育赶不上高等教育发展需要,高中毕业生数量增长未能适应高等学校招生需要的特殊条件所产生的一种特殊现象。情况的变化,表明我国的教育事业已经开始转入比较正常的状态。因此,今年新出现的这种情况,今后还会有所发展,这种情况将是长期现象,而不是暂时现象。我们今后的任务,是首先逐步普及小学教育,使学龄儿童全部入学。如果达到了这个目的,全国约有一亿小学生,每年就将有一千多万小学毕业生。在逐步普及小学教育的同时,我们将继续发展初中教育、高中教育和大学教育。但是,在今后一个很长的时间内,总的趋势将是有更多的小学和中学毕业生不能升学,必须参加生产。在今后,一方面,将一年比一年有更多的小学毕业生、初中毕业生、高中毕业生升学;另一方面,又将一年比一年有越来越多的小学毕业生、初中毕业生、高中毕业生投入生产劳动。这表明什么呢? 表明我国的知识分子将愈来愈多,我国人民的文化水平将逐步有所提高。毫无疑问,这对于国家、对于人民、对于教育事业本身,都是好事情,而不是坏事情。

　　现在,全国各地今年应届毕业的学生情绪都很紧张,他们正在集中精力准备升学的考试,各校教师也在努力帮助学生准备升学的考试。这种努力是完全正当的。各校当局和党政领导都应当帮助、而不应当妨碍他们的这种努力。但是应届毕业的学生,以及他们的教师,特别是他们的家长,对于他们的出路都应当有升学和不能升学两种打算。能够升学,那很好。而如果不能升学,也应当有充分的精神准备,要看作是普通的事情,不要看作是"不得了"、"不能见人"的事情。对于不能升学的学生,不应当有任何歧视,而应当积极安排他们的出路。安排不能升学的毕业生的出路,在目前是一个比较繁重的任务,各个毕业生的家庭都应当认真同国家合作,国家也应当认真同这些家庭合作。我们的国家对全国所有的人都实行"统筹兼顾,适当安排"的方针,因此,各地党政机关和青年组织对于当地不能升学的中小学毕业生,采取负责的态度,分别情况,作好统筹安排,是完全必要的。

问题是:如何安排? 安排他们做什么? 采用城乡人民集体办学等办法,再办一些小学、中学,或者采用自学小组和补习班等办法,组织学生自学,为日后参加生产劳动或升学准备条件,这是一种安排。但是这究竟只能解决很少数人的问题,而且无论自学,或者进民办的中小学,以后也还是要就业。因此,最主要的办法还是帮助不能升学的学生就业。那末,就什么业呢? 大家知道,国家机关、事业机关和企业单位现在都在精简机构,调整人员,一两年内,这些机关和单位虽然可能从复员军人、中等专业学校和一部分高中毕业生中招收一些职工,一部分企业可能招收一些学徒,但是数量不会很多,而是很少。此外,某些城市里的服务行业(例如理发、成衣、饮食等)和某些手工业,还需要增加一小部分学徒和职工。但是,就全国说来,最能够容纳人的地方是农村,容纳人最多的方面是农业。所以,从事农业是今后安排中小学毕业生的主要方向,也是他们今后就业的主要途径。因此,在这篇文章里,我们准备着重地讨论一下这一方面的问题。

有人担心我们的农村劳动力过剩,担心学生回到农村无事可做。事实证明,合作化基本实现以后的农村,在地多人少的东北、西北,以及一切还有较多荒地的农村,固然需要劳动力;就是在其他一般地区的农村中,只要哪里开始进行了农业的技术改革,开始组织了农村的多种经营,哪里就会感到有文化的劳动力的缺乏。有人也许看到过去几年,有大批小学毕业生和中学毕业生投入工业生产,而投入农业生产的只有大批小学毕业生,很少初中毕业生,甚至没有高中毕业生,因而认为农业方面只需要小学毕业生,不需要中学毕业生。这种看法也是不对的。因为事实上不是农业方面不需要中学毕业生,而是因为当时的中学毕业生数量少,只能首先满足高等学校和工业生产的需要,还不可能给农业方面安排中学毕业生。现在情况不同了。中学毕业生增加了。我们在安排中学毕业生就业的时候,已经有可能兼顾工业生产和农业生产的需要,并且在一定时期内有可能着重地照顾农业生产的需要了。

客观上有需要,也有可能,那末,中小学毕业生特别是中学毕业生,下乡种地,参加农业生产,是不是没有问题了呢?不,还是有问题的。问题在于思想,在于学校中的政治教育和思想工作存在着脱离实际、脱离群众的缺点,没有引导学生去切实地充分地认识这种客观上的需要和可能。过去教育行政部门对劳动教育重视不够,对中小学学生毕业后应当参加工农业生产的教育重视不够,一九五三至一九五四年虽然曾经一度加强,但以后又有些放松。即在一度加强劳动教育的时候,也是一般道理讲得多,具体实际联系少。因而学生思想上有许多问题没有得到解决,错误观点没有受到批判,正确观点没有真正树立;因而现在相当多数的学生对下乡种地在情绪上是有抵触的,他们的态度是消极的。当然,只要思想教育工作做得好,这些又都是可以改变的。

首先,有人说,下乡种地"丢人","没出息"。有些青年口头上承认劳动光荣,可是让他们去从事种地这种具体劳动的时候,就认为是"丢人"。最近又有人在说"农民生活苦",可是要他们自己或他们的子弟下乡,去帮助农民发展生产、改善生活的时候,就说是"没出息"。说种地"丢人","没出息",就是说种地"下贱","不光荣"。这种说法是完全错误的。许多青年学生的父母是种地的,难道能说他们的父母丢了人吗?许多人祖祖辈辈是种地的,难道能说他们祖祖辈辈丢了人吗?全国农业人口共五亿多,难道能说他们丢了人吗?这不是侮辱全国的五亿多农民吗?全国共有六亿人民,说其中五亿多人民的劳动是"丢人"的,"下贱"的,"没出息"的,"不光荣"的,这还了得吗?这是一种什么观点呢?是劳动人民的观点吗?是无产阶级的观点吗?是马克思主义的观点吗?都不是。这是"万般皆下品,唯有读书高"〔107〕的观点,是封建士大夫的观点,是封建贵族的观点,也是资产阶级的观点。

由于有这种观点,或者受了这种观点的影响,许多青年的思想发生了很大的混乱,他们的言行出现了很多不一致的地方。他们口头上重视劳动，实际上却只重视脑力劳动，而不重视体力劳动；口头上说看得起劳动者，实际上却只看得起脑力劳动者，而看不起体力劳动者。他们抽象地背诵劳动创造物质财富和精神文明、劳动创造人类和人类历史的论点，实际上却不承认或不了解人类的体力劳动是脑力劳动的基础，不承认或不了解人类的生产活动是最基本的实践活动，是决定其他活动的东西。他们也把劳动和劳动者分成等级，认为脑力劳动比体力劳动"高一等"，脑力劳动者"应当"站在体力劳动者之上。所以，他们想做脑力劳动者，不愿做体力劳动者。如果这个目的达不到，他们将就着去做大工业的工人，不愿做学徒，不愿做手工业工人，不愿做理发工人、缝衣工人、厨师，尤其不愿做农民。

大家知道，在不久的将来，我国就要普及小学教育，并且实现扫除文盲的任务。以后，我们还要用更多的时间来普及初中教育，以至高中教育，使全国人民的文化水平普遍地提高到初中以至高中毕业的程度。苏联经过四十年的努力，已经完成相当于我国初中的普及义务教育，现在正在开始实行高中的普及义务教育。东欧有些社会主义国家，以及有些资本主义国家，也都实现了初中的普及义务教育。在这些国家内，比较年青的工人和农民，比较年青的理发工人、缝衣工人、厨师等等，都是中学毕业生。那末，能不能设想，在我国人民都成了初中毕业生、高中毕业生以后，人人都去做脑力劳动者，不做体力劳动者，不当工人和学徒，不当农民，不当理发工人、缝衣工人、厨师呢？大概谁也不能这样设想吧。既然苏联现在的中学毕业生，我国将来的中学毕业生，除开一部分人升学以外,都要做工人和农民,那末为什么我国现在的中学毕业生,却只能全部升学,而不能小部分升学,大部分去做工人和学徒,做农民,做理发工人、缝衣工人、厨师等等呢?

脑力劳动和体力劳动的对立,是阶级社会里面长期存在的事实。在苏联,早已消灭了脑力劳动和体力劳动对立的经济基础,因而消灭了脑力劳动和体力劳动的对立。我国基本上完成社会主义改造以后,也基本上消灭了脑力劳动和体力劳动对立的经济基础以及两者之间的对立。苏联、中国和全世界的伟大前途,是共产主义。可以设想,到那个时候,人人都将受到大学教育(将来的大学同现在的大学不会完全一样),人人都将是大学毕业生,人人都将是脑力劳动者同时又是体力劳动者。但是,能不能说,在消灭了脑力劳动和体力劳动的基本差别以后,就不再需要劳动的分工,不再需要工人农民,不再需要理发工人、缝衣工人、厨师等等呢? 不能这样说。既然共产主义社会都还需要这些劳动分工,共产主义社会的大学毕业生去做这些事都不"丢人",那末,我们现在按照社会所必需的劳动分工,安排中学毕业生去种地,去理发,去缝衣服,去做饭,为什么就认为是"丢人"、"没出息"呢?

不少青年读书读到初中毕业或高中毕业,就看不起工人和农民,看不起理发工人、缝衣工人、厨师,就认为自己比工人、学徒和农民"高一等",比理发工人、缝衣工人、厨师"高一等"。他们读了几句书,不是更谦虚,而是更骄傲;不是更尊重体力劳动者,而是更看不起体力劳动者。有个女同学来信说:"要年轻白嫩的姑娘去种地,去担土、挑大粪,太不象话。"劳动人民用他们的劳动把自己的子女养大起来,送到学校去读书,而子女读了书，就说种地、担土、挑大粪"不象话"。这样去培养青年，对劳动人民有什么用处呢？少教出一些抱这种错误态度的人，对劳动人民的事业不是更有好处吗？这些现象充分说明，由于中国文化落后，知识分子少，特别是由于学校里的政治教育薄弱，脱离实际，现在的青年学生还远没有摆脱中国知识分子历来就有的那种骄傲自大的劣根性的影响，以至他们在新中国的学校里受了多年教育，还不懂得尊重劳动和劳动人民，甚至还在劳动人民面前摆架子。正如毛泽东同志所说的：

"有许多知识分子，他们自以为很有知识，大摆其知识架子，而不知道这种架子是不好的，是有害的，是阻碍他们前进的。他们应该知道一个真理，就是许多所谓知识分子，其实是比较地最无知识的，工农分子的知识有时倒比他们多一点。"〔108〕

因此，毛泽东同志"劝那些只有书本知识但还没有接触实际的人，或者实际经验尚少的人，应该明白自己的缺点，将自己的态度放谦虚一些。"〔109〕

因此，现在已经得到了一定书本知识的中小学毕业生，应该毅然决然地、愉快积极地投入到生产劳动中去，特别是投入到农业生产中去，获得生产斗争的实际知识，使书本知识和实际知识结合起来，促进自己的提高和发展。

为此目的，就必须首先去掉上述各种错误的观点和想法，改变上述错误的态度和作风。自己有这样的观点，自己首先改正，别人有这样的观点，帮助别人改正，这才是进步青年追求进步的应有态度。自己有这样的观点去向别人宣传，或者听到别人宣传这样的观点而不坚决反驳,这就是思想落后、政治落后的一种表现。学校中的党政领导人员、教师职员和青年工作者,学生的家长,特别是身为国家工作人员的学生家长,如果听到这样的观点在青年学生中到处传播,到处泛滥,而不组织辩论,不进行教育和批评,那就表明自己的思想工作薄弱和政治认识不高。最近各地都已经重视劳动教育,当然,这是好的。但是,如果不结合马克思主义的劳动观点,着重地解决"种地丢人不丢人,有出息没出息"这个根本性质的问题,如果还是象过去那样抽象地背诵原理原则,而不联系实际,那是肯定不能解决什么问题的。我们的同志常说要加强青年的思想教育工作,常说要使思想教育联系实际,但是,如果不把学生中普遍存在的"种地丢人不丢人,有出息没出息"这样大的实际问题和政治问题,好好地联系起来向学生进行教育,那不是"南其辕,而北其辙"吗?

其次,有人说,下乡种地,"没有前途"。这种说法一方面是轻视劳动、轻视农民的另一种表现;另一方面,在很大程度上,又同他们对农业在国民经济中占着什么地位、农民在社会主义建设中起着什么作用这些问题缺少了解,有很大的关系。

工业是国民经济各部门的领导力量,而农业发展则是工业发展的基础。中共第八次全国代表大会[110]关于政治报告的决议指出:"农业对于工业化事业有多方面的极其重大的影响。农业的发展不仅直接地影响着人民生活的水平和轻工业发展的速度,而且也影响着重工业发展的速度。"因此,我们必须努力地大大地发展农业生产。而要发展农业生产,就必须对农业进行社会改革和技术改革。在全国农业合作化基本完成以后，社会改革方面还有一些工作要做，但是，这些工作不久就可以做完。今后的主要任务，就是要把农业合作社[62]经营管理好，逐步地而又适当地进行技术改革，大大地发展农业生产。必须懂得，管理一个几百户的农业生产合作社，比管理一个几百人的工厂是不会更容易些的，要把全国几十万个农业合作社管理好，要实现我国农业伟大的技术改革，我们还必须进行很多的艰苦工作。

农业发展纲要草案[90]，是我国进行农业技术改革和农村建设的长期规划，它在全国人民面前展示了我国农业发展的第一个伟大的远景，它已经成为全国农民极大的鼓舞力量。这个纲要实现以后，我们将继续实行第二个、第三个类似的纲要，实现我国农业的机械化、电气化、科学化。现在二十岁的青年，是完全有可能看到我国的农村变成真正富裕、真正幸福的农村的。

土地改革和农业合作化，是我国农村两个历史性的根本改革。合作化以后的农村是新的农村，农民是新的农民，但是，现在的农村和农民都还缺少文化。为着搞好农业合作社的经营管理工作，为着逐步地进行农业的技术改革，农村迫切需要文化，农民自己需要提高文化，同时也需要有文化的人去当农民。除开大批小学毕业生参加农业生产以外，如果从今年开始，每年有近百万以至一百多万的中学毕业生下乡，五年以内有四百万至五百万中学毕业生去参加农业生产，并且以后一年比一年有更多的中学毕业生下乡，同农民群众在生产劳动中亲密地结合起来，那末，可以肯定，农业合作社的经营管理工作和农业的技术改革就将得到一个极大的推动力量，就将促进我国农村实现另一个根本改革——技术改革，促进我国农业生产空前地向前大发展。

有些同学愿意下乡工作，但是要当干部，不愿种地。现在的农村和农业合作社需要一些干部，例如会计、文书等等，这是事实。但是，我们劝告下乡的学生，最好在开始的一个时期不要去做会计、当干部，也不一定去学那些特种农业技术，而要先去种地，老老实实、勤勤恳恳地去种地，向有经验的老农学习，经过三年到五年的时间，学会全国最普遍、最大量的一种农业生产知识——种地知识，真正成为一个光荣的劳动农民，把现在一般农民能做和会做的事情，全部都学会。要知道，刚下去的学生虽然是有文化的，可是他们还不是真正的农民，还没有农民的本领，还没有取得农民的资格。他们真正学会了最大多数农民所知道的农业生产知识，再去学农业特种技术知识，或者去当干部，就要比较好些。否则，他们将缺少一种最基本、最大多数农民都知道的知识，而不利于他们以后的发展。

同时，我们劝告一切下乡的青年学生，要用心地搞好自己同农民群众的关系。为此，就不要采取对乡村"一切都看不惯"、对一切都乱加指责的傲慢态度。下乡以后，应当处处想到帮助别人，在同别人相处的时候，不要占别人的便宜，不要怕自己吃了一点亏，要使自己真正成为农民的朋友。要采取学习和帮助的态度，去对待乡村干部。对他们的缺点和优点要多看看，要看全面；对那些已经看准了的缺点，要善意地帮助他们克服，使自己成为干部的朋友。

这样,下乡的学生和原来的农民才会结成一体,打成一片;他们的书本知识和实际知识才能互相结合,相互为用。到那个时候,讲种地,他们和原来的农民一样;讲文化,他们比原来的农民更高;讲政治,他们和其他农民群众的关系很好。这样,他们自己就会真正成为中国第一代有文化的新式农民,农民群众就会信任他们。大家知道,国家机关和合作社的管理机关都是民主选举的。那个时候,只要真正是为人民群众所信任和拥护的并且是有能力的人,他就有可能由人民群众选出来当人民代表,当合作社的干部,当国家机关的干部。而这样的干部才真正是群众中涌现出来的,而不是从上面硬安下去的。当然,我们的劳动是为了整个社会的进步,而不是为了替个人挣得某种地位,例如做干部等等。做干部也同做农民一样,是为人民服务,不过这究竟只是很少数人的工作,而且不是一种可以终身不变的职业。但是无论如何,各级国家机关和事业机关的老一代的人总是要被年轻人代替的。那些真正从工人、农民出身,能吃苦,有文化,有工作能力,又取得人民群众信任和拥护的年轻人,就是说,那些德才兼备的年轻人,当然最有可能来接替老一代的人。

据说在一部分学生中,因为想到不能升学,要下乡种地,已经发生了学习上的消极情绪。他们说:"下乡打土块,学文化有什么用? 学几何三角有什么用?"这种情绪是不好的,这种说法是不对的。前面说过,农村迫切需要有文化的人,文化知识愈多,对农村的用处就愈大。中学教育是普通教育,它使人得到一种普通的知识,谁掌握了这些知识,谁就打下了进一步学习的基础,他以后就可以经过自己的努力,一步一步地提高自己的文化技术水平。几何三角,物理化学,这些方面的知识虽然对种地不见得马上就都直接用得上,但是学了这些科学,就比较容易接受新的农业技术,而且这些科学常识在以后的学习和实际工作、实际生活中,还经常要使用。一般地说,掌握初步的科学常识,不但使人的知识广博,使人的头脑得到锻炼,使人的思维和语言更加准确,更加有条理,而且可以使人养成科学的唯物主义的自然观,脱离对自然现象的迷信状态。因此,一切在校学生,不论当年毕业的或不毕业的,不论能升学的或不能升学的,都应当继续努力学习,认真学习,学好一切功课,一直学到毕业,拿到文凭,或者升学,或者进工厂,或者加入某种行业学手艺,或者高高兴兴地下乡去。而在参加生产以后,也要利用业余时间和农闲时间,继续进行学习,按照各人的不同兴趣和国家的不同需要,学习不同的科目。可以学马克思列宁主义,可以学科学技术,也可以学文学艺术。学习的组织形式,可以多种多样。有的个人自学,有的成立互助小组,有的组织业余学校,有的进夜大学或函授学校,将来有的还可以进训练班,入了党的还可以进党校,生产好、学习好的还可能进大学。因此,青年人在参加工农业生产以后,决不要停止自己的学习。

有人说,不进大学,下乡种地,再不能当专家了。这也不一定对。问题主要不是在大学或在农村,而是自己的态度是否正确,自己的努力是否顽强。大学毕业生并不每个人都是科学家,科学家也并不每个人都是大学毕业生。米丘林[111]是个大农业科学家,但他并没有进过大学;高尔基[112]是个大文豪,他只上过一两年小学。著名的科学家、文学家和政治家富兰克林[113]，著名的物理学家法拉第[114]，都是学徒出身。著名的发明家爱迪生[115]和诺贝尔[116]，都只进过很短时间的小学。这样的例子，还可以举出很多。因此，我们的中学毕业生下乡种地，只要他顽强努力，坚持自学，他还是有可能成为专家或科学家。至于说到政治家或政治工作人员，那末可以说，下乡种地，或者进工厂做工，或者加入不同行业做手艺，只会更有可能锻炼成为优秀的政治家或政治工作人员。例如，中国共产党的中央委员和各级领导人员，只有少数人是大学生，绝大多数人都只进过中学或小学，有些人连小学也没进过。因此，能不能说，中学毕业生进大学的前途一定比下农村的好呢？不能这样说。能不能说，下农村去所能学到的东西一定比进大学少呢？也不能这样说。

人们知道，我党中央和各级地方党委，除开城市党委和个别省委以外，是把主要力量放在农村的。现在全国各地各级正在精简机构，抽调干部，层层下放，深入农村。成千成万的干部与农民同吃、同住、同劳动，有的县长背粪筐，有的县委书记挑大粪。人们也知道，全国五亿多农民正在党和政府的领导下，辛勤劳动，积极生产，为争取今年的大丰收，为建设社会主义的新农村而努力奋斗。难道全国从上到下，从领袖到群众，这样重视农村工作和农业经济，都是在做着没有前途的事业么？不，他们都是在做着具有伟大前途的事业。农村既然有伟大的前途，为什么说下乡学生没有前途呢？在新社会里面，每件有益于人民的事业都有前途，每个忠于人民利益的人也都有前途。中国第一代有文化的新式农民，这就是下乡种地的学生的前途，这个前途是光明的、伟大的，然而必须经过艰苦的努力和锻炼，才可能达到。种地是要流汗的，是要吃苦的，它比口头讲劳动光荣困难得多，它给人民带来的好处，却比任何好话大得无法比拟。

其次，有人说，他们愿意去种地，但必须去外县外乡，不愿回本县本乡。他们说，社会上有一种压力，使他们难于在本乡本地生活下去。他们的父母兄弟，他们的亲戚朋友，他们的老师同学，现在都还在不同程度上带着轻视农业、轻视农民的观点，不愿意要自己的子弟回家种地。他们也认为读了十几年书，还背个锄头，跟在牛屁股后面，是"没出息"。他们的冷言冷语使下乡种地的学生不能忍受。农民自己看不起自己，这是几千年来封建统治阶级压在他们身上的一个包袱，我们有责任帮助他们解除这个包袱。只要解除了这个包袱，也就解除了学生回乡种地的社会压力。因此，我们在向广大青年学生进行思想教育的同时，在城市、在农村，必须着重向学生的家长和师友，向广大的农民和干部，进行广泛的深入的宣传教育工作，使他们对农业生产、对农民群众、对学生回乡有正确的认识，使他们采取热情关怀的态度，鼓励学生回乡，欢迎学生回乡，使下乡学生能够安于农村，安于种地。

这里必须指出：人们的思想可以改变，但不是一朝一夕能够改变得好的。下乡的青年应当在精神上有所准备，要站稳脚跟，坚定认识，不怕讽刺讥笑，不怕冷言冷语。别人说种地"丢人"，自己就应当理直气壮地说种地不丢人；别人说种地"没出息"，自己就应当说这对国家对人民大有出息，要耐心地向人作解释，讲道理，既不动摇，也不傲慢。用自己的行动来说服人，影响人，长年累月，始终不懈，人们就会信服你们，尊重你们。

最后，有人说，不能升学，要去种地，这是"吃了亏"。近来确实有一些人过分地热衷于个人名利，追逐着钱多、待遇好和较为轻松的事情干，而不愿干工资较少、待遇较薄或者较为困难的事情，即使这些事情对国家和人民都是十分需要的。这是一股歪风。它确实吹倒了一些人，也还正在吸引着一部分人。国家为了调节社会各部分人民的生活，对某些人的待遇不够合理的地方，应当加以调整。但是，我们希望青年在这股歪风面前，能够站得稳，不要跟着这股歪风跑。

中国革命胜利以前，中国共产党员和许多革命者，不怕杀头，不怕坐牢，他们离乡别井，东奔西走，不计名利，不图享受，唯一想到的是国家的存亡和人民的祸福。他们为了革命事业的胜利，英勇牺牲，艰苦奋斗，前面的人倒下去，后面的人立即跟上来；革命失败了，马上重振旗鼓，继续战斗。这些具有伟大的革命气魄和自我牺牲精神的人，在过去，曾经被反动统治者看作"大逆不道"的"叛逆"，也曾经被一些只顾个人利益、不顾人民利益和只问个人前途、不问国家前途的所谓"聪明人"看作"傻子"。但是，历史的结论是公正的。革命依靠这些"傻子"和广大人民的努力在全国胜利了，反革命被推翻了，那时的"聪明人"有的由于事实的教训后来站到人民方面来了，有的被人民抛弃了。而一切在革命中牺牲了的先烈，现在得到了全国人民的尊敬，并将千秋万代地受到人民的景仰。

那末，在社会主义建设时期，还需要不需要这样的"傻子"呢？我们的理想是美丽的，我们的途程又是艰难的。祖国建设的各方面需要更多的这类"傻子"，需要更加发挥这样的"傻劲"。值得注意的是在我们一部分干部和一部分青年中,近来渐渐地遗忘了这种优良的传统,在他们中间出现了一些所谓新时代的"聪明人"。这些人在分配工作的时候,首先想到的不是祖国的需要,而是个人的前途;他们遇到困难的时候,不是首先自己想办法克服,而是向国家伸手提要求。他们对工作不负责任,拣轻怕重,把重担子推给别人,自己挑轻的。一事当前,先替自己打算。他们斤斤计较个人地位和个人待遇,不是同别人比艰苦、比工作,而是比高低、比阔气,有的甚至发展到了争名夺利、唯利是图的地步。这些人灵魂深处的六个大字是:贪便宜,怕吃亏。

我们要劝告一切干部和一切青年,不要向这些"聪明人"学,而要向那些"傻子"学,不要怕吃苦,不要怕自己吃了一点亏。必须懂得,光想占便宜,生怕吃亏的人,是思想上、政治上不健康的人,是不值得信任的人。而为了国家和人民的利益不怕自己吃亏的人,才是高尚的、有道德的、脱离了低级趣味的人,才是真有理想,能够站得住脚、能够得到人民信任的人。从长远说来,前一种人在最后是要吃大亏的,而后一种人则最后将得到他所应得的待遇。必须懂得:要和群众的关系搞好,就不能占便宜,就不要怕自己吃亏。要完成任何伟大的事业,都必须有吃苦耐劳的精神,都必须有意识地把较为艰苦和困难的工作担当起来。这样做一次两次,人家也许还不注意,做十次八次,人家还可能把他看作"傻子",十年,二十年,长期地这样做下去,人家就会说他是好人,就会信任他,拥护他。吃苦在前,享福在后,这是取得党和人民群众信任的基本条件。我们希望青年都能够向着这个方向锻炼自己,把自己锻炼成为具有"先天下之忧而忧,后天下之乐而乐"〔117〕这种美德的人。青年人要有理想,我们希望一切青年人都有这样高尚的理想。

如何正确处理人民内部矛盾[*]

（一九五七年四月二十七日）

最近，我到河北、河南、湖北、湖南、广东跑了一下，同这五个省的领导同志谈过一些问题，也找一些工人代表、学生代表、民主人士座谈过。当前的问题，就是如何正确地处理人民内部的矛盾。这个问题，毛泽东同志作过报告〔118〕，你们也正在讨论。现在就我所感觉到的，以及同志们提出来的一些问题，讲一讲。

一

有很多同志在讨论这个问题：现在国内的主要矛盾到底是什么？是敌我矛盾，还是人民内部的矛盾？

现在我们国内是不是敌我矛盾是主要矛盾？不能这样讲。现在国内除台湾外地主阶级早已消灭了，官僚资产阶级也已消灭了，反革命也基本上消灭了，还剩下一点残余，剩下一点尾巴，所以不能说现在我们国内敌我矛盾还是主要的。当然，

---

*　这是在中共上海市委召开的党员干部大会上的讲话，收入本书时第二部分有删节。

也还有少数反革命分子,对于这些人要提高警惕,他们还可以作乱,还可以进行破坏活动;地主阶级的残余也还在农村里面,也有些人还是要进行破坏活动的,不看到这一点,对这些人丧失警惕性,麻痹大意,是不对的。但是,他们作为阶级已经消灭或基本上消灭了。此外,经过社会主义改造,资产阶级作为阶级也基本上消灭了,虽然他们之中有一小部分人还是不服气的。所以,我们说国内主要的阶级斗争已经基本上结束了,或者说基本上解决了。

中华人民共和国成立以前,中国人民与帝国主义、封建主义和官僚资本主义的矛盾是主要矛盾。中华人民共和国成立以后,特别是在土地改革[9]以后,主要矛盾就转了,帝国主义赶走了,地主阶级经过土地改革也消灭了,官僚资产阶级也消灭了,主要矛盾就变成无产阶级与资产阶级的矛盾。公私合营以后,无产阶级与资产阶级的矛盾也基本上解决了。党的第八次代表大会讲了这个问题。这些矛盾都基本解决了,那末现在什么矛盾是主要的? 就提出了这个问题。应该讲,现在人民内部的矛盾已成为主要矛盾。

有人说,今天我们国内的主要矛盾是无产阶级思想与非无产阶级思想的矛盾。那末什么是无产阶级思想? 非无产阶级思想在哪里? 有的人大概是这样想的:我们领导者是无产阶级思想,非无产阶级思想都在群众那里。如果这样想,我看就错了。无产阶级思想与非无产阶级思想的矛盾,首先表现在我们党内。我们党内有很多问题,主观主义、官僚主义、宗派主义是无产阶级思想? 争名夺利是无产阶级思想? 评级的时候升了两级,还躺倒了不起来,是无产阶级思想? 所以,如果讲无产阶级思想与非无产阶级思想的矛盾，在今天是一个很突出的问题，是我们大家必须研究解决的问题，那末，首先要在共产党内部解决，而且要首先在共产党的干部中间解决。要把我们共产党干部中间的主观主义、官僚主义、宗派主义以及本位主义、个人主义等等搞得少一点，越搞越少才好。因此，在我国今天的情况之下，就是说在帝国主义已经赶走、地主阶级已经消灭、资产阶级已经基本上消灭的条件之下，无产阶级思想与非无产阶级思想的矛盾表现在人民内部，而且也表现在共产党内部，表现在我们共产党的干部中间。所以，这个矛盾也是人民内部的矛盾。那末，这个矛盾是不是有阶级性？当然有阶级性。非无产阶级思想中有农民阶级思想、小资产阶级思想、资产阶级思想，还有地主阶级思想。但是，那是反映过去这些阶级的思想，不是或者大部分不是反映今天的。今天的农民和城市小资产阶级是新的了，是合作化了的农民和小资产阶级了，今天的资本家是公私合营了的新式资本家了。如果我们讲到非无产阶级思想，讲到农民阶级、小资产阶级的思想，讲到资产阶级的思想，讲到地主阶级的思想，那是反映过去这些阶级存在的时候的思想。所以，这里面当然也有阶级性的问题，但是这些思想现在主要反映在人民内部。

有人说，今天在我们国内，工人阶级与农民的矛盾是主要矛盾。如果说工人农民有矛盾的话，也应该是人民内部的矛盾。因为工人阶级是人民，农民也是人民。而且今天的农民，刚才讲了，已经不是过去的农民，已经在起变化而且基本上起了变化，已经是合作化了的新式农民。所以工农矛盾也是人民内部的矛盾。

有人说,工人阶级与资产阶级的矛盾是主要矛盾。刚才已经讲过,曾经有一个时期,在中华人民共和国成立以后,公私合营以前,无产阶级与资产阶级的矛盾是国内的主要矛盾。但是,这个矛盾已经基本上解决了。在公私合营以后,资本家已经把工厂交出来了,除开极少数的分子以外,他们不反抗社会主义,有很多人已经接受社会主义了。工人阶级与资产阶级的矛盾本来是对抗性的,但可以转化为非对抗性的,转化为人民内部的矛盾。

还有人说,上层建筑与经济基础、生产关系与生产力的矛盾是主要的,或者说先进与落后的矛盾是主要的。但这个矛盾是什么矛盾?这个矛盾也是人民内部的矛盾。今天的上层建筑是什么?就是共产党领导的国家,包括政治、法律、文化等,这些上层建筑与经济基础之间的矛盾,你能说是敌我矛盾?今天的生产关系是什么?生产关系包括所有制与分配关系。今天的所有制主要是全民所有制与集体所有制。这两种所有制决定今天的分配关系。现在分配关系里面表现的矛盾最多了。那么,生产关系与生产力之间的矛盾是不是人民内部的矛盾?这是社会主义所有制内部的矛盾,是全民所有制内部的矛盾,是集体所有制内部的矛盾,也是人民内部的矛盾。先进与落后,这也是人民内部的先进与落后的矛盾。过去的上层建筑是反动的上层建筑,生产关系是反动的生产关系。过去是反动阶级代表落后,而革命阶级代表先进。所以,上层建筑与经济基础、生产关系与生产力、先进与落后的矛盾,曾经表现为敌我矛盾。但是现在这个情况变了,国内形势有了根本变化，反动的统治阶级已经被消灭，资产阶级也基本上被消灭。现在的上层建筑与经济基础、生产关系与生产力、先进与落后的矛盾，不是表现在反动者与革命者之间，而是表现在人民内部。所以，这些矛盾现在已成为人民内部的矛盾。

还有人说，人民群众与领导者之间的矛盾，人民群众与官僚主义者之间的矛盾是主要的，或者说矛盾大量或集中表现在人民群众与领导者之间，表现在人民群众与官僚主义者之间。那末，人民群众与领导者之间的矛盾，是人民内部矛盾还是敌我矛盾？如果是敌我矛盾，就发生谁是敌人这个问题，是人民是敌人，还是人民群众的领导者是敌人？显然，这是人民内部矛盾。至于人民群众与我们领导机关的官僚主义者之间的矛盾，可不可以这样讲：一般说来，基本上是人民内部的矛盾。所谓基本上，所谓一般说来，是除开了一种特殊情形，除开了少数特别恶劣的、顽固的、反人民的官僚主义者以外，一般犯了官僚主义错误的，还是属于人民内部矛盾。对这些同志，还是要从团结出发，经过批评，达到团结才好。不然就不好办。我们共产党的每一个干部都值得检查一下，到底自己有多少官僚主义。说"我没有官僚主义"的人，你不要相信他，恐怕那种人官僚主义还更多。当然，恶劣的、顽固的、与人民群众完全对立的官僚主义者还是少数。但是某些情况比较严重的、已经引起人民反对的官僚主义，现在不是很少，而是相当多，在各个方面都有。

另外还有人问，唯物主义与唯心主义的矛盾是什么矛盾？是不是对抗性的矛盾？从思想上讲，唯物主义与唯心主义的矛盾是对抗性的，两个主义的体系是不能调和的。一个是真理,一个是谬误,一个是是,一个是非。因此我们说要辨明是非,不能混淆是非,要寻找真理,去掉谬误。唯物主义与唯心主义,真理与谬误,是与非,这些矛盾从思想上讲是不可调和的,是对抗性的。这些矛盾,以前往往表现在阶级之间,表现在敌我之间。而今天,帝国主义已经赶走了,地主阶级已经消灭了,资产阶级问题也解决了,那末,唯物主义与唯心主义、真理与谬误、是与非这些矛盾表现在什么人中间?不是表现在敌我之间,不是表现在敌对阶级之间,而是表现在人民内部。人民内部有唯物主义与唯心主义两种思想,人民内部有真理有谬误,人民内部有是有非。因此,这些矛盾,表现在人民内部是非对抗性的,是人民内部的矛盾。

当着这些矛盾表现在敌对阶级之间的时候,我们采取对抗的办法,打倒的办法,"一棍子打死"的办法。而当着今天这些问题表现在人民内部时,就要采取和风细雨的办法,小民主,小小民主的办法。采取粗暴的态度来解决人民内部的思想问题,解决党内的思想问题,那是错误的。过去我们党犯过这个错误。在教条主义统治的时候,在我们党内的斗争中是采取"一棍子打死"的办法。现在我们有些同志总想搞一个敌我矛盾是主要矛盾才好,以便于"一棍子打死"。那末,唯心主义在你们脑子里有没有?主观主义是什么?教条主义是什么?主观主义、教条主义就是唯心主义嘛!你们有教条主义的时候我们就"一棍子打死",你们有经验主义的时候也"一棍子打死",你们赞成吗?当着你自己脑子里有唯心主义的时候,你不愿意人家采取粗暴态度来对待你,那末当着别人脑子里有唯心主义的时候,你也不要采取粗暴的态度去对待别人。

推己及人嘛！我看这样比较好。如果解决思想问题采取"一棍子打死"的办法，结果打来打去，打得一塌糊涂，问题还是解决不了。

由此可见，矛盾可以分为两类，一类是对抗性的矛盾，另一类是非对抗性的矛盾。因此，处理矛盾的方法也有两种。处理对抗性的矛盾是一种方法，而处理非对抗性的矛盾又是另外一种方法。如果把对抗性的矛盾当作非对抗性的矛盾来处理，那是错误的。如果把非对抗性的矛盾当作对抗性的矛盾来处理，也是错误的。

因此，首先是认识矛盾，对矛盾的性质要认识清楚，要具体研究，具体审察，具体分析。问题来了，要看这种问题是对抗性的矛盾还是非对抗性的矛盾。如果确定它是对抗性的矛盾，是一种处理方法；确定它是非对抗性的矛盾，又是一种处理方法。认识矛盾的性质，而后决定处理的方针和方法。对矛盾的性质认识不清楚，矛盾的性质确定错了，在处理方针上就要犯错误；方针错了，那在一系列的具体办法上都要犯错误。

人民内部矛盾一般讲来基本上是非对抗性的矛盾，因此，处理人民内部矛盾，不能采取处理对抗性矛盾那样的办法。如果采用处理对抗性矛盾那样的办法来处理人民内部的矛盾，那是在根本方针上面犯错误。当然，事情是复杂的，这两类矛盾是可以互相转化的。对抗性矛盾在一定条件之下会转化为非对抗性的矛盾，非对抗性的矛盾在一定条件之下也会转化为对抗性矛盾。矛盾转化了，处理的方针也要随之转化。如陈独秀[119]右倾机会主义者同我们党的矛盾曾经是非对抗性的,是可以在党内解决的。我们党内有很多曾经犯过陈独秀右倾机会主义错误的同志,后来改正了。但是,也有那么一部分人犯了陈独秀右倾机会主义错误还死硬不改,并且在党里面进行分裂活动,组织特殊的派别。那就变为对抗性矛盾了。张国焘[120]的错误在党内也曾经是非对抗性的,后来张国焘跑到敌人那里去了,就变成对抗性的了。这是非对抗性的矛盾,可以转化为对抗性的矛盾。原来是对抗性的矛盾,也可以转化为非对抗性的矛盾。例如,中国工人阶级与资产阶级的矛盾,从根本上讲是对抗性的矛盾,但是在一定的条件之下,它也可以转化为非对抗性的矛盾。

当着矛盾表现为对抗性的时候,要去解决矛盾,就要强调斗争。当着矛盾表现为非对抗性的时候,我们就不采取斗争的办法而采取"团结——批评——团结"的办法来解决。我们共产党人不是斗争的嗜好者,我们在主观上没有必要去故意地、人为地使斗争激烈化,使斗争紧张起来,似乎非要斗一下我们才舒服,不斗一下就不过瘾。但我们也不害怕斗争,在需要用强硬的斗争的办法来解决矛盾的时候,我们是不吝惜斗争的。我们采取什么方针和方法来解决矛盾,不是凭主观愿望决定的,而是由客观矛盾的性质决定的。只在必要的时候才采取强力的办法、压服的办法。凡是可以采取说服、教育、团结的办法来解决问题的时候,我们都是采取说服、教育、团结的办法。因此,有人说,现在提人民内部矛盾是主要矛盾是不是有危险,是不是就会斗得一塌糊涂了,那是不会的。因为人民内部矛盾是非对抗性的矛盾。我们就是主张处理人民内部的矛盾要用和风细雨的办法,要用小民主的办法。

二

人民内部的矛盾，现在是大量地表现在人民群众同领导者之间的矛盾问题上。更确切地讲，是表现在领导上的官僚主义与人民群众的矛盾这个问题上。虽然有些矛盾问题不在领导方面，但是我们是在领导国家，站在领导的地位，社会上一切不合理的现象，一切没有办好的事情，领导上都有责任。人民会来责问我们国家、党、政府、经济机关的领导人，而我们对这些问题应该负责任。因此人民群众跟领导机关之间的矛盾，现在是突出地表现出来，而真正的矛盾产生在领导机关犯了官僚主义。如果领导机关不犯官僚主义，问题就可以解决了，矛盾就缓和了。即使群众中间有过高的要求，有不合理的要求，有错误思想，领导上如果没有官僚主义，也可以而且应当解释清楚，矛盾就不会紧张起来。

人民内部矛盾还特别表现在分配问题上面。不是讲生产关系与生产力的矛盾吗？生产关系与生产力的矛盾表现在什么地方？我看是大量地表现在分配问题上。农民说工人分多了；小学教员说青年工人分多了；你房子住多了，我没有房子；评了你升级，不评我升级，这都是分配问题。我建议同志们要好好研究这个分配问题。例如整个国家的分配，积累占多少，消费占多少，军政费占多少，文教费占多少，这个工业部门那个工业部门各占多少，生产人员和非生产人员各占多少，还有小学教员分多少，青年工人分多少，干部分多少，等等。总而言之是个分配问题。这些问题都属于生产关系。生产关系必须适应生产力发展的水平。我们现在是社会主义制度的国家,分配的原则是按劳取酬,公平合理。如果不按劳取酬,不公平合理,就阻碍生产力的发展。如果按劳取酬贯彻得比较好,分配得公平合理,大家满意,就会促进生产力的发展。

很多人都想在全民所有制中多分一点。但是,如果是不应该分的你多分了,谁看了也反对。为什么呢? 因为我们是全民所有制,东西是大家有份的,群众敢于讲话,有权利讲话,有权利对分配问题提出意见。这就是社会主义民主的物质基础。所以,人民群众不仅在政治上关心社会主义的民主,而且在经济生活、生产上也关心社会主义的民主。这关系到他们自己的生活水平,关系到他们自己的命运,是不能不管的。

在这里,人民群众对我们领导机关的某些领导干部,是有些不满意的。就是说,我们有些领导干部是不是多分了一点,生活待遇太高了,房子住得太好了。也确实有这样的事。在乡村里面,合作社主任劳动日多记了一点,自己的亲戚朋友本来不该记劳动日,也记了几个。工厂里厂长、党委书记、青年团书记奖金分多了,此外还有把亲戚朋友送进厂等等。这样群众就反对,对这个分配关系就不满,而且最后就闹事。有很多闹事的基础是我们领导机关领导者自己打下的。我参观了一些工厂,厂长、总工程师或者党委书记住的房子是一幢幢的公馆,是新盖的,处长又是一幢房子,科长又是一幢房子,其他干部又是一幢房子,工人宿舍是另外一幢房子。等级分得很清楚,甚至厂长、处长、科长的办公室里面,住的宿舍里面,几个台子、几个沙发、几个凳子都有等级。我看在这个地方是不是开始萌芽了一种等级制度,社会主义之下的等级制度。

等级制度是一种封建制度，我们抄袭了封建制度。如果有这种制度开始萌芽，我看应该废除。那些生活待遇上要求很高的人我看是危险的，将来会跌交子。这方面我看应该有所改变。

人民内部之间的矛盾激化起来就可能闹事。我研究了一些地方的闹事，几乎全部是为了经济性质的切身问题。政治性质的罢工、罢课、游行、示威，很少发生，也不容易发生。但是人民群众内部有不少的政治思想问题。如果我们能够及时地加强政治思想教育，解决这些问题，是不会发生闹事的。现在的问题是如何加强政治思想教育。政治思想教育有些地方在加强，但有的加强得不好，群众有很大的反感。说是教育群众，实际是整群众，只批评群众，自己不作自我批评。如何加强政治思想教育，很有必要改善方法。

群众闹事中间，反革命分子是可能参加的，但是在今天，反革命分子只能够利用群众中的切身经济问题和政治思想问题来鼓动群众闹事。反革命分子不可能用反革命的纲领和反革命的口号来鼓动群众闹事。所以群众闹起事来，即使有反革命分子参加，也要当人民内部问题处理。先把群众的问题处理了，使群众安定下来，然后，才能处理反革命分子的问题。不解决群众的问题，就不可能肃清反革命分子。

群众闹事中间提出的要求，我研究了一些，大部分是合理的，是可以实现的，一小部分是不合理的，是不能实现的。这一小部分不合理的不能实现的要求，经过认真的解释，向群众讲清楚道理，群众也并不坚持。所以，群众是有相当高的觉悟的。当然群众觉悟不高的也有，但是经过解释，可以讲清楚。

群众闹事大体上经过这样几个阶段：先是提意见、提要求；然后是派代表交涉；如果交涉没有结果，就开会，向北京告状，或者出墙报，向《人民日报》写信；如果还没有效果就请愿，就闹事。大体上都不是突然闹起来的，往往是经过了好几个月，经过了半年，采取了各种办法，官僚主义者不理，解决不了问题，最后才来请愿、闹事、罢工、罢课。大部分闹事，开始只是群众讲闲话。所以劝告同志们要听闲话，群众的闲话不可不听。刚刚有了闲话，你听了，感到有问题，就去处理，这就比较好，解决了问题就可以不闹事。因此，应该允许群众提意见，提要求，派代表交涉，开会，向北京告状，出墙报，向《人民日报》写信。要允许这些事，要听闲话，就是说要允许小民主。不允许小民主，势必要来个大民主。

闹事的原因，据工人讲有这么几个：第一个叫说话不算数，合同不兑现。招工的时候答应了的，许过愿的，结果不能兑现。第二个是调动工作不讲清楚道理，不要的时候一脚踢开。有的劳动调配、人事部门就是采取这种办法。第三个是厚此薄彼，待遇不公平。就是刚才讲的对干部比较厚一些，对工人比较薄一些；对这部分人厚一些，对那部分人薄一些；对自己的亲戚朋友厚一些，对其他的人薄一些。还有一些工人的合理要求，领导机关长期不解决，这也是一个原因。所以，总起来讲，领导机关的官僚主义是引起闹事的原因。

官僚主义，上面有责任，下面也有责任。凡是要中央负责的，部里面负责的，局里面负责的，应该把责任担负起来。但是还有很多事情不是部里的，不是中央的，是下面做的，工厂、基层单位应该负一定的责任。

对付闹事要有正确的办法。我们一些领导干部，没有闹起来时不理，闹起来以后又惊惶失措，一惊惶失措就采取压制的办法。这是不能解决问题的。

我们有些同志在处理人民内部矛盾的问题上面，有几个基本观点是错误的。

第一个观点，就是站在人民之上的观点。我们有的领导人把本单位的群众看作是属自己管的手下人。他的话是这样的："我是管你们的，而你们是归我管的；你们应该听我的话，而我可以不听你们的话；我有权力命令你们，你们没有权力命令我。"这个态度是什么态度？我想这个态度是官僚主义的态度，是根本错误的态度。他已经不把自己看作是人民的一分子，而把自己放在与人民对立的地位，与人民群众对立起来。这个观点，不是无产阶级观点，不是群众观点，而是剥削阶级观点、官僚主义的观点。恩格斯讲过，要防止国家和国家机关由社会公仆变为社会主人[121]。我们党、政府、国家、经济机关的领导人，本来是人民群众的公仆，社会的公仆。现在我们有的同志已经变为老爷，把人民群众当作仆人，自己还不自觉。这是错误的。我们所有的领导人都是为人民服务的，是人民的公仆，是人民的勤务员，没有权利当老爷。因为不这样，他就不能把群众当作跟自己一样的人来看待，处理人民群众内部的事情，就不能把普通的工人、普通的农民、普通的学生与我们党员和干部一样看待。我们要信任群众，群众才会信任我们。不信任群众，群众是不会信任我们的。

第二个观点，就是只去分清群众的是非，而不分清领导上的是非。不是讲人民内部问题是是非问题吗？分清是非，分清谁的是非呢？有的领导人只分清别人的是非，而不分清自己的是非。自己不分，别人去分他的是非，他又不准。他分群众的是非时，只讲群众非，说群众错了，群众还有什么好的地方，他就不讲了，抹煞群众中的是。而讲到自己，讲到领导上，就只讲自己的成绩，不讲自己的缺点，只讲自己的是，不讲自己的非。结果就是这样：非的就是群众，是的就是"老子"。这是很片面的，是不符合事实的。应该首先分清领导上的是非，检查领导上有哪些错误，然后再去分清群众中的是非。分清群众是非的时候，不只是说群众中的不好，好的地方也要讲。这样才全面，人家才会服。

第三个观点，是以力服人，不是以理服人。有的领导人处理群众问题是用力量去压服，而不是用道理去说服。群众中间闹起事来，他不是想尽法子使群众闹事解消，使矛盾缓和，不是强调团结，强调统一，而是强调斗争，不讲道理，使矛盾激化起来。这是违背上面所讲的处理人民内部矛盾的方针的。人民内部的事情应该缓和，应该妥协解决。

第四个观点，就是把人民内部的矛盾当作敌我矛盾来处理。凡是群众中间闹起事来，有的领导人就去分群众的界线，问人家的动机，查人家的历史，当作反革命事件来处理。如果把人民群众当作敌人，这就根本错了，实际上是把自己当作人民的敌人了。当然，对待犯官僚主义错误的人，群众里面也有过分的，也需要教育。除开特别恶劣的、顽固的官僚主义者以外，对于一般犯官僚主义错误的人，还是应该从团结出发，经过批评，达到团结。

现在我感觉到，各个地方，各个工厂、学校里面，都积累了很多问题，你们这里也是一样。积累的这些问题要集中解决。以后是不是可以每年集中解决一次或者两次，就是要群众提意见，要工人开小组会，学生、机关职员开小组会，号召他们把意见和要求都提出来。提出来之后，综合起来，集中解决。能够办到的就要办，不能办到的就要向群众解释。如何解释法，市委、区委好好讨论一下。这样集中解决问题，不要好久，就可以使人民中间积累起来的那些问题主动解决了，而不至于闹事。

提倡勤工俭学，开展课余劳动[*]

（一九五七年五月五日）

今天本报发表了一则消息，报道河南、河北、湖北、湖南、广东、北京等地一些大、中学校的学生参加课余劳动、勤工俭学的情况。从这个报道中可以看到，在那些地方的学生中，有不少的人一面刻苦攻读，一面利用课余和假期的时间去从事各种有益的劳动。这些劳动包括有替合作社和国营农场割草、积肥、抢收、抢种，帮助建筑工地挖土、填坑、搬砖、运瓦，帮助自己的学校打围墙、修校舍、修运动场；有的人还替人缝纫、洗衣、当家庭教师，以至在饭馆里端盘子、洗碗洗碟等。所有这些劳动，除了一部分是完全属于义务性质的以外，多数都有一定的报酬。学生们利用这种劳动所得的报酬解决了自己学习费用上的不少困难，改善了自己的生活。

提到勤工俭学，这对于中国青年来说，并不是一件什么完全新鲜的事。历史上关于这方面动人事迹的记载是很多的。《三字经》^{〔122〕}上不是记着"如负薪，如挂角，身虽劳，犹苦卓"的话吗？"如负薪"说的是汉朝朱买臣^{〔123〕}的故事，他家贫如

    * 本文是根据刘少奇一九五七年二月至四月在河北、河南、湖北、湖南、广东等省视察时的几次谈话整理的，经刘少奇审定后作为《中国青年报》社论于五月五日发表。

洗，靠打柴为生，很想读书，但上不起学，于是，他一面打柴，一面读书：在山上打柴时，抽空在树林里面读书，挑柴回家时，把书挂在柴担上读。"如挂角"说的是隋朝时候的李密[124]，他上不起学，替人家放牛，出去时，每天就在牛角上挂上一些书，拿着书骑在牛背上读。还有元朝末年的王冕[125]也是这样，他十岁就替人家放牛，赚钱买书来读。他们这些人，当年都是经过半工半读，依靠自己的辛勤努力，在学业上获得了优异的成绩。至于说到近代，我们就会很容易地想起三四十年前的留法学生的勤工俭学的故事。那时不是约有两千个青年去到法国，在那里用半工半读的方法寻知识，求学问吗？我们知道，象周恩来、邓小平、李富春、李维汉、聂荣臻[126]等许多党和国家的领导同志，就是当时那一批青年中最优秀的代表人物。因此，我们可以这样地说，今天新中国青年学生们参加课余劳动、勤工俭学，就正是继承了我们先辈的光荣传统。

学生们参加课余劳动、实行勤工俭学，这是值得加以赞扬和提倡的好事。但是，就全国范围来说，它还远没有受到人们应有的重视。首先是，有许多人对于学生参加体力劳动还有不正确的看法。在他们看来，从事各种体力劳动，好象是和学生的身份不"相称"的，而学生们自己干起活来也常常是偷偷摸摸，生怕别人看见，怕"丢脸"。这是一个什么问题呢？这实际上还是那种"劳心者治人，劳力者治于人"[127]，把读书人看得高人一等的旧思想在作怪，实际上是把劳动看作有等级贵贱之分，认为参加体力劳动就降低了自己的"身份"。这显然是完全错误的。我们新教育不同于旧教育的一个根本的区别，就是我们的学校不是为剥削阶级培养奴才，培养帮凶和帮闲，而是使青年们在学校里学到知识之后，能够更好地从事劳动，参加祖国建设，更好地为人民和祖国服务。新中国的知识青年，不应该只满足于书本里的一些知识，不应该以不参加体力劳动为荣，不应该再是那种"肩不能挑，手不能提"，"四体不勤，五谷不分"〔128〕的人了。我们不是经常在强调加强对学生的劳动教育和群众观点的教育吗？那末，组织学生参加课余劳动，就正可以帮助学生学习劳动技能，养成劳动习惯，通过实际劳动操作去体会人类劳动的伟大作用，增加对于劳动人民的了解和对劳动人民的情感。党中央和毛主席不是已经向我们提出了艰苦奋斗、勤俭建国的号召，号召人们勤俭办工厂，勤俭办商店，勤俭办合作社，勤俭办学校，勤俭办一切事业〔129〕吗？那末，学生们身体力行，参加课余劳动，勤俭学习，就正是最实际地响应着这个号召，锻炼自己艰苦奋斗、勤俭朴实的思想作风。许多地方的事实都说明，学生们参加课余劳动以后，更加懂得了"一粥一饭来之不易"〔130〕，学习上也更加勤奋了。

对于有职业的青年应当提倡业余学习，对于在学校中学习的青年，适当地提倡学余劳动，也是完全应当的。

有的人看不惯学生用课余劳动所得的报酬去解决自己学习费用和生活费用上的困难。他们觉得在新中国还有这样的事，似乎是"太不应该了"。他们常常只是希望用国家增加助学金的办法来解决学生的困难。这种想法很显然是不正确的。是的，在我们学校的学生中间，今天的确还有不少的人生活是比较艰苦的，他们搭不起学校里的伙，吃饭要靠从乡下带干粮，有的还要自带杂粮，自备柴火，自己烧饭吃，自己学习费用上的困难常常要靠自己参加课余劳动去解决。对于这些同学来说，他们的生活固然苦一些，但是比之过去他们中许多人祖祖辈辈穷得根本不能进中学，甚至连小学都不能进，总要好得多吧。他们为了求知识，为了将来的理想而忍受暂时的困难，这决不应该被看作是什么不好的事。新中国成立以来，我们国家为了发展教育事业，为了使广大的工农子弟能够入学，已经做了很大的努力。我们国家现在入学的人数不是比过去减少了，而是大大增加了。一九四九年我们只有中学生一百二十多万，而现在已是五百九十多万，大学生那时只有十一万多，而现在已是四十万了。一九五五年的教育经费已经比一九四九年增加了二十六倍，一九五六年又比一九五五年增加四分之一还多。国家设置了助学金，不少大学里领取助学金的人数高达学生总数百分之八九十。象河北的一些重灾地区，中学里边也常常有百分之五十以上的学生领取助学金和灾区补助费。但是，尽管这样，国家也还是只能够解决困难学生的一部分困难。不能设想，国家的助学金可以无限制地增加，不能设想，学生中所有的困难都全部由国家包揽起来予以解决。事实上今天还有很多工农家庭的子女上不起中学和大学，进了中学和大学的学生，也还有很多人有各种不同的经济上的困难。但是，我们新中国的青年不应该一有困难就完全躺在党和国家的怀里，只懂得伸手向国家要，而不去自己动手想办法。就这一点来说，河北、河南、湖北、湖南、广东、北京等地的一些学校中的学生已经在这方面做出了好的榜样。象郑州第七中学，全校七百个同学，去年一年课余劳动所得即达一万零四百多元，比之全校去年八千六百多元的助学金总数还

要多。其中有一个同学，在一年的课余劳动中，就得到了一百
一十元的报酬。由于有了这些收入，有些学习费用比较困难
的同学不困难了，他们的生活也有了改善，有的还降低或放弃
了对于助学金的要求，有些由于经济困难本来打算辍学的学
生也得以继续学习下去。这样，就实际上增加了学生们的就
学条件，也帮助学生培养了独立生活的能力。事实表明，开展
课余劳动，提倡勤工俭学，有可能成为解决学生学习费用困难
和普及教育的一个重要途径。

　　也有人担心提倡勤工俭学，开展课余劳动，会妨碍学生学
好功课和在课余、假期中的正常休息。存在这种顾虑并不是
完全没有道理的。任何一件事情都有它的两方面，最好的事
情也往往难免会产生一些副作用。问题是在于领导，在于适
当地加以安排，只要加强对课余劳动的组织和安排，及时发现
问题，注意总结经验，缺点、错误总是可能逐渐减少和避免的。
为此，我们应当坚持自愿原则，决不强迫命令，坚持课余原则，
决不侵占学习时间，我们提倡量力而行，对不同年龄、不同体
质条件的学生作不同的要求，不作过急的要求，注意由轻到
重，逐渐养成习惯，决不轻易去搞突击，搞竞赛。不少地方的
事实已证明，恰当地组织学生们的课余劳动，不仅没有妨碍他
们的学习，相反地，有不少参加课余劳动的学生的学习成绩还
是很优良的。象武汉市第三十三中学的九个团总支委员和十
一个学生会执委中，有三分之一的人参加了课余劳动，他们都
是班里学习上的优等生。

　　至于说到耽误学生们假期中的正常休息，那末首先就要
问，所谓正常休息是指的什么呢？有的人把正常休息理解为

让学生在假期中什么事都不干，过"吃了睡，睡了吃"的生活，认为要使学生在假期内得到充分休息，生活过得丰富多采，就只能组织他们去参观、旅行、游泳、打球、钓鱼等，或者顶多再加上次把两三小时的义务劳动。这就实质上把组织学生参加工农业生产劳动这样一个重要内容排斥在学生课余和假期生活之外。这是不实际的。事实上学生们在假期参加一些体力劳动正是可以使自己的假期生活过得更有意义一点，既可以炼身体，长知识，又可以创造财富。这样可以使学生们的脑力和体力得到平衡的发展。许多学生愿意这样做，学生们的家长也常常要求这样做。

还有一些人是赞成学生搞课余劳动的，但是他们却担心可以让学生参加的劳动并不多。这当然也是有道理的，因为有许多事情需要人，但由于缺乏技术，学生们干不了，也有一些地方在一些季节里可以做的事情是不很多的。但是，就总的情况来说，只要我们能够认真地重视这件事，主动地多想办法，在大多数情况下，还是可以找到各种各样事情去干的。我们参加劳动的项目可以是多种多样的，参加劳动的方式可以是集体的，也可以是分散的或个人的。在可以参加的劳动比较少的时候，就可以先把一些劳动分配给那些年岁较大、体质较好或学习费用上困难较多的同学去干。关于这个问题，应该说，我们现在是可以从各地组织学生参加课余劳动、勤工俭学的生动事实中吸取到一些好的经验。

综上所述，可以肯定，组织学生参加课余劳动，提倡勤工俭学，不仅是必要的，而且是可能的。只要认真加以倡导，我国学生也大多具有这方面的积极性。我们希望，各地学校的领导上和青年团组织，都能把组织学生参加课余劳动、提倡勤工俭学看作是今后学校教学活动中的一个不可缺少的重要内容，积极地加强领导，使它健康地更加广泛地开展起来。

地质工作者是社会主义建设的开路先锋[*]

（一九五七年五月十七日）

你们毕业了。我跟你们地质部的副部长何长工同志谈过，地质工作是国家很要紧的工作，要建设我们的国家，就必须要有地质工作。没有地质工作，我们就象瞎子一样，不知道哪里有铁，哪里有煤，哪里有什么矿藏。所以，要进行大规模建设，势必要加强地质工作。

你们今后的工作是个什么工作呢？我打个比喻：我们是打过游击的，从一九二七年算起，到一九四九年，打了二十二年，没有丢下过枪，包括毛主席、朱总司令、周总理在内。何长工同志就是一九二七年在井冈山和毛主席一起打游击的。我是一九三二年才到瑞金打游击。我们这些老干部没有打过仗的很少。那时候打游击很苦，是野外生活，还要行军，吃饭、穿衣、住房、结婚都有很大的困难。我们是战争时期的游击队、先锋队。建设时期也要有人打游击，也就是说，要派一支队伍去侦察国家建设所需要的宝藏。你们是建设时期的游击队、侦察兵、先锋队。凡是要搞建设的地方，总是需要你们先去，

---

* 这是在接见北京地质勘探学院应届毕业生代表时谈话的一部分。

等那个地方的房子盖好了，你们又走了；其他地方你们也要去普查，看到底有没有矿藏。总之，你们总是从一个地方走到另一个地方，还要过野外生活，是比较苦的。将来全国的地质工作人员要有几十万，你们几十万人吃一点苦，就能使六亿人民得到幸福。

你们愿不愿意做这件事情？祖国需要你们吃几十年苦，打几十年游击，象你们的前辈打游击一样。当然，会有很多困难，吃饭、穿衣、结婚、生孩子什么都要受到些限制，要吃一点苦。但是我想，现在地质勘查的条件总比我们那时打游击要好，至少没有敌人拿枪赶你们了。我们那时候，被敌人追赶，觉也睡不好，饭也吃不好，刚刚要睡觉的时候，或者是刚刚吃饭的时候，敌人来了，就要赶快走。你们应该下定决心当建设时期的游击队、侦察兵，下定决心吃苦。为了祖国的建设，为了六亿人民将来的幸福，为了国家的工业化，你们地质工作人员要做几十年的野外工作，这是一个光荣的任务。

野外工作是比较苦一点，物质生活、文化生活都比较差，但要说政治生活也差，政治上容易疲沓，我看不一定。我们从前打游击，政治上疲沓的也有，但政治上进步的比较多。刚才讲，为了祖国的建设，为了六亿人民的幸福，为了国家的工业化，你们要情愿吃一点苦。如果你们有这样一个决心，你们政治上就会进步，这是个基本点。是那些为祖国人民的幸福生活自己愿意吃苦的人更进步一些呢，还是那些不愿意吃苦的人更进步一些呢？"六亿人都不吃苦，单是叫我们几个人去吃苦，老子不干！"这样的人叫政治上进步？这不叫进步，这叫落后。假如你们挺起胸膛来说："横直是要有人吃苦，不是我吃苦,就是你吃苦,就是他吃苦,总而言之六亿人民要搞建设,就要有几十万人去吃苦,首先我去一个!"采取这样的态度是进步的态度。所以,说到野外去工作政治上会疲沓,我看不会的,我看只会锻炼你们,使你们在政治上更坚强。

但是不要背包袱。如果认为自己比别人进步,一背了这个包袱,就会落后。毛主席说,骄傲使人落后[131]。你们在野外工作上十年,吃了很多苦,如果一到城里就吹牛皮,说"你们生活这样好,住洋房子,舒服得很,我在山上吃了很多苦",如何如何,骄傲起来,各种要求就都提出来了。一背这个包袱,政治上就要落后。只有既吃了苦,又不吹牛,政治上才是进步的,人民才会信任你们。老干部里面也有这样一些人,他的确是有功劳,打了几十年游击,可是背上了包袱,摆老资格,现在就是不做工作,计较什么评级评得不好,钱少了,职务没有安排好等等,一讲起来就是"老子把天下打下来的"! 这就是政治上落后了。所以,无论如何不能骄傲,不能背包袱,这样政治上就会进步。

你们有些人怕做"地质匠"。是不是怕自己在野外工作多少年,科学水平会落后? 我看不见得。我倒是赞成你们做一个时期的"地质匠"。不要鄙视实际操作和实际知识。学机械的做几年"机器匠",对他将来当工程师不但不会有妨碍,而且有帮助。你们将来要做地质研究所的研究生,不要大学刚毕业就去,先去当几年"地质匠",到野外搞几年,做几年实际工作,然后再去做研究生,或者调到研究机关,或者当助教,这样比较好。

你们现在大学毕业了,学了很多知识,但是你们到底有多少知识,要有个正确的估计。现在有些大学毕业生,认为自己很了不起。其实你们在学校所学的东西是一知半解的,也就是说知识还不够完全。你们读了很多书,学了从古以来地质学方面的知识,知道了世界上地质学方面的先进办法,在这方面讲,你们似乎知识很多。但另一方面,我看你们实际的知识、真正的知识还没有接触到。你们应该了解这一点。你们在学校学了那么一些东西,只能叫半知识分子,不能叫完全的知识分子。要做一个完全的知识分子,还要在以后的工作中去学习,因为真正的知识主要是在工作中取得的。同时在学校里毕业的人,如果以后在工作中间善于学习,可能在政治上、业务上进步更快,如果不善于学习,到后来可能差别很大。关键在于在工作中是否善于学习。你们在大学只学了四年,加上中学、小学的十一二年,学到的那些知识是普通的知识,以后工作有四五十年的时间,主要的知识是在工作中学习来的。因此,一方面你们毕业了,拿了文凭;另一方面,你们还没有毕业,学习并没有完结。你们现在的知识是不多的,很可能没有进过大学的人在工作中学得比你们还好一些。进过大学的比没有进过大学的不一定都高明。要了解自己的长处,也要了解自己的弱点,这样才比较全面。以为自己大学毕业了,历史上关于地质学方面的知识大体上都学了,因此我的知识多得很,那是一种片面性。教科书上的知识是别人的知识,是前人的知识,只有以后你们自己在实际工作中进行了验证,掌握了那个规律性,才会变成你们自己的知识。真正的知识是从实践中来的。例如骑脚踏车和游泳,虽然理论上能讲得很清楚,但如果自己没有去实践,还是不会骑,不会游。当然,只会操作，不懂理论，知识也不完全。舞台上骑脚踏车表演的杂技演员，你们看，他表演得很好吧，可是他就是讲不出道理，这就需要力学家来讲了。只会操作讲不出道理，知识不完全；讲得出道理但不会操作，知识也不完全；又会操作又讲得出道理，知识就完全了。希望你们成为这样的知识分子。当然，现在你们并不是一点知识也没有，不过你们的知识还是很不够的。你们都知道，科学上的新发明，需要很长的研究时间，一旦做出了结果，就不难讲清楚，也不难学，如原子能、原子反应堆，是很高深的学问，经过了很长的时间才研究出来，现在只要很短的时间就可以讲清楚了。所以，不要担心你们在野外工作，科学研究机关的东西就学不到。而且不只是在科研机关才有发明，在实际工作中间也有很多发明。你们在实际工作中应该同时进行研究工作，要出一些研究题目，自己考虑一些研究的问题。有的研究题目要在实验室实验，有的在实际工作中间也可以实验。

向科学进军，这个口号我看是不错的。但是向科学进军有一个问题，就是不要妨碍工作，不能把工作丢开，一定要把工作摆在第一位。如果有特殊需要、特别重要的研究题目，要拿出一段时间来进行研究，必须经过批准，才可以离开工作岗位。有些人说要向科学进军，工作就不做了，这就不好了。你们要做到向科学进军同工作两不误。有些人向科学进军，不是从六亿人民的需要出发，而是为了个人的名誉地位，他的集体观念、政治观念很薄弱，他对个人利益很强调，不让他考副博士，没有名，利也少，就闹情绪。这样的人好不好呢？我看这样的人不是有理想的人。如果把名利当作理想，那末，这种理想可以说是资产阶级的庸俗观点，是不高尚的。我赞成青年人有高尚的理想，这种理想就是为了六亿人民的幸福。你们不怕吃苦，准备在野外工作几十年，甘愿当建设时期的游击队、侦察兵，做建设时期的开路先锋，这种理想是高尚的。

我国应有两种教育制度、
两种劳动制度 *

（一九五八年五月三十日）

去年春季，我接触了一些学生，也接触了一些工人。在那些学生中有这么两个思想是特别突出的：一个是轻视体力劳动和体力劳动者。那个问题，去年写了一篇文章[132]把它批判了。那是要批判的。还有一个思想，就是学生中间，青年中间，强烈地要求升学，要求多读书。我看，这个要求是正当的，国家应该想法子，创造条件，尽可能地满足他们的升学要求。我们国家不怕知识分子多，不怕学校多，而怕学校太少了。当然，有个经费问题，办那么多学校，国家拿不出那么多钱。此外，还有不少的家庭不能供给所有的子女都读完中学和大学。所以，去年还写了一篇关于勤工俭学的文章[133]，在《中国青年报》上发表。搞勤工俭学，就是说要学生和青年不依靠国家和家庭，而依靠自己，设法读书和升学。还有民办学校，即组织群众集体办学，也是那个时候提出来的。不只是民办小学，而且民办中学。

这个问题，我最近又想了一下，又有所发展，就是搞半工

---

* 这是在中共中央政治局扩大会议上的讲话。

半读。我想，我们国家应该有两种主要的学校教育制度和工厂农村的劳动制度。一种是现在的全日制的学校教育制度和现在工厂里面、机关里面八小时工作的劳动制度。这是主要的。此外，是不是还可以采用一种制度，跟这种制度相并行，也成为主要制度之一，就是半工半读的学校教育制度和半工半读的劳动制度。就是说，不论在学校中、工厂中、机关中、农村中，都比较广泛地采用半工半读的办法。我青年时在保定育德中学上过一年半工半读，有一个技师、两个技术工人教我们。作坊就是三个小房子，一个五马力的发动机，三部车床。我们一班六十个人，上午上四小时课，下午做四小时工，书也读了，身体也很好，还能赚钱。现在清华大学的刘仙洲副校长，那个时候教我们机械学。一年的半工半读，我们就学了打铁、翻砂、钳工、车床工、模样[134]，五样都学了，还学了一门法文，准备到法国去勤工俭学，后来我没去。现在是不是可以办这样的学校呢？比如新设的中学，可以盖几个作坊，配几件机器和一些工具，使那些家庭无法供给上学的青年搞半工半读。中等技术学校更可以半工半读，某些大学也可以半工半读。可以有全部半工半读的大学，也可以在现有的大学里面办几个半工半读的班。要把这也当成一种正规的学校制度。当然，学习的年限以及课程、待遇等等，需要加以相应的调整。这样，就可以多办学校，国家经费不至于增加很多，但要盖些房子，并且提供教员。

学校可以这样办，工厂是不是也可以这样办呢？我参观过一些工厂，青年工人很多，都是高小和初中毕业的，但是他们的劳动操作大都很简单，就只会那一门。他们现在情绪很高,但是工作七八年上十年以后,还是做那一门,我看会要闹情绪的。既然有这么多青年工人,他们的家庭负担又没有或者很少,他们强烈要求学习,有些工厂人又多,社会上还有些青年需要就业,因此,是不是可以在这些青年工人中间搞半工半读,四小时工作,四小时上学,给一半工资。愿意干的就干,不愿意干的还是八小时工作制。在这些工厂附近设一些教室,教员也在工厂中请,另外再请一些专职教师。可以办中学,也可以办中等技术学校,一直到办大学。这样工作七八年,上十年,他们就大学毕业了,那个时候他们就有条件转业了,不会闹情绪了。训练这么一些技术工人、技师、工程师,文化程度比较高的人,各个地方都需要。这样,我们就可以多办学校,比较充分地满足青年人的升学要求。

现在农村已经大搞半工半读,农业中学就是半工半读学校。农业中学可以半日读书,半日种地,也可以一日读书,一日种地,还可以考虑半年种地,半年读书。现在是办农业初中,那末初中毕业之后势必要办农业高中,高中毕业之后势必办半工半读的农业大学。

如此看来,乡村里面,城市里面,都可以搞半工半读。就是说,势必会有这么两种主要的学校教育制度同时并行:一种是现在全日制的学校制度,一种是半工半读的学校制度。在工厂中,也是两种主要的劳动制度同时并行:一种是八小时工作的劳动制度,一种是四小时工作的劳动制度。其他还有夜校、业余学校、函授学校等等,那些也是需要的。几年的经验证明,业余教育有成绩,但有相当多的困难。此外,国家为培养工人阶级知识分子,还把优秀的工人、干部调到工农中学或者大学学习,发给百分之七十五的工资。这只适用于特别优秀的少数工人或老干部,不能有很多。如果半工半读的制度能够普遍实行起来,那就可能解决很多问题,可以比较充分地满足许多人的升学要求,工厂里人多的问题也可以解决,劳动就业的人可以多些。这是采用群众路线,多快好省地培养工人阶级和劳动人民的知识分子的一种方法。这样,我们就可以在很短的时间内训练大量有文化的技术工人、技术员、大学毕业生。这样两种主要的学校制度和劳动制度是不是可以在一些单位中试办,请各位同志考虑。当然,办起来还有很多具体问题要解决,我在这里不讲了。这是一个问题。

还有一个问题。我们现在集中力量组织生产运动,城市里面、农村里面都是这样,这是完全正确的。除此以外,是不是还可以把城市和农村人民生活上的一些服务事业也组织起来,以与生产运动相配合? 我曾看过几处职工宿舍,那里有很大一批劳动力闲着。这些宿舍住了很多家属,都是比较年轻的,天天做饭,洗衣服,带小孩子。他们也很烦恼,要求找职业。社会主义、共产主义总要使妇女从家务劳动里解放出来。商店、小学校、文化娱乐事业和理发、洗澡、做衣服等等服务性事业,都可以组织起来,由那些职工家属和农村妇女办。有多少劳动力就组织多少,劳动力少的少组织,劳动力多的多组织。有些地方,例如鞍山那样的钢铁厂、唐山那样的矿山,以及其他重工业基地,都有很多家属。怎么办呢? 有同志提出应当在那里办纱厂,我看很对。应当好好地组织这些剩余劳动力,不只是做饭、洗衣、办托儿所、办小学,而且办加工工业,一直到办纱厂、办面粉厂。还有喂猪、种菜,都可以搞。当然,国家要帮助。农村里面也可以这样。我的意见,应当看得远一些,逐步地、系统地、全面地在自愿原则下,把这些为生活服务的事业组织成为集体的大经济事业。这样可以节省劳动力,使妇女从家务劳动中间解放出来,这是一个方向。

同炭子冲农民的谈话*

（一九六一年五月七日）

田里工夫忙不忙？（群众：正在插秧。）想耽误你们半天工夫，同你们谈谈。我来几天了，找几个熟人谈了一下，还没有同你们谈，今天谈谈。

我将近四十年没有回家乡了，很想回来看看。回来了，看到乡亲们的生活很苦。我们工作做得不好，对你们不起。

乡亲们谈谈看，社员的生活比一九五七年是好了还是差了呢？不是好，是差了吧？生产比以前降低了！是这样，就承认这个现实。（群众：生产是降低了，生活差了。）什么原因呢？为什么生产降低了，生活差了？有人说是天不好，去年遭了旱灾。恐怕旱有一点影响，但不是主要的，主要是工作中犯了错误，工作做得不好。我问过几个人，门前塘里的水是不是车干了？安湖塘的水是不是车干了？他们说都还有半塘水。看来旱的影响不是那么重。我记得过去有两年遭受旱灾，安湖塘和门前塘里的水都车干了。所以主要是这里的工作犯了错

---

* 一九六一年初，为纠正农村工作中"左"的错误，党中央和毛泽东重新提倡调查研究。刘少奇于一九六一年四月一日至五月十五日到湖南省长沙、宁乡两县农村作了四十多天的调查。这是在他的家乡宁乡县花明楼公社炭子冲大队调查时同当地农民和基层干部的谈话。

误。这是不是完全怪大队干部呢？也不能完全由他们负责，上边要负主要责任。县有一部分责任，省有一部分责任，中央有一部分责任。当然，大队干部不是没有责任，要负一小部分责任。有的是中央提倡的，如办食堂[135]。因此根子还在中央，不过到了下边就加油添醋了。

这次回来，看到这里工作搞成这个样子，中央有责任，要向你们承认错误。人没有不犯错误的，世界上没有不犯错误的人。犯了错误不要紧，要紧的是认识错误，改正错误。人对错误的态度有三种：改正得快，改正得慢，死而不改。改得慢不好，死而不改更不好。

你们食堂散没有散？（群众：散的多。）食堂情况，以前我们也不清楚，讲食堂有优越性，可以节省劳力，解放妇女等。下来一看，不是那么回事，专人煮饭，专人炒菜，专人砍柴，专人担水，专人舂米，一个食堂占用三分之一的劳动力，甚至半数的人都去做饭了。烧硬柴砍树，不砍茅草，砍了山林。还有其他毛病。好处也可以讲个一两条，说是出工齐。出工齐可以用别的办法解决嘛！

食堂没有优越性，不节省劳动力，不节省烧柴。这样的食堂要散，勉强维持下去没有好处，已经浪费几年了，不能再浪费下去。

食堂一散，有些社员有困难，没有锅子、铲子、坛坛罐罐，回家做饭怎么办？要赶快生产这些东西。大队、公社、县、省、中央，都要赶快动手，组织生产这些东西，组织铁匠打铲子，组织木匠、篾匠生产炊具。生产一批解决一批，分给生产队。生产队分给谁？分给生产队的干部？别人还没有，你当干部的先分,好不好? 我看第一批、第二批先分给那些最需要的人,社、队干部不要先分。如果你是最需要的,那就让大家评。大家都有了,还怕你们没有? 当了干部,在这些地方就要当心些。刚才说到社员需要锅子、铲子、修房子,这就要有铁匠、木匠、泥水匠、篾匠等等。听说他们的待遇太低了,只有二十到二十六元一个月。现在分了自留地,他们也想回去务农,这样好不好? 他们不积极,社员就不方便。恐怕要把手工业工人的待遇提高一些。

　　散食堂,是不是就分田到户? 食堂是食堂,田是田,食堂可以散,分田到户不行。有些零星生产可以包产到户,如田塍,可以包产到户。荒地是不是可以包产到户?(群众:包产到户要好些。)收入要交一点给生产队,剩下的是自己的,社员有了就好办。

　　散食堂以后,马上需要解决的问题就是房子。一个屋场住那么多户,没有地方打灶。房子不确定,社员的很多事情不能定,自留地不能定,养猪喂鸡也难办,厕所也不好定,生产就不放心。有一些是公家占用的房子,如银行、供销社、学校、公社和大队的办公室、工厂、猪场等,都要挤一下,把多占用的房子都退出来给社员住。

　　这里搞我的旧居纪念馆,曾写信问过我,我几次写信说不要搞,结果还是搞了。这个房子应退出来,纪念馆不办了,省委、县委都同意了。这个房子谁来住? 由工作队主持,同大队商量好,分几户社员到这里来住,我家的亲属不要来住。桌子、凳子、仓库、锅子、灶等,都作为退赔,退给社员。这些楼板,拿去替没有门的人家做门。社员在这里至少可以住上十年、二十年，等有了比这个更好的房子，愿意搬再搬。

　　有人说，住在这个地方，来人参观怎么办？我看外国人可以不让他来，中国人恐怕阻止不住，那就让他来看嘛！他们愿意看就看，不愿意看就拉倒。来人参观，招待怎么办？招待两碗开水。找个老婆婆烧开水，放两片茶叶更好。喝开水要给钱，有点收入老婆婆会愿意干。有人来就先问他们喝不喝开水，喝就烧，不喝就不烧。

　　此外，要保护山林，要拟几条办法。象现在这样砍下去不得了。山林所有权归大队，包给小队，划出自留山。以后不准生产队、社员随便砍树，要砍得经过大队统一规划，公社批准。有些树成材了再砍，不要砍小树。小树的枝丫也不要劈了，等长大了再劈。现在山上的小树只剩几个枝子，要有几年不劈树才行。缺了还要补栽。

　　关于退赔问题，"十二条"〔136〕讲了。到底退赔得怎样？我看一般是差得很远。听说你们有一条规定，丢失的东西要有证明才准登记。搞乱了，哪里去找证明呢？这个帐要一户一户地结。这个帐要记住。赔清以后，立块碑，或者写一个大单子，用镜框子镶起来，挂在公社里。不这样搞，老百姓下不得地〔137〕。不要半途而废，马马虎虎了事。要扎扎实实算一回帐，算得疼一点，公社、大队、生产队干部算疼了，社员也要疼一下，疼几年。这次教训很深刻，要子子孙孙传下去，以后再也不犯这个错误。

　　现在社员随便拿东西，稻谷、小菜，随便就拿走了，红薯种上就被人拿走了，搞不成器。这事情怎么办？这样就不能安心生产。大家想个办法好不好？个人的东西被随便拿走，公家的东西被社员随便拿走，这就动摇了所有制。所有制不确定，就没有办法安心生产。三级所有制，还有部分个人所有制，不能随便侵犯，自留地的产品要归社员所有。不能动摇所有制，一动摇社员就不安心生产。为什么有些社员不尊重所有制呢？一个原因是肚子有点饿，主要是想拿点吃的东西。还有一个原因是"一平二调"〔138〕成了风气，公社、大队拿社员的东西，社员就拿公家的东西，也拿别的社员的东西。首先是公社、大队不遵守社员所有制。社员这样想：你拿得我就拿不得？你大拿我就小拿。这种风气是上边造成的，不是社员造成的。现在讲清楚，上边拿的要坚决退赔。社员拿了别人的、拿了公家的就不退赔？也要统统退赔。上边退赔，社员退赔，大家退赔。现在一下子拿不出的，记个帐，秋后退赔。要使拿别人东西的人没有便宜占，这样，人们就不乱拿了。

大队有没有管理委员会？（群众：有。）主要是支部管事还是管理委员会管事？开过管理委员会吗？（群众：开过。）两个都要办事，但支部只讨论大的事情，具体的问题要管理委员会去处理，决定重大事情要通过社员大会或社员代表大会。

办事要讲民主。我同几个人谈过话，看来他们不大敢讲话，不知是什么原因，是"不怕官，就怕管"吧！管起来就不得了，整人，这个风气很不好。人都不敢讲话，那怎么能有个人心情舒畅、生动活泼的政治局面呢？听说他们不是不讲，就是当面不敢讲，在背后讲闲话。他们背后讲几句，你又去追问，说人家为什么当面不讲背后讲，这样就闭塞了自己的耳目。不要反对讲闲话好不好？当面不敢讲嘛！背后讲几句，同你的亲戚讲一讲，不是也可以听到人家的意见吗？他们讲得对，好嘛，即使讲错了也不要紧。背着你讲几句，不要再去追究。如果你追究人家，人们都不讲了，你就什么意见也听不到了。

要规定几条，什么样的问题必须由社员大会决定。象密植、插双季稻、种棉花、修公路等，这些大事情，不能由少数人决定。公社、大队干部只能提出方案，没有权作决定。这样，工作就可以少犯好多错误。特别是要经过年纪大的人讨论，他们有经验。过去要是真正经过社员讨论了，食堂也不会办，双季稻也不会搞那么多，房子也不会拆。经过社员讨论了的，即使办错了，也不会要干部负责，大家会承担；对上边不合适的规定，也才可以顶住。上边的瞎指挥要大家认识了才能顶住，公社、大队的少数干部怎么能顶住呢？

当然，社员开会讨论也可能是形式主义的。干部在会上一讲，就是要种多少多少的棉花，这是政策，大家同意不同意？同意的举手！一看有人不举手，就去问人家，你为什么不举手？你有意见，你是什么成分？这一来谁敢不举手？

要真正实行民主，就要由社员当家作主。干部是社员的勤务员，应该好好为社员办事。要记住，多数社员认为不能办的事，就不要办。

以前我和王升平、成敬常[139]通信，我还想和他们常通信。请你们给我一点通信自由，不要扣我的信，好不好？和我通信并不是要捣公社、大队的蛋，我是想帮你们的忙。我这个人也可能犯错误，帮个倒忙，那我再向你们承认错误，作检讨。为了大家的事情，还可以到北京来向我反映，我出路费。成敬常、黄端生[140]就来过。一个是有时我请你们来，一个是为了大家的事，你们认为需要来的，可以来，住房吃饭我出钱。

这里是我的故乡，省、县、社对这里可能有照顾。照顾多了不好，不照顾也可以搞好嘛，要靠自己努力。大家努力事情就可以搞好，千万不能用我家乡的名义去要求别人照顾。这里还有我的亲属，也不要因为我的关系特别照顾他们。

我今天讲的这些话作为你们参考。你们可以这样办，也可以不这样办，总之一定要把生产和工作搞好。

当前经济困难的原因
及其克服的办法*

（一九六一年五月三十一日）

现在，各方面的矛盾，如工业和农业的矛盾，文教和其他方面的矛盾，都集中表现在粮食问题上。总而言之，人人都要吃饭。城里人要吃饭，乡下人也要吃饭，读书人要吃饭，我们这些"做官"的人也要吃饭。人不只是吃饭，还要吃油、吃肉、吃鱼，要有副食品。没有那些东西吃，即使粮食不减少，身体也要坏。这几年，农民的身体弱，工人的身体也弱，主要是副食品少了。现在连城市里面、学校里面，也有不少浮肿病人。学生的口粮一般不少，主要也是油、肉、鸡蛋这些东西吃得少了。

现在的问题就是："能够投于工商业上面而无须从事农业的劳动者人数……是取决于农业者在他们自身的消费额以上，能够生产多少的农产物。"[141] 也就是说，要看农民生产的东西，在他们自己吃用以后，还能够提供多少粮食、肉类以及其他的工业原料，才能决定这个社会可以拿出多少人去从事其他的物质生产和精神生产。农民提供的粮食少，可以拿出的人就少一些；提供的粮食多，可以拿出的人也就多一些。农

---

*　这是在中共中央工作会议上的讲话。

民吃用以后剩余下来的粮食，就是我们所说的商品粮。有多少商品粮，就可以决定办多少工业、交通运输业和文教事业。比如当前粮食紧张，所以工业也好，学校也好，都没有办法多办。在中国历史上，地主阶级总是挤农民的口粮。本来农民是拿不出那么多商品粮卖到城市里面来的，地主阶级把它挤出了一部分，那还不是挤农民的口粮？现在地主阶级被我们打倒了，实际上是城里人跟农民争饭吃，争肉吃，争油吃，争鸡蛋吃，争棉花，争麻，等等。很多东西统统被收购起来，农民很不高兴。这样一来，就使工农之间发生了尖锐的矛盾。这个矛盾不解决是很危险的。它对我们的无产阶级专政，我们的国家，甚至于我们的社会，能不能继续维持和发展下去，是一个很严重的问题。

总起来讲，这几年的问题，就是工业、交通、文教都办多了。非农业人口搞多了，农民养不起这么多人，所以非减少不可。这个问题到底还有什么考虑的余地没有呢？我看是没有考虑的余地了。就是说，工业战线要缩短，农业战线要延长。这是毛泽东同志在庐山会议就讲了的[142]。现在不是工业战线踏步和前进多少的问题（某些部门可能还要前进一些，比如石油），而是要后退一步。钢，去年一千八百四十万吨，今年退到一千四百万吨，要退四百多万吨。纺织工业搞到一千万锭子，现在要退回五百万。其他方面也有这个问题。后退好了，就可以把比例搞适当。工业战线、文教战线延伸得太长了，缩短一点，同农业战线的比例就协调了，就可以和农业并举，一同前进。不然，农业不能前进，工业和其他各方面也不能前进。

为什么会搞成这个样子呢？我看，在农村里面，我们的工作有缺点错误，也有天灾；在城市里面，在工业方面，我们的工作也有缺点错误。农业方面是高指标、高征购等等。工业方面也是高指标，横直要搞那么多钢材，那么多煤，那么多交通运输。文教也是这样。结果，把原材料和各种东西都搞到这些方面来，其他方面就没有了，势必挤了农业和轻工业。这是从中央起要负责的。

这里提出一个问题：这几年发生的问题，到底主要是由于天灾呢，还是由于我们工作中间的缺点错误呢？湖南农民有一句话，他们说是"三分天灾，七分人祸"。我也问了几个省委干部。我问过陶鲁笳[143]同志：在你们山西，到底天灾是主要的，还是工作中的缺点错误是主要的？他说，工作中的缺点错误是造成目前困难的主要原因。河北、山东、河南的同志也是这样说的。其他一些省我没有问。总起来，是不是可以这样讲：从全国范围来讲，有些地方，天灾是主要原因，但这恐怕不是大多数；在大多数地方，我们工作中间的缺点错误是主要原因。有的同志讲，这还是一个指头和九个指头的问题。现在看来恐怕不只是一个指头的问题。总是九个指头、一个指头，这个比例关系不变，也不完全符合实际情况。我们要实事求是，是怎么样就是怎么样，有成绩就是有成绩，有一分成绩就是一分成绩，有十分成绩就是十分成绩。成绩只有七分就说七分，不要多说。我们这几年确实做了一些事，也做了一些不见效的事情。我们在执行总路线、组织人民公社、组织跃进的工作中间，有很多的缺点错误，甚至有严重的缺点错误。最近不仅农业减产，工业生产也落下来了。如果不是严重问题，为什么会这样减产？为什么要后退？难道都是天老爷的关系？

说到责任,中央负主要责任,我们大家负责,不把责任放在哪一个部门或者哪一个人身上。我们现在是来总结经验。好在我们现在能够回头,能够总结经验,能够改过来,还不是路线错误。但是,如果现在我们还不回头,还要坚持,那就不是路线错误也要走到路线错误上去。所以,在这个问题上,现在要下决心。

我们的这些缺点错误,从一方面来讲,由于没有经验,或者经验不够,有些是不能避免的;从另一方面来讲,有些是可以避免的,可以早一点发现,早一点转,这是可能的。我们转慢了一点,问题发现得迟了一点,所以,损失比较大。但是,现在转过来还不迟。我看在座的同志应该是有经验了吧!饿了两年饭还没有经验?铁路还要修几万公里吗?"小洋群"〔144〕还要搞那么多吗?工厂还要开那么多吗?还舍不得关厂吗?还舍不得让一部分工人回去吗?招待所还要盖那么多吗?恐怕应该得到经验教训了。农民饿了一两年饭,害了一点浮肿病,死了一些人,城市里面的人也饿饭,全党、全国人民都有切身的经验了。回过头来考虑考虑,总结经验,我看是到时候了,再不能继续这样搞下去了。

现在就是要下一个很大的决心,减少城市里面的人口。当然,这是一件很麻烦的事情,有些工人会搞不清楚。但是,只要很好地向工人进行说服动员工作,我想是可以说清楚的。现在有些中、小城市,已经有这样的人,看到农村分了自留地,农民又养起猪来了,养起鸡来了,而呆在城市里面吃不到肉,吃不到油,吃不到鸡蛋,他们就愿意回去了。到今年下半年,农民的自留地有了收成,副食品也比较多了,某些乡村里面的生活可能比城市里面要好一点。现在有的地方就已经发生了这样的情况。农村形势好转，动员工人回去就更容易。当然，还会有些人是不愿意回去的，一定要很好地做动员说服工作。对回去的人，要安顿得很好。各级党委、各部门的负责人要亲自去动员一下，组织一下，切实把这项工作做好，不要把它推给劳动调配部门作为一般的劳动力调配来对待。从城市里压缩人口下乡，也可能闹出一些事情来，如果工作做得好，问题可以少发生一些。

乡村里的农民家庭手工业，大多是半农半工的，发展这种家庭手工业，并不会妨碍农业。乡下还有一些手工业工厂，农闲开工农忙停工，既供应产品，又不妨碍农业，也是可以办下去的。例如湖南宁乡县的耐火材料厂，原来有一千多人，最近还有三百多人，它附近有煤炭，每年在农闲的时候开工三四个月。这种季节性的生产，今后还可以搞，主要是搞轻工业，搞一些农民生产和生活所必需的产品。一定要生产轻工业产品，才能有东西去换农民的粮食、猪肉、鸡蛋等等，没有东西换是不行的。现在农民急需锅子，急需木桶，急需好多东西。如果有这些东西，他们是愿意把粮食、鸡蛋卖出来的。现在连火柴、咸盐都不能满足农民的要求，怎么能收购到农民的东西？所以，现在要加强农业战线，还要加强轻工业战线，真正执行毛泽东同志提出的"农、轻、重"的方针[145]。

重工业战线不能不缩短。缩短多少？还要具体研究，但是，一定要下这个决心。文教战线也要缩短。城市里头大大缩减，有些工厂要关，特别是一些"小土群"[144]，还有一些"小洋群"要关。以后再开，也要尽可能地进行技术改造，提高劳动生产率,把机械化的程度搞得比较高。

在这里,我要讲到美国的情况。美国现在有一亿八千万人,农业人口不过一千五百多万,约占百分之九;而农业劳动力只有六百万,其中一部分人搞粮食,一部分人搞畜牧业。它的这一点农业人口,除了能够提供国内所需要的粮食、肉类、原料、棉花以外,还有剩余的农产品和原料出口。它的农业劳动生产率这样高,因此可以用百分之九十以上的人来搞工业和其他事情。假如我们能够达到美国这样的比例,我们这个国家的强大就可观了。所以,农业是基础。

如果从提高农业劳动生产率这方面来看,恐怕农业情况的改变不会是很快的。我看不是三五年,而是要有十年八年才能见效。在十年八年内,只能从农村里面招很少的人,而且要等机械化程度比较高了才能招,决不能一下子从农村里面招很多人进城,来了又退回去。在这个问题上,本来我们是有过一些教训的,这回又有了一次教训,以后不要再重复这个教训了。

工业方面的技术改造,以及农业方面的技术改造,都要注意把各种比例关系安排得适当。所以,速度不能太快了。我看过去是有点性急,用不着那么急嘛!比如钢铁,在一定的条件下,它只能搞那么快,搞那么多,鼓足干劲,力争上游,能够搞多少就是多少,不能太多了。

现在的问题,就是一个关厂、并厂、缩小规模和从城市压缩人员下去的问题。会不会一下退回去退得太多了?看来不会。即使下去多了,再招起来,我看并不很困难。对于这一方面,有些人还有点认识不足,还舍不得,还下不了这个决心,这恐怕是当前主要的问题。

　　总之，这几年我们的成绩还是大的，问题也的确不少，有些地方是问题成堆。如果这次下了这个决心，问题可以解决，前途还是光明的。所以，还是那三句话："成绩很大，问题不少，前途光明。"〔146〕现在要解决的问题很多，中心的问题，就是要坚决缩短工业战线，延长农业战线和轻工业战线，压缩城市人口下乡。各位同志还可以想些其他的办法。解决了这些问题，再加上贯彻执行"十二条"〔136〕、"六十条"〔147〕，农业方面就可以好转。农业方面好转了，工业就可以好转，市场就可以好转。整个国家的情况好转了，就会出现心情舒畅、生动活泼的局面。

在呼伦贝尔盟
林业干部会上的讲话

（一九六一年八月六日）

这次我到小兴安岭、张广才岭去看了一下，提了一些问题。到这里看了大兴安岭，今天也想提几个问题。对这里的情况，你们比我了解，你们是内行。我今天的讲话，只是提问题，提意见，供你们参考。

第一个问题：充分利用森林资源，尽可能地满足国家和人民群众多方面的需要。

这里特别提出，既要满足国家的需要，又要满足人民群众的需要，而且是多方面的需要，不是单方面的需要。在盖工厂、修铁路、开矿山等生产建设方面，需要大量的枕木、坑木、包装用材、建筑用材；在农村生产方面，需要大量的木材制造犁杖、车辆、锄柄、刀把等农具；在城乡人民生活方面，家家户户用的水桶、锅盖、擀面杖，床铺、桌、椅、板凳等家具，都需要木材；牧民支帐篷，渔民造船，也少不了木材。人一生下来，就需要个摇篮，人死了，按过去的习惯，还需要一口棺材。总之，从生到死，都离不开木材。这些多方面的需要，都应该安排。当然，现在还不能完全满足需要，所以提了个尽可能地满足。你们是否尽了可能？你们是尽了你们的能力，但还没有尽一切可能，如山上还有很多小规格木材没有拉下来。一方面山上有大量资源，另一方面全国人民又迫切需要，如何把山上的资源和人民的需要结合起来，充分利用森林资源，尽可能地满足国家和人民群众多方面的需要，这就是你们的工作。过去你们主要是搞大木头，只满足几种需要，如原木、坑木、枕木，而对人民群众复杂的需要注意不够。能不能既把大木头拿下来，也把小木头和枝丫拿下来，充分满足社会各方面的需要？这是一个问题，请你们研究。当然，要把小木头和枝丫都拿下来，有一系列的问题，麻烦得很，困难不少，但是，困难能不能克服呢？请你们考虑。

第二个问题：工资制度与木材价格。

这个问题与第一个问题有关。现在是既要搞大木头，又要拉小木头，但问题是，搞小木头收入低，搞大木头收入高，因为小木头价格低，大木头价格高。我想，在木材价格方面，可分两种：一种是收购价（出场价），另一种是销售价。收购价应当是小木头贵（因为费工、成本高），大木头便宜（因为省工、成本低），可以把收购大木头的价钱降下来，小木头的价钱加上去。销售价则反过来，小木头便宜，大木头贵一些。这样势必使小木头不赚钱或者少赚钱，大木头多赚钱。大木头应当贵一些，因为几百年才收获一次。在工资方面，大小木头的采、集、运、装的工资应当分别计算，搞小木头的定额应低一些，搞大木头的定额应高一些，以刺激大家既愿意生产大木头，也愿意生产小木头。这样做有利于生产，符合按劳付酬的原则。现在山上小木头很多，就是不愿砍，即便是砍了的也不愿意拉下来，主要原因是工资制度和价格政策问题。因此是不是把工资和价格调整一下，使工人对小木头愿意采、愿意集、愿意装、愿意运，使工资和价格政策适合生产发展的需要。生产关系不适合，就妨碍生产力的发展，调整一下，使它适合了，就会促进生产力的发展，促进森林资源的充分利用，从而满足国家和人民群众各方面的需要。

你们的林区津贴，上山的和坐办公室的、冬季和夏季、晴天和雨天都没有区别，是否应该区别一下？林业局、林场所在地房子好、生活好，津贴应该低一点，到山上工作条件差，津贴应该高一点。这样，才可以鼓励人们到山上去，要不然都愿意坐办公室。林业部给的津贴，你们应当再细分一下，分配得合理，使在山里参加生产的人多得一些。工人中有这样的议论："出工不如不出工，多出工不如少出工。"我问他们什么道理，他们说，不出工发百分之七十的工资，而出工的也只能完成定额的百分之七十。所以，你们要研究一下，是他们没有努力，还是定额过高了？如果定额过高就应当修改。工人有病不出勤要有医生的证明，无故旷工不但不应当发工资，还应该受处分。国家规定是因待料停工才发给百分之七十的工资，不是发给无故旷工的人。劳动纪律要整顿一下，要鼓励人们出勤。

商业部门走后门，你们这里有没有？党委要抓一下这件事。有的地方上山的工人买不到雨衣胶鞋，而干部和干部的家属反而买到了。我提议，商店到多少货，要由上一级商业部门贴布告公布，由职工大会讨论如何合理分配。要体现按劳分配的原则，多劳多得。特别是现在东西缺乏的时候，多得的不要光是人民币，而且要多得实物。要体贴群众，群众才信服你们。

第三个问题：恢复合理的规章制度。

最近几年，林业上有些合理的规章制度被废除了，相反，有些不合理的规章制度却没有废除。"两参一改"〔148〕是要改不合理的规章制度，而不是要改合理的规章制度。因此，合理的规章制度，过去被废除了的，要恢复。例如伐区工艺设计、伐区拨交与验收、检尺员〔149〕由上级委派、检尺打号锤制度〔150〕等，是不是恢复？我看要恢复。还有，过去森工局和营林局是分设的，以后合在一起了。如果现在没有人管营林，是否还要恢复？当然不一定设两个局，但是在林业局下面分设两个单位是需要的，一个管采伐，一个管营林。是现在这样好，还是恢复过去两个局好？请你们考虑。另外，也有的制度不合理反而没有废除，如根河林区的山上据说丢了不少牛马套子拉不动的大木材，若是截断了集材就要受罚，而丢在山上倒不受罚。我看截断了拉下来不但不应受罚，而且应当受奖。

现在每立方米木材收四至六元的育林费，这一大笔款，你们是怎么用的？应该专款专用，不能拿给林业局修礼堂、招待所。现在用不完的，应该积累起来作为基金，将来再用。育林费应由林业部、林业厅、林业管理局掌握起来，不能交给下边分散使用。

新的手工工具是有作用的，但不要机械化，只用人力，是不划算的。机械化水平一定要逐步提高。没有机械，用牛马也好，也可用冰雪滑道。机修力量一定要加强，林业局应当有大修设备，如现有的技术工人和设备不够，可以从大的机械厂抽调一些。

　　每个林业局都应当有机械工程师和林业工程师,要建立工程师负责制。林业局副局长中至少应当有一个是林业大学毕业生,林场应当有一个中等林业学校毕业生任副场长。工段很重要,实际权力操在工段长手里,因此,工段长也应当分批训练一下,使他们懂得林业技术。也可以调林业大学或中等林业学校毕业生做副段长,由他们负责技术工作,建立起技术责任制。

　　第四个问题:采伐与更新方式。

　　有人说择伐好,有人说皆伐好,到底哪样好?我看应该根据不同的条件因地制宜,有的可以采取皆伐,有的可以采取择伐,以有利于提供木材、有利于更新为目的。

　　更新是以天然更新为主,还是以人工更新为主?小兴安岭的红松,大树一砍,小树往往就死了。大兴安岭的落叶松,天然更新的幼树长得很好,可见这里天然更新是可能的。而且这样大的面积,人工更新也没有那么多劳力和投资。那末,是提以天然更新为主呢,还是提以人工更新为主呢?恐怕还是提以人工更新为主,不然都不搞人工更新了。人工更新长得快,产量高,采伐方便。天然更新的每公顷一般出材几十立方米至一百立方米,而人工更新的每公顷一般可产三百立方米,搞得好可产四百至五百立方米。在带岭,林业局的同志讲每公顷可产七百立方米。他们是算了帐的,我看了,的确长得不坏。这样,人工更新一公顷的产量可等于天然更新五公顷的产量,而且将来的成本也是最便宜的。可能到我们下一代,采伐主要是采人工更新的林子,而不是天然更新的林子。我们不否定天然更新和人工促进更新的说法,但是人往往走容易走的路,所以仍要提以人工更新为主,实行两条腿走路。

你们应当总结一下人工更新的经验。看来小兴安岭人工更新比你们好,经验比较多,他们那里有成片长起来的林子,你们这里就很少,栽活的不多。你们要总结栽树经验,要想办法栽活。要有专业队伍,采取包栽、包活、包成林的办法,工资也可按栽活多少来计算,如栽活一百棵树,当年给一部分工资,第二年检查再按活多少给一部分,第三年检查后付清工资。现在是没有专人负责,林场、工段、小组、个人都应当有责任制。

第五个问题:林业局的体制。

现在是以林业局为基本核算单位,一个局管几十个单位、几万人口,将来还要增加。一个林业局把人民公社、政府、企业都合在一起,管采伐又管更新,管生活又管政法、商业、学校,管得了吗? 是否可以这样:以林场为基本核算单位,森林铁路管理处、贮木场、制材场也分别是一个核算单位,林业局作为一个总公司或公司,进行综合核算,对林场实行几包几固定。这是一个意见,是否可行? 当然不能一下子就变,可先做个别典型试验。

政府和公社是否分出去? 政府的事由政府来管,林业局光管采伐、更新和木材加工方面的事。人民公社还是搞集体所有制,不一定搞全民所有制了,没有高度机械化,搞全民所有制有困难。企业用月工资七十元的工人去搞农业怎么能行? 成本太高,划不来。人民公社、政府和企业分开,核算单位下放,事情就好办了。你们研究一下。

　　根河林业局有一个工人提议，划一块三千公顷左右的林地，安置十到十二户人家，国家给他们盖房子，给每人开二亩地（其中五分作自留地），给一些小农具、牲口，组成一个小合作社。他们的主要任务是搞林业，不是搞商品粮。十几户人家有十几个全劳动力，每个劳动力负责约三百公顷林地的造林、育林和森林保护，每月发给少量工资。他们还可以再开一亩自留地并经营林副业生产，冬天可以帮助林场集材，其所得产品除征税统购的以外，由自己处理。这个办法是否可以试一下，但是要给他们规定几条责任。

　　对林区的农民，是否也可以采取这个办法？国家让他们开点地，贷给他们小农具和耕畜，房屋也可以贷款建，或者他们自己建。安置一部分农民进林区组成合作社，主要是搞农业，生产商品粮、商品菜，逐步解决林区职工粮食、副食品的需要。几年后贷款还清，耕畜农具等生产资料即归合作社所有。在安置农民的地方，也可以考虑安置一些牧民，还可以采取同样办法安置一些手工业者进林区。

　　这样算一下帐，可能需要一笔不小的投资，但也不会太多，至少比林业局用月工资七八十元的林业工人去造林育林和办农牧场便宜得多。群众愿意，国家也有利。

　　今天就提这些意见，请你们考虑研究，怎么办由你们决定，总之希望把事情办好。

在扩大的中央
工作会议上的报告[*]

（一九六二年一月二十七日）

同志们：

我们这次会议，是一次扩大的中央工作会议。参加这次会议的，除了中央、中央局、省委、市委、自治区党委的同志以外，还有地委、县委和重要厂矿企业的许多同志，还有部队的许多同志。中央召集这次会议的主要目的，是要总结经验，统一认识，加强团结，加强纪律，加强民主集中制，加强集中统一，鼓足干劲，做好工作，战胜困难，在毛泽东思想的伟大旗帜下，争取社会主义建设的新胜利。

这次会议，是一次动员全党为胜利地完成一九六二年的建设任务和逐步地实现十年长远规划的目标而奋斗的会议。

在这个报告里，准备说三个问题：第一，目前形势和任务；

---

* 一九六二年一月在北京举行的中共中央扩大的工作会议（又称"七千人大会"），是建国以来中国共产党历史上的一次重要会议。这次会议初步总结了一九五八年以来社会主义建设的经验教训，开展了批评和自我批评，加强了党的民主集中制。它对于当时统一全党思想，进一步贯彻对国民经济实行调整、巩固、充实、提高的方针，扭转经济困难局面，起了重要的作用。本文是刘少奇代表中共中央向大会提出的书面报告，收入本书时有删节。

第二,加强民主集中制,加强集中统一;第三,党的问题。

一　目前形势和任务

国　内　形　势

从中华人民共和国建国以来,我们经过了国民经济恢复时期和两个五年计划建设时期。在这个不长的时间内,我们在社会主义改造和社会主义建设方面取得了伟大的成就。

在十二年中,我们国家的面貌,在各个方面都发生了巨大的变化。

我们完成了对农业、手工业和资本主义工商业的社会主义改造,建立了和发展了社会主义的全民所有制经济和集体所有制经济。先进的社会主义经济制度已经在我国确立了。

社会主义制度,使我国在解放后所创立的空前未有的大统一的局面,日益巩固起来。

我国原来是一个落后的农业国,现在已经有了比较发达的工业。我们过去基本上没有重工业,现在建立了基础比较强大、部门比较齐全的重工业。

我国广大少数民族地区的经济、文化建设,有了很大的发展。各民族之间,已经建立起团结友爱、互相尊重、互相帮助的新型关系。

我国工人、农民和知识分子的精神面貌有了很大的改变,他们的政治水平和思想水平有了很大的提高。我国的民族资产阶级分子,由于我们党对他们进行了团结、教育、改造的工作，大多数人在政治上也有了很大的进步。我国各民族、各阶层人民，在国际、国内的许多巨大事变中经受住了反复的考验。

我国工人阶级同农民的联盟，更加巩固了。以中国共产党为领导的、以工农联盟为基础的各民主阶级和各民主党派的人民民主统一战线，也进一步地巩固了。

我国的国际地位有了根本的改变。我国在国际事务中起着越来越大的作用。

事实说明，我们国家在解放以后的变化是很大的。我们的社会主义改造工作和社会主义建设工作，是做得很不错的，是很有成绩的。当然，要根本改变我国一穷二白的面貌，还需要一个很长的时期。我们建设社会主义的事业是长期的事业，现在还只是一个开端，但是，这是非常好的开端。

这里要着重说一说一九五八年以来的工作。

一九五八年以来，我们党在中国人民中高举着社会主义建设总路线、大跃进、人民公社这三面红旗。在三面红旗的引导下，全党全民大大提高了发愤图强、自力更生的自觉性，鼓足了干劲，进行了巨大的努力。社会主义建设取得了一系列的新的成就。这些成就，主要的是：

第一，我们提前了两年，在一九六○年实现了第二个五年计划的主要工业产品的产量指标。

第二，我国的基本工业，包括煤炭工业、电力工业、石油工业、钢铁工业、有色金属工业、化学工业、建筑材料工业和机器制造工业，生产能力都有了成倍的或者很大的增长。

第三，我国机械设备和重要材料的自给程度，有了很大的提高。

第四，我国工业的地区分布有了进一步的改善，各个省、区都建立了不同规模的现代工业和现代交通运输业。

第五，地质勘探工作有了广泛的开展，我们对于矿产资源和水利资源有了更多的了解。

第六，我国农业的集体化发展到了更高的水平，五亿多农民已经组织在五万多个人民公社中。

第七，农田、水利的基本建设，有很大的成绩。农业机械已经有了一定数量的增长。国营农场有了进一步的发展。

第八，工程技术人员大大增加。这支队伍的技术水平有了提高，已经能够独立地设计和建设许多技术比较复杂的现代化企业。

第九，科学研究工作，在许多重要方面都开展起来，某些研究成果接近了世界先进水平。

第十，教育、文化、卫生、体育事业，都有了很大的发展。现在，每年从高等学校毕业的学生，超过了十万人。

第十一，我们在商业、财政、金融等工作方面，在政法工作方面，在外事工作方面，都有很大的成绩，都取得了很多的经验。

第十二，我国的国防建设，人民解放军的政治工作、军事训练工作和其他各方面的工作，都取得了重大的新成就。

这一切成就证明，我国各族人民在党的领导下，在总路线的鼓舞下，对于建设社会主义有着高度的积极性和创造性。他们能够发挥的潜在力量，是极为巨大的。

在肯定这些伟大的成就的同时，中央认为，有必要在这次会议上指出我们这几年来工作中的缺点和错误。

这几年工作中发生的主要缺点和错误是：

第一，工农业生产的计划指标过高，基本建设的战线过长，使国民经济各部门的比例关系，消费和积累的比例关系，发生了严重不协调的现象。在一段时间内，农业上犯过高估产、高征购的错误。由于要求过高、过急，许多地方、许多部门进行过一些不适当的"大办"。在农业生产和工业生产上，在商业、财政、文教、卫生等方面，都犯过瞎指挥的错误。例如，在农业方面乱改耕作制度，任意推行一些不切实际的、违反科学的技术措施，修建一些不仅无益反而有害的水利工程；在工业方面，任意废除规章制度，任意推行一些不切实际的、违反科学的技术措施，使设备损坏，某些产品质量降低，成本提高，劳动生产率下降。

第二，在农村人民公社的实际工作中，许多地区，在一个时期内，曾经混淆集体所有制和全民所有制的界线，曾经对集体所有制的内部关系进行不适当的、过多过急的变动，这样，就违反了按劳分配和等价交换的原则，犯了刮"共产风"和其他平均主义的错误。在手工业和商业方面，也犯了急于把集体所有制改变为全民所有制的错误。

第三，不适当地要在全国范围内建立许多完整的工业体系，权力下放过多，分散主义的倾向有了严重的滋长。中央下放权力已经过多，各部门、各地方又逐级下放，放得过多过散，发生了许多违反中央政策和国家计划的现象。这样，就使得经济生活中的集中统一的领导受到了破坏，全民所有制受到了损害。

第四，对农业增产的速度估计过高，对建设事业的发展要求过急，因而使城市人口不适当地大量增加，造成了城乡人口的比例同当前农业生产水平极不适应的状况，加重了城市供应的困难，也加重了农业生产的困难。企业和事业单位不适当地增加过多，职工人数增加过快，非生产人员比重加大，浪费劳动力的现象十分严重。党政机关的机构比过去更加重叠臃肿，在这种情况下，主观主义、官僚主义和命令主义的作风，有了很大的滋长。

上面所说的指标过高、要求过急等主要缺点和错误产生的原因，一方面，是由于我们在建设工作中的经验还很不够；另一方面，是由于几年来党内不少领导同志不够谦虚谨慎，违反了党的实事求是和群众路线的传统作风，在不同程度上削弱了党内生活、国家生活和群众组织生活中的民主集中制原则。而指标过高、要求过急等缺点、错误，又助长了这种脱离实际、脱离群众、不民主的错误作风。这样，就妨碍了我们党及时地、尽早地发现问题和纠正错误。

上述的缺点和错误所产生的结果，给我们的经济生活造成了很大的损失。一九五九年和一九六〇年农业的严重减产，一九六一年工业产量的被迫下降，以及目前的许多困难，一方面，是由于自然灾害的影响，另一方面，在很大程度上是由于上述工作上和作风上的错误所引起的。

在研究了这几年的工作以后，中央认为，有一部分缺点和错误的产生，是由于中央还缺乏经验，没有能够、也不可能把各方面所必需的具体政策都及时地制定出来，有些政策则规定得不恰当或者不完全恰当。有些正确的政策，在规定以后，中央没有严格检查督促，因而贯彻不力。这几年来，一些过高的计划指标，一些不适当的"大办"，以及把管理权力下放过多等等，都是中央批准或者提倡的。中央有些同志，常常只是依靠汇报来了解情况，并且轻易地相信了那些不符合实际或者不完全符合实际的汇报，没有认真地进行调查研究，有一个时期对于形势的估计过于乐观，因而对于某些工作问题不能作出正确的判断。

中央认为，有必要在这一次扩大的中央工作会议上指出，对于这几年来的工作中的缺点和错误，首先要负责的是中央。最近，中央书记处检查了这几年中央发出的文件，向毛泽东同志和中央政治局常委提出了一个报告。这个报告肯定了三面红旗的正确性，同时也说明了中央工作中的主要缺点、错误和中央书记处应负的责任。报告中说到的有些事情，是经过中央政治局的，中央政治局应该担负责任。这里所说的中央首先负责，当然也包括中央各部门和国务院及其所属各部门。

对于工作中的缺点和错误，其次要负责的是省一级领导机关。因为这几年来，省一级在许多工作上负了很大的责任。当然，这不是说，省以下的各级党组织的工作，没有缺点和错误了。

应该指出，在这四年中间，我们党的绝大多数干部是很辛苦的，是想把工作做好的。的确有许多同志，有不少地方、不少单位，工作做得很出色，很有成绩。也有不少同志，尽管有良好的意愿，但工作没有做好，把事情办坏了。

我们在这里着重地谈到过去四年工作中的许多缺点和错误，分析错误的性质，研究错误发生的原因，说清楚错误的责任，目的是为了使我们大家能够切切实实地从过去的工作中吸取经验教训，做好今后的工作。这不但表明我们党是一个郑重的、实事求是的、对人民负责的马克思列宁主义的党，表明我们党一贯保持批评和自我批评的传统作风，而且也表明我们党对克服目前的困难和争取新的胜利抱有最大的信心。

为了纠正工作中的许多缺点和错误，中央和各地方、各部门早已开始进行了大量的有成效的工作。

在农村工作方面，从一九五八年十一月的郑州会议〔151〕开始，根据毛泽东同志的建议，党中央就采取一系列的措施，纠正人民公社工作中的"共产风"和其他平均主义。一九六〇年冬季，党中央发出十二条指示〔136〕，党的各级组织在农村中进行了巨大的工作，起了很好的作用。接着，在毛泽东同志的直接领导下，党中央拟出了农村人民公社工作条例草案六十条〔147〕。这个条例草案，经过广泛讨论和普遍试行，时间并不很久，就调动了广大农民的积极性。一九六一年，虽然夏季收成很差，但是全年的粮食总产量比上一年要多一些。在许多地方，家畜、家禽的数量正在稳步地上升。农民的生活一般地比上一年有所改善。我们现在基本上还是一个农业国家，农村情况的这种逐渐好转，对于整个国民经济的发展，对于目前许多困难的克服，对于工农联盟的进一步巩固，具有决定性的意义。

一九六一年秋季，毛泽东同志重新提出了要确定以生产队为人民公社的基本核算单位〔152〕，这是继续调动农民集体生产积极性，发展农业生产的一项根本性的政策。经过生产关系的这个调整，就可以比较彻底地克服生产队之间的平均主义。农村人民公社制度就能够更加适合农村生产力的状况，就能够建立在更加稳固的基础上。

在工业方面，毛泽东同志几年来多次指出，计划工作没有做好，指标过高，变动过多。他要求，必须落实，必须留有余地，必须提高质量、增加品种。一九六〇年夏季在北戴河召开的中央工作会议提出了调整经济的问题，随后规定了调整、巩固、充实、提高的八字方针[153]，可惜后来在实际工作中，许多方面没有具体执行。一九六一年五月间，中央确定了压缩城镇人口、精减职工的方案[154]。七月间，中央根据许多调查研究的材料，根据这几年来的工作经验，拟定了关于当前工业问题的八条指示[155] 和国营工业企业工作条例草案七十条[156]。中央指出了执行八字方针必须以调整为中心，必须实行高度集中统一的领导，必须切实地改进企业的经营管理，并且提出了调整工业指标的具体方案。这两个文件，经过一九六一年九月庐山会议[157]的讨论，已经正式下达。

目前，工业生产下降的情况已经基本停止，产量开始稳定，有的开始上升，不少产品的质量有所提高，品种有所增加。压缩城镇人口的措施也有很大的成效。在那些认真执行中央关于工业问题的八条指示和关于精减职工方案的地方，在那些认真讨论和试行工业七十条的企业，成绩都比较显著。

在商业方面，一年多来，中央作出了一些关于调整商业工作的规定和办法。一九六〇年十一月，中央在关于农村工作十二条指示中，提出了有计划、有领导地开放农村集市贸易。一九六一年三月的中央工作会议，提出要恢复供销合作社。一九六一年五月的中央工作会议，拟出了改进商业工作的规定草案四十条〔158〕和关于城乡手工业若干政策的规定试行草案〔159〕。在中央关于当前工业问题的八条指示中,也提出了增加轻工业和手工业产品、稳定市场的措施。各地方和中央有关部门,最近半年来在这些方面做了许多工作。

现在,根据调查研究的一些材料,中央正在草拟商业工作条例初步草案〔160〕,过些时候将要发到全国试行。

我们的国内形势,总的来说,是好的。我们经济建设各方面的工作,正在沿着正确的轨道,逐步地、健康地向前发展。

但是,应该看到,目前我国国民经济中存在的困难,还是相当严重的。一九六一年的粮食、棉花、油料和其他经济作物的生产,以及畜牧业、副业、渔业的生产,都还没有完全恢复过来。目前农业生产的底子还很薄,能够拿出来支援工业和供应城市的东西还不能很多。工业总产值在一九六一年下降了百分之四十多。不少的企业,由于原料、材料、燃料不足,还陷于半停工甚至停工的状态。市场的供应仍然很紧张,人民的吃、穿、用都感到不足,特别是对城市居民的生活必需品的供应,目前还不可能有多少改善。一九六一年国家的财政收入大大减少,通货发行过多的情况加重了。分散主义倾向的存在,又严重地妨碍着我们集中力量去克服这些困难。

这里要指出,由于农业减产,一九六一年我们不得不向资本主义国家进口了五百二十多万吨(一百零五亿斤)粮食,这是全国解放以来从来没有过的事情。一九六二年,我们还需要进口四百万吨(八十亿斤)粮食。这两年进口粮食,共需要外汇六亿六千万美元。这笔外汇,可以购买相当于建设四十个洛阳拖拉机厂所需要的进口设备,或者进口一千七百万吨化学肥料。同志们，象我们这样一个人口众多的大国，是决不能依靠进口粮食过日子的。把大量的外汇花在进口粮食方面，我们就不能进口为国家建设特别是工业建设所必需的原料、材料和设备。这种状况，对我国社会主义建设事业妨碍极大，必须迅速改变过来。

中央认为，对于当前实际存在着的困难，应该有足够的估计。不正视困难，因而不努力克服困难，当然是不对的。困难从来吓不倒共产党人。共产党人在困难面前的唯一正确的态度，就是认真地研究困难产生的原因，寻求克服困难的办法，集中一切力量去战胜困难。

必须看到，我们完全有力量克服这些困难。我们具备着许多有利的条件。全国各族人民的社会主义建设的积极性，是战胜一切困难的最大的保证。十二年来，特别是一九五八年以来，我们创造了相当强大的物质条件，我们积累了相当丰富的经验。在党中央和毛泽东同志的领导下，在三面红旗的光辉照耀下，各方面的工作正在不断地改进。前面所说的我们工作中的缺点和错误，大部分已经改正，有些正在改正。我们最困难的时期已经渡过了。眼前的困难虽然还是严重的，但是正在逐步地被克服。可以断言，只要认真吸取工作中的经验教训，我们一定能够比较快地战胜困难，社会主义建设事业必将进入一个新的大发展的时期。

基 本 经 验 教 训

毛泽东同志曾经不止一次地强调在社会主义建设中积累

经验的重大意义。一九五七年初,他在《关于正确处理人民内部矛盾的问题》的讲演中指出:"经济建设我们还缺乏经验,因为才进行七年,还需要积累经验。对于革命我们开始也没有经验,翻过斤斗,取得了经验,然后才有全国的胜利。我们要求在取得经济建设方面的经验,比较取得革命经验的时间要缩短一些,同时不要花费那么高的代价。代价总是需要的,就是希望不要有革命时期所付的代价那么高。"

在最近几年建设工作的某些方面,我们犯了错误,翻了斤斗,付出了不少的代价。我们应该在工作中力求少犯错误,力求避免严重错误,但是,永远不犯错误,完全不犯错误,这是不可设想的。"失败是成功之母",这句话的意思是,成功往往是要经过许多挫折的,只要善于从错误中吸取教训,就有可能得到成功。我们的建设工作要得到成功,也不可能不犯错误,不可能不付出代价。这种代价就是我们学会建设工作的学费。

我们能不能在取得建设工作的经验方面,比取得革命经验少花费一些代价呢? 应该说是能够的。问题在于我们全党干部,特别是负责干部,要善于总结经验,善于从成功的和失败的经验中吸取教训,使自己的主观逐步地比较符合客观,逐步地认识和掌握建设的客观规律。

在过去十二年中,特别是过去四年中,我们不但使社会主义建设的物质力量提高到一个新的水平,而且更重要的是,我们全党干部、广大党员和人民群众都取得了极其丰富的极其深刻的经验教训。我们在工作中取得了伟大成就,得到了正面经验。我们在工作中犯了许多错误,遭受了许多损失,得到了反面经验。我们应该很好地总结这些正面经验和反面经验,使我们能够从两种经验的比较中更深切地懂得,什么是应该做的事,什么是不应该做的事,应该怎样做,不应该怎样做。这样,就能够增强我们的"免疫力",使我们更快地学好建设的本领。从这个意义上说,既有正面经验,又有反面经验,是很可宝贵的。

应该说,经过了过去四年的工作,我们建设社会主义的经验,不是更少,而是更多了。我们不是更弱,而是更强了。

现在的问题是我们必须认真地总结经验教训。

从一九四九年以来的十二年中,特别是从一九五八年以来的四年中,我们在社会主义经济建设问题上的基本经验教训是什么呢? 初步看来,这就是:

第一,我国社会主义建设总路线所提出的多、快、好、省这几个方面,是互相促进、互相制约的。大跃进的要求是:既要多、快,又要好、省;既要数量,又要质量;既要照顾需要,又要根据可能的条件;既要高速度,又要按比例;既要从当前的实际出发,又要有长远打算。正确地处理这些互相促进、互相制约的关系,就是实事求是。只有这样,才能鼓足干劲,力争上游。否则,"欲速则不达"。

第二,以农业为基础来发展我国国民经济,是我们的一个根本方针。要有计划地、按比例地发展社会主义经济,要在一定的历史时期内实现大跃进,必须正确处理工业和农业的比例关系。工业的发展规模,必须同农业能够提供的农产品(包括粮食、工业原料)和能够腾出的劳动力在一定程度上相适应。为了促进农业的发展,工业必须为农业服务。重工业必须尽可能为农业提供越来越多的技术装备、化学肥料、燃料等等,来不断地提高农业的劳动生产率。轻工业必须尽可能为农民提供越来越多的日用品。同时,农业也必须支援工业的发展,尽可能为工业和城市提供越来越多的粮食、工业原料和其他农副产品。如果工业和农业的比例关系不协调,既不能比较快地发展工业,也不能比较快地发展农业。

第三,社会主义的两种所有制,即全民所有制和集体所有制,是不能混淆的。集体所有制转变为全民所有制,是建设社会主义整个历史时期的逐步发展的过程,不可能在一个短时间内完成,而需要很长的时间,例如说,几十年的时间。如果混淆了这两种所有制的界线,不顾生产力发展水平,违反了客观可能的条件和农民的自愿,要过早过急地把集体所有制改变为全民所有制,就会犯剥夺农民的错误,就会损害以至破坏工农联盟。

第四,社会主义的全民所有制,在我国现有的各种所有制中居于领导地位。全民所有制就是财产属于全民,属于整个社会,产品归国家支配。马克思列宁主义历来反对所谓地方所有制和市所有制。决不能够把全民所有制分割为部门所有制、地方所有制、市所有制、企业所有制、小团体所有制。

全民所有制经济是统一的整体,同时,是分级管理的。各级都必须按照国家规定的统一的制度和计划实行管理。任何部门、地方或者企业,如果违反了国家统一的制度和计划,自由地处理供、产、销的问题,就会使社会主义的计划经济受到损害,使社会主义的全民所有制受到损害。

第五,社会主义经济,要有统一的国家计划。计划指标必须符合实际,并且适当地留有余地,保持必要的后备力量。

做好计划工作,必须注意综合平衡,恰当地安排农业、轻工业、重工业、运输业之间的比例关系,以及这些部门内部的比例关系。例如,在农业内部粮食作物和经济作物之间的比例关系,重工业内部采掘工业和加工工业之间的比例关系,等等。在保持必要的比例关系的前提下,优先发展重工业,优先发展某些部门,以利于整个国民经济的发展,这是完全正确的。如果片面地"突击"某一个部门,从而使各部门之间必要的比例关系遭到破坏,不但这个部门将不能得到正常的发展,并且可能损害其他部门,因而是错误的。

在扩大再生产的问题上,还必须正确地处理积累和消费的关系。我们应该尽可能地增加积累,但是,积累的增加,必须建立在生产不断发展和人民生活适当地、逐步地提高的基础上。积累恰当,能够很好地促进生产的发展;积累过多,反而会妨害生产的发展。

应该在有计划地发展整个国民经济的基础上,尽可能地、适当地发展国防工业。有关的工业部门的发展应该兼顾国防建设的需要。

第六,文化、教育、科学、卫生事业的发展,必须同经济建设的发展相适应,保持适当的比例关系,既要考虑经济建设和人民群众的需要,又不能超过实际的可能性,不能要求过多过急。

第七,国家计划的统一性和地方的积极性要结合起来。在中央的集中统一领导下,要充分地发挥地方的积极性和首创精神。中央要给地方一定的机动,并且奖励地方挖掘潜力,超额完成国家计划。不重视地方的积极性和创造性,是错误的。

但是,地方计划要纳入国家计划,局部利益必须服从全局利益,地方利益必须服从全国利益。这就是毛泽东同志所说的,应该强调统一领导、中央集权,反对无政府主义和半无政府主义。

第八,无产阶级的民主集中制,是最彻底的民主集中制,是在人民内部实行的根本制度,是在高度民主基础上的高度集中和在高度集中指导下的高度民主。在这里,民主和集中是互为前提、互相依赖、互相渗透的,是不可缺一的。无产阶级的集中制,决不能离开广泛的人民民主,即占人口百分之九十以上的人民的民主,它同那种脱离人民群众的少数人或个人的专制,同极端反动的国民党专政或者法西斯专政,是根本对立的。无产阶级的民主制,决不能离开高度集中的指导,它同分散主义或者无政府主义是互不相容的。我们必须充分发挥群众的自觉性和积极性,了解各方面的真实情况,把人民群众的真实意见集中起来,化为系统的意见,又在实践中、在群众的行动中,继续补充、发展或者改正这种意见,并且使正确的意见在群众中坚持下去。只有把民主和集中很好地结合起来,才能在人民内部建立无产阶级的民主集中制,才能既反对不要人民民主的少数人或者个人的专制,又反对不要集中统一的分散主义或者无政府主义。

无产阶级的民主集中制,是社会主义政治、经济、文化各方面的根本制度。没有这种民主集中制,就不能建设社会主义。工人、农民和其他各民主阶级、阶层的人民,既要求民主,也要求集中统一。国家对于集体所有制经济的领导,在制定计划、指挥生产、处理产品等方面,同对于全民所有制经济的领导,是有重大区别的。但是,同工人阶级一样,农民也迫切地要求统一的党的政策和统一的国家计划。工人和农民都怕政出多门,怕政策和计划多变,要求定于中央。任何部门、任何地方,如果发生了破坏民主制的现象,也就必然同时出现分散主义、本位主义、破坏集中统一的现象。这些,都不符合社会主义建设多快好省的要求,都不符合工人、农民和全体人民的利益,完全违反他们的愿望。

第九,必须充分发展商品交换,加强和改进全民所有制和集体所有制之间、工业和农业之间、城市和农村之间、地区和地区之间的经济联系。因此,要学会做生意,要有合理的价格政策。

社会主义商业,除了起领导作用的全民所有制的国营商业以外,还应该有集体所有制的商业,例如:农村的供销合作社,城市的消费合作社等。此外,在城市中还可以组织合作商店,在农村中还应该适当地保持农村集市贸易,作为全民所有制商业和集体所有制商业的补充。

第十,社会主义不是平均主义,共产主义也不是平均主义。在社会主义阶段,我们的分配原则,是按劳分配;我们的交换原则,是等价交换。到共产主义阶段,我们的分配原则,将是按需分配。否认社会主义阶段的按劳分配和等价交换的原则,把平均主义和社会主义、共产主义混淆起来,甚至认为平均主义就是社会主义或者共产主义,这是极端错误的,是同人民的利益根本抵触的。毛泽东同志说,平均主义的思想,“它的性质是反动的、落后的、倒退的”[161]。无论何时何地,我们在分配和交换的问题上,在拟定政策和执行政策的时候,都不能忘记毛泽东同志的这个马克思主义的观点。

在实行按劳分配的原则的同时,必须对人民群众不断地加强思想政治工作,把这项工作同适当满足人民群众的物质利益和逐步改善人民生活,密切地结合起来。

第十一,我们必须随时随地爱惜群众的精力,把群众的精力用在最恰当的地方,以便取得最大的效果。我们的一切新的创举,都必须经过试验。我们的一切事业,都必须同群众商量,取得群众的同意,才能办得成功。这就是毛泽东同志所说的:"一定要每日每时关心群众利益,时刻想到自己的政策措施一定要适合当前群众的觉悟水平和当前群众的迫切要求。凡是违背这两条的,一定行不通,一定要失败。"[162]

第十二,任何一个国家的无产阶级事业都需要吸取其他国家的经验,也需要其他国家的无产阶级和人民的支援。但是,不论是革命的斗争,或者是社会主义建设的斗争,都同样的首先是各国人民自己的事情。我国的社会主义建设,必须自力更生,必须在我们这样一个大国中建立起强大的独立的经济体系。这不但是我国人民的根本利益,而且关系到全世界无产阶级和全人类解放事业的根本利益。

第十三,勤俭建国是我们必须长期坚持的方针。应该估计到,我们的社会主义建设是一个长期的、复杂的、不断战胜各种困难的斗争。因此,我们必须在中央的集中统一的领导下,最有效地利用我国的人力、物力和财力,最严格地实行经济核算,不允许有任何浪费,艰苦奋斗几十年,达到在我国建成社会主义的伟大目标。

第十四,国家机构和企业、事业机构过于庞大,非生产人

员过多,是阻碍国民经济的发展的。必须认真实现"精兵简
政",这是克服官僚主义、命令主义,加强同群众的联系,提高
工作效率,节省开支,保证建设,增加生产的一个根本方针。

第十五,必须实行政治和经济的统一,政治和技术的统
一。毛泽东同志说:"一方面要反对空头政治家,另一方面要
反对迷失方向的实际家。"[163]

政治是统帅,是灵魂。政治挂帅,就是党的路线挂帅,党
的政策挂帅。我们必须认真地学习党的总路线和各项政策,
在正确的政治方向的指导下,熟悉经济情况,努力认识和掌握
经济工作的客观规律,钻研业务,学会精打细算,并且细致地
安排具体工作,反对"政治空谈"。

必须尊重科学技术。对于科学技术人员,在政治上应
该团结和帮助他们,在技术问题上应该尊重他们的职权和
意见,很好地发挥他们的作用。同时,应该向他们学习科学
技术知识。

第十六,在社会主义建设事业中,必须加强党的领导。党
必须把自己的领导同群众的实践结合起来,必须把总路线同
各项具体政策结合起来。

毛泽东同志在一九六一年六月的讲话中指出:"我们已经
搞了十一年,有了社会主义建设总路线,积累了很多经验。只
有总路线还不够,还必须有一整套具体政策。现在要好好总
结经验,逐步地把各方面的具体政策制定出来。"[164]

在革命时期,毛泽东同志和党中央提出了革命的总路线,
并且在各个方面形成了为实现总路线所需要的具体政策,从
而促进了全党思想的真正统一,使全党全民在革命的道路上

胜利前进。同样地，在社会主义建设时期，毛泽东同志和党中央提出了社会主义建设的总路线和几个同时并举的方针[165]，并且根据积累的经验，正在各个方面制定为实现总路线所需要的具体政策，从而促进全党在社会主义建设问题上的思想统一，使全党全民能够更进一步地在建设道路上胜利前进。

上面所说的这些基本经验教训，是全党同志应该深刻领会的。毛泽东同志在一九六〇年六月间向我们指出："对于我国的社会主义革命和建设，我们已经有了十年的经验了，已经懂得了不少的东西了。但是我们对于社会主义时期的革命和建设，还有一个很大的盲目性，还有一个很大的未被认识的必然王国。我们还不深刻地认识它。我们要以第二个十年时间去调查它，去研究它，从其中找出它的固有的规律，以便利用这些规律为社会主义的革命和建设服务。"[166]

我们必须按照毛泽东同志的这个指示去做。

我们必须象毛泽东同志和全体人民群众所期望的那样，鼓足扎扎实实的干劲，去迎接摆在我们面前的新的战斗任务。

任　　务

从农业开始的对国民经济的调整工作，已经进行了一年多。这种调整工作，还要继续进行一段时间。我们必须踏踏实实地、干劲十足地做好这种调整工作。

我们共产党人，越是在遇到困难的时候，越是要有雄心壮志，要看到光明前途。我们要在全党全民面前，树立一个共同奋斗的远大目标,把当前的调整工作同这个远大目标密切地结合起来。中央认为,现在拟定一个十年的长远规划,是十分必要的。

对于我国从一九六三年到一九七二年国民经济的发展,中央有一个初步的设想。这个设想的主要目标是:

一、按照勤俭建国的原则和不高的标准,基本上解决我国人民的吃、穿、用的问题。

二、基本上建成一个独立的完整的经济体系;在科学技术方面和工业产品的品种、质量方面实现大跃进,接近现代工业大国的水平。

为了实现上述目标,要求粮食、棉花、钢、煤四项产品,分别达到以下的产量:

粮食:一九六七年生产三千八百亿斤,一九七二年生产四千三百亿斤。

棉花:一九六七年生产三千二百万担,一九七二年生产四千二百万担。

钢:一九六七年生产一千八百万吨左右,一九七二年生产二千八百万吨左右。

煤:一九六七年生产三亿五千万吨左右,一九七二年生产四亿五千万吨左右。

上列的产量指标,还需要进一步地研究,做好全面的综合平衡工作,编出确实符合实际的、并且留有余地的计划。

这个十年的初步设想,是在总结过去建设工作的经验的基础上,根据总路线和大跃进的精神,根据毛泽东同志关于正确处理农业、轻工业、重工业之间关系的指示提出来的。实现了这个十年的初步设想，我国将能够奠定工业现代化、农业现代化、科学技术现代化和国防现代化的巩固基础，使我国的经济建设和国防建设切实地建立在自力更生的基础上。我们必须依靠全党和全国人民的努力，来实现这个伟大的目标。我们应该有这样的雄心壮志。

我们现在进行的调整工作，一方面是巩固已经取得的成就，一方面也是为实现长远的奋斗目标打下新的基础。

在一九六一年，有些方面的调整工作开始见效，有些方面还没有很好地进行。工业和其他一些经济部门的调整工作，按实际需要说来，已经迟了一步。一九六二年是对国民经济进行调整工作最关紧要的一年。我们必须抓紧这一年，争取各个方面的调整工作做出新的显著的成绩。如果这一年的工作再放松了，或者做得不好，就会增加更多的困难，造成更长时间的被动。

一九六二年，我们在经济建设方面必须做好以下几项工作：

第一，从各方面加强农业战线，力争多生产一些粮食、棉花、油料和其他经济作物。

要保证粮食、棉花、油料和其他农副产品的收购任务的完成。

为了保证农业生产的发展，必须切实保护和发展大牲畜，必须认真保证制造和修配中型农具所需材料的供应。

第二，积极地增加轻工业和手工业的生产，保证实现国家计划规定的生产指标，并且力争超过。

第三，坚决实行"精兵简政"的方针，继续压缩城镇人口、精减职工。尽可能在春耕以前,至迟在夏收以前,完成今年上半年的减人任务,并且进一步地规定下半年的精减任务。对于减下去的人,应该妥善地加以安排。这是加强农业战线、缓和城市供应紧张状况的最重要的一项措施,必须坚决保证完成。

第四,继续缩短基本建设战线,绝对不允许再有国家统一计划以外的建设项目。列入国家计划的项目,也应该按照轻重缓急,分期分批地进行。一切停建、缓建项目的设备、材料和建筑物,必须采取切实措施,妥善保护,不许损坏。

第五,调整工业企业的生产任务,坚决压缩或者停止那些原料、材料消耗多和产品质量低的企业的生产,使那些原料、材料消耗少和产品质量高的企业,尽可能增加生产。

第六,认真地做好商业工作,发展城乡交流,采取各种适当的措施和正确的物价政策,改善市场状况,努力保证大中城市居民的必不可少的生活需要。

第七,保证完成国家计划规定的重工业产品的生产指标。要尽可能地多生产一些煤炭、木材和其他原料、材料、燃料,尽可能地多增加一些钢材的品种。

要切实地加强交通运输工作,特别是短途运输工作。

第八,所有工业企业,都必须切实地改进管理工作,把提高产品质量、增加品种、提高劳动生产率、降低成本,当成首要任务。坚决扭转某些企业亏本赔钱的状况。

第九,彻底清理物资,由国家统一调剂使用。

第十,认真地贯彻执行或者试行中央制定的关于农业、工业、手工业、商业、教育、科学研究等各项工作的条例或者规定,整顿生产秩序和工作秩序。

实现上述一九六二年的各项任务,切实把调整工作做好,到一九六三年,我们就有可能在农业生产和工业生产方面,扭转被动局面,争取更多的主动,从而为实现十年的奋斗目标创造有利的条件。

为了实现一九六二年的任务,我们特别要抓紧的是:"精兵简政",增产节约,稳定市场,整顿秩序。

这里要着重说一说"精兵简政"的问题。这是当前调整工作中的一个首要问题。一九六一年我们进行压缩城镇人口、精减职工的工作,取得了很大成绩。一九六二年还要大力进行这项工作。几年来,我们各级党、政机关的人员增加过多,企业、事业单位的职工也增加过多。很多县的县一级机关人员,都在五百人以上。国务院的有些部门,经过多次减人以后,仍然有四五千人之多。机构这样庞大,这样重叠臃肿,非生产人员这样多,这对当前国民经济的全面调整是很不利的,对于发展生产是很不利的,而且助长了官僚主义和分散主义。我们必须十分重视这个问题,痛下决心,切实地改进工作方法,大大地裁并机构,精减机关人员,减少不必要的职工。党中央和国务院将重新确定党政机关和群众团体的编制,通令全国贯彻执行。

以上就是我们所提出的十年奋斗目标和一九六二年的任务。我们必须统一认识,动员全国人民全力以赴,很好地完成这些任务。

二　加强民主集中制,加强集中统一

要坚持三面红旗,要更有效地进行国民经济的调整工作,要顺利地实现一九六二年计划和十年奋斗目标,要在我国建成社会主义,中央认为,目前需要解决的一个关键问题,就是加强民主集中制,加强集中统一,反对分散主义。

这里说的加强民主集中制,加强集中统一,就是要充分地发扬人民民主和党内民主,进一步地密切党和人民群众的联系,加强党中央的集中统一的领导,在全党范围内,统一思想,统一政策,统一计划,统一指挥,统一行动。

反对脱离群众、破坏民主作风的倾向

在以毛泽东同志为首的党中央的领导下,我们党有同人民群众密切联系的深厚传统。在革命的年代,我们党不断地集中人民群众的经验和智慧,使党的政策和工作沿着正确的道路一步步地前进,使党能够充分地发动人民群众的力量,从而取得了革命的胜利。如果不充分发扬民主,就不可能有党中央坚强的集中领导,而没有这种集中领导,革命是不可能取得胜利的。

现在的问题也是一样。如果不充分发扬民主,建立党同人民群众的非常密切的联系,也就不可能建立无产阶级的集中制,不可能有党中央的集中统一的领导,也就不可能取得社会主义建设的胜利。

　　我们取得了伟大的革命的胜利,又在社会主义建设中取得了伟大的成就,这些当然是大好事。但是,由于这些胜利和成就,我们的不少同志没有保持谦虚谨慎的态度,有了骄傲自满的情绪,在工作中脱离了人民群众。

　　必须看到,近几年来,在我们党的生活和国家生活中,民主集中制受到了很大的削弱,在有些地方甚至受到了粗暴的破坏。

　　对人民的敌人实行专政,在人民内部实行最广泛的民主,这两个方面结合起来,就是无产阶级专政,就是人民民主专政。如果用对待敌人的专政手段对待人民,那就会走到无产阶级专政的反面,走到人民民主专政的反面。对于无产阶级专政、人民民主专政这个问题,毛泽东同志在《论人民民主专政》和《关于正确处理人民内部矛盾的问题》两篇文章中,充分地作了理论的阐明。我们党的大多数干部,是懂得这个道理的,并且能够在工作中正确地区别敌我矛盾和人民内部矛盾,正确地处理敌我的关系,正确地处理自己同人民群众的关系。但是,有相当一部分干部,还不懂得这个道理,他们不能正确地处理敌我的关系,也不能很好地处理自己同人民群众的关系,不能很好地在工作中联系人民群众。他们常常采取简单化的办法,不自觉地做了一些不妥当的事情,以致侵犯了人民群众的民主权利。还有极少数品质恶劣的人,他们独断专行,称王称霸,完全脱离了人民群众,同百分之九十几的人对立起来。

　　这些品质恶劣的人,完全不关心人民群众的疾苦,损害人民群众的利益,损害我们党的利益。他们的所作所为,在他们工作的范围内,破坏无产阶级专政,使无产阶级专政变质,在实际上使无产阶级专政变为国民党专政。他们的这种作风,根本不是共产党作风,而是极端恶劣的国民党作风。这种国民党作风,是人民的大敌,是无产阶级的大敌,是共产党的大敌。

我们党的绝大多数同志,从来反对国民党作风。我们党从来不容许国民党作风在我们队伍中存在。毛泽东同志在抗日战争时期,曾经这样地提出问题来告诫我们的同志:或者是共产党的作风,或者是国民党的作风,这两种作风是互不相容的[167]。国民党政权虽然早已倒了,但是国民党作风的残余,现在还继续腐蚀我们队伍中的一些不坚定的人。为了建设社会主义,我们必须把共产党作风同国民党作风严格地区别开来,必须继续向存在于我们党内和政府工作中的国民党作风作战,并且要随时随地对这种国民党作风保持最高度的警惕。这样,我们才能够发扬人民民主,最密切地联系人民群众。

许多问题往往是这样发生的:有些部门、有些地方、有些单位的负责人,忘记了我们党同人民群众联系的传统,忘记了无产阶级专政的基础必须是最广泛的人民民主。他们不肯做调查研究工作,不理会毛泽东同志经常指出的"先当群众的学生,后当群众的先生"[168]这一真理,有事不先同群众商量,不在群众中进行酝酿,不倾听群众的意见,不认真注意群众的反映,甚至当群众的利益已经受到严重损害、群众表示十分不满的时候,他们仍旧坚持自以为是"正确"的那些错误做法。

当然,我们的各级领导机关和负责人,不可能什么事情都懂得。我们自己不懂得的事情,群众中有许多人是懂得的。就农业和工业的生产问题来说,农民、工人和基层干部有很多宝贵的经验,技术人员和科学家有很多宝贵的知识。只要我们充分地发挥他们的积极性,倾听他们的意见,并且认真地向他们学习,我们是可以同他们一起,把工作做好的。但是,在这些部门工作的不少负责人却不这样做,他们杜绝言路,使这些有经验、有知识的人不能说话,不敢说话。这种不民主的作风,只能把自己封锁在真理的门外,而使自己的工作犯了不应该犯的错误。

在"目前形势和任务"这一部分中所说的几年来我们工作中的缺点和错误,都是同有些部门、有些地方、有些单位的负责人的那种破坏党同人民群众联系的、不民主的错误作风有关的。

很明显,如果同志们保持谦虚谨慎的作风,密切地联系群众,在工作中充分地发扬民主作风,恭恭敬敬地当群众的学生,有事很好地同群众商量,认真地倾听群众的意见,特别是倾听不同的意见,很多错误是有可能不犯的。例如,我们过去在农村中普遍办公共食堂[135],如果能够真正在群众中进行民主的讨论,事情就不会是那样。

要把工作做好,要使我们的党和我们的国家成为不可战胜的,我们就必须经常地保持谦虚谨慎的作风,经常地通过多种多样的形式去联系群众,同群众互相交心。这是我们工作中的头等重要的问题。为着使同志们能够牢牢地抓住这一点,我们准备在后面再逐步地详细地说明这个问题。

反对分散主义的倾向

象上面所说的那些脱离人民群众、破坏民主作风的倾向，怎么会不妨碍我国农业、工业、科学技术、文化教育等各项事业的发展呢？怎么会不同毛泽东同志的指导思想相抵触呢？怎么会不同中央的统一政策和统一计划相抵触呢？这种错误的做法怎么会不造成分散主义呢？

分散主义的最突出的表现是目前存在的许多各自为政的"小天地"。这些"小天地"，对党中央闹独立性，对人民群众、对下级独断专行，压制民主。这些"小天地"，只顾局部利益，不顾整体利益，只顾眼前利益，不顾长远利益，不坚决执行中央的统一政策，不严格执行国家的统一计划。当我们纠正了高指标、"共产风"、瞎指挥等错误以后，这类分散主义就成为我们前进道路上的主要障碍。如果对分散主义熟视无睹，不把它迅速克服，就会使我们很难前进。

下面，我们要讲一讲属于分散主义性质的许多混乱现象。

先说政策方面的问题。

在这方面的问题是，有一些同志、一些部门、一些地方，对党中央决定的政策采取了不严肃的甚至错误的态度：或者怀疑观望，或者"各取所需"，或者置之不理，或者另搞一套。

几年来，报刊的宣传，也有很严重的分散主义。

有的部门，在重大的政策问题上，在重大的生产技术措施问题上，不请示，不报告，自作主张。有的在请示、报告的时候,隐瞒真相,使中央不能作出恰当的决定。

有些地方,对中央许多重要的政策,不如实地向下传达,不认真地执行,或者借口本地方的"特殊性",作出同中央政策相抵触的某些规定。有的甚至采取"封锁"的办法,不让下级和群众知道中央的某些政策。这样的事例,是不少的。一九五九年四月经过中央通过的毛泽东同志关于农业方面六个问题的党内通信[169]发出以后,就发生过这种情形。一九六一年春天中央拟定的农村人民公社工作条例草案六十条发出以后,又发生过这种情形。一九六一年九月,中央关于当前工业问题的指示和国营工业企业工作条例草案七十条发出以后,又发生过这种情形。在中央关于轮训干部的决定[170]发出以后,还发生这种情形。

再说经济计划方面的问题。

这几年,国家计划指标定得过高,而各部门、各地方、各单位不向中央和上级报告,在国家计划以外,另立计划,层层加码,甚至把他们自己的计划置于国家计划之上,冲击国家计划,这就更加损害了我们的计划经济。

有些部门、有些地方、有些单位,在执行生产和基本建设计划的时候,不是集中力量去完成国家统一计划规定的任务,而是分散力量去干计划外的事情,甚至把国家计划丢在一边,用国家计划规定的某些专用物资,去完成它们自定的计划,或者去搞那些完全不是必需的"楼、馆、堂、所"的建设。

有些部门、有些地方、有些单位,在调拨生产资料和生活资料的时候,不是首先考虑全局的需要,完成国家规定的上调任务,而是首先满足自己的需要,搞自己的"小家务";对往上调的物资是层层扣留，对国家分配下来的物资也是层层扣留；有的还擅自挪用应该由国家统一支配的物资，假借"协作"的名义，私相交换；有的甚至少报产量，隐瞒库存，"监守自盗"，"以邻为壑"。

有些部门、有些地方、有些单位，在招收职工的时候，不执行国家计划，不按实际需要，任意地增加大批人员。在精减职工的时候，有些单位讨价还价，甚至边减边加，或者明减暗加。

有些部门、有些地方、有些单位，在使用资金的时候，不遵守国家的规定，擅自动用银行的信贷资金和企业的流动资金，去搞国家计划外的基本建设，囤积物资，预付货款，弥补自己的财政赤字。

这几年，擅自动用应该由国家统一分配的物资的情况，是相当普遍的。特别是生产这些物资的单位、部门和地方，这种事情发生得更多。

经济工作方面的分散主义，使国家无法制定统一的适合情况的计划，并且把国家的生产计划、基本建设计划、物资分配计划、商业计划、劳动计划、财政计划都搅乱了。

根据国家统计局的材料，从一九五八年到一九六〇年，这三年国家计划外的基本建设投资，有二百一十七亿元，占投资总额的五分之一还多。这笔款项，大约相当于建设八个鞍钢所需要的投资，或者相当于建设三十五个长春汽车厂所需要的投资。中央下达的国家计划内的建设项目，本来已经过多，已经不适当，国家计划外的项目又大大地增加，这就使基本建设战线拉得更长了，力量更加分散了，投资效果不能迅速发挥的情况更加严重了。

这些计划外的投资，虽然有一部分是必需的，但是有许多是非必需的，是乱投乱用的。其中用以建设"楼、馆、堂、所"的，就有十七亿五千万元。单是这一笔完全不是必需的、非生产性的开支，就相当于建设每年总产量为三百多万吨的氮肥厂所需要的投资。

一九五八年管理权力下放以后，当年全国各方面就新增加职工二千零八十二万人。一九五九年国家要求精减职工八百万人，但是到年底，反而增加了二十九万人。一九六〇年国家计划规定增加职工二百万人，实际增加了四百八十三万人。在这三年中，工业部门的职工共增加了一千三百九十六万人。到一九六一年，中央一再指出必须坚决精减职工，严禁从农村招人，但是有些地方、有些部门、有些单位，并没有严格执行。

在这里，不准备再用其他的材料来说明国家计划被搅乱的情况。同志们从这些材料中，就可以清楚地看到，分散主义的现象是严重的。有人说现在没有多少分散主义，或者说分散主义并不严重，这是完全不符合事实的。

许多分散主义现象的发生，是同国家计划工作和经济管理工作中的缺点、错误有关系的。例如，国家规定的生产、基本建设任务过高，所分配的原料、材料、燃料又不够，国家的物资管理制度也不尽合理，这就给地方、部门和单位造成了困难。有一段时间，我们要在全国建立许多个完整的工业体系，而且想很快实现。地方、部门和单位在建设工作上也有相当大的盲目性，它们在已经过高的国家计划指标上，又另加新的任务，提出更急的要求。这些地方、这些部门、这些单位的领导人员和许多干部,主观上希望本地方、本部门、本单位的建设事业办得越多越好,越快越好,但是,他们没有很好地研究各种可能的条件,不能正确地处理局部同整体的关系。这样,在实际工作中,就出现了许多妨碍国家统一部署、损害全局利益的分散主义现象。

在我们党内,有些干部严重地沾染了本位主义、个人主义等非无产阶级思想,斤斤计较眼前的、局部的利益,缺乏远大的政治眼光。这是分散主义产生和滋长的更重要的原因。

分散主义的一切做法,完全不符合总路线的多快好省的要求,也完全不符合毛泽东同志所提出的发挥地方积极性和创造性的精神。分散主义,表面上似乎是为了某一地方、某一部门、某一单位的利益,但是,实际上损害了党和国家的全局利益和长远利益,归根到底,也就是损害了这个地方、这个部门、这个单位的根本利益。

分散主义的种种做法,助长了资产阶级思想的发展,助长了资产阶级实用主义思想的发展。分散主义不但对于社会主义经济起了破坏作用,而且对于我们党的队伍,对于国家干部,在思想上起着腐蚀作用。有一些干部,利用分散主义所造成的混乱现象,营私舞弊,甚至同社会上的坏分子互相勾结,为非作歹,扰乱市场。这些干部,实际上已经蜕化变质。近年来,贪污、盗窃、投机倒把等违法乱纪的事件大大增加,固然有它的社会根源,但是,不可否认,也是同分散主义有关的。

大家看到,由于分散主义,一些同志的全局观念、组织观念、纪律观念淡薄了,共产主义的思想衰退了。

由于分散主义思想作怪,在不少部门、不少地方、不少单

位,上下关系和相互关系也很不正常。有些同志竟然在党内
要策略,如在提基本建设计划的时候,有意不提关键性的项
目,有意少报投资,等到计划批准以后,再要求另立专案,追加
投资。这是不能准确地制定和执行国家计划的一个重要原
因。在一些党的会议上,常常出现超出正常讨论问题范围的
讨价还价。在同志之间、单位之间、部门之间、地方之间,不说
老实话,不交心,怕吃亏,喜欢当"聪明人",藏一手,不互相照
顾困难,常常使一些简单的容易解决的问题,长期拖延下来,
得不到合理解决,使工作受到损害。

总起来说,分散主义对我们事业的危害,有下面四条:

第一,在政治上,损害党的统一。党的政策是党的生命,
破坏党的政策,就必然要损害党的统一。

第二,在经济上,损害全民所有制,使国家计划不能正确
地制定和执行。

第三,在思想上,滋长个人主义、本位主义,损害共产
主义。

第四,在组织上,损害民主集中制,破坏党的纪律,削弱党
的战斗力。

显然可见,加强民主集中制,加强集中统一,反对分散主
义,这是摆在全党面前的重大任务。

贯彻执行民主集中制, 正确处理中央和地方的关系

马克思列宁主义的政党——共产党,为了实现自己的伟

大的历史任务,从来就是以无产阶级的民主集中制的思想,来教育自己的队伍,指导自己的行动。

列宁总是强调地指出,马克思是主张无产阶级集中制的。列宁在总结十月革命的经验时说:"无产阶级实行无条件的集中制和极严格的纪律,是它战胜资产阶级的基本条件之一。"列宁的意思是,无产阶级需要集中制,是绝对的。列宁指出,无产阶级所以能够实现这样的集中制和纪律,主要是由于:无产阶级先锋队的自觉性;无产阶级先锋队同广大劳动群众的联系,"甚至可以说在某种程度上同他们溶成一片";无产阶级先锋队的政策的正确性,"而且要使广大群众根据切身经验也确信其正确"。列宁说,如果没有这些,建立无产阶级的集中制和纪律的企图,就会变成空谈[171]。

在十月革命以后,列宁反复强调说,没有严格的集中制,没有铁的纪律,就不能建成社会主义。"因为建成社会主义就是建成集中的经济,由中央统一领导的经济,能够实现这种经济的只有无产阶级"[172]。列宁认为,要建成这样集中的社会主义经济,没有最广大群众的积极活动,是不可能的。正如他所说:"只有从社会主义实现时起,社会生活和私人生活的各个方面才会开始真正地迅速地向前推进,形成一个有大多数居民甚至全体居民参加的真正群众性的运动。"[173]

列宁在谈到中央同地方的关系的时候,曾经说过:"只有按照一个总的大计划进行建设,并力求合理地使用经济资源,才配称为社会主义的建设。苏维埃政权决不贬低地方政权的意义,决不伤害它们的独立性和主动性。农民自己也根据经验体会到了实行集中制的必要。"[174]

毛泽东同志的观点,同列宁的这些观点是完全一致的。

早在第二次国内革命战争时期,毛泽东同志就指出,极端民主化和小团体主义同无产阶级政党不相容。他说:"极端民主化的危险,在于损伤以至完全破坏党的组织,削弱以至完全毁灭党的战斗力";小团体主义对党组织"同样地具有很大的销蚀作用和离心作用"〔175〕。

在抗日战争初期,毛泽东同志在党的六届六中全会上,把党的纪律概括成为四条:(一)个人服从组织,(二)少数服从多数,(三)下级服从上级,(四)全党服从中央。他说:"谁破坏了这些纪律,谁就破坏了党的统一。"〔176〕在这四条纪律中,最根本的、最核心的一条,就是全党服从中央。

毛泽东同志一九四二年在《整顿党的作风》的演说中指出:"一部分同志,只看见局部利益,不看见全体利益,他们总是不适当地特别强调他们自己所管的局部工作,总希望使全体利益去服从他们的局部利益。他们不懂得党的民主集中制,他们不知道共产党不但要民主,尤其要集中。"

在全国解放的前夜,毛泽东同志起草的中央关于《一九四八年的土地改革工作和整党工作》的指示中,强调地指出:"必须坚决地克服许多地方存在着的某些无纪律状态或无政府状态,即擅自修改中央的或上级党委的政策和策略,执行他们自以为是的违背统一意志和统一纪律的极端有害的政策和策略;在工作繁忙的借口之下,采取事前不请示事后不报告的错误态度,将自己管理的地方,看成好象一个独立国。这种状态,给予革命利益的损害,极为巨大。各级党委必须对这一点进行反复讨论,认真克服这种无纪律状态或无政府状态,将一切可能和必须集中的权力,集中于中央和中央代表机关。"

在全国解放以后,为了争取国家财政经济状况的基本好转,毛泽东同志提出,必须巩固财政经济工作的统一管理和统一领导,逐步地消灭经济工作中的盲目性和无政府状态[177]。

在《关于正确处理人民内部矛盾的问题》一文中,毛泽东同志对于民主和集中两方面的关系,作了扼要的阐明。他说:"在人民内部,民主是对集中而言,自由是对纪律而言。这些都是一个统一体的两个矛盾着的侧面,它们是矛盾的,又是统一的,我们不应当片面地强调某一个侧面而否定另一个侧面。在人民内部,不可以没有自由,也不可以没有纪律;不可以没有民主,也不可以没有集中。这种民主和集中的统一,自由和纪律的统一,就是我们的民主集中制。"

毛泽东同志在《一九五七年夏季的形势》一文中说过:"我们的目标,是想造成一个又有集中又有民主,又有纪律又有自由,又有统一意志、又有个人心情舒畅、生动活泼,那样一种政治局面,以利于社会主义革命和社会主义建设,较易于克服困难,较快地建设我国的现代工业和现代农业,党和国家较为巩固,较为能够经受风险。"我们应该在人民内部贯彻实行民主集中制,努力造成这样一种政治局面。我们常常说,要力争上游,什么是我们在工作中首先要力争的上游呢? 就是要在全国各地方、各部门、各单位力争造成这样一种政治局面的上游。有了这种政治局面,我们就能够更好地调动人民群众的积极性,就能够比较容易地在经济建设、文化建设等方面力争上游。如果没有造成这种政治局面,其他方面的上游是难于争取得到的,即使一时争取到了,也是不巩固的,不能持久的。贯彻实行民主集中制的重大政治意义,也就在这里。

同志们知道,毛泽东同志历来是维护中央统一的领导、遵守党的纪律的模范。在第二次国内革命战争时期,即使在错误路线的领导下,他还是从全党团结的利益出发,坚持严格的民主集中制的原则,把坚持真理的原则性和服从组织的纪律性结合起来,从而最后在遵义会议〔101〕上纠正了错误的路线,使党中央的领导回到正确的轨道上来。

在以毛泽东同志为首的党中央的集中统一的领导下,我们党领导全国人民,取得了抗日战争的胜利,取得了解放战争的胜利,建立了中华人民共和国。建国以来,我们又很迅速地进行了国民经济的恢复工作,完成了社会主义的改造,开展了大规模的社会主义建设。所有这些,都是同中央不断地加强集中统一的领导分不开的,也是同各地方、各部门坚决地执行中央的指示分不开的。

从遵义会议以来,在这个长期的历史过程中,局部地区曾经在一个时期发生过错误,但是,由于有了党中央集中统一的正确领导,这些错误就很快得到纠正,使我们的事业能够避免严重的挫折,而不断地胜利前进。只是在那些完全脱离中央的统一领导,向中央闹独立性,坚持他们自己的错误路线和错误政策的地方,那里的工作才遭受到不应有的重大损失。

由此看来,无论在什么时候,都不能没有党中央的集中统一的领导。在遇到困难的时候,尤其需要加强党中央的集中统一的领导。这个问题,对于我们事业的胜利前进,关系极大,全党同志都应该有正确的认识。

当然,目前在实际工作中存在的分散主义倾向,同上面所说的那种完全脱离党中央正确领导的、路线性质的错误,是有原则区别的,不能混为一谈。但是,目前存在的各种各样的分散主义倾向,如果不坚决纠正,而任其发展下去,是十分危险的。

在中央集权和地方分权的关系方面,需要把几个问题解释清楚。

第一个问题是:加强中央的集中统一的领导,同发挥各地方积极性的关系问题。

这个问题应该慎重处理。正确处理这个问题的根本原则,就是毛泽东同志在《论十大关系》的讲话中所指出的,要调动地方的积极性,来巩固和加强中央的统一领导。

以毛泽东同志为首的党中央,历来重视发挥地方的创造性和积极性。中央的许多正确的政策,都是在总结地方的和群众的经验的基础上制定出来的;而且有许多还是同地方的工作同志共同商量制定出来的。

一切正确的政策,一切正确的领导,总是如毛泽东同志所说的,"从群众中来,到群众中去"〔178〕。这是马克思列宁主义的一个基本原则。违反这个原则,就会犯错误。中央的集中领导,任何时候都必须是"从群众中来,到群众中去"。地方的创造性和积极性,也必须"从群众中来,到群众中去",必须从总结群众的经验出发,而不是从任何主观的臆想出发。

中央的政策,国家的统一计划,都是要依靠各地方发挥积极性来实现的。从一九五八年起,中央把许多管理权力下放到地方。把应该下放的管理权力放下去,对于调动地方的积极性,促进建设事业的发展,起了重大的作用。正确地合理地发挥地方的积极性,是我们永远要做的,是毫无疑义的。

但是,积极性有两种:一种是实事求是的积极性,一种是盲目的积极性。党中央要求地方发挥的积极性,是前一种,不是后一种。加强中央的集中统一,只要这种集中统一是适当的,就会有利于地方发挥前一种积极性,防止后一种错误的积极性。

各地方的积极性,首先应该是坚决执行中央政策的积极性,坚决执行国家统一计划的积极性。各地方应该在党中央的统一领导下,根据具体情况,充分利用各种有利条件,精打细算,合理地使用本地方的人力、物力、财力,更好地保证国家统一计划的实现。就一九六二年来说,各地方发挥积极性,就是要根据中央的政策,千方百计地进一步恢复和发展农业生产,力求保证完成这个年度的粮食征购任务和上调任务;就是要完成各种经济作物的生产任务和收购任务;就是要完成工业生产任务;就是要完成各方面的“精兵简政”、增产节约的任务。只有完成这些任务,我们才能有效地进行国民经济的调整工作,比较快地摆脱目前经济生活中还存在着的某种被动局面。

第二个问题是:加强中央的集中统一的领导,同各地方因时因地制宜的关系问题。

各地方在执行中央政策的时候,可以而且必须研究当时当地的具体情况,因时因地制宜。在必要的时候,还应该作出某些补充规定,使中央政策更好地同当地群众的经验结合起来。但是,应该指出,中央制定政策,是从全局的情况出发的,同时也考虑地方的特殊情况。中央的政策,既集中体现全局的利益,又照顾局部的利益。因此,各地方的党组织,对于中央的政策,只能够在切实地、不折不扣地贯彻执行的前提下,加以具体化,决不允许借口"情况特殊"、"因地制宜",而任意修改,甚至拒不执行。

中央制定的政策,有的可能不恰当,或者不完全恰当。各地方在执行中央政策的时候,如果发现某些方面不适合当时当地的具体情况,应该及时地向中央提出意见和建议。在中央没有作出新的决定以前,仍然必须坚决执行中央既定的政策。

至于农业生产中的耕作制度和技术措施,必须根据当地具体条件,尊重当地群众经验,因时因地制宜,绝对不能强求一律。在农业的具体工作上,特别是在技术措施上,管得太多太死,这种过分集中的做法是不对的,实际上是违反中央政策的一种瞎指挥和命令主义。

我们说,要在中央的统一政策、统一计划下,实行统一指挥、统一行动,这绝对不是否认因时因地制宜,也绝对不是否认各地方、各部门、各单位在工作中有自己的特点和灵活性。把统一指挥、统一行动同瞎指挥、命令主义混为一谈,那是完全错误的。

第三个问题是:加强中央的集中统一的领导,同分级管理的关系问题。

中央对经济、文教事业,一贯地实行集中领导、分级管理的原则。今后,我们仍然要坚持这个原则。

在这个问题上,我们有过两方面的经验。一方面,是中央集中过多,在一九五八年以前有一段时间就是这样。另一方面,是地方、部门的权力过大,而且又层层下放,分得过散,在最近几年就是这样。这两种情况,既不利于更好地实行中央的集中统一的领导,也不利于正确地发挥地方的积极性。

根据过去的经验和目前的情况,我们必须改变最近几年权力下放过多、分得过散的现象,把权力集中起来。首先是要更多地集中在中央和中央的代表机关(中央局),以便中央从全局出发,统一安排全国的人力、物力、财力,更有效地进行调整工作,更有效地克服当前的困难,更快地争取整个国民经济的根本好转,为下一步的新的发展准备条件。

这里所说的把权力集中起来,也包括要把地方和中央管理部门过去下放过多而现在必须集中的权力,逐级地收上来,由省、市、自治区和中央管理部门直接掌握。

在加强集中统一的同时,也需要在国家的统一计划以内,从生产任务的安排、基本建设投资的使用、某些物资的分配、劳动力的调度等方面,给各地方、各部门一定的机动余地和调剂权力,以便它们能够解决本地方、本部门的特殊问题,更好地完成国家统一计划所规定的任务。拿基本建设来说,根据过去的经验,国家应该把投资总额的百分之十至十五,交地方具体安排自己所需要的建设项目。地方的这些项目,都必须包括在统一的国家计划以内。

地方计划是国家计划的必不可少的组成部分。制定地方计划是实行分级管理的一个重要方面。在中央的集中领导和国家的统一计划下,各地方可以、而且应该合理地利用本地方的各种资源,充分地发挥各方面的力量,千方百计,全面地完成和超额完成国家计划规定的任务。出色地完成任务的地方,国家应该给以奖励。国务院的有关部门,应该拟订合理的奖励办法。

应该了解,实行分级管理的根本要求,是各级地方和各级管理机关在自己的职权范围内,把所属的企业单位和事业单位认真地管理好。为了实现这个要求,所有地方,所有管理机关,都必须遵守党和国家统一规定的政策和制度。例如,在一切农村人民公社中,都必须继续试行和贯彻执行农村人民公社工作条例修正草案和中央的有关指示。在一切国营工业企业中,都必须贯彻执行中央关于工业方面的指示,并且按照规定切实试行国营工业企业工作条例草案。在一切商业单位中,都必须贯彻执行中央关于商业方面的指示,并且按照规定切实试行商业工作条例草案。在高等学校中,也必须切实试行高等学校工作条例草案〔179〕。

总之,加强集中统一,反对分散主义,在目前最重要的是:全党要有统一的政策,全国要有统一的计划。绝对不允许在中央的政策以外,有同中央政策相抵触的另一种政策;也绝对不允许在国家的统一计划以外,有同国家统一计划相抵触的另一种计划。

关于经济工作方面集中统一的要求

有了统一的思想、统一的政策、统一的计划以后,还必须有统一的指挥、统一的行动,才能保证中央集中统一的领导。

为了在经济工作方面加强集中统一的领导,中央提出以下十项要求:

第一，国家计划必须保证全面完成，争取超额完成。地方计划必须纳入国家计划。改变计划或者补充计划，必须经过中央批准。

第二，凡是产品在全国范围内统一调度的重点工业企业，由中央直接管理，已经下放给地方的，必须在一九六二年内通盘安排，逐步收回。原来由省、市、自治区管理的重要工业企业，已经下放了的，应该收归省、市、自治区直接管理。

第三，所有的基本建设的项目和投资，无论是中央的或者地方的，都必须纳入国家计划，不准有国家计划外的基本建设的项目和投资。所有的基本建设项目，都必须按照国家规定的程序，逐项地分级地审查、批准；没有经过审查、批准的，一律不准动工。

第四，国家规定的生产资料的调出计划，必须切实保证完成，不准留好调坏、七折八扣，甚至占用不调。国家分配的物资，必须按照国家计划的规定使用，不准用来干计划规定以外的事情。超产和节约的生产资料，应该按照国家规定的办法处理。

第五，国家规定的生活资料的收购任务和上调任务，除了由于不可抗拒的原因，经过中央批准减免的以外，必须保证完成，不准多留少调。

第六，国家确定的劳动计划，必须坚决执行。没有经过中央批准，不许增加人员。国家规定的工资标准和工资总额，一律不准超过。

第七，国家统一规定的工农业产品的价格，不准任意变动。由地方、部门规定的产品价格，需要变动的时候，必须报告全国物价委员会批准。

第八，国家财政预算规定的收入，在正常的情况下，必须保证完成，支出不许超过。地方的财政预算，不许列赤字，不许先支后收，不许挪用银行资金。

第九，国家规定的信贷计划和现金管理制度，必须严格遵守。企业的流动资金，必须经过国家财政机关核定、批准。企业向银行贷款，必须按期归还。企业的流动资金，只能用于生产周转和商品流通的需要，不准用于基本建设、弥补企业亏损和其他财政性开支。现在有些企业的合理亏损，由国家财政开支；企业的积压物资，由国家统一处理。

第十，国家规定的出口计划，必须如质、如量、如期地保证完成。国家规定的进口计划，不准各地方、各部门擅自变动。国家的进口物资，必须按照中央的规定分配，不许扣留先分、移作他用。

为了实现中央的集中统一的领导，需要全党同志同心同德，努力做好各方面的工作，特别是做好经济计划工作。各地方、各部门、各单位，都应该及时地提供真实的情况和准确的统计数字，提出关键性的问题，拟出切实的有可靠根据的计划草案，通力合作，帮助中央计划机关制定切实可行的、一致遵守的国家计划。任何地方、任何部门、任何单位，都不许要策略，藏一手，隐瞒情况，谎报数字。在计划确定以后，都必须严格遵守，保证实现。

越是加强集中统一的领导，越是要反对官僚主义。中央和中央的工作部门，必须切实地加强调查研究，充分地发扬民主作风，克服和防止官僚主义，力求使自己的领导正确，使方针、政策、经济计划、规章制度和具体措施,都尽可能合乎实际。

国民经济的各个部门,都应该有一套既有利于中央集中统一、又有利于地方发挥积极性的规章制度。应该在中央领导下,对现行的规章制度,进行一次认真的审查,凡是符合上述规定精神的,要坚决贯彻执行;凡是不完全符合或者不符合上述规定精神的,要加以修改或者重新制定。

从中央到地方,必须加强和改进计划委员会的工作,由各级党委的主要负责同志主持计划委员会。各级计划委员会,必须协助党委和政府,加强对经济工作的集中统一的领导,成为党委和政府的重要助手。

加强集中统一,反对分散主义,对于全党干部来说,最重要的是总结经验,提高觉悟,使大家充分地认识分散主义的危害性,自觉地维护党的政策和国家计划,防止和克服分散主义。无论哪个地方、哪个部门、哪个单位,在检查分散主义的时候,必须实事求是,一般地对事不对人,决不允许采取简单、粗暴的斗争方法。对于犯过分散主义错误的干部,只要他们进行自我批评,认真改正,就可以不加追究。至于那些同社会上的坏分子勾结起来,投机倒把,盗窃国家财产的人,应该对他们严格处理。今后,如果有人破坏党的政策和国家计划,闹分散主义,就必须按照党的纪律和国家法律加以处理。在党员群众和不脱离生产的干部中,不要去反对分散主义,只对他们进行关于社会主义和全局观点的教育,使大家在提高认识的基础上,更好地执行党中央的政策,更好地按照国家的统一计划办事。

三　党 的 问 题

前面已经说明了我们当前的任务和长远的奋斗目标，说明了加强民主集中制、加强集中统一的必要性和重要性。在这里，还必须谈一谈党的问题。因为我们党如果没有足够的马克思列宁主义的智慧，如果不认真地实行民主集中制，如果不保持严格的无产阶级的组织性和纪律性，那末，就不可能完成我们所提出的任务，不可能解决我们所面临的问题。

共产党是用马克思列宁主义武装起来的、最革命的、战斗的无产阶级政党。当它处于被压迫地位的时候，它要利用一切可能，组织和领导广大人民，为准备和进行革命、为夺取政权而斗争。当它取得了国家政权以后，它要组织和领导人民把革命进行到底，建设社会主义和共产主义，并且继续同国际帝国主义作斗争，支援世界各国人民的革命运动，一直到共产主义世界的实现。这些就是无产阶级革命政党的雄心壮志。它把自己的一切力量，贡献给人民的事业，经历各种曲折，绕过各种暗礁，用不屈不挠的斗争来实现这种雄心壮志。

中国共产党就是这样一个具有无产阶级的雄心壮志的革命政党。中国人民不论在革命年代或者建设年代，都对我们党表示最大的信赖。人民清楚地看到，只有依靠共产党的领导，中国才有可能从贫穷变成富强，从落后变成先进，才有可能作为一个伟大的社会主义强国而对人类进步事业作出越来越大的贡献。

在我们总结这几年来的工作经验，切实改进我们工作的同时，必须把党的战斗力大大地加强起来，克服主观主义、官僚主义、命令主义、分散主义这些同人民利益不相容的坏思想、坏作风。我们党，在以毛泽东同志为首的党中央的领导下，早已形成了一套马克思列宁主义的工作作风，也早已形成了一条马克思列宁主义的组织路线，这是我们党的优良传统。全党同志一定要自觉地发扬这种优良传统，使我们党永远是一个具有高度组织性、纪律性的无产阶级先锋队的组织，使我们党永远保持无产阶级革命政党的雄心壮志。

以下，要说一说实事求是的作风、群众路线和党内生活的几个问题。

实事求是的作风

最近几年，有许多干部忘记了毛泽东同志一贯提倡的实事求是的作风。他们在决定问题的时候，不调查，不研究，以感想代替政策；在进行工作的时候，乱提高指标，说空话，瞎指挥，不同群众商量。这些同志都凭"想当然"办事，脱离实际，脱离群众，结果必然是把事情弄糟。

为了力求我们的认识符合客观实际，不犯错误或者少犯错误，长时期以来，毛泽东同志一再指出，党的各级领导机关都应该加强调查研究。他自己就做过许多调查研究工作。最近几年，他多次地要求各级党委的负责人，认真地调查研究一两个农村，一两个工厂，一两个商店，一两个学校，以便取得知识，取得发言权，以利于指导一般的工作。他还说过，要调查，并不那么困难，时间并不要那么多。有些同志认真地做了调查研究，所以他们的工作就比较好。但是，有许多同志没有做，他们满足于听口头汇报和看书面汇报，而这些汇报，有许多是靠不住的。他们听了一些不确实的事情，如假典型、假"卫星"〔180〕等，就以讹传讹，盲目推广；看了一些不可靠的材料，也不调查研究，就照样搬用。他们这样主观主义地做领导工作，怎么可能不犯错误呢？

毛泽东同志说，解放以来，特别是最近几年，我们调查做得少了，不大摸底了，大概是官做大了〔181〕。这句话很深刻，值得我们很好地想一想。有一些做领导工作的同志，从来没有到基层单位认真地蹲过点，认真地同群众谈过心，系统地周密地了解过情况。他们对于工作的指导，当然就只能是不切实际的，主观主义的。直到现在，有一些负责干部还是不愿意踏踏实实地去做调查研究工作，或者抱着一定的成见去做调查研究工作；还是不愿意虚心地同群众商量问题，或者只是到某些群众中去找适合于自己口味的材料。一句话，他们的思想方法和工作方法还没有真正端正过来。

主观主义作风，是党性不纯的表现。一九四一年八月，毛泽东同志给中央起草的《中央关于调查研究的决定》中说："粗枝大叶、自以为是的主观主义作风，就是党性不纯的第一个表现；而实事求是，理论与实际密切联系，则是一个党性坚强的党员的起码态度。"中央认为，现在有必要向全党再强调提出这一个加强党性的问题。

必须把树立实事求是的作风，作为加强党性的第一个标准。在工作上不采取实事求是的态度，那是什么呢？那就是反科学的反马克思列宁主义的态度。我们必须坚持马克思列宁主义的实事求是的态度，一切从实际出发，充分估计到客观可能，不要做那些确实办不到的事情，但是必须艰苦努力，千方百计地克服困难，完成那些应该完成和可能完成的任务。只有把我们的工作放在确实可靠的基础上，才能使我们的事业兴旺起来。

我们必须按照《中央关于调查研究的决定》办事。这就是："鼓励那些了解客观情况较多较好的同志，批评那些尚空谈不实际的同志；鼓励那些既了解情况又注意政策的同志，批评那些既不了解情况又不注意政策的同志；使这种了解情况、注意政策的风气，与学习马列主义理论的风气密切联系起来。"

党中央号召，那些把实事求是的作风丢到脑后的同志，迅速地回到马克思列宁主义的轨道上来，回到毛泽东思想的轨道上来。

上面所说的那些忘记实事求是作风的同志，是因为不了解情况，武断办事，而犯了错误的。这些同志，在主观上可能是好心好意，但是，思想方法根本不对头。应该指出，这几年来在办错事情的干部中间，大量的是属于这类性质。

另外有一种人，他们并不是因为一时不了解情况而犯错误，却是故意弄虚作假，瞒上欺下。这种极端恶劣的作风，不但是同我们党的实事求是的作风不相容，也不止是党性不纯的表现，而且是丢掉了共产党人应该有的忠诚老实的态度，是丧失党性的表现。

这些人，为了争名誉、出风头，不惜向党作假报告，有意夸张成绩，隐瞒缺点，掩盖错误。有一些工作做得越不好、问题越多、缺点和错误越严重的地方，那种不对党说真话的现象就

越加厉害。这种对党、对上级弄虚作假，不是属于不了解情况
的问题，甚至不是主观主义的问题，而是一种极不老实的欺骗
行为，是一种纯粹的资产阶级作风，是完全违反党的纪律的行
为。这还有什么党性呢？

在革命战争时期，毛泽东同志再三说，部队缴了敌人的
枪，要把数字如实上报，不准多报一支，也不准少报一支。但
是，这几年来，有些同志对所报数字居然那么不负责任，随心
所欲，信口开河，爱说多少就是多少。他们完全没有考虑，这
样做了会引起什么样的后果。

经验告诉我们，根据假报告、假数字来拟定政策、编制
计划，必然会犯错误，必然会对党、对人民、对国家造成很大
损害。

有些地方，有些干部，对上级派去的检查当地工作的人
员，竟然千方百计地封锁消息，不让他们了解真实情况，甚至
打击那些如实反映情况的干部和群众。这种违法乱纪行为，
是不可容忍的。

近几年来，由于某些领导机关和领导人的错误，有些说老
实话、做老实事、敢于反映真实情况、敢于实事求是地说出自
己意见的人，没有受到应有的表扬，反而受到了不应有的批评
和打击；有些不说老实话、作假报告、夸张成绩、隐瞒缺点的
人，没有受到应有的批评和处分，反而受到不应有的表扬和提
拔。这就在党内不少干部的心目中，造成了一种不正常的印
象，以为“谁老实谁就吃亏”。有些人甚至把作假当作聪明，把
老实当作愚蠢。我们必须用很大的努力，彻底改变这种情况。
那些犯了上述错误的领导机关和领导人，应该首先纠正自己

的错误,表扬那些受过批评和打击的老实人,并且向他们道歉;批评那些不说老实话、作假报告的人,并且要他们切实改正错误。只有这样做,我们才能把干部中的那种不正常的印象改变过来。

我们要正告那些不老实的人,必须迅速地彻底地改正错误,做一个真正有共产主义思想的共产党员。否则,他们的前途是很危险的。那些不老实的人,虽然在某些时候可能占点小便宜,但是,在我们党内,在人民中,终究是要吃大亏的。那些说老实话、做老实事的老实人,虽然在某些时候可能吃点亏,但是,最后是决不会吃亏的,他们一定会取得我们党和人民群众的最大的信任。

我们所有的领导干部,都应该听老实话,听老实人的话。同时,必须在党员中间,大力提倡说老实话、办老实事、当老实人,坚决反对弄虚作假。对于一贯作假、屡教不改的人,必须给以纪律处分。

群 众 路 线

我们的一切伟大成就,都是同贯彻执行群众路线分不开的。这几年来,我们党的群众路线的作风有新的发展,但是,另一方面又受到了歪曲。看来,在我们党内,不少同志并不懂得或者不完全懂得什么是群众路线。

什么是群众路线呢? 概括地说,群众路线的基本点就是:第一,信任人民群众,相信他们能够自己解放自己,相信他们是历史的创造者。第二,党必须根据群众的实践来检验自己的工作，党的方针、政策、措施都必须"从群众中来，到群众中去"。

信任群众的问题，是共产党员的根本观点问题。有些同志虽然在主观上也有为人民服务的愿望，但是不虚心地同群众商量，不耐心地教育群众，不愿意或者不敢把党的政策和党所提出的任务向群众交代清楚，他们实际上是不信任群众。

同志们应该记住，我们党是掌握了全国政权的执政党，许多党员是国家政权的各级领导人。处于这种执政党的地位，很容易滋长命令主义和官僚主义的作风。事实上，这些脱离群众的作风，在有些地方、有些部门、有些同志身上，表现得相当严重。党和国家的一切机关，都应该密切联系群众，严肃地处理关系广大群众利益的问题，认真地对待人民群众的来信、来访。有的同志，对于群众向党、向中央反映情况，不看作是党和群众之间的一种必要的联系，而看作是告自己的状，这是极端错误的。有的地方、有的单位，公然扣压群众来信，甚至追究反映真实情况的人，对他们实行打击报复，这是党的纪律和国家法律所绝对不能容许的。还有少数地方，使用对付阶级敌人和坏分子的专政工具，任意扣押、监禁群众，甚至对群众施行肉体上的处罚，这更是严重的犯罪行为。

一切共产党员，不论职位多高，都是人民群众的勤务员，都应该把自己看成普通劳动者，没有任何特权，都必须关心群众生活，和群众同甘共苦。每一个共产党员，都应该以艰苦朴素为荣，以铺张浪费为耻。值得注意的是，有不少干部，处处讲究生活上的享受，对群众的疾苦漠不关心。在不少的干部中间，那种摆排场，闹阔气，假公济私，明目张胆地挥霍人民财产的特殊化作风，在最近一个时期内有了滋长。这种旧官僚的恶习，在我们的队伍里是完全不能允许的。凡是犯了这种错误的人，都应该彻底改正，严重的还应该受到应得的处分。只有打掉了这些官气，彻底纠正了这些恶劣作风，党同群众的联系才能够进一步加强。

在我们的国家里，有全国的和各级的人民代表大会，有全国的和各级的政治协商会议，有工会、青年团体、妇女联合会等群众组织；在工业企业中有职工大会和职工代表大会，在农村人民公社中有社员大会和社员代表大会，在科学、文化方面有各种协会和学会；此外，还有民主党派、工商联等组织。这些是我们党联系群众、发扬人民民主的不同组织形式，它们在不同的方面起着重要的作用。我们党应该认真地而不是形式地发挥这些组织的作用，应该学会经过这些组织来活跃人民群众的民主生活，加强人民民主统一战线。党的各级组织，都应该尊重这些组织的成员充分发表意见的民主权利，经常地向他们了解各方面的情况，加以研究，吸取他们的有益的意见，来改进我们的工作。党的政策和决定，只能用说服的方法，而不能用强制的方法，使这些组织接受。有关人民群众利益的问题，应该分别地交给有关的组织进行讨论。在作出决定以前，要有充分的酝酿，允许自由发表不同的意见。在决定问题的时候，要遵守少数服从多数的原则。在作出决定以后，要经过这些组织，去动员群众，使大家心情舒畅地、自觉地执行。有些党组织的负责人，因为当了权，就把这些组织看成可有可无，这是完全不对的。不错，我们党是国家的领导党，但是，不论何时何地，都不应该用党的组织代替人民代表大会和群众组织，使它们徒有其名，而无其实。如果那样做，就违反了人民民主制度，就会使我们耳目闭塞，脱离群众，这是很危险的。

"从群众中来，到群众中去"，这是毛泽东同志一贯提倡的、在一切工作中行之有效的工作方法。这里最重要的是向群众学习的问题。在这个问题上，我们不少同志是做得不好的，是不及格的。

实行群众路线，就要在群众中做细致的思想工作和组织工作，如象我们过去在土改工作中做扎根串连[182]工作那样，如象我们在社会主义改造工作中典型示范、分期分批地逐步推广那样。这样做，表面上似乎并不轰轰烈烈，但是，实际上却能够深入地发动群众和教育群众。这样做，才能够真正把群众的力量发动起来，做好工作。许多同志、许多单位，不注意建立经常工作，不注意在经常工作中积累经验、联系群众，而热中于突击工作。他们以为，只靠突击性的群众运动，就可以把事情办好。但是，实际上，没有经常工作，不把经常工作做好，就不会有真正的群众运动。这几年来，我们提倡的一些"大办"，有些是需要的，有些是不适当的。就是那些需要的"大办"，也往往不是有准备、有步骤、有区别、分期分批地去进行，而是一哄而起，限期完成，结果就不能取得应有的效果，反而造成损失。这一点，应该引为深刻教训。

毛泽东同志说："不打无准备之仗，不打无把握之仗。"[183]革命战争是这样，建设工作也应该是这样。

群众运动必须从实际出发，必须是出于群众的自觉自愿的行动。群众运动的内容是多种多样的，适应于不同的内容，有不同的形式,不能千篇一律。当然不能一年三百六十五天都搞群众运动。而且,只有在一点一滴的、细致的、艰苦的群众工作的基础上,才能有既轰轰烈烈、又踏踏实实的健康的群众运动。

有些同志,把群众运动当作是群众路线的唯一方式,好象不搞群众运动就不是群众路线。这种看法,显然是不正确的。更错误的是,有些同志,把敲锣打鼓、虚张声势、开一些没有内容的大会、作一些空洞的大报告,看成是群众运动和群众路线。其实,这种形式主义的东西,决不是真正的群众运动,更不是群众路线。这种所谓"群众运动",往往并没有真正的群众基础,而是在强迫命令的情况下进行的,表面上似乎轰轰烈烈,实际上空空洞洞。这种违反群众路线的所谓"群众运动",不仅不能真正反映群众的意见和要求,而且损害了群众的积极性,损害了党的威信。今后凡是需要开展运动的事情,属于全国性的,必须由中央斟酌情况决定。凡是不准备普遍推广的事情,都不要登报和广播。

有些同志,醉心于那种表面上轰轰烈烈、实际上脱离群众和违反群众利益的所谓"群众运动",谁如果不同意那种"群众运动",就被认为是否认群众的干劲,泼群众的冷水,泄群众的气。这种看法,显然也是错误的。社会主义的建设工作,必须依靠广大干部和人民群众的干劲,没有他们的冲天干劲,建设事业中一切伟大成就都不能取得。这是毫无疑义的。但是,必须区别什么样的干劲。有实事求是的干劲,也有主观主义的"干劲"。前一种干劲,是每一个共产党员都应该有的。只有对革命事业充满了干劲,同时又把革命热情和实事求是的精神结合起来，一切工作才能做好。后一种"干劲"是不能要的，这并不是真正的干劲，而是一种脱离实际的蛮干。在我们的许多工作中曾经发生的"瞎指挥风"，正是这种蛮干的表现。有不少的干部，自以为是，自作聪明，不同群众商量，独断专行地强制群众去干一些蠢事，把群众的干劲白白地浪费掉了，挫伤了群众的积极性。这种蛮干作风必须反对。对于坚持这种蛮干作风的干部，如果不泼点冷水，使他们冷静下来，如果不泄他们的蛮干之气，就是说，如果不严肃地批评他们的错误，并且制止他们继续蛮干下去，那末，群众的真正的干劲是不可能发挥出来的。

一切关系广大群众切身利益的事情，都必须依靠群众的自觉和自愿。我们既不要把群众的觉悟程度估计过高，也不要估计过低。大家记得，在农村人民公社化过程中，有过一种论调，说农民的觉悟比工人高了。这种论调，曾经是刮"共产风"、"命令风"的重要根据之一。现在，有不少同志又把农民群众看得非常落后，不敢把政策和任务告诉他们，不敢对他们进行集体主义、爱国主义和社会主义的教育，放弃领导。这种尾巴主义的错误，也会造成工作上的损失。有些地方，在纠正人民公社工作缺点的过程中，出现了这种情况。这种不把党的政策同群众直接见面的现象，不仅在农村工作中存在，而且在城市工作中也存在，都必须注意切实纠正。

不应该把完成党和国家的任务，同群众路线的工作方法对立起来。有些同志认为，要完成任务，就不能走群众路线；要走群众路线，就不能完成任务。这是不对的。要完成党和国家的任务，恰恰必须走群众路线。越是困难的任务，就越要充分地走群众路线。有些任务的确比较重,比较困难,但是也必须完成。就拿粮食的征购任务来说,目前农村的底子比较薄,农民的口粮标准相当低,可以拿出来供应城市的商品粮食的确不能很多。国家的需要和农民的负担能力之间存在着矛盾。我们在继续压缩城镇人口的同时,如果不能够从农村征购到必要数量的粮食,那末,城市和工矿区的最低限度的粮食供应就无法维持。这样,既不利于工业,也不利于农业,并且会影响整个国民经济的发展。在这种情况下,我们应该耐心地、细致地对农民群众进行思想政治工作,把完成国家征购任务的必要性和重要性向他们讲清楚,好好地同他们商量,动员他们努力完成国家规定的任务,同时又安排好自己的生活。当然,领导机关在提出任务的时候,必须实事求是。如果领导机关提出的任务超过了实际可能,要求过急,强制执行,就会使下级干部没有可能进行细致的群众工作,而只有采取强迫命令的办法,有时即使采取了这种办法,也无法完成过重的任务。在这种情况下,就谈不到走群众路线。这几年工作中的确有过这样的事情。这是今后应该注意防止的。

党中央号召,各级党组织必须认真地讨论一下什么叫做群众路线的问题。一切党员干部,凡是还没有真正懂得党的群众路线的,都应该从头学起。

党内生活的几个问题

根据报告第一部分和第二部分所说的一系列的事情,不难看出,在当前党内生活中最重要的一个问题,就是下级党委和上级党委的关系，特别是地方党委和党中央的关系。

　　长期以来，我们党的上下级关系，一般是正常的。但是在最近一段时间，有些地方、部门和单位存在着下级党组织不服从上级党组织、各自为政、闹独立性的情况。在那些地方、部门、单位的党组织和某些干部，喜欢自搞一套，自成系统，自成局面，自由行动，把党和人民委托他们管理的地区、部门、单位看成是自己的"小天地"和"独立王国"，不喜欢中央和上级过问，不尊重和不认真执行中央和上级的决定，违背中央的政策和党的纪律，危害党的统一。这种分散主义的倾向，必须坚决纠正。

　　有一个地方的党组织，曾经写信给中央说，他们要服从上级，但是，常常遇到这样的问题：如果服从了当地上级的规定，就违反了中央的政策；如果服从了中央的政策，就要违反当地上级的规定。这个党组织要求中央回答，他们应该服从哪一个上级？

　　这个党组织提的问题很重要。它所以提出这样的问题，就是因为某些地方，在执行中央政策和国家计划中存在着分散主义，就是因为在那里有一些同中央政策和国家计划相抵触的规定。怎样解决这个矛盾呢？唯一的道路，就是全党都要服从中央。

　　我们党是一个战斗的组织，如果没有集中统一的指挥，就不可能进行任何一个胜利的战斗。在中央同地方的关系上是这样，在各地方、各部门、各单位的上下级关系上也是这样。一切本位主义、分散主义现象的存在，都削弱了党的统一和集中，因此都必须坚决反对。

在党内生活的问题上，其次要说的是，党委会内部的关系问题。

毛泽东同志说过，各级党组织必须有坚强的或者比较坚强的领导核心，党委会成员要维护和帮助这个领导核心。他又说，党委书记要善于当"班长"。党委会的书记、副书记，要善于处理自己和委员之间的关系，要善于研究怎样把会议开好。他特别指出，书记和委员之间的关系，是少数服从多数〔184〕。

有些地方、有些部门、有些单位的党委，在一个时期内，实际上把毛泽东同志关于正确处理党委会内部关系的原则否定了。有些同志，把政治挂帅误解为第一书记决定一切，或者某一书记在某一方面决定一切，什么事情都是个人说了算，什么事情都要找他。这样，党的民主集中制的原则受到损害，党委的集体领导受到损害，党委书记也很难办事。

在党委内部，应该实行集体领导、分工负责。但是，有些党委，把分工负责变为长期固定的"分片包干"，而那些"包干"的同志，又往往独断专行。因此，在一个党委内部，形成了一种各自为政、多头领导的状态。这种状态，使下级组织很难办事。

这几年来，党建立和加强了对各方面工作的领导，取得了成绩。党委领导一切是必须坚持的原则。但是，有些党委，也发生了包办代替行政系统的日常工作的缺点。为了应付这些日常工作，党委就过多地增设书记。党委包揽的事务越来越多，使行政系统不能发挥应有的作用，同时，也使党委自己不能集中精力好好地研究党中央的方针、政策，进行调查研究，总结群众经验，加强思想政治工作，加强对各方面工作的督促检查,把领导工作切实做好。

党中央认为,凡是存在上面这些问题的党委,都应该按照党的民主集中制的原则,调整内部的关系,使党委本身的工作健全起来。

关于党内生活,这里还要详细地说一下党内民主问题。

应该指出,近几年来,党内生活存在着一些不正常的现象。这种不正常现象的主要表现是:

有些党组织,不容许党员提出不同的意见,把敢于提意见的人,随便说成是有思想问题,甚至指为"反党分子"。

有些党组织,不容许党员在党的会议上,自由地切实地讨论工作问题和政策问题,不容许党员批评工作中的缺点,特别是批评党组织领导人员的缺点。有些党组织,甚至把党员对具体工作的具体意见,错误地说成是政治问题和路线问题,把党员对党组织领导人员的批评,错误地说成是反对党的领导。

有些党组织,采取过火斗争和惩办主义的办法,斗争和过重地处分了有一些缺点和错误的党员,甚至斗争和处分了坚持真理、敢于说真话的党员。

有些党组织,对于向上级反映真实情况的党员,进行打击报复。

有些党组织,不按照党章的规定,随意吸收不够条件的人入党,随意把党员开除出党。

有些党组织,混淆了敌我矛盾和人民内部矛盾这两类不同性质的矛盾,竟然用对待敌人的手段,审判和惩罚了一些有缺点和错误的党员,甚至审判和惩罚了敢于说真话、敢于坚持真理的党员。

由于有些党组织犯了党内过火斗争的错误,就严重地损害了党的民主集中制,损害了党的团结,损害了广大党员的积极性,使许多党员不敢说真心话,不敢提不同意见,互相戒备,造成隔阂,心情很不舒畅。

党内这些不正常的现象,绝对不能容许继续存在。

大家知道,在党内斗争问题上,我们党是有丰富的经验的。毛泽东同志总结了我们党历史上三次"左"倾路线〔100〕时期党内过火斗争的教训,提出了正确地进行党内斗争的原则,这就是"惩前毖后,治病救人","从团结的愿望出发,经过批评或者斗争,分清是非,在新的基础上达到新的团结"〔185〕。但是,这几年来,一些党组织在进行党内斗争的时候,却把这些正确的原则置之脑后,犯了同"残酷斗争"、"无情打击"相类似的错误。一方面,这是由于目前党内绝大多数干部没有经历过党内过火斗争,不懂得如何防止或者抵制这种错误;有些经历过党内过火斗争的高级领导干部,或者是重犯了过去的错误,或者是不了解下情,没有及时纠正这种错误。另一方面,这种党内过火斗争,在很大程度上是由于有些领导机关在一段时间内坚持一些政策性的错误,引起了是非不明的混乱现象。全党同志应该从这里吸取深刻的教训。

为了使党内生活正常起来,为了发挥全党的积极性,一切党的组织,都必须采取切实有效的方法,发扬党内民主,健全党的组织生活。

当我们加强党的集中统一的时候,认真地发扬党内民主,更是一件十分重要的事情。毛泽东同志在党的六届六中全会上,曾经这样指出:"处在伟大斗争面前的中国共产党,要求整个党的领导机关，全党的党员和干部，高度地发挥其积极性，才能取得胜利。所谓发挥积极性，必须具体地表现在领导机关、干部和党员的创造能力，负责精神，工作的活跃，敢于和善于提出问题、发表意见、批评缺点，以及对于领导机关和领导干部从爱护观点出发的监督作用。没有这些，所谓积极性就是空的。而这些积极性的发挥，有赖于党内生活的民主化。党内缺乏民主生活，发挥积极性的目的就不能达到。"〔186〕毛泽东同志的这些话，对于处在建设时期的我们的党，同样是非常重要的。

党的集中统一，必须建立在民主的基础上。只有认真地发扬党内民主，只有提高了广大党员和干部的积极性，提高了他们对党和人民事业的责任心，党的集中统一才能真正加强。如果党的领导机关不善于发扬民主，不善于倾听下级组织和党员群众的意见，不善于通过民主的方式去解决工作中的问题，而是习惯于官僚主义和主观主义的领导，那就不可能实行真正的民主集中制，也就不可能有真正的集中统一。

发扬党内民主的中心一环，在于充分地开展党内的批评和自我批评。毛泽东同志历来强调列宁提出的原则，把认真的自我批评，作为我们党区别于其他政党的显著标志之一。发扬成绩，坚持真理，修正错误，这是推动我们事业前进的必不可少的条件，也是一个严肃的马克思列宁主义政党所必须采取的态度。既然错误是客观存在的，就不应该把它隐蔽起来，不应该不去纠正。我们敢于揭发错误，修正错误，正是表示我们党对于过去的伟大成就有足够的估计，对于克服当前困难具有坚强的意志，对于光明前途充满着信心，而不是相反；这正是我们党强的表现，而不是弱的表现。

为了很好地开展批评和自我批评，特别重要的是，必须鼓励、支持和保护自下而上的批评。每一个党员都有权利在党的会议上对任何一个党组织领导人员提出批评。任何一个党组织领导者都应该虚心地倾听党员群众的意见，实行"言者无罪，闻者足戒"，绝对不许压制民主，更不许打击报复。任何党员都有权利向上级组织一直到党的中央，反映工作中的情况和问题，反映负责干部的缺点和错误。党的任何一级组织，对于党员的这种反映，都必须认真负责地予以处理。党员向党的任何一级组织反映问题，即使所反映的情况同事实的真相还有出入，也不能受到任何形式的追究。

党组织领导人的模范行动，对于开展党内批评，有很重要的意义。党的一切领导干部，都必须力戒骄傲自满，都必须同普通党员一样，接受党组织和党员群众的监督。党的一切领导干部，不但要造成条件，使党员群众敢于进行批评，而且还要做出榜样，对于自己工作中的缺点和错误，诚恳地而不是敷衍地进行自我批评。各级党委的领导人，要特别注意在党委会内部认真地发扬民主，造成畅所欲言的批评和自我批评的空气。

对于最近几年来受到批判和处分的干部和党员，必须按照一九六一年六月十五日中央《关于讨论和试行农村人民公社工作条例修正草案的指示》中的规定，实事求是地进行甄别工作，妥善地加以处理。直到现在，还有一些地方、一些部门、一些单位，对于这项工作不够重视，进行得不够迅速和认真，甚至有抵触情绪，这是错误的。这种错误态度，必须立即改正。

为了健全党的组织生活,各级党委必须加强对党的基层组织的领导,经常检查和改进它们的工作。近几年来,不论农村或者城市,许多领导机关,都只忙于日常事务,忙于指使基层组织完成一项一项的具体工作,对于党的组织建设和思想建设,都不管或者管得很少。这是目前普遍存在的现象。这种状况必须改变。应该从加强党员的思想教育着手,使支部生活健全和活跃起来,切实改变许多基层组织长期不开小组会、不开支部大会、不上党课、党员不起作用等等组织涣散的现象。

从目前党内生活中所存在的问题来看,有必要向全党提出加强组织性、纪律性的问题。

近几年来,在党内生活中发生了许多不正常现象,这并不是由于我们党内无章可循,无法可守,也不是由于党所制订的章程、制度不正确,而是这些章程、制度在一些党组织中,没有被执行,或者被歪曲了,被破坏了。

党的第八次代表大会〔110〕所通过的党章,是全党的法规,是党的生活的准则。一切党组织和全体党员,都必须无条件地、不折不扣地按照党章办事。

根据党章的规定,任何党员都不准向党说假话,作假报告,欺骗党;任何党组织和党的负责人员,都不准侵犯党员的权利,压制批评,压制民主;任何党组织的负责人员,都不准滥用职权,任意斗争和处罚党员。今后,任何党员如果犯了这类错误,都必须给予纪律处分,直到开除党籍;违反了国家法律的,还应该依法处理。

所有党员，包括党员负责干部，都必须无例外地遵守党的纪律，都必须模范地遵守国家法律，都不应该对于党内外的各种不良现象熟视无睹，采取自由主义的放任态度，而要同一切坏人坏事积极地进行斗争。

党中央拟定的"党政干部三大纪律、八项注意"，概括了党的传统的优良作风。三大纪律是：（一）如实反映情况，（二）正确执行党的政策，（三）实行民主集中制。八项注意是：（一）参加劳动，（二）以平等态度对人，（三）办事公道，（四）不特殊化，（五）工作要同群众商量，（六）没有调查没有发言权，（七）按照实际情况办事，（八）提高政治水平〔187〕。这三大纪律和八项注意，全体党员都必须自觉地严格遵守。

为了健全党内生活，严格党的纪律，必须切实加强党的监察工作。各级党的监察委员会，有权不经过同级党委，向上级党委和上级监察委员会，直到党的中央，直接反映情况和检举违法乱纪行为。有些地方的党委，对于监察委员会的工作，不是给以正确的领导和积极的支持，而是给以阻碍和限制。也有一些监察委员会，在遇到困难和障碍的时候，就放弃职责，不能为维护党的纪律而坚持斗争。这些现象都是不应该有的，都必须改变。

正确地解决目前党内生活中存在的许多问题，必将大大地提高我们党的战斗力。最近，许多地方和许多部门，根据毛泽东同志关于重新教育干部的指示和中央的决定，进行了轮训干部的工作。这项工作已经收到初步成效。应该认识到，轮训干部是当前全党的一件大事。各地方、各部门，都应该毫无例外地进行这项工作，并且把它做好。在干部轮训中，应该着重学习《党的生活的几个问题》[188]这个文件,把关于党的建设问题的学习放在首要地位。可以肯定,这种学习,对于正确解决目前党内生活中存在的问题,对于健全党的组织生活,对于发扬党的传统的优良作风,是会发生良好作用的。

为了适应当前国内和国际的形势,适应当前斗争任务的需要,中央号召全体干部、全体党员,都要深刻地认识自己对于党的事业、人民的事业所担负的重大责任,认真地学习马克思列宁主义,认真地学习毛泽东思想,提高觉悟,增强党性,实现下列八项要求:(一)树立无产阶级的雄心壮志,发愤图强;(二)加强全局观点,局部利益服从整体利益;(三)维护党的民主集中制,维护党的集中统一;(四)遵守党的纪律,对党忠诚老实;(五)坚持实事求是的思想作风和工作作风;(六)相信群众,依靠群众,坚持群众路线的工作方法;(七)健全党的生活,开展批评和自我批评;(八)发扬艰苦奋斗的优良传统。

我们的党,有以毛泽东同志为首的党中央的正确领导。经过长期的革命斗争,我们党已经形成了自己的光荣传统和优良作风。我们的许多老干部经历过战争和革命的烈火的锻炼,许多年轻的干部在党的优良传统的影响下,在革命和建设的实践中,不断地成长起来。如果把我们的党比做一个人的肌体,那末,这是一个充满了活力的肌体,它完全能够用自己的力量,消除那些局部地、暂时地沾染到的病毒,而且在消除病毒之后,更会增加身体的免疫力。上面所说到的在我们党内的各种不正常情况,是党内绝大多数同志都已经觉察到,都认为是必须纠正的,而且有许多是已经纠正或者正在纠正的。在我们纠正了缺点、错误,改变了那些不正常的情况之后,由于我们不仅有了正面的经验，还有了反面的经验，我们党的战斗力就会大大加强。中央相信，我们的干部和党员，一定能够根据中央提出的要求，发扬优良传统，坚持正确作风，克服一切不良倾向，使我们的党在伟大的革命斗争和宏伟的建设事业中，发挥更大的作用。

同志们！我们的前途是非常光明的。我们一定能够把我们的国家建设好，建设成为一个具有现代工业、现代农业、现代科学文化和现代国防的强大的社会主义国家。但是，这个任务是艰巨的。为了完成这个任务，我们必须同全国各族人民一道，进行长期的奋斗。毛泽东同志曾经在党的第七次代表大会[91]上，号召全党同志用"愚公移山"的精神，去推翻压在中国人民头上的帝国主义和封建主义两座大山。全党响应了毛泽东同志的这个号召，取得了新民主主义革命的彻底胜利，随着又取得了社会主义革命的胜利。现在，在中国人民面前，还横着经济贫穷和文化落后的两座大山，我们同样要用"愚公移山"的精神，把它们搬掉。

我们一定要有远大的奋斗目标，一定要看到光明的前途，不这样是不行的。但是，在有了远大的奋斗目标以后，就必须确定达到这个目标的具体步骤和具体措施。不扎扎实实地做好具体工作，光有雄心壮志，光叫口号，也是不行的。我们必须从现实情况出发，兢兢业业，勤勤恳恳，一点一滴地做好实际工作，一个一个地解决具体问题，一步一步地战胜困难。我们必须出色地完成当前的任务，逐步地实现远大的奋斗目标。

同志们！要争取社会主义建设的新胜利，我们必须团结全党同志,并且在这个基础上,团结全国各族人民。在毛泽东思想的指导下,在总路线、大跃进、人民公社三面红旗的光辉照耀下,全党团结起来,全国各族人民团结起来,我们一定能够胜利完成一九六二年的建设任务,一定能够有成效地进行国民经济的调整工作,一定能够逐步地实现十年奋斗目标。

我们伟大祖国的前途,光辉灿烂!

在以毛泽东同志为首的党中央的领导下,胜利前进!

我们伟大的、光荣的、正确的党,万岁!

在扩大的中央
工作会议上的讲话[*]

（一九六二年一月二十七日）

同志们：

我代表中央向这次扩大的中央工作会议提出了一个书面报告。现在，在这个书面报告的基础上，我再讲几个问题。

关于国内形势问题

毛泽东同志说，为了履行我们的国际义务，主要的是要把我们国内的工作做好。把国内的工作做好了，我们就可以对全世界的人民作出更多的贡献，就可以更有力地支援世界各国人民的革命运动，可以更有力地进行反对修正主义斗争。所以，我们的主要注意力，应该摆在国内问题方面。

关于目前的国内形势，实事求是地说，我们在经济方面是有相当大的困难的。我们应该承认这一点。当前的困难表现在：人民吃的粮食不够，副食品不够，肉、油等东西不够；穿的也不够，布太少了；用的也不那么够。就是说，人民的吃、穿、用都不足。为什么不足？这是因为一九五九年、一九六〇年、一九

---

　　* 这篇讲话收入本书时有删节。

六一年这三年，我们的农业不是增产，而是减产了。减产的数量不是很小，而是相当大。工业生产在一九六一年也减产了，据统计，减产了百分之四十，或者还多一点。一九六二年的工业生产也难于上升。这就是说，去年和今年的工业生产都是减产的。由于农业生产、工业生产都是减产，所以各方面的需要都感到不够。这种形势，对于许多同志来说，是出乎意料的。两三年以前，我们原来以为，在农业和工业方面，这几年都会有大跃进。在过去几年中，的确有一段时间是大跃进的。可是，现在不仅没有进，反而退了许多，出现了一个大的马鞍形。这种情况是不是应该承认呢？我想，要实事求是，应该承认事实就是这样。

这种困难的形势是怎样出现的呢？为什么没有增产，吃、穿、用没有增加，而且减少了呢？原因在哪里？原因不外乎两条：一条是天灾。连续三年的自然灾害，使我们的农业和工业减产了。还有一条，就是从一九五八年以来，我们工作中的缺点和错误。这两个原因，哪一个是主要的呢？到底天灾是主要原因呢？还是工作中的缺点、错误是主要原因呢？各个地方的情况不一样。应该根据各个地方的具体情况，实事求是地向群众加以说明。有些地方的农业和工业减产，主要的原因是天灾。有些地方，减产的主要原因不是天灾，而是工作中的缺点和错误。去年我回到湖南一个地方去，那里也发生了很大的困难。我问农民：你们的困难是由于什么原因？有没有天灾？他们说：天灾有，但是小，产生困难的原因是"三分天灾，七分人祸"。后来我调查了一下。那地方有几个水塘，我问他们：一九六〇年这个水塘干了没有？他们说：没有干，塘里的水没有车干。塘里有水，可见那里天灾的确不是那么严重。就全国总的情况来说，我在书面报告中是这样讲的：我们所以发生相当大的困难，一方面是连续三年的自然灾害的影响，另一方面，在很大的程度上，是由于我们工作上和作风上的缺点和错误所引起的。至于某一个省、某一个地区、县究竟怎么样，你们可以根据情况，讨论一下，实事求是地作出判断。

这几年我们工作中的缺点和错误有哪一些？书面报告上写了四条。请大家看看够不够。成绩写了十二条，缺点和错误只写了四条，你们如果认为缺点和错误写得还不够，再加一两条也可以。我们应该实事求是，不够就加，多了就减。

我们有困难，有缺点、错误，但是我们还有成绩。那末，成绩和缺点哪样是主要的呢？恐怕各地方的情况也不完全一样。每一个省委、每一个地委、每一个县委，都可以自己进行讨论，都应该根据那里的情况，实事求是地加以判断，加以说明。即使一次判断得不正确，也不要紧，下次再改就是了。但是要加以判断，要总结一下。

总的来说，从一九五八年以来，我们的成绩还是主要的，是第一位的。缺点和错误是次要的，是第二位的。我们在工业交通建设上有很大的成绩，在农田水利建设上也有很大的成绩。我们在政治上、思想上，在商业、文教、军事等各个方面，都有很大的成绩。不能否认这些成绩，不能抹煞这些成绩。总的讲，是不是可以三七开，七分成绩，三分缺点和错误。是不是可以这样讲呢？书面报告上是没有这样讲的，那里只说成绩是第一位的，缺点、错误是第二位的。到底是多少，比重怎么样，书面报告上没有作判断。

过去我们经常把缺点、错误和成绩,比之于一个指头和九个指头的关系。现在恐怕不能到处这样套。有一部分地区还可以这样讲。在那些地方虽然也有缺点和错误,可能只是一个指头,而成绩是九个指头。可是,全国总起来讲,缺点和成绩的关系,就不能说是一个指头和九个指头的关系,恐怕是三个指头和七个指头的关系。还有些地区,缺点和错误不止是三个指头。如果说这些地方的缺点和错误只是三个指头,成绩还有七个指头,这是不符合实际情况的,是不能说服人的。我到湖南的一个地方,农民说是"三分天灾,七分人祸"。你不承认,人家就不服。全国有一部分地区可以说缺点和错误是主要的,成绩不是主要的。这个问题,可以由各省委、各地委、各县委,实事求是地讨论一下,作一个初步的判断。第二年还可以再讨论一下,又作出一个判断。第三年、第四年、第五年,还可以再讨论、再判断。

总之,这几年的经验、教训,我们不要忘记了。这几年在我们的工作中是有不少的缺点和错误的。一方面有成绩,这是好事,另一方面有缺点、错误,这是坏事。但是这些缺点和错误,大部分已经停止,不再犯了,已经改正了,或者正在改正。也就是说,缺点和错误的大部分已经过去了,好象一个人害了一场大病,现在这场病基本上已经好了。比如供给制〔189〕、公共食堂〔135〕现在已经不办了,高指标已经不搞了,许多"大办"也停止了,基本建设战线也缩短了,水利建设也不搞那么多了。我们的许多缺点和错误已经改正了。这些缺点和错误改正之后,坏事就能够变为好事。问题是我们要善于总结经验,善于学习。事物向相反的方向转化,必须具备一定的条件。要使坏事变为好事，就缺点错误来说，它的条件就是我们能够总结经验，能够很好地从经验教训中学习。这样做了，缺点和错误就变为好事了。因此，犯了这些错误，也用不着悲观、丧气。这几年，我们在某些方面跌了交子，而且跌痛了，现在要自己爬起来，把道路看清楚，再向前进。哪一个人走路没跌过交子呢？重要的问题是要实事求是地承认缺点和错误，要总结经验，要善于学习。如果根本不承认有缺点和错误，或者只是枝枝节节、吞吞吐吐地承认一些，又掩盖一些，而不是实事求是地倾箱倒箧地承认曾经有过的和还存在的缺点和错误，经验就无从总结，也无从学习，坏事就不能变为好事。这样的人跌倒了，他自己就爬不起来，当然也不能继续前进了。这种人势必陷入被动，势必要在别人的帮助之下才能站起来，才能继续前进。所以，要使缺点错误这类坏事变成好事，必须有一个条件，这个条件是十分重要的，就是要善于总结经验，善于学习。

我们这几年所犯的错误的性质，在书面报告上已经说过了。我们犯的不是路线性质的错误，而是在执行总路线中的问题，就是说，我们在执行总路线的过程中，在某些时候，发生了片面性。比如只注意多快，对于好省注意不够，或者没有注意；只注意数量，对于品种、质量注意不够。多快好省本来是对的，但我们没有全部照着做，没有做好。全面做好多快好省，是不容易的，需要经过若干次的反复，才能做好。

关于我们这几年工作中发生的缺点和错误的责任，我们在书面报告中讲过，首先要负责任的是中央，其次要负责任的是省、市、自治区一级党委，再其次才是省以下的各级党委。所谓中央负责,包括中央各部门,包括国务院和国务院所属的各部门。(毛泽东:包括中央一些不恰当的东西。)包括中央本身发出的一些不恰当的指示、文件和口号。

　　这几年,我们在工作中发生错误的原因是什么?为什么某些错误拖延相当长的时间还不能改正?这在书面报告中也有了说明。原因之一,是因为我们在建设工作中的经验还不够。我们在建设工作中犯一些错误,是不可避免的。有人说,在第一个五年计划时期,我们也没有经验,为什么没有犯严重的错误,而在第二个五年计划时期,我们倒犯了一些严重错误呢?对于这个问题,应该说,在我们取得革命胜利以后,我们利用了根据地经济工作的经验和对我们有用的苏联经验,很好地组织和恢复了我们国家的经济生活。在第一个五年计划时期,我们继续保持着恢复时期的经济秩序。这时,我们党的工作重点放在社会主义改造方面,即对农业、手工业、资本主义工商业进行社会主义改造的工作方面。对于社会主义建设,虽然我们也进行了不少的工作,但还不是我们工作的重点。当时,我们在现代化工业建设工作中,自己还不会走路,只能照抄苏联经验,并且在苏联专家的帮助之下,进行建设。其次,就是我们的干部在第一个五年计划时期一般地保持了实事求是和谦虚谨慎的作风。由于这两条,所以在第一个五年计划时期,我们没有犯严重的错误。在第二个五年计划时期,我国社会主义改造已经胜利地基本完成,党的工作重点已经转移到社会主义建设方面来了,我们对于建设工作,也有了一些经验。我们应该学会自己走路,应该根据中国的特点,采取适合中国情况的方法来进行建设。因此,我们确定了社会主义建设的总路线和一套两条腿走路的方针[165]。但是,这时,一方面,我们的经验还很不够,另一方面,我们不少领导同志又不够谦虚谨慎,有了骄傲自满情绪,违反了实事求是和群众路线的传统作风,在不同程度上削弱了党内生活、国家生活和群众组织生活中的民主集中制原则。因此,在第二个五年计划时期,我们在建设工作的某些方面就犯了一些严重的错误。

为什么这样说?因为我们这几年提出的过高的工农业生产计划指标和基本建设指标,进行一些不适当的"大办",要在全国建立许多完整的经济体系,在农村中违反按劳分配、等价交换的原则,刮"共产风",以及城市人口增加过多等等,都是缺少根据或者是没有根据的,都没有进行充分的调查研究,没有同工人和农民群众、基层干部和技术专家进行充分的协商,没有在党的组织、国家组织和群众组织中严格地按照民主集中制办事,就草率地加以决定,全面推广,而且过急地要求限期完成,这就违反了党的实事求是和群众路线的传统作风,违反了党的生活、国家生活和群众组织生活中的民主集中制的原则。这是我们这几年在某些工作中犯了严重错误的根本原因。由于上面确定的任务过高,要求又过急,就使下面感受很大的压力,使下级组织发生很大的困难,没有时间去同群众进行充分的协商,没有时间去召开职工大会和职工代表大会、社员大会和社员代表大会、基层的人民代表大会等,在群众中进行充分的酝酿和讨论,来发现和纠正我们的错误。到后来,有些地方,有些部门,有些单位,就完全依靠命令办事,用电话会议及其他方法进行瞎指挥,有时也开些群众性大会,但大都是形式主义地讨论和决定问题,并不能反映群众真实的意见和要求;同时,在党内和群众中,又进行了错误的过火的斗争,使群众和干部不敢讲话,不敢讲真话,也不让讲真话。这样,就严重地损害了党的生活、国家生活和群众组织生活中的民主集中制,使上下不能通气,使我们在工作中的许多错误长期不能发现,长期拖延不能改正。此外,党内不纯,地富反坏分子、蜕化变质分子利用我们的错误,添油加醋,兴风作浪,又进一步加重了错误的恶果。这些就是我们这几年在工作中发生错误的全部原因。

我们认真地分析了发生错误的原因,就会找到改正错误的办法。这就是要经常保持谦虚谨慎的作风,经常保持党的实事求是和群众路线的传统作风,在工作中严格地按照党的、国家的、群众团体的民主集中制办事,开展批评和自我批评。这些,在书面报告中都已经讲了。

这几年工作中发生的许多缺点和错误,使我们全党的干部,全体党员,以至绝大多数人民,都有了切身的经验,都有了切肤之痛。饿了两年饭,(毛泽东:有不少的人害过浮肿病。)全体干部、全党、全民都有了切身的感受,这样,以后的事情就比较好办了,许多问题就可以说通了,在思想上、认识上就比较容易取得一致了。虽然我们现在还有困难,而且困难相当严重,但是这些困难是暂时的,我们取得的经验则是长期要起作用的。因此,应该说,发生过这些缺点、错误以后,我们不是更弱了,而是更强了。

在书面报告上,我们总结了十六条经验。这是初步的总结,现在也只能作初步的总结。因为有些事情现在还看不很清楚,等到将来,我们的经济再回升,全部恢复,并且继续前进以后,再来看看,就能够看得更清楚。再过五年,或者再过十年,我们还要作进一步的总结。那个时候,总结出来的经验,就可能不是现在的十六条,也许还多几条,也许少几条,但是一定会比现在总结得更好。

其次,讲一讲关于三面红旗的问题。

三面红旗,我们现在都不取消,都继续保持,继续为三面红旗而奋斗。现在,有些问题还看得不那么清楚,但是再经过五年、十年以后,我们再来总结经验,那时候就可以更进一步地作出结论。

其次,讲一讲清理最近几年的口号问题。

几年来,各个地方和中央都在群众中提过不少的口号。除了正确的口号以外,其中有些是不正确的,有些是部分不正确的,有些是解释得不清楚的。我认为,应该认真地清理一次,使我们的干部和群众,对这几年来在观念上不清楚的许多问题,弄得更清楚些。

我现在举几个例子。

有一个口号叫做"人有多大胆,地有多大产",这是《人民日报》用大字标题发表了的。各省的报纸也发表了,因此对许多地方有影响。这个口号是错误的,应该取消。要向干部、党员和群众说明白。

有一个时期,《人民日报》曾经反对重视客观条件的观点,把这种观点叫做"条件论",或者叫做"唯条件论",这也是不正确的。那种完全否定主观能动性的客观主义是错误的,但是不能反对重视条件,不能反对重视客观条件。要做好一切事情,都必须有一定的条件。要有客观的条件,还要有主观的条件。

必要的客观条件和必要的主观条件，都成熟了，都具备了，问题才能解决，事情才能办好。一切问题的解决，取决于时间、地点、条件。就是说，要具备一定的时间条件、空间条件以及其他一些必要的条件，事情才能办好。条件是可以经过人们的努力去创造和改变的，但是不具备一切必要的条件，事情是不能办好的。马克思列宁主义从来就是重视条件的。我们不能反对、也不应该反对重视条件。但我们不是否定主观能动性的客观主义者。我们认为，主观能动性在符合客观规律性的条件下，是能够发挥伟大的作用的。

　　还有一种"左"比右好的说法。有的同志说，犯"左"倾错误是方法问题，犯右倾错误是立场问题。我看这种说法，也是不正确的，是错误的。右不比"左"好，"左"也不比右好。这里所说的"左"，是引号里面的"左"。"左"有方法问题，也有立场问题；右有立场问题，也有方法问题。我们是左派，是革命派，但不是引号里面的"左"派。我劝告同志们，不要做那个引号里面的"左"派，要做实事求是的、理论联系实际的、密切联系群众的、实行批评和自我批评的真正的左派。只有这样的左派，才会经常是朝气勃勃的、真有干劲的左派。不要做那种脱离实际的、脱离群众的、冒里冒失的、不管三七二十一就去蛮干的那种加引号的"左"派。那种"左"派不会有真正的经常的干劲，他会由一时的狂热突然转入消沉。那种"左"派不但不值得敬仰，而且应该受到批判。这种人就其所犯错误的后果来说，和右派差不多，不见得比右派好一点。有些人在犯了极左的错误以后，转过来又犯极右的错误。所以，那种"左"派和右派常常是相通的。我们在党内的具体斗争中，应该有什么反什么。有什么反什么，就是有"左"就反"左"，有右就反右，既没有"左"，也没有右，就什么也不要反。这就是说，我们要实事求是地进行党内斗争。

这几年，还有一种用具体的指标、数字来确定是左或者是右的做法。比如说，亩产八百斤就是左派，亩产七百斤就是右倾。这也是不正确的，在这种具体指标、具体数字的问题上，不应该联系到右倾或者"左"倾上去。对于生产技术的问题，也不应该联系到右倾或者"左"倾上去。

此外，这几年搞了许多运动。这些运动，很多是一哄而起。有些并没有正式的文件，只是从哪里听了点风，听到了一点不确切的消息，就哄起来了。这种方法，是不好的。我们要朝气勃勃，但是在进行工作、开展运动的时候，一定要先经过典型试验，然后逐步推广，要有准备、有步骤、有区别、分期分批地进行。开展大规模的群众运动，更应该是这样。这是过去我们在土地改革中总结出来的经验。这是毛泽东同志在晋绥干部会上的讲话中早已指出过的。这是那个时期实行土地改革的正确方法。以后，我们开展各种运动，进行各种工作，都要采取这种方式。我们党是有这种经验的。毛泽东同志多次讲过：不打无准备之仗，不打无把握之仗。这是讲战争。在建设时期，是向地球开仗，也要这样。典型试验，小范围里的试验，那是在没有把握的情况下也要去搞的，目的是取得经验，做好准备。"敢想、敢说、敢做"的那个"做"，不是说一下子在全国去做，而是指在小范围内去做，先做典型试验。一切经过试验这一条，一定要实行。凡是没有把握的、没有成熟经验的事情，都必须先经过试验，然后才分期分批地逐步推广。因此，凡是要通过各省的报纸和中央的报纸,以及广播电台、电话会议、现场会议等等,来推广和造成声势的事情,中央和各省、市、自治区党委,都要加以控制,不能让报纸和电台自由发表消息和评论。

还有,在水利建设中,曾经提过以蓄为主、小型为主、群众自办为主的方针。由于执行这个方针,最近在一些地方发生了问题。至少,在一些地方是不能实行这个方针的,是不可以这样办的。其他地方也许可以实行这个方针。要继续进行调查研究,实事求是地加以确定。

我建议,诸如此类的口号,中央还可以再清理一下。各省委也可以清理一下。(毛泽东:中央书记处已经清理了一次,但是还没有清理完毕。《人民日报》、新华社、《红旗》杂志、广播事业局,究竟还说了哪一些对人民不利的话?要清理一下。)我建议,关于这个问题,由各地委、各县委提出意见,交给省委,由各省委加以清理,加以解释,写出文件来,送给中央。经过中央批准,再发下去。这些口号的清理,一律要经过中央,各地方不要自行决定。

其次,讲一讲任务问题。

书面报告上提出了一九六二年的生产任务,也提出了一九六三年到一九七二年的十年奋斗目标。我们对于十年的指标,只是一个初步设想,将来经过综合平衡后作出的计划,可能不是这样的数字。对于十年的指标,大家可以考虑一下,是不是高了?是不是还要低一点?有的同志说,这些指标不是高了,而是太低了,还应当高一点。我们说,达到这样的指标,现在也没有多大把握。还是先提出这些指标。如果说低一些,那就算是留有余地,以便将来超过。(毛泽东:有一种可能是还达不到。)这些指标，可能达到，也可能达不到，或者还可能差得相当远。这些可能性都存在。还要继续研究，综合平衡。

在这里，我想说一说指标的高低和人民群众干劲大小的关系问题。有一些同志觉得，指标低了，就不能鼓足人民群众的干劲，指标高一点，才能鼓足干劲，指标越高，人民群众的干劲就越大，指标低了，干劲就没有了。事实是不是这样呢？我看，指标和干劲有一点关系，但是不能这样说：指标的高低，同人民群众干劲的大小成正比例。据我看，指标对于人民群众的干劲不起决定作用。在最近几年中，有过这样的情形：在指标比较低的情况下，人民的干劲起来了。有几次，指标很高，人民的干劲反而落下来了，因为达不到这样高的指标。所以指标应该适当，应该符合实际可能。适当的指标，经过努力，可以完成，还可以超过一点，这样，群众的干劲就会起来，而且能够长期保持。

干劲有两种，干部的干劲和人民群众的干劲。现在的问题，不在于干部的干劲，而在于人民群众的干劲。单有干部的干劲，没有人民群众的干劲，是不行的。当然，单有群众的干劲，干部没有干劲，也不行。但是，更重要的还是人民群众的干劲。我们掌握了政权，我们能够开这样的七千人的大会，在这样的条件下，只要有适当的口号，有符合实际的办法，把人民群众的干劲鼓起来，并不是很困难的。问题是在群众的干劲鼓起来以后，要使用得当，不要浪费，要把群众的干劲长期保持下来。这是不容易的。这就必须严格地实行劳逸结合。如果老是"黑夜当白天，月亮当太阳"，搞那么三五天，干劲就没有了。苦战几昼夜之后，干劲就保持不住了。应该使群众长年累月都保持住干劲,都有饱满的情绪。对于群众的干劲,一定要使用得当。只要一百人干的事情,决不要二百人去干,而应当要一百人干活,其余的一百人睡觉,休养生息,睡好了再干。本来只要一百人干的事情,为什么要二百人去干呢?这几年不节省群众的干劲,浪费了群众的许多干劲,是一个很大的错误。同志们担心群众的干劲发动不起来,这是目前应该很好地进行研究的一个问题。因为这几年,群众的热情和干劲受了挫折,在某些地方受了严重的挫折。要把群众的干劲再度鼓起来,我们就必须在群众中进行充分的自我批评,在群众中充分地发扬民主,认真地总结经验教训,并且同群众一起制订一些切实可行的办法。最近几年我们取得的一条重要经验是:在人民群众的干劲发动起来后,如何节省地使用群众的干劲,如何经常保持群众的充足干劲,这是一件困难的事情。要做到这一点,需要好好学习。

此外,一九六二年这一年,我们要在工业、农业、商业、文化教育、军队、政府和党这七个方面,定出一定的规章制度,使各方面的工作走上轨道。工、农、商、学、军、政、党这七个方面的工作走上轨道了,事情就比较地好办了。

关于加强民主集中制、加强集中统一的问题

关于这个问题,在书面报告中已经说了很多。在这里,我只说两个问题。

第一是关于实行民主集中制和我们工作中的缺点错误的

相互关系问题。

民主集中制，是我们党和国家的根本制度，是在党章和宪法中明白规定了的，是我们在工作中必须遵守的。但是，最近几年，由于我们提出了一些过高的超出了实际可能的经济任务和政治任务，而且不顾一切地采取了各种组织手段，去坚持执行这些任务，因而，我们也就在组织上犯了许多错误。这些组织上的错误，最主要的就是我们在党的生活、国家生活和群众组织生活中违反了民主集中制的原则。首先是有不少的负责人，没有充分地发扬民主，没有把任务提交给群众和干部，让他们认真地而不是形式地进行讨论，并且由他们根据实际的可能作出决定。然后，这些负责人又在群众中和干部中进行了错误的过火的批评和斗争，混淆了是非，压制了民主，使群众和干部不敢讲话，不敢讲真心话。这样，党的组织、国家组织和群众组织中的民主生活，在某种程度上就受到了窒息。在这种情况下建立起来的所谓"集中领导"，只能是没有群众基础、违反群众意志的领导。这样的领导，是没有不犯严重错误的。最近几年工作中发生的错误，有许多是同我们没有严格地按照民主集中制办事有关的。

无产阶级专政，即人民民主专政，这是就人民和人民的敌人而言的，即在人民内部实行民主，对人民的敌人实行专政。无产阶级的民主集中制，是只在人民内部实行的制度，不包括人民的敌人。有些同志混淆了无产阶级专政即人民民主专政和无产阶级民主集中制这两个概念，没有把这两个概念明确地区别开来。因此，他们常常用专政的手段，用强制和压服的办法，去对待人民群众，去解决人民内部的问题，而不是在人民内部实行民主,用民主和说服的办法,用服从多数的办法,去解决人民内部的问题。他们不只是对人民的敌人实行专政,他们对人民群众有时也实行专政。这样,他们就常常自觉地或者不自觉地把自己放在反人民的地位。无产阶级的民主集中制,是最广泛的民主制,它是包括全部人口中百分之九十以上的人民的民主,它是高度民主基础上的高度集中,又是高度集中指导下的高度民主。在党内,在占全部人口的百分之九十以上的人民中,严格地按照民主集中制办事,是一种实事求是的方法,是一种执行群众路线的工作方法,也是一种调查研究的方法。当然,实行这种方法,我们仍然可能犯某些错误,因为群众的多数、党员的多数有时也会犯错误。但是,只要我们坚持民主集中制,我们就有可能少犯错误,因为在共产党领导之下,群众的多数、党员的多数总是比较更少地犯错误,而在更多的时候,总是比较正确的。即使我们同多数群众、多数党员一起犯了错误,也易于发现,易于较早地得到纠正。

现在可以设想,如果我们能够严格地按照民主集中制办事,在确定任务以前,先在党内和人民群众中充分地发扬民主,让党员、干部和人民群众认真地进行讨论,用心地听取他们的意见,那末,我们就可能不会提出过高的超出实际可能的经济任务和政治任务。退一步说,即使我们提出了过高的任务,如果能够严格地按照民主集中制办事,那末,多数党员、干部和人民群众也会通不过,会顶回来,会纠正我们的错误,使我们能够及时地、尽早地发现错误和纠正错误。例如,亩产几千斤的指标、办公共食堂等,如果让党员、干部和人民群众进行认真的讨论和选择,那末,他们中间的多数是决不会赞成、决不会通过的。因此，只有在我们既是错误地提出了过高的任务，又是错误地违反了、甚至严重地破坏了民主集中制的情况下，就是说，既犯了某些政治错误，又犯了某些组织错误，在严重的强迫命令的情况下，我们才在一些具体工作中犯了严重的错误，并且使这些错误在相当长的时间内拖延下来，直到最近才得到纠正。这应该作为我们这几年工作中的一条重要的教训。

同志们！如果在我们党内和我国人民中不按照民主集中制办事，而是依靠强迫命令行事，那末，我们的党会变成什么党呢？我们国家的政权会变成什么政权呢？我们党同国民党的区别又在哪里呢？我国的人民民主专政，我国无产阶级专政，同资产阶级专政的区别又在哪里呢？这不会使我们党和国家政权有发生变质的危险吗？因此，我们党和我们国家决不能容许这种情况继续存在，必须迅速地、彻底地加以改正。我们在一切地方、一切部门、一切单位的人民中，都必须严格地按照民主集中制办事，而不能依靠强迫命令行事。

第二是加强中央的集中统一和发挥地方积极性的问题。

一方面，我们要加强中央的集中统一，另一方面，我们不是减少而是要更加发挥地方的积极性，要使这两个方面统一起来。就是说，国家计划和地方计划，必须统一起来，必须是互相促进的，而不是互相促退的。国家计划和地方计划，如果统一得不好，是会互相促退的。有些地方计划就冲击国家计划，对国家计划起促退的作用；有的时候国家计划统得过死，对地方计划也起促退的作用。必须把地方计划和部门计划纳入国家计划之中，成为统一的国家计划，决不允许在国家计划以外，还有独立的地方计划和部门计划，更不允许把地方计划和部门计划置于国家计划之上。各地方、各部门、各企业,都必须如实地报告自己的产品的品种、数量和库存的物资,决不允许作假报告。这应该作为一条法律。这几年,在这一点上,法律废弛。今后,一切有关的党员必须用党性和党籍来保证不作假报告,此外还要有严禁和处分作假报告的法律。各地方、各部门、各企业,生产了多少产品,是什么样的产品,有多少库存物资,是什么样的物资,都要如实报告,不许少报,也不许多报。

　　各地方、各部门、各企业的一切同志,必须一心一德,通力合作,把国家计划制订好,也把地方计划和部门计划制订好。大家要一条心,而不是两条心或者半条心;要一心一意,而不是三心二意。现在,有些同志就是有点三心二意,有点两条心、半条心。因此,全国一盘棋就搞不起来,各人搞各人的一盘棋去了。当然,这几年中央的一盘棋也摆得不好,指标过高,只给任务,不给或者少给材料,这些都是不对的。今后,中央改正错误。如果中央以后还发生这种错误,你们可以反对,可以批评。但是,大家必须一心一德,必须如实地报告数字,必须通力合作。只有这样,才能制定出一个切实可行的、大家一致遵守的统一的国家计划,也才能制定出在国家计划之内的切实可行的地方计划和部门计划。地方计划纳入国家计划以后,中央可以照顾地方。但是,不容许在国家计划以外,在自己的荷包里再装一个计划。不容许在执行计划的时候,首先执行自己的计划,不管国家计划,不完成国家计划。应该承认,有些地方、有些部门、有些企业,这几年是有这样一些错误做法的。如果现在还有这种错误,也必须改正。中央的错误,中央要改正。地方的错误、部门的错误、企业的错误,也都要改正。只有大家一心一德，共同努力，首先制定好计划，然后执行好计划，我们的事业才能前进。在这个问题上，对我们任何一个干部都是一个考验。就是说，他究竟是在真正地、坚定地建设社会主义呢，还是在假心假意地建设社会主义呢？

各级的计划委员会应该加强。各级党委应该由主要负责同志主持计划委员会的工作。

各地方、各部门、各企业，都有一些供销机构，做一些供销业务。这些供销业务，有些是需要的、合理的，以后也还要继续做。但是，这些供销业务中有很多超出了国家计划，损害了国家计划，今后应该由国家和地方共同清理，统一调整。

我在这里提出这样一个问题，就是要正确地调整全民所有制的内部关系。现在全民所有制受到了一些损害和破坏，有的把全民所有制变为地方所有制、市所有制、县所有制、部门所有制、企业所有制，甚至变为小集团所有制。有的把全民所有制同集体所有制混淆起来。有的还把全民所有制变为个人所有制，变为资本主义所有制了。共产党员，马克思列宁主义者，应该全心全意地维护全民所有制，不应该允许地方所有制、市所有制、县所有制、部门所有制、企业所有制、小集团所有制的存在和发展。

有的同志提出这样的问题：一个县，辛辛苦苦搞了好几年，盖了几个工厂，现在开始赚钱了，这几个工厂到底应该归谁所有呢？是归这个县所有呢，还是属于全民所有呢？我们说，应该属于全民所有。它的财产属于全民，产品归国家支配，利润应该上缴。这样是不是打击了地方积极性呢？我们说，这个县辛辛苦苦建立了几个工厂，对国家，对社会主义建设，当然是有贡献的，是应该受奖励的。但是，这些工厂的产品还是要由国家分配，利润还是要上缴，不能因为工厂是谁建立的就归谁所有，不能把全民所有制变为地方所有制。地方企业不是地方所有制的企业。地方企业只是由地方管理的全民所有制的企业。这些企业，是国家委托地方管理的。为了全体人民的利益，各地方应该把这些企业管理好。（毛泽东：对于地方利益还是要照顾。）当然，国家在分配产品的时候，在处理上缴利润的时候，对于地方的利益、地方的需要，都应该适当照顾。如果同过去有一个时期那样，地方上刚刚办起一个工厂，稍许赚了一点钱，中央都拿走了，地方感觉一点好处也没有，那样也不行。还是应该分级管理。分级管理要管好，各地方必须从全局观点、全民观点出发，而不能从地方观点出发。企业的管理应该如此，其他文教、卫生、科学等事业的管理，都应该如此。

地方积极性是很必要的，但是，地方积极性必须同中央的集中统一的领导统一起来。

加强集中统一，反对分散主义，应该怎样进行？有些同志担心这个问题。在书面报告上已经写了，就是要总结经验，提高觉悟，自觉地维护党的政策和国家计划的统一。检查的时候，要实事求是。大家担心的是怕一棍子打下去，又弄出一大批分散主义者。这次一定不要这样搞。在党内斗争中，一棍子打下去的方法，这一次不要搞，以后也不要搞。过去那样搞也是错误的，是一种过火的、粗暴的党内斗争方法。对于那些贪污盗窃、投机倒把的违法分子，还是要进行斗争。在党内来说，正常地进行党内斗争的方法是惩前毖后、治病救人，是团结——批评——团结。除了极少数的贪污盗窃的违法乱纪分子以外,所有犯过分散主义错误的人,只要改正,一律不加追究。以前隐瞒了数目字,现在报告出来就行了。但是,今后再发现隐瞒物资、有意作假等行为,就要按照党纪国法,从严处理。

在一般党员中间,在不脱离生产的干部中间,不要去进行反对分散主义的斗争,只进行一般的教育。(毛泽东:不存在分散主义的地方也不要进行斗争。)

闹不闹分散主义,是考验每个共产党员是真搞社会主义,还是假搞社会主义的问题。如果以后还闹分散主义,还想藏一手,还不老老实实,还作假报告,那就证明,这个人不是一个坚定的共产主义者,不是坚决地搞社会主义。

关 于 党 的 问 题

关于党的问题,书面报告中写了实事求是的作风、群众路线和党内生活的几个问题。邓小平同志还要专门同大家讲这个问题[190]。在这里,我只说两点意见。

先说实事求是的问题。

实事求是的作风是很重要的。要实事求是,就要调查研究,就要充分发扬党内民主和人民民主,就要从实际出发来拟定政策,拟定计划,拟定措施。

要实事求是还要有勇气。没有勇气,就不敢实事求是。有一种人,虽然了解情况,但不敢说老实话,怕说了受打击。分明是黑的,他不敢说是黑的。分明是白的,他不敢说是白的。这种人勇气不够,被迫说了些假话。还有一种人,如果要实事求是，那就得承认错误，就要作检讨，就要受批评，他怕面子不好看，因而不敢实事求是。至于在经济工作中藏一手，多要一点，少报一点，这种现象就相当多了。另外一种人，为了个人利益，有意造假，有意夸大成绩，有意封锁消息、扣留信件，有意对说老实话的人进行打击报复。这就不是实事求是的问题，而是一种违法乱纪性质的错误。

过去，有些老实人说了老实话，吃了亏，而不老实的人却占了便宜。党内的这种情况，使一些干部产生了一种印象：似乎老实人总是吃亏；似乎手长一点，隐瞒一点，说点假话，总是占便宜。这种印象是不正确的，不正常的。在共产党内，在人民群众中，不允许滋长这种风气。要抵制这种风气，要对这种风气进行斗争。说老实话真的吃亏，说假话真的不吃亏吗？老实人真的吃亏，不老实的人真的不吃亏吗？（毛泽东：总有一天要吃亏的。）我看，不怕吃亏的老实人，最后是不会吃亏的。因为老实人吃点亏，党内同志是看到的，人民是看到的。党和人民终究是会信任这些好同志的。怕吃小亏的“聪明”人，不老实的人，最后是要吃大亏的。因为你总是说假话，长期这样搞，党和人民就不会信任你了。

在这里，对于那些被迫说假话的人，对于这种软弱的人，应该说几句话。毛泽东同志以前说过：为了坚持真理，为了实事求是，为了说老实话，应该有“五不怕”，这就是不怕撤职、不怕开除党籍、不怕老婆离婚、（毛泽东：这是对男的说，对女的说是不怕老公离婚。）不怕坐牢、不怕杀头。准备了这“五不怕”，什么话也敢讲，就敢于实事求是，敢于坚持真理。刚才不是讲实事求是要有勇气吗？要有什么勇气呢？就是要有这“五不怕"。有了这"五不怕",还有什么可怕的事情呢？因此,应该说老实话。坚持实事求是,就是坚持真理。

我们的各级领导机关和领导人应该注意,不要使那些说老实话、做老实事的人吃亏,要信任他们,表扬他们。对于那种说假话、作假报告的人,不要信任他们,要批评他们,必要的时候,要处分他们。只有领导机关和领导人采取这样的政策,在党内,在同志中间,那种不正常的印象才会改变过来,才会证明老实人并不吃亏,说假话的"聪明"人是一定要吃亏的。我们希望各级领导机关和领导人这样做。如果有些领导机关和领导人不这样做,怎么办？也有办法,我们有这么多的党员,这么多的干部,总会有办法的。就是说,应该在党的会议上批评这些领导机关和领导人,并且可以作出决议,要领导机关改正错误,执行正确的政策。至于有些人,由于不了解真象,估计错误,说了一些同实际情况不符合的话,这不算说假话。这是调查研究不够的问题。但是,这种人既然调查研究不够,就应该认真地进行调查研究,在了解情况之后,再来讲话。

各级领导机关对于发表各种不同意见的人,都不允许进行打击。这是党章上规定的。应该允许有不同意见的人说完他的意见,即使说得不正确,也不能阻止他讲话。如果他最后仍然不同意多数人的意见,还可以让他保留自己的意见。最近几年,有些党的组织,重犯了过去三次"左"倾路线[100]时期的那种过火斗争的错误。凡是犯了这种错误的党组织,必须迅速地改正过来,以后再不允许进行这种过火的斗争,而要按照我们党内早已形成的一套正常的党内斗争的方法办事。

再说一说任务和政策矛盾的问题。

　　假使上级机关提出的任务同党和政府制定的政策发生矛盾，怎么办？有的同志说，要完成任务，就不能执行政策；要执行政策，就不能完成任务。我们制定的一些政策是很好的，但是，沉重的任务一来，这些好的政策都吹了。这个问题很重要，应该正确地加以解决。

　　有这样一种情形，就是领导机关提出的任务，确实超过了实际的可能性，不可能完成，而且要求又过急。如果发现这种情况，领导机关应该减少任务，要求也不要过急。除了这种情况以外，任务和政策应该统一起来，又要完成任务，又要执行政策，两者都要，不可偏废。即使两者有某些矛盾，任务也必须完成，政策也必须执行。要做到这点是不容易的，但是，过去的经验证明：谁执行群众路线好，谁的工作做得好，谁对政策也执行得好，任务也完成得好；谁执行群众路线不好，谁的工作做得不好，谁对政策也执行得不好，任务也完成得不好。

　　有的同志说，凡是任务和政策发生矛盾的时候，就只执行政策，不必完成任务。这是不行的。只完成任务，不执行政策，也是不行的。两者都要，这就为难了。同志们，是为难呀，谁要你做共产党员呢？做了共产党员，就有这些为难的事情。哪有做一个马克思列宁主义者没有困难的呢？

　　举征购粮食的例子来说。现在国家对粮食的需要量，同农民愿意交售的数量之间，是有矛盾的，而且矛盾相当尖锐。如果按农民的意愿，他只愿意在自己吃饱了以后才把多余的粮食卖给国家。假如让农民统统吃饱了，然后国家才征购，那末，我们这些人就没有饭吃了，工人、教员、科学家以及其他的城里人都没有饭吃了。这些人没有饭吃，工业化也搞不成了，军队也要缩小，国防建设也不能搞了。当然，过去我们的工业办得过多，工人招得过多，国家机关的工作人员也过多，要下决心精减。去年已经减少了一千三百万城市人口，其中有近一千万职工，今年上半年还要减七百万人，其中职工五百万人。但是，即使如此，国家每年还需要征购八百多亿斤粮食。（周恩来：需要八百八十亿到八百九十亿斤。）怎么办？到外国买，吃资本主义国家的粮食，大家是不高兴的，但现在还得吃一点，今年还准备进口四百万吨即八十亿斤粮食。需要是八百八十亿斤，除了进口八十亿斤，势必还得征购八百亿斤。八百亿斤，农民是不愿意拿出这么多的。这里就有矛盾：八百亿斤的任务必须完成，政策也必须执行。这就要做好工作，好好向农民说清楚，提高农民的觉悟，农民是可以多拿出一些的。要告诉农民，如果不拿出这么多的粮食，城里人没有饭吃，工业搞不好，国防搞不好，反过来也影响农业，农业也搞不好。因此，农民要少吃一点，多拿一点出来。另外，国家再向外国买一点，这样来解决粮食问题。

从这个意义上讲，征购八百亿斤左右粮食的任务本身，也是一个政策。这个政策同照顾农民利益的政策有些矛盾，两个政策有矛盾，但必须统一起来，求得统一的解决。一方面要提高农民的觉悟，另一方面要想些其他办法，（毛泽东：增加生产，多种蔬菜，实行瓜菜代。）使矛盾得到统一的解决。

不只粮食问题如此，其他任务也都有这种情形。凡是确实超过实际可能的，要修改任务。凡是经过努力可以完成的任务，为了长远利益，为了整体利益，应该尽力完成任务，并且要执行政策。这里是有很多困难的。同志们，我们共产党员，我们的干部，就是要学会完成这种困难任务。就是说，既完成了任务，又执行了政策。大家不是都说要力争上游吗？这就是上游。只完成任务，不执行政策，那不叫上游。（毛泽东：中游。）只执行政策，完成不了任务，也不叫上游，只能是中游或者下游。政策执行得好，任务又完成得好，矛盾得到统一的解决，群众觉悟提高，情绪也好，这才叫做上游，这才叫做有干劲。以后，在工作中不是没有上游可争了，还是有很多上游可争的，而且比过去争上游要困难得多。过去只争"黑夜当白天"、"苦战几昼夜"，那个上游是容易争的。而争这个上游，却真要有点本事，真要有一点马克思主义，要走群众路线，要实事求是，要对党负责，又要对人民负责。这样地争上游，是应该受奖励的。

同志们！从中华人民共和国成立以来，已经十二年了。从一九五八年大跃进以来，也四年了。在这个时期内，我们进行了很多的工作，取得了伟大的成绩，在工作中也发生了许多缺点和错误。一方面，有伟大的成绩，另一方面，又受到了相当大的损失。但是，我们取得了丰富的经验。在取得了这些经验之后，我们是更聪明了，不是更愚蠢了；我们是更谨慎了，或者可以说应该更谨慎了，不是更不谨慎了；我们是更强大了，不是更软弱了。我们在总结经验、取得一致的认识之后，全党的干部，全党的同志，应该同心同德。我们要集中全国的力量，把全国的人力、物力、财力集中起来，在党中央和毛泽东同志的领导下，克服一切困难，胜利前进！

目前的经济形势到底怎么样[*]

（一九六二年五月十一日）

我同意周恩来、邓小平〔191〕同志以及其他一些同志的讲话。中央财经小组的报告〔192〕，我看是好的，要修改一下发出去。你们如果还有意见，请今天改上，交给杨尚昆〔193〕同志。

财经小组搞了个一九六二年调整计划。看来，可能还有一些指标完不成。一九五八年以后，我们每年都调整计划，而且每一次都是往低里调，都是年初计划高，年末调低。只有一九六〇年调高一次，从一千八百万吨钢调到两千万吨钢，结果没有完成。这一次又是调整指标，一九六二年的指标又是调低。同志们，是不是以后不再调低了？让我们搞点低指标好不好？搞了这么多年高指标，我们搞一年低指标行不行？以后计划要这样定：计划定低一点，在执行中间超过计划；按短线来平衡，不是按长线来平衡，而且要留有余地，以便在执行中间超过计划。"左"了这么多年，让我们"右"一下吧。这个高指标的尾巴，一直还没有割掉，今年要把这个尾巴割掉才好。

目前的经济形势到底怎么样？我看，应该说是一个很困难的形势。从经济上来看，总的讲，不是大好形势，没有大好

---

　　* 这是在中共中央工作会议上的讲话。

形势,而是一种困难的形势。一部分地区的经济形势比较好,但那是部分的。总的来讲,是一种困难的形势。这一点,我看要跟干部讲清楚。讲了这么多年的大好形势,现在讲没有大好形势,而是一种困难形势,这个话是很难讲。我们这回切实这样讲一讲,你们回去跟省委书记讲一讲,然后大家才好讲。我们这里不开口,人家是不好讲的。

我在扩大的中央工作会议〔194〕上讲了这样一句话:最困难的时期已经过去了。这一句话,现在大家都抓到了。最困难的时期是不是已经过去了?恐怕应该说,有些地区最困难的时期已经过去了,但在城市里面,在工业中间,最困难的时期还没有过去。因为现在城市里要下两千万人,工业要继续往下减,基本建设要原地踏步。所以对这个问题要有分析地讲,干部才可以接受,对群众才能讲得通。只说最困难的时期已经过去了,有人还不服:既然最困难的时期过去了,为什么你们还要减少城市人口,还要关厂,这是怎么搞的呀?这个问题要跟同志们说通,说不通就不好。

一般来讲,目前的政治形势是好的。这就是说,党是团结的,人民是团结的。但是,经济是基础,经济形势不好,政治形势就那么好呀?基础不巩固,在困难情况下,政治形势可能坏转。所以,我们要很警惕。

对于当前的困难是不是估计够了?现在我看是估计够了。但是对某些具体困难,也还可能估计不够,还可能出现一些意想不到的困难,我们要有准备。对困难的估计,无非是这样三种:估计够了,或者估计过了头,或者估计不够。我看,对困难估计过分危险性不大。我们估计有那么多困难,后来发现好一点,困难没有那么多,这好,这危险不大。但是,对困难估计不够就危险了。我们多少年都是因为估计不够而陷于被动。是估计过头了危险,还是估计不够危险?比较起来,还是估计不够危险。现在还没有那种因为把困难夸大而使工作受损失的危险。将来可能有那种危险,但是现在的主要危险还是对困难估计不够。我们应当充分估计当前的困难以及现在还设想不到的困难。要准备迎接困难,克服困难。否则,对克服困难我们就会精神准备不够,这是危险的。一个人,充分估计了困难,但不害怕,还是干劲十足地挺起胸膛前进,这是勇敢的。分明有困难,却说没有困难,这样的人,不能算勇敢的人。共产党员的革命气概,应该是充分估计困难,而且在最困难的时候,还是挺起腰杆前进。我想,我们革命家的气概,马克思主义者的气概,应该这样。对困难估计不够,自己安慰自己,那不是马克思主义者。

我们下决心减少两千万城市人口,这也算一个勇气。现在有些工厂、机关、学校、医院里面,有不少人要求回乡,但是组织上不批准,不让回去,怕这些人走了,没有人代替。对这些人,要尽量让他们回乡。当然,时间要衔接起来,等城里有人代替以后再走。对工作没有大妨碍的,也可以先让他们走。对这件事,我看应该是决心要大,行动要快,但是要有区别、有步骤地来进行,不能慌慌忙忙一股风。

减少学校的学生,要注意方式。我们要保证北京、上海、天津、武汉、沈阳、哈尔滨、广州这些大城市不闹事。中小城市当然也要注意,闹事也不好。要尽可能不出乱子,少出乱子。但是,在精神上、组织上还得有点准备,准备出乱子,甚至出大乱子。如果没有准备，出了事情就会陷于被动。如果我们深入地做群众工作，做解释工作，我估计群众是可以说通的。一方面是准备出现闹事；另一方面，还要了解，我们国家学生的觉悟是比较高的。只要讲清楚了，他们就很容易通，怕的是我们不讲清楚道理，那他们就不答应。这件事，要事先做很好的解释工作，有关负责人要出面讲话。解释工作应该首先在干部中做，在党内做，然后在群众中间做。在解释中间，党政领导要向群众作自我批评。总之，要做普遍、深入的群众工作，使我们的思想跟群众的思想统一起来，然后才能够统一行动。

为了克服困难，为了调整和改组我们的国民经济，政府和党的各工作部门，都必须紧张地工作。特别是工业交通部门，更应该紧张地工作。不能说农业是我们当前的重点，工业部门就可以休息一下了。不能休息，同志们！要更紧张地工作，否则，就不能进行调整，不能克服困难，不能把我们的国民经济改组好。

减少两千万城市人口，调整国民经济，行动要迅速。各省市都要有指挥部，经常通消息，哪里发生了什么事情，情况怎么样，立即处理，这样很有必要。许多事情，光精简小组负责不了，因为这不仅是精简的问题，而是整个国民经济的调整的问题。我觉得，减少两千万人比大跃进的工作更困难，把调整工作、精简工作做好，要有更大的本事。在调整工作中，要加强纪律性。在目前这种非常时期，不能消极怠工、不顾大局，不能党内不团结、行动不一致、思想不统一。

我们减少这么多城市人口，关这么多厂，指标调低，是不是消极的？我看不是消极的。缩短工业战线，是为了加强农

业战线。只有这样，才能停止目前经济情况的继续恶化，才能
转入主动，才能在以后继续前进。我想，这样的步骤是当前我
们所能采取的最积极的措施。

　　总之，还是邓小平同志讲的，当前是两项中心工作：一个
是城市里调整经济，精简人；一个是农村中巩固生产队的问
题。现在有一部分生产队巩固，有一部分生产队动摇，有一部
分生产队已经瓦解了。如果今年的夏收分配不去抓紧，秋收
分配又不去抓紧，到明年会瓦解得更多。所以，这件事也是紧
急的。要派得力的人到农村去，加强生产队的领导，使生产队
形成领导核心。现在有些生产队已经有领导核心了，有些还
没有形成领导核心，有些就没有领导核心。派工作组下去，要
帮助把生产搞好。这样的干部难派，不能马马虎虎。工作组
没有训练，派下去反而会搞坏。因此，派出人要谨慎，应当经
过挑选，经过训练。省委应该有分工，一部分人抓城市工业调
整和精简，另一部分人抓农村。两个中心工作，现在都不能放
弃，都紧急。

　　我在扩大的中央工作会议上讲，各省委、地委、县委都要
总结经验，总结十二年来的经验，特别是总结四年来的经验。
现在还可以加一点，就是中央各部门，各群众团体，都要总结
这十二年的经验，看到底哪些做得对，哪些做错了，今后应当
怎样做。一些重要的企业也要总结经验。要引导我们的干部
好好想一想，好好学习学习。这几年的经验非常重要，不要
忘记了，不要马马虎虎地过去了。不系统地总结一下，不经过
几次辩论，对这几年经验教训的认识就不那么深刻。

　　总而言之，我们的前途还是光明的。天并没有就此黑了，

天也不会塌下来，事情还不是黑漆一团。但是某几块是黑的，我们就得承认是黑的，必须实事求是加以分析。这并不是说，承认我们有困难，承认我们工作中间有缺点错误，成绩没有那么多，天下就黑了，就再白不起来了，不会的。整个来讲，调整的第三个五年计划〔195〕是社会主义建设中间的一个战役。第二个五年计划是一个战役，第三个五年计划又是一个战役。战役上要重视困难，但是战略上要藐视困难。我们在战略上藐视困难，同当前在工作中、在战役上重视困难是统一的，不矛盾的。我想，我们共产党员，革命者，多少年来，更大的困难都克服了，这一点困难又算得了什么呢？我们有这个本事，经过一段时期的努力，把当前的困难一步一步地克服。

政法工作和
正确处理人民内部矛盾[*]

（一九六二年五月二十三日）

今天谈谈这个稿子。总结报告写好了，要提请中央书记处讨论通过，由中央批准后发下去，把今后一个时期的方针、政策讲清楚。

这几年的政法工作，就问题方面来说，总的经验教训是混淆两类不同性质的矛盾，主要是误我为敌，打击面过宽。就是说随随便便，马马虎虎，没有把两类不同性质的矛盾清楚地、严格地、细致地区分开来。同时，又没有严格区分处理两类不同性质矛盾的两种不同的方法。处理人民内部矛盾，只能用说服、民主的方法，批评与自我批评的方法。压服，只能用来处理敌我矛盾。这是根本不同的两种方法。要强调用两种不同的方法处理两类不同性质的矛盾。这几年的错误，主要是用处理敌我问题的办法去处理人民内部矛盾。用对付敌人的专政的办法来处理自己人的问题，处理劳动人民的问题，这是个根本错误。这不是共产党的方法，而是国民党作风，是站在人民之上，向人民施用压力。

要严格区分两类不同性质的矛盾，还要严格区分处理两

---

* 这是在中央政法小组起草《关于一九五八年以来政法工作的总结报告》的过程中，刘少奇同他们的一次谈话要点。

类不同性质矛盾的两种不同的方法。搞错了，就要犯大错误。过去对矛盾性质认识错了的也有，但主要是错在用处理敌我矛盾的方法去处理人民内部矛盾。党和政府中的国民党作风，主要表现在这上面。用敌对手段处理人民内部问题，甚至党内问题，这样处理的结果，不仅不会解决矛盾，相反会使矛盾更加激化，甚至造成分裂。这个问题要好好讲一下。

公安机关、检察院、法院三个机关，是不是只处理敌我问题，不处理人民内部问题？这个观念要好好研究一下。是不是也可以处理一些人民内部矛盾？这三个机关对敌人是专政机关，对人民来说，要成为处理人民内部矛盾的机关。你们叫公安局嘛，名为公安，就是要管公共安宁。公共是谁呢？是人民。敌人怕公安机关，这是应该的。说人民也怕公安机关，那不一定，如果把工作做好了，人民就喜欢你们，认为你们可靠。过去的"丘八"，人人怕，但我们的人民解放军，人民就不怕。这是个工作问题，态度问题。在严格区分两类不同性质矛盾和两类矛盾的不同处理方法的前提下，帮助人民，教育人民，保护人民，人民就不怕你们，就喜欢你们。

这几年打击面宽了，是个事实。劳动教养本来是处理人民内部问题的，结果用了同处理敌我问题一样的办法。行政拘留本来是有严格的时限的，结果长期拘留，不依法办事。行政拘留、集训、劳动教养，变成和逮捕一样。有的单位还自己搞拘留、搞劳改，这是非法的，不允许的。此外，有的党政负责人，随便批准捕人，根本不要公安局、检察院这一套。甚至有的公社、工厂、工地也随便捕人。这种破坏法制的行为，必须坚决制止。

为了缩小打击面，我们党有时把一些属于敌我矛盾的问题，当作人民内部问题处理。这样做，有利于造成又有集中又有民主，又有纪律又有自由，又有统一意志、又有个人心情舒畅、生动活泼的政治局面。绝不可把敌我矛盾扩大，不能用处理敌我问题的办法处理人民内部矛盾，相反，只要是没有危险的，倒是可以用处理人民内部矛盾的办法来处理敌我问题。

无产阶级法制，就是人民民主的法制，也就是社会主义法制。法制不一定是指专政方面的，人民内部也要有法制，国家工作人员和群众也要受公共章程的约束。

法院独立审判是对的，是宪法规定了的，党委和政府不应该干涉他们判案子。

检察院应该同一切违法乱纪现象作斗争，不管任何机关任何人。

不要提政法机关绝对服从各级党委领导。它违法，就不能服从。如果地方党委的决定同法律、同中央的政策不一致，服从哪一个？在这种情况下，应该服从法律、服从中央的政策。

搞这个文件，总结经验，要从实际出发，然后提高到一般原则和理论高度。哪些方面需要作理论说明的，就从理论上讲清楚。不要光从原理出发，要解决实际问题。

再回到政法机关能不能处理人民内部矛盾的问题。你们实际上处理了大量的人民内部问题。不要怕公安机关一插手人民就害怕，反革命怕你们是必要的，人民是会喜爱你们的。无产阶级专政条件下，国家也是教育机关。要把人民教育成共产主义者，不光是靠学校教育。你们是专政工具，同时也有教育人民、处理人民内部矛盾的任务。

加强基层领导，改进工作作风[*]

（一九六二年七月十八日）

同志们：

你们是从党中央机关和国家机关抽调出来的一批优秀干部，大部分下放到地委、县委去工作，一小部分去工厂。听组织部的同志讲，你们都是自己请求下放的，我感到很高兴。

同志们下去的任务是什么？我想是不是有这样几项：第一，加强地委、县委和基层的领导；第二，贯彻执行中央正确的政策；第三，如实地反映情况；第四，改变地方党组织中某些不正确的作风；第五，巩固集体经济，发展农业生产。现在我就分开来讲一讲。

第一，加强地委、县委和基层的领导。

现在，我们的国家正处在一个困难的时期。各个地方、各项工作都有许多困难和问题，需要我们去帮助克服和解决。各地方的工作没有转变，地方的情况不好转，我们整个国家、整个党的工作是不会好转的。因此，为了克服困难，就要到各地方去，加强基层的领导。现在有情况比较好的地方，也有情

况一般的地方,还有情况不好、困难大的地方。那末,你们到一些什么地方去呢?我想,同志们不是要到那个工作好的地方去,而是要到有困难的地方,甚至困难最大的地方去。正是那些地方,才需要你们去,需要我们党从中央派比较优秀的干部、比较优秀的党员去加强那个地方的领导,推动那里的工作,把困难的局面转变成为不困难的局面,把不好的局面转变成为好的局面。

你们是去加强那里的领导,一般来讲,不是去代替那里的领导,而是要同原来的领导同志好好地合作。凡是可能合作的,凡是属于有缺点有错误但还是共产党人、还是愿意把工作搞好的,就要跟他们很好地合作。你们要主动团结他们,很好地帮助他们。如果你们跑下去,情况还不清楚就发号施令,到处指手划脚,挑毛病,这也不是,那也不是,这种态度就不正确。假如你们采取这种态度,一开始人家就可能不跟你们合作,或者开始跟你们合作,以后也可能出问题。所以,你们下去,对原来的干部要采取一种正确的态度。这对于你们能够长期在那个地方工作,跟他们一道把工作做好,是很有关系的。你们下去后,一定会发现一些当地工作中间的缺点错误。对于那些缺点错误,你们没有责任,而当地干部是有责任的。这就要做耐心的说服工作,同他们统一认识,总结经验教训。有些问题一下子讲不通也不要紧,头一次讲不通,下次再来嘛,第二次讲通那么一点,第三次再讲通一点,只要有一种正确的态度,就能逐步讲通。许多问题的最后说服,常常是在客观见了效果之后。所以,你们下去,要同原来的领导同志好好地合作,形成那里党委的集体领导。

　　在党委里面，要实行民主集中制，少数服从多数，不能个人包办，不能独断专行。最近一个时期，党委集体领导有所削弱。你们下去，也要警惕这个问题。凡是重大的事情，都要跟当地干部共同商量决定。有的同志开始下去的时候比较谨慎，经过一段时间，工作见了成效，顺利了，就可能疏忽，就放肆起来。这是许多同志容易犯的毛病。如果你们留心，就好一点。尤其是在工作顺手的时候，要特别留心，注意这个问题。当然，不只是你们注意，要让大家都注意。你们到那里去，不论是做一把手，还是二把手、三把手，都要在这个问题上起作用，在党委内部真正实行民主集中制，建立党委的真正的集体领导，造成一种又有集中又有民主，又有纪律又有自由，又有统一意志又有个人心情舒畅、生动活泼的局面。

　　第二，贯彻执行中央正确的政策。

　　中央一九六〇年制定了"十二条"〔136〕，一九六一年制定了"六十条"〔147〕，今年一月扩大的中央工作会议〔194〕以来，又决定了许多政策，例如精简机构，城市减人，清理仓库等等。七月底，中央准备再召集一次工作会议，还要决定一批政策，如农业、商业方面的政策，以及工业支援农业的政策等。当着政策没有制定的时候，我们要制定政策；当着政策已经制定了，重要的问题就在于正确地贯彻执行。你们下去，一个重要目的，就是去贯彻执行中央正确的政策。现在许多政策已经执行了，但是还有某些政策贯彻得不好。"十二条"、"六十条"决定了反对"五风"〔196〕，现在"五风"在大部分地区已经改正，但在某些地方还没有完全反掉。比如瞎指挥、特殊风、"共产风"等还有尾巴，"六十条"中有些政策也还没有贯彻。中央工作会议上决定了反对分散主义，加强集中统一。这个政策决定以后有些效果，但是在许多方面还没有认真执行。比如商业方面的层层封锁、画地为牢，现在还有。还有人认为地方企业是地方所有制，觉得那个地方的商业机关就是他的，那个地方的工厂就是他的，产品不归国家支配，利润也不上交，等等。还有些地方做生意，经商，甚而至于不只是公社、大队经商，县委、县政府也经商。这些事情是历来不许的嘛。中央所决定的这些政策，你们都学习过，如果还没有学好，再学一下。你们下去，就要贯彻执行这些政策。

执行这些政策，要注意因地制宜，要有主动性，要有能动性，不能只是把这些政策照搬到底下去就完事了。这种主动性、能动性，不是否定中央的政策，而是为了更好地、更正确地执行中央的政策。不能因为自己执行得不好，而说中央的政策有毛病，或者说中央的政策对我这个地方的某些特殊情况没有规定。同志们，中央制定政策，要把每一个县、每一个地方的特殊情况都规定到，那是不可能的。中央的政策是一般的规定，到了各个地方，就要考虑各个地方的情况怎么样，局势怎么样，什么时候执行，经过什么过程执行，如何执行才能执行得好、执行得通。这里就需要动一番脑筋，脑子里头就要想一想。想一想，不是不执行，不是反抗，不是自己重新规定一套政策，而是使中央的政策在地方具体化，得到最好的执行。

政策是由中央统一制定的，只有中央才有权力决定政策，你们去是执行中央的政策。这一条，在观念上要明确。当然，某些地方有特殊情况，根据这种特殊情况，可以制定某些地方政策，但是都要经过中央决定，经过中央批准。不向中央请示报告，就自己独断专行，随便制定政策，甚而至于制定的政策同中央的政策相矛盾，那是不允许的。

有些地方之所以不执行中央的政策，或者对中央的政策消极怠工，敷敷衍衍，或者将中央的政策改头换面，其目的，就是要执行他自己的那个政策。中央派你们下去，就是要帮助各地方正确地贯彻执行中央的政策。毛泽东同志说过，党的政策是党的生命。不是执行正确的政策，就是执行错误的政策[197]。当然，还有一些政策是中央没有规定的，即使是中央规定的政策，也可能有某些规定得不对的地方。对于没有规定政策的，或者政策规定得不对的，各地方都可以经过研究，提出建议，请求中央规定或修改，这是完全允许的。对政策关心、负责的地方党委，就是这样做的。他们感觉某些政策规定得不好，规定得不对，或没有规定，对党的损失很大，就采取积极的态度，向中央提出建议。

地方党委、地方政府虽然不制定政策，但是应该研究政策。如果不经过研究，不经过考虑，就是机械地执行，那也会出毛病。政策执行得好不好，完全执行或不完全执行，机械地执行或比较实事求是地执行，这中间差别很大。有些人对党的政策各取所需，只执行自己所需要的，不需要的就不执行，或者执行反了、偏了，这就会危害党的事业。所以，不要把执行政策看成是个简单的事情。制定政策固然不易，要经过调查研究，但是，重要的问题还在于执行政策。制定政策是集中起来的过程，执行政策是坚持下去的过程；制定政策是从群众中来的过程，执行政策是到群众中去的过程。执行政策就是实践,在实践中间调查研究,在实践中间认识客观世界,在实践中间发现我们的错误,在实践中间发现新的问题,制定新的政策。所以,重要的问题在于执行,在于实践。中央的政策也是实践过程的总结,是总结过去的实践。你们下去如果发现哪些地方执行中央的政策不正确,或者马马虎虎,或者执行偏了,要提出意见,要进行争论。当然争论的态度要好,方式要讲究,要注意场合,这样才能说服人家。但也不要因为注意团结,对于政策性问题、原则性问题的不同意见都不争论了,那也是不对的。

第三,如实地反映情况。

如实反映情况,是党政干部的三大纪律之一。最近几年有一种情况,就是作假报告,用各种方法弄虚作假。当然,这种情况不是很多。但是,把成绩夸大一点,或者把困难夸大一点,看领导上的意图讲话,你要求什么,喜欢什么,他就把那方面的情况反映给你,这种情况恐怕相当普遍,在许多地方已经成为一种不良的风气。你们下去一定要改变这种情况,改变这种不良的作风。

对数字,对情况,要采取严肃的态度,反复核实,不要随随便便报一个数目字,随随便便确定某一种情况。上面随便要统计数字,甚而至于打了多少蚊子、多少苍蝇,也要报个数字。对上面这种不严肃的态度要抵制。数目字确实就是确实,不确实就是不确实,估计的就是估计的,统计的就是统计的,要采取严肃负责的态度。

如实反映情况并不那么容易。如果对实际情况不那么清楚,又没有调查研究,只是道听途说,下面怎么反映,就怎么往上报，这虽说不是造假，也常常搞错。所以，情况的来源怎么样，确实不确实，调查过没有，都要认真对待，要多听一些人的话，注意听反面的意见。比如对某个数字，有些人说有那么多，有些人说没有那么多，就要采取严肃的态度去搞清情况。对已经上报了的数字和情况，如果后来发现错了，事实不是那样，要立刻加以改正。

各地方党委向上级的报告，即使是经过大家讨论过了的集体的报告，党委几个人中间也可能有不同的看法。有不同意见的委员，可以在集体报告上面附上个人的意见。比如说我对这个报告有所怀疑，我有我的意见，就写一段放在下面。下级党委几个委员中间有某些看法不同，发生争论，向上级报告是完全正常的，不要隐瞒。此外，个人可以直接向省委、向中央反映情况，提出意见。过去有些党委是禁止这样做的，说你向上面写报告不经过党委集体讨论，这是向中央告状，向省委告状。这种风气我觉得不好，这就不生动活泼嘛。个人的意见可以不经过党委讨论。当然，也可以告诉党委，我向上级写了报告，写了信。向中央、向省委写个人的意见写不得呀？这叫没有民主嘛！我写你也写，大家写嘛。看能不能形成这种风气。你们是从中央机关去的，要向中央如实反映情况，也要鼓励其他的委员，其他的同志，向省委、向中央如实反映情况。这样，形成了习惯，就不觉得奇怪了。如实反映情况，这也是一个作风问题。

第四，改变地方党组织中某些不正确的作风。

现在艰苦奋斗的作风有所削弱，特殊化的风气有所发展。有些地方盖别墅，盖高标准住房，搞跳舞场。中央是不是也有呢？中央也有特殊化。省委学中央，地委就学省委，县委就学地委，公社就学县委，这样学起来，那还得了呀！现在我们改变过来好不好？从中央改起，各省委、地委、县委、公社，一律把这个风气改变过来。某些年纪大的，有病的，或者工作上有某些需要的，可以特殊一点，正式规定，照顾需要。但是某些东西就只许中央搞，不许地方搞。比如人民大会堂，就只许中央搞。各省都盖那么一个大会堂，怎么得了！某些东西只许中央有，省委都不许有，某些东西只许省委有，地委、县委不许有。你们下去要恢复艰苦奋斗的作风，改变特殊化的风气。

我们的党是一个统一的党，我们的国家是一个统一的国家。地方党委只是党的一个部分的领导机关，不要把那个地方的党委看作是独立的。加强党的统一性，这也是一个作风问题。最近我们党和国家的统一性受到了削弱，在某些方面受到了阻碍，受到了破坏，我们必须纠正这种现象，反对分散主义。现在有些地方的市场跟全国的统一市场是矛盾的，画地为牢，别的地方的东西不许来，这是不允许的。资本主义国家都有统一的国内市场，没有统一的国内市场，资本主义就不能发展。社会主义国家怎么能够没有统一的国内市场呢？设这样多的关卡，这不是按经济的客观规律办事，这是人为地制造障碍、壁垒。资本主义国家之间不是有关税壁垒[198]吗？我们有些地方的做法比关税更厉害，就是不准别的地方的产品进来，或者不准自己的产品出去。这是必须纠正的。

为了纠正这些东西，需要进行一些必要的斗争。你们去，要为改变地方党组织中某些不正确的作风和风气进行一些工作。

第五，巩固集体经济，发展农业生产。

现在人民公社的集体经济不够巩固，相当多的集体经济发生动摇，许多地方的农民，甚而至于干部，要求单干，要求分田到户，或者包产到户。集体经济不巩固，有内部的原因，也有外部的原因，有天灾的原因，也有过去的"五风"使农业生产受到很大破坏的原因，有国家征购粮食和其他农产品太多的原因，还有国家的价格政策不合理的原因。集体经济内部的原因，就是干部作风不好，多吃多占，不劳动，责任制、评工记分搞得不好。还有国家支援也不够。虽然过去国家花钱不少，可是用得不适当，效果不大。这都是引起集体经济不巩固的原因。你们可以去研究一下这个问题。对于这个问题，中央正在讨论，即将规定若干政策措施。你们到农村工作的、到地委和县委工作的同志，要抓巩固集体经济的问题。而且你们现在下去，就要采取措施，就要想出办法，抓紧今年的秋收分配，要使社员多得到一点好处。今年的积累要少扣留一点，国家征购也准备减少一点，尽可能使农民在集体里面多分一点。如果今年的秋收分配搞不好，农民分不到什么，那末，估计今年秋后还有一批生产队会要散。所以，这个问题带有若干紧急性质。

一方面要巩固集体经济，另一方面又要抓紧生产。现在有一种议论，有一种意见，说集体经济不能够发展生产，把发展生产跟集体经济对立起来。这种意见，群众中间有，基层干部中间有，地、县委干部中间也有，省委干部中间也有，从高级干部到基层干部，都有这种意见。这几年，因为"五风"，国家征购太多，瞎指挥，对集体经济的信念有所丧失，农民这几年从集体经济中间没有得到好处。但是曾经有一个时期合作社是增产的。这几年减产，不能证明集体经济就不能发展生产。集体经济能发展生产，是要在一定的条件下，不是只要组织起来就能发展生产。干部多占、不劳动，责任制又实行得不好，国家支援得不够，征购太多，在这样的条件下，集体经济的确不能发展生产。

把中国五亿多农民引导到社会主义、共产主义的轨道上面来，这个工作是一项头等重要的、光荣的工作。有什么工作比这个工作更大、更重要呢？在全世界，至少在今天，恐怕这也是一个头等重要的任务，因为其他国家没有这样一个五亿多农民的问题。毛泽东同志讲过，严重的问题是教育农民[199]。教育农民干什么呢？教育农民干社会主义，干共产主义，这是一个很困难的任务。中国农民这样多，如果五亿多农民不搞社会主义，我们这个社会主义国家能巩固吗？

发展农业，使农业过关，使粮食过关，只能是大农业。历史经验证明，大农业才能发展农业生产，才能使农业过关。不是资本主义的大农业，就是社会主义的大农业。现在美国的农业已经过关了，它是大农业，是资本主义的大农业。最近法国也在重视搞农业，大量地投资，听说也搞好了。小农经济是不能使农业过关的。无论是资本主义也好，社会主义也好，小农经济不能更大地发展农业。虽然苏联的农业现在还没有过关，但是它是大农业。有美国的经验，有苏联的经验，现在还要创造我们中国的经验。我们不能照抄美国，也不能照抄苏联，我们有我们中国的特殊情况。要使中国的农业过关，使农民走社会主义道路，而且能够发展生产，就要创造中国的经验。

这是一个长期的、头等重要的工作，值得我们共产党花很大的力量，值得我们国家花很大的力量，来做这件事。毛泽东同志提出以农业为基础，农、轻、重的次序[145]，就是感到这个任务的重大。中央最近准备讨论这个问题，讨论国家支援农业的问题。派你们下去，到农村去，就是为了解决这个任务。

怎样巩固集体经济呢？

一是调整集体内部的关系。现在集体内部扣留太多，干部太多，干部工分补贴太多。有的干部多吃多占、命令主义，不是民主办社，不是勤俭办社，经济不公开。这些关系要加以调整。如果实行真正的民主办社，勤俭办社，经济公开，社员就会满意，就会调动农民的积极性。

二是要实行按劳分配，同时对困难户要照顾好。必须实行责任制。河南新乡那个地方就是实行责任制，叫作大农活集体干，小农活分散干，组包片（一个生产小组包一片），户包块（一户包一块），超产奖励。他们不是单收单打，还是集体收，集体打场，只是到要收的时候，找个有经验的农民估计一下，这块地产量多少，超产奖励。他们说，这样就使农活质量提高了。但是，实行这种办法，农活质量还是不如农民种的自留地的质量好，也不如初级合作社时的质量好。我看实行责任制，一户包一块，或者一个组包一片，那是完全可以的。问题是如何使责任制跟产量联系起来。现在分开打场有困难，不分开打场产量就难搞准确，只能找老农估计，大家评定。如何使产量跟责任制联系起来，这是要研究的。

三是要搞多种经营。不搞多种经营，就没有现金收入，集体经济就没有钱。

四是国家支援。国家支援一个是征购多少的问题，一个是收购农产品的价格问题。此外，还有机械化问题。现在农业机械没有那么多，一下子又造不出来，所以，把现有的农具加以改良，比较起来是最实际的办法。

你们到农村工作，一方面要调整各方面的关系，另一方面要搞农业的技术改造，从改良农具到机械化。只有农业技术改造见了效果，集体经济才能最后巩固起来。

搞好中国的农村，办好集体经济，实现农业的技术改造，这是我们党的一项光荣的、伟大的任务。要使我们国家的经济好转，要使中国发展起来，实现工业化，就要抓农业。农业不发展，国家工业化没有希望。

现在我们正处在一个困难时期，需要全党动员，严肃地、谨慎地去克服困难，来完成建设社会主义的艰巨任务。

半工半读，亦工亦农[*]

（一九六四年八月一日）

讲一讲两种劳动制度、两种教育制度的问题。

我所说的两种劳动制度、两种教育制度，有一部分是结合的，既是劳动制度，又是教育制度，又是学校制度。就是在农村里面办半农半读的学校，在工厂里面办半工半读的学校。农忙的时候种地，农闲的时候读书，或者一个星期做工，一个星期读书。要把这种制度作为正规的劳动制度，正规的教育制度。

就当前来说，只实行一种学校制度，实行我们现在这种学校制度，是不能普及教育的。我问了一下，山东学龄儿童入学的只有百分之四十九，有的农村里面有百分之七八十的学龄儿童不能入学。安徽学龄儿童入学的比山东还要少一点。江苏多一点，有百分之六十的学龄儿童入学，但农村里面也有一半的学龄儿童不能入学。所以，用目前这种教育制度不能普及教育，国家负担不起，家庭也负担不起。如果一个家庭有四五个小孩子上学，有的进小学，有的进初中、高中，有的要进大学，那不但一般的工人农民家庭负担不起，恐怕今天在座的同志

---

* 这是在中共中央召集的党内报告会上的讲话。当时共讲了两个问题，本书收入的是其中的一个问题。

的家庭也难于负担，也要发生困难。那末，用一种什么办法，既能普及教育，国家和家庭又能够负担得起呢？那只有除开现在的全日制学校以外，再办那种半农半读或者半工半读的学校，就是小孩子大体上自己可以搞到饭吃，国家稍许补贴一点，家庭补贴一点。因此，可不可以设想，现在的这种学校不再增加了，现在这种学校的教育经费也不加了，国家以后每年还可以增加一点教育经费，把增加的教育经费拿来办这种半工半读或者半农半读的学校。从当前来讲，从普及教育来讲，我看必须采取这个办法。

从长远来讲，实行两种劳动制度、两种教育制度可以逐步地消灭脑力劳动与体力劳动的差别。一九五八年，我在天津讲了一次，他们就搞了一百多个工厂来办这种半工半读的学校。这几年让它们自生自灭，大部分垮了。但是，这回我去，还剩下七个工厂办到现在，已经有两千多毕业生了。上海有工业大学，它是一个星期上二十四小时课，占工作时间十六小时，占业余时间八小时，五年毕业，今年就有八百多学生可以毕业。江西办了劳动大学，也是有成绩的。江苏、广东有农业中学。其他地方还有工业中学。它们都已经有一些初步的经验。据说，这些毕业生是比较好的。他们能文能武，就是说，既能脑力劳动，又能体力劳动；既能当工人、当农民，又能在科室办事、在研究机关工作；有些还当了技术员。我认为，这种在半工半读的中等技术学校或者大学毕业出来的人，是一种新人。这种人跟我们不一样，跟现在的工人、农民也不一样，跟现在的知识分子也不一样，而是一种新的人了。他们没有那个知识分子架子。知识分子的架子是个大问题。我们现在普通学校的学生,初中毕业就看不起农民了,高中毕业就看不起工人了,大学毕业就更看不起人了。

一种新的学校制度,至少要五年才能初步总结经验,十年才能总结比较成熟的经验,加以推广。再过十年,我们革命胜利就二十五年了。今天着手试验,十年以后才能推广;今天不着手,十年以后还不能推广。因此,我主张每一个省,每一个大中城市,都来着手试办这种半农半读或半工半读的学校。

在农村,初级小学可以多办一些全日制学校,高小、初中以上的学校就办半农半读。仅仅办农业初中还不够,还必须办一种中等农业技术学校。这种学校的学生可以回家生产,也可以在国营农场生产,或者开荒。我的意见,应该充分利用现在国营农场的生产资料来办这种学校。训练出来的人具有中等农业技术学校的水平,可以回家去当农民,也可以到技术推广站、畜牧兽医站、拖拉机站等等地方去工作。

在大中城市,可以由工厂办一些中等工业技术学校,半工半读,四年或者四年半毕业;也可以由现在的一些技工学校招收初中毕业生,改为半工半读的中等技术学校;还可以把一些停办的中等技术学校改为半工半读的学校。

我这么设想:再过五十年到一百年,中国的工人能够有百分之七十、八十是半工半读的中等技术学校毕业出来的,农民的半数是半工半读的中等农业技术学校毕业出来的。这些人读完了中等技术学校的课程,进一步学大学课程就容易了。其中有些人学政治,有些人学经济,有些人学文学艺术,也就容易了。这些人既能脑力劳动,又能体力劳动。在他们本身,脑力劳动跟体力劳动的差别已经是没有多大了,开始消灭了。

可以由他们来当车间主任、厂长、党委书记、市长、县长。他们当了车间主任、厂长、党委书记、市长、县长以后，不要完全脱离生产，也是半日做工或者种地，半日坐办公室。如果五十年到一百年能够达到这个要求，那时我们国家的情况就会同今天大不相同，整个劳动生产率将大大提高，消灭三大差别的阻力就小得多了。

我们还可以设想，共产主义社会的劳动制度和学校制度会是什么样的呢？到那个时候，体力劳动者即工人农民，每天只要劳动四五小时就够了。其余时间干什么呢？就是学习，或者办公、写作，或者唱歌、演戏，或者做政府工作、计划工作。到那个时候，没有什么专业的作家、演员、画家，也没有我们这种专业的党委书记、厂长、市长、省长、国家主席，都得要做工，都是业余的。国家主席也可以业余当嘛，有半天还不够呀？马克思曾经设想过，将来的儿童九岁起就要每天从事两小时体力劳动，十三岁起就要每天从事四小时体力劳动[200]。九岁、十三岁还是读书的时候，所以，我看这就是半工半读的学校。列宁讲过综合技术教育[201]，我想也是这种制度，就是掌握一门或者几门技术，同时也具有相当高的文化、科学水平。

我国现在的教育制度是不好的，必须改革。现在的全日制学校还不能不要，还是需要的，我认为以后不能再增加了。但是，半工半读、半农半读的学校可以办，以后可以多办。现在是少数试办，不要大办，不要一下子铺开，一下子又垮台。要通过试办，取得经验，以后多办，将来要使它成为我们的主要的教育制度和学校制度。现在的这种学校寿命是不会很长的，但是，这种半工半读的学校我看一万年还要。

　　为了办好半工半读和半农半读的学校，应该办半工半读、半农半读的农业高级师范、工业高级师范和中级的农业师范、中级的工业师范。要利用现在的国营农场、工厂、中等技术学校或者大学，来办一些这样的师范学校，重新培养教员，将来去教中等技术学校的课程。他们将来是半农半教、半工半教，做半天工、教半天书，或者是种半天地、教半天书，不要完全脱离生产。要培养这种新的教员，新的校长。

　　此外，关于劳动制度，我还提出另一个性质的，就是实行亦工亦农制度，利用农村的剩余劳动力。在农村的工厂，季节性生产的工厂，农村的技术推广站、排灌站等等，都可以实行亦农亦工。城市里面有些厂可以搬到农村去办，就那个地方的剩余劳动力。大城市的季节工厂也可以实行亦工亦农。就是农忙的时候开一班，农闲的时候，农民来了，开三班，看行不行？我们要训练农民懂得机器，机械厂可以吸收农民，农忙的时候叫他们回去，农闲的时候来学习，做半年工。这样的好处很多，家属可以不进城，又可以使农民学到技术，缩小城乡的差别、工农的差别。对个人，对集体，对国家，都有好处。

　　临时工转正，我历来是反对的，但是后来还是转了。我看以后应该减少固定工，或者少增加固定工，比较多地用临时工。有人说临时工不是正式工，只有固定工才是正式工，我曾经反对这个说法，临时工也是正式工人，都是正式的。但是现在的劳动制度里面没有这一条，应该改变。

　　必须使我们的工人、农民有文化，而且是有相当高的文化，我们这个国家的整个面貌才可以改变，才可以逐步消灭三大差别，将来才有希望进入共产主义。

实行固定工和合同工
并存的劳动制度[*]

（一九六四年八月二十二日）

实行两种教育制度、两种劳动制度，是使学校制度与劳动制度相结合。另外，还要使工业劳动制度与农业劳动制度相结合，就是实行亦工亦农制度。我们现在只有一种劳动制度，固定工，有劳动保险，招来了不能退，要退很困难。以后，我看劳动制度不要只是一种，要尽量用临时工、合同工。这种临时工、合同工，也是正式工。有些工厂，历来就是季节性生产的工厂。例如糖厂、烟厂、榨油厂、碾米厂、面粉厂、造纸厂，就是用季节性的工人，有工作就来，没有工作就回家。过去上海、无锡那些地方都是这样。我们在革命取得胜利之后，反而把这些季节工改成固定工、常年工。这件事情做得真是蠢呀！

农村的工厂，农村的技术推广站、排灌站、畜牧兽医站、拖拉机站等，如果都搞成固定工，将来也不得了。国家给工资，工作只有那么多。他们还可以种地嘛。所以，这些人都要实行亦农亦工。

有些工厂不要办在城市里面，可以办到乡下去，利用乡下

---

*　这是在广西壮族自治区干部会议上讲话的节录。

的剩余劳动力分散办。新开工厂厂址的选择,要就原料、就市场,还要就劳动力。看劳动力在什么地方,就办到什么地方。我们国家人很多,乡村里面有很多剩余劳动力,要充分利用这个特点。有些工厂办在农村,农民就有事做了。这样,对工人有利,对农民有利,对国家也有利。日本有很多小工厂就是在农村里面,他们也是利用农民的剩余劳动力,很多产品是在乡村里面生产的。

城市里面有的工厂,我看也可以实行亦工亦农。如城市里面的纺纱厂,就可以农忙时开一班,农闲时开三班。纺纱厂可以这样,其他许多轻工业工厂也可以这样,制造机器的工厂也可以这样。农民在农闲的时候进厂做工,这个时候,不是开一班、开两班,而是开三班,日夜开,还不是一年的生产任务也完成了?矿山也可以这样。从前那个唐山煤矿我是知道的,那么大一个煤矿,历来是农闲的时候大量的临时工从农村到矿山来,进矿开坑道,农忙的时候临时工走了,剩一部分工人挖煤炭,出煤炭。这也可以保持均衡生产,煤炭还是出那么多。所以,大城市、大矿山都可以实行亦工亦农制度。这样,家属也免得进城了,农民也学到技术了,对缩小城乡差别有好处。

合同工当了多少年以后,也可以当厂长。每年做几个月工,熟悉技术了嘛。所以厂长也是亦工亦农。不开工时,留个副厂长就够了。为什么合同工就不可以当干部呢?教育一下,一样能当。现在我们很多县委书记原来都是农民,我们军队的很多将军原来也是农民。农民可以当将军,当县委书记、地委书记,为什么当厂长当不得呢?这个问题我们要这么看。不要认为工人可以亦工亦农，干部就不可以亦工亦农。这件事，干部要带头。你们广西不是有个工厂已经有八个干部转为合同干部了？这个好。只是这种干部现在还太少，我们要往这个方向走。

临时工转正，我是反对的，不赞成这件事，但是反对不了，还是转了。转了好啦，去年前年动员工人下乡，也算吃了苦头了。今后增加工人，不要增加固定工，或者少增加固定工，大量地用临时工。劳动保险制度也要修改。

还有人另外提出一种劳动制度，叫做义务工役制。有些矿山对身体有妨害，搞久了会生职业病，可以照征兵一样，征去劳动几年，不等生病就换回去。轮换，这也是一种劳动制度。

试 办 托 拉 斯[*]

（一九六五年六月一日）

要不要办托拉斯〔202〕，在认识上是否一致？听说总的是一致的，也有不一致的地方。有不同意见好嘛！就是要把各方面的意见谈出来，把矛盾摆出来。有不一致是正常的。

现在中央只办了十二个托拉斯，地方也办了一些。托拉斯办起来以后，哪几样要统一？计划统一？价格统一？物资调拨统一？

还有一个问题，就是不要把其他问题都扯在里边。要按经济管理的原则，考虑合理性。总之，要提高质量，增加品种，降低成本，提高劳动生产率，提高技术，适合人民的需要。

我们是社会主义经济，是有组织、有计划的经济。资本主义企业内部是组织得很好的，也是能够降低成本、提高质量、提高劳动生产率的，但是在企业之间、企业之外就不行了。后来就发展到组织托拉斯，实行垄断。其实托拉斯外还是无政府，还是竞争，不能完全垄断。社会主义应当比资本主义组织得更好。如何组织？"工业七十条"〔156〕只是管一个企业内部的。而一个行业，整个国民经济，都要有组织、有计划。当然也

---

* 这是在听取托拉斯试办工作座谈会情况汇报时插话的要点。

不能太绝对,还有一些集体的、个体的经济。

你们说当前工业管理上的一个突出问题是个"散"字。什么叫"散"? 就是没有组织起来。我们的国家计划是粗线条的。如纸烟,在计划上只是一个品种,几百万箱产量,细目就没有了,而实际上有几百个牌号。

办托拉斯就是要组织起来。不只是一个企业要组织起来,一个行业要组织起来,整个国民经济都要组织起来。你们考虑一下,一个市,一个省,全国,这么多的工厂,怎么很好地组织起来? 要算总帐。试办托拉斯的目的,就是要解决整个国民经济更有计划些,更有组织些。

办托拉斯,资本主义和社会主义都给我们提供了一些参考资料,但都没有完整的经验,要我们自己创造。托拉斯不是只办十二个,我们要把眼光放大一点,全面看问题。

可以考虑托拉斯有三种形式:一种是人权、财权、物权全部统,工厂全部收;另一种是只统一计划、价格、原材料供应和产品销售;第三种是只管计划、安排任务、交流经验。恐怕几种形式都要有,只一种不行。统起来是主要的。

有同志讲,办了全国统一的托拉斯,没有对立面了,不能竞赛了。有些分公司给它一定的独立性,分公司之间,不就可以竞赛了嘛!

托拉斯的核算单位问题,有的是总公司核算,有的是分公司核算,有的是企业核算,几种都需要,看具体情况。

要全面考虑一下,哪些托拉斯由地方办合理,哪些托拉斯由中央办合理。有些由中央办合理的,也不一定马上就办,可以让地方先办,将来再成立总公司。有些将来也只能是地方办的,中央就不要办。

托拉斯还包括商业,包括物资。盐在历史上就是统销的,烟、酒在历史上就是专卖的。当然,托拉斯把商业全部拿过来不行。但是有些行业的大批发站,归托拉斯比较合理。

总的目的,是要把经济组织起来,要有计划。不管中央的、地方的,都要组织起来。组织起来,就可以搞专业化、标准化、系列化,提高质量,增加品种,降低成本,提高劳动生产率。这样,对国家有利,对地方有利,对整个社会都有利。

注　释

1　实业救国论 是本世纪初以来一些知识分子和实业家提出的一种主张,他们企图在不改变半封建半殖民地社会制度的前提下通过发展工、矿等经济实业来改变国家的贫弱状况。在旧中国的社会条件下,这种主张是不可能实现的。——第 3 页。

2　参见斯大林《关于苏联经济状况和党的政策》(《斯大林选集》上卷,人民出版社 1979 年版,第 464 页)。——第 6 页。

3　这段话的新译文是:"有时我们的管理机关真象这样一个农民:积蓄了一点钱,但不用这点钱去修理犁头,去改进自己的经营,却买了一架大留声机,结果……破产了。"见斯大林《关于苏联经济状况和党的政策》(《斯大林选集》上卷,人民出版社 1979 年版,第 468 页)。——第 7 页。

4　从十九世纪六十年代起,美国工人阶级为争取八小时工作日不断进行斗争。一八八六年五月一日,以芝加哥为中心,美国工人举行大罢工,经过斗争,很多工人获得了八小时工作日的权利。一八八九年七月,第二国际在法国巴黎召开的成立大会上通过决议,决定将五月一日定为国际劳动节。一九四九年十二月二十三日,中华人民共和国中央人民政府政务院第十二次会议通过的统一全国年节和纪念日放假办法规定,五月一日为劳动节。——第 9 页。

5　舟山 指舟山群岛,位于浙江省东部海面上。中国人民解放军于一九五〇年五月十六日向舟山本岛进军,至十九日,舟山群岛全部解放。——第 11 页。

6　建国后不久,中央人民政府多次通知西藏地方政府派代表到北京同中央人民政府商讨关于和平解放西藏的事宜。西藏地方政府迟迟不派代表,并在昌都部署军队,企图阻止中国人民解放军进藏。一九五〇年十月,人民解放军向西藏进军,解放了昌都。一九五一年四月,西藏地方政府和平谈判代表团到达北京,五月二十三日圆满达成了《中央人民政府和西藏地方政府关于和平解放西藏办法的协议》。协议的主要内容是:驱逐帝国主义势力出西藏,西藏人民回到祖国大家庭中来;西藏地方政府积极协助人民解放军进入西藏,巩固国防;在中央人民政府统一领导下实行民族区域自治;西藏的各项改革事宜,中央不加强迫,西藏地方政府应自动进行改革,人民提出改革要求时,得采取与西藏领导人员协商的方法解决。根据协议的规定,人民解放军于同年十月胜利进驻拉萨。——第 12 页。

7　东北人民政府 是大区一级的行政机构。一九四九年八月成立,辖当时的辽东省、辽西省、吉林省、黑龙江省、松江省、热河省、沈阳市、抚顺市、鞍山市、本溪市和旅大行署。一九五二年十一月十五日,中央人民政府委员会决定,大行政区人民政府或军政委员会一律改为行政委员会。不久,东北人民政府改为东北行政委员会,作为中央人民政府的派出机关,不再是一级地方政府。一九五四年六月,中央人民政府委员会决定撤销大区一级行政委员会。——第 13 页。

8　绥远 原是一个省。一九四九年九月和平解放。一九五四年该省撤销,辖区划归内蒙古自治区。——第 15、205 页。

9　土地改革 这里指中华人民共和国成立后,中国共产党领导广大农民废除封建的土地所有制,实现农民的土地所有制的革命运动。一九五〇年六月,中央人民政府颁布《中华人民共和国土地改革法》,同年冬起在新解放区陆续开展了土地改革运动。到一九五二年冬,除台湾省和一部分少数民族地区以外,全国的土地改革基本结束,使三亿无地或少地的农民分得了约七亿亩土地和其它生产资料。——第 15、68、141、296 页。

10　公债 即国家举借的债务。这里指一九五〇年一月中央人民政府为取得解放战争的彻底胜利、迅速恢复经济和安定人民生活而发行的人民胜利折实(即以实物为计算标准)公债。——第 16 页。

11　中苏友好同盟互助条约 是一九五〇年二月十四日中华人民共和国同苏维埃社会主义共和国联盟在莫斯科签订的。同年四月十一日起生效,有效期三十年。一九七九年四月三日举行的中华人民共和国第五届全国人民代表大会常务委员会第七次会议,鉴于国际形势已发生重大变化,决定条约期满后不延长。——第 18、261 页。

12　共同纲领 即一九四九年九月二十九日中国人民政治协商会议第一届全体会议通过的《中国人民政治协商会议共同纲领》。共同纲领确定了当时我国政治、军事、经济、文化教育、民族、外交等各方面的基本政策。它是在中国共产党领导下,各民主党派、各人民团体和各族各界人民代表共同制订的建国纲领,是全国人民在一定时期内共同的奋斗目标和统一行动的政治基础。一九五四年《中华人民共和国宪法》颁布以前,它起了临时宪法的作用。——第19、29、56、139、214页。

13　一九五〇年四月十九日,中国共产党中央委员会作出了《关于在报纸刊物上展开批评和自我批评的决定》。决定指出,我们党已经领导着全国的政权,党在工作中的缺点和错误很容易危害广大人民的利益;而由于政权领导者的地位,领导者威信的提高,容易产生骄傲情绪,在党内党外拒绝批评,压制批评。这样党就要被严重的官僚主义所毒害,不能完成新中国的建设任务。因此,中共中央特决定:在一切公开的场合,在人民群众中,特别在报纸刊物上展开对于党的工作中一切错误和缺点的批评与自我批评。决定还规定了在报纸刊物上进行批评和自我批评的具体办法。——第23页。

14　一九五〇年五月一日,中共中央发出的《关于在全党全军开展整风运动的指示》指出,全国胜利后新党员大量增加,其中很多人思想作风不纯;在老党员老干部中,也有很多人滋长了骄傲自满、命令主义作风;还有少数人甚至贪污腐化,违法乱纪。指示要求全党全军结合总结工作,学习指定文件,开展批评与自我批评,以整顿全党首先是党的干部的作风。遵照中央指示,各级党的组织在整风中普遍进行了干部整训。同年冬,整风运动基本结束。——第23、47页。

15　这是对一九五〇年三月三日毛泽东在东北高级干部会上的讲话中一段话的转述。——第26页。

16　**解放战士** 指被人民解放军俘虏、从国民党反动军队中解放出来、经过教育、参加我军的原国民党军士兵。——第26页。

17　**总司令** 指中国人民解放军总司令朱德。——第26页。

18　**抗大** 是中国人民抗日军事政治大学的简称。一九三六年六月一日创办于陕北瓦窑堡,初名中国人民抗日红军大学,一九三七年一月改名为中国人民抗日军事政治大学,校址迁延安。先后共办八期,并在陕甘宁边区和华北、华中等敌后抗日根据地建立了十二所分校,为我党我军培养了大批革命干部。一九四五年抗日战争胜利后,宣告结束。——第28页。

19　一九五〇年六月二十八日,中央人民政府委员会第八次会议通过土地改革法草案,并于三十日正式颁布《中华人民共和国土地改革法》,作为在全国新解放的地区开展土地改革运动的法律依据。——第32页。

20　孙中山早在一九〇二年春与章太炎的谈话中就提出了"不稼者,不得有尺寸耕土"的想法。一九〇三年为他在东京创办的军事训练班制订"驱除鞑虏,恢复中华,创立民国,平均地权"的誓词,把"平均地权"列为革命宗旨之一。一九〇五年同盟会成立时把这一口号确立为革命纲领的主要内容之一。一九二四年,孙中山在广州农民运动讲习所的演说中进一步提出了"耕者有其田"的口号。——第33页。

21　《关于目前形势与任务》的文告　指毛泽东一九四七年十二月二十五日在中共中央十二月会议上所作的《关于目前形势和我们的任务》的报告,见《毛泽东选集》第4卷,人民出版社1964年版,第1187—1204页。——第40页。

22　任弼时(一九〇四——一九五〇),湖南湘阴唐家桥(今属汨罗县)人。解放战争时期任中共中央政治局委员、中央书记处书记。一九四八年一月在西北野战军前线委员会扩大会议上,作了《土地改革中的几个问题》的报告,针对当时土地改革运动中出现的"左"的偏向,着重讲述了划分农村阶级的标准、团结全体中农、对地主富农斗争的方法、对工商业的政策、对知识分子和开明绅士的政策和反对乱打乱杀等问题。报告对指导土地改革的正确发展起了重大作用。——第40页。

23　辛亥革命　是以孙中山为首的资产阶级革命政党同盟会所领导的推翻清朝专制王朝的革命。一九一一年(辛亥年)十月十日,革命党人发动新军在湖北武昌举行起义。接着,各省热烈响应,外国帝国主义所支持的清朝反动统治迅速瓦解。一九一二年一月在南京成立了中华民国临时政府,孙中山就任临时大总统。两千多年的中国封建帝制从此结束,民主共和国的观念从此深入人心,为以后中国革命的发展打开了道路。但是资产阶级革命派力量很弱,并具有妥协性,没有能力发动广大人民的力量比较彻底地进行反帝反封建的革命。辛亥革命的成果迅即被北洋军阀袁世凯篡夺,中国仍然没有摆脱半殖民地、半封建的状态。——第42、135页。

24　人民代表会议　即地方各界人民代表会议,是解放初期人民参政的一种形式。其代表由推选、邀请、商定及选举等方式产生。在地方各级人民代表大会召开之前,它先是地方各级人民政府传达政策、联系群众的协议机关,后曾代行地方各级人民代表大会的职权。在各界人民代表会议休会期间,设各界人民代表会议协商委员会,协助人民政府实行各界人民代表会议的决议,并负责筹备下届各界人民代表会议。——第44、54、156页。

25　**马列学院**　是马克思列宁学院的简称。一九四八年成立。其任务是比较有系统地培养具有一定理论水平的党的领导干部和宣传干部。一九五五年八月改名为中共中央直属高级党校,一九七六年十月后称中共中央党校。——第50页。

26　**《火星报》**是列宁于一九〇〇年在国外创办的第一份全俄的马克思主义的报纸,也称旧《火星报》。列宁曾亲自为报纸撰稿,并为报纸的按期出版、运到俄国散发做了大量工作。该报在克服工人运动中的手工业方式,粉碎"经济派",组织马克思主义政党等方面起了重大的作用。一九〇三年俄国社会民主工党第二次代表大会决定该报为党中央机关报,选出列宁、普列汉诺夫和马尔托夫为编辑(马尔托夫拒绝参加)。会后,普列汉诺夫违反大会决议,擅自把三名孟什维克分子补进编辑部。列宁因不同意而退出编辑部。从第五十二期起,该报成为孟什维克的报纸,也称新《火星报》。——第52页。

27　**五种经济成份**　指国营经济、合作社经济、国家资本主义经济、私人资本主义经济和个体经济。——第60页。

28　**共产党员标准的八项条件**在收入中国共产党第一次全国组织工作会议通过的《关于整顿党的基层组织的决议》时,本条内容被并入第三条。决议中第三条的内容是:"每一个共产党员,必须下定决心,终身英勇地坚持革命斗争。在任何环境下,不退缩,不叛变党,不投降敌人。如果在中途不能坚持革命斗争,就不能再做共产党员。"决议中第六条的内容改为:"每一个共产党员,应该经常地用批评与自我批评的方法,检讨自己工作中的错误和缺点,并及时地加以纠正。谁如果是一个有了严重的错误而不能改正,并居功骄傲,自高自大,坚持错误的人,谁就不能做共产党员。"——第63页。

29　指刘少奇一九五一年三月二十八日在中国共产党第一次全国组织工作会议上的报告。这个报告指出了中国共产党是经历三十年艰苦斗争考验的伟大的、光荣的、正确的党,但由于长期处于分散的农村和战争的紧张环境,加之在近几年内迅速的组织发展,许多党的下级组织降低了接收党员的条件,以致出现了思想上和组织上不纯的现象,有的地方则相当严重。针对这种状况,报告主要讲了整顿党的基层组织、发展新党员和改进干部管理制度、加强党的组织机构等问题,要求对党组织进行一次普遍的整理,对所有党员进行一次认真的共产主义和共产党的教育,并提出了共产党员标准的八项条件(即本书《共产党员标准的八项条件》一文)。——第65页。

30　中国共产党第一次全国组织工作会议通过了《关于整顿党的基层组织的决议》。决议指出：为了领导与团结全国人民完成新的历史任务，必须在对全体党员进行共产党员标准八项条件教育的基础上，对党的基层组织进行一次普遍的整顿，克服党在某种程度上的组织不纯与思想不纯的现象。从此，整党工作逐步展开，至一九五四年春基本结束。——第66页。

31　辽沈战役　是一九四八年九月十二日至十一月二日中国人民解放军东北野战军在辽宁省西部和沈阳、长春地区进行的一次具有决定意义的战役。这次战役共歼灭国民党军队四十七万人，解放了东北全境。这一胜利，连同当时其它战场上的胜利，使全国的军事形势出现了根本的变化，我军不但在质量上早已占有优势，而且在数量上也转入了优势。淮海战役　是一九四八年十一月六日至一九四九年一月十日由中国人民解放军华东野战军和中原野战军在以徐州为中心，东起海州，西至商丘，北起临城（今薛城），南达淮河的广大地区，同国民党军进行的一次具有决定意义的战役。这次战役共歼灭国民党军队五十五万人，解放了长江中下游以北广大地区，使蒋介石的精锐主力丧失殆尽，反动统治的中心南京以及上海、武汉等地，处于我军直接威胁之下。平津战役　是一九四八年十一月二十九日至一九四九年一月三十一日，由中国人民解放军东北野战军和华北两个兵团在西起张家口，东至塘沽、唐山，包括北平、天津在内的地区，同国民党军进行的一次具有决定意义的战役。人民解放军先后歼灭了新保安、张家口、天津的国民党守军；由于我方的努力争取，经过谈判，国民党军华北"剿总"总司令傅作义率部接受人民解放军改编，北平和平解放。是役共歼灭和改编国民党军五十二万余人，基本上解放了华北地区。——第68页。

32　党的三中全会　指一九五〇年六月六日至九日在北京召开的中国共产党第七届中央委员会第三次全体会议。会上，毛泽东作了《为争取国家财政经济状况的基本好转而斗争》的书面报告并讲了话；刘少奇、周恩来、陈云和聂荣臻分别就土改、外交与统战、财经、军事等问题作了报告。会议确定，要做好土改、稳定物价、调整工商业、肃清反革命、整党等八项工作，争取在三年的时间内，实现国家财政经济状况的基本好转，为有计划的经济建设创造条件。会上还提出，今后要采取谨慎地发展党的组织的方针。——第68页。

33　见毛泽东《在中国共产党第七届中央委员会第二次全体会议上的报告》（《毛泽东选集》第4卷，人民出版社1964年版，第1376页）。——第69页。

34 参见斯大林《论党的工作缺点和消灭托洛茨基两面派及其他两面派的办法》(《斯大林文选》上卷,人民出版社 1963 年版,第 150 页)。——第 73 页。

35 一贯道 是反动封建迷信组织。抗日战争时期,为日本特务机关所利用。日本投降后,被国民党反动派所控制,并改名为"中华道德慈善会"。解放以后,继续进行各种破坏活动。一九四九年起,各地人民政府先后明令加以取缔。——第 89 页。

36 这里所说的合作社,主要是农村供销合作社、城市消费合作社和城乡手工业生产合作社。一九五〇年七月刘少奇在全国合作社工作者第一届代表会议上作报告,指出目前主要办这三类合作社,并为引导合作社工作走上正轨提出了初步方针。一九五一年七八月间他写了收在这里的《关于合作社的若干问题》一文,着重从理论上对农村供销合作社进行了论述。同年九月他起草了《关于合作社问题的决议(草案)》,随后又把决议草案改为《论合作社问题(初稿)》,进一步对农村供销合作社的各项政策作了具体说明,并论述了城市消费合作社和城乡工业生产合作社问题。——第 100 页。

37 顺义县于一九五八年划归北京市。——第 106 页。

38 程子华,一九〇五年生,山西解县(今运城市)人。当时任中华全国合作社联合总社副主任。——第 111 页。

39 这是刘少奇转述列宁的话。列宁一九二〇年在《共产主义运动中的"左派"幼稚病》一文中,讲到无产阶级专政的必要性时指出,资产阶级的强大,不仅在于国际资本的力量,不仅在于它的各种国际联系牢固有力,而且还在于习惯的力量,小生产的力量,"因为,可惜现在世界上还有很多很多小生产,而小生产是经常地、每日每时地、自发地和大批地产生着资本主义和资产阶级的"(参见《列宁选集》第 4 卷,人民出版社 1972 年版,第 181 页)。——第 113 页。

40 中国新民主主义青年团 是中国共产党领导建立的先进青年的群众组织。一九四九年一月一日,中共中央正式发出《关于建立中国新民主主义青年团的决议》。同年四月,中国新民主主义青年团正式建立。一九五七年五月,中国新民主主义青年团第三次全国代表大会正式将团的名称改为中国共产主义青年团。——第 114、274 页。

41 一九五〇年六月二十五日朝鲜内战爆发后,美帝国主义发动侵朝战争,同时派军队侵略我国领土台湾。九月十五日又打着联合国军的旗号,派兵在朝鲜西海岸仁川登陆,随后越过朝鲜南北两方原来的临时分界线"三八线"大举北犯,并且轰炸、扫射中国东北边境城市和村庄,严重威胁中国的安全。为了援助朝鲜人民的抗美救国战争、保卫刚刚诞生的新中国,中国人民响应毛泽东主席发出的抗美援朝、保家卫国的号召,组织了以彭德怀为司令员兼政治委员的中国人民志愿军,开赴朝鲜前线,同朝鲜人民军并肩作战,抗击美国侵略军。十一月四日,中国各民主党派发表联合宣言,坚决支持志愿军的正义行动。全国人民以增产节约、报名参加志愿军、捐献武器等各种方式全力支援朝鲜前线的作战。在中朝人民军队的沉重打击下,美帝国主义连遭失败,被迫于一九五三年七月二十七日在朝鲜停战协定上签字。至此,朝鲜停战实现,中国人民的抗美援朝战争取得了伟大胜利。——第 114、140、203 页。

42 参见斯大林《在全苏集体农庄突击队员第一次代表大会上的演说》(《斯大林选集》下卷,人民出版社 1979 年版,第 325 页)。——第 116 页。

43 参见毛泽东《论人民民主专政》(《毛泽东选集》第 4 卷,人民出版社 1964 年版,第 1414 页)。——第 120 页。

44 见毛泽东《做一个完全的革命派》(《毛泽东选集》第 5 卷,人民出版社 1977 年版,第 27 页)。——第 122 页。

45 指中共中央政治局根据毛泽东一九五三年十二月在中央政治局会议上提出的建议起草的《关于增强党的团结的决议(草案)》。这个文件于一九五四年二月十日在中国共产党第七届中央委员会第四次全体会议上通过。——第 125 页。

46 康有为(一八五八——一九二七),广东南海人。中国在甲午战争中被日本打败后,他于一八九五年联合在北京会试的一千三百多名举人联名向光绪皇帝上"万言书",要求"变法维新",主张改君主专制制度为君主立宪制度。一八九八年(戊戌年)他和梁启超、谭嗣同等人在光绪皇帝的支持下发动变法,企图通过自上而下的变法维新,逐步地在中国推行地主阶级和资产阶级联合统治的君主立宪制度,发展民族资本主义,以挽救民族危亡。以慈禧太后为首的顽固派,坚决反对变法维新,在光绪皇帝宣布变法三个多月后发动政变,幽禁光绪皇帝,杀害维新派谭嗣同等六人,使变法遭到失败。康有为逃亡海外,组织保皇会。以后,和孙中山所代表的资产阶级、小资产阶级的革命派相对立。著作有《新学伪经考》、《孔子改制考》、《大同书》等。——第 134 页。

47　慈禧太后　即叶赫那拉氏(一八三五——一九〇八),清朝咸丰皇帝的妃子,一八六一年其子载淳(同治皇帝)即位后,被尊为慈禧太后,成为同治、光绪两朝的实际统治者。一八九八年(戊戌年)发动政变,幽禁光绪皇帝,杀害维新派谭嗣同等,使戊戌变法遭到失败。她对内实行残酷统治,对外妥协投降,与帝国主义国家签订了一系列丧权辱国的条约,是清末顽固势力的总代表。——第 134 页。

48　同盟会　是中国资产阶级革命政党中国同盟会的简称。一九〇五年八月,兴中会与华兴会等革命团体的成员在日本东京联合组成同盟会,采用了孙中山提出的"驱除鞑虏,恢复中华,创立民国,平均地权"的资产阶级革命的政纲。孙中山被推选为同盟会的总理。在他的领导下,同盟会积极进行革命宣传,并联合会党、新军发动多次武装起义。一九一一年(辛亥年)十月武昌起义爆发,很快形成推翻清王朝的辛亥革命运动。在袁世凯窃取政权后,同盟会于一九一二年八月改组为国民党。——第 134 页。

49　临时约法　即一九一二年三月十一日以中华民国临时大总统孙中山的名义公布的《中华民国临时约法》。一九一四年五月被袁世凯废除。——第 135 页。

50　袁世凯 (一八五九——一九一六),河南项城人。清末曾任山东巡抚、直隶总督兼北洋大臣等职,成为北洋军阀首领。一九一一年辛亥革命时,出任清政府内阁总理大臣。他以武力要挟革命党议和、胁迫孙中山让位,同时又挟制清帝退位,在英、美、日等帝国主义国家支持下,于一九一二年窃取中华民国临时大总统职务,组织了代表大地主大买办阶级的第一个北洋军阀政府,对内专制独裁,对外投降卖国。一九一五年五月接受日本企图灭亡中国的"二十一条"。同年十二月称帝,一九一六年三月在全国人民的反对下被迫取消帝制。——第 136 页。

51　北洋军阀　是清末袁世凯在北方几省首先建立起来的封建军阀集团。一八九五年清政府命袁世凯在天津小站编练"新建陆军",归北洋大臣节制。一九〇一年袁世凯任直隶总督兼北洋大臣以后,培植党羽,自成派系。辛亥革命后不久,袁世凯窃取中华民国临时大总统职务,组织了代表大地主大买办阶级的第一个北洋军阀政府。一九一六年袁死后,这个集团分别在英、日等帝国主义国家支持下分化为直、皖、奉三系,为争权夺利彼此间进行过多次混战。一九二六年皖系军阀段祺瑞下台,一九二七年直系军阀被国民革命军消灭，一九二八年奉系军阀政府垮台。至此，北洋军阀反动统治时期结束。——第 136 页。

52 曹锟（一八六二——一九三八），天津人，北洋军阀直系首领之一。一九一二年袁世凯窃取政权后，历任北洋军第三师师长、长江上游警备司令等职。一九二二年第一次直奉战争后，直系控制了北京政权，次年十月，他收买国会议员，被选为"总统"，同年又指使受贿的议员拼凑了一部所谓"中华民国宪法"，当时被人们叫做"贿选宪法"。——第 136 页。

53 见孙中山《遗嘱》（《孙中山选集》下卷，人民出版社 1956 年版，第 921 页）。——第 137 页。

54 一九四六年六月下旬，国民党反动派悍然发动全国性内战，十月占领晋察冀解放区首府张家口，接着于十一月至十二月间，违反政协决议关于由各党派及社会贤达的代表召开国民大会制定宪法的规定，一手包办了国民大会，通过所谓"中华民国宪法"。这个"宪法"受到全国人民的反对。——第 138 页。

55 中国青年党，一九二三年在法国成立。其成员主要是一些地主、资产阶级的政客和知识分子。它标榜国家主义、反对共产主义。抗日战争期间曾参加中国民主同盟，后又依附国民党，一九四六年十一月参加国民党包办的国民大会，拥护这次国民大会通过的所谓"中华民国宪法"，支持蒋介石发动反共反人民的内战。一九四九年随国民党去台湾省。——第 138 页。

56 民主社会党　即中国民主社会党。一九四六年由国家社会党与民主宪政党合并组成。其主要成员是地主、资产阶级的代表人物。同年十一月，参加国民党包办的国民大会，拥护这次国民大会通过的所谓"中华民国宪法"，支持蒋介石发动反共反人民的内战。一九四九年随国民党去台湾省。——第 138 页。

57 镇压反革命　指一九五〇年至一九五三年在全国开展的镇压反革命运动。中华人民共和国成立初期，全国各地残存着大量的土匪、恶霸、特务、反动党团骨干和反动会道门头子等反革命分子。他们进行各种破坏活动，危害人民的革命和建设事业。为了迅速建立和巩固革命秩序，根据中共中央《关于镇压反革命活动的指示》和中央人民政府公布的《中华人民共和国惩治反革命条例》，全国开展了镇压反革命运动。这次运动沉重打击了反革命残余势力，巩固了人民民主专政。——第 141、241 页。

58　见毛泽东《论人民民主专政》(《毛泽东选集》第 4 卷,人民出版社 1964 年版,第 1408 页)。——第 142 页。

59　见毛泽东《论联合政府》(《毛泽东选集》第 3 卷,人民出版社 1964 年版,第 1031 页)。——第 147 页。

60　"三反"指一九五一年底至一九五二年十月在国家机关、部队和国营企业等单位中开展的反对贪污、反对浪费、反对官僚主义的斗争。——第 148、182 页。

61　"五反"指一九五二年在全国资本主义工商业中开展的反对行贿、反对偷税漏税、反对盗骗国家财产、反对偷工减料和反对盗窃经济情报的斗争。——第 148、182 页。

62　农业生产合作社 是当时我国劳动农民在中国共产党领导下自愿联合组成的集体经济组织。按照集体化程度的不同,分为初级农业生产合作社和高级农业生产合作社。初级农业生产合作社实行土地入股、统一经营;收益按土地和劳力比例分配;牲畜、农具等生产资料入股,也取得合理的代价。高级农业生产合作社,土地取消了报酬,归集体所有,牲畜、农具等生产资料作价入社,完全实行按劳分配的原则。——第 150、207、286 页。

63　这段话的新译文是:"我们能够加以限制、能够规定其活动范围的资本主义",见列宁《俄共(布)中央委员会的政治报告》(《列宁选集》第 4 卷,人民出版社 1972 年版,第 627 页)。——第 151、216 页。

64　统购统销 是我国政府在建国以后陆续实行的对粮食、棉花、油料等主要农产品有计划地统一收购和统一供应的政策。这一政策的实施,在当时有效地保障了城乡社会主义建设和人民基本生活的需要,保证了物价的稳定,促进了对个体农业、手工业和资本主义工商业的社会主义改造。近几年来,随着社会主义商品生产的发展,粮食、棉花、油料等农产品越来越丰富,国家正在逐步地取消对这些农产品的统购统销政策。一九八五年一月一日,中共中央、国务院颁发了《关于进一步活跃农村经济的十项政策》,决定从当年起,除个别品种外,国家不再向农民下达农产品统购派购任务,按照不同情况,分别实行合同定购和市场收购。——第 153、212 页。

65　指一九五五年三月一日中共中央对卫生部党组关于节制生育问题的报告的批示。这年二月,中共卫生部党组根据刘少奇在这次座谈会上讲话的精神,写了关于节制生育问题的报告。中共中央在批转这个报告的批示中指出："节制生育是关系广大人民生活的一项重大政策性的问题。在当前的历史条件下，为了国家、家庭和新生一代的利益，我们党是赞成适当地节制生育的。各地党委应在干部和人民群众中（少数民族地区除外），适当地宣传党的这项政策，使人民群众对节制生育问题有一个正确的认识。"——第172页。

66　林枫（一九〇六——一九七七），黑龙江望奎人。当时任中共中央副秘书长、国务院第二办公室（负责文教卫生工作）主任。——第173页。

67　徐运北，一九一四年生，山东聊城人。当时任卫生部副部长。——第173页。

68　龚饮冰（一八九六——一九七六），湖南长沙人。当时任轻工业部副部长、中共轻工业部党组书记。——第173页。

69　王磊，一九一四年生，山东掖县人。当时任商业部副部长。——第173页。

70　范长江（一九〇九——一九七〇），四川内江人。当时任国务院第二办公室（负责文教卫生工作）副主任。——第173页。

71　康克清，一九一二年生，江西万安人。当时任中华全国民主妇女联合会常务委员、妇女儿童福利部部长。——第173页。

72　张难先（一八七四——一九六八），湖北沔阳人。一九一一年参加辛亥革命。一九二四年国民党改组时，拥护孙中山的联俄、联共、扶助农工三大政策。一九三〇年起先后任国民党政府铨叙部部长、浙江省政府主席。抗日战争时期任国民参政会参政员等职。抗日战争后期，转向支持民主运动。中华人民共和国成立后，历任中央人民政府委员、中南军政委员会副主席、全国人民代表大会常务委员会委员。——第174页。

73　中华全国工商业联合会　简称工商联，是中国工商界组织的人民团体。一九五二年六月开始筹备，一九五三年十月正式成立。——第176页。

74　一九五五年十月，毛泽东在讲到资本主义工商业的社会主义改造问题时，曾用"十五个吊桶打水，七上八下"这句歇后语形容资本家在社会主义改造到来时忐忑不安的心情，强调中国共产党和人民政府要加强对资本家的思想政治工作，使他们认清社会发展规律，掌握自己的命运，接受社会主义改造。——第177页。

75　"四马分肥"是当时对民族资本主义企业的利润分配形式的形象的说法，指企业利润按国家征收的所得税金、企业公积金、职工福利奖金和资方的股息红利四部分分配。一九五六年全行业公私合营后,资方的股息红利被定息代替。——第 178 页。

76　定息 是我国在资本主义工商业实行全行业公私合营后,对民族资本家的生产资料进行赎买的一种形式,即不论企业盈亏,统一由国家每年按照资本额发给资本家固定的利息(一般是年息百分之五)。定息从一九五六年起支付,一九六六年九月停止支付。——第 178 页。

77　参见毛泽东《不要四面出击》(《毛泽东选集》第 5 卷,人民出版社 1977 年版,第 21—24 页)。——第 179 页。

78　政治协商会议 指中国人民政治协商会议,是中国共产党领导下的统一战线组织。一九四九年六月在北平召开筹备会,同年九月举行第一届全体会议,代行全国人民代表大会的职权,制订了《中国人民政治协商会议共同纲领》、《中国人民政治协商会议组织法》、《中华人民共和国中央人民政府组织法》,选举了中央人民政府委员会,宣告了中华人民共和国的成立。一九五四年九月召开第一届全国人民代表大会第一次会议以后,中国人民政治协商会议不再行使全国人民代表大会的职权,但仍然是具有广泛代表性的统一战线组织,在我国的政治生活和社会生活以及对外友好活动中继续发挥它的重要作用。——第 179 页。

79　五毒 指中华人民共和国成立初期一些资本家的行贿、偷税漏税、盗骗国家财产、偷工减料和盗窃经济情报的五种违法行为。——第 179 页。

80　参见恩格斯为《共产党宣言》1883 年德文版写的序(《马克思恩格斯选集》第 1 卷,人民出版社 1972 年版,第 232 页)。——第 179 页。

81　参见恩格斯《法德农民问题》(《马克思恩格斯选集》第 4 卷,人民出版社 1972 年版,第 314—315 页)、列宁《论粮食税》(《列宁选集》第 4 卷,人民出版社 1972 年版,第 511 页)。——第 179 页。

82　这个观点是毛泽东一九五五年十月二十七日同工商界代表人物谈话时提出的。——第 181 页。

83　陈云,一九〇五年生,上海青浦人。当时任中共中央书记处书记、国务院副总理等职。在中共中央召开的关于资本主义工商业社会主义改造问题会议上,陈云作了题为《资本主义工商业改造的新形势和新任务》的报告,报告讲到对资本家及其家属的思想教育时说:"工商联座谈会上反映,好多资本家说：'我们通了，但是老婆不通'。也有人讲：'两个副总理讲了几个钟头，但是回去还不抵老婆一席话。'所以对资本家家属的教育很重要。"(《陈云文选》〔一九四九——一九五六年〕，人民出版社 1984 年版，第 292 页)。——第 181 页。

84　两个陈副总理　指陈云和陈毅。——第 181 页。

85　这是毛泽东一九五五年十月二十七日同工商界代表人物谈话时讲的。——第 182 页。

86　曹禺，一九一〇年生，湖北潜江人。当时任北京人民艺术剧院院长、中国戏剧家协会理事。其代表作有《雷雨》、《日出》、《北京人》等。——第 187 页。

87　陈毅(一九〇一——一九七二)，四川乐至人。当时任国务院副总理。——第 188 页。

88　旧社会官宦、地主和富商等招请艺人在家里举行的演出会，叫堂会。——第 189 页。

89　黎锦晖(一八九一——一九六七)，湖南湘潭人。五四运动后从事儿童歌舞剧和儿童歌舞音乐的创作，代表作有《麻雀与小孩》、《葡萄仙子》、《小小画家》及《可怜的秋香》等，对当时的中、小学音乐教育有很大影响。——第 192 页。

90　十二年农业发展的伟大计划　即《一九五六年到一九六七年全国农业发展纲要(草案)》。这个草案是中共中央根据毛泽东的倡议提出的，一九五六年一月公布。一九五七年十月公布修正草案。一九六〇年四月经第二届全国人民代表大会第二次会议通过并作为正式文件颁发。纲要全文共四十条，提出了我国农业、畜牧业、林业、渔业、副业以及农村商业、信贷、交通、邮电、广播、科学、文化、教育、卫生等方面的发展规划。——第 194、226、286 页。

91　党的第七次代表大会　于一九四五年四月二十三日至六月十一日在延安举行。毛泽东作《论联合政府》的政治报告，朱德作《论解放区战场》的军事报告，刘少奇作《关于修改党章的报告》；周恩来作《论统一战线》的重要发言。大会总结了我国民主革命二十多年曲折发展的历史经验，制定了正确的纲领和策略，克服了党内的错误思想，使全党的认识在马克思列宁主义、毛泽东思想的基础上统一起来，达到了全党的空前团结。这次大会，为新民主主义革命在全国的胜利奠定了基础。——第 202、416 页。

92　和平共处的五项原则　即互相尊重主权和领土完整、互不侵犯、互不干涉内政、平等互利、和平共处。一九五三年十二月至一九五四年四月,中国政府代表团和印度政府代表团就两国在中国西藏地方的关系问题在北京举行谈判。这五项原则是周恩来总理在谈判开始时同印度代表团的谈话中提出的,后正式写入双方达成的《关于中国西藏地方和印度之间的通商和交通协定》的序言中。由于一九五四年六月在中印、中缅两国总理的联合声明中以及此后的许多国际性文件中都采用了和平共处五项原则的提法,这个提法已在世界上得到广泛的承认和使用。——第203页。

93　和平建国的协议　指一九四六年一月在重庆召开的有国民党、共产党、民主同盟、青年党和无党派人士的代表参加的政治协商会议通过的《和平建国纲领》。这个纲领的草案是中国共产党代表团向政治协商会议提出的,主要内容包括:和平、民主、团结的方针;政治民主化、军队国家化和党派平等合法为达到和平建国的途径;人民的民主权利以及修正或废止当时法令中和上述原则有冲突的方面。政治协商会议以这份草案为基础,经过施政纲领组协商讨论,于一月二十六日达成协议,作为宪政实施前的施政纲领。一月三十一日在政治协商会议第十次大会上通过。但不久蒋介石即推翻了政治协商会议的各项决议,在美帝国主义支持下发动了全国内战。——第204页。

94　我国在第一个五年计划时期,为了便于各级主管机关对建设项目的计划、设计、施工等工作实行分级管理,按基本建设项目总投资的多少确定一个数额,这个数额称为限额。如一九五四年规定钢铁工业的投资限额为一千万元,纺织工业的投资限额为五百万元,其它各项轻工业的投资限额为三百万元至四百万元。限额以上项目,一般为国家重点建设项目。——第221页。

95　一九五六年至一九六七年的科学发展规划　指《一九五六——一九六七年科学技术发展远景规划纲要(草案)》。这个草案是国务院根据中共中央关于迅速改变我国在经济上和科学文化上的落后状况的指示精神,从一九五六年四月开始,组织六百多名中国科学技术专家,并邀请二十多位苏联专家,经过半年的研究和讨论制订的。规划提出了国家建设所急需的五十七项重要科学技术任务和六百一十六个中心问题,并指出了各门类科学的发展方向。这个规划的实施,推动了我国科学技术事业的迅速发展。——第239页。

96　这段话的新译文是:"无产阶级专政是劳动者的先锋队——无产阶级同人

数众多的非无产阶级的劳动阶层(小资产阶级、小业主、农民、知识分子等等)或同他们的大多数结成的特种形式的阶级联盟，⋯⋯是为最终建成并巩固社会主义而成立的联盟。"见列宁《"关于用自由平等口号欺骗人民"出版序言》(《列宁全集》第29卷，人民出版社1956年版，第343—344页)。——第243页。

97　亚非会议 也称万隆会议，一九五五年四月十八日至二十四日在印度尼西亚万隆举行。参加会议的有缅甸、锡兰(今斯里兰卡)、印度、印度尼西亚和巴基斯坦五个发起国，以及阿富汗、柬埔寨、中华人民共和国、埃及等二十九个亚非国家。会议广泛讨论了民族主权、反殖民主义斗争、世界和平以及与会国之间的经济、文化合作等问题，发表了《亚非会议最后公报》，提出了著名的关于促进世界和平与合作的十项原则。——第257页。

98　苏伊士运河位于埃及的东北部，是连接地中海和红海的国际通航运河。它处于欧、亚、非三洲交界地带的要冲，战略地位十分重要。一八六九年正式通航后，英、法两国垄断了苏伊士运河公司的绝大部分股份，每年从中获得巨额利润，英国还在运河地区建立了海外最大的军事基地。第二次世界大战后，埃及人民为收回苏伊士运河的主权进行了不懈的斗争。一九五六年七月二十六日，埃及政府宣布将苏伊士运河公司收归国有。世界许多国家的政府和领导人发表声明，支持埃及的正义行动。同年十月，英、法和以色列发动侵略埃及的战争，妄图重新夺取运河，结果遭到失败。——第257页。

99　陈独秀右倾机会主义路线 指一九二七年以陈独秀为代表的右倾投降主义错误。当时陈独秀放弃对于农民群众、城市小资产阶级和中等资产阶级的领导权，尤其是放弃对于武装力量的领导权，主张一切联合，否认斗争，对国民党右派反共反人民的阴谋活动采取妥协投降的政策，以至当大地主大资产阶级的代表蒋介石、汪精卫先后背叛革命，向人民突然袭击的时候，中国共产党和广大人民不能组织有效的抵抗，使第一次国内革命战争遭到失败。同年八月七日，中共中央在汉口召开紧急会议，总结了大革命失败的经验教训，彻底结束了陈独秀右倾投降主义在党中央的统治。——第266页。

100　三次"左"倾机会主义路线 指一九二七年十一月至一九二八年四月以瞿秋白为代表的"左"倾盲动主义错误，一九三〇年六月至九月以李立三为代表的"左"倾冒险主义错误和一九三一年一月至一九三五年一月遵义会议前以王明为代表的"左"倾冒险主义错误。——第266、410、440页。

101　遵义会议 指一九三五年一月长征途中，中共中央政治局在贵州遵义举行的扩大会议。这次会议集中讨论和纠正了军事上和组织上的错误,结束了"左"倾冒险主义在党中央的统治,确立了毛泽东在红军和党中央的领导地位,在最危急的关头挽救了红军,挽救了党。——第266、386页。

102 王明 即陈绍禹(一九〇四———一九七四),安徽金寨人。一九二五年加入中国共产党。曾任中共中央委员、政治局委员、驻共产国际代表、长江局书记。他是一九三一年一月至一九三五年一月遵义会议前中国共产党内"左"倾冒险主义错误的主要代表。抗日战争初期,又犯了右倾投降主义错误。他长期拒绝党的批评和帮助。六十年代后堕落成为中国革命的叛徒。——第266页。

103 博古 即秦邦宪(一九〇七———一九四六),江苏无锡人。一九三一年九月至一九三五年一月,曾是中共临时中央主要负责人、中共中央政治局委员。在此期间,犯过严重的"左"倾冒险主义错误。自一九三三年九月开始的第五次反"围剿"起,同共产国际派来的军事顾问李德一起掌握了红军的最高领导权,在军事指挥上犯了一系列错误,使红军受到极大损失。遵义会议以后,被撤销了在党和红军中的最高领导权。抗日战争初期,在党中央的长江局、南方局工作。一九四一年以后,在延安创办并主持《解放日报》和新华通讯社。一九四五年,在党的第七次全国代表大会上继续当选为中央委员。一九四六年四月,因飞机失事遇难。——第266页。

104 整风运动 指中国共产党自一九四二年起在全党范围内开展的一个马克思列宁主义的思想教育运动。主要内容是:反对主观主义以整顿学风,反对宗派主义以整顿党风,反对党八股以整顿文风。经过这个运动,全党进一步地掌握了马克思列宁主义的普遍真理与中国革命的具体实践的统一这样一个基本方向。——第267页。

105 邓小平,一九〇四年生,四川广安人。当时任中共中央政治局委员、中共中央秘书长。一九五六年九月十六日,他在中国共产党第八次全国代表大会上作了《关于修改党的章程的报告》。——第270页。

106 高,即高岗,一九五三年时是中共中央政治局委员、中央人民政府副主席、国家计划委员会主席。饶,即饶漱石,一九五三年时是中共中央委员、中共中央组织部部长、中央人民政府委员。一九五五年三月,中国共产党全国代表会议总结了反对高饶一九五三年阴谋分裂党、篡夺党和国家最高权力的重大斗争,通过决议开除他们的党籍。——第272页。

107 见《神童诗》。此书相传为宋朝汪洙所作,后经历代增补,成为旧时流行的启蒙读本。——第 281 页。

108　见毛泽东《整顿党的作风》(《毛泽东选集》第 3 卷,人民出版社 1964 年版,第 773 页)。——第 284 页。

109　见毛泽东《整顿党的作风》(《毛泽东选集》第 3 卷,人民出版社 1964 年版,第 774 页)。——第 284 页。

110　中共第八次全国代表大会　于一九五六年九月十五日至二十七日在北京举行。这次大会分析了生产资料私有制的社会主义改造基本完成以后的形势,提出了全面开展社会主义建设的任务。毛泽东致开幕词,刘少奇作政治报告,周恩来作《关于发展国民经济的第二个五年计划的建议的报告》,邓小平作《关于修改党的章程的报告》;朱德、陈云、董必武等作了重要发言。大会通过了《关于政治报告的决议》、《中国共产党章程》和《关于发展国民经济的第二个五年计划(一九五八年到一九六二年)的建议》,并选举了新的中央委员会。八大制定了正确的路线,为新时期社会主义事业的发展和党的建设指明了方向。——第 285、413 页。

111　米丘林(一八五五———一九三五),苏联植物育种学家、农学家。他自幼喜欢农艺,中学没毕业即到铁路车站当站务员,同时进行果树改良栽培研究。后来自己租地、买地进行果树研究和杂交育种试验。一九一七年十月革命胜利以后,在苏维埃政权的资助下,扩大了苗圃的种植和研究工作。他在一生中培育了三百多个果树新品种,其科学著作被收入《米丘林全集》。——第 289 页。

112　高尔基(一八六八———一九三六),苏联作家,苏联社会主义文学的奠基人。生于贫苦木工家庭,少年时期仅念过一两年书,十岁开始自谋生活。他靠自学读了许多书,从一八九二年起开始发表作品。一九〇五年加入俄国社会民主工党。一九三四年当选为苏联作家协会第一任主席。主要著作有:诗《海燕》,长篇小说《母亲》、《克里姆·萨姆金的一生》,自传体三部曲《童年》、《在人间》、《我的大学》,剧本《小市民》、《底层》、《仇敌》等。——第 289 页。

113　富兰克林(一七〇六———一七九〇),美国资产阶级革命时期的民主主义者,科学家。少年时期仅念过两年小学,十二岁到印刷所当学徒。后经营印刷所,兴办公共事业。一七六四年,当选为宾夕法尼亚州议会议长。美国独立战争时,曾参加起草《独立宣言》。一七八七年为制宪会议代表,主张废除奴隶制度。他在研究大气电方面作出了贡献，发明了避雷针。——第 290 页。

114 法拉第（一七九一——一八六七），英国物理学家、化学家。贫苦铁匠家庭出身，十三岁离开学校到书籍装订工场当学徒。经过努力自学，后来被化学家亨利·戴维录用为实验室的助手。他在研究和实验中，发现了电磁感应现象，确定了电磁感应的基本定律，发现了电解定律，在物理学和化学的很多方面作出了重要贡献。——第 290 页。

115 爱迪生（一八四七——一九三一），美国发明家、企业家。八岁开始上小学，仅在校读书三个月。后经自学和刻苦钻研，在电工、矿山、建筑、化工及电影技术等方面有上千种发明。——第 290 页。

116 诺贝尔（一八三三——一八九六），瑞典化学家。八岁入小学读书，一年后随全家迁往俄国，在家庭教师指导下继续学习。后来发明黄色炸药等多种炸药和雷管。他晚年立下遗嘱，将其遗产一部分作为基金，以其利息分设物理学、化学、生理或医学、文学、和平事业五种奖金（一九六八年又增设经济学奖），这就是诺贝尔奖金。——第 290 页。

117 见范仲淹《岳阳楼记》。——第 294 页。

118 指毛泽东一九五七年二月二十七日在最高国务会议第十一次（扩大）会议上的讲话。这个讲话当时即在党内外干部群众中广泛进行传达和讨论，后来经本人整理、补充，一九五七年六月十九日在《人民日报》发表，题为《关于正确处理人民内部矛盾的问题》。——第 295 页。

119 陈独秀（一八七九——一九四二），安徽怀宁人。一九一五年九月起主编《青年》杂志（后改名《新青年》），一九一八年和李大钊创办《每周评论》，提倡新文化，是五四新文化运动的主要领导人之一。五四运动后，接受和宣传马克思主义，是中国共产党的主要创建人之一。在党成立后的最初六年中是党的主要领导人。在第一次国内革命战争后期，犯了严重的右倾投降主义错误。其后，对于革命前途悲观失望，接受托派观点，在党内成立小组织，进行反党活动，一九二九年十一月被开除出党。后公开进行托派组织活动。一九三二年十月被国民党政府逮捕，一九三七年八月出狱。一九四二年病故于四川江津。——第 301 页。

120 张国焘（一八九七——一九七九），江西萍乡人。一九二一年参加中国共产党第一次全国代表大会。在党内曾先后被选为中央委员、政治局委员、政治局常委。一九三一年任中共鄂豫皖中央分局书记、中华苏维埃共和国临时中央政府副主席等职。一九三五年六月红军第一、第四方面军在四川懋功地区会师后任红军总政治委员。他反对中央关于红军北上的决定，进行分裂党和红军的活动，另立"中央"。一九三六年六月他被迫取消第二"中央"，随后与红军第二、第四方面军一起北上，十二月到达陕北。一九三八年四月背叛革命，投入国民党特务集团，随即被开除党籍。一九七九年死于加拿大。——第302页。

121 参见恩格斯为马克思《法兰西内战》1891年单行本写的导言（《马克思恩格斯选集》第2卷，人民出版社1972年版，第335页）。——第307页。

122 《三字经》是中国旧时流行的启蒙课本之一，以三字一句的韵文写成，大部分内容是宣传封建礼教的。著者相传为宋朝王应麟（一说为区适子），明清学者陆续补充。一九二八年，章太炎重新修订。——第310页。

123 朱买臣，西汉吴县（今属江苏）人。汉武帝时曾为会稽太守、主爵都尉。——第310页。

124 李密，隋朝人，祖籍辽东襄平（今辽宁辽阳），后迁京兆长安（今陕西西安）。六一三年，与隋官杨玄感起兵反隋，后成为农民起义军瓦岗军的首领。——第311页。

125 王冕，元末浙江诸暨人。幼时家贫，白天替人放牛，晚上到寺庙长明灯下刻苦读书。后来成为有名的画家。——第311页。

126 周恩来（一八九八——一九七六），原籍浙江绍兴，生于江苏淮安，一九二〇年至一九二四年在法国、德国勤工俭学。邓小平，一九〇四年生，四川广安人。一九二〇年至一九二六年初在法国勤工俭学。李富春（一九〇〇——一九七五），湖南长沙人。一九一九年至一九二五年初在法国勤工俭学。李维汉（一八九六——一九八四），湖南长沙人。一九一九年至一九二二年在法国勤工俭学。聂荣臻，一八九九年生，四川江津人。一九二〇年至一九二四年在法国、比利时勤工俭学。——第311页。

127 见《孟子·滕文公上》。——第311页。

128 见《论语·微子》。——第312页。

129 参见毛泽东为《勤俭办社》一文写的按语（《中国农村的社会主义高潮》上册，人民出版社1956年版，第16页）。——第312页。

130 参见朱柏庐《治家格言》。——第312页。

131 见毛泽东《中国共产党第八次全国代表大会开幕词》(《人民日报》1956 年 9月 16 日)。——第 319 页。

132 指本书《关于中小学毕业生参加农业生产问题》一文。——第 323 页。

133 指本书《提倡勤工俭学,开展课余劳动》一文。——第 323 页。

134 模样 是用木材、金属或其它材料制成的用以形成铸形型腔的工艺设备。这里指制作模样的工种。——第 324 页。

135 一九五八年,随着人民公社化运动的发展,全国农村普遍地办起了公共食堂。社员不论家庭人口多少和劳动力强弱,公共食堂对他们一律实行吃饭不要钱或口粮供给、半供给。这种分配上的平均主义和共产风以及给群众在生活上带来的不便,严重影响了农民群众的生产积极性。中共中央在一九六一年五六月间制订的《农村人民公社工作条例(修正草案)》中,决定停办公共食堂。——第 329、376、421 页。

136 "十二条"指一九六〇年十一月三日中共中央发出的《关于农村人民公社当前政策问题的紧急指示信》,共十二条。指示信中指出,一平二调的"共产风"严重地破坏农业生产力,必须坚决反对,彻底纠正。指示信规定:农村人民公社实行三级所有,队为基础(这里的队是指当时的生产队,一九六一年起改称生产大队,原来的生产小队改称生产队;一九六二年二月十三日中共中央发出指示,把农村人民公社基本核算单位由生产大队改为生产队);向社队和社员个人平调的各种财物,都必须认真清理,坚决退赔;允许社员经营少量的自留地和小规模的家庭副业;坚持按劳分配原则和认真执行劳逸结合等。指示信对纠正"共产风",扭转农村局势,起了积极作用。——第331、341、356、455 页。

137 下不得地,湖南宁乡一带方言,表示问题严重,有不得了、没法活的意思。——第 331 页。

138 "一平二调"是人民公社化运动中"共产风"的主要内容。"平"指搞平均主义,在公社范围内实行贫富拉平,平均分配。"调",主要指县社两级无偿调走生产队(包括社员个人)的财物等。——第 332 页。

139 王升平是刘少奇家乡湖南宁乡县花明楼炭子冲的农民,曾任乡贫协主席、党支部书记。成敬常是刘少奇家乡湖南宁乡县花明楼炭子冲的农民。——第333 页。

140 黄端生 是刘少奇家乡湖南宁乡县花明楼炭子冲的农民。——第 333 页。

141　这段话的新译文是："从事加工工业等等而完全脱离农业的工人(斯图亚特称之为"自由人手")的数目,取决于农业劳动者所生产的超过自己消费的农产品的数量。"见马克思《剩余价值理论》(《马克思恩格斯全集》第26卷〔1〕,人民出版社1972年版,第22页)。——第335页。

142　一九五九年七月,根据毛泽东的意见起草并经他审阅修改的《庐山会议的议定纪录(修正草案)》中曾指出:工业方面要抓紧时机,继续开展增产节约运动,"切实地执行中央削减基本建设项目的指示,该'下马'的立即毫不迟疑地'下马',进行妥善安排,迅速地缩短战线,集中人力、物力和财力,确保完成必须完成的建设计划";"按照必要和可能,全面地安排生产、建设、运输和流通,继续有系统地调整国民经济各部门的比例关系,大力加强农业战线,争取国民经济全面的、平衡的发展"。一九六〇年十二月二十七日,毛泽东在听取各中央局同志汇报时,明确提出:"中心问题是工业战线要缩短,农业战线要延长"。——第336页。

143　陶鲁笳,一九一七年生,江苏溧阳人。当时任中共山西省委第一书记。——第337页。

144　一九五八年"大跃进"中"大办钢铁",提出了"小(小型企业)、土(土办法)、群(群众路线)"和"小(小型企业)、洋(现代化生产方法)、群(群众路线)"的方针。在这种方针指导下,各地建设了一批拥有小土炉群和小洋炉群的企业。这里指的是这些企业。——第338、339页。

145　我国在第一个五年计划期间和第二个五年计划初期,曾经以重(工业)、轻(工业)、农(业)为序安排国民经济计划。一九五九年的庐山会议前期,毛泽东指出:"过去安排是重、轻、农,重、轻、农的关系要反一下,现在是否提农、轻、重",并说:"农、轻、重问题,把重放到第三位","重工业要为轻、农服务"。——第339、463页。

146　这是毛泽东一九五九年七月至八月在庐山会议期间多次讲到的对当时国内形势的分析。——第341页。

147　"六十条"指一九六一年三月中共中央制订的《农村人民公社工作条例(草案)》,全文共六十条。中共中央主要针对当时人民公社内部严重存在的队与队、社员与社员之间的平均主义,在条例草案中对于纠正社、队规模偏大,公社对下级管得太多太死,民主制度和经营管理制度不健全等方面的问题,作了比较系统的规定。同年五六月间,中共中央对这个草案作了修改,制订了供讨论和试行的《农村人民公社工作条例(修正草案)》,进一步规定取消分配上的供给制部分,停办公共食堂。一九六二年九月二十七日,中共八届十中全会正式通过了《农村人民公社工作条例(修正草案)》。人民公社六十条的贯彻执行,对恢复农村经济起了重要的作用。——第341、356、455页。

148 **两参一改** 这里指一九六〇年鞍山钢铁公司总结的"两参一改三结合"的企业管理经验。两参指干部参加集体生产劳动,工人群众参加企业管理;一改指改革企业中不合理的规章制度,建立和健全合理的规章制度;三结合指企业领导干部、技术或管理人员和工人相结合。——第345页。

149 **检尺员** 是林业生产中检量木材尺寸、确定木材材种和评定木材等级的人员,一九六一年十一月起改称检验员。——第345页。

150 检尺员(后称检验员)在对伐倒的树木进行量尺造材后,要用一种形如锤子的工具蘸以油墨,将原木的径级、等级、材种、检尺小组号的号印敲印在原木断面上。这样一种制度称为检尺打号锤制度。——第345页。

151 **一九五八年十一月的郑州会议** 是毛泽东为纠正当时已经觉察到的人民公社化运动中的错误于十一月二日至十日在郑州召集的,也称第一次郑州会议。参加会议的有部分中央领导人和部分地方领导人。毛泽东在会上批评了急于想使人民公社由集体所有制过渡到全民所有制、由社会主义过渡到共产主义,以及企图废除商品生产等错误主张。——第356页。

152 一九五九年二三月间在郑州召开的中央政治局扩大会议根据毛泽东的意见,规定人民公社实行三级管理,三级核算,队为基础的体制。这里的队指当时的生产队,相当于原高级社的规模,一九六一年改称生产大队(在大队下面设若干个生产队,即小队)。一九六一年九月二十九日,毛泽东在写给中央政治局常委及有关同志的信中提出:"我的意见是:'三级所有、队为基础',即基本核算单位是队而不是大队"。中共中央根据毛泽东的建议及各地方的调查和试点经验,于一九六二年二月十三日发出《关于改变农村人民公社基本核算单位问题的指示》,决定人民公社一般以生产队(即小队)为基本核算单位。——第356页。

153 一九六〇年七月上旬至八月上旬,中共中央在北戴河举行工作会议,会议研究了国际问题和国内经济调整问题,批准了李富春、薄一波提出的《一九六〇年第三季度工业交通生产中的主要措施》,制订了《关于全党动手,大办农业、大办粮食的指示》等文件,提出要对国民经济进行调整。根据会议精神,在研究制订一九六一年计划时,形成了"调整、巩固、充实、提高"

的八字方针。一九六一年一月党的八届九中全会正式批准了调整经济的八字方针,并向全国人民公布。从此以后,我国国民经济进入了调整阶段。——第 357 页。

154　一九六一年五月下旬至六月中旬,中共中央在北京举行工作会议,研究进一步调整国民经济问题,会议制订了《关于减少城镇人口和压缩城镇粮食销量的九条办法》,规定在一九六〇年底一亿二千九百万城镇人口的基础上,三年内减少城镇人口二千万以上,本年内至少减少一千万。六月二十八日,又下达了《关于精减职工工作若干问题的通知》。精减职工和减少城镇人口的结果,加强了农业第一线的劳动力,减少了城镇粮食供应,减轻了国家当时的困难。——第 357 页。

155　关于当前工业问题的八条指示　指一九六一年九月十五日中共中央发出的《关于当前工业问题的指示》。指示针对当时计划指标过高,工业内部及工业与其它部门的比例关系失调,基本建设战线过长,工业管理部门和工业企业中的浮夸风、瞎指挥以及企业管理工作混乱等方面的问题,作了八项规定,主要内容是:一、切实执行调整、巩固、充实、提高的方针;二、在工业管理中实行高度集中统一的领导;三、在全面安排的基础上,抓住中心环节,集中力量,解决问题;四、努力增产日用品和农业的生产资料,稳定市场;五、加强经济协作;六、切实整顿企业的管理工作,严格实行责任制和经济核算制;七、坚持群众路线,改进工作作风;八、加强纪律性。指示对于贯彻执行当时提出的调整、巩固、充实、提高的方针,促进我国工业的恢复和发展,起到了积极的作用。——第 357 页。

156　国营工业企业工作条例草案七十条　即一九六一年九月中共中央制订的《国营工业企业工作条例(草案)》,全文共有七十条。一九五八年“大跃进”后,由于许多企业没有实行严格的责任制,不讲究经济核算,工资、奖励制度上存在平均主义,以及党委包揽企业的日常行政事务等等,相当普遍地出现了生产秩序混乱,瞎指挥、乱操作,设备损坏严重,经济效果很差等问题。针对这些情况,工业七十条草案明确规定了国营工业企业的性质和基本任务,要求建立和健全必要的责任制和各项规章制度,强调计划管理、按劳分配、企业经济效果和职工物质利益等项原则。这个条例草案的讨论和试行,对于总结国营工业企业管理工作的经验,贯彻执行当时提出的调整、巩固、充实、提高的方针,促进我国工业的恢复和发展,起到了积极的作用。——第 357、473 页。

157　一九六一年九月庐山会议　指这年八月下旬至九月中旬中共中央在庐山召

开的工作会议。会议研究了工业、粮食、财贸和教育等问题,讨论通过了《国营工业企业工作条例(草案)》(即"工业七十条"),并作出了《关于当前工业问题的指示》(即"工业八条指示"),决定所有工业部门在今后相当长的一个时期内,"都必须毫不动摇地切实贯彻调整、巩固、充实、提高的方针",指出在今后三年内,执行这个方针"必须以调整为中心"。会议还通过了《中华人民共和国教育部直属高等学校暂行工作条例(草案)》(即"高教六十条")、《关于轮训干部的决定》等文件。——第 357 页。

158 改进商业工作的规定草案四十条 即一九六一年六月十九日中共中央下达的《关于改进商业工作的若干规定(试行草案)》,全文共四十条。在一九五八年的"大跃进"和人民公社化运动中,一度出现了否定商品生产和价值规律的倾向,一些必要的流通渠道被取消,商业工作受到削弱,给国民经济和人民生活带来了不良后果。为了改变这种状况,草案规定了商业工作的方针,提出了改进商业工作的许多具体政策和措施,主要是:坚持工农业产品的等价交换原则,推广农副产品收购合同制度,改进国营商业企业的经营管理,恢复供销合作社和合作商店、恢复同农村商业有关的农产品加工作坊,开放农村集市贸易、活跃城乡物资交流等。——第 358 页。

159 关于城乡手工业若干政策的规定试行草案 指一九六一年六月中共中央制订的《关于城乡手工业若干政策问题的规定(试行草案)》,全文共三十五条。一九五八年"大跃进"后,由于手工业盲目过渡到国营工业和公社工业,并改变生产方向,造成大批手工业者改行转业,许多日用小商品减产、停产,供应十分紧张。针对这种情况,草案规定我国手工业应有全民、集体和个体三种所有制,以集体所有制为主;手工业者必须归队;生产经营方式要灵活多样;工资制度应贯彻执行"按劳分配,多劳多得"原则,以及供产销要统筹安排等。——第 358 页。

160 一九六一年六月十九日中共中央《关于改进商业工作的若干规定(试行草案)》下达后,中央准备再拟订一个商业工作条例,后因故没有形成条例。——第 358 页。

161 见毛泽东《在晋绥干部会议上的讲话》(《毛泽东选集》第 4 卷,人民出版社1964 年版,第 1257 页)。——第 365 页。

162 引自毛泽东《党内通信》(一九五九年三月十七日)。——第 366 页。

163 引自毛泽东《工作方法六十条(草案)》(一九五八年一月三十一日)。——第367 页。

164　这是毛泽东一九六一年六月十二日在中共中央北京工作会议上的讲话中的一段话。——第 367 页。

165　几个同时并举的方针　指在重工业优先发展的条件下,工业和农业同时并举,重工业和轻工业同时并举;在集中领导、全面规划、分工协作的条件下,中央工业和地方工业同时并举,大型企业和中小型企业同时并举等一整套两条腿走路的方针。一九五八年五月刘少奇在中国共产党第八次全国代表大会第二次会议上所作的报告中,在阐明社会主义建设总路线的基本点时,概述了这几个同时并举的方针。——第 368、424 页。

166　引自毛泽东《十年总结》(一九六〇年六月十八日)。——第 368 页。

167　参见毛泽东《组织起来》(《毛泽东选集》第 3 卷,人民出版社 1964 年版,第 887—888 页)。——第 375 页。

168　毛泽东曾经多次在他的文章、讲话、题词中向广大干部和知识分子强调指出这一点,如一九四二年《在延安文艺座谈会上的讲话》中指出:"只有代表群众才能教育群众,只有做群众的学生才能做群众的先生"(《毛泽东选集》第 3 卷,人民出版社 1964 年版,第 821 页);一九四九年在《党委会的工作方法》一文中指出:"要善于倾听下面干部的意见。先做学生,然后再做先生"(《毛泽东选集》第 4 卷,人民出版社 1964 年版,第 1379 页);一九五〇年为湖南长沙第一师范题词:"要做人民的先生,先做人民的学生";一九五七年《在中国共产党全国宣传工作会议上的讲话》中也指出:"我们的文学艺术家,我们的科学技术人员,我们的教授、教员,都在教人民,教学生。因为他们是教育者,是当先生的,他们就有一个先受教育的任务。……要作好先生,首先要作好学生"(《毛泽东选集》第 5 卷,人民出版社 1977 年版,第 406—407 页)。——第 375 页。

169　这封党内通信指一九五九年四月二十九日毛泽东写给各省级、地级、县级、社级、队级、小队级干部的信。信中所提的六个问题是:一、包产问题;二、密植问题;三、节约粮食问题;四、播种面积要多的问题;五、机械化问题;六、讲真话问题。信的中心思想是批评浮夸风,提倡实事求是。——第 378 页。

170　中央关于轮训干部的决定　指一九六一年九月十五日中共中央发出的《关于轮训干部的决定》。这个决定指出,当前一件最重要的事,就是在全党开展一个新的学习运动。为此,中央决定对全党各级各方面的领导干部,采取短期训练班的方式普遍地进行一次集训。其目的是帮助干部进一步认识和掌握社会主义建设的客观规律,克服某些片面性的认识和在实际工作中的错误,自觉掌握马克思列宁主义作风,克服脱离实际、脱离群众,违反政策、违反纪律的错误。——第378页。

171　参见列宁《共产主义运动中的"左派"幼稚病》(《列宁选集》第4卷,人民出版社1972年版,第181—182页)。——第383页。

172　见列宁《在全俄中央执行委员会、莫斯科苏维埃和全俄工会代表大会联席会议上的演说》(《列宁全集》第28卷,人民出版社1956年版,第378页)。——第383页。

173　参见列宁《国家与革命》(《列宁选集》第3卷,人民出版社1972年版,第257页)。——第383页。

174　见列宁《在省苏维埃主席代表大会上的演说》(《列宁全集》第28卷,人民出版社1956年版,第18页)。——第383页。

175　见毛泽东《关于纠正党内的错误思想》(《毛泽东选集》第1卷,人民出版社1964年版,第86、90页)。——第384页。

176　见毛泽东《中国共产党在民族战争中的地位》(《毛泽东选集》第2卷,人民出版社1964年版,第494页)。——第384页。

177　见毛泽东《为争取国家财政经济状况的基本好转而斗争》(《毛泽东选集》第5卷,人民出版社1977年版,第18—19页)。——第385页。

178　见毛泽东《关于领导方法的若干问题》(《毛泽东选集》第3卷,人民出版社1964年版,第854页)。——第387页。

179　高等学校工作条例草案 指一九六一年九月中共中央原则批准的《中华人民共和国教育部直属高等学校暂行工作条例(草案)》,全文共六十条。条例草案总结了一九五八年后三年多高等教育工作的经验和教训,针对当时学校教学质量降低,忽视知识分子作用以及劳动过多等主要问题,规定了高等学校必须以教学为主,努力提高教学质量;正确执行党的知识分子政策和百花齐放、百家争鸣的方针;做好总务工作,保证教学和生活的物质条件;以及改进党的领导方法和领导作风,加强思想政治工作等。——第391页。

180　一九五七年十月,苏联发射了第一颗人造地球卫星,这是当时世界上最新的科学成就。我国在一九五八年"大跃进"运动中,有人用放"卫星"来比喻各行各业出现的"高产指标"和"最新成就"。但是当时在浮夸风的影响下，不少部门和单位宣布的"高产指标"和"新技术"、"新产品"是虚假的、不切实际的。——第 397 页。

181　引自毛泽东一九六一年一月十三日在北京中央工作会议上的讲话。——第 397 页。

182　这里的扎根串连 是土地改革工作中的一种工作方法。其要点是：土改工作干部在访贫问苦中发现和培养贫雇农中的斗争骨干（这些骨干被通俗地称为"根子"），然后再通过他们去发动和串连其他贫雇农，团结中农，开展反对封建地主阶级的斗争。——第 403 页。

183　见毛泽东《目前形势和我们的任务》（《毛泽东选集》第 4 卷，人民出版社1964 年版，第 1191 页）。——第 403 页。

184　参见毛泽东《关于领导方法的若干问题》（《毛泽东选集》第 3 卷，人民出版社 1964 年版，第 853—854 页）、《党委会的工作方法》（《毛泽东选集》第 4卷，人民出版社 1964 年版，第 1378 页）。——第 408 页。

185　这些党内斗争的指导原则是抗日战争时期毛泽东总结党内斗争的历史教训时提出的，参见毛泽东《整顿党的作风》、《学习和时局》、《愚公移山》（《毛泽东选集》第 3 卷，人民出版社 1964 年版，第 785、892、1049 页）。一九五七年毛泽东在《关于正确处理人民内部矛盾的问题》一文中，又重申并明确概括了这些原则（《毛泽东选集》第 5 卷，人民出版社 1977 年版，第 369—370 页）。——第 410 页。

186　见毛泽东《中国共产党在民族战争中的地位》（《毛泽东选集》第 2 卷，人民出版社 1964 年版，第 494—495 页）。——第 411 页。

187　一九六二年九月二十七日在中国共产党第八届中央委员会第十次全体会议通过的《农村人民公社工作条例（修正草案）》中，把"党政干部三大纪律、八项注意"修改为："三大纪律是：（一）认真执行党中央的政策和国家的法令，积极参加社会主义建设。（二）实行民主集中制。（三）如实反映情况。八项注意是：（一）关心群众生活。（二）参加集体劳动。（三）以平等的态度对人。（四）工作要同群众商量，办事要公道。（五）同群众打成一片，不特殊化。（六）没有调查，没有发言权。（七）按照实际情况办事。（八）提高无产阶级的阶级觉悟，提高政治水平。"——第 414 页。

188　《党的生活的几个问题 》是一九六一年九月十五日中共中央发出的《关于轮

训干部的决定》中规定的县委书记以上党员干部的学习材料。它是马克思、恩格斯、列宁、斯大林、毛泽东、刘少奇的有关论述及中共中央有关文件的摘录的汇集,内容包括执政党的地位、按照党章办事、严格遵守民主集中制、正确进行党内斗争、密切联系群众、加强党的团结等六个方面。中央要求通过这个材料的学习,提高干部的思想政治水平,增强党性,从而正确地解决当时党内生活中存在的各种问题。——第415页。

189　供给制 指农村人民公社成立初期在分配方面对社员群众实行的主要是免费供给口粮或伙食的制度。一九五八年十二月党的八届六中全会通过的《关于人民公社若干问题的决议》规定:农村人民公社"在分配给社员个人消费的部分,实行工资制和供给制相结合的分配制度"。由于实际上生产并没有很大增长,供给部分在分配中所占的比重很大,工资部分所占比例很小,不能体现按劳分配原则,所以这种在分配上的平均主义,严重挫伤了农民群众的生产积极性。中共中央在一九六一年五六月间制订的《农村人民公社工作条例(修正草案)》中,规定取消供给制。——第421页。

190　一九六二年二月六日,中共中央总书记邓小平在扩大的中央工作会议上作了关于执政党建设问题的讲话。讲话主要针对一九五九年后党的领导和工作中的严重失误,特别是党的优良传统受到削弱的状况,强调指出,必须通过加强民主集中制、建立经常的组织工作和宣传教育工作、培养和选择干部、学习马列主义和毛泽东思想等方面,健全党的生活,恢复和发扬党的优良传统。——第438页。

191　在一九六二年五月十一日的中共中央工作会议上,中共中央副主席、国务院总理周恩来讲了经济形势、方针任务和粮食、外汇、市场、精简等问题;中共中央总书记、国务院副总理邓小平讲了精简、加强农村人民公社生产队的领导、甄别平反和加强各级党委领导核心等问题。——第444页。

192　中央财经小组的报告 指中央财经小组一九六二年四月三十日上报中共中央的《关于讨论一九六二年调整计划的报告》。这个报告分析了当时国民经济的基本形势,如实地指明了经济上的严重困难,提出了三项重要决策:(一)整个国民经济需要进行大幅度的调整;(二)财政经济状况的基本好转,要争取快,准备慢;(三)坚决缩短工业生产建设战线,继续精减职工和减少城镇人口,大力加强农业生产战线。报告还提出了实现这三项决策的具体措施。一九六二年五月召开的中央工作会议讨论了这个报告,并于五月二十六日批发全党贯彻执行。——第444页。

193　杨尚昆,一九〇七年生,四川潼南人。当时任中共中央书记处候补书记、中央办公厅主任。——第 444 页。

194　扩大的中央工作会议　即一九六二年一月十一日至二月七日中共中央在北京举行的扩大的工作会议。参加会议的有中央、各中央局、各省市自治区党委及地委、县委、重要厂矿企业党委和部队的负责干部共七千多人。会上刘少奇代表中共中央所作的报告,初步总结了一九五八年"大跃进"以来工作中的经验和教训,分析了几年来工作中的主要缺点错误,指出全党当前的主要任务是做好调整工作。毛泽东在会上作了重要讲话,着重指出要健全民主集中制,在党内党外充分发扬民主;要在总结正反两方面的经验的基础上,加深对社会主义建设规律的认识。对前几年工作中的缺点和错误,毛泽东承担了责任,作了自我批评。——第 445、455 页。

195　第三个五年计划　是原定一九六三——一九六七年发展国民经济的计划。从一九六二年一月扩大的中共中央工作会议到同年五月中央工作会议期间,中共中央基于对国际国内形势和一九六一年开始贯彻调整方针的情况的分析,曾形成这样一个设想:调整时期要成为一个较长的阶段,第三个五年计划期间主要是调整和恢复。刘少奇这里讲的就是这个意思。后来根据国民经济恢复较快的情况,毛泽东提出,一九六三至一九六五年这三年作为一个过渡阶段,贯彻调整方针,打下底子,从一九六六年起搞第三个五年计划。这个主张得到中央其他领导同志的赞同。——第 449 页。

196　"五风"指"大跃进"和人民公社化运动中发生的共产风、浮夸风、命令风、干部特殊风和对生产瞎指挥风。——第 455 页。

197　参见毛泽东《关于情况的通报》(《毛泽东选集》第 4 卷,人民出版社 1964 年版,第 1241 页)、《关于工商业政策》(《毛泽东选集》第 4 卷,人民出版社 1964 年版,第 1229 页)。——第 457 页。

198　关税壁垒　是用征收高额进口关税限制别国商品进口的措施。——第 460 页。

199　见毛泽东《论人民民主专政》(《毛泽东选集》第 4 卷,人民出版社 1964 年版,第 1414 页)。——第 462 页。

200　参见马克思《临时中央委员会就若干问题给代表的指示》(《马克思恩格斯全集》第 16 卷,人民出版社 1964 年版,第 216—217 页)。——第 468 页。

201　参见列宁《俄共(布)党纲草案》(《列宁选集》第 3 卷,人民出版社 1972 年版,第746页)、《中央委员会给教育人民委员部党员工作者的指示》(《列宁全集》第32卷,人民出版社1958年版,第110—111页)、《论综合技术教育》(《列宁全集》第36卷,人民出版社1959年版,第557—560页)等篇章。——第468页。

202　托拉斯　是英文Trust的音译。它是资本主义生产和资本的集中达到很高的程度后产生的垄断组织的高级形式。它由许多生产同类商品和与产品经营有密切关系的企业合并组成。在社会主义国家,托拉斯是社会主义企业的组织形式之一。——第473页。

封面浮雕像：张德华
包封素描像：侯一民

图书在版编目（CIP）数据

刘少奇选集：全 2 卷/刘少奇 著. —北京：人民出版社，2018.11
ISBN 978 - 7 - 01 - 020004 - 0

Ⅰ.①刘…　Ⅱ.①刘…　Ⅲ.①刘少奇(1898—1969)-选集
　Ⅳ.①D2 - 0

中国版本图书馆 CIP 数据核字(2018)第 247914 号

刘少奇选集
LIU SHAOQI XUANJI

刘少奇　著

人 民 出 版 社 出版发行
(100706　北京市东城区隆福寺街 99 号)

北京新华印刷有限公司印刷　新华书店经销

上卷 1981 年 12 月第 1 版　下卷 1985 年 12 月第 1 版
2018 年 11 月重印
开本：635 毫米×927 毫米 1/16　印张：61.75
字数：661 千字

ISBN 978 - 7 - 01 - 020004 - 0　定价：149.00 元(上、下卷)

邮购地址　100706　北京市东城区隆福寺街 99 号
人民东方图书销售中心　电话 (010)65250042　65289539